中国社会科学院年鉴

二〇〇三年

中国社会科学出版社

图书在版编目（CIP）数据

中国社会科学院年鉴.2003/王洛林，朱锦昌主编.－北京：中国社会科学出版社，2004.2

ISBN 7-5004-3775-7

Ⅰ.中… Ⅱ.①王…②朱… Ⅲ.中国社会科学院－2002－年鉴 Ⅳ.G322.22－54

中国版本图书馆 CIP 数据核字（2004）第 006610 号

特邀编辑 朱丽雅 李克敬
责任编辑 易小放
责任校对 李小玲
封面设计 谭国民
版式设计 朱丽雅 李克敬

出版发行 中国社会科学出版社
社 址 北京鼓楼西大街甲 158 号 邮 编 100720
电 话 010－84029453 传 真 010－84017153
网 址 http：//www.csspw.cn
经 销 新华书店
印刷装订 1201 印刷厂
版 次 2004 年 2 月第 1 版 印 次 2004 年 2 月第 1 次印刷
开 本 787×1092 毫米 1/16
印 张 38.5 插 页 12
字 数 927 千字
定 价 128.00 元

中国社会科学院科研大楼、图书馆。

2002年7月16日，中共中央总书记、国家主席、中央军委主席江泽民到中国社会科学院考察工作。江泽民和陪同考察的中共中央政治局委员、中宣部部长丁关根，中共中央政治局委员、国务院副总理温家宝以及中共中央办公厅主任王刚、中共中央政策研究室主任滕文生与中国社会科学院领导和专家学者合影。

江泽民参观中国社会科学院25周年成果展。

江泽民在院图书馆珍善本阅览室赏阅古籍。

江泽民观看老专家合唱团的排演并与大家亲切交谈。

中国社会科学院召开会议，学习贯彻江泽民“七·一六”重要讲话。

2002年10月，庆祝中国社会科学院建院25周年暨第四届优秀科研成果奖、第二届优秀期刊奖颁奖大会在社科会堂隆重举行。

中国社会科学院院长李铁映，副院长王洛林、李慎明、江蓝生、陈佳贵、朱佳木、高全立，中央纪委驻院纪检组组长林文肯，院秘书长朱锦昌等领导与我院第四届优秀科研成果奖、第二届优秀期刊奖获奖者合影。

2002年1月，中国社会科学院召开2002年度工作会议。

2002年8月，中国社会科学院召开暑期工作会议。

2002年12月，中国社会科学院学术委员会委员在海南省改革发展研究院宣讲“十六大”精神。

2002年4月，中国社会科学院举行图书馆落成揭幕仪式。

2002年6月，中国社会科学院人才工程研讨会举行。

2002年4月，为纪念中国共产主义青年团成立80周年，中国社会科学院青年人文社会科学研究中心举办“树立良好学风、推进理论创新”青年学术论坛。

2002年4月，首届全国研究生会主席论坛“研究生学风建设与新时期青年的责任”在我院研究生院举行。

2002年3月，中国社会科学院网络信息化工作会议召开。

2002年12月，中国社会科学院院长李铁映、副院长江蓝生到中国社会科学出版社调研。

2002年4月，中国经济史学会2002年年会暨“市场发育与区域经济发展” 国际研讨会在山西大学召开。

2002年1月，第二届“企业管理研究与学科建设”论坛举行。全国人大副委员长成思危出席了会议。

2002年3月，《2001—2002中国农村经济形势分析与预测》出版新闻发布会暨研讨会召开。

2002年12月，第三届“中国宏观经济运行与政策”论坛举行。

2002年10月，“中韩金融市场开放比较研究”研讨会召开。

2002年5月，中国社会科学院副院长王洛林出席《2002年中国人口与劳动绿皮书》出版座谈会并讲话。

2002年9月，全国荒漠化与沙尘暴防治工作经验交流会暨学术研讨会在内蒙古自治区锡林浩特市召开。

2002年6月，《二十世纪中国百项考古大发现》出版座谈会召开。

2002年4月，中国社会科学院副院长高全立到考古所西安研究室调研。

2002年8月，“中华民国史（1912 —1949)”国际学术讨论会在京举行。

2002年10月，中国社会科学院历史研究所召开“中国古代历史和传统思想文化问题”座谈会。

2002年11月，郭沫若诞辰110周年纪念会暨第二届郭沫若中国历史学奖颁奖仪式举行。

2002年4月，“美、欧、俄对外战略与中国”国际学术讨论会召开。中国社会科学院秘书长朱锦昌出席会议。

2002年10月，“台湾政局与两岸关系展望”座谈会在太原市召开。

2002年2月，由中国社会科学院边疆史地研究中心主持的院重大课题“东北边疆历史与现状系列研究工程”正式启动。

2002年7月，史诗《格萨（斯）尔》千年纪念大会在人民大会堂召开。

2002年11月，纪念何其芳90周年诞辰暨第二届何其芳国际学术研讨会在重庆市举行。

2002年10月，“入世”与中国对外经济高级论坛在京举行。

2002年1月，纪念雨果诞辰200周年学术研讨会在京召开。中国社会科学院院长李铁映委托副院长江蓝生在会上发表讲话。

2002年10月，"世纪之交的哲学"国际学术研讨会召开。

2002年5月，中国社会科学院马克思列宁主义毛泽东思想研究所召开学习江泽民总书记"四二八"重要讲话讨论会。

2002年8月，中国政治学会2002年年会暨“经济全球化与中国政治发展战略”学术研讨会在新疆维吾尔自治区石河子大学召开。

2002年9月，中国法治论坛——纪念现行宪法颁布二十周年学术研讨会举行。

2002年4月，中国社会科学院世界宗教研究所东南亚华人宗教文化学术考察团赴泰国、马来西亚、新加坡进行考察访问。

2002年2月，中国社会学会会长陆学艺、郑杭生和中国社会科学院社会学研究所所长景天魁看望98岁的社会学前辈、原全国人大副委员长雷洁琼教授。

2002年9月，中国社会科学院副院长朱佳木在当代中国研究所第二届国史学术年会开幕式上致辞。

2002年4月，中国社会科学院新闻与传播研究所党委组织全所人员赴革命摇篮井冈山参观。

2002年9月，"减缓气候变化：发展的机遇与挑战"国际研讨会举行。

2002年12月，《普京文集》首发式在京举行。中国社会科学院院长李铁映，副院长王洛林、李慎明，俄罗斯驻华大使罗高寿，外交部副部长刘古昌等出席了首发式。

2002年1月，中国社会科学院举办"中挪合作——迎接全球性挑战"演讲会。挪威首相谢尔·马格纳·邦德维克发表演讲。

2002年3月，《对外援助与国际关系》成果发布与研讨会在京举行，中国社会科学院副院长李慎明出席了会议。

2002年8月，“中东与东亚：政治变革、经济改革与能源安全”暨亚洲中东学会联合会第四届国际学术讨论会举行。

2002年11月，“纪念何塞·马蒂诞辰150周年”活动在京举行，中国社会科学院副院长陈佳贵，古巴驻华大使阿尔韦托·罗德里格斯·阿鲁菲出席活动并致辞。

2002年8月，“东亚合作：进程与前景”国际学术研讨会在京举行。中国社会科学院副院长陈佳贵，外交部副部长王毅，福特基金会驻华总代表华安德等出席会议并与会议代表合影。

2002年3月，中国社会科学院院长李铁映会见中日资深外交家恳谈会的日方代表。

2002年6月，“全国地方志志鉴关系和年鉴编修”研讨会在广西北海举行。

编　辑　说　明

一　《中国社会科学院年鉴》(2003) 收录了我院2002年的组织机构以及科研、对外学术交流、行政后勤、党务等工作和活动情况的综合性资料，较为全面、系统地反映了全院以学术研究活动为中心的各项工作的进展状况。因此，它是了解中国社会科学院2002年工作全貌的一部内容比较丰富、翔实的综合性资料书。

二　全书共分为十编，即：特辑、综述、组织机构、工作概况、科研成果、学术活动、学术人物、规章制度、统计资料、大事记。第一编特辑收录了2002年7月16日江泽民总书记等党和国家领导人考察中国社会科学院时发表的重要讲话及有关考察活动的报道；第二编收录了中共中央政治局委员、我院院长李铁映有关社会科学的讲话和文章以及我院年度工作会议文件，续编了《中国社会科学院科研工作报告》(2002年度)；第三编介绍了本院机构设置及其领导人，同时将院高级专业技术职务评审委员会名单及各研究所学术委员会、专业技术职务评审委员会名单列入本编；第四、五、六、七编分别收录了院属各部门（包括科研机构、院职能部门、院直属单位）的工作概况，科研机构的主要科研成果、学术活动，博士生指导教师名单和2002年晋升正高级专业技术职务人员情况；第八编收录了院政策性管理文件；第九编收录了2002年度主要的统计资料；第十编是2002年度大事记。卷首的照片生动记录了2002年7月16日江泽民总书记等党和国家领导人在中国社会科学院的考察活动，较系统地反映了院各科研机构2002年度科研活动和我院庆祝建院25周年的活动情况。

三　一如既往，本卷的编辑工作是在院领导的关心和指导下进行的，并得到编委会和全院各研究所、直属单位及职能部门的关注和支持。各类稿件的提供本着谁主管、谁负责的原则，院属各所局单位都分别确定有供稿人和审稿人。在此，我们对各方面的大力支持和密切合作表示衷心的感谢。此外，本卷继续将审稿人、供稿人名单列于编辑说明之后，以明责任并示郑重。

四　编辑出版《中国社会科学院年鉴》是一项连续性的工作，年年都会遇到一些新情况、新问题。我们一定要不断总结经验，做好工作，把《中国社会科学院年鉴》一本比一本编得更好、印得更好。

《中国社会科学院年鉴》编辑部

二〇〇三年十二月

中国社会科学院年鉴2003年卷
审 稿 人 名 单

吴太昌	吕 政	张晓山	江小涓	汪同三	蔡 昉	刘庆柱
陈祖武	虞和平	厉 声	于 沛	杨 义	朝戈金	陈众议
董 琨	李崇富	李鹏程	张新鹰	陈 甦	王一程	任一飞
汪小熙	尹韵公	李向阳	李静杰	罗红波	杨 光	王秀奎
王缉思	孙士海	蒋立峰	余克礼	张新平	王延中	张卫峰
王苏粤	李 薇	施鹤安	韩乃锦	何秉孟	高 翔	沈志渔
张 岷	武 寅	黄长著	张树相	秦 毅	谢寿光	解延德
张林书	郭平英	秦其明	朱佳木	俞焕灿		

中国社会科学院年鉴2003年卷
供 稿 人 名 单

周 济	李维民	刘燕生	朱小慧	万莉华	张彦海	缪雅娟
曹江红	陈于武	李国强	张晓华	曹维平	何 淙	焦莉君
段志贤	张 骅	周晓英	王 平	霍群英	胡微波	郭 静
宋丽梅	赵克斌	黄双润	李春姬	冯育民	林心茹	贾丽华
赵重阳	胡国成	李玲燕	刘亚军	郭 颖	金 萍	朱文清
李 药	杨京林	王建京	陈 星	何清平	滕 瑶	葛幼力
王瑞峰	文学国	刘振喜	王 浩	张华伟	王 绯	匡卫群
张志刚	赵笑洁	杜淑英	张丽生	闫国飞	麻秋平	赵萍芬

目　录

第四编 工作概况

2002 YEARBOOK OF THE CHINESE ACADEMY OF SOCIAL SCIENCES

CONTENTS

第　一　编

特　　辑

江泽民在考察中国社会科学院时发表重要讲话强调

大力加强我国哲学社会科学建设 为有中国特色社会主义事业服务

中共中央总书记、国家主席、中央军委主席江泽民于2002年7月16日来到中国社会科学院考察工作。江泽民强调，建设有中国特色社会主义，需要在实践和理论上不懈进行探索，不断在实践的基础上提出创新的理论，用发展着的理论指导实践。在这个实践和理论的双重探索中，哲学社会科学具有不可替代的重要作用，哲学社会科学工作者是一支不可替代的重要力量。我们必须始终重视哲学社会科学，加快发展哲学社会科学。

江泽民强调，建设有中国特色社会主义，应是我国经济、政治、文化全面发展的进程，是我国物质文明、政治文明、精神文明全面建设的进程。哲学社会科学建设，是社会主义精神文明建设的重要组成部分，又是为推进社会主义社会的物质文明、政治文明、精神文明建设服务的。我们不仅要大力发展自然科学，而且要大力发展哲学社会科学，并用这些方面的知识来全面提高全体人民的思想道德素质和科学文化素质。

上午9时，江泽民和随行的中共中央政治局委员、中宣部部长丁关根，中共中央政治局委员、国务院副总理温家宝来到中国社会科学院，受到专家学者和职工的热烈欢迎。在中共中央政治局委员、中国社会科学院院长李铁映的陪同下，江泽民首先参观了中国社会科学院建院25周年成果展。江泽民一边听取情况介绍，一边详细了解中国社会科学院的建设、科研和教学情况。随后，江泽民参观了该院图书馆馆藏古籍善本和电子阅览室，察看了多媒体计算机的操作演示。江泽民还观看了该院老干部合唱团的排练。

随后，江泽民来到第一学术报告厅，与专家学者们座谈。座谈会上，李铁映汇报了中国社会科学院的发展情况和学科建设情况。陈筠泉、李学勤、汪同三、夏勇、袁靖、邢广程、郎樱、卓新平、马大正、沈家煊、张卓元等同志，先后就按照“三个代表”要求进行理论创新，全面贯彻“双百”方针繁荣历史科学，加强宏观经济预测为经济发展服务，加强法学研究为建设社会主义法治国家服务，文理结合加强重点学科和重点研究室建设，在研究重大问题中锻炼成长，献身哲学社会科学研究事业，处理好基础研究、应用研究和对策研究，组织跨学科力量加强边疆问题研究，端正学风促进社会科学健康发展，紧密联系实际研究经济发展与改革等问题发言。

在认真听取大家的发言后，江泽民发表了重要讲话。江泽民首先代表党中央、国务院，向中国社会科学院全体同志，向全国哲学社会科学工作者，表示诚挚的问候。

江泽民强调，建设有中国特色社会主义这项前无古人的伟大事业，要求我们必须建设一支强大的哲学社会科学队伍，中央也需要掌握一支从事哲学社会科学研究的专门队伍。中国社会科学院是中央直接领导的国家哲学社会科学研究机构，在哲学社会科学研究方面肩负着重要职责。面对新世纪的新形势和新任务，我们一定要办好中国社会科学院。

江泽民指出，要推进改革开放和现代化建设，要把建设有中国特色社会主义事业不断推向前进，就必须深入了解社会，不仅要深入了解中国社会，还要全面了解世界这个大社会；不仅要了解社会发展的历史，而且更重要的是要研究当今社会发展的现实问题。这就需要我们加强理论研究和理论创新，加强哲学、经济学、政治学、国际政治和经济、法学、历史学、民族学、新闻学、人口学、社会学、文学、语言学、考古学等各学科的研究。要大力加强对各门传统学科的研究，大力加强对各门新兴学科和交叉学科的研究，大力加强各门学科的理论和体系的建设，大力加强各门学科的方法和手段的建设。在科学技术迅速发展的今天，哲学社会科学尤其要加强对信息技术等先进手段的运用。要努力使我国哲学社会科学的发展成为我们正确认识世界和改造世界，推动理论创新和先进文化发展，促进党和国家决策的科学化、民主化，推进改革开放和现代化建设的重要力量。我国哲学社会科学界要努力担负起认识世界、传承文明、创新理论、咨政育人、服务社会的职责。

江泽民对加强哲学社会科学建设提出了五点要求。第一，要坚持以马克思主义为指导。这是我国哲学社会科学沿着正确方向健康发展的根本保证。坚持以马克思主义为指导，最重要的是要善于把马克思主义的基本原理同中国的实际相结合，不断推进马克思主义的中国化，在实践中丰富和发展马克思主义。第二，要坚持解放思想、实事求是。只有坚持解放思想，实事求是，与时俱进，我国哲学社会科学才能蓬勃发展、充满活力。要加强对全局性、前瞻性、战略性重大理论和实践问题的研究，在研究和解决重大课题的过程中推动哲学社会科学各学科的发展。要深入实践，深入群众，既立足中国实际，又放眼世界大势，努力从人民群众广阔而丰富的实践中提炼研究题材，汲取思想养分，提出真知灼见，创造学术精品，为国家发展和民族振兴服务。第三，要坚持"二为"方向和"双百"方针。哲学社会科学研究应坚持为人民服务、为社会主义服务的方向，坚持"百花齐放，百家争鸣"的方针，提倡理论创新和知识创新，鼓励大胆探索，在实践中不断认识真理、服从真理、发展真理，努力建设具有中国特色、中国风格、中国气派的哲学社会科学。第四，要坚持优良的学风。要坚持严谨而不保守，活跃而不轻浮，锐意创新而不哗众取宠，追求真理而不追逐名利。做人、做事、做学问相统一，是中华民族的优良传统。只有坚持老老实实地做人，踏踏实实地做事，扎扎实实地做学问，才能成为一名对祖国和人民有贡献的学问家。第五，要坚持和改善党对哲学社会科学事业的领导。各级党委和政府都要加强对哲学社会科学研究工作的领导，加大支持力度，同时要认真研究和把握哲学社会科学研究工作的规律，改进领导方式，不断提高领导水平。要全面落实党的知识分子政策，尊重知识、尊重人才，充分调动广大哲学社会科学工作者的积极性、主动性和创造性，认真听取他们的意见和建议，重视他们的研究成果，关心他们的学习、工作和生活，做他们的知心朋友，为加快发展哲学社会科学多办实事。

江泽民强调，当今世界的人才竞争是全方位的，不仅包括领导人才、科技人才、管理人才的竞争，也包括文化人才的竞争，当然也就包括哲学社会科学人才的竞争。各级党委和政府，各组织人事部门、宣传部门、教育部门和各哲学社会科学研究机构、高等院校、党校等等，要共同努力，进一步形成哲学社会科学人才培养、激励、选拔和任用的良好机制，促进哲学社会科学优秀人才茁壮成长。各级领导干部尤其是主要负责同志，既要具有比较丰富的自然科学知识，又要具有比较丰富的社会科学知识，这样才能够善于讲政治，善于驾驭复杂局势，从宏观上把握社会主义现代化建设的规律，不断提高决策水平和领导水平。

江泽民最后指出，在推进社会主义现代化建设和实现中华民族的伟大复兴的历史进程中，我国哲学社会科学任重道远，大有可为。希望全国哲学社会科学界的同志们团结奋斗，开拓创新，为加快发展我国的哲学社会科学，为建设有中国特色社会主义事业不断作出新的贡献。

成立于1977年的中国社会科学院，前身是中国科学院哲学社会科学部。建院以来，社科院培养了一大批高水平的研究人才和优秀管理人才，全院共完成学术著作6600余部、论文77000余篇、研究报告11000余份，为改革开放和社会主义现代化建设、为繁荣我国的哲学社会科学发挥了重要作用。

陪同考察的还有中共中央办公厅主任王刚，中共中央政策研究室主任滕文生等。

（新华社2002年7月16日讯）

中国社会科学院近几年所做的几项主要工作

——在江泽民与中国社会科学院领导干部、专家学者座谈会上的汇报提纲

（2002年7月16日）

李铁映

——坚持正确方向，与党中央保持一致，努力把社科院建设成马克思主义的坚强阵地。根据总书记“把中国社会科学院建设成马克思主义的坚强阵地”的题词，院党组把学习、研究、宣传马列主义、毛泽东思想、邓小平理论和“三个代表”重要思想作为首要的政治、理论任务来抓，坚持正确的政治方向、理论方向和科研方向，始终与党中央保持一致。两年来，以党组理论学习中心组名义，举办了20场学习报告会；为落实十五届六中全会精神，院党组组织了13项重大课题；组织发表学习、研究邓小平理论和“三个代表”重要思想的文章200多篇。根据中央精神，加强了对“法轮功”邪教问题的研究。

——制定并实施“三五一”发展战略，努力把社科院建设成为国际一流的社会科学研究机构。我们制定并实施了“三五一”发展战略，即经过5～10年的努力，建设一批国际知名的研究所，造就一批学术“大家”，推出一批高水平成果；把中国社会科学院建设成为马克思主义研究中心，经济改革与发展研究中心，社会主义民主法治与社会发展研究中心，中华文明和社会主义文化研究中心，国际问题理论与国际战略研究中心；培养和造就一流人才的基地。概括地说，即“三个一批”、“五个中心”、“一个基地”。目前，我们正抓紧实施这一发展战略，并已取得显著进展。

——抓重大课题研究，实施精品战略。为更好地服务于党和国家宏观决策，我们组织精

干力量，对全局性、前瞻性和战略性的重大问题进行深入研究。如党的第三代领导集体对马克思主义理论的新发展、《共产党宣言》发表以来世界发生的主要变化、经济全球化、劳动和劳动价值论等等，推出了一批高质量的研究成果。

——加强学风建设，推动理论创新。我们始终把学风问题提到党风的高度加以认识和解决，强调学风直接反映学者的思想理论水平，反映学者的世界观、价值观。大力倡导坚持解放思想、实事求是，反对因循守旧、不思进取；坚持理论联系实际，反对照抄照搬、本本主义；坚持学术民主、以理服人，反对学术专断、乱扣帽子；坚持追求真理、扎实严谨，反对沽名钓誉、急功近利；坚持中国气派、中国风格，反对晦涩难懂、生搬硬造。

——加强队伍建设，重视人才培养。在普遍提高全院科研人员的政治素质和业务素质的基础上，着重抓了三个环节：一是充分发挥老专家学者的作用，成立了院学术委员会；二是加强学科带头人队伍建设，遴选出约400位优秀学科带头人，在政策上予以重点倾斜；三是加强青年优秀人才的培养，成立了院青年研究中心，为他们脱颖而出创造良好环境。

——推进体制改革，建立现代科研院所新体制。我们紧密结合我院的实际和特点，积极推进体制改革。改革的基本目标是：建立有利于出精品出人才、符合社会科学发展规律、与社会主义市场经济体制相适应的现代科研院所新体制。新体制的基本思路是：实行党组（党委）领导下的院（所）长负责制；建立院管院事、所管所事的两级管理体制，充分发挥研究所的积极性；大力推进科研管理和科研手段的现代化；建立和推行以聘任制为主的基本用人制度等等。

——加强基础设施建设，为社会科学研究创造良好的条件和环境。近年来，在中央和国务院有关部门的大力支持下，我们的办院条件有了一定改善：财政拨款有较大增长；新图书馆已经落成；数字化工程也已展开；科研人员住房紧张状况有所缓解，生活待遇有所提高。

通过这些年的工作实践，我感觉到：全院职工的精神状态是好的，政治上是可靠的，业务素质是高的，成果是显著的。当然，同中央的要求相比，还有很大差距，我们必须加倍努力，励精图治，把社科院办得更好。

关于学习贯彻江总书记考察我院重要讲话的通知

院属各单位党委、机关党委、总支、支部：

7月16日，江泽民总书记考察我院，参观建院25周年成果展，听取了我院的工作汇报，同专家学者亲切座谈，并发表了重要讲话。讲话从治党兴国的战略高度，科学地阐述了哲学社会科学的重要地位和作用，提出了“两个不可替代”的精辟论断，阐明了新世纪我国哲学社会科学要坚持的五条基本方针，并强调“我们一定要办好中国社会科学院”。讲话高屋建瓴，内涵丰富，寓意深刻，语重心长，对我国哲学社会科学的发展，对我院的建设和发展，都具有重大而深远的指导意义。

从去年“八七”讲话，到今年“四二八”讲话，再到考察我院的“七一六”讲话，不到一年，总书记就社会科学发展问题，连续发表三次重要讲话，这在我们党的历史上是前所未有的。三篇讲话，构成了指导新世纪哲学社会科学发展的基本纲领。

传达好、学习好、贯彻好江总书记考察我院的重要讲话，是我院当前和今后一段时期的首要任务。现就传达、学习和贯彻讲话的有关要求，通知如下：

一、要高度重视，精心组织，认真学习。各单位接到通知后，要立即召开党委扩大会，认真传达和学习；并就本单位的进一步传达、学习工作，作出安排，要把总书记的讲话迅速传达到每一位职工。各单位党政一把手要亲自组织传达、学习和讨论，要通过举办座谈会、研讨会、报告会、组织专题研究等多种形式，把讲话真正学习好、贯彻好。近期内，院有关部门要召开研究所所长、院学术委员会、老干部、青年学者、民主党派和党外专家等方面的学习研讨会。要组织专家学者撰写一批学习讲话的重点文章，送报刊发表。

二、学习要抓住重点，领会精神实质。要着重学习和领会江总书记关于哲学社会科学重要地位和作用的科学论述，关于党在新世纪指导哲学社会科学发展的五条基本方针，关于“我们一定要办好中国社会科学院”的指示等重要思想。学习“七一六”讲话，要同学习“七一”讲话、“八七”讲话、“四二八”讲话和“五三一”讲话紧密结合起来，同学习“三个代表”重要思想紧密结合起来。要通过学习，把全院职工的思想统一到讲话精神上来。

三、要紧密结合实际，用讲话精神指导全院各项工作。要坚定不移地把讲话中提出的五条基本方针贯彻到我院的各项工作中去。要以马列主义、毛泽东思想、邓小平理论和“三个代表”重要思想为指导，坚持正确的政治方向、理论方向和科研方向；要解放思想，实事求是，与时俱进，深入研究具有全局性、前瞻性、战略性的重大时代问题，不断推动理论创新；要坚持“二为”方向和“双百”方针，大力加强学风建设，高度重视人才培养，发扬我院好传统，发展我院好势头，为出成果、出人才创造良好环境。

四、今年北戴河的暑期工作会议，将专题研究如何全面贯彻江总书记考察我院的重要讲话精神。请各单位作好书面发言准备。

五、院庆 25 周年活动到 10 月 1 日前结束，要继续搞好其他各项庆祝活动。

全院同志要以学习、贯彻江总书记讲话为契机，振奋精神，进一步坚定热爱社会科学院、献身哲学社会科学事业的信念，与时俱进，开拓创新，以崭新的精神风貌和优异的工作业绩，迎接党的十六大胜利召开。

各单位要将传达、学习、贯彻讲话的计划安排以及学习讨论情况，写出书面报告，于 7 月 23 日前报院直属机关党委。

中共中国社会科学院党组

2002 年 7 月 16 日

第　二　编

综　　述

一 领导讲话

在中国社会科学院2002年工作会议上的讲话(摘要)

(2002年1月14日)

李铁映

我今天着重就社科院、社科界如何迎接党的十六大讲四点意见。

(一) 增强政治敏锐性，自觉与中央保持一致

刚刚过去的2001年，无论中国还是世界都发生了一系列重大事件。我们隆重地举行了中国共产党建党80周年纪念活动，江总书记“七一”重要讲话发表；北京申办2008年奥运会获得成功；我们党和国家正确应对了“9·11”事件；成功地举办了APEC上海会议；中国加入了世界贸易组织。

2002年，对我国发展来说，最重大的事件将是党的十六大的召开。十六大，是进入新世纪我们党召开的第一次全国代表大会，是一次极其重要的会议。2002年，我们的所有工作都要围绕迎接十六大、学习贯彻十六大精神来展开。

——迎接十六大，社科界责任重大。迎接十六大，是当前全党、全国的中心工作，社科院、社科界更是义不容辞。

要努力营造“昂扬向上，团结奋进，开拓创新”的良好思想政治环境。

要通过我们的理论研究和成果，引导社会，启迪新风，凝聚、激励人民，为实现中华民族的伟大复兴而奋斗。

要排除各种干扰，自觉与中央保持一致。我们所做的一切，都是为了发展中国。我们一定要维护稳定的环境，抓住机遇，发展自己。“树欲静而风不止”。目前国内外各种干扰和破坏力量都在蠢蠢欲动，全院同志一定要排除各种干扰，保持清醒头脑。

——要注意维护社科院、社科界的形象。我们要始终坚持“研究无禁区，宣传有纪律，作为守法律”。如果有与中央不一致的意见，可以通过内部报送等方式向上反映，但公开发表，就要坚持“六个不得”。遵守纪律是社会主义民主的重要一环。

要十分珍惜社科院的声誉。社科院是国家办的最高学府，不是什么“自由撰稿人联合体”；成员是科学家、学者，不是什么自由职业者。决不容许个别人打着社科院的旗号，到外面去败坏社科院，作践社科院。

最近发现，有个别人擅自会见外国记者，或者在网上匿名发表文章，散布错误言论，甚

至有人造谣。他们把这些做法看做所谓学术民主、自由。其实，这已不是学术行为，而是政治行为。处理政治问题和处理学术问题不一样。学术问题应该坚持“百花齐放、百家争鸣”，而政治行为就要受党纪国法的约束。

我们既要尊重人格，更要尊重国格。国格不存，人格何在？任何人都不得损害党和国家利益，不得损害社科界利益，不得损害社科院利益。

——要进一步加强学习。社科院是个研究机构，出成果、出人才的基础是学习。学而后知，不断组织学习，是社科院的基本工作任务，是科学研究的组成部分。谁不断学习，学习得好，谁就有可能对问题提出真知灼见。不深入学习，不精心研究，要提出为世人瞩目的思想、观点，是不可能的。组织好学习，是院党组和所党委的重大任务。

“七一”讲话是历史性的文献，是马克思主义在当代中国发展的新篇章。去年江总书记的“八七”北戴河讲话，为新世纪我国哲学社会科学的繁荣和发展指明了方向。要继续深入学习“七一”讲话，认真研究“三个代表”重要思想。要继续深入学习“八七”讲话，领会讲话精神，努力实现讲话中对我们的要求，加快发展我国哲学社会科学。

要继续深入学习贯彻十五届六中全会精神，切实改进党的作风，特别是思想作风、学风和文风。学风浮躁，是学界之大忌，可谓之公害也。

——认真学习、贯彻十六大精神。学习、研究、宣传十六大精神，是今年下半年社科界首要的政治、理论任务。

下半年，全院同志要以饱满的政治热情，学习好十六大精神，把思想统一到中央精神上来。

要组织一批学习报告会，特别是要组织好院党组理论学习中心组学习报告会，请院内外同志作专题报告。报告会可以扩大范围，让更多的社科院同志都能听到。同时，各所也要结合本学科、本专业，组织一批学习讨论会、座谈会。

要围绕十六大精神，组织一批重大课题。组织一批高质量的文章，送各大报刊发表。

我院各学术期刊，要组织、编发一批研究和宣传十六大精神的文章。

——各所党委和所长要精心组织学习，切实负起责任。无论是学习“七一”、“八七”讲话、十五届六中全会精神，还是学习贯彻十六大精神，都要精心组织，密切联系实际。

学习中，要紧密结合时代的发展，紧密结合中国正在发生的深刻变化，紧密结合本学科、本专业，方向明确，形式多样，讲究实效，切忌走过场。

今年要特别注意维护社会稳定。各单位在政治上、原则问题上决不能让步，态度必须明确、坚决。软弱无能，无所作为，在职不在位，就是不负责任。

研究所不能出问题。刊物、学会、研究中心、挂靠单位（包括公司）都不能出问题。

（二）解放思想，不断推进马克思主义中国化

解放思想，是一个永恒的课题。时代在变化，实践在发展，一定要不断地解放思想，创新理论。

——解放思想就是实事求是。如何理解解放思想？

第一，解放思想，就是在马克思主义指导下，打破习惯势力和主观偏见的束缚，研究新情况，解决新问题。

第二，解放思想，就是使思想和实际相符合，使主观和客观相符合，就是实事求是。

第三，迄今为止，所有哲学社会科学理论，都是人类实践经验的总结，都是一定历史条件下的产物，都具有历史时代的局限性，也有阶级的局限性。不断地克服这样一些局限性，才会有理论的发展。不能把理论绝对化，而应把理论看做不断发展的东西。

今天，我们强调解放思想，就是强调理论要同中国今天的实际相结合，同今天世界的发展变化相结合。离开了今天的世界和今天的中国，理论既不能正确回答今天的问题，自身也不能发展。

——在解放思想中统一思想，在实践中、发展中统一思想。思想不解放，不可能认识新情况、新事物，也就不能在正确认识新事物、新变化的基础上统一思想。解放思想，不是胡思乱想。脱离实际，在概念中兜圈子，不能解放思想；缺少理论思维，囿于一时一地的狭隘经验，同样不能解放思想。解放思想，从根本上说，也就是要正确处理理论与实践的关系。前人说得好，脱离实践的理论是空洞的，脱离理论的实践是盲目的。

进入新世纪，中国的发展、世界的发展、社会主义的发展、马克思主义的发展、党的建设，都面临全新的条件和问题。解放思想，不仅是重大的政治任务，也是重大的理论任务。

我们一定要在坚持、发展马克思主义的基础上解放思想，在解放思想，回答、解决实际问题的基础上统一思想，立足于新的社会实践和人类社会的发展来统一思想。

思想的统一是实践的、发展的。

——解放思想，实事求是，不仅是思想认识方法，也是价值观。一切从实际出发，与一切从最广大人民的根本利益出发是一致的。只有代表最广大人民的根本利益，才能真正做到解放思想，实事求是。

从价值观的角度看，解放思想，实事求是，要求我们不仅要有科学的态度，而且要有大无畏的理论勇气和政治勇气，不断推动理论创新。

——创新是理论发展的本质要求。江总书记在“八七”讲话中指出：“一个民族要兴旺发达，要屹立于世界民族之林，就不能没有创新的理论思维。”

理论的实践性、历史性、开放性和发展性要求理论不断创新。

社会科学的理论创新，不同于自然科学创新、技术发明。在一定意义上，技术发明可以想入非非，可以异想天开。而社会科学在任何意义上都不能想入非非，不能异想天开。技术发明的想入非非，即使错误，也不失为美丽的错误。社会科学的想入非非，却往往会给人类、给社会发展带来灾难。

社会科学的理论创新，大体可以分为这样几种情况：第一，采用了一种新的研究方法；第二，开辟了一个新的研究领域；第三，发现了一种新的资料；第四，提出了一个新的观点；第五，创建了一个新的理论体系。没有理论创新，社会科学就没有生命力，也就无所谓精品。

——创新理论的实质，是理论为中国发展服务，不断推进马克思主义中国化。今天中国的解放思想，实事求是，其核心是坚持和发展马克思主义，继续推进马克思主义中国化。马克思主义之所以成为中国共产党和中国人民的指导思想，就因为它符合中国的实际，能够解决中国的根本问题，推动中国的发展。马克思主义在中国的发展历程，就是马克思主义不断中国化的过程。

什么是马克思主义中国化？从根本上说，就是把马克思主义基本原理与中国具体实际相结合。具体来说：

第一，要与中国的国情相结合，与中国的历史、现实的具体特点相结合。

第二，要与中国人民的实践经验相结合。自己的经验是最可宝贵的。

第三，要通过解决中国的实际问题来实现，推动中国的进步和发展。

第四，要通过一定的民族形式来实现，即要切合民族的思维方式、价值观念和语言风格，要有“中国气派和中国风格”。

第五，要同一定的时代特征相结合，即要“当代化”。

我认为，“中国化”这三个字很有科学性。无论何种理论，不与中国实际相结合，就不能转化为中国自己的理论。马克思主义中国化，是我们党80年积累的宝贵历史经验，已经成为中国模式，中国自己的道路。

当然，强调马克思主义中国化，并不是忽视马克思主义基本原理的学习与研究。譬如，一些学者反映：为什么研究生教学中不开设《资本论》课程呢？既然各种各样的经济学理论，包括新古典主义、自由主义、凯恩斯主义、新制度学派等等，都可以学，为什么《资本论》反而不学了呢？这些意见是有道理的。我们现在已决定，研究生院恢复《资本论》课程，经济所重建《资本论》研究室。

——社会科学，要为推进马克思主义中国化作贡献。在哲学社会科学领域，理论创新的含义就是理论研究必须同中国的实际相结合，研究解决中国的实际问题，推动中国的发展。从总体上讲，今天的中国社会科学就是研究中国问题的科学，解决中国问题的科学，探索中国社会发展规律的科学。

哲学社会科学，应该为理论创新，为推进马克思主义中国化作出应有的贡献。

第一，要研究、回答重大时代课题。回答、解决重大时代问题的过程，也就是发展马克思主义的过程。据统计，自从1999年我院实行重大课题制度以来，已确立了203项重大课题，并推出了一批重要成果。

江总书记非常重视理论研究。前不久，院党组结合学习江总书记“七一”讲话和在十五届六中全会上的讲话，组织了“劳动和劳动价值论”、“经济全球化”、“时代问题”、“我国社会结构和阶层问题”等13项重大课题。今年，要力争高质量地完成一批中央交办的重大课题。

第二，要切实改进学风和文风。老学者、所领导要带头改变学风。要严于律己，宽以待人。如对锐意创新的年轻人，不能随意指责他们“连基本知识都不对”。如果这样，怎么会有理论创新呢？我们否定了资本主义永存的基本知识，否定了唯心主义基本知识，否定了形而上学机械论的基本知识，才有了马克思主义、科学社会主义。我不是说基本知识不重要，而是强调要尊重、宽容青年学者，要改变因循守旧的学风。要倡导新鲜活泼、生动有力的文风，改变无的放矢、语言干瘪的八股习气。要努力创建有中国特色的理论、范畴、话语体系。

要反对一切形式的教条主义。“东”教条不灵，“西”教条也不灵，什么教条都不行！一切照抄照搬，都不是科学，都不可能成功。

第三，要认真贯彻“双百”方针，活跃学术气氛。理论学术有其自身的发展规律，不能由行政、政治来裁断。对待不同的理论观点，不要以一己的标准去裁判。

要鼓励争鸣，保护争鸣，充分发扬学术民主，百花齐放，百家争鸣。讨论、辩论、争鸣对社科界来讲，就是科学实验。越是重大理论问题，越要经过长期广泛的争鸣才能搞清楚。真理不经过辩论是不会为社会所接受的，真理不怕争论，也是争论不倒的。

（三）继续实施精品战略，努力造就高素质人才

社科院最重要的工作就是出成果、出人才。判断我们工作的好坏，判断社科院、研究所乃至学者的贡献大小，标准就是能否出精品、出优秀人才。成果水平越高，优秀人才越多，对国家的发展越有积极影响，贡献就越大。

——出精品、出人才，是我院一切工作的核心。我们所做的一切工作，如实行重大课题制，建重点研究室和重点学科，优秀成果奖励制，职称评聘制，成立院学术委员会、青年中心和研究生院教授委员会，以及搞数字化工程等等，都是为了出精品、出人才，为出精品、出人才创造体制环境和物质条件。我们提出的“三五一”发展战略，也是为了出精品、出人才。

要全面提高我们的精品意识，切实解决“书多好的少”的问题。据不完全统计，1998～2001年，我院学者共出版专著1643部，发表论文13947篇，完成研究报告3035份，出版译著357部，学术工具书181部，此外还有其他形式的大量成果，数量颇丰。问题已不在数量，而在于质量。这些成果中，确实有不少质量很好的著作、论文和报告，在社会上受到广泛好评和奖励。但从总体上讲，优秀成果所占的比例还不大。

出精品，就要强化课题主持人负责制。无论是A类课题，还是B类课题，主持人自己要把质量放在第一位，从浮躁中解放出来，从急功近利中解放出来，从短期行为中解放出来，真正做到“语不惊人死不休”，“成果不精寝不安”。只有这样，才能用“精品意识”要求并带动课题组的每一位成员。

出精品，还是要提倡学者们坐冷板凳，还是要倡导“十年磨一剑”，“三年不鸣，一鸣惊人”，“字字千金，句句中的”。

——出精品，关键是人才。要像江总书记在“八七”讲话中指出的那样，牢固树立“人才资源是第一资源”的思想。人才历来是一个国家、民族最可宝贵的财富，是活的国宝。要努力造就一大批思想家和理论家、学科带头人和青年理论骨干。

这几年，中央给了我们很大关心和支持，院、所为稳定、吸引人才作了不少努力，但也的确面临不小的压力。特别是加入WTO后，我们将面临世界范围内新一轮人才竞争，形势更加严峻。怎么办？院党组要考虑，各所党委要考虑，全院同志都要考虑。因为社科院是我们大家的。院兴我荣，院衰我耻。每一位在社科院工作的同志都是“桃花园”中人，而不是旁观者。大家出主意，想办法，就有希望。

——要更新人才观念。去年暑期工作会议上，大家谈论得最多的是人才“流失”。问题在于，什么叫“流失”？如果人才感到在我们这里难以出成果，心情不舒畅，不能发挥聪明才智，走了，那叫“流失”。如果人才抱着服务社会的目的，到其他单位工作，充分发挥了他的聪明才智，对国家、单位、学者本人都有好处，不完全叫人才“流失”，从总体上讲，这应算是正常的人才流动。就大环境而言，我们要人尽其才，才尽其用，要使学者能够出更

多的优秀成果。

我还是那句话，社科院要向国家、社会输送人才，这也是我们的任务。不断地培养人才，是我院的基本任务之一。把人才输送到社会上去，不也是我们的贡献吗？

我们是为国家、为全民族振兴服务的，要不断为国家发展、民族振兴培养和输送人才。

我们既要吸引和留住人才，又要不断培养和输送人才。要加大人才的培养量。在这方面，研究生院有义务，全院各所都有义务。不仅研究生院要成为人才培养基地，全院各所都要成为人才培养基地。

——要宽以待人。学者都是有个性的，不容纳怎么行？“有容乃大”嘛。

学术观点有分歧，要通过平等的学术争鸣来解决，“以理服人”。解决不了也没关系，继续研究、探讨就是了。不能用行政手段整人，不能搞人身攻击。

我主张学者之间要“亲和”。理论家和学者，历来都是社会上高雅的人，应是非常理性的人。如果把自己的言行降为家长里短，街头庸人，热衷于传播小道消息，甚至搞人身攻击，又怎么称得上学者呢？又怎么能进行学术研究、理论创新呢？风清、风正来之不易呀！“空气污染”应该休矣。

——要高度重视青年人才的培养。中国社会科学的未来在青年，中国社科院的未来靠青年。要努力造就一大批青年思想家、青年学科带头人、青年理论骨干。

青年代表未来，代表希望。只有不断加强对青年人才的培养，才能使我院充满生机与活力，否则我院将走向老龄化。

对于青年工作，近几年院里作了一些努力，但还不能完全解决当前的困难，仍然需要大力加强。院领导要给青年工作足够的重视，提供必要的物质、体制上的环境支持。要大力培养青年人才，给他们压担子，使他们尽快成长。

青年中心要坚持自主、自律、自愿、自我服务的原则，组织形式多样的学术活动，为青年人的成长成才创造条件。总之，要办成真正的“青年之家”。

——解决人才问题，既要改善“硬环境”，更要改善“软环境”。改善“硬环境”，不能一蹴而就，要有一个过程。在这个问题上，希望大家能够理解：第一，中央财政并不十分宽裕，我们要体谅。第二，社科院创收能力有限，而且社科院不宜搞创收。第三，搞平均主义、普遍提高待遇，既不对也不可能，我们只能逐步改善优秀人才的待遇。

要努力改善“硬环境”，更要努力改善“软环境”，造就和谐、舒畅的研究体制和环境，留住人才，吸引人，用好人。我们不可能以单纯的物质利益留人，真正的人才也不一定就是为了物质利益，“孔方”之中不一定就有人才呀！这里还存在一个“软环境”的问题。改善“软环境”，已迫在眉睫。目前我院的“软环境”有所改善，但仍然有些问题。譬如，有的所内部凝聚力很大，大家心情舒畅，很少有人调走；有的所就不是这样，甚至个别所内部“软环境”非常令人担忧。这一点，所长、党委书记要高度重视。当然，院领导也有责任，要及时帮助研究解决。

改善“软环境”，首先是要尊重人才，真正让学者感到，在我们这里搞学问，心情舒畅，能够出成果。这是最重要的。

今年第一季度要召开全院人才工作会，组织实施好全院的“人才计划”。各所也要制定相应的计划。

(四) 贯彻“八七”讲话，办好中国社科院

——由国家办社科院，是我们的特色和优势。世界上，社会科学研究体制主要有两类模式：一类是分散的（如美、英、日）；一类是集中与分散相结合的（中、俄、法）。实践证明，在我国，由国家办社科院，是我们的特色，也是优势，是必须的。

进入新世纪的中国，处于资本主义的包围之中，是后发国家、社会主义国家。如何抓住机遇，加快发展自己？一方面，我们没有既成的经验、模式可以照搬；另一方面，又面临大量新情况、新问题。对于这些事关党、国家、民族前途命运的重大问题，中国共产党人不回答，谁回答？中国理论界不研究，谁研究？

研究、解决重大时代课题，国家需要集中一批精干力量。因此，问题不是要不要办社科院，而是如何办好它，发展它。

贯彻江总书记“八七”讲话精神，加快发展哲学社会科学，必须办好中国社科院。这就是我们今后办院的指导思想。

——2001 年，我院的工作取得了很大成绩。总的看，2001 年，我院各方面工作都取得了不小的成绩，可以说，为新世纪加快我院的发展开了个好头。

政治上，学习“七一”、“八七”讲话和十五届六中全会精神，与中央保持一致。

中央交办了一批重大课题，有的已完成，有的正在进行。

推出了一批成果。据初步统计，出版专著 300 余部，论文 3300 余篇，研究报告 700 余份。有不少成果，水平还是比较高的。

科研、人事、机构、后勤、研究生院改革迈出了一定步伐。当然，还不太令人满意。

院中心图书馆大楼基本建成。

——办好社科院，必须提高院、所两级管理水平。要整顿和加强院所两级工作秩序，切实解决某些环节上的软弱涣散问题。

要使院、所两级管理体制进一步规范化、制度化，以提高效率，减少摩擦，化解矛盾。

——办好社科院，必须认真贯彻“三个代表”重要思想。在新的一年里，一定要按照“三个代表”的总要求，努力开创我院各项工作的新局面。

“三个代表”要求既要反映在政治上、党的建设上，也要反映在学者研究的价值观上，还要反映在我们的实际工作中。我院的实际工作，就是要反映全院 6400 人的切身利益，体察他们的愿望和要求，更好地代表他们。

我院最主要的任务就是出成果、出人才。无论在什么岗位上，支持科研人员出优秀成果，就是对“三个代表”重要思想的最好贯彻。

要转变工作作风。中央提出，今年是“转变作风年”，“调查研究年”。我们也不例外。院党组、各所党委要切实改进工作作风，大兴调查研究之风，坚决克服形式主义、官僚主义。

一定要办好中国社会科学院

——在中国社会科学院2002年暑期工作会议上的讲话

（2002年8月10日）

李铁映

同志们：

今年的暑期工作会议具有特殊的意义。20多天前，江总书记考察我院并发表了重要讲话，阐明了繁荣和发展哲学社会科学、办好中国社会科学院的一系列指导思想；年内，党的十六大将要召开。所以，我们这次会议，既是为了进一步认真学习“七一六”讲话，研究如何贯彻落实讲话精神，同时又是为了迎接党的十六大。可以说，我们的会议，是在重要的历史时刻举行的重要会议。

这次会议的中心议题，就是贯彻江总书记重要指示，研究如何进一步办好中国社科院。只有把社科院办好，我们才能为繁荣和发展哲学社会科学作出应有的贡献，才能更好地为社会主义、为人民服务，才能不辜负党中央和全国人民包括社会科学界广大学者的期望。会议期间，同志们热情很高，经过热烈、充分的讨论，取得了很多共识，提出了不少好的建议。可以肯定地说，这次暑期工作会议开得很好、很成功。

下面，我讲三点。

（一）现状和问题

落实江总书记考察我院的讲话精神，核心工作就是要“进一步办好中国社会科学院”，这是一篇大“文章”、一项大“课题”。“文章”做得如何，“课题”完成得如何，取决于全院每个人，要靠全院干部职工齐心协力，集体出成果。办好社科院，当然首先要“知己”，弄清我院的现状和存在的主要问题。从现状和问题入手，才能实事求是。

我这里不讲成绩，只讲问题和不足。成绩不讲跑不了，问题不说就会有危险。从会议期间反映的情况看，我院目前存在的主要问题有：

——在科研成果方面，每年出版的著作、发表的论文数量不少，但精品不多，也就是说存在着“书多好的少”的问题。从根本上解决这一问题，尽可能多地出精品力作，才能进一步提升我院的地位和声誉，对繁荣和发展哲学社会科学作出更大的贡献。

——在学风方面，浮躁情绪有所滋长，“重利轻学”现象有所增多。有些人追求的不是学问高低，而是关注待遇多少。创新意识不强，低水平重复情况较为突出；理论脱离实际、教条主义倾向依然不同程度地存在；积极健康的学术批评氛围尚未完全形成。

——在制度建设方面，近年来虽有很大进展，但还没有真正确立起一套科学、合理的科研成果和人才评估机制，某些制度的执行也不够好。比如，在业绩考核中，虽然也有明确的质量要求，但数量实际上被有意无意地放在了突出的地位。

——在人才队伍建设方面，既不能简单地说我院的人才队伍状况越来越差，也不能简单地说越来越好。社科院仍可说是人才济济，但总体上还不能令人满意。加入WTO后，我们面临着新一轮国际范围内的人才竞争，在稳定队伍、吸引人才方面，面临新的压力和挑战。

——在科研手段现代化方面，许多学者仍是手工操作，这已成为我院出成果、出人才的严重制约因素。近年来，我院数字化工程建设速度虽有所加快，但还处于起步阶段。同国际上先进的研究机构相比，还有很大差距。

——在对外学术交流与合作方面，还需要有个大的发展。我们已经加入WTO，如何更加积极地参与国际学术交流与合作，充分利用资源，还有一些问题亟待解决。最突出的是我们的学者语言交流能力跟不上。据有关方面统计，目前我院能独立进行国际学术交流的学者还不多，这与我院的地位和作用很不相称。

——在物质条件和经费保障方面，经过几年来的不懈努力，我院的科研经费和科研设施条件的保障能力已有较大提高，科学事业费预算从1997年到2002年，总增幅达111%。但是，与我院科研事业发展的需要相比，我们的财政仍然比较困难。

——在研究所建设方面，存在着书记、所长不精心治所的现象。一个研究所，如果党委工作不到位，所长工作不到位，是建设不好的。研究所建设不好，就谈不上把社科院办好。

上述八个方面的问题，反映出我院同总书记及中央的要求相比，同时代发展的要求相比，还有很大差距。概括地说，就是四个"不适应"：（1）研究水平上的不适应；（2）人才素质上的不适应；（3）体制上的不适应；（4）研究手段、方法上的不适应。解决问题，就是要从"不适应"到"适应"，需要有一个大幅度的提高。为此，我们要认真考虑我们的目标和任务，以及解决问题的有效措施。

（二）目标和任务

办好中国社科院，是党中央的重大决策，是社科院全体同志义不容辞的光荣职责。当前和今后一个时期，我们至少应实现以下几个方面的目标和任务：

——要成为马克思主义理论创新的重要基地。江总书记在1994年为我院的题词中，指出"把中国社会科学院建成马克思主义的坚强阵地"。这是我院作为中央直接领导的哲学社会科学研究机构应履行的首要职责，是建设有中国特色社会主义事业的客观要求。

马克思主义具有与时俱进的理论品格，是坚持和发展的辩证统一。只有发展着的马克思主义，才是指导我们前进的理论武器。只有成为马克思主义理论创新基地，才能成为马克思主义的坚强阵地。所以，我院一定要把推动马克思主义的理论发展作为首要任务。

我院所有学科、专业，都要在马克思主义指导下进行理论创新，努力建设与中国实际相结合的，具有中国气派、中国特色、中国风格的哲学社会科学。

——要成为重大时代课题研究的基地。目前，我国改革开放和社会主义现代化建设面临许多亟须解决的重大理论和实践问题，我院在研究和解决这些问题中，要充分发挥综合研究能力强的优势，拿出有重大价值的研究成果。

我们主要研究具有全局性、前瞻性和战略性的重大问题，为国家经济、政治、文化的建设和发展提供咨询，提供创造性的思想、理论和方法，为推动物质文明、政治文明、精神文明建设服务，成为党中央、国务院宏观决策的参谋和助手，成为笔杆子和智囊团。

——要成为主要学科基础理论研究的基地。哲学社会科学各学科都有自己的基础理论。

研究工作如果不建立在扎实的基础理论之上，将是无源之水、无本之木。为大力加强学科的理论和体系建设，每个研究所都要成立本学科的基础理论研究室，要专门设立基础理论研究课题。青年科研人员来院后，首先要扎扎实实地从事基础理论的学习和研究，积极申请基础理论研究课题，为成长为“大家”，奠定扎实、雄厚的基础。

——要成为新兴、交叉学科建设和发展的基地。我们要大力加强现代化建设急需的新兴学科、交叉学科的培育和建设。这些学科不可能一朝一夕形成，必须经过较长期的研究、积累，逐渐趋于成熟。而我们恰恰在这方面具有优势。要通过发挥这一优势，使新兴学科、交叉学科逐渐成为我院独具特色的学科领域。

此外，我们还要担当起承继某些“绝学”的任务，如西夏文、梵文等领域的研究，目前面临着极大困难，我们要注意予以扶持。这对于传承文明具有重要意义。

——要成为高素质人才的培养基地。我院不仅要成为国家哲学社会科学的研究中心，而且还要成为一流的人文社会科学研究人才和管理人才的培养基地。研究生院担负着培养人才的主要任务，各所也同样承担着这个任务。我们要以雄厚的研究资源为依托，把科研和教学有机地结合起来。这是我们培养高素质和创造性人才的优势所在。

要改变狭隘的人才观念。我们不仅要为自己培养人才，而且要为全社会输送人才。要建立有利于出成果、出人才的人事管理制度。

——要成为国家人文社会科学的信息中心。推进数字化建设，是提高科研生产力的重要途径。我们要围绕正在进行的“一个工程”、“两个板块”和“三个层次”的建设，大力推进信息化、数字化进程，在硬件和软件方面都努力达到世界先进水平。

我们的信息化服务要面向全社会，成为全国人文社会科学的信息中心。通过我院中心图书馆数字化建设，推动全国社会科学信息资料的数字化建设，并逐步实现全国联网。

——要成为我国哲学社会科学对外学术交流与合作的主要平台。我院作为国家办的社会科学研究机构，要成为向世界展示我国社会科学最新研究成果的窗口，成为学习、借鉴世界各国优秀文化成果的基地，成为对外学术交流的主渠道。

我们要与世界各国主要的人文社会科学研究机构、大学和政府有关部门，建立广泛的双边或多边交流与合作机制。

我们的学者应勇于和善于参加世界范围的百家争鸣，扩大我国哲学社会科学的影响。中国社会科学一定要大踏步地走向世界。

以上七个方面的目标和任务，与我院的“三五一”发展战略是一致的。“三五一”战略实施好了，社科院也就基本办好了。当然，我们说的“办好”，是相对的，绝不是一劳永逸。全院同志必须持久不懈地努力。

（三）要求和措施

办好社科院，是一个系统工程，是一个有机整体。院、所（局）和每个人，都要认真研究解决问题和完成任务的有效措施。我这里只提出几点想法和要求：

——政治上要和党中央保持一致。我们的所有工作都要以解决中国的问题为目标，服从于建设有中国特色社会主义事业的大局。我们的哲学社会科学研究，是代表先进文化、体现人民利益的，我们一切研究工作的出发点和落脚点，都是为了最广大人民的根本利益。

我院作为中央直接领导的研究机构，在同党中央保持一致方面，一定要做表率。我这里还是强调要坚持正确的政治方向、理论方向和科研方向，要以“三个代表”重要思想为指导，自觉地在政治上与党中央保持一致。

——发挥各层次、每个人的积极性，增强凝聚力。院要办好院事，所要办好所事，每个研究室和个人都要办好自己的事，都要有明确的目标。

要围绕“办好社科院”增强凝聚力，每个人都要树立“院兴我荣，院衰我耻”的责任意识。一定要热爱社会科学院，热爱社会科学界，热爱社会科学。

一盘散沙，就什么也干不成。应杜绝“内耗”、“内斗”、“文人相轻”等不良现象。学者们从事探索真理的神圣职业，要以学立事，以学立命，决不能把自己降为市井“小人”。

办好社科院，我们每个人（包括离退休老干部）都不是“局外人”，都是“个中人”。每个人都有责任，都要作出自己的贡献。这也是每个人的光荣。

——办好社科院，关键在所。社科院是个大平台，各所是平台上的主角。社科院办得好与不好，一是取决于院这一平台建设得好不好，二是取决于研究所办得好不好。关键还是各研究所。

研究人员要强调治学，所领导要强调治所。所办不好，责任在所长和书记。我相信，各所书记、所长完全有能力把研究所办好，能把每一个研究室和每一学科都建设好，使每个学者学有专长，业有专精。

办好所，主要靠自己。每个研究所都要在所的制度创新方面有所作为。不要遇事就“等靠要”。院主要解决共性、解决平台的问题。绝大部分制度都要由所自己制定。

所党委会、所务会要开好，这是治所的关键。所长要把治学和治所结合起来，不要总是“满天飞”，要真正踏踏实实地做好本职工作。

——要坚持不懈地抓学风建设。重点是反对教条主义。既反对把马克思主义教条化，也反对把西方的理论当做教条。东教条，西教条，什么教条主义都不灵。我们要建立自己的理论体系、话语体系，不要人云亦云。

要加强对青年科研人员的思想引导，鼓励他们踏踏实实做学问。科研工作者获得名誉和地位，还是要靠辛勤劳动、刻苦钻研。毕业后工作刚三五年，就要地位、要名誉、要待遇，这怎么行？还是要靠劳动，靠写出好的文章。

学风建设，一靠教育，二靠制度，三靠评估。学者要自觉地提高思想修养，加强学风自律；院要建立、健全相关的管理、监督制度。

我院关于加强学风建设的意见已出台，大家认真审议，正式通过后，付诸实施。

——大力加强人才队伍建设。要牢固树立“人才资源是第一资源”的思想，走人才强院强所之路。人事局要像抓重大课题那样，抓人才的培训、吸引和使用，要有阶段性目标，要有具体措施。

要遵循“用好现有人才，稳定关键人才，引进急需人才，培养未来人才”的原则，加快实施人才工程。关键在于构建激励竞争机制。如研究员分等分级问题，要抓紧调查研究。

关于青年科研人员住房补贴问题，会议期间大家议论较多。解决这一问题的基本思路应是多渠道筹措资金，坚持优秀原则、差别原则、青年原则。要高度重视青年人才的培养和使用。要进一步办好青年中心。

——加快信息化、数字化建设步伐。我院要建成全国一流的社会科学数据库、数字化图书馆。各级领导要高度重视，实行总体规划，建章立制，统筹管理。要组织一支稳定的信息化建设队伍，并充分调动全院职工参与的积极性。要一手抓建设，一手抓管理，健全信息网络管理体制。这是一个全新的课题。

要不断提高水平，加快我院数字化图书馆建设，最终形成馆藏电子资源和印刷型资源相结合的基础文献保障体系，加强我院各所、学者个人的数据库和网页建设。

——要多出精品力作、多出优秀人才。社科院要靠理论创新、靠优秀科研成果讲话。“言不正则名不顺”，所谓“言正”，就是有“为”。有了“为”，才会有“位”。关键是有“为”。有“为”，就是要出精品，出人才，不断推动理论创新。只有精品力作，才能体现出我院的重要地位和价值。从今年开始，每个所每年都要自己推荐代表本所水平的一本书和一篇论文。这可称为“两个一工程”

——要修订完善我院的发展规划。要成立专门小组，修订到2010年的我院建设总体规划。规划要以我院“三五一”发展战略为基础，涵盖全院的科研工作、人才队伍建设、后备队伍建设、国际交流、后勤建设等各个方面。这是结合我院具体实际，贯彻落实江总书记“七一六”讲话精神的具体措施。

同志们，再过一段时间，党的十六大就要召开。这将是一次极其重要的会议。做好我们的各项工作，意义非同寻常。

让我们更加紧密地团结在以江泽民同志为核心的党中央周围，高举邓小平理论伟大旗帜，认真贯彻“三个代表”重要思想，以学习贯彻江总书记“七一六”讲话为契机，振奋精神，与时俱进，开拓进取，以优异成绩迎接十六大的胜利召开。

为加快发展我国哲学社会科学作出更大的贡献

——在建院25周年庆祝大会上的讲话

（2002年10月16日）

李铁映

各位同志，各位来宾，朋友们：

在这秋色宜人的美好季节，我们隆重集会，庆祝中国社会科学院建院25周年。首先，我代表院党组、院务会议，向在全院各岗位上辛勤工作的全体同志，表示热烈的祝贺！向光临大会的中央有关部门领导同志、各兄弟单位领导同志和专家学者，表示热烈的欢迎！向所有支持、关心我院建设和发展的社会各界人士，致以衷心的感谢！

中国社会科学院成长和发展的25年，是与我国改革开放和社会主义现代化建设事业一道前进的。在这25年里，我国经济、政治、文化、思想等各领域都发生了极其广泛而深刻的变化。这为我国哲学社会科学的发展，既提供了广阔的舞台，又提供了无比丰富、新鲜的实践素材。我们社科院欣逢祖国繁荣振兴的伟大变革时代，经历着世界前所未有的历史巨变，广大科研人员积极投身于时代发展的大潮，与国家、民族同呼吸、共命运，因而获得了成长、壮大的深厚基础和不竭动力。

——25 年来，我们积极推动理论创新，为丰富和发展马克思主义作出了重要贡献。我院广大学者积极探索马克思主义中国化的方式和途径，反对各种形式的教条主义，在有中国特色社会主义理论与实践的双重探索中，提出了许多创新的理论观点、思路和见解。在诸多对我们国家的发展具有重大影响的思想、理论、政策中，都凝聚着我院专家学者的智慧。

——25 年来，我们深入研究时代重大课题，为党和国家的宏观决策提供了咨询服务。我们以改革开放各时期的重大理论和实践问题为科研主攻方向，以服务于党和国家的宏观决策为重要目标。特别是近些年来，我们充分发挥多学科综合性研究优势，组织精干力量，深入研究全局性、前瞻性、战略性的重大时代课题。如“三个代表”重要思想研究、社会主义民主法制建设问题研究、劳动和劳动价值论研究，等等，为社会主义物质文明、政治文明和精神文明建设提供了理论支持、精神动力和智力保障。

——25 年来，我们积极促进多学科共同发展，为建设有中国特色的哲学社会科学体系作出了重要努力。我们遵循科学发展规律，积极倡导建立有中国特色、中国风格、中国气派的哲学社会科学；我们高度重视基础理论研究，大力加强应用理论和对策研究，大力加强新兴学科、交叉学科的建设，逐步形成了以基础理论研究为依托、以宏观性战略性问题研究为重点、以综合性研究为特长的科学研究体系。

——25 年来，我们大力加强人才队伍建设，为我院及社会培养了许多高素质的科研和管理人才。我们始终坚持走人才强院强所之路，以雄厚的研究资源为依托，在科研实践中锻炼培养人才；积极稳妥地推进人事管理体制改革，注重人才结构和研究梯队建设，为优秀人才脱颖而出创造良好的环境。这为把我院建设成为高素质的人才基地打下了坚实的基础。

——25 年来，我们努力拓展对外学术交流与合作，积极推动中国哲学社会科学走向世界。伴随中国对外开放的不断扩大，我院也从广度和深度上发展对外学术交流与合作。现在，我院对外学术交流已遍及世界 80 多个国家和地区，已成为向世界展示我国社会科学最新研究成果的重要窗口，成为我国对外人文社会科学交流的重要渠道。

总之，经过 25 年的发展，经过几代哲学社会科学工作者的辛勤努力，我院涌现出了不少饮誉海内外的学术大师，汇集了众多造诣精深的专家学者，推出了诸多颇具影响的精品力作。据不完全统计，建院以来，共完成专著 7045 部，论文 80715 篇，研究报告 12115 份。此外还有大量的学术资料、译著、教材、学术工具书、古籍整理、理论宣传文章等其他形式的成果。其中，共有 1027 项获院优秀成果奖和国家、省部级奖励。

中国社会科学院的成长和发展，一直得到党中央的高度重视和殷切关怀。以毛泽东同志为核心的第一代领导集体，对我院的前身中国科学院哲学社会科学部的工作，给予了大力支持和指导。毛泽东同志曾明确提出，要在国内建立以马克思主义为指导的研究机构；25 年前，在邓小平同志的亲自关心和指导下，在中国科学院哲学社会科学部的基础上，成立了中国社会科学院；以江泽民同志为核心的第三代领导集体，在社会主义改革开放的新阶段，从党、国家、民族前途命运的高度，重视哲学社会科学事业，重视中国社科院的发展。在近 10 年的时间里，江总书记和其他中央领导同志先后三次听取我院的工作汇报；江总书记还先后于 1994 年和 1998 年为我院及研究生院题词，为我们明确了办院方针。

特别是今年 7 月 16 日，江总书记亲临我院考察并发表重要讲话，使广大专家学者备受鼓舞。“七一六”讲话从治党兴国的战略高度，科学地阐述了哲学社会科学的重要地位和作用，提出了两个“不可替代”的精辟论断，以及繁荣和发展我国哲学社会科学必须坚持的五条基本方针。讲话高屋建瓴，内涵丰富，寓意深刻，是新世纪加快发展我国哲学社会科学的纲领性文献。总书记在讲话中再次语重心长地强调，“我们一定要办好中国社会科学院”。这是党中央对我们的高度信任和殷切期望。

深入学习、贯彻江总书记的讲话精神，是当前和今后我院一项长期的重要任务；真正办好中国社科院，为新世纪加快发展我国哲学社会科学作出更大的贡献，是我们每个人义不容辞的神圣职责。虽然我们在过去的25年里取得了显著成绩，但同党、国家和人民的要求相比，还存在很大差距。我们一定要加倍努力，励精图治。

志存高远，方有作为。要办好中国社会科学院，我们必须树立更高、更远的目标，并朝着它坚定不移地迈进。在今年我院暑期工作会议上，我提出我院至少要实现七项具体目标，我把它们概括为“五个基地，一个中心，一个平台”，即在21世纪的最初10年或更长一些时间，把中国社科院建设成为马克思主义理论创新的基地、重大时代课题研究的基地、主要学科基础理论研究的基地、新兴和交叉学科建设和发展的基地、高素质人才的培养基地；成为国家哲学社会科学的信息中心；成为我国哲学社会科学对外学术交流与合作的主要平台。这些目标和任务，同我院近些年努力实施的“三五一”发展战略是一致的。概括起来说，就是把中国社科院建设成为国际一流的哲学社会科学研究机构，建设成为党中央和国务院的智囊团和理论创新基地。我相信，有全院同志的同心同德和辛勤努力，我们一定能克服前进中遇到的各种困难，圆满实现我们的目标。

办好中国社科院，是一篇“大文章”。“文章”做得如何，取决于全院每个人，要调动各方面的积极性。办好中国社科院，核心是把各研究所办成国际一流的研究所。因为研究所不仅是一级法人单位，而且是相关学科的载体，是科研工作和人才培养规划的具体组织者、实施者。怎样才能算国际一流的研究所？大家可以讨论和研究。我这里提出六条标准，供大家考虑，这就是：一流的成果，一流的队伍，一流的期刊，一流的论坛，一流的网站和一流的研究环境。所谓研究环境，包括硬环境和软环境。硬环境是随着国家的发展逐步改善的，但软环境的建设完全取决于我们自己。如果软环境搞不好，各所书记、所长要负主要责任。今天我们庆祝建院25周年，各所首先要把本所的人文环境搞好。围绕上述六条标准，各研究所要认真研究和制定自己的发展规划，积极地推进体制改革和制度创新，进一步解放思想。要推动理论创新，首先必须解放自己的思想，跟上时代前进的步伐。

21世纪是世界变化更加迅速的时代，也是中华民族实现伟大复兴的世纪。目前，我国已进入全面建设小康社会、加快推进社会主义现代化的新的发展阶段，我们面临着许多新情况、新问题。研究新情况，解决新问题，需要我们在实践和理论上进行创造性地探索。我院作为国家创办的哲学社会科学研究机构，一定要充分发挥自己的特色和优势，大力推进理论创新，更好地为社会主义现代化建设提供精神动力和智力支持。时不我待，只争朝夕。我们必须怀有高度的责任感、紧迫感，要有深切的忧患意识，为新世纪加快发展我国哲学社会科学而加倍努力。

“群才属休（修）明，乘运共跃鳞”。目前我国经济快速健康发展，政治有序昌明，社会繁荣稳定。这是哲学社会科学快速发展的大好时期，是广大专家学者施展才华、实现抱负、大有作为的重要机遇期，希望大家万分珍惜。

“天行健，君子以自强不息”。25 岁是充满活力和希望的美好年代，更是走向成熟、塑造内蕴的重要转折期。我们取得的成绩属于过去，关键是要抓住机遇，抓住未来，未来要在新的规划和发展中创造。我们要以庆祝建院 25 周年为发展的新契机，锐意进取，扎实工作，使我院各项工作再上新台阶，真正办好中国社会科学院。

同志们，具有伟大历史意义、为全世界所瞩目的党的十六大即将胜利召开。今天我们庆祝建院 25 周年，具有更为特殊的意义。让我们紧密团结在以江泽民同志为核心的党中央周围，高举邓小平理论伟大旗帜，坚决贯彻“三个代表”的重要思想，与时俱进，开拓创新，以出成果出人才的优异成绩，迎接党的十六大；为加快发展我国哲学社会科学，实现中华民族的伟大复兴，谱写无愧于时代的灿烂篇章。

二 2002年度全院基本情况

(一) 人员、机构

1. 人员：2002年底，全院总人数为6401人。其中，在职人员3777人，离退休人员2624人。在职人员中，专业人员3004人，占在职人员的79.5%；行政人员469人，占在职人员的12.4%；工人304人，占在职人员的8.1%。

2002年底，全院在职人员新增200人，减少146人，净增员54人。

2. 在职人员结构：2002年底，在职专业人员中，正高级职称人员619人，占专业人员的20.6%；副高级职称人员902人，占专业人员的30%；中初级职称人员1189人，占专业人员的39.5%。

3. 工资水平：2002年底，全院在职职工工资总额9812.3万元（含计划内临时工），人均年工资2.2万元。

4. 年龄状况：2002年底，全院在职人员平均年龄44.6岁，正高级专业人员平均年龄54.2岁，副高级专业人员平均年龄45.5岁，行政人员平均年龄45.6岁。

5. 性别比例：2002年底，全院在职人员中，女职工1428人，占在职人员的38.8%。其中，高级专业人员中女职工441人，占全院高级专业人员的29.3%；行政人员中女职工134人，占全院行政人员总数的30.5%。

6. 博士后情况：2002年度，我院招收博士后研究人员84人。其中，招收计划内博士后14人，计划外博士后70人。

7. 机构：2002年底，全院54个单位。其中，职能局10个，研究所31个，科研中心3个，直属单位10个。

(二) 科研工作

1. 科研成果：2002年度，全院完成专著299部，论文3626篇，调研报告681份，学术资料56部，古籍整理17部，教材11部，译著27部，译文363篇，学术性普及读物40种，工具书42部，一般文章869篇，论文集66部，软件30套，丛书12种，综述203篇，影视作品3部。

2. 完成各类课题68项：其中，国家社科基金课题32项，院重大课题4项（A类1项，B类3项），院重点课题8项，院基础课题3项，院青年基金课题2项，院特色中心课题1项，交办委托课题18项。

3. 批准120项院重大课题立项，资助总额为1447.2万元：其中，A类重大课题30项，资助总额为870万元，2002年度实拨211.2万元。B类重大课题90项，资助总额为577.2万元，2002年度，B类课题经费一次性拨付相关研究所。

4. 学科建设：“九五”期间，我院在进行学科调整的基础上，确定了107个重点学科和24个重点扶持学科，并对其中的50个学科实施了“重点学科建设目标管理责任制”。截至2002年底，全院共有270多个二、三级学科。

2002年，我院开始实施“重点学科建设工程”，全院共有57个学科被确定为“工程”项目（含重点研究室5个），其中经济学科片13个，历史学科片11个，文学语言学科片8个，哲学学科片7个，政法社会学科片8个，国际问题学科片10个。2002年度，对其中53个重点学科进行资助，总额为438万元。资助分20万元、10万元、7万元3个档次，平均每个学科资助8.3万元。

5. 期刊、社团、非实体研究中心：2002年度，院主管报刊91种，登记在册的院管学会100个，全院有院属非实体研究中心78个。

（三）对外学术交流

1. 交流规模：2002年，我院对外学术交流继续保持良好发展势头，全年对外交流总量达到1707批次3597人次。其中，由我院邀请来访或派遣出访的交流量达到1166批次2583人次；包括出访项目850批次1455人次；来访项目316批次1128人次。另外，由外单位邀请来访，我院参与接待的交流项目数量达到541批次1014人次。2002年度，我院办理因公出访护照378本，签证签注1009人次。

2. 国际学术会议：2002年度，由院及研究所主办的国际会议27个。

3. 留学工作：2002年度，全院派出留学、研修和长期访问学者共计110人。

（四）事业经费

1. 总收入和总支出：2002年度，我院总收入为51782.49万元，总支出为45597.93万元。

在总收入51782.49万元中，财政部拨款为45354.47万元。包括社会科学事业费36793.47万元；科学技术三项费用290万元；住房改革经费6161万元；基本建设经费2110万元。由人事部转财政部拨引进人才专项费用19.5万元；政府特殊津贴157.55万元。年内其他各项收入6250.97万元。包括事业收入1112.8万元；院属各单位上缴收入845万元；其他收入4293.17万元。

在总支出45597.93万元中，社会科学事业费支出38418.07万元；科学技术三项费用支出369.1万元；住房改革支出4510.33万元；基本建设支出2110万元；引进人才专项费用支出25.5万元；政府特殊津贴支出164.93万元。

2. 支出结构分析：在社会科学事业费支出38418.07万元中，人员经费支出9212.60万元，占总支出的23.98%；公用费支出17707.25万元，占总支出的46.09%；设备购置和大修理费4139.30万元，占总支出的10.77%；人员补贴支出7358.92万元，占总支出的19.16%。

（五）基本建设

2002年度，我院基本建设投资计划基数2110万元，全年完成建设投资3394万元，完成率160.84%。

（六）国有资产

2002年度，我院净资产总额为83585.25万元，其中固定资产58804.24万元。

院现有房屋和建筑物总计55.5万平方米。其中，职工宿舍用房34.2万平方米，科研办公及其他用房21.3万平方米。

（七）文献馆藏

2002年末，院图书馆藏书约180万册。2002年，全院图书馆图书购置经费共计1100万元，其中购中文图书36323册，外文图书9018册。

（八）图书出版

2002年度，我院各出版单位累计出版（含再版）图书933种，总字数29901万字，定价总金额15856万元。其中，中国社会科学出版社出版图书429种，总字数12019万字，定价总金额6350万元；社会科学文献出版社出版图书289种，总字数11397万字，定价总金额4909万元；经济管理出版社出版图书215种，总字数6485万字，定价总金额4597万元。

（九）网络建设

2002年度，院信息化网络建设及资金投资情况：

1. 2002年，召开了全院第一次网络信息工作会议，明确提出了“一个工程、两个板块、三个层次”的信息化建设奋斗目标，出台了各项措施和要求。

2. 网络建设进一步完善和提高，院主干网实现了10兆带宽，各局域网和主干网之间实现了10兆带宽的互联，全院共享的Internet出口达到了独享30兆。

3. 信息开发和信息应用逐步深入。有8个研究所成为第一批信息化建设示范试点；全院科研和管理人员免费使用了50万种图书的网上读书卡；制作了书刊、资料等学术光盘300多张；将我院第四届优秀科研成果制作成2000套光盘；全院各图书馆间的图书联机编目全面展开；网上科研管理系统建设进展顺利。

4. 院内外网站两次改版，本着“用得好，管得住”的原则，加强了网络安全和信息安全建设。

5. 2002年度，院信息化建设经费预算总额1500万元，实际支出1329.07万元。其中，全院信息化建设支出1010.57万元，院图书馆支出318.5万元。

（十）研究生院工作

1. 2002年度，院各研究单位招收硕士生190人，博士生242人，其中在职人员占30%。2002年度获得硕士学位的有145人，获得博士学位的有181人。

2. 2002年度，研究生院在职员工130人。其中，正高级职称人员10人，副高级职称人员18人，占21.5%。兼职教师（聘请社科院以外的研究生导师）12人，其中博导11人，硕导1人。

（十一）党的工作

1. 理论武装工作取得新成效

2002年，新成立的中共中国社会科学院直属机关委员会在院党组的正确领导下，认真组织全院广大干部职工学习党的“十六大”精神和“三个代表”重要思想，并根据院党组下发的《通知》，精心组织各种座谈会、研讨会，不断把学习引向深入。配合院党组全年共举办系列报告会6场。全院各单位在学习中，始终以“三个代表”重要思想为主线，注重做到“四个结合”：把学习“三个代表”重要思想与学习党的“十六大”精神、江泽民同志“七一”讲话、“五三一”讲话和“七一六”讲话相结合，深刻领会精神实质；与形势教育内容相结合，扩大研究工作者的理论视野；与深入研究重大理论和现实问题相结合，联系实际，更好地为现代化建设服务；与科研和各项管理工作相结合，以指导我们搞好全院各方面建设。

2. 基层党组织工作取得新进展

院党组积极抓好研究所党委领导班子建设，组织召开“以‘三个代表’为指导，加强研究所党建和领导班子建设”座谈会；举办“全院党的基层组织建设工作”研讨会和经验交流会；抓干部教育，举办了全院60余人参加的“十六大”专题研讨班，编制了《2002～2006年党员干部入党校培训计划》，全院各单位474名党员干部纳入五年培训计划；举办了有18个单位的41名入党积极分子参加的培训班，全年发展新党员43名。

3. 调查研究工作取得新成果

为院党组了解全院党建和思想政治工作情况，撰写了多篇调查报告及内部情况报告：《我院部分研究所党建基本情况调研报告》、《中国社会科学院学习江总书记“七一六”重要讲话情况报告》、《我院近期科研人员流失情况的调研报告》；完成了《全院各单位执行〈党委工作条例〉和〈所长工作条例〉情况的调研报告》初稿及《我院专家学者的思想动态专题报告》和《全院领导干部民主生活会情况报告》。

4. 群众组织工作取得新突破

在我院首次建立了“院领导与党外专家联系制度”，组织党外专家进行专题调研。院工会召开第四届代表大会，选举产生了新一届工会领导班子；成功举办了全院第三届职工运动会；继续开展“送温暖活动”，元旦、春节期间，院工会和基层工会组织共走访慰问离退休人员、患病职工、资深研究员和困难职工家庭822户，送慰问金、慰问品价值70多万元。院团委与共青团中央等单位联合主办了“血铸中华”、“民族魂”网站；与国内200家网站联合，共同开展“清明网上祭奠英烈”活动；组织学者撰写《“三个代表”青年读本》。妇工委召开表彰会，表彰“优秀女领导干部”10名，“五好文明家庭”10户；组织女干部职工开展“与春天对话”游园、摄影、征文等系列活动；召开女领导干部联谊座谈会；继续举办2002年“女学者论坛”；与7个部委妇女组织共同举办大龄青年“金秋之约”大型联谊活动。

2002年底，全院共有中共党员4046人。其中，在职党员2185人，占全院党员总数的54%。在职党员年龄构成：25岁以下48人，26～35岁402人，36～45岁609人，46～54岁802人，55～59岁219人，60岁以上105人。离退休党员1828人。其中离休党员622名，退休党员1206名。

2002年底，全院共有民主党派基层组织6个，成员234人。其中，“民革”社科支部党员16人；“民盟”社科委员会盟员110人；“民建”社科支部成员12人；“民进”社科支部成员30人；“九三学社”社科支部社员37人；“农工民主党”社科支部党员25人；“致公党”成员4人。

三　2002年度中国社会科学院工作会议文件

中国社会科学院2001年工作回顾

（2002年1月14日）

2001年，全院干部群众在院党组和院务会议的领导下，坚持以马列主义、毛泽东思想、邓小平理论和“三个代表”重要思想为指导，认真学习贯彻江泽民总书记“七一”、“八七”讲话和十五届六中全会精神，牢牢把握正确的政治方向、理论方向和科研方向，紧紧围绕党和国家面临的重大理论和实际问题，集中精力开展科学研究，大力加强队伍建设，各方面工作都取得了新的成绩。根据2001年院《工作要点》对照检查，我院基本完成了年初院工作会议提出的各项任务。

（一）以“三个代表”重要思想为指导，深入学习贯彻“七一”、“八七”讲话和十五届六中全会精神，同党中央保持高度一致

1. 认真组织全院干部职工的政治、理论学习。今年全党、全国、全院工作的突出特点是：大事多，重大政治活动多。院党组十分重视中央精神在我院的贯彻，团结、引导全院同志自觉地在政治、思想上与以江泽民同志为核心的党中央保持高度一致，确保了我院的政治稳定，推动了我院各项工作的深入开展。院党组和各级党委把组织全院干部职工学习贯彻“三个代表”重要思想，江总书记“七一”、“八七”重要讲话和十五届六中全会精神，作为首要的政治、理论任务来完成。院党组多次召开党组会议，带头学习，并相继下发了学习《通知》，制定了学习贯彻中央文件精神的具体活动方案，形成了6份专题学习贯彻情况报告并上报中央。

全院各单位把“七一”讲话作为下半年理论学习的重点，分专题认真学习领会。组织了一批报告会、专家座谈会，开展了形式多样、内容丰富的学习活动。

2. 充分发挥哲学社会科学的作用，深入研究江总书记“七一”讲话和在六中全会讲话中提出的重大时代课题。江总书记在“七一”讲话和六中全会闭幕式上的讲话，提出了一系列重大理论和实践课题。院党组专门召开会议决定，集中研究“劳动和劳动价值理论”、“我国社会结构和分层问题”等13项重大课题。党组同时决定，成立以李铁映同志为组长的重大课题领导小组，全面负责这13项课题的推动、协调和保障工作，规定每位院党组成员具体负责1～2项课题，明确提出要把这13项重大课题作为当前首要的政治任务来完成。

围绕江总书记“七一”讲话提出的一系列新思想、新观点和新论断，有关部门还迅速组

织落实了32项课题。完成了中央交办的“《共产党宣言》发表以来世界的主要变化”等重大课题。

3. 积极组织研究、阐发“三个代表”重要思想的理论文章和“七一”讲话的宣讲工作。李铁映同志带头撰写了《以“三个代表”思想为指导，进一步繁荣和发展哲学社会科学》、《开创马克思主义的新境界》、《创新理论必须有创新的学风和文风》等重要文章。有关部门在全院范围内征选出《“三个代表”重要思想是对马克思主义的理论创新》等4篇推荐论文参加中央召开的“纪念中国共产党成立80周年”理论研讨会。邓小平理论研究中心等单位组织了一批深入学习、研究和宣传“三个代表”重要思想、“七一”讲话和六中全会精神的理论文章在《光明日报》、《经济日报》等报刊发表，并完成中宣部布置的《坚持最高纲领与最低纲领的统一》等理论文章的撰写任务，受到中央有关部门的表彰。

院领导参加了中央宣讲团的工作。我院研究人员还积极参加各大新闻媒体的宣传活动，或到各大机关、各企事业单位宣讲“三个代表”重要思想、“七一”重要讲话，产生了良好的社会反响。

4. 作风建设得到切实加强和改进。院党组带头贯彻落实六中全会精神，切实加强和改进我院作风建设。院党组确定了加强我院学风建设的监督检查措施。院职能部门结合本部门实际，制定了贯彻六中全会精神、加强和改进我院机关工作作风的6条制度性措施。院属许多单位也制定了加强和改进作风建设的规章制度。院职能部门还结合本部门业务工作，到全院31个研究所和10个直属单位进行调研，并使深入基层调研的工作制度化。

（二）重大课题制度不断完善，科研工作取得明显进展

1. 采取有力措施，推进重大课题制度创新。为进一步完善重大课题制度，在广泛征求意见的基础上，制定了《关于〈中国社会科学院重大课题管理办法〉的补充规定》，提出将院重大课题分设为A、B两类。B类重大课题的设立，扩大了研究所的科研自主权，使研究所能够根据本所学科建设的实际需要来设计课题，增强了研究所的主动性与责任感。制定了《关于完善重大课题经费管理的几项措施（试行）》，对院重大课题经费的申报和预算审核程序进行了规范，使科研经费的预算与使用更加合理。

2. 适应党和国家事业发展及学科建设的迫切需要，一批新的研究课题得到落实。年初，贯彻“三个代表”重要思想，结合学科建设需要，制定了《2001年度重大课题指南》。经评审，确立A类重大课题57项，B类重大课题77项，资助总额为2224.3万元。另有45项课题申请获得国家社会科学基金课题立项。其中，国家重点课题13项、一般课题27项、青年课题5项，共获得总额为294.1万元的经费资助。另外，由国家财政专项资助的“东北边疆历史与现状研究系列工程”和“苏联档案整理”两项重大课题得到立项。

我院还接受并完成了一批党中央、国务院领导同志交办的课题。一年来，由中央领导同志和我院及有关部委省市负责同志交办、委托的课题有56项，资助总额达308万元。

3. 基础理论和重大现实问题研究取得一批重要成果。据不完全统计，2001年，我院出版专著300余部，论文3300余篇，研究报告700余份。

广大科研人员树立精品意识，潜心研究，积极探索，推出了一些具有较高学术价值和一定社会效益的研究成果。如在基础研究方面主要有：《论民主》、《论中国所有制改革》、《科

技革命与当代社会》、《蒙城尉迟寺》、《中国20世纪文艺学学术史》、《邓小平理论与世界之交的国际战略》等。

在对策研究方面主要有：《我院经济专家谈经济形势及对策建议》、《运用法律手段保障与促进信息网络的健康发展》、《对美国遭受严重恐怖袭击事件的分析及建议》等。经济、社会、农村、国际形势预测等系列"皮书"在社会上的影响不断增强。

我院学术成果在社会各界赢得了良好声誉。《社会主义历史、理论与实践》、《中国边疆经略史》、《谁在制造谎言——评日本右翼的军国主义史观》等7项成果获得第八届"五个一工程"奖。《华夏审美风尚史》、《甲骨学一百年》、《就业与制度变迁》等十余项著作分别获得第五届国家图书奖或提名奖。

4.积极开展学术交流活动，活跃学术空气。院党组和院务会议重视分析学术动态，及时了解和掌握理论前沿的信息。围绕重大理论和现实问题，我院举办了一系列重要学术活动，人员规模在50人以上的学术活动有125项。院学术委员会以"21世纪初中国面临的重大理论和对策问题"为主题，分别召开了经济、哲学、文学、历史、政法社会和国际问题等6个学科片研讨会，提出并论证了100余项重大选题。此外，史学工作会议、国际形势研讨会、"'三个代表'重要思想与历史唯物主义"全国理论研讨会、"劳动价值论"学术研讨会、"中国民营企业发展"研讨会、"人文奥运与北京文化建设"、"诺贝尔经济论坛"等学术活动均取得了良好效果。

许多研究所、研究中心、学会及学者个人在学术上表现活跃，积极参加国内外学术活动，社会参与程度明显加强，社会反应较好。我院主办的学术期刊不断提高学术水平和编校质量，改进装帧，出现了新的面貌。院属出版社在为科研服务、经营人文社会科学成果方面取得了较好的社会效益和经济效益。

5.信息报送和新闻宣传工作取得新成绩。院《要报》围绕国际重大事件和突发事件，组织科研人员撰写对策研究报告和政策建议，得到中央有关部门的好评。《社科网讯》上报了大量信息，受到国务院领导机关的表扬。《院报》坚持正确的政治方向和舆论导向，加大对科研成果和重大学术活动的报道力度，实现了周二4版、邮局发行和网上全文检索。加强与新闻单位的联系，围绕科研，积极组织主要新闻单位进行宣传报道，扩大了我院和社会科学事业的社会影响。

（三）稳步推进重点学科建设，进一步规范科研管理

1.制定了《中国社会科学院重点研究室建设方案》并向国家计委报送。考古所等6个单位完成了重点研究室建设方案的个案设计。

2.学科建设目标管理责任制取得良好效果。2001年是我院"九五"期间确定的50个重点学科目标管理责任制实施期的最后一年。通过总结验收表明，大多数重点学科的基础建设得到切实加强，有的学科长期存在的萎缩、下滑趋势得到缓解，总体上达到了重点学科目标管理责任制的要求。

3.强化制度建设，规范管理措施。针对近年来科研工作发展变化的情况与特点，制定了《中国社会科学院交办委托课题管理办法》、《中国社会科学院出版基金管理办法（试行）》、《中国社会科学院研究所优秀科研成果评奖办法（试行）》、《中国社会科学院非实体研

究中心管理办法》、"院级课题结项公示制度"、"院属出版社图书出版质量检查制度"等规章制度，在进一步深化科研管理体制改革，建立现代科研院所新体制方面迈出了新步伐。

（四）对外学术交流继续发展，呈现出高层次、多渠道的良好态势

1. 通过重大学术交流活动，提高了对外学术交流的层次。一年来，对外学术交流总量为1515批3609人次，其中出访767批1090人次，接待海外来访748批2519人次。由李铁映院长率团对欧亚六国的访问，签署和续签了5个合作交流协议，加强了我院与上述国家的学术交流。由其他院领导率领的我院代表团对捷克、俄罗斯、日本、美国、加拿大等国的出访，也加深了与有关学术机构的合作交流关系。

2. 加强与有关国际学术组织的联系，对外交流渠道进一步扩大。举办了第75届国际学术团体联盟大会，提高了亚洲和中国在著名国际学术组织中的地位。承办了国际社会科学理事会91届执委会和地区协商对话会。举办了"纪念辛亥革命90周年"国际学术讨论会、"文化视野与中国文学研究"国际研讨会等一系列国际会议。与加拿大多伦多大学、埃及开罗大学、西班牙马德里自治大学等12个学术机构或学术支持机构新签合作交流协议；与波兰科学院等4个学术机构续签了合作交流协议；与韩国高教财团等签署了资助协议。

（五）科研手段现代化建设积极推进，院图书馆为搬入新馆大楼作好前期准备

1. 以数字化带动信息化，加大信息开发和组织各类信息上网的力度。成立了以李铁映院长任组长的院信息化建设领导小组，确定了"十五"期间我院信息化建设的基本目标。建立了10条数字化生产线，开发和组织13万册人文社会科学图书上网。根据需要制作了一批成果或资料光盘。网站建设日趋规范，网络系统进入实用阶段。

2. 院图书馆实现全院图书馆联机编目，全院书目数据库功能运转正常。院馆藏书的中文书回溯编目工作提前完成，外文藏书的回溯编目工作正式启动。进行了院馆藏书清点工作，完善了图书资产账目，为图书资源建设，特别是为顺利搬进新馆创造了条件。

（六）人事制度改革稳步推进，两支队伍建设不断加强

1. 部分所局领导班子得到调整充实。对35个单位进行干部考察，任免所局级干部59人，其中新提任所局级干部21人，副职升正职12人，岗位调整13人，免职13人。新进入领导班子的平均年龄45.1岁，年龄最小的37岁。通过调整，绝大多数缺额的领导班子得到了充实。

2. 稳步推进人事制度改革工作。制定《中国社会科学院机构调整方案》并上报中央编制委员会办公室。制定并下发《关于调整人事管理权限的实施意见》，在经济研究所等7个单位进行试点，使研究所在干部任免（聘任）、干部调配、工资审批等方面的人事管理自主权进一步扩大。

3. 积极引进各类人才充实科研第一线。截至11月15日，共引进人才164人。其中，接收应届毕业生112人，京内外调入干部52人；具有博士学位66人，硕士学位64人，大学本科30人，大学专科4人；具有高级专业技术职务25人。同时，办理院内干部交流21人。

4. 组织实施专业技术职称评审工作。经严格评审，全院有190人晋升为高级专业技术

职称，其中晋升正高级职称85人，晋升副高级职称105人。

5. 研究生培养和博士后招收工作取得新进展。研究生院召开了工作会议，成立了教授委员会，推进了教学管理改革。2001年度，有309人获得博士、硕士学位。共招收海内外研究生408人，目前在校生达到1065人，是建院以来在校生人数最多的时期。2001年度，全国博士后管委会下达的10个国家计划指标招收工作完成，适当增加了自筹经费的博士后人员，已招收自费博士后21人。

6. 顺利完成调资工作，职工工资水平有较大幅度提高。根据国务院的部署，顺利完成2001年度1月和10月两次职工工资标准调整工作。全院职工工资水平有了较大幅度提高，其中在职人员人均增资282元，离退休人员人均增加离退休费387元。

（七）后勤保障工作取得成绩，科研条件继续改善

1. 事业经费持续增长，财务管理加大力度。2001年，财政部拨付我院总经费为36200万元，其中社会科学事业费31637万元，住房公积金1613万元，购房补贴资金2950万元。社会科学事业费年初核定数为29454万元，与2000年预算安排数29230万元相比，略有增长。在年初的预算安排中，坚持把保证科研业务需要作为重点，合理安排支出，科研经费总量保持了2000年的投入水平。在年度预算执行过程中，积极争取财政部支持，取得追加经费2183万元，保证了年度内全院两次调整工资所需经费，落实了专项预算经费，还对部分二级预算单位日常经费开支中的实际困难给予了适当解决。在财务管理方面，开展了清理“小金库”、规范各项收入管理的专项检查，并对各类公司进行了专项检查，提出了对公司规范化管理的措施。

2. 基建工作成效显著。2001年，我院基本建设投资总额为7365万元，按时结转建设任务24573平方米。院中心图书馆建成。在工期紧、任务重的情况下，按期完成北戴河培训中心翻扩建维修工程，保证了院暑期工作会议的顺利举行。研究生院新校园建设由国家计委批准立项。院部大院总体规划项目的批复工作完成，确立总体规划新建规模21.3万平方米。院科研办公区的电力增容改造工作全部完成。对院学术报告厅和经济片科研楼进行了全面维修改造。完成了考古所实验室及展室、紫竹院、车公庄、鲁谷、崇文门和华威西里宿舍区电梯、煤气、屋面防水等改造工程。

3. 后勤服务水平有所提高。以科研为中心加强管理，制定了一系列规章制度。强化服务意识，提高服务质量，在科研大楼物业和宿舍小区管理、餐饮和会议接待服务等方面，都取得了新成绩。2001年被中央国家机关和北京市评为“首都绿化美化先进单位”、“中央国家机关绿化美化先进单位”、“北京市卫生先进单位”等。

（八）党的建设进一步加强，保证了科研等各项工作的健康发展

1. 隆重召开全院庆祝建党80周年大会，开展全院“两优一先”评选活动。在全院庆祝建党80周年大会上，中共中央政治局委员、院党组书记、院长李铁映发表重要讲话；会上还表彰了近年在我院科研、改革和各项工作中作出突出贡献的10名优秀共产党员、6名优秀党务工作者和10个先进基层党组织。

2. 组织召开中国社会科学院第六次党代会，成立院直属机关党委、纪委。我院第六次

党代会胜利召开，选举产生了中国社会科学院第一届直属机关党委和纪委，理顺了我院党组织的隶属关系，进一步完善了我院党的领导体制和工作机制。

3.积极开展思想政治工作调研，举办系列形势报告会。在调研基础上，形成《我院党建和思想政治工作的现状与对策》等调研报告，上报中央领导同志。组织院党组理论学习中心组扩大报告会，先后邀请中央、国家有关部委的领导同志作了8场形势报告。创办了刊物《学习与参阅》。有57名处室以上干部参加了院党校的轮训。

4.党风廉政建设取得进展。认真做好维护政治纪律、宣传出版纪律和维护政治稳定的工作，严格执行院党组关于“六个不得”的规定。党风廉政教育和党纪党规教育得到加强。开展了对省部级现职领导干部家庭财产报告、登记工作，进行了清理领导干部持有的因私护照的工作。对7个单位进行了执法检查，对5个单位进行了审计。

（九）紧密围绕科研，其他各项工作都取得新进展

1.从政治、组织、思想和生活上关心老干部，充分发挥他们的作用。以落实“六个老有”为目标，认真做好老干部服务管理工作。组织落实了2001年度老年科研基金课题申报、评审和立项工作。全年为897名离退休干部（遗属）发放医疗、生活特殊困难补助、高龄补贴、护理费等111.3万元。开展形式多样的文体健身活动，丰富离退休同志的精神文化生活。

2.加强了党对青年工作和统战、工会、妇女工作的领导。成立院青年人文社会科学研究中心，组织青年科研人员进行“重走长征路”等一系列社会调研活动；开展青年学者学术交流活动，举办青年创新论坛等；院团委荣获中央国家机关“五四”红旗单位。配合中央统战部在我院开展党外知识分子状况调研，组织党外专家和民主党派人士参观考察和培训；我院民盟委员会分别荣获民盟中央和北京市委先进集体称号。组织全院庆祝建党80周年文艺汇演。妇工委举办了“女学者论坛”等形式多样的活动。

3.加强对文秘、档案、保密工作的规范化管理，努力做好安全保卫工作。印发了《中国社会科学院实施〈国家行政机关公文处理办法〉细则》，规范、强化了院属各单位的信息报送和公文办理工作，完善了我院保密工作规章制度。院二级邮局电子信息传送系统平稳运行。推进了档案的数字化工作。社会治安综合治理和献血、计划生育工作得到有关部门的好评。由于院属各单位分管部门高度重视，治安、防火、警卫和交通安全工作取得新进展，科研工作环境进一步改善。

4.当代中国研究所和中国地方志指导小组办公室的工作进一步加强。当代所调整领导班子，突出以科研为中心和为科研服务的方针，加强内部管理的制度化、规范化，制定并实施了机构改革方案，编制了三年科研规划并报经中央书记处批准。方志办协助完成第三届中国地方志指导小组成员调整，组织召开了第三次全国地方志工作会议。

2001年，我院以科研为中心的各项工作都取得了显著的成绩。这些成绩的取得，是在党中央国务院的正确领导下，全院同志团结努力、开拓创新、扎实工作的结果。在充分肯定成绩的同时，也要清醒地看到，我们的工作中还存在不少问题和不足。主要有：一是部分人学风浮躁、急功近利，片面追求成果数量而忽视质量的倾向仍没有得到根本扭转，致使科研成果数量不少，精品力作不多；二是有的研究所领导班子不健全，亟须加强；三是重大课题

制度还需进一步改进和完善；四是学科建设虽然取得进展，但仍不适应国内外形势和社会科学发展的需要；五是面对社会上人才激烈竞争的形势，特别是加入 WTO 后世界范围内新一轮的人才竞争，培养、稳定、吸引人才面临很大压力，尚未形成有效的竞争激励机制，在创造有利于人才成长的软、硬环境方面还要作出积极的努力；六是科研手段现代化建设虽然取得了成绩，但是由于基础薄弱，与时代的发展和科研的需求还有相当差距；七是院所工作秩序在某些环节上比较涣散，需要调整和加强。对于这些问题，必须高度重视，采取积极措施，努力加以解决。

中国社会科学院 2002 年工作要点

（2002 年 1 月 14 日）

2002 年是我们党和国家发展进程中具有重大意义的一年，也是实施我院“三五一”跨世纪发展战略的关键一年。2002 年全院工作的总体要求是：高举邓小平理论伟大旗帜，以“三个代表”重要思想为指导，继续深入学习贯彻“七一”、“八七”讲话和十五届六中全会精神，坚持正确方向，以推动理论创新、出高水平成果为目标，以稳定为大局，以队伍建设、学科建设和学风文风建设为重点，继续实施精品战略，以优异成绩迎接党的十六大的胜利召开。

（一）坚持正确方向，推动理论创新，为十六大的召开服务，为推进马克思主义中国化作贡献

1. 自觉与党中央保持高度一致，维护政治稳定。2002 年将要召开党的十六大，这是全党、全国政治生活中的一件大事。全院各级党组织、全体共产党员要严守政治纪律和宣传出版纪律，自觉维护政治稳定，在政治上与以江泽民同志为核心的党中央保持高度一致。

迎接十六大的召开，全院同志要识大体、顾大局，注意维护社科界及我院的整体形象。

重视政治保卫，加强保密工作。加强对期刊、学会、研究中心、出版社的管理。

2. 采取切实措施，加强和改进作风建设。要认真贯彻落实六中全会“八个坚持、八个反对”，切实改进工作作风。院党组和各职能部门要大兴调查研究之风，进一步完善调研制度，抽出更多时间深入实际，解决实际问题，坚决克服官僚主义、形式主义等不良倾向。

贯彻六中全会精神，要紧密结合我院实际，突出重点，着重抓好思想作风、学风、文风建设。要坚持解放思想、实事求是，反对因循守旧、不思进取；坚持理论联系实际，反对照抄照搬、本本主义；坚持学术民主，反对学术专断；坚持追求真理、扎实严谨，反对沽名钓誉、急功近利。

学风、文风建设要贯穿于学术研究的全过程。要加强对学风建设和学术规范的理论研究，为学术规范的制定作好准备。

3. 充分发挥哲学社会科学的作用，认真学习、研究、宣传十六大精神。组织精干力量，研究重大理论和实践问题，推动理论创新，为十六大的召开服务，为推进马克思主义中国化

作贡献，是2002年我院的中心任务。全院要紧紧围绕这一中心任务，认真完成中央交办课题，力争完成一批重大课题研究。

全院各级党组织和干部职工要以饱满的政治热情，充分做好党的十六大精神的学习、研究、贯彻和宣传工作，把思想统一到中央精神上来。学习中，要紧密结合我院实际，紧密结合本学科、本专业，方向明确，形式多样，讲求实效。

十六大闭幕后，要及时组织力量，研究十六大提出的重大时代课题，重点支持，重点管理。根据十六大精神，要组织一批高质量的理论文章。我院各学术期刊、《要报》、《信息专报》，要精心组织、编发研究和宣传十六大精神的文章。

（二）坚持“双百”方针，继续实施精品战略，提高科研成果质量和水平

1. 强化精品意识，进一步完善重大课题制度。精品战略是指导我院科研工作的一项长期发展战略。全院上下要采取各种措施，切实保证这一战略的实施，使广大科研人员真正从追求成果数量转变到追求成果质量上来。

2002年，要根据国际国内形势以及学科建设的急需，适当控制总量，做好重大课题以及其他各类课题的增补工作，进一步提高课题立项的质量。抓好已立项课题的组织落实和检查监督，完善成果鉴定、验收程序，增强课题主持人的责任感和精品意识，力争推出一批高质量的研究成果。

2. 奖励优秀科研成果和学术期刊。2002年将举办我院第四届优秀科研成果评奖活动，评奖范围是1999～2000年发表的科研成果。此次评奖在2001年研究所优秀科研成果评奖的基础上进行。表彰、奖励优秀科研成果，要坚持质量标准，宁缺毋滥，要对全院科研工作起到良好的导向作用。

2002年还将举办第二届院优秀期刊评奖活动。本届优秀期刊的奖励力度将有所提高，范围也有所扩大。从2002年起，根据《中国社会科学院优秀期刊评奖办法》的规定，优秀期刊评奖工作将每三年进行一次。

3. 活跃学术空气，健全学术评价机制。要切实贯彻“双百”方针，鼓励创立学派，努力开展学术争鸣，活跃学术氛围。围绕重大理论和现实问题，积极举办各种形式的学术活动。配合重大课题的实施和重点学科建设，有计划地组织以课题进展、学科前沿为主题的学术报告会。实行学术活动预告制度，及时在院内（外）公开发布院、所学术活动计划信息。

根据章程，进行院学术委员会的调整，充分发挥所学术委员会在课题立项、成果评估中的主导作用。进一步完善学术成果评价机制，建立经常性的学术成果评价例会制度。推进院、所学术委员会工作的制度化和规范化。

（三）实施重点学科“100工程”，积极为重点研究室建设创造条件

2002年，要加快重点研究室建设进度。除继续争取国家计委批准立项以及各研究所自主多渠道筹集经费以外，我院将在已有资金许可范围内，争取当年启动6～10个重点研究室建设。同时，以重点研究室建设为中心，实施重点学科“100工程”。即在今后5年内，在全院选择100个左右的重点学科（以研究室为依托），制定切实可行的学科发展计划，以5年为一个责任期，院每年给予每个学科平均10万元的资助，以尽快建成一批在国内外具有

一定影响的重点学科。2002年，第一批重点学科拟立项50个左右。

（四）加快信息化建设，更好地为科研和管理服务

1. 抓好"一个工程"：中心图书馆数字化。要加快数字图书馆和相关文献型数据库建设，年内建成数字化图书馆的雏形，实现书目和期刊目录联机检索及部分书刊的全文检索。

2. 建设"两大板块"：科研和办公信息化系统。在科研方面，初步建成属于科研板块的信息化手段支持系统。开发和搭建好我院信息供应平台，基于局域网、因特网和光盘的学术信息采集平台，基于PC和网路的科研写作平台，基于网络和光盘的成果交流平台和我院信息发布平台。在办公和科研管理方面，要搭建一个可供现实之需和今后扩展的办公和科研管理平台。

加强对全院科研、图书、管理等各类信息的组织整合，按信息上网要求，以多处粘贴和多点链接为基本模式，充实内网、壮大外网，扩大对内、对外的宣传和影响。

推进院、所、学者个人的数据库建设，加强对院网的维修、维护，保证网络安全平稳运行。

（五）转变职能，继续做好对外学术交流服务工作

以外事局更名为国际合作局为契机，继续转变外事工作职能，努力做好对外学术交流的联络、组织工作。在调整外事财务管理隶属关系基础上，继续做好外事部门的整改工作，进一步提高有关涉外工作的服务水平和质量。

组织好重大对外学术交流活动，包括组织落实好我院代表团出访俄罗斯和第四次中俄经济学家研讨会，组织落实好中国与中亚合作论坛等重要国际学术会议。

努力拓展对外学术交流渠道。积极争取境外资助，为对外学术交流争取更多的资金支持。

（六）稳步推进机构调整，扩大研究所人事管理权

1. 结合机构调整，深化人事制度改革，启动聘用制改革试点。在中编办批复我院机构编制调整方案后，本着"控制规模、调整结构、提高素质、强化科研"的原则，积极、稳妥地开展我院机构调整。围绕"出成果、出人才"，逐步实施以聘用制为核心的基本用人制度。年内完成聘用制试点工作，总结经验后再稳步推开。

2. 进一步扩大研究所的人事管理权。为进一步发挥各用人单位的积极性，根据院人事管理体制改革方案，本着"加强宏观管理，提高办事效率"的原则，调整和下放人事管理的权限，在总结7个试点单位经验的基础上，扩大到所有设立党委的单位。

（七）加大人才培养力度，努力建设高素质干部队伍

1. 加强科研队伍建设，营造有利于出人才、出成果的环境。各单位专业人员职称不再实行由院控制晋升职数、逐年下达指标的办法。在全院机构调整后，各单位可根据院核定高级专业技术岗位总量，依据自身发展的需要，自主设置岗位职数，自主聘任专业技术人员。

贯彻落实党中央、国务院提出的"大人才观"精神，采用多种方式吸引各类优秀人才，

初步建立中国社会科学院客座研究员制度。

2. 加大吸引与稳定人才力度，实施“后备人才工程”。加强科研骨干梯队建设，切实改变部分重点学科后备人才“青黄不接”的局面。精心组织实施“后备人才工程”：(1) 设立青年科研启动基金，向院、所重点引进的在研究岗位上的45岁以下具有正高级专业职务、40岁以下具有副高级专业职务的科研骨干及博士、硕士毕业生，分别一次性提供5、3、2、1万元的科研启动经费；(2) 设立青年优秀科研成果出版基金，资助40岁以下科研人员优秀科研成果的出版，获资助的成果列入《中国社会科学院青年学者文库》；(3) 完善后备人才培训制度，重点培训45岁以下科研骨干和管理人员，提高他们的专业素质、外语水平和计算机网络技术水平。

3. 加快研究生院改革和发展。要认真贯彻江总书记题词精神，根据2001年研究生院工作会议所确定的目标，加快研究生院改革和发展步伐。要在提高招生质量的前提下，努力创造条件，适度扩大招生规模，优化授课学科布局，成立研究生院董事会，充分发挥教授委员会的作用，为国家建设和我院可持续发展输送高素质人才。

力争年内研究生院新院址破土动工。

4. 完善领导干部任期制。坚持并进一步完善所局领导干部任期制，改进干部管理工作，推进干部队伍的“四化”建设。

(八) 改进行政、后勤管理，提高对科研的服务和保障能力

1. 推进办公自动化，继续做好信息报送工作。继续发挥我院信息报送主渠道和新闻宣传的窗口作用。认真执行《中国社会科学院实施〈国家行政机关公文处理办法〉细则》，加强对全院信息报送和公文办理情况的监督检查，规范档案管理，推进档案数字化和办公自动化工作。

2. 不断改善科研条件，提高服务质量。积极争取国家有关部门的支持，为我院科研业务、信息化建设、研究生院新址建设和重点研究室建设取得更多的经费。认真实施科研大楼书库改造和科研办公用房调整、部分研究所科研楼维修等项目。努力完成考古所综合楼的规划设计和开工建设，完成院部四号楼翻扩建和机关食堂、医务室改造工程，院部大院绿化前期工作等任务。

严格经费管理，制定财政专项经费使用管理办法和考核指标。

积极开展对住房和医疗制度改革的宣传，做好房改中各项补贴的兑现和医疗制度改革的准备工作，保证这两项改革在我院平稳实施。

要树立“大后勤、大服务”的观念，以提高服务水平为重点，继续做好院职工食堂、小区物业管理、院部大楼保洁等工作，规范服务与经营。

3. 扎扎实实做好全院安全工作。加强综合治理，落实安全保卫工作的各项措施和规章制度，认真执行《中国社会科学院防火安全工作条例》，确保安全。

(九) 以“三个代表”重要思想为指导，努力开创我院党建工作的新局面

1. 进一步加强我院党建和思想政治工作。充分发挥直属机关党委的作用，努力探索加强和改进我院党建和思想政治工作的新机制、新方法。坚持贯彻民主集中制原则，开好所局

党员领导干部民主生活会。

认真贯彻《公民道德建设实施纲要》，加强精神文明建设，在全院范围内宣传一批政治思想坚定、学风优良、安心本职、成绩突出的先进典型。加强基层党组织建设。继续做好统战、工会、妇女工作。进一步发挥院党校的作用，做好对处室以上党员干部和入党积极分子的政治、理论培训工作。

2. 努力把青年工作提高到新水平。各级党委要加强对青年工作的领导，要把青年工作列入党委工作议程。要高度重视对青年科研和管理骨干的培养、选拔和任用工作。重视在青年科研人员中发展新党员工作。进一步发挥院青年人文社会科学研究中心的作用，全面铺开我院青年学者社会调研活动，加强我院青年学者学术交流。

3. 落实"六个老有"目标，做好老干部工作。结合纪念《中共中央关于建立老干部退休制度的决定》发表20周年，进行庆祝表彰活动和有关政策执行情况检查工作。围绕老干部工作"六个老有"目标，落实好离退休干部各项政治、生活待遇，开展提高老年人生活生命质量的调查研究，提高对离退休干部的服务管理水平。

4. 坚持不懈地推进党风廉政建设。加强党纪和党风廉政教育，从改革体制、机制和制度入手，建立健全权力运行制约机制和制度，推行院务公开、所务公开，强化对权力行使的监督，从源头上预防和治理腐败。认真做好领导干部廉洁自律和纠正不正之风工作，加大查办违纪违法案件工作的力度。建立和完善党风建设的领导体制和工作机制。严格实行党风廉政责任制，强化责任追究制。

（十）加强国史研究和地方志编修工作

落实中央书记处对当代中国研究所工作的指示精神，加强国史研究，组织实施"三年科研规划"，巩固和扩大机构改革成果，制定各内设机构的工作条例，建立岗位责任制。

贯彻全国第三次地方志工作会议精神，搞好地方志指导小组办公室的体制改革和内设机构调整，加强理论研究，推动全国第二轮修志和用志工作。

同志们：2002年是我国经济社会发展的关键一年。做好今年工作，为十六大的召开营造良好的社会环境具有极其重要的意义。在新的一年里，全院干部职工要更加紧密地团结在以江泽民同志为核心的党中央周围，坚持以马列主义、毛泽东思想和邓小平理论为指导，深入贯彻"三个代表"重要思想，牢牢把握工作大局，紧紧围绕我院跨世纪发展目标，与时俱进，奋发有为，多出精品力作，多出优秀人才，以"昂扬向上，团结奋进，开拓创新"的精神风貌，以繁荣和发展哲学社会科学的实绩，迎接党的十六大的胜利召开。

四 中国社会科学院2002年科研工作报告

2002年，我院的科研工作始终坚持以邓小平理论和“三个代表”重要思想为指导，重视学风建设，强化精品意识，完成了一批高质量的科研成果；重大课题制度不断完善，重点学科建设力度加大，理论创新能力进一步增强；学术交流活动形式多样、内容丰富，学术研究的空气更加活跃。全院的科研工作完成了年初院工作会议提出的各项任务。

（一）主要科研成果

2002年是我国改革开放和社会主义现代化建设进程中具有重要意义的一年。党的十六大顺利召开，7月16日，江泽民同志考察我院并强调“我们一定要办好中国社会科学院”，这些都使全院职工备受鼓舞，群情振奋。广大科研人员坚持解放思想、实事求是、与时俱进、开拓创新的时代精神，积极投身我国改革开放和社会主义现代化建设的主战场，勇于探索和科学回答建设有中国特色社会主义实践中提出的重大问题，取得了丰硕的研究成果。据统计，2002年，我院共发表专著299部、论文3626篇、研究报告681部、学术资料56部、古籍整理16部、工具书42部、译著15部。

1. 雄厚的基础理论研究是我院的优势和特长，也是增强学术创新能力，不断完成高质量的对策应用研究的前提和基础。2002年我院发表的此类成果主要有：

——《〈共产党宣言〉发表以来世界发生的主要变化》（研究报告，何秉孟、方军等），从世界经济、国际政治、资本主义、社会主义、哲学、宗教、民族观以及社会结构等视角出发，勾勒出150年来世界发生的主要变化，深刻阐明了在新世纪我们必须坚持马克思主义与时俱进的理论品格，在实践中坚持、丰富和发展马克思主义，故步自封、因循守旧是没有出路的。

——《劳动和劳动价值论研究》（研究报告，杨圣明、毛立言等），分析了科学技术在现代生产中的作用日益提高的条件下活劳动与物化劳动在价值形成中的作用，深化了对市场经济条件下的劳动内涵、劳动具体形态和劳动的创造性本质的认识，明确提出了在我国社会主义现代化建设进程中要尊重劳动，特别是科技劳动和管理劳动，尊重知识，尊重人才，鼓励创新与创造等政策建议。

——《邓小平理论的哲学基础》（专著，陈筠泉、方军主编），从真理观与价值观相统一的高度，深入研究了邓小平理论的哲学基础，探讨了邓小平理论的精髓——解放思想、实事求是的丰富内涵及其所蕴含的科学方法论对我国社会主义现代化建设所具有的指导意义。该书还论述了“三个代表”重要思想在中国共产党价值观发展史上的理论内涵、时代意义和历史地位。

——《中华人民共和国经济史》第一卷（学术资料，吴承明、董志凯主编），用翔实的资料全面论述了新中国成立的最初三年，新民主主义经济在中国全面建立和发展的辉煌成就。作者指出，建国之初三年取得巨大成就的深层次原因在于社会制度的进步和新民主主义经济体制的建立，即在社会主义性质的国有经济领导下，经济成分与经济利益的多样性和协调发展；国家调控下的市场体系与多种计划管理方式；公私兼顾、劳资两利、城乡互动、内外交流的经济政策等。

——《卡尔梅克〈江格尔〉校注》（学术资料，旦布尔加甫），汇集了在俄罗斯先后发表的卡尔梅克文《江格尔》长诗 31 部，共 36000 行，将其转写成通用蒙古文，同时进行校勘，并写出 2600 多条注释，是目前为止最完整的卡尔梅克文《江格尔》汇集、转写、校注本，具有重要的文献价值和学术资料价值。专家认为，该书的出版将对今后国内外的《江格尔》研究产生重要影响。

——《唐代文化》（专著，李斌城等），通过对反映和代表唐代文化的饮食、建筑、交通、文学、艺术、宗教、哲学、史学、风俗礼仪、科学技术等主要方面的具体论述，勾勒出“盛唐气象”的概貌，进而探讨唐代文化繁荣昌盛的社会历史原因及其借鉴意义。

2．深入研究我国经济社会发展进程中的各种重大理论和现实问题，为全面建设小康社会提供政策建议和决策参考，是我院 2002 年度科研成果的又一大特色。此类成果主要有：

——《未来 50 年中国西部大开发战略》（专著，王洛林主编），全面深入地探讨了当前我国西部地区发展中存在的主要问题，提出了实施西部大开发战略的总体思路，论述了未来 50 年我国实施西部大开发战略的目标、阶段、重点和布局。该书荣获北京出版社 2002 年优秀图书奖并被列为北京市向党的十六大献礼图书。

——《当前我国社会阶级阶层结构调研报告》（研究报告，李慎明等），分析了当前我国工人阶级、农民阶级和其他社会阶层包括个体经营者阶层、非公有制企业经理阶层和私营企业主阶层以及其他几类特殊社会群体的基本状况，指出了当前我国社会阶级阶层结构变化的积极因素、发展趋势及存在的主要问题，在此基础上提出了具体的政策建议。

——《中国工业发展报告（2002）》（专著，吕政主编），以 WTO 规则下的企业和政府行为为主题，全面阐述了 WTO 的基本职能和基本规则，详细分析了我国加入 WTO 后的工业发展面临的机遇和挑战。报告提出，我国必须以加入 WTO 为契机，通过深化国有企业改革，转变政府职能，优化产业结构，推进科技创新，以应对国际经济竞争的挑战。

——《经济全球化与世界经济发展趋势》（专著，余永定、李向阳主编），以经济全球化为背景，对世界经济、贸易、金融、投资以及区域经济合作、科技创新与扩散、产业结构演变与调整、环境保护与可持续发展等问题进行深入系统的探讨。作者还在对西方各种有关全球化问题的概念、理论进行分析批判的基础上，提出了自己关于经济全球化的概念和理论体系，受到了同行专家的好评。

——《对外援助与国际关系》（专著，周弘主编），探讨了以国家利益为中心的国家援助观和以非国家行为为中心的超国家外援理论，提出了国家内部政治、社会和文化进程对国家对外援助政策和行为的影响，分析了西方发达国家对外援助的历史沿革、发展特点和演化趋势。书中的许多观点对理论界和实际工作部门均具有很高的参考价值。

从成果数量看，我院每年发表的各类成果已经不少，但其中真正的精品力作能有多少，还有待时间和实践的检验。哲学社会科学研究具有“著文不难，出精非易”的特点，因此，我院在今后的科研工作中，要进一步加强学风建设，强化精品意识，牢固树立学术精品观念。对研究所科研工作的评价，也不再注重学术成果的数量，而是要求每个研究所每年能推出代表本学科最高研究水平、能够传之久远的“一部专著、一篇论文、一份研究报告”即可，每个研究人员也要潜心治学，厚积薄发，为力争完成这“三个一”作出自己的贡献。

（二）2002年度重大课题立项情况

为充分发挥我院多学科综合研究的优势和特长，引导广大科研人员深入研究建设有中国特色社会主义进程中具有宏观性、战略性、前瞻性特点的重大理论和现实问题，我院于2000年建立重大课题制度。

2002年，全院共立项121项重大课题，其中A类课题31项，B类课题90项。在121项重大课题中，经济学科片有27项，其中A类课题8项，B类课题19项；历史学科片有19项，其中A类课题4项，B类课题15项；文学语言学科片有14项，其中A类课题3项，B类课题11项；哲学学科片有13项，其中A类课题4项，B类课题9项；政法社会学科片有25项，其中A类课题4项，B类课题21项；国际问题学科片有23项，其中A类课题8项，B类课题15项。

——关于马克思主义特别是邓小平理论、“三个代表”重要思想的研究。2002年，我院立项的“当代西方资本主义理论流派研究”、“马克思主义与时俱进的思想源头——马恩全集（MEGA）研究”、“邓小平理论与马克思主义”和“三个代表”与共产党执政规律研究”等重大课题，将以党的“十六大”精神为指导，深入研究马克思主义基本原理在当代中国的运用和发展，系统阐发邓小平理论的科学体系，全面论述“三个代表”重要思想的科学内涵和时代意义，进一步探索有中国特色社会主义经济、政治、文化的发展规律，不断推进马克思主义的中国化。

——关于完善社会主义市场经济体制和经济发展战略的研究。2002年，我院立项的“经济转型理论研究”、“中国宏观经济运行变化与宏观政策选择”、“实现经济稳定增长的财政货币政策研究”、“人口老龄化对经济社会发展影响与对策研究”、“农村社会稳定的经济学研究”、“外贸结构与经济增长关系研究”、“企业改制和发展模式的比较和实证分析”等重大课题，将重点研究我国经济发展和经济体制改革方面的热点、难点问题，为不断完善社会主义市场经济体制，促进国民经济持续快速健康发展，不断提高我国的综合国力和人民生活水平提供理论支持和决策参考。

——关于社会主义民主法制和社会发展问题的研究。2002年，我院立项的“马克思主义政治学理论研究”、“我国经济社会结构变化对政治体制的影响”、“社会变迁的中层行政领导”、“国家—农村干部—农民利益互动与信任关系研究”等重大课题，将重点研究社会主义政治文明的理论内涵与发展道路，社会主义民主的本质及实现途径等问题。“宪法在司法审判中的适用性研究”、“证据实务研究”、“法治进程中的法律职业”、“社会弱势群体的法律保障机制研究”、“贫困人口的社会网络研究”、“西部大开发中的少数民族文化遗产保护对策研究”等重大课题，将重点研究依法治国，建设社会主义法治国家的理论与实践，为实现我国社会的稳定、发展与全面进步提出高质量的政策建议。

——关于建设有中国特色社会主义先进文化问题的研究。2002年，我院立项的“世界文明通论"、"列国志"、"中国史诗类型学研究"、"年度中国文情报告"、"唐宋道教文化史研究"、"早期丝绸之路基本文献研究"、"《蒙古秘史》人文精神研究"、"简帛文献语言研究"、"近现代汉语词源研究"等重大课题，将围绕建设和发展社会主义先进文化这一主题，重点研究在全面建设小康社会进程中，如何坚持古为今用、洋为中用的方针，继承一切优秀文化遗产，弘扬和培育民族精神，不断提高中华民族的思想道德素质和科学文化素质，为实现中华民族的伟大复兴提供精神动力和智力支持。

——关于国际关系理论和国际战略的研究。2002年，我院立项的"美国市民社会研究"、"新世纪的俄罗斯外交"、"非洲国家反贫困运动"、"日本自民党研究"、"拉丁美洲国家政治制度研究"、"当代非洲政治中的民族与宗教问题"、"21世纪初区域合作与中日关系"、"东南亚现代化进程中的社会政治转型"等重大课题，将重点研究建设有中国特色社会主义进程中的外部国际环境，主要国家的对华政策以及我国的国际战略等问题，为改变不合理的国际政治经济新秩序，维护世界和平，促进共同发展，提出自己的主张。

（三）2000～2001年度重大课题研究进展情况

2000～2001年，全院共立项202项重大课题，其中A类课题125项、B类课题77项。根据《中国社会科学院重大课题管理办法》的规定，2002年科研局对这些重大课题的研究进展情况进行了检查。

因部分重大课题已经完成或主持人出国，共有8项重大课题未参加此次年检。在参检的194项重大课题中，对研究进展情况自我评价为"良好"的有71项，占36.6%；自我评价为"正常"的有114项，占58.8%；自我评价为"不好"的有9项，占4.6%。在完成进度方面，自我评价在80%以上的有8项，占4.1%；自我评价为30%～80%的有71项，占36.6%；自我评价在30%以下的有105项，占54.1%；另有10项课题未作自我评价。在经费使用方面，所有参检课题都基本符合国家财务制度和院重大课题经费管理的有关规定。多数课题均有一定数额的年度经费节余，少数课题年度经费使用超支，但这些都属于课题经费使用过程中的正常现象。从此次年检情况看，2000～2001年度立项的重大课题目前大多进展顺利，最终成果将在未来几年内陆续推出。

围绕重大课题研究，许多课题组都已陆续完成了一批专题性的阶段性研究成果。这些阶段性成果对重大课题研究中的一些重点、难点问题进行了深入的探讨，为最终高质量地完成重大课题奠定了坚实的基础。李铁映主持的2000年度重大课题"民主问题研究"，已经完成了专著《论民主》、《民主问题研究札记》、《马恩列毛邓江论民主》等成果。靳辉明主持的2000年度重大课题"当代资本主义的新变化及其发展趋势"，已收集了研究资料近百万字，发表的研究报告受到了有关领导部门的关注和好评。郑成思主持的2000年度重大课题"21世纪知识产权制度面临的问题及中国的对策"，完成的论文《传统知识与两类知识产权的保护》受到了国家立法机关和学术界的高度关注。经济学科片立项的"21世纪我国西部大开发战略与政策研究"、"宏观经济管理体制的调控政策体系研究"、"产业与企业竞争力研究"、"农村城镇化与剩余劳动力转移"、"中国工业现代化问题研究"、"中国粮食流通体制改革"等20多项重大课题完成的阶段性成果，深入研究了我国经济社会发展中的各种热点、难点问题，提出的许多政策建议通过我院《要报》、《信息专报》上报，引起了国家计委、国家经贸委、财政部等中央政府部门的重视和好评。据不完全统计，历史学科片立项的各类重大课题目前也已完成了专著8部、论文145篇、学术资料集2部，这些阶段性成果探讨了重大课题研究中的若干学术难题，具有很高的学术价值。

在2000和2001年度院重大课题中，城市发展与环境研究中心牛凤瑞主持的2000年度A类重大课题《城镇在西部大开发中的战略作用研究》和院学术委员会承担的2000年度A类重大课题“21世纪中国面临的重大理论和对策问题”已经结项。工经所金碚主持的2000年度A类重大课题“中国产业与企业国际竞争力研究”，工经所张承耀、刘光明主持的2000年度A类重大课题“我国企业管理实践与管理科学的发展”，财贸所王国刚主持的2000年度A类重大课题“金融全球化与我国金融改革和金融发展研究”，欧亚所郑羽主持的2000年度A类重大课题“当代世界中的独联体”，欧亚所潘德礼主持的2000年度A类重大课题“俄罗斯十年巨变”和董晓阳主持的2001年度B类重大课题“俄罗斯与新世纪”均已按计划完成。

此次年检中，不少课题组还就进一步完善我院重大课题制度提出了意见和建议：(1) 关于课题研究计划的调整。为保证成果质量，应允许大型课题、基础性研究课题适当延长完成时间，也应允许根据实际需要适当调整课题研究内容。(2) 关于课题经费。一些课题因经费不足，不得不缩小研究范围和规模；个别课题随着研究的深入，内容有所扩展而超出预算，建议应根据研究的实际需要对此类课题适当追加研究经费。经费使用方面管理过死，一些合理的支出无法报销，应进一步扩大课题组经费使用的自主权；预算项目分得太细，不好设计和执行，建议只作宏观控制。(3) 关于课题立项。有些课题组提出，要加大对基础理论研究的支持力度，支持长期的个人研究项目。也有课题组提出，要向大型的综合研究项目适当倾斜，以深入研究经济社会发展中的各种重大理论和现实问题。一些课题结项后，应允许继续立项，持续跟踪研究。(4) 关于课题管理。有些课题组认为，应加强过程管理，增加动态管理，每年应对课题进展情况进行实地实物检查；也有课题组认为，应重视课题的立项和结项管理，过程管理应宏观一些。应促进重大课题之间的交流，每年定期召开重大课题经验交流会，科研局应编辑简报，《院报》应开辟专栏，反映重大课题的进展情况。要建立重大课题学术资料共享制度，利用现代化网络系统建立不同类型的学术资料数据库。(5) 关于课题结项。要建立同行专家资料库，邀请院外专家参加重大课题的结项评审。要建立专家匿名评审制度和课题组申诉制度。(6) 关于出版补贴。有些大型课题的成果为多卷本或系列著作，可能会遇到出版困难，希望院里能提供出版补贴。目前，院有关职能部门正在对这些意见和建议进行认真研究，以使我院的重大课题制度不断完善，在“出精品、出人才”方面发挥更大的作用。

(四)“重点学科建设工程”立项情况

一流的学科建设和雄厚的基础理论根底是增强学术创新能力，高质量地完成对策应用研究的前提和基础。为加强我院的学科建设和基础研究，全面提升我院的科研水平和学术创新能力，建成一批国际知名研究所，2002年，我院开始实施“重点学科建设工程”。“工程”以5年为一个周期，选择一批重点优势学科，加大投入力度，全面提高发展水平。

2002年，经各研究所推荐、学科片评审委员会评审，并报院务会议审批，共有57个学科被列为“重点学科建设工程”项目，其中经济学科片13个，历史学科片11个，文学语言学科片8个，哲学学科片7个，政法社会学科片8个，国际问题学科片10个。目前，这些学科多已明确了各自的总体发展目标、具体建设计划和实施步骤。

——未来5年学科建设的总体目标。此次批准的57个重点建设学科多是现有科研基础好、发展前景广阔的优势学科，它们多将未来5年的发展目标定位为巩固已有的学科优势，保持其在国内的一流水平，不断扩大在国际学术界的影响。“甲骨学殷商史”、“中国边疆史地”、“金融学”、“产业组织学”、“环境经济”、“佛教研究”、“中国民族史”、“民法学”、“语音与自然话语处理”、“俄罗斯政治”等学科均明确提出，未来5年要继续扩大本学科的学术影响，保持在国内学术界的领先水平，同时争取更高的国际学术声望，使之成为我国学术研究的重要基地和对外学术交流的主要窗口。

——主要研究方法与研究领域。当今，不同学科的交叉、渗透与融合越来越明显，学术研究的综合化趋势越来越突出，因此，我院的重点学科建设要从现有条件和发展需要出发，重视多学科研究方法的应用。在学科体系建设方面，坚持既突出研究重点，又兼顾相关研究领域的共同繁荣。“科技考古”学科提出，考古学要与自然科学有机结合，建立文理兼容的现代交叉学科发展模式，以此来参与国际科技考古前沿问题的研究，推动中国考古学的发展。“佛教研究”学科提出，在重视对传统学术领域如中国佛教史的研究的同时，也要加强对新兴研究领域如佛教文献学的理论建设与佛教文献的整理工作。“文学理论”学科提出，既要重视文艺学史、美学史等学科史的研究，也要充分发挥本学科综合研究力量强的优势，在涉及多学科综合研究的项目上，组织力量集体攻关。

——科研队伍建设的目标与措施。一流的人才是建设一流的学科的重要内容。未来5年，这些重点学科都将通过开展各种形式的科研活动，要求现有研究人员坚持优良学风，不断增强学术创新能力，全面提高科研队伍的整体素质。同时，根据学科建设的需要，还将适当引进一批高素质的优秀人才，使科研队伍的年龄结构和知识结构更加合理，形成一个老中青相结合、科研力量分布合理的学术研究梯队。“语音学与计算语言学”等学科还提出，将全部岗位分为“固定岗位”与“客座岗位”两种形式，固定岗位不超过岗位总数的三分之二，按需设岗、按岗聘任，以保持科研人员的流动性，增强科研队伍的活力。

——学科的基础建设工作。加强学术资料积累，提高科研手段的现代化水平，是加强学科基础建设的重要方面。“基督教研究”、“中华民国史”、“社会政策”、“世界经济统计”等学科都提出，要系统收集整理本学科的基础研究资料，使学术资料积累更加丰富、完整；同时还要建立支持本学科发展的数据库系统，实现网上远程查询，使学术资料的使用更加便捷、更有效率。“科技考古”、“语音与自然话语处理”、“语音学与计算语言学”、“社会科学文献计量学”等学科均提出，未来5年要加大投入力度，购置一批先进、适用的高科技研究设备和计算机软硬件系统，使学术研究的手段更加先进，研究成果的质量和水平更高。

——主要科研组织方式。通过课题研究，整合现有研究力量，提高科研队伍的整体素质，带动其他方面的建设工作，是重点学科建设的重要方法。目前，这些重点学科都承担多项国家社科基金课题、院重大课题、所重点课题等。未来5年，这些学科将通过组织各类课题研究，促进出精品、出人才，全面提升学科的发展水平。

根据《中国社会科学院“重点学科建设工程”项目管理办法》的规定，科研局已与这些学科所依托的研究所和研究室签定了《“重点学科建设工程”项目协议书》，并完成了2002年度经费拨款工作。今后几年，我院要组织落实100个左右的重点学科建设项目，使全院半数左右的二、三级学科的学术资料积累更加系统丰富，科研手段实现现代化，科研队伍的素质更高、结构更合理，科研水平保持或达到国内领先，并使部分学科逐步达到国际知名，增强我院学术研究的可持续发展能力。各学科尤其是我院的重点建设学科，每年应在系统分析整理本学科研究动态和学术前沿的基础上，对涉及本学科发展建设的重大理论和现实问题，撰写学科发展综述或报告。

（五）科研成果与学术期刊获奖情况

1. 院第四届优秀科研成果奖评奖情况。

为鼓励科研人员进行学术创新，多出学术精品，2002年，我院举行了第四届优秀科研成果奖评奖活动。经研究所推荐、院学科片评委会评审，并报院务会议审批，本届评奖共有122项科研成果获奖，其中一等奖5项、二等奖38项、三等奖79项，涵盖哲学、经济学、文学语言学、历史学、政法社会学、国际问题研究等各学科。这些成果不仅代表了我院同期的学术研究水平，而且在一定意义上也代表了我国哲学社会科学界相关学科的发展水平。

本届评奖的所有请奖项目均由各研究所学术委员会从已获得2001年度研究所优秀科研成果一等奖或相当于一等奖的成果中推荐，所有请奖项目须由研究所采取单盲（成果作者不知情）方式组织3位以上具有正高级专业技术职务的院外同行专家通讯评议。为体现评奖工作的公平、公正，院学科评奖委员会的组建实行完全回避制度，即所有请奖成果的作者，请奖集体成果的主编、副主编及以上人员的亲属，均不得参加院学科评奖委员会。为提高评奖工作的质量，本届评奖活动还安排了两个异议期。第一个异议期安排在研究所推荐请奖项目之后、院学科评奖委员会评选之前，为期30天；第二个异议期安排在院学科评奖委员会评选之后、院务会议审批之前，为期20天。实践证明，这些措施是得力的、有效的，保证了本届评奖工作的质量。这些有益的经验在今后的评奖工作中应继续坚持并不断完善。

2. 其他奖项获奖情况。

2002年，我院有9部著作荣获“第十三届中国图书奖”，它们是江蓝生的《近代汉语探源》，社科杂志社宋德金等主编的《中国社会史论》（上、下卷），历史所王春瑜主编的《中国反贪史》（上、下），文学所曹道衡、刘跃进的《南北朝文学编年史》，哲学所殷登祥等主编的《生态文化丛书》、朱狄等编撰的《中国当代油画名作典藏》，文学所杨义的《李杜诗学》、杨鹏的《校园三剑客科幻小说系列》（第一辑），历史所李学勤的《简帛佚籍与学术史》。

有3部著作荣获“第二届郭沫若历史学奖”，它们是经济所汪敬虞主编的专著《中国近代经济史1895～1927》（上、中、下）（一等奖），经济所方行、经君健、魏金玉等的专著《中国经济通史·清代经济卷》（上、中、下）（二等奖），民族所史金波和雅森·吾守尔的专著《中国活字印刷术的发明和早期传播——西夏和回鹘活字印刷术研究》（二等奖）。

有3项成果荣获“第四届吴玉章人文社会科学奖”，它们是语言所编撰的《现代汉语词典（修订本）》（一等奖）、侯精一主编的《现代汉语方言音库》（优秀奖），新闻所唐绪军的专著《报业经济与报业管理》（优秀奖）。

此外，还有多项成果荣获2002年度各部委单项奖和地方哲学社会科学奖。

3. 院优秀期刊获奖情况。

学术期刊是学术研究的重要窗口和阵地。为提高我院学术期刊出版质量，促进我院学术期刊事业的发展与繁荣，2002年，我院举办了第二届优秀期刊奖评奖活动。由院内外专家组成的评奖委员会坚持质量第一、宁缺毋滥的原则，共评出获奖期刊28种，其中一等奖10种，分别是《中国社会科学》、《经济研究》、《中国工业经济》、《哲学研究》、《民族研究》、《东欧中亚研究》、《考古》、《近代史研究》、《中国语文》、《文学评论》；优秀奖18种，分别是《经济学动态》、《中国农村经济》、《数量经济技术经济研究》、《中国人口科学》、《哲学动态》、《法学研究》、《社会学研究》、《民族语文》、《历史研究》、《世界经济》、《世界经济与政治》、《日本学刊》、《西亚非洲》、《美国研究》、《文学遗产》、《民族文学研究》、《外国文学评论》、《中国史研究》。

在2002年中国期刊学会组织的第二届国家期刊奖评奖活动中，我院主办的《中国社会科学》、《经济研究》获得国家期刊奖；《民族研究》、《哲学研究》获得国家期刊奖提名奖；《考古》获得百种重点期刊称号。

这些获奖期刊均为相关学科的核心期刊，在国内外享有很高的学术声誉。今后，我院要继续加强期刊编辑队伍建设，推广同行专家匿名审稿制度，完善期刊专家审读制度，进一步提高全院期刊的学术水平和编辑质量。

（六）主要学术活动

2002年，我院各研究所及主管学会，围绕学术研究的前沿问题和经济社会发展中的热点问题，积极组织形式多样、内容丰富的学术活动。这些学术活动对活跃学术空气、交流学术信息、推进学术研究，发挥了积极的作用。

——追踪学术研究前沿，推动哲学社会科学的理论创新。《格萨（斯）尔》国际学术研讨会交流了《格萨尔》的最新研究成果，回顾和总结了《格萨尔》研究的发展历程，展望了《格萨尔》研究的发展趋势；“中欧STS（科学、技术与社会）”国际学术研讨会围绕新世纪STS发展的特点和趋势、技术的社会形成（SST）、高科技对新世纪经济社会发展的影响、STS与技术创新、STS与科技政策等问题进行了深入的交流和研讨；“中国现代文学批评理论”研讨会 围绕中国现代文学批评理论的历史与现状、成绩与问题，中国现代文学批评理论的开拓与创新，中国现代主要文学门类的批评理论等问题进行了研讨；“世纪之交的哲学”国际学术研讨会围绕新世纪哲学面临的挑战、文化的碰撞与交融等问题展开研讨；“全国绿色生产力”研讨会就绿色生产力的内涵和意义、绿色产业论纲、生产力发展规律及实现机制等问题展开研讨；“中国农村金融改革与发展”研讨会围绕深化中国农村金融改革、推进中国农村金融创新等议题进行了研讨；“21世纪世界社会主义”国际学术研讨会围绕20世纪世界社会主义的历史经验、21世纪世界社会主义面临的机遇和挑战、当代资本主义新变化及其对世界社会主义的影响、21世纪与社会主义中国等议题进行了广泛而深入的研讨；“欧盟制宪与一体化理论”研讨会分别从历史学、法学、比较政治学和国际关系学等角度，全面系统地审视了欧盟宪政的进程、作用及影响，提出了许多新思想、新观点和新理论。

——关注经济社会发展进程，探讨热点难点问题。“加入WTO后国有企业改革与发展”

研讨会就中国加入WTO后国有企业新一轮改革需要解决的关键问题及对策进行了深入的探讨和交流；“加入WTO后中国金融改革与发展”理论研讨会主要就中国金融业的发展现状与问题、加入WTO后中国金融业面临的机遇与挑战、对外开放逐步扩大背景下的中国金融业改革与发展的前景和趋势等进行了深入的探讨；“经济全球化与中国大企业发展战略”学术讨论会围绕经济全球化的发展趋势、加入WTO后中国大企业的发展现状及战略选择等问题展开了研讨；“转型中的中国劳动力市场”国际研讨会围绕劳动力要素市场化改革的难点——就业和失业问题，深入探讨了经济转型过程中劳动力市场发育的主要特点及政策选择等问题；“纪念现行宪法颁布二十周年”学术研讨会回顾了1982年的制宪背景及过程、20年的行宪状况，并就当前我国宪法学研究中的若干前沿、热点问题进行了研讨；“纪念《上海公报》发表30周年”研讨会围绕中美《上海公报》的历史意义、“9·11事件”对国际格局的影响、美国内外政策等进行了研讨；第九次中欧人权研讨会就国家在防止酷刑方面所负有的教育、培训和信息公开责任，适用反酷刑国际公约议定书草案所涉及的查访制度，对实施酷刑的投诉、调查和指控机制，对酷刑受害人的救济以及对酷刑的矫正等问题展开了深入的讨论。

——加强学科建设，推动基础理论研究。“中国思想史与文学史”学术研讨会 围绕中国思想史与文学史的互动关系、中国思想史对文学史发展及特征的影响、具体的学术思潮与断代各体文学的关系、思想家对文学家的影响等问题进行了研讨；全国政治经济学研讨会就资本理论、资本市场、资本运营和经济增长等问题进行了深入的探讨和交流；“中国近代思想史方法”讨论会就如何从研究方法角度进一步深化中国近代思想史研究这一主题进行了深入的研讨；“中国考古新发现”学术报告会邀请成都市文物考古研究所、陕西省考古研究所、贵州省文物考古研究所、浙江省文物考古研究所的研究人员，就学术界广泛关注的青海民和喇家史前遗址、河南偃师商城商代早期王室祭祀遗址、成都金沙遗址、西安秦始皇陵园、贵州赫章可乐夜郎时期墓葬、杭州雷峰塔地宫的发掘与研究等作主题报告，与会人员围绕这些遗址的发掘与研究展开了讨论；“政党政治：模式、理论与实践”国际学术研讨会主要就政党政治理论、东西方政党政治实践的比较、东欧国家政党政治转型的现状和教训、中国共产党领导的多党合作和政治协商、民国时期政党政治的历史等主题进行了深入的研讨。

第　三　编

组 织 机 构

一 中国社会科学院机构设置

中国社会科学院领导及其分工

(2002.1～2002.12)

院党组书记、副书记、成员

党组书记	李铁映
副书记	王洛林 李慎明
党组成员	李铁映 王洛林 李慎明 江蓝生 陈佳贵 朱佳木 高全立 林文肯 朱锦昌 何秉孟 武 寅 黄浩涛

院长、副院长

院长	李铁映	主持全院工作，联系经济研究所、世界经济与政治研究所、法学研究所、哲学研究所、历史研究所、文学研究所、当代中国研究所，主管院党组办公室和研究室。
副院长	王洛林	协助李铁映院长负责院的常务工作，分管外事局，联系经济片、史学片、台湾研究所。
	李慎明	主管院党务、人事工作，分管院直属机关党委、人事教育局、研究生院、院党校，联系哲学片、法学研究所、政治学研究所、社会学研究所。
	江蓝生	主管院科研规划的研究、职称评定和期刊工作，分管科研局、院图书馆（文献信息中心）、中国社会科学杂志社，联系文学片、院学术委员会。
	陈佳贵	主管院改革方案的研究和设计、重点研究室规划、学会，分管科研局（以江蓝生为主）、计算机网络中心、中国社会科学出版社、社会科学文献出版社，联系国际片。

	朱佳木	兼当代中国研究所所长，分管中国地方志指导小组办公室。
	高全立	主管院行政后勤、院长基金、老干部、保卫、扶贫和研究生院新址建设工作，分管财务基建计划局、服务中心、老干部工作局、保卫局、院工会、中国人文科学发展公司、中国经济技术研究咨询公司。
中央纪委驻院纪检组		
纪检组长	林文肯	主管院纪检、监察、审计工作，分管中央纪委驻院纪检组、院监察室、院直属机关纪委。
秘书长	朱锦昌	协助院长、副院长工作，负责全面协调工作，主持院办公会，分管办公厅、院保密委员会，联系民族研究所、新闻与传播研究所、郭沫若纪念馆、院史研究室。
特约顾问	刘国光	
副秘书长	何秉孟	
	黄浩涛（2002.6～　）	

中国社会科学院职能部门

办公厅

主　任　朱锦昌（兼）

副主任　黄晓勇　罗京辉　孙海泉

外事局

局　长　裴长洪

副局长　李　薇　陈振声

科研局

局　长　黄浩涛（兼）

副局长　王延中　吴尚民　庄前生

财务基建计划局

局　长　施鹤安

副局长　何燕生　段小燕

人事教育局

局　长　张卫峰

副局长　王苏粤　潘晨光

老干部工作局

局　长　韩乃锦

副局长　钟代胜　冯俊森

保 卫 局

局　　长　王俊军
副 局 长　贾仁忠　王景元

党组办公室

主　　任　何秉孟（兼）
副 主 任　方　军

直属机关党委

书　　记　李慎明（兼）
常务副书记　赵燕平
副 书 记　刘克平(兼)　王苏粤(兼)
　　方　军(兼)　刘　政
　　高　翔

中央纪委驻院纪检组

组　　长　林文肯
副 组 长　张　岷

监 察 室

主　　任　张　岷（兼）
副 主 任　刘克平

直属机关纪委

书　　记　刘克平（兼）
副 书 记　吴海星　李世茹

中国社会科学院科研机构
（党委委员按姓氏笔画排列）

经 济 研 究 所

名誉所长　董辅礽
所　　长　刘树成
副 所 长　吴太昌　王振中　朱　玲
党委书记　吴太昌
党委委员　王振中　朱　玲　朱荫贵
　　刘树成　杨元宏　吴太昌
　　张　平

工业经济研究所

所　　长　吕　政
副 所 长　孟昭宇　金　碚　黄速建
党委书记　孟昭宇
副 书 记　金　碚
党委委员　吕　政　李维民　金　碚
　　孟昭宇　郭克莎　黄速建
　　魏后凯

农村发展研究所

所　　长　张晓山
副 所 长　杜晓山　李　周
党委书记　杜晓山
党委委员　权兆能　杜晓山　李　周
　　张晓山

财政与贸易经济研究所

所　　长　刘溶沧
副 所 长　江小涓　李　扬　李　昭
党委书记　江小涓
副 书 记　李　扬
党委委员　江小涓　刘溶沧　李　扬
　　　　　李　昭

数量经济与技术经济研究所

所　　长　汪同三
副 所 长　郑玉歆　齐建国　李　平
党委书记　郑玉歆
党委委员　李　平　汪同三　李富强
　　　　　张京利　郑玉歆

人口与劳动经济研究所

所　　长　蔡　昉
副 所 长　张秉意　张车伟
党委书记　张秉意
党委委员　王跃生　张秉意　赵天晓
　　　　　战　捷　蔡　昉

城市发展与环境研究中心

主　　任　牛凤瑞
副 主 任　张新平

考古研究所

所　　长　刘庆柱
副 所 长　齐肇业　王　巍　白云翔
党委书记　齐肇业
党委委员　王　巍　白云翔　刘凤瀛
　　　　　刘庆柱　齐肇业　陈星灿

历史研究所（含郭沫若纪念馆）

所　　长　陈祖武
副 所 长　刘荣军　辛德勇　郭平英
党委书记　刘荣军
党委委员　刘荣军　齐克琛　陈祖武
　　　　　辛德勇

近代史研究所

所　　长　张海鹏
副 所 长　张昌东　张世生　虞和平
党委书记　张昌东
副 书 记　张世生
党委委员　闵　杰　张世生　张昌东
　　　　　张海鹏　徐秀丽　韩志远
　　　　　虞和平

中国边疆史地研究中心

主　　任　厉　声

台湾研究所

所　　长　许世铨
副 所 长　余克礼　周志怀
党委书记　许世铨
副 书 记　余克礼　戴克明
党委委员　刘　红　刘映仙　许世铨
　　　　　余克礼　周志怀　戴克明

世界历史研究所

所　　长　于　沛
副 所 长　周荣耀　吴恩远
党委书记　周荣耀
党委委员　于　沛　吴恩远　武　寅

周荣耀　赵文洪

文 学 研 究 所

所　　长　杨　义
副 所 长　包明德　党圣元
（文学所、民族文学所联合党委）
党委书记　包明德
党委委员　包明德　刘跃进　杨　义
　　　　　郎　樱　党圣元　陶国斌
　　　　　朝戈金

民族文学研究所

所　　长　杨　义
副 所 长　郎　樱　朝戈金
（文学所、民族文学所联合党委）
党委书记　包明德
党委委员　包明德　刘跃进　杨　义
　　　　　郎　樱　党圣元　陶国斌
　　　　　朝戈金

外国文学研究所

所　　长　黄宝生
副 所 长　张国宝　陈众议　陆建德
党委书记　张国宝
副 书 记　陈众议
党委委员　石南征　吴岳添　张国宝
　　　　　陈众议　黄宝生

语 言 研 究 所

所　　长　沈家煊
副 所 长　蔡文兰　董　琨
党委书记　蔡文兰
党委委员　沈家煊　张国宪　董　琨
　　　　　蔡文兰　戴应红

哲 学 研 究 所

所　　长　李景源
副 所 长　葛良志　李德顺　李鹏程
党委书记　葛良志
党委委员　李景源　李鹏程　李德顺
　　　　　余　涌　张晓简　周晓亮
　　　　　葛良志

马克思列宁主义毛泽东思想研究所

所　　长　李崇富
副 所 长　高来发
党委书记　高来发
党委委员　李崇富　张战生　高来发

世界宗教研究所

所　　长　卓新平
副 所 长　曹中建　张新鹰
党委书记　曹中建
副 书 记　张新鹰
党委委员　张新鹰　金　泽　卓新平
　　　　　曹中建

法 学 研 究 所

所　　长　夏　勇
副 所 长　信春鹰　邵　波　陈　甦
党委书记　信春鹰
副 书 记　邵　波
党委委员　冯　军　张明杰　邵　波
　　　　　陈　甦　信春鹰　夏　勇
　　　　　顾卫东

政治学研究所

所　　长　王一程
副 所 长　房　宁　刘欣钊
党委书记　王一程
党委委员　王一程　刘欣钊　宋月红
　　　　　杨海蛟　房　宁
　　　　　（临时党委）

民族学与人类学研究所

所　　长　郝时远
副 所 长　揣振宇　黄　行
党委书记　揣振宇
党委委员　王希恩　扎　洛　刘　泓
　　　　　郝时远　黄　行　揣振宇

社会学研究所

所　　长　景天魁
副 所 长　李培林　黄　平　汪小熙
党委书记　李培林
副 书 记　黄　平
党委委员　李培林　汪小熙　杨宜音
　　　　　单光鼐　黄　平　景天魁

新闻与传播研究所

所　　长　尹韵公
副 所 长　孟庆海
党委书记　孟庆海
党委委员　马桂芝　尹韵公　闵大洪
　　　　　张西明　孟庆海

世界经济与政治研究所

所　　长　余永定
副 所 长　戎殿新　王逸舟　李向阳
党委书记　戎殿新
党委委员　王逸舟　王德迅　牛宇红
　　　　　戎殿新　李　毅　李向阳
　　　　　余永定

俄罗斯东欧中亚研究所

所　　长　李静杰
副 所 长　邢广程　董晓阳　马维先
党委书记　邢广程
党委委员　邢广程　朱晓中　李静杰
　　　　　赵常庆　钱玉柱　徐小云

欧 洲 研 究 所

所　　长　周　弘
副 所 长　郑秉文　罗红波
党委书记　周　弘
副 书 记　郑秉文
党委委员　周　弘　罗红波　郑秉文
　　　　　赵苏苏

西亚非洲研究所

所　　长　杨　光
副 所 长　王茂珍　杨立华
党委书记　王茂珍
党委委员　王茂珍　杨立华　杨　光
　　　　　潘　仓

拉丁美洲研究所

所　　长　（空缺）
副 所 长　王秀奎　江时学　宋晓平
党委书记　王秀奎
党委委员　孙文军　江时学　李文举
　　　　　李明德　徐世澄

亚洲太平洋研究所

所　　长　张蕴岭
副 所 长　张宇燕　孙士海　韩　锋
党委书记　张宇燕
副 书 记　韩　锋
党委委员　孙士海　朴健一　陈　山
　　　　　张宇燕　张蕴岭　韩　锋

美 国 研 究 所

所　　长　王缉思
副 所 长　顾国良　陶文钊
党委书记　顾国良
副 书 记　陶文钊
党委委员　王缉思　胡国成　顾国良
　　　　　陶文钊

日 本 研 究 所

所　　长　蒋立锋
副 所 长　孙　新　张进山
党委书记　孙　新
党委委员　孙　新　张进山　张淑英
　　　　　蒋立锋　韩铁英

中国社会科学院直属单位

研 究 生 院

院　　长　武　寅
副 院 长　晋保平　邹东涛　王清海
　　　　　崔建民　李进峰
党委书记　晋保平
党委委员　马胜杰　王清海　吕　静
　　　　　李进峰　邹东涛　晋保平
　　　　　崔建民

中国社会科学院图书馆（文献信息中心）

主　　任　黄长著
副 主 任　王亚田　李树东　杨沛超
党委书记　王亚田
副 书 记　李树东
党委委员　王亚田　李树东　姜晓辉
　　　　　钟婉懿　黄长著

中国社会科学出版社

社　　长　张树相
副 社 长　吕张华　张志刚
总 编 辑　李茂生

中国社会科学杂志社

总 编 辑　秦　毅
副总编辑　李　林　赵剑英

社会科学文献出版社

社长兼总编辑　谢寿光
副 社 长　胡鹏光

计算机网络中心

主　　任　解延德
副 主 任　匡卫群

人才交流培训中心

主　　任　（空　缺）
副 主 任　汝晓丁

服务中心

总 经 理　张林书
副总经理　张崇元　赵亚南　刘福庆

中国人文科学发展公司

总 经 理　俞焕灿
副总经理　杨　槐　孙　瑜

中国经济技术研究咨询公司

副总经理　崔民选

中国社会科学院代管单位

当代中国研究所

所　　长　朱佳木（兼）
副 所 长　张启华　程中原　米　山

中国地方志指导小组办公室

主　　任　秦其明
副 主 任　田　嘉

二　中国社会科学院第二届学术委员会

主　　任　李铁映
副 主 任　王忍之　汝　信
秘 书 长　郭永才
委　　员　(以姓氏笔画为序)

马大正　于祖尧　王忍之　方克立
叶秀山　史金波　卢钟锋　田雪原
刘文璞　刘　吉　刘海年　刘　瀚
任式楠　汝　信　吴元迈　杨天石
杨圣明　陈吉元　陈高华　陈筠泉
陆学艺　李京文　李学勤　李铁映
李惠国　苏振兴　谷源洋　张文武
张卓元　张　炯　张显清　钱中文
耿云志　道　布　喻权域　靳辉明
裘元伦　廖学盛　戴康生

三　中国社会科学院高级专业技术职务评审委员会(第五届)

研究系列正高级专业技术职务评审委员会

经济片研究系列正高级专业技术职务评审委员会

主　　任　王洛林
副 主 任　刘树成
委　　员　王振中　朱　玲　朱荫贵　吕　政　金　碚
　　　　　黄速建　张晓山　杜晓山　李　周　李　扬
　　　　　江小涓　王国刚　郑玉歆　汪同三　赵京兴
　　　　　蔡　昉　张车伟　牛凤瑞　郑新立　谢　平

史学片研究系列正高级专业技术职务评审委员会

主　　任　朱佳木
副 主 任　武　寅
委　　员　陈祖武　辛德勇　余太山　宋镇豪　张海鹏
　　　　　虞和平　王建朗　汪朝光　厉　声　刘庆柱
　　　　　袁　靖　陈星灿　王　巍　吴恩远　于　沛
　　　　　周荣耀　朱凤瀚　邓小南

哲学片研究系列正高级专业技术职务评审委员会

主　　任　黄浩涛
副 主 任　卓新平
委　　员　李景源　李德顺　李鹏程　郑家栋　王　路
　　　　　马西沙　方广锠　周燮藩　李　申　周穗明
　　　　　李延明　李崇富　何培忠　黄育馥　吴国盛
　　　　　王继宣

文学片研究系列正高级专业技术职务评审委员会

主　　任　江蓝生

副主任 黄宝生

委 员 杨 义 刘扬忠 蒋 寅 陈晓明 党圣元
郎 樱 扎拉嘎 朝戈金 石南征 吴岳添
陈众议 沈家煊 董 琨 张国宪 张振兴
丹珠昂奔 罗 岗

社会政法片研究系列正高级专业技术职务评审委员会

主 任 李慎明

副主任 郝时远

委 员 信春鹰 夏 勇 梁慧星 郑成思 黄 行
罗贤佑 景天魁 李培林 黄 平 李银河
尹韵公 明安香 王一程 房 宁 杨圣敏
王保树

国际片研究系列正高级专业技术职务评审委员会

主 任 陈佳贵

副主任 余永定

委 员 王逸舟 李向阳 李静杰 邢广程 郑 羽
周 弘 郑秉文 杨 光 杨立华 江时学
徐世澄 王缉思 张宇燕 张蕴岭 陆建人
蒋立峰 张淑英 赵春明 黄卫平

编辑系列正高级专业技术职务评审委员会

主 任 何秉孟

副主任 秦 毅

委 员 郑红亮 卢世琛 白云翔 彭 卫 徐秀丽
胡 明 王生平 张战生 王敏远 吴安琪
范新宇 韩铁英 谢寿光 李 林 张树相
李茂生 马晓光 李松晨 李孝聪

翻译系列正高级专业技术职务评审委员会

主 任 黄长著

副主任　刘瑞祥
委　员　白凤森　金熙德　黄　列　余中先　谢地坤
　　　　张树华　潘家华　路爱国　潘琪昌　马胜利
　　　　萧俊明　林国本　张授远

图书资料系列副高级专业技术职务评审委员会

主　任　江蓝生
副主任　杨沛超
委　员　胡广翔　邵小鸥　赵嘉朱　刘金利　陈晓旭
　　　　李健民　罗仲辉　王铁军　林　青　魏　忠
　　　　成　红　吴　天　闵　杰　王余光　倪晓建
　　　　张晓林

四 中国社会科学院研究所学术委员会及专业技术职务评审委员会

经济研究所

（一）学术委员会

主　　任　刘树成
副 主 任　朱　玲
委　　员　刘树成　张卓元　于祖尧
　　　　　赵人伟　经君健　刘树成
　　　　　吴太昌　王振中　朱　玲
　　　　　董志凯　朱荫贵　李　实
　　　　　韩朝华　袁纲明　胡家勇

（二）专业技术职务评审委员会

主　　任　刘树成
副 主 任　吴太昌　朱　玲
委　　员　刘树成　朱　玲　吴太昌
　　　　　王振中　董志凯　朱荫贵
　　　　　李　实　袁纲明　韩朝华
　　　　　张　平　胡家勇　梁小民
　　　　　卢　峰

工业经济研究所

（一）学术委员会

主　　任　吕　政
副 主 任　金　碚　黄速建
委　　员　吕　政　金　碚　黄速建
　　　　　周叔莲　陈栋生　郭克莎
　　　　　张承耀　陈乃醒　魏后凯
　　　　　李海舰　沈志渔　张世贤
　　　　　杜莹芬　黄群慧　陈佳贵

（二）专业技术职务评审委员会

主　　任　吕　政
副 主 任　金　碚
委　　员　吕　政　金　碚　黄速建
　　　　　郭克莎　张承耀　陈乃醒
　　　　　魏后凯　李海舰　赵　英
　　　　　陈佳贵　郑新立　刘世锦
　　　　　张国有

农村发展研究所

（一）学术委员会

主　　任　张晓山
副 主 任　李　周
委　　员　陈吉元　刘文璞　张晓山
　　　　　杜晓山　韩　俊　李　周
　　　　　吴国宝　刘建进　党国英
　　　　　朱　钢　苑　鹏　杜志雄
　　　　　胡必亮

（二）专业技术职务评审委员会

主　　任　张晓山
委　　员　张晓山　杜晓山　李　周
　　　　　党国英　朱　钢　胡必亮
　　　　　刘建进　刘玉满　张　军

苑　鹏　朱希刚　谭向勇
唐　忠

财政与贸易经济研究所

（一）学术委员会

主　　任　江小涓
副 主 任　何德旭
委　　员　江小涓　高培勇　荆林波
　　　　　温桂芳　张广瑞　何德旭
　　　　　王诚庆　冯　雷　宋　则
　　　　　赵志耘　夏杰长

（二）专业技术职务评审委员会

主　　任　江小涓
副 主 任　何德旭
委　　员　江小涓　何德旭　高培勇
　　　　　张广瑞　温桂芳　宋　则
　　　　　王诚庆　冯　雷　夏杰长
　　　　　贾　康　王延中

数量经济与技术经济研究所

（一）学术委员会

主　　任　汪同三
副 主 任　郑玉歆　钟学义
委　　员　汪同三　郑玉歆　钟学义
　　　　　李京文　齐建国　李　平
　　　　　沈利生　郑易生　张国初
　　　　　赵京兴　贺菊煌　汪向东
　　　　　张昕竹　刘树成　王梦奎

（二）专业技术职务评审委员会

主　　任　郑玉歆
委　　员　郑玉歆　汪同三　齐建国
　　　　　李　平　沈利生　郑易生
　　　　　杨敏英　赵京兴　汪向东
　　　　　张昕竹　李富强　刘树成
　　　　　吕　薇

人口与劳动经济研究所

（一）学术委员会

主　　任　蔡　昉
副 主 任　战　捷
委　　员　田雪原　蔡　昉　战　捷
　　　　　张羚广　郭志刚　郑晓瑛
　　　　　李培林　王跃生　张车伟

（二）专业技术职务评审委员会

主　　任　蔡　昉
副 主 任　张车伟
委　　员　田雪原　蔡　昉　张车伟
　　　　　张羚广　郭志刚　黄荣清
　　　　　王跃生　高嘉陵　高春燕
　　　　　潘晨光　赵耀辉

考古研究所

（一）学术委员会

主　　任　刘庆柱
副 主 任　任式楠　王　巍
委　　员　乌　恩　白云翔　安家瑶
　　　　　李伯谦　刘庆柱　任式楠
　　　　　王　巍　李健民　吴耀利
　　　　　杨　虎　张显清　陈星灿
　　　　　孟凡人　袁　靖　殷玮璋

（二）专业技术职务评审委员会

主　　任　刘庆柱
副 主 任　王　巍
委　　员　刘庆柱　王　巍　白云翔

吴耀利　安家瑶　李健民
袁　靖　陈星灿　王仁湘
杜金鹏　高崇文　朱凤瀚
宋镇豪

历史研究所

（一）学术委员会

主　　任　林甘泉
副 主 任　辛德勇　李斌城
委　　员　丁守璞　卢钟锋　李学勤
　　　　　李斌城　余太山　辛德勇
　　　　　宋镇豪　张　弓　陈祖武
　　　　　陈高华　林甘泉　姜广辉
　　　　　商　传　彭　卫　童　超

（二）专业技术职务评审委员会

主　　任　陈祖武
副 主 任　辛德勇　吴玉贵
委　　员　李　凭　余太山　辛德勇
　　　　　宋镇豪　吴玉贵　陈祖武
　　　　　陈高华　黄正建　姜广辉
　　　　　商　传　彭　卫　万　明
　　　　　杨　珍　邓小南　荣新江

近代史研究所

（一）学术委员会

主　　任　张海鹏
副 主 任　虞和平　徐辉琪
委　　员　耿云志　从翰香　杨天石
　　　　　蒋大椿　曾业英　刘志琴
　　　　　薛衔天　杨奎松　姜　涛
　　　　　李文海　张海鹏　虞和平
　　　　　徐辉琪　陶文钊　郑师渠

（二）专业技术职务评审委员会

主　　任　张海鹏
副 主 任　虞和平
委　　员　耿云志　姜　涛　汪朝光
　　　　　陶文钊　郑师渠　张海鹏
　　　　　虞和平　闻黎明　李长莉
　　　　　王建朗　夏春涛　王奇生
　　　　　徐秀丽　厉　声

中国边疆史地研究中心

（一）学术委员会

主　　任　马大正
副 主 任　厉　声
委　　员　马大正　厉　声　郝时远
　　　　　成崇德　林荣贵　邢玉林
　　　　　李国强

世界历史研究所

（一）学术委员会

主　　任　武　寅
副 主 任　于　沛　张宏毅
委　　员　武　寅　于　沛　张宏毅
　　　　　马龙闪　吴恩远　何芳川
　　　　　沈永兴　汤重南　张椿年
　　　　　张顺洪　罗凤礼　周荣耀
　　　　　施治生　徐建新　黄柯可
　　　　　廖学盛

（二）专业技术职务评审委员会

主　　任　武　寅
委　　员　武　寅　于　沛　冯秀文
　　　　　吴必康　吴恩远　姜　芃
　　　　　张顺洪　周荣耀　郭　方

郭小凌　高　毅　徐建新
黄立茀

台湾研究所

（一）学术委员会

主　　任　许世铨
副 主 任　余克礼
委　　员　许世铨　余克礼　周志怀
　　　　　姜殿铭　刘映仙　刘　红
　　　　　杨立宪

（二）专业技术职务评审委员会

主　　任　许世铨
副 主 任　余克礼
委　　员　许世铨　余克礼　周志怀
　　　　　姜殿铭　刘映仙　刘　红
　　　　　杨立宪

文学研究所

（一）学术委员会

主　　任　杨　义
副 主 任　杜书瀛　杨匡汉
委　　员　杨　义　赵　园　汪　晖
　　　　　杜书瀛　周发祥　石昌渝
　　　　　刘扬忠　杨匡汉　陈晓明
　　　　　徐公持　党圣元　刘跃进
　　　　　蒋　寅

（二）专业技术职务评审委员会

主　　任　杨　义
副 主 任　刘扬忠　党圣元
委　　员　杨　义　包明德　党圣元
　　　　　刘跃进　刘扬忠　叶舒宪
　　　　　赵　园　陈晓明　蒋　寅

吕　微　钱　竞　张中良
胡　明　张建刚　吴岳添

民族文学研究所

（一）学术委员会

主　　任　杨　义
副 主 任　郎　樱　仁钦道尔吉
委　　员　杨　义　郎　樱　白庚胜
　　　　　仁钦道尔吉　扎拉嘎
　　　　　邓敏文　朝戈金　杨恩洪

（二）专业技术职务评审委员会

主　　任　杨　义
副 主 任　朝戈金
委　　员　杨　义　朝戈金　朗　樱
　　　　　扎拉嘎　邓敏文　杨恩洪
　　　　　刘亚虎　丹珠昂奔　吕　微

外国文学研究所

（一）学术委员会

主　　任　黄宝生
副 主 任　陈众议
委　　员　黄宝生　陈众议　盛　宁
　　　　　黄　梅　陆建德　章国锋
　　　　　叶廷芳　吴元迈　童道明
　　　　　石南征　吴岳添　陈中梅
　　　　　郭宏安

（二）专业技术职务评审委员会

主　　任　黄宝生
副 主 任　郭宏安
委　　员　黄宝生　郭宏安　吴元迈
　　　　　吴岳添　叶廷芳　章国锋
　　　　　石南征　黄　梅　陈中梅

刘象愚 申 丹

语言研究所

(一) 学术委员会

主 任 沈家煊
副主任 侯精一 林茂灿
委 员 江蓝生 沈家煊 侯精一
林茂灿 董 琨 张国宪
张振兴 顾曰国 韩敬体
傅爱平

(二) 专业技术职务评审委员会

主 任 沈家煊
委 员 江蓝生 沈家煊 董 琨
张国宪 林茂灿 张振兴
黄雪贞 顾曰国 傅爱平
陆尊梧 刘丹青 曹广顺
王洪君 殷国光

哲学研究所

(一) 学术委员会

主 任 姚介厚
副主任 李鹏程 王 路
委 员 姚介厚 李鹏程 王 路
李德顺 吴元樑 陈 瑛
聂振斌 刘 奔 贾泽林
金吾伦 李景源 蒙培元
周晓亮 李甦平 郑家栋

(二) 专业技术职务评审委员会

主 任 李景源
副主任 周晓亮 李德顺
委 员 李景源 周晓亮 李德顺
王 路 吴国盛 郑家栋
王生平 李甦平 廖申白
李鹏程 郑家栋 江 怡
滕守尧

马克思列宁主义毛泽东思想研究所

(一) 学术委员会

主 任 靳辉明
副主任 傅青元 李崇富
委 员 王 煜 安启念 李延明
陈之骅 余文烈 张战生
李崇富 傅青元 靳辉明

(二) 专业技术职务评审委员会

主 任 李崇富
委 员 王一程 李延明 张启华
张战生 李崇富 周穗明
柳可白 郝立新 夏伟东

世界宗教研究所

(一) 学术委员会

主 任 卓新平
副主任 吴云贵 张新鹰
委 员 卓新平 吴云贵 张新鹰
马西沙 方广锠 王 卡
冯今源 任延黎 李 申
何光沪 李富华 杨曾文
周燮藩 秦惠彬 戴康生

(二) 专业技术职务评审委员会

主 任 卓新平
委 员 卓新平 马西沙 方广锠
冯今源 卢国龙 任延黎
李 申 吴云贵 何劲松

郑家栋　周燮藩　赵敦华
魏道儒

法学研究所

（一）学术委员会

主　　任　信春鹰
副主任　夏　勇
委　　员　信春鹰　夏　勇　梁慧星
郑成思　张庆福　陈泽宪
傅宽之　陶正华　杨一凡
陈　甦　吴新平　张广兴
李　林　张志铭　张宪忠

（二）专业技术职务评审委员会

主　　任　夏　勇
副主任　信春鹰
委　　员　夏　勇　信春鹰　郑成思
梁慧星　陈泽宪　杨一凡
陶正华　孙宪忠　张志铭
崔勤之　李明德　王晓晔
王敏远　陈　甦　陈云生
朱苏立　方流芳

政治学研究所

（一）学术委员会

主　　任　王一程
副主任　房　宁
委　　员　王一程　房　宁　白　钢
史卫民　董礼胜　杨海蛟
潘小娟　张明澍　张辰龙

（二）专业技术职务评审委员会

主　　任　王一程
副主任　房　宁
委　　员　王一程　房　宁　史卫民
董礼胜　杨海蛟　潘小娟
李景治　刘书林　王浦劬

社会学研究所

（一）学术委员会

主　　任　李培林
副主任　景天魁　苏国勋
委　　员　李培林　景天魁　苏国勋
李汉林　折晓叶　单光鼐
沈崇麟　李银河　张厚义
苏国勋　杨宜音　罗红光

（二）专业技术职务评审委员会

主　　任　景天魁
副主任　李培林　苏国勋
委　　员　景天魁　李培林　苏国勋
黄　平　李银河　李汉林
单光鼐　沈崇麟　王春光
蔡　昉　郭于华

民族学与人类学研究所

（一）学术委员会

主　　任　郝时远
副主任　黄　行　任一飞
委　　员　郝时远　黄　行　任一飞
何星亮　龙远蔚　卢　勋
葛公尚　罗贤佑　孙宏开
纳日碧力戈　杜荣坤
王希恩　吴安其　周庆生
聂鸿音

（二）专业技术职务评审委员会

主　　任　郝时远

副 主 任 黄 行
委 员 郝时远 黄 行 罗贤佑
何星亮 王希恩 色 音
纳日碧力戈 聂鸿音
朝 克 朱 伦 孔江平
杨圣敏 周 星

新闻与传播研究所

（一）学术委员会

主 任 尹韵公
副 主 任 陈力丹
委 员 尹韵公 陈力丹 明安香
闵大洪 李斯颐 卜 卫
张西明

（二）专业技术职务评审委员会

主 任 尹韵公
委 员 尹韵公 陈力丹 明安香
张西明 方小翔 郑保卫
崔保国 陈卫星 涂光晋

世界经济与政治研究所

（一）学术委员会

主 任 余永定
副 主 任 李向阳 李少军
委 员 王春法 王逸舟 孙 杰
戎殿新 余永定 张宇燕
李少军 李向阳 杜厚文
沈骥如 贺力平 谈世中
鲁 桐 路爱国 潘家华

（二）专业技术职务评审委员会

主 任 余永定
副 主 任 王逸舟
委 员 余永定 王逸舟 牛 军
王春法 戎殿新 张宇燕
李 毅 李少军 李东燕
李向阳 陈 沙 陈 虹
鲁 桐 路爱国 潘家华

俄罗斯东欧中亚研究所

（一）学术委员会

主 任 李静杰
副 主 任 邢广程 赵常庆
委 员 李静杰 邢广程 赵常庆
张 森 董晓阳 张文武
李凤林 潘德礼 朱晓中
李建民 何 卫 陆南泉
许 新 郑 羽 马维先
冯育民

（二）专业技术职务评审委员会

主 任 李静杰
副 主 任 邢广程 赵常庆
委 员 李静杰 张 森 邢广程
许 新 赵常庆 张文武
陆南泉 李建民 郑 羽
季志业 黄宗良 常 玢
张盛发

欧 洲 研 究 所

（一）学术委员会

主 任 周 弘
副 主 任 郑秉文
委 员 周 弘 郑秉文 罗红波
裘元伦 顾俊礼 王振华
潘琪昌 沈雁南 刘立群
马胜利 吴 弦

(二) 专业技术职务评审委员会

主　　任　周　弘
委　　员　周　弘　郑秉文　罗红波
　　　　　裘元伦　潘琪昌　刘立群
　　　　　沈骥如　申义怀　丁一凡

西亚非洲研究所

(一) 学术委员会

主　　任　杨　光
副 主 任　杨立华
委　　员　杨　光　杨立华　温伯友
　　　　　王京烈　张宏明　唐大盾
　　　　　马秀卿　张晓东　陈德成
　　　　　姚桂梅

(二) 专业技术职务评审委员会

主　　任　杨　光
副 主 任　杨立华
委　　员　杨　光　杨立华　温伯友
　　　　　王京烈　张宏明　张晓东
　　　　　李安山　宫少朋　曾　强

拉丁美洲研究所

(一) 学术委员会

主　　任　张宝宇
副 主 任　江时学
委　　员　张宝宇　江时学　李明德
　　　　　苏振兴　曾昭耀　徐世澄
　　　　　宋晓平　吴国平　刘纪新
　　　　　袁东振　刘承军

(二) 专业技术职务评审委员会

主　　任　江时学
副 主 任　徐世澄
委　　员　江时学　徐世澄　李明德
　　　　　吴国平　刘承军　张新生
　　　　　王晓德　周穗明　王逸舟

亚洲太平洋研究所

(一) 学术委员会

主　　任　张蕴岭
委　　员　张蕴岭　孙士海　孙叔林
　　　　　韩　锋　葛维钧　蒋忠新
　　　　　陆建人　高连福　薛克翘
　　　　　张位均　陈　山

(二) 专业技术职务评审委员会

主　　任　张蕴岭
副 主 任　孙士海
委　　员　张蕴岭　孙士海　薛克翘
　　　　　朱明忠　蒋忠新　张位均
　　　　　陆建人　胡国成　李向阳

美国研究所

(一) 学术委员会

主　　任　王缉思
副 主 任　陶文钊
委　　员　王缉思　顾国良　陶文钊
　　　　　张宇燕　胡国成　朱世达
　　　　　牛　军　周　琪　黄卫平

(二) 专业技术职务评审委员会

主　　任　王缉思
委　　员　王缉思　顾国良　陶文钊
　　　　　张宇燕　胡国成　牛　军
　　　　　周　琪　盛　宁　金灿荣

日本研究所

(一) 学术委员会

主　　任　蒋立峰
委　　员　蒋立峰　孙　新　张进山
　　　　　高增杰　张淑英　高　洪
　　　　　王　伟　金熙德　韩铁英
　　　　　汤重南　江瑞平

(二) 专业技术职务评审委员会

主　　任　蒋立峰
委　　员　蒋立峰　高增杰　韩铁英
　　　　　金熙德　张淑英　崔世广
　　　　　孙　承　江瑞平　杨伯江

中国社会科学院图书馆（文献信息中心）

(一) 学术委员会

主　　任　李惠国
副 主 任　黄长著
委　　员　李惠国　黄长著　杨沛超
　　　　　秦麟征　黄育馥　何培忠
　　　　　吕其苏　胡广翔　邵小鸥
　　　　　萧俊明　姜一平　郑海燕
　　　　　刘　霓　姜晓辉　刘振喜

(二) 专业技术职务评审委员会

主　　任　黄长著
委　　员　李惠国　黄长著　杨沛超
　　　　　黄育馥　何培忠　胡广翔
　　　　　邵小鸥　萧俊明　姜一平
　　　　　郑海燕　刘　霓　苏国勋
　　　　　罗仲辉

当代中国研究所

(一) 学术委员会

主　　任　朱佳木
副 主 任　张启华
委　　员　朱佳木　张启华　程中原
　　　　　田居俭　刘国新　陈东林
　　　　　李　文　杜　蒲　李正华
　　　　　丁　明

(二) 专业技术职务评审委员会

主　　任　朱佳木
委　　员　朱佳木　张启华　有　林
　　　　　程中原　田居俭　孙学文
　　　　　刘国新　陈东林　李文海
　　　　　谷安林　逄先知　盖　军
　　　　　梁　柱　靳辉明　蔡文兰

第　四　编

工 作 概 况

一 科研机构工作

经济研究所

(一) 基本情况

截至2002年底，经济研究所共有现职人员147名，其中，正高级职称人员30人，副高级职称人员45人，中级职称人员32人，高中级职称人员占全所现职人员的72.7%。

该所设有政治经济学研究室、宏观经济学研究室、微观经济学研究室、资本理论研究室、中国经济史研究室、中国现代经济史研究室、经济思想史研究室、当代西方经济理论研究室、《经济研究》编辑部、《经济学动态》编辑部、《中国经济史研究》编辑部、《中国城市年鉴》编辑部（具体业务由院办公厅代管）、网络中心、图书馆、办公室、科研处、人事处等17个科研和行政机构。

(二) 科研组织工作

2002年，该所共出版专著18种，505.9万字；学术论文175篇，214.29万字；研究报告29篇，108.55万字；译著4种，111.8万字；一般文章45篇，25.26万字；论文集5部，169.8万字；综述5篇，3.9万字；学术资料4部，140.9万字；学术普及读物1部，20万字；工具书1部，130万字；编辑期刊40期，465.6万字。

2002年，该所有18项课题通过验收并正式结项：

(1) 国家社科基金课题3项："收入分配中国家、企业和个人的关系研究"（赵人伟、李实主持），"通货紧缩的宏观经济调控研究"（戴园晨主持），"金融全球化时代符号经济与实体经济关联的实证研究"（张晓晶主持）。

(2) 院重点课题2项："我国经济增长方式转变的理论和实践研究"（袁纲明主持），"积极财政政策的作用、意义、效益跟踪研究"（戴园晨主持）。

(3) 院交办课题3项："中国收入分配"（王洛林、张平主持），"深化对剩余价值理论的认识"和"劳动和劳动价值论"（王振中主持）。

(4) 所重点课题10项："中国企业发展报告"（刘小玄主持），"2001年政治经济学研究文丛"（钱津主持），"住宅信贷政策与收入分配"（汪丽娜主持），"新经济发展路径研究"（桁林主持），"对外开放度与国家经济安全"和"加入WTO对中国经济的影响"（杨帆主持），"符号经济与实体经济的关联：理论与实证"（张平主持），"消费行为对货币政策效应的影响"（汪红驹主持），"156项建设研究"（董志凯主持），"中国经济发展转型与体制转型研究”（赵人伟主持）。

该所与社会科学文献出版社合作编辑出版的《经济研究文库》已出到20集，形成文库规模，在市场和读者中反映良好。

2002年，该所新立项课题20项：

（1）国家社科基金课题3项：“股票市场发展与货币政策改革的数量关系及对策研究”（张平主持），“应对巨灾事件的策略研究”（栾存存主持），“民国时期经济政策的延续与变异”（徐建生主持）。

（2）院A类重大课题2项：“中华人民共和国经济史第二卷”（董志凯主持），“市场化与西藏社会经济发展”（王洛林、朱玲主持）。

（3）院B类重大课题5项：“经济转型理论研究”（王振中主持），“中国宏观经济运行变化与宏观政策选择”（袁纲明主持），“宏观情景下的投资组合收益和风险控制”（栾存存主持），“企业改制和发展模式的比较和实证分析”（朱恒鹏主持），“制度性壁垒研究”（赵农主持）。

（4）所重点课题10项：“中国市场经济新秩序与WTO”（贾利主持），“中国经济转轨中的社会资本”（陈健主持），“农村贫困原因的研究”（岳希明主持），“核心就业与核心竞争力”（王诚主持），“中国经济思想范畴史”（叶坦主持），“国民经济政策的延续与变异”（徐建生主持），“2002年政治经济学研究报告”（钱津主持），“《资本论》与政治经济学理论研究”（裴小革主持），“中国收入分配的政策研究”（李实主持），“经济学科动态追踪”（朱玲主持）。

2002年，该所新增设3个院重点建设学科，它们是：宏观经济学，学科带头人袁纲明；政治经济学，学科带头人胡家勇；中国经济史，学科带头人朱荫贵。

（三）学术活动

1. 各类学术研讨会

（1）中国经济史学会2002年年会暨“市场发育与区域经济发展”国际学术讨论会：4月召开，由中国经济史学会与山西大学联合主办。会议重点讨论了中国经济史中各区域经济的发展，商品流通，市场发育以及商人、商业组织的发展情况。

（2）第四届全国政治经济学研讨会：5月召开，由政治经济学研究室主办，东北财经大学承办。会议就“资本理论”问题进行了广泛的研讨。会议论文即将结集出版。

(3)“资本市场与金融投资”研讨会：5月在苏州召开，由《经济研究》编辑部与苏州大学经济学院和东吴证券有限公司联合主办。

(4)“全国绿色生产力”研讨会：5月在哈尔滨市召开，由《经济学动态》编辑部与黑龙江省经济学会、《生产力研究》杂志社联合主办。

(5)“全国分配理论与收入差距问题”研讨会：6月在河南开封市召开，由《经济学动态》编辑部与河南大学经济学院联合主办。

(6)“经济史论坛·中国传统经济再评价”研讨会：分别于6月和10月由《中国经济史研究》编辑部与首都师范大学和农展馆联合在京举办。“经济史论坛”已成为学术界有一定知名度的一个品牌。

(7)“民国时期的国共关系与国民党政权的基础”学术研讨会：7月在京召开，由中国经济史研究室与本院近代史研究所联合主办。

(8)“中国信任理论与风险防范”高级研讨会：7月在天津召开，《经济学动态》编辑部与天津财经学院金融系联合主办。

(9)“加入WTO后国有企业改革与发展”国际学术研讨会：8月在长春召开，由《经济研究》编辑部与吉林大学中国经济研究中心联合主办。

(10)“2002资源、环境经济论坛”：10月在武汉召开，由《经济学动态》编辑部与中国地质大学、国土资源经济研究院、湖北省社会科学院、《江汉论坛》杂志社联合主办。

2.所内学术活动

(1)所宏观经济学研究室坚持不定期召开“我国宏观经济形势分析”研讨会。在4月召开的研讨会上，主要围绕当时国内外关注的中国经济增长“一枝独秀”现象以及一季度经济形势的变化进行分析讨论。刘树成所长提交的论文《近几年中国经济增长态势分析》对近几年经济增长状况和宏观政策效应作了分析，提出宏观政策方面有待改进的问题和促进新的产业增长的政策建议。与会人员还就财政、货币、外贸、资本市场、产业结构、“三农”问题进行了分析和讨论。在7月召开的研讨会上，主要分析、讨论上半年宏观经济形势。袁纲明提交的论文《增长可否持续，通缩是否加重》，对上半年增长加速和通缩加重并存现象作出了自己的判断和分析。

(2)坚持不定期举办午餐学术研讨会，全年共举办了40场次，邀请了国内外及所内外研究人员数十人进行学术交流，并编辑出版了该研讨会的论文集。

(四)期刊工作

《经济研究》(月刊)，主编刘树成。2002年，该刊编辑部围绕办好《经济研究》这个中心，开始筹划推行双向匿名审稿等制度。从2002年第6期开始，编辑部内部也实行匿名审稿，与外部专家匿名审稿进行对接。另外，从2002年第1期开始，发表的全部论文都增加了相应的英文提要和关键词，并进入到美国的经济文献检索系统(Econlit)，全世界的人通过这个系统都能检索到在《经济研究》上发表的文章。

2002年，编辑部还建立了新的岗位责任制，使20世纪80年代制定的岗位责任制得到了全面的更新。新的岗位责任制从来稿登记、审稿程序、编辑加工、校对核红、出版印刷等各个环节对责任编辑、技术编辑、编务、编辑部副主任、主任、副主编等人员的权利和责任作了较为明确的规定，使编辑部工作有章可循，为办好刊物奠定了制度基础，使差错率降到了较低的水平。

2002年，该刊发表的比较有代表性的文章有：张维迎的《法律制度的信誉基础》(第1期)，史正富的《马克思劳动价值论的现代拓展》(第2期)，邓先宏等的《对劳动和劳动价值论理论几个问题的思考》(第5期)，张军的《资本形成、工业化与经济增长：中国转轨的特征》(第6期)，赵志君等的《银行业放松管制的理论分析与宏观效果》(第6期)；刘芍佳、从树海的《创值论及其对企业绩效的评估》(第7期)，金晓斌等的《公司特质、市场激励与上市公司多元化经营》(第9期)，李实等的《中国城市中的三种贫困类型》(第10期)。

《经济学动态》(月刊)，主编王振中。2002年，该刊连续4期刊登论述以消费启动内需的文章，引起了有关部门的重视，为宏观调控政策从政府投资启动向消费启动转变进行了理论准备。此外，在第9期还成功地预测并超前介绍了2002年获得诺贝尔经济学奖的“实验经济学”和“行为经济学”，引起了学术界的极大关注。

2002年，该刊发表的比较有代表性的文章有：周学的《消费信贷：一个比政府投资更能启动内需的宏观调控手段》（第5期）；蔡昉的《技术效率、配置效率与劳动力市场扭曲——解释经济增长差异的制度因素》（第8期）；马洪潮、张屹山的《国外行为经济理论模式综述》（第9期）；湛志伟的《坎内曼与塞勒对行为经济学的贡献》（第9期）；叶泽方、方齐云的《实验经济学的方法论演进》（第9期）；于泽、周韬的《普洛特与罗思对实验经济学的贡献》（第9期）。

《中国经济史研究》（季刊），主编刘兰兮。2002年，该刊编辑部加强规范化建设，从来稿登记、初审、复审、终审，到定稿、发排、校对直到发行等环节，严格按照条例操作，实行责任编辑对主编负责制。全年编辑出版《中国经济史研究》4期100万字，计学术论文56篇（其中10篇文章被中国人民大学复印资料《经济史》等全文复印；4篇被《新华文摘》、《中国社会科学文摘》等重要刊物摘录），学术综述文章10篇，论著评介10篇。审读来稿500余万字。

该刊编辑部组织并主撰6万字的《2001年中国经济史研究述评》，对经济史研究的现状、存在的问题以及趋势作了评论，起到了规范学术、提供信息、服务学界的作用。

2002年，该刊发表的比较有代表性的文章有：《中国现代化黎明期西方科技的民间引进》（第1期）；《中国的资本主义萌芽》（第1期）；《中国封建地租与商品经济》（第2期）；《1927～1937年间中国手工棉纺织业新探》（第2期）；《建国前期的市价与牌价》（第2期）；《20世纪三四十年代华北平原农村的土地分配及其变化》（第3期）；《近代中外金融制度变迁比较》（第3期）；《西方制度经济史学的历史演进：评价与思考》（第3期）；《1957～1978年中国计划经济体制下的非计划经济因素》（第4期）；《50年来中国政府经济职能的变化与启示》（第4期）；《中国近代工矿业区位选择的个案透视》（第4期）。

工业经济研究所

（一）基本情况

截至2002年底，工业经济研究所有现职人员94人，其中，正高级职称人员11人，副高级职称人员30人，中级职称人员28人，高中级职称人员占现职人员的73.4%。

该所设工业发展研究室，投资与市场研究室，工业布局与区域经济研究室，产业组织研究室，企业制度研究室，企业经营管理研究室，财务与会计研究室。

（二）科研组织工作

2002年，工经所针对往年科研成果数量很多，但大多数质量不高、精品更少的情况，提出了从侧重对科研成果的年度量化考核转变为量化考核与质量考核相结合，即对不同职级的专业技术人员，既有不同成果数量分值的要求，也有在全国重点期刊发表成果数量的不同要求。该所还进一步完善修订了科研管理的有关制度，如《关于进一步规范课题经费管理的几项规定》、《关于承担外单位委托研究课题管理办法》等。在向院部申报重点建设学科的工作中，该所组织各研究室结合申报工作，分析本学科的发展现状，找出与一流研究所的标准相比差距在哪里，研究确定今后几年研究室（学科）的发展目标。通过所学术委员会审议，确定了产业组织学、企业管理学、区域经济学申报院重点学科建设项目，并获得批准，其中产业组织学、企业管理学 2002 年被立项。针对所内青年科研人员反映无机会独立承担研究课题的情况，该所从所重点课题经费中划出一部分作为青年科研人员独立承担课题的奖励基金，视他们研究成果的质量给予奖励。

2002 年，该所共完成专著 17 部，466.2 万字；论文 290 篇，216.5 万字；研究报告 145 篇，348 万字；文集 4 部，113.4 万字；教材 4 部，157.3 万字；译著 2 部，47.8 万字；其他成果 40 篇，15 万字；各类成果总计 1364.2 万字。

2002 年，该所的科研力量主要集中在工业经济和企业管理的重大现实问题的研究上，取得了一批质量较高、社会影响较大的研究成果。

(1) 关于改革国有资产管理体系问题研究：对目前国有资产管理体制存在的“五龙治水”的弊端进行了分析，提出了对现行管理体制进行改革和调整的政策建议。这一研究成果体现了党的“十六大”提出的国有资产管理体制应实现管资产、管人和管事相结合的要求。

(2) 关于深化国有企业改革问题研究：该所完成的《国有企业根本改革论》，深入分析了我国国有企业改革面临的一些根本性问题，论证了在社会主义市场经济条件下国有企业的定位，提出了深化国有企业改革的理论逻辑和可供选择的路径，为国有经济布局的调整和国有企业的产业定位提供了理论依据。

(3) 关于加入 WTO 后应对措施问题研究：该所 2002 年的《中国工业发展报告》的主题为“WTO 规则下的企业和政府行为”，该所组织 80%以上的科研人员，从不同的方向和专题共同研究加入 WTO 后产业、企业和政府应当怎样应对的问题。为了加强对加入 WTO 后各种重大现实问题的研究，该所成立了跨所、跨部门和跨学科的“中国社会科学院 WTO 研究中心”。2002 年 12 月，该所组织学术访问小组拜访了设在日内瓦的世界贸易组织总部，与世贸组织官员就“WTO 运行规则和中国加入 WTO 一年来的进展”问题进行了专题座谈。

(4) 关于国际产业转移与中国成为世界制造业中心问题的研究：在过去的一年里，国外一些媒体宣传中国已经成为或即将成为“世界工厂”，误导了舆论，从而产生对中国工业发展实际水平的错误判断。为正确认识国际产业转移的趋势和中国制造业发展的现状与前景，该所申报并设立了院重大课题“国际产业转移和中国成为世界制造业中心可能性问题研究”，并取得初步研究成果。该成果从理论上论证了世界工厂的含义及其类型，分析中国制造业的发展水平和优势，比较了中国制造业及其产品出口与世界工业发达国家之间的差距，明确指出中国现在还不是世界工厂，驳斥了中国工业品出口增长对其他国家构成威胁的论调。这些理论研究成果对于纠正关于中国已成为世界工厂的模糊认识起到了积极作用。

(5)“我国西部大开发战略与政策研究”是王洛林副院长主持、由该所具体承担的院重大课题，2002 年也取得了显著进展。由北京出版社出版的《未来 50 年——中国西部大开发战略》一书是该项研究的阶段性成果。该书全面深入地探讨了当前我国西部地区社会经济发展过程中的主要问题、实施西部大开发的难点和对策。该书获北京出版社优秀图书奖。

(6)由该所研究人员研究和撰写的《我国经济增长过程中能源利用效率的改进》一文，回答了国外一些学者以“九五”计划以来中国能源生产和消费量负增长和低增长为理由，对我国经济增长速度提出的质疑。文章分析了我国结构调整、企业技术进步以及体制改革等因素对能源消费的影响，论证了我国近年来在能源产量下降的情况下实现经济快速增长的原因。

(7)关于鼓励和引导私人经济发展问题的研究：该项研究成果比较全面地论述了我国私人经济发展的状况及其作用，揭示了私人企业发展过程中面临的主要矛盾。该研究报告还分析了我国私人企业的转型问题，指出，随着生产力的发展和资本的不断积累，部分私人企业开始由劳动密集型产业向资本与技术密集型产业转移，由私人独资向资本社会化方向转变，由家族式企业向现代企业制度转变。针对这种变化趋势，研究报告提出了引导和规范的对策。

2002年，工经所新立项课题有——国家社科基金1项：张金昌主持的“加强我国企业竞争力研究”；院重大课题3项：吕政主持的“国际产业转移新趋势与中国成为世界工厂研究”(A类)，余晖主持的“中国产业组织：理论与案例研究”(B类)，杜莹芬主持的“我国上市公司盈余管理的实证研究”(B类)；所重点课题22项：董利主持的“融资约束对不同产业投资的影响”，周维富主持的“WTO与中国资本集中型工业的发展战略研究”，崔浩主持的“市场开放与我国劳动密集型产业的发展”，吕宁主持的“技术壁垒与工业品出口策略——以食品工业为例”，彭灵勇主持的“民间资本法律保护研究”，刘戒骄主持的“入世以后政府的产业扶持”，郭朝先主持的“我国企业跨国经营行为与绩效研究”，丁毅主持的“建材行业专业化分工研究”，周民良主持的“沿海地区外商直接投资区域集中与转移的趋势和对策”，刘楷主持的“西部地区外商投资的区位选择及绩效分析”，余菁主持的“信息技术(IT)应用与企业竞争优势的塑造”，施晓红主持的“公司控制权法律问题研究”，孙天法主持的“我国反垄断措施研究”，贺绍奇主持的“证券民事责任制度与上市公司治理”，张小宁主持的“上市公司业绩评估的指标与方法”，刘湘丽主持的“企业员工技能形成与积极的就业政策”，方晓霞主持的“上市公司直接融资效率分析”，时杰主持的“上市公司中期财务报告信息披露研究”，王新玲主持的“我国大型企业品牌管理的若干新问题”，王燕梅主持的“高新技术产业投资环境研究”，金碚主持的“中国工业发展报告(2003)”。

此外，该所还承担了委托研究课题2项：吕政主持的“温州华峰工业集团管理提升工程”，黄速建主持的“投资计划管理模式研究”。

2002年，工经所已结项课题有——国家社科基金课题1项：郭克莎主持的“加入WTO之后我国工业发展战略及其政策研究”；院重大课题2项：金碚主持的“中国产业与企业竞争力研究”，张承耀主持的“我国企业管理实践与科学管理的发展”；所重点课题6项：金碚主持的“中国工业发展报告(2002)”，谢晓霞主持的“电子信息产业对传统产业的影响及改造”，余晖主持的“产业治理机制——温州的案例”，陈耀主持的“西部投资环境研究”，刘光明主持的“市场经济秩序与企业信用”，杜莹芬主持的“现阶段我国上市公司资本结构研究”等；委托课题16项：吕政主持的“我国民营企业发展现状与对策研究”，吕政、张承耀共同主持的“青藏铁路（西藏段）运营管理机制研究”，吕政、郭克莎共同主持的“广东肇庆市工业发展战略研究”，吕政、史丹共同主持的“新世纪振兴我国装备制造业的对策”，吕政、魏后凯共同主持的“景德镇市‘十五’工业结构调整与发展规划”，黄速建主持的“国防科技工业行业管理重点问题研究”、“中国移动集团非通信运营企业的行业分析与管理体系研究”、“中国移动集团非通信运营企业的预算监控与业绩考核”，郭克莎主持的“东方热电燃气集团发展战略”，张承耀主持的“贵州益佰实施扶贫战略研究”，陈乃醒主持的“促进延吉市工业化进程”，魏后凯承担的“加快中西部工业化质量研究”，赵英主持的“中国船舶工业产业政策研究”，陈耀承担的“中国工业化可持续发展研究”，余晖主持的“医疗机构监管研究”，刘戒骄主持的“中国战略性技术及产业研究”。

2002 年，工经所获奖的科研成果有——吕政主编的《中国工业发展报告（2000）——中国的新世纪战略：从工业大国走向工业强国》获得院优秀科研成果二等奖；魏后凯主编的《21 世纪中西部工业发展战略》、黄群慧的《控制权作为企业家的激励约束因素：理论分析及现实解释意义》（论文）、郭克莎的《中国工业化的进程、问题与出路》（论文）、金碚的《产业组织经济学》分别获得院优秀科研成果三等奖。该所主办的《中国工业经济》获得第二届中国社会科学院优秀期刊一等奖。

（三）学术交流

2002 年，该所出访 27 人次，其中，出境考察 20 人次，参加国际会议 5 人次，长期访问学者 2 人。

2002 年，该所接待来访外宾 13 人次，其中，长期访问学者 2 人次。乌克兰工业经济研究所代表团一行 5 人应邀来该所进行为期 10 天的学术访问。此外，还接待了临时来访学者、记者和驻华使馆官员约 100 人次。

该所与德国科隆大学合作研究项目“中国积极的就业政策”已按协议完成预定研究任务，发表了 5 篇中间成果，最终成果即将出版。

该所承办了由我院主办在北京召开的“国际汽车产业高层论坛”，国内外知名汽车厂商的高层管理人员、政府部门官员、理论界学者、金融机构人士以及新闻媒体约 120 人应邀出席。与会代表共同探讨了国际汽车产业结构调整与未来发展趋势，中国汽车产业结构与产业政策调整，汽车消费市场与汽车金融服务以及汽车相关企业如何进行融资、并购与上市等问题。

7 月 10 日，澳大利亚墨尔本大学城市与环境系暑期研修团一行 37 人来该所进行为期一天的学术访问。

（四）研究生教育

2002 年，该所有博士生导师 10 人，硕士生导师 15 人；毕业博士生 12 人，硕士生 5 人；新招收博士研究生 10 人，硕士研究生 6 人，其中，香港籍博士研究生 1 人，外国留学生 2 人；总计共有在读博士、硕士研究生 58 人，其中，博士 31 人，硕士 20 人，港澳台留学生 3 人，外国留学生 4 人。2002 年，该所为在校二年级研究生开办了 16 个专题讲座。出版了研究生教材《现代企业管理——变革的观点》、《国外著名企业经营案例评析》等。

（五）期刊工作

《中国工业经济》（月刊），主编吕政，副主编金碚、李海舰。全年出版 12 期，发表文章 156 篇。

《经济管理》（半月刊），总编吕政，副总编黄速建。全年出版 24 期，发表文章 546 篇。

《中国经营报》（周二版），主编金碚，执行主编李佩钰。全年出版 58 期。

《精品购物指南》（周二版），主编张书新。全年出版 101 期。

农村发展研究所

（一）基本情况

截至 2002 年底，农村发展研究所有现职人员 91 人。其中，正高级职称人员 14 人，副高级职称人员 32 人，中级职称人员 126 人，高中级职称人员占全所现职人员的 79%。

该所设有农村宏观经济研究室、农村产业与区域经济研究室、农村经济组织与制度研究室、农村生态经济与环境研究室、农村贫困与发展金融研究室、信息网络室、中国贫困问题研究中心、中国生态与环境研究中心、科研组织处、办公室及《中国农村经济》和《中国农村观察》编辑部。

（二）科研组织工作

该所重视课题的后期管理，制定了一系列行之有效的保障措施。主要做法是：（1）主持人完成课题研究初稿后，由科研处组织召开结题报告会，并由同行专家进行评议。评议内容主要是指出研究成果的不足或对成果的观点、结论提出质疑，以期建立健康的学术批评机制和树立严谨的学风；（2）报告会之后，允许课题主持人在一个月之内根据评议意见对其成果初稿再次进行补充和修订，以完善和提升最终研究成果的质量；（3）凡承担的所重点课题聘请 5 位评审专家，一般课题聘请 3 位评审专家，严格采用“双盲法”进行成果的最终评审鉴定；（4）经评审专家鉴定验收合格后的研究成果，由所资助统一印刷成册，用于所内学术成果的积累和所外学术交流。

2002 年，该所出版专著 7 部，171 万字；论文 121 篇，104 万字；调研报告 68 篇，222 万字。

2002 年新立项课题有：（1）张晓山主持的“农业结构良性调整与产业化经营”（自然科学基金重大课题）；（2）杜晓山主持的“农村金融组织规范研究”（自然科学基金课题）；（3）李周主持的“西部大开发中环境保护、水资源管理和农业可持续发展”（社科基金重点课题）；（4）苑鹏主持的“农村工业化、市场化进程中的农民合作组织”（社科基金课题）；（5）谭秋成主持的“我国农村政策制定程序与实施机制研究”（院 A 类重大课题）；（6）党国英主持的“农村社会稳定的经济学研究”（院 B 类重大课题）；（7）胡必亮主持的“非正式制度与中国农村发展”（院 B 类重大课题）；（8）冯兴元主持的“乡镇企业融资与民间金融组织制度创新”（院 B 类重大课题）。

在研课题有：（1）杜志雄主持的“农村城镇化与农业剩余劳动力转移问题”（院重大课题）；（2）朱钢主持的“我国农村财政制度创新与政策选择”（院重大课题）；（3）张晓山主持的“农村发展与增加农民收入”（院 A 类重大课题）；（4）李成贵主持的“中国粮食流通体制改革研究”（院 A 类重大课题）；（5）张军主持的“乡村地区主要公共产品供给及酬资方式”（院 B 类重大课题）；（6）苑鹏主持的“农业技术创新与制度创新研究”（院 B 类重大课题）；（7）李静主持的“中国农村金融组织的行为与制度环境”（院 B 类重大课题）。

已结项课题有：（1）胡必亮主持的“中国农村小城镇发展比较研究”（社科基金课题）；（2）李成贵主持的“农业产业结构调整与优化问题研究”（社科基金课题）；（3）张晓山、李培林主持的“湖南农村基础调研”（院交办课题）；（4）张晓山主持的“贫困老少边地区未来10～15 年减免税可行性研究”（院交办课题）；（5）李周主持的“化解水资源短缺对西北地区经济发展制约”（院重点课题）；（6）李周主持的“中国水灾综合防治的经济学研究”（院重点课题）。

2002 年，该所以宏观经济研究室和农村组织与制度研究室为依托的农业经济学学科和农业经济管理学学科，经院审议批准列为“十五”期间重点学科。农业经济学学科预期在 5 年建设期内，形成各研究领域互补、整体优势突出的团队研究力量，成为农业经济和农村发展研究领域的主要发言集体。农业经济管理学学科预期在 5 年建设期内，增强整体科研水平，有效整合科研力量，形成一支学风严谨、作风扎实、理论素养良好、团结协作的科研队伍，提升本学科在国内的知名度和影响力，为建设国内公认的一流学科打下坚实的基础。

2002 年，该所有 3 部专著、1 篇论文获得社科院第四届优秀科研成果三等奖。分别是：朱钢等的专著《聚焦中国农村财政：格局、机理与政策选择》，李成贵的专著《中国农业政策：理论框架与应用分析》，胡必亮等的专著《农村金融与发展》，刘小京的论文《静悄悄的革命：中国农村土地制度变通问题研究》。该所还获得本年度院信息工作先进集体奖。获得优秀信息个人一等奖的是：林祥金的《在国外疯牛病肆虐之际，我国如何摆脱牛肉生产大国出口小国的命运》；获得优秀信息个人二等奖的是：张晓山、李国祥的《结构调整见效，农业形势好转》、宋宗水的《从浑善达克地移民到准噶尔盆地，彻底解决华北、北京地区的沙尘威胁》。

（三）学术交流

2002 年，该所举办了 6 次系列学术讲座：（1）4 月 9 日，中国《改革》杂志社农村版执行主编李昌平作了题为“当前中国农村问题的焦点与对策”的讲座；（2）4 月 26 日，财政部科研所所长贾康作了题为“积极财政政策”的学术讲座；（3）6 月 18 日，法学所李顺德研究员作了“WTO 与知识产权保护”的学术讲座；（4）8 月 23 日，欧洲所所长周弘以“国际对外发展援助”为主题作了学术报告；（5）9 月 3 日，中国农业大学副校长傅泽田和刘雪博士作了题为“农产品国际竞争力研究”的学术讲座；（6）10 月 25 日，中国农业大学田维明教授作了题为“我国在 WTO 新一轮谈判中的利益和立场”的学术报告。

2002 年，该所举办了 8 次课题结项报告会：（1）3 月 29 日，张元红副研究员作了“从合作基金会看中国农村金融改革与发展”的报告（国际合作课题）；（2）4月16日，苑鹏研究员、朱钢研究员、张元红副研究员分别作了“乡镇企业结构调整与体制变革”、“乡村财政体制与农村税费改革”和“农村金融风险防范与金融创新”报告（三项均为所课题）；（3）5月17日，于法稳副研究员作了《黄土高原半干旱区集水型生态农业与生态环境的恢复重建研究》的报告（所课题）；（4）6月21日，胡必亮研究员、党国英研究员分别作了“中国小城镇与区域一体化”（社科基金课题）和“农村发展理论探索”（院基础课题）的报告；（5）6月21日，李周研究员作了“化解西北地区水资源短缺的对策研究”的课题报告（院重点课题）；（6）9月31日，谭秋成副研究员作了“转型时期乡村组织行为与乡镇企业发展”（农业部课题）和“银行体制、预算软约束与乡镇企业目前的困难”（所课题）的报告；（7）10月18日，陈劲松副研究员、翁鸣副研究员分别作了“国内农村经济理论研究动态”和“加入WTO对中国农业的影响”的报告（两项均为所课题）；（8）10月18日，李成贵副研究员作了“农业结构调整：目标与实现机制”的报告（社科基金课题）。

该所2002年度共派出47批53人次分赴匈牙利、泰国、越南、德国、比利时等地进行学术访问；接待了来自不同国家、地区、国际机构的专家学者共51批次；与国际合作组织签订了8项研究项目；邀请美国、德国等外国专家学者就“外国生物技术对中国经济、环境的影响”、“欧盟与中国区域政策的原则与理念”以及“外国在华直接投资与西部大开发”等专题进行了学术交流。

（四）学会、期刊工作

中国林牧渔经济学会，会长张晓山。（1）该学会与安徽阜阳人民政府于2002年11月2～4日在安徽阜阳联合举办“全国肉牛经济”理论研讨会。与会代表对我国肉牛业面临的形势和为什么不能扩大出口的原因进行了深入认真的分析和讨论。（2）编辑出版《中国林牧渔经济》4期，约20万字。（3）组织有关专家赴内蒙古通辽市，就当地如何建成产牛大市项目进行实地考察，并向当地政府提出有关对策建议。

中国生态经济学会，会长滕藤。（1）该学会与中国科学院寒区旱区环境与工程研究所、西北师范大学于8月20～23日在甘肃兰州联合举办中国生态经济学会五届二次年会暨“西部地区生态建设”学术研讨会。与会代表围绕新时期生态经济理论创新的方向、生态产业发展的前景和促进生态产业发展的政策、生态经济研究领域的拓展以及传统文化中的生态智慧等进行讨论，并提出了一些很有见地的建议。（2）学会副理事长李文华、李周等人承担了温家宝副总理下达的“新世纪理论发展战略研究”的课题，并在温家宝主持的课题汇报会上分别作了发言。

中国县镇交流促进会，会长郭永才。（1）该学会于2002年7月22～23日召开第二届理事会暨“农村改革与发展”学术研讨会。国务院发展研究中心副主任陈锡文就农民收入增长、农村经济发展与县镇经济发展之间的关系作了专题报告。《经济日报》农村部主任高以诺、全国山区综合开发协调办公室负责人陆诗雷、农村发展研究所副所长杜晓山分别作了大会发言。会议选举产生了新一届理事会。（2）建立县镇交流促进会工作网络，开展研究工作和小城镇区域规划设计，开展农村基层干部的培训工作。

中国城郊经济学会，会长包永江。（1）2002年2月和5月先后举办两期WTO基础知识培训班。(2) 2002年9月分别在济南和温州召开“城市化进程中村改居存在的问题及对策”和“全国小城镇发展建设”学术研讨会。(3) 组织专家赴唐山开平区、无锡惠山区等地进行义务咨询。

《中国农村经济》(月刊)、《中国农村观察》(双月刊), 主编张晓山。《中国农村经济》发表的文章广泛涉及加入WTO与农业、农村税费改革、农村土地制度、粮食、农村组织制度、乡镇企业、农村城镇化、可持续发展等农村热点问题和重大问题。比较重要的文章有：柯炳生的《加入WTO与我国农业发展》, 钟甫宁的《从发展中国家的角度看农产品自由贸易的主要问题》, 牛若峰的《中国农业产业化经营的发展特点与方向》, 唐仁健的《对农村税费改革若干重大问题的探讨》, 郑易生的《环境污染转移现象对社会经济的影响》。

《中国农村观察》主要栏目有粮食问题、组织与制度、土地问题、乡镇企业、农村工业化、农民收入、农户行为以及乡村政治、农村社会发展等。在学术上有创新的文章有：朴之水等的《从套利率、交易成本和贸易中断看中国粮食市场的发育》, 叶敬忠等的《论农村发展中的公众参与》, 胡定寰的《同一地区内企业与企业之间的相互影响和作用》, 冯子标的《土地市场化与“三农”问题的出路》。

2002年, 两刊共编发文章213篇。《中国农村经济》获中国社会科学院第二届优秀期刊二等奖。

财政与贸易经济研究所

(一) 基本情况

2002年8月, 经中央机构编制委员会办公室批准, 原中国社会科学院财贸经济研究所更名为中国社会科学院财政与贸易经济研究所。

截至2002年底, 财政与贸易经济研究所有现职人员73人, 其中, 正高级职称人员15人, 副高级职称人员19人, 中级职称人员20人, 高中级职称人员占全所现职人员的73.9%。

该所设有财政研究室、金融研究室、对外经贸研究室、国内贸易研究室、价格研究室、旅游经济研究室、城市住宅研究室、电子商务研究室、《财贸经济》编辑部、科研组织处、学术资料室、办公室。

(二) 科研组织工作

2002年, 该所共出版专著22种, 639.2万字; 论文482篇, 226万字; 研究报告22篇, 20.5万字; 丛书2种, 92万字; 译文7种, 4万字; 参与编写与修订工具书3种, 完成7万字; 一般文章10篇, 5万字; 编辑期刊12期, 160万字。

2002年, 该所已结项课题有——国家社科基金课题5项, 分别是：王洛林的“中国对外投资研究：现状、趋势及战略选择”, 江小涓的“开放经济中的产业组织与竞争政策研究”, 宋则的“中国‘入世’过渡期的消费政策研究”，温桂芳的“完善价格管理更好地发挥价格的作用”，何德旭的“中国地方政府债券市场制度设计”；所重点课题7项，分别是：赵志耘的“积极财政政策的效应分析”，王国刚的“中国金融政策分析”，冯雷的“中国贸易政策框架分析”，郭冬乐的“中国产业组织结构的优化与政策选择”，阎坤的“扩张性财政政策与通货膨胀关系研究”，王诚庆的“房地产经济周期及相机政策”，荆林波的“电子商务与现代物流”；所青年基金课题3项，分别是：张群群的“住房补贴的经济分析”，罗滢的“中国信托业的发展与创新”，赵萍的“‘十五’期间中国百货业的调整与创新”。在研的院重大课题有7项，分别是：李扬的“银行信贷风险控制系统和公共金融数据库”（A类），江小涓的“战略性高新技术产业技术创新与技术引进的互动关系与激励政策”（A类），王国刚的“金融全球化与我国金融改革和金融发展研究”（A类），宋则的“‘十五’期间中国流通创新理论和政策研究”（A类），何德旭的“宏观经济管理体制和调控政策体系研究”（A类）、“中国债券市场创新与发展研究”（B类），冯雷的“经济全球化对我国对外贸易的重大挑战”（B类）。

新立项的课题有16项：

国家社会科学基金课题3项，分别是：刘溶沧的“扩大内需的财政政策选择”，阎坤的“我国县乡财政问题研究”，栾文莲的“马克思主义世界市场理论与当代经济全球化问题”。

院重大课题4项，其中，A类重大课题1项，为赵志耘的“实现经济稳定增长的财政货币政策研究”；B类重大课题3项，为温桂芳的“我国水价形成机制和管理制度创新研究”，王诚庆的“中国住宅业市场结构研究——垄断、竞争与管制”，荆林波的“利用信息技术改造传统产业——对我国零售业的实证分析”。

所重点课题5项，分别是：杨之刚的“加入WTO对我国财政补贴政策的影响与对策”，易宪容的“21世纪中国金融业改革之研究”，于立新的“中国对外区域经济合作与投资目标模式选择”，郭冬乐的“中国流通产业的国际竞争力研究”，李建的“社会保障住房制度比较研究”。

所青年基金课题4项，分别是：赵瑾的“入世后中国与主要国家经济摩擦研究”，马聪玲的“世界杯对韩日旅游的影响研究”，陈立平的“中国自助旅游的现状分析及趋势预测”，依绍华的“加入WTO民营企业在中国旅游业中的影响力研究”。

2002年，该所接受院交办课题3项，分别是：李扬的“美国金融诈骗分析”，江小涓的“中国经济增长的真实性及未来增长潜力”、“‘十五’后三年产业结构调整的重点及相关政策建议”。

该所现有5个学科（财政、金融、内贸、外经贸、旅游），5个学科的基础理论和应用研究居于国内学术界的领先或前沿地位，有较大的社会影响。

该所现有院重点学科3个，分别是财政学科、金融学科和对外经贸学科。2002年，在三位学科带头人的直接领导下，再次撰写《中国财经理论前沿丛书》第三辑，即《中国财政理论前沿Ⅲ》、《中国金融理论前沿Ⅲ》、《中国对外经贸理论前沿Ⅲ》和《中国商业理论前沿Ⅲ》。该套丛书系统反映了近两年来中国财政、金融、对外经贸、商业经济等领域最新研究成果和学术进展，是以中国经济现实为基础、以理论和政策主张为主线的综合性财贸经济系列理论专著。

2002年，由该所主要科研骨干共同完成的《中国经济运行与政策报告No.1——迈向全面小康社会的中国经济》(财经蓝皮书)，由社会科学文献出版社隆重推出。该书对 2002 年的中国宏观经济运行状况进行了分析，对 2003 年的宏观经济运行作了预测，并提出了 2003 年宏观经济政策的具体建议。该书还根据“十六大”提出的全面建设小康社会的宏伟目标，研究和探讨了这个宏伟目标中与经济发展有关的具体内涵，揭示了这个过程中的规律性趋势与可能遇到的重点、难点问题，提出了实现这个宏伟目标需要实施的战略和对策。

2002 年，该所有 11 项成果荣获省部级以上（包括学会）奖，分别是：刘溶沧等主编的《中国财政理论前沿Ⅱ》获中国社会科学院优秀成果论著三等奖，李扬等主编的《中国金融理论前沿Ⅱ》获中国社会科学院优秀成果论著三等奖，杨圣明等主编的《中国对外经贸理论前沿Ⅱ》获中国社会科学院优秀成果论著三等奖，郭冬乐主编的《中国商业理论前沿》获中国社会科学院优秀成果论著三等奖，江小涓的《体制转轨与产业发展：相关性、合意性以及对转轨理论的意义——对若干行业的实证研究》获中国社会科学院优秀成果论文二等奖，李扬的《货币政策与财政政策的配合：理论与实践》获中国社会科学院优秀成果论文三等奖，刘溶沧的《扩大内需的财政—货币政策运用：经验、启示和进一步的对策探讨》获中国社会科学院优秀成果论文三等奖，杨圣明等主编的《马克思主义国际贸易理论新探》获全国外经贸研究成果论著三等奖，赵瑾的《入世后中国解决与主要贸易国经济摩擦的对策研究》获中国国际贸易学会“中国外经贸发展与改革”论文一等奖，荆林波的《构造中国餐饮业竞争力》获中国商经学会优秀论文二等奖，荆林波的《新世纪流通企业发展战略》获中国商经学会优秀论文三等奖。

（三）学术交流

2002 年，该所共接待来访外宾 22 批 53 人次；其中主接 3 批 8 人次。派出团组 13 个 19 人次；其中长期进修 1 人，长期研究 1 人。

2002 年，该所与国际合作研究的课题共有 3 项，其中 2 项已按计划完成，另外 1 项正在进行之中。分别是：（1）由刘溶沧主持、与澳大利亚新南威尔士大学合作研究的课题“中澳税制比较研究”已完成，并于 2002 年 8 月初在京召开了结项会议。（2）由李扬主持、与德国维滕大学合作研究的课题“中国地方政府竞争力研究”已完成，并于 2002 年 8 月底在京召开了结项会议。（3）由刘溶沧主持、与澳大利亚国立大学合作研究课题“中国地方经济差异研究”于年初正式启动，目前完成国内外调研及大部分成果的写作。

（四）学会、期刊工作

中国成本研究会，会长张卓元。2002 年，该学会主要学术活动为：（1）组织召开了第五届第二次常务理事会，听取 2001 年工作的汇报，作出新一年的工作安排，讨论并通过创办许毅财经科学奖励基金的章程与细则。（2）组织编写《现代企业内部控制》丛书一套。（3）组织策划并召开 2002 年“加入 WTO 对中国企业的影响”高层研讨会暨研究会年会。（4）创办《财务成本论坛》。（5）以成本研究会为平台，组织《青年论坛》、《企业家论坛》，每月召开一次例会，并组织一些小型、专题性讲座与培训。（6）秘书处建立了完善的会员登记制度，建立健全了理事推荐及理事单位推荐申请入会登记管理制度。

中国市场学会，会长俞晓松。2002 年，该学会的主要工作是：（1）积极开展学术交流，主办或合作主办了“信用建设”、“商业发展”、“城市流通力研究”、“品牌战略”、“汽车服务贸易”、“汽车配件市场”、“房地产市场”、“航空工业市场论坛”等专业性学术交流会和研讨活动十余次。其中，在年初与民建中央经济工作委员会合作组织了“我国社会信用体系建设”的研究活动，并为民建中央完成了向两会（全国人大和全国政协）提交的有关加强我国社会信用体系建设提案的文稿草拟任务。(2) 组织专业著作《中国流通产业发展报告》（流通白皮书)、《信用管理丛书》、《中国商品批发交易市场年鉴》的编撰和出版。

《财贸经济》(月刊)，主编江小涓。2002 年，该刊完成了全年 12 期的编辑任务，累计发稿量约为 200 篇，近 160 万字。编辑部围绕我国经济改革实践和理论研究的几个热点问题，如在新的历史条件下深化关于劳动和劳动价值理论的认识，促进经济稳定增长，改革宏观经济调控，积极扩大内需，以及我国加入 WTO 之后的财税体制改革、金融体制改革、流通体制改革与创新等，各组织编发了一批稿件。还针对财政基本理论中关于“国家分配论”、“公共财政”的争论，编发了一组争鸣性文章。为了配合宣传、学习、落实江泽民总书记关于加强哲学社会科学建设的一系列讲话精神，及时编发了一组由该所学者专家撰写的学习笔谈——《重视和加快发展哲学社会科学，办好中国社会科学院》。此外还组织了两次学术理论研讨会：8 月，与中国工商银行青岛分行联合举办“加入 WTO 后的中国金融改革与发展”理论研讨会；12 月，与无锡商业技术学院学报编辑部、《江南论坛》杂志社在无锡联合举办“全国流通创新高层论坛”。

数量经济与技术经济研究所

（一）基本情况

截至 2002 年底，数量经济与技术经济研究所有现职人员 83 人，其中，正高级职称人员 21 人，副高级职称人员 21 人，中级职称人员 21 人，高中级职称人员占现职人员的 75%。

该所设经济系统分析室、经济模型室、环境技术经济研究室、资源技术经济研究室、技术经济理论与方法研究室、数量经济理论与方法研究室、信息化与网络经济研究室、数量金融研究室、《数量经济技术经济研究》编辑部、网络信息中心、办公室、科研处。

（二）科研工作

2002 年，数技经所共完成专著 3 部，64.6 万字；论文 72 篇，65.5 万字；研究报告 42 篇，98.4 万字；译著 1 部，25 万字；综述 2 篇，0.8 万字；一般文章 6 篇，3.6 万字；教材 1 部，39.1 万字；论文集 6 部，164.9 万字。

在研的院级以上课题共有 16 项。其中，新立项课题有 5 项，分别是：汪同三主持的“组合预测的理论、方法以及在宏观经济分析中的应用”，院 A 类重大课题；沈利生主持的“外贸结构与经济增长关系研究”，院 B 类重大课题；李军主持的“高新技术产业社会经济评价理论与方法研究”，院 B 类重大课题；杨敏英主持的“国家能源政策机制探讨”，院 B

类重大课题；王宏伟主持的“亚洲地区金融合作的趋势和影响：数量分析和对策研究”，国家社科基金青年课题。

该所在研项目还有：

国家级重点课题1项：“中国经济形势分析与预测”，汪同三为执行负责人。

院A类重大课题5项：“科技进步的规律性研究”，主持人钟学义；“科研项目的激励机制研究”，主持人张昕竹；“生态、环境、资源与可持续发展”，主持人滕藤、郑玉歆；“知识（新）经济的基本理论、发展现状、趋势及我国发展战略选择研究”，主持人齐建国；“长远发展战略集成与国家经济安全”，主持人金周英。

院B类重大课题3项：“产业结构与劳动就业”，主持人张国初；“中国环境与发展年评(第二卷)——农村生态环境部分”，主持人郑易生；“资本市场发展对中国货币政策改革的数量分析和对策研究”，主持人郭金龙。

自然科学基金课题1项：“基于GIS技术的区域经济评价辅助决策支持系统的研究”，主持人李新中。

社科基金课题1项：“知识经济条件下的区域产业创新与区域经济发展”，主持人李青。

2002年结项的课题：贺菊煌主持的社科基金课题“资产收益率变动对储蓄率的影响”；郭金龙主持的社科基金课题“货币政策在治理紧缩中的作用和对策研究——数量分析和政策模拟”。

在重点学科建设方面，数量经济与技术经济在“九五”期间列为我院“1121工程”中的重点扶持学科，经过5年的学科建设目标责任制的实施，取得了较大的成绩。但由于学科建设是一项长期的工作，经该所申请，将数量经济学与技术经济学列入我院“重点学科建设工程”项目中。

2002年院优秀成果评选中，刘国光、王洛林等主编的研究报告集《中国经济前景分析2000年春季报告》获院优秀成果二等奖；张昕竹的论文《政策性贷款的激励研究》、汪向东的研究报告《国民经济信息化的发展趋势：重大矛盾与政策建议》、曾力生的论文《关于投入产出模型的比较静态分析——兼评wood 3定理之误》获院优秀成果三等奖。

（三）学术交流

2002年，该所组织了6次大型学术活动，如全国“技术经济学与创新论坛”，“经济政策的计量经济分析”讲座，“文化遗产的保护与经营”研讨会以及“中国经济分析与预测”春、秋季座谈会等。

2002年，该所还在所内组织了十多次小型学术沙龙，对于促进研究心得的交流提高学术研究的水平起了积极的促进作用。

（四）学会工作

2002年5月29～31日，中国数量经济学会在福建泉州华侨大学召开2002年年会，来自全国各地的数量经济学工作者80多人参加了会议。2000年诺贝尔经济学奖获奖者、美国加州大学经济系柏克莱·麦克范登教授出席了年会开幕式，并作了《健康、财富与才智》的专题报告。

人口与劳动经济研究所

（一）基本情况

2002年8月，经中央机构编制委员会办公室批准，原中国社会科学院人口研究所更名为中国社会科学院人口与劳动经济研究所。

截至2002年底，人口与劳动经济研究所有现职人员43人，其中，正高级职称人员7人，副高级职称人员9人，中级职称人员14人，高中级职称人员占现职人员的69%。

该所设人口与社会发展研究室、劳动与人力资本研究室、人口统计与分析研究室、国际人口比较研究室；《中国人口科学》杂志社、《中国人口年鉴》编辑部；信息室、办公室（含人事处、科研处、党办）。

（二）科研组织工作

从2001年11月1日至2002年10月31日，该所共出版专著4部，105.5万字；与国家计生委合作出版专著1部，该所占12万字；发表论文55篇，70.5万字；研究报告1篇，2.8万字；主编丛书1部，160万字；综述文章3篇，3.5万字；译文1篇，10.2万字；普及读物1部，25万字；一般性文章9篇，5.4万字；编辑工具书1部，86万字；编辑期刊6期，87万字。按参加考核的科研人员算，人均研究性成果8.6万字。

2002年，该所新立项国家社科基金课题1项：司秀、葛丰交主持的“新疆维吾尔自治区四个人口较少民族人口素质研究”。院A类重大课题1项：田雪原主持的“人口老龄化对经济、社会发展影响与对策研究”；院B类重大课题2项：高春燕主持的“中国城市移民棚户社区和城市贫困问题研究”，张翼主持的“流动人口的婚姻家庭和生殖健康问题研究”。院青年人文社会科学研究中心课题“城市下岗、失业人员的基本特征与生活状况”获得批准，由青年学者王美艳承担。国家统计局第五次人口普查资料研究课题“城乡失业人口研究”获得批准。“人口变化对城市养老金改革的影响”课题获得福特基金会资助。张翼主持的“流动人口的婚姻家庭和生殖健康问题研究”获得人事部归国青年学者课题资助。

2002年在研的所重点课题有4项，分别是：中国第五次人口普查研究课题即“中国的劳动就业与人口迁移流动”，“中国婚姻家庭状况与发展趋势”，“中国人口老龄化与老年人口健康”，“21世纪全球化中的中国人口”。

其他课题也在抓紧进行。如：国家社科基金“九五”重点课题“中国民族人口研究”2002年出版了第一集，包括东北、内蒙古地区的8个民族分卷；第二集的书稿已交出版社；第三集即将完成。其余三集2003年完成。

经有关方面同意，2002年进行了两个涉外合作项目：（1）与台湾合作开展“家庭动态社会调查”；（2）与美国华盛顿大学合作进行“家庭历史人口调查”。

2002年已结项的国家社科基金课题有3项，分别是：蔡昉主持的“中国工业增长中的劳动投入与人力资本积累及加入WTO后的竞争”，王跃生主持的“制度变迁与家庭、生育变动——土改以来中国家庭、生育演变的实证分析”和王桥主持的“人口信息化管理研究”，并上报社科基金进行结项评审。田雪原主持的院重点课题“人口与可持续发展研究”于2002年初完成并结项。王跃生主持的所重点课题“社会变革中的中国人口——制度变迁对婚姻、生育和家庭的影响”，已提交课题研究报告。完成了我院2002中国人文社会科学前沿报告。

（三）学术交流

2002年，该所主办50人以上的学术会议3次，举办20～30人的学术报告会12次，主要由该所研究人员介绍和讨论他们在人口学、劳动经济学、社会学及相关领域取得的最新研究成果，也有国外专家来所介绍和交流他们的研究成果。此外，还举行了《2002年中国人口与劳动问题报告》出版座谈会、《中国民族人口》出版座谈会和“贯彻讲话精神，发展人口科学”座谈会。

2002年，该所出访参加国际会议7人次，长期出访1人，国家留学基金学成回国1人。有来自16个国家和地区、国际组织共53批95人次来该所访问。

（四）期刊工作

《中国人口科学》（双月刊），主编蔡昉。2002年，该刊实行部分论文的匿名审稿制，着重刊登具有较高质量的人口及相关领域的研究论文、综述、调查报告，内容包括人口理论与政策研究、人口统计、人口与经济、人力资本与劳动经济、社会保障研究、人口与社会、国际人口比较、人口与生态环境、少数民族人口及计划生育理论与实践等。该刊刊登的部分文章在社会上反应较好，如郭志刚、刘金塘、宋健的《现行生育政策与家庭结构》一文获北京大学优秀论文一等奖；日本学者南亮进等的《1949～1999年中国人口和劳动力推算》、马瀛通的《中国人口控制效果差异显著的三个10年》、胡鞍钢的《从人口大国到人力资本大国：1980～2000年》等文章被多处转载或引用。该杂志2002年获中国社会科学院优秀期刊奖。

《中国人口年鉴》，主编蔡昉。该年鉴是大型人口学工具类年刊。2002卷《中国人口年鉴》在保持收录广泛、资料浓缩、信息密集、内容权威的特色的同时，加强了对具有标志性意义的有关文献的收集；注意对学术界普遍关注的热点问题进行及时的反映；增加了数据部分的内容并使其进一步规范化。

城市发展与环境研究中心

（一）基本情况

截至2002年底，城市发展与环境研究中心有现职人员20人，其中，正高级职称人员2人，副高级职称人员3人，中级职称人员7人，高中级职称人员占现职人员的60%。

该中心设城市经济研究室、城市规划研究室、城市社会与环境研究室与行政办公室。

（二）重点学科建设

2002年8月，经院务会议批准，城市经济学科被确定为院“重点学科建设工程”项目。

为实现把城市发展与环境研究中心（以下简称城市中心）建设成为全国城市学科的学术研究与交流中心、城市发展决策咨询中心和城市人才的培养基地（即“两个中心、一个基地”）的发展目标，该中心在加强重点学科建设方面做了以下几项工作：

1．确定了学科发展重点。

为加强城市经济学科力量，该中心聘请了多名国内外知名专家做顾问，并把近期研究方向定位于城市经济与环境之间的相互关系。具体研究领域包括：城市经济结构与区域环境支撑关系模拟及应用研究；都市密集区发展路径对比研究；城市人口流动与城市化研究；城市土地开发与城市经营；环境税制对城市经济发展的调控研究；城市环境质量的经济政策调控研究；经济政策的环境评价和环境政策的经济评价以及生态城市经济理论和方法研究等。

2．实施人才工程，加快队伍建设。

（1）加快急需专业人才的调入，优化学科配置。在院人事部门的支持下，城市中心加快了急需专业人才的调入。2002年，先后调入留学俄罗斯（生态经济专业）、法国（土地规划专业）的中年学者各1名，调入留学日本的经济学博士1名。

（2）注重中青年科研人才的培养。城市中心鼓励符合条件者在职攻读学位，不断更新知识结构，增强科研能力。目前，中心在职攻读博士学位的有3人，进博士后流动站工作的1人，两者占科研人数的近四分之一。同时，注重在科研课题的实践中锻炼年轻人，目前，中心承担的7项国家重点、社科基金或院重点课题中，由40岁以下的中青年研究人员担当主持的有5项。另外，在研究生院支持下，城市中心对城市发展系的培养方案及时作了调整，把研究生培养方向与城市中心重点学科建设相衔接，以更多发现、培养城市学科的新人。

（3）实行学术成果报告会制度，提升科研水平。从2001年底开始，该中心实行了定期学术成果报告会制度，要求科研人员报告自己的学术成果，并接受质疑，展开学术讨论，以形成思想碰撞，提升成果水平。至2002年底，累计举行成果报告会12次。

（三）科研组织工作

2002年新立项课题共7项。其中，（1）院重大课题两项：“我国三大都市密集区发展路径比较研究”，主持人牛凤瑞；“增进城市经济竞争力的环境税制研究”，主持人梁本凡。（2）社科基金课题两项：“荒漠化和沙尘暴的综合防治模式及其验证”，主持人宋迎昌；“未来中国不同环境税制的社会经济生态效果仿真研究”，主持人梁本凡。（3）国家部委级研究课题一项：“流动人口对三大都市密集区发展影响研究”，主持人盛广耀（已完成初稿）。（4）地方政府委托研究课题两项：“吉林市生态城市建设规划”（当年已完成），“上海黄浦江上游水源可持续保护研究”（当年已完成）。

2002年已结项课题有：院重大课题“城镇在西部大开发中的战略作用研究”，其成果《西部大开发聚焦在城镇》已由社会科学文献出版社于9月出版；社科基金课题“荒漠化机理与北京沙尘暴防治对策研究”，提交了7万余字的研究报告；三峡移民局委托课题“三峡移民人权实证研究”，由于经费到位延迟，未能全部按期完成。经费到位后很快可以完成。

2002年，该中心共完成专著3部，82万字；发表论文和文章20篇，7.8万字；撰写研究报告1篇，约7万字，全年的科研任务按计划完成。主要篇目为：《西部大开发聚焦在城镇》，专著，280千字，作者牛凤瑞、宋迎昌、盛广耀、孟雨岩、李药、刘唯新、袁晓勐、何丽，2002年9月由社会科学文献出版社出版。《绿色税费与中国》，专著，240千字，作者梁本凡，2002年7月由中国财政经济出版社出版。《中国城市经济创新透视》，专著，302千字，杨重光、梁本凡主编，参加写作的还有廖康玉、宋迎昌、袁晓勐、孟雨岩、单菁菁、何丽、李药、杨燕等，2002年7月由中国社会科学出版社出版。《荒漠化机理与北京沙尘暴防治对策》，研究报告，约70千字，作者刘治彦、宋迎昌、黄顺江、李红玉。

（四）学术交流

2002年，城市中心共举办了6次大型学术研讨交流活动，共400余人参加了交流。

（五）学会工作

中国城市经济学会，会长汪道涵。该学会2002年开展的主要学术活动有：（1）6月18日，在乌鲁木齐市召开“中国城市经营与国土资源管理高层论坛”。（2）6月23日，在广东东莞市召开“中国经济高层论坛——第一届中国城镇化发展战略峰会”。（3）9月24～27日，在都江堰市召开了“全国中小城市如何抓住中国入世与奥运商机发展经济”研讨会。会议主要内容有：当前全国经济考古杂志社现状以及未来发展趋势；当前体育文化经济给全球经济发展带来的商机与启示；全国中小城市如何抓住入世与奥运商机发展自己的特色经济；北京奥运与城市商机。（4）10月4～10日，在深圳市召开了“中国城市发展与土地开发论坛”。会议主要内容有：城市经营与土地集约化利用；城市房地产与房地产金融；土地使用制度改革与经营管理创新；香港土地开发经验交流。

考古研究所

（一）基本情况

截至2002年底，考古研究所共有现职人员157人，其中，正高级职称人员23人，副高级职称人员44人，中级职称人员44人，高中级职称人员占现职人员的70.7%。

该所设原始社会考古研究室、夏商周考古研究室、汉唐考古研究室、边疆民族与宗教考古研究室；《考古》编辑室（杂志社）、考古科技实验研究中心、考古资料信息中心；科研处、人事处、党委办公室、行政办公室；派出机构为西安研究室、洛阳工作站、安阳工作站。

（二）科研组织工作

2002年，考古研究所在院党组和所党委的领导下，认真学习贯彻“三个代表”重要思想、十六大精神和江泽民同志“七一六”讲话，召开了“科研工作务虚会”、“中青年科研人员座谈会”及“全面落实江泽民同志‘七一六’讲话精神，努力建设有中国特色的中国考古学”研讨会。与会人员为促进本所建设和发展献计献策，对制定《考古研究所2003～2005科研工作计划》和《考古研究所2003～2010科研规划》展开了充分讨论。全所职工围绕着创办国内一流、国际知名的研究所，以出精品、出人才为目标，坚持以科研工作为中心，注重田野考古工作，大力提倡创新，科研和其他各项工作取得了丰硕的成果。

2002年，该所年度田野发掘项目共25项，其中，重点项目有山东教场铺遗址、山西陶寺遗址、偃师二里头遗址、洹北商城遗址、唐大明宫太液池遗址、广州南越王宫城遗址、汉魏洛阳故城宫城南门遗址、邺城南郊佛寺塔基遗址、兴隆沟遗址以及三峡发掘工作等。

2002年，该所共承担各类课题28项，其中，院重大课题13项，社科基金课题7项，所重点课题3项，国家文物局委托课题2项，中华文明探源工程研究课题2项，自然科学基金课题1项。承担了《中国大百科全书·考古文物学科》第二版主要编写工作，刘庆柱所长担任主编，该所6人担任分支学科主编，40余人参加编写。

2002年，该所出版专著4部，论文集1部，论文134篇，研究报告11篇。获奖成果13项，其中，获第四届院优秀科研成果奖一等奖1项：《张家坡西周墓地》；二等奖2项：《师赵村与西山坪》、《胶东半岛贝丘遗址环境考古》；三等奖4项：《偃师二里头》、《试论偃师商城小城的几个问题》、《汉长安城桂宫二号建筑遗址发掘简报》、《陕西西安唐长安城圜丘遗址的发掘》。获院第二届优秀期刊一等奖1项：《考古》。学科专项奖3项（第二届郭沫若中国历史学奖）：《西周青铜器分期研究》、《六顶山与渤海镇》、《汉杜陵陵园遗址》。其他奖2项。

启动院重点学科建设工程。夏商周考古学、汉唐考古学、科技考古被列为院第一批重点学科，科技考古中心为院第一批重点研究室。

为加强信息化建设，促进科研工作的现代化、科学化，2002年，该所为科研第一线添置、更新一批信息化设备，使田野考古工作中的数字化设施达到国内一流、国际先进水平。8月1日开通的“中国考古”网站，受到国内外学术界、考古学界的关注、欢迎。该所的信息化工作入选院信息化重点扶植单位，在院信息化试点单位演示比赛中荣获一等奖。

配合建院25周年庆祝活动，组织举办了“考古研究所建院25周年科研成果展”、“考古精品文物展”。

为建设“国内一流”研究所，积极拓展国内学术发展空间，国家文物局批准了该所与北京神州长城影视文化有限公司合作的秦汉长城学术调查项目协议；该所与复旦大学现代人类学研究中心合作开展古人类DNA研究项目；经国家文物局批准，由该所任领队、与地方合作进行的秦阿房宫遗址考古工作启动；年初举办了“中国考古新发现学术报告会·2001”；与广西、福建、山东等地合作，协商联合举办国际学术会议。

（三）学术交流

2002年，考古所接待国外及港澳台学者来访21批58人次，派遣出境学术访问学者61

人次。中日合作“中日古代都城考古学比较研究”项目，汉长安城桂宫遗址田野考古发掘工作已结束，田野考古发掘报告已完成，将以中日两种文字出版。唐大明宫太液池遗址田野考古发掘工作已按计划进行。中美合作“洹河流域考古调查”项目第一期田野考古工作已完成，第二期（中加合作）正在申报。中澳合作“伊洛河流域考古调查”正在进行。属于中外考古学研究的合作项目还有：中日合作的“东北亚地区史前考古学研究”、“中国出土新石器时代至汉代海贝研究”、“家猪起源研究”、“青海柳湾人骨研究”（后两项已结项）以及中加合作的“山东旧石器时代考古研究”。一些项目正式立项。如中德合作的“青海互助县丰台遗址发掘与研究”、中加合作的“古 DNA 研究”及学者学术交流项目。其他方面的国际学术合作交流还有：该所首次组团到俄罗斯，进行中俄合作考古调查、发掘；由该所策划的“20 世纪百项考古发现图片展”在世界 100 多个国家或地区展出；邀请外国驻华使馆、国际机构外交人员来所访问，加强对外宣传。

（四）学会、期刊工作

2002 年，该所把办好《考古》和《考古学报》这两个中国考古学的核心期刊列为全所的工作重点之一，要求刊物坚持以马克思主义为指导，坚持“百家争鸣、百花齐放”的办刊方针，充分发挥其繁荣学术、服务学术和引导学术的作用。《考古》月刊在中国社会科学院第二届优秀期刊评选活动中荣获一等奖。

《考古》（月刊），主编王巍，副主编白云翔。2002 年全年出版 12 期，刊发了安徽、山西、新疆、宁夏、上海、青海六省市的专稿。全年共刊发研究论文 35 篇，考古调查与发掘简报 75 篇，考古与科技论文 10 篇，学术动态 3 篇，读书与思考 8 篇，信息与交流 49 篇。

《考古学报》（季刊），主编刘庆柱，副主编冯时。2002 年共出版 4 期，刊发研究论文 12 篇，考古发掘报告 8 篇。

历史研究所

（一）基本情况

截至 2002 年底，历史研究所有现职人员 134 人。其中，正高级职称人员 35 人，副高级职称人员 42 人，中级职称人员 27 人，高中级职称人员占全所现职人员的 77.6%（不包括郭沫若纪念馆人员）。

该所设先秦史研究室、秦汉魏晋南北朝史研究室、隋唐宋辽金元史研究室、明史研究室、清史研究室、中国思想史研究室、中外关系史研究室、历史地理研究室、社会史研究室、文化史研究室、史学史和历史文献学研究室；《中国史研究》编辑部、郭沫若纪念馆、图书馆；科研处、人事处、办公室。

（二）科研组织工作

2002年，历史研究所科研人员发表学术专著19部，616.4万字；论文168篇，205.57万字；译著3部，61.3万字；论文集3种，195.6万字；古籍整理2种，205.8万字。其中主要成果有《唐代文化》、《中国风俗通史》（先秦、秦汉、隋唐五代、元、清）、《从文明起源到现代化》等。

4月19日，该所学术委员会评审推荐2002年院B类重大课题参评项目和院重点学科建设工程参评学科。经院重大课题评审，该所推荐的梁满仓的"魏晋南北朝礼制与社会研究"、王育成的"唐宋道教文化史研究"、余太山的"早期丝绸之路基本文献研究"、王中江的"新出土简帛的思想史研究"等4个项目被立项为院B类重大课题。

7月5日，经所学术委员会严格评审，杨英的"4世纪以前中国古代王朝祭礼的演进及其规律"、李斌城的"唐代道教"、关树东的"10至14世纪黄河中下游地区经济史研究三题"、邵方的"中国北方游牧国家发生演进史论"、张金奎的"明代卫所军户研究"、林存阳的"'三礼馆'与乾隆初叶的学术走向"、吴伯娅的"邗江吟社研究——18世纪扬州地区士商关系的考察"、胡志宏的"伊沛霞的汉学"、张广保的"两汉经学思想研究"、吴锐的"古史辨运动80年"、乌云高娃的"内陆亚洲的'译学'研究——以'蒙古语学'为中心"、刘乐贤的"马王堆帛书《式法》等选择文献研究"等12个课题被评为所重点课题。

在研的院重大课题有：宋镇豪的"商代史"，卢钟锋的"中国历史的发展道路"，陈祖武的"乾嘉学派研究"，赫治清的"中国历代自然灾害及其对策研究"、"中国历史上的邪教及政府对策"，姜广辉的"中国经学思想史（宋～清）"，辛德勇的"20世纪的中国历史地理学"，卜宪群的"秦汉国家形态研究"。进入研究后期的院重点课题有：陈高华的"元代文化"、李世愉的"中国人名大辞典"、林甘泉的"孔子及其思想在20世纪中国的命运"、谢保成的"中国史学史"，以及院基础课题谢桂华的"郭店楚简研究"、栾成显的"明清鱼鳞图册研究"和院青年项目赵平安的"汉简律令研究"。在研的国家社科基金课题有：宋晓梅的"高昌国——公元5～7世纪吐鲁番地区一个多元一体的移民社会"、宋镇豪的"商代史"、赫治清的"中国历史上的邪教及其对策研究"。在研的所重点课题有：商传的"中国传统社会阶级结构及其演变"、黄正建的"中晚唐社会与政治研究"、吴玉贵的"汉唐地域史研究"、丁守璞的"中国文化图典"、曲英杰的"《史记》都城考"、顾潮的"顾颉刚全集"、马怡的"秦汉简牍帛书词典"、杨振红的"秦汉财政史"、张雪慧的"明清边疆民族地区土地问题研究"、杨珍的"明清皇权研究"、刘驰的"魏晋南北朝工商业研究"、樊克政的"龚自珍研究"、王培真的"中国古代碑刻史"、刘源的"商周祭祖礼俗研究"、沈冬梅的"茶与唐代社会生活"、张兆裕的"明代荒政研究"、许文继的"清中叶徽州家庭经济研究"、杨海英的"镶黄旗下——洪承畴的后半生"、张海燕的"《诗经》与先秦思想"、李华川的"清代中国知识界的西方观"、王启发的"古代礼学早期发展及思想史意义"、李万生的"南北朝后期军事地理"、定宜庄的"清代婚书研究"、贾依肯的"汉唐时期北方游牧部落迁徙史论"等。

在院重大课题、国家社科基金课题及所重点课题的年检中，各类项目均有序进行，只是院B类重大课题"中国古代历史图谱"因出版资金未落实而尚未启动。

2002年，该所结项的国家社科基金课题有："敦煌写本与唐五代历史文化"、"晚明社会变迁研究"、"唐宋间经济发展与社会风尚的地区差异"、"北朝乡村社会研究：中国古代农民的个案考察"。已结项的所重点课题有："西方的中国史研究"、"战国秦汉出土文献与古代数术"、"佛教在中国的早期传播"。

10月22日，该所学术委员会评审出5部专著获本年度出版基金资助。

在院重点学科建设工程项目投标中，该所的甲骨学殷商史学科、清史学科、中国思想史学科以其各自深厚的学术积淀和较强的研究队伍中标，被立为院重点学科。在加强重点学科建设方面，该所有计划地调入学有专长的年青科研人员，为各重点学科加强后备力量，并在研究所课题和经费安排上，给予优先支持；在研究生院历史系招生名额内，优先考虑安排重点学科招收博士生、硕士生；组织、协调重点学科的海内外横向协作及合作交流研究；为重点学科举办的国际性学术会议以及重点学科人员参加国际、国内学术会议尽力提供条件；重点学科的科研人员出国进修或考察，予以优先考虑。

2002年，该所获第四届中国社会科学院优秀科研成果奖的成果有6项：获一等奖的有胡厚宣、王宇信、杨升南等的专著《甲骨文合集释文》（附来源表）；获二等奖的有周自强、林甘泉、陈高华、王毓铨等的专著《中国经济通史》（先秦卷、秦汉卷、元代卷、明代卷），胡宝国的论文《经史之学与文史之学》；获三等奖的有郭松义的专著《伦理与生活——清代的婚姻关系》、易谋远的专著《彝族史要》（上、下），杨海英的论文《洪承畴长沙幕府与西南战局》。"追加奖励"奖一项：王宇信等的《甲骨学一百年》。获郭沫若中国历史学奖三等奖的有林甘泉主编的专著《中国经济通史·秦汉经济卷》、张泽咸的专著《唐代工商业》、李锦秀的专著《唐代财政史稿》上卷、王宇信等的专著《甲骨学一百年》、郭正忠主编的专著《中国盐业史·古代盐业史》。《中国史研究》杂志获院第二届优秀期刊奖优秀奖。

（三）学术交流

2002年，该所共有30人次出访美国、新加坡、蒙古、波兰、捷克、日本、韩国和香港、澳门、台湾地区。接待境外来访学者25人次。

2002年，该所除主办三次大型学术研讨会外还开展了下列学术活动：9月17～20日，与湖南吉首大学等单位联合主办"沈从文百年诞辰"国际学术论坛。该论坛在沈从文先生的故乡——湖南湘西凤凰县召开，国内外百余名文史工作者参加。11月16～20日，与暨南大学在广州联合召开"纪念陈乐素先生百年诞辰"国际学术研讨会，国内近百名学者参加。

该所继续坚持举办学术月会和中古史研讨会。1月13日，思想史研究室与《中国哲学》编辑部在该所联合举办"上海藏简"研讨会。1月22日，隋唐宋辽金元史研究室主办了北京地区唐史学者联谊活动，并就唐史研究进行交流。除此之外，还坚持举办"中国古代史论坛"，3月12日邀请中央民族大学历史系王钟翰教授主讲"谈谈满族名称的几个问题"；6月25日邀请中华书局原总编辑傅璇琮主讲"漫谈唐人的文人生活"。这些活动活跃了学术交流的气氛。12月10日，该所召开第七届"马克思主义理论和学术动态"研讨会。研讨会以学习十六大精神和"三个代表"重要思想为主题，联系当前社会实际和科研工作实际进行了研讨。

（四）研究生教育

历史系年内招收了5名硕士生（专门史、史学理论、中国古代史专业），1名博士生

（中国古代史专业）。毕业99级博士生6名，硕士生2名。新增博士生导师为王震中、高翔、定宜庄、李凭。

（五）学会和期刊工作

中国殷商文化史学会，会长王宇信。该会新增中国王懿荣研究专业委员会、甲骨文书法篆刻专业委员会。中国先秦史学会，会长李学勤。中国秦汉史研究会，会长张荣芳。中国魏晋南北朝史学会，会长周伟洲。中国明史学会，会长张显清，明史学会下设利玛窦分会。中外关系史学会，会长耿升，下设中日关系史研究专业委员会、中外文化交流史研究专业委员会、丝绸之路研究专业委员会。中国殷商史文化学会于8月15～20日在河南安阳举办“甲骨文书法史”研讨会。中国先秦史学会于7月20～25日在四川成都举行年会。中国秦汉史研究会于8月11～15日在西安召开第九届秦汉史年会暨国际学术研讨会。中国中外关系史学会于12月1～4日在深圳主办“中国海外贸易与移民史”研讨会。

《中国史研究》（季刊），主编辛德勇；2002年出版4期，100万字。《中国史研究动态》（月刊），主编陈高华；出版12期，60万字。刊物实行专家匿名审稿制度，强调遵守学术规范。《中国史研究》刊出多篇有创意的论文，如：黄彰健《论衣礼与周代周祭制度》、余太山《两汉魏晋南北朝正史“西域传”所见西域诸国的人种和语言、文字》、李均明《张家山汉简所反映的二十等爵制》、吴玉贵《〈通典〉‘敦焚传’识误》、陈高华《旧本〈乞老大〉书后》、杜文玉《五代选官制度研究》、黄正建《唐代的“櫜鞬服”与地方行政长官的军事色彩》、吴丽娱《试论晚唐五代的客将、客司与客省》、周绍泉《退契与元明乡村裁判》等。

附：

郭沫若纪念馆

（一）基本情况

郭沫若纪念馆有现职人员22人，其中，正高级职称人员1人，副高级职称人员3人，中级职称人员6人，高中级职称人员占现职人员的45.4%。

2002年10月18日社科（2002）人字106号《关于下达我院所属事业单位机构编制的通知》规定，将“郭沫若纪念馆与历史研究所合并，一个机构两块牌子，保留郭沫若纪念馆独立法人资格”。

该馆设馆长办公室、行政办公室、文物工作室、编辑研究室。

（二）科研组织工作

2002年，该馆出版专著2部（其中1部为10卷本），论文集1部，论文9篇，普及读物1部。

2002年，该馆新立项课题2项，分别是：林甘泉、蔡震主持的“郭沫若生平与学术思想研究”（院A类重大课题）；蔡震主持的“郭沫若与日本文化”（所级课题）。在研课题3项，分别是：王骏骥的“郭沫若文化品格论传”（所级课题）；李晓虹的“郭沫若与中国知识分子的文化选择”（所级课题）；赵笑洁的“郭沫若书法研究”（所级课题）。已结项课题1项：钟作英的“郭沫若书信文存”（所级课题）。

（三）主要学术活动

2002年，围绕郭沫若诞辰110周年纪念活动，由中国社会科学院、中国科学院、全国文联、中国人民对外友好协会、国家文物局为主办单位，郭沫若纪念馆为承办单位，举办了郭沫若诞辰110周年纪念会暨第二届郭沫若中国历史学奖颁奖式和以“郭沫若与百年中国学术文化”为议题的国际学术论坛活动等。

（四）社会教育工作

1．展览和接待工作。

2002年，该馆在继续举办“郭沫若的人生历程”、“郭沫若的文学世界”、“郭沫若与中国历史学”原状陈列的同时，还举办了“北京13中学生美术作品展”、“我眼中的名人故居”学生绘画摄影展、“中国作家、艺术家书画、手迹暨大型奇石展”、北京市社会科学院院长朱明德“访日速写展”、“鄂力为文化名人篆刻展”、“为纪念郭沫若诞辰110周年寒石书法展”、“李蕴平丝网版画展”等临时展览。

2002年，郭沫若纪念馆全年接待参观者3.3万人。

2．“世纪名人万里行”系列活动。

2002年“5·18国际博物馆日”的主题为“博物馆与全球化”。结合这一主题，郭沫若纪念馆作为创意策划和牵头单位之一，协同宋庆龄故居、鲁迅博物馆、茅盾故居、老舍纪念馆、梅兰芳纪念馆联合推出了“世纪名人万里行”活动展览。该展览在王府井大街、清华大学、北师大附属实验中学、北京西城区图书馆、朝阳档案馆、北京“华天老字号”、政法大学、青年政治学院和西城区福绥境社区等进行了巡展。围绕展览，还举办了文化讲座、赠书、名家名篇朗诵会等活动，深受观众的好评。

（五）学会工作

中国郭沫若研究会于2003年11月20日在北京召开了第四次会员代表大会。会议审议通过了学会工作报告，选举产生了学会第四届理事会，安排了学会今后的工作。目前，学会会员人数为370余人。在纪念郭沫若诞辰110周年的纪念活动中，学会还于11月20～22日在北京举办了以“郭沫若与百年中国学术文化”为议题的国际学术论坛活动。

附：

第二届郭沫若中国历史学奖获奖名单

（按著作名称首字笔画排序）

一等奖：1项

《中国近代经济史》（1895～1927） 汪敬虞

二等奖：6项

《中国历史时期冬半年气候冷暖变迁》 文焕然、文榕生

《中国近代海关史》（晚清、民国部分） 陈诗启

《中国经济通史》（秦汉经济卷） 林甘泉

《中国经济通史》（清代经济卷） 方 行、经君健、魏金玉

《中国活字印刷术的发明和早期传播——西夏和回鹘活字印刷术研究》 史金波、雅森·吾守尔

《西周青铜器分期断代研究》 王世民、陈公柔、张长寿

三等奖：14项

《中国工人运动史》 刘明逵、唐玉良

《中国边疆经略史》 马大正

《中国近代人口史》 姜 涛

《中国盐业史》（古代编、近代当代编、地方编） 郭正忠、丁长清、唐仁粤

《六顶山与渤海镇——唐代渤海国的贵族墓地与都城遗址》 中国社会科学院考古研究所

《北宋皇陵》 河南省文物考古研究所

《甲骨学一百年》 王宇信、杨升南

《汉杜陵陵园遗址》 中国社会科学院考古研究所

《江南的早期工业化》（1550～1850年） 李伯重

《张居正和明代中后期政局》 韦庆远

《秦汉区域文化研究》 王子今

《唐代工商业》 张泽咸

《唐代财政史稿》（上卷） 李锦绣

《唐后期五代宋初敦煌僧尼的社会生活》 郝春文

近代史研究所

（一）基本情况

截至2002年底，近代史研究所有现职人员133人，其中，正高级职称人员29人，副高级职称人员40人，中级职称人员25人，高中级职称人员占全所现职人员的70.6%。

该所设近代政治史（晚清史）研究室、中华民国史研究室、近代经济史研究室、近代文化史及史学理论研究室、近代思想史研究室、近代中外关系史研究室、革命史研究室、台湾史研究室、近代资料编译室、台湾史研究中心、《近代史研究》（含《抗日战争研究》）编辑部、图书馆以及科研组织处、人事处、办公室。

（二）科研组织工作

2002年度，该所围绕实行“精品战略”，在科研管理方面采取了如下措施：

1. 强化管理力度。严格坚持课题申报、立项、检查与结项制度，坚持实行科研计划制度。特别是对一些大的项目，经常进行督促与检查，及时发现问题帮助解决。同时在对外学术交流方面尽可能提供较多的机会。

2. 完善激励机制。本年度出台了《近代史研究所重点课题（B类）实施办法》（暂行）等一系列管理条例和办法，以鼓励研究人员撰写高水平的学术论文。凡在规定范围内的理论报刊与学术期刊上发表的专题论文，根据报刊的级别给以不同的资助。

3. 充分发挥所学术委员会的作用，严格把好研究成果学术水平关。经所学术委员会审议，本年度有3部专著列入所学术“专刊”出版；有3项研究成果申请出版补助，经认真审议未获得通过，其中1项未通过结项。学术委员对3项成果都提出了较具体的修改意见，建议经过修改后再提出出版补助申请。

2002年度，该所共发表学术专著19部，约494万字；论文150篇，约216万字；学术资料书3种，约160万字；学术普及读物1种，约47万字；工具书2种，约58万字；一般文章30篇，约14万字；论文集2部，约101万字。

2002年度，该所新设立课题13项。其中，国家社会科学基金课题2项；院重大课题4项；院委托交办课题1项；所重点课题6项。国家社会科学基金课题为：虞和平主持的“商人外交与近代中国的殖民地化和反殖民地化”、马平安主持的“清末中央和地方关系研究”。院B类重大课题为：郑大华主持的“近代中国文化保守主义思潮研究”、黄庆华主持的“近现代中葡关系史”、邹小站主持的“近代中国人的国家观念与近代中国政治（1895～1945年）”、李细珠主持的“地方督抚与清末新政研究”。所重点课题为：严立贤主持的“从现代化模式的转换看近代中国的历史进程”、张丽主持的“近代英国在华金融业扩张史研究（1840～1937）”、汪小平主持的“美国对台政策（1941～1951年）”、赵晓阳主持的“现代和本土的程序探——基督教青年会的个案研究”、钟安西主持的“台湾土地改革研究”、唐仕春主持的“会馆与近代社会变迁：以京沪两地广东会馆为中心”。

2002 年度，近代史所在重点学科建设方面做了一些工作：

1. 根据院的规划，结合所学科建设的实际，通过各研究室申报与所学术委员会审议，确定推荐民国史研究室、思想史研究室为近代史所首批申报院“重点学科建设工程”项目，并获得通过，签订了协议书。院向两研究室提供了必要的经费资助。

2. 调整与健全研究室领导班子。调整后的研究室负责人，从学科建设的角度，对研究室的工作都抓得很紧。

3. 建立台湾史研究室。在多次召开有院领导和所内外专家学者参加的座谈会的基础上，经院批准，近代史所台湾史研究室于 2002 年 4 月正式成立，由张海鹏兼任研究室代主任。2002 年 9 月 28 日，该所又成立了中国社会科学院台湾史研究中心。中共中央政治局委员、我院院长李铁映，中共中央政治局委员、国务院副总理钱其琛发来贺信。中央台办、国务院台办主任陈云林等中央有关部门的领导出席了成立大会。中央台办、国务院台办副主任王在希，我院副院长王洛林、朱佳木出席大会并讲话。台湾史研究中心为非实体性研究机构，依托近代史所台湾史研究室，采取开放性的活动方式。

2002 年，该所王建朗的论文《新中国成立初年英国关于中国联合国代表权问题的政策演变》、夏春涛的专著《从塾师、基督徒到王爷：洪仁玕》获中国社会科学院第四届优秀科研成果奖二等奖。朱东安的论文《太平天国与咸同政局》、邹小站的论文《章士钊〈甲寅〉时期自由主义政治思想评析》、闵杰的论文《论清末彩票》、张海鹏主编的资料集《中葡关系史资料集》获院第四届优秀科研成果奖三等奖。《近代史研究》获中国社会科学院第二届优秀期刊奖。

（三）学术交流

2002 年是民国史研究开展 30 周年。为展示研究成果，与海内外学界进行广泛的学术交流，该所于 8 月 21～23 日与澳门中西创新学院、美国黄兴基金会联合举办中华民国史（1912～1949）国际学术讨论会，来自中国内地、香港、澳门、台湾地区以及日本、韩国、法国、德国、俄罗斯、波兰、美国、加拿大、澳大利亚的专家学者 100 余人出席了会议。中共中央政治局委员、中国社会科学院院长李铁映给讨论会发来贺信。

2002 年度，该所接待香港、澳门、台湾地区和日本、韩国、俄罗斯、波兰、法国、美国等国来访学者 30 余人次；接待参加中华民国史（1912～1949）国际学术讨论会海外学者 31 人。与会学者中，韩国新罗大学校人文社会科学大学史学科的裴京汉教授与香港浸会大学历史系的林启彦教授作了学术报告，引起参加座谈学者的浓厚兴趣并展开了热烈讨论。

2002 年度，该所先后有 30 余人次赴港澳台地区以及日本、韩国、美国、法国、德国、葡萄牙等国进行学术访问或参加学术会议。应邀参加学术讨论会的学者都提交了较高水平的学术论文，在会上阐发自己的观点，参与讨论。出访学者回国后都认真地写了出访报告，向所内研究人员畅谈自己的收获和感受。有的出访学者还就开展合作研究进行了有益的尝试，如通过学术交流与法国里昂东亚学院协议合作进行“中国近代城市史”研究。

（四）学会、期刊工作

中国现代文化学会、中国中俄关系史研究会、中国孙中山研究会及中国抗日战争史学会在2002年度均未开展重大学术活动。

中国社会科学院台湾史研究中心于2002年9月28日正式举行成立大会，理事长为朱佳木，主任为张海鹏。

《近代史研究》（双月刊），主编曾业英，副主编黄春生、徐秀丽（常务）。2002年度出版6期，共150万字。为保证刊物学术水平和编辑质量，该刊在审读、讨论和编辑稿件中实行“三个坚持”，即坚持正确的理论方向、坚持“双百方针”、坚持以学术价值作为判定稿件是否采用的标准。同时坚持实行匿名专家审稿和互校互读制度。目前，请专家审稿的比例已占编发稿件的三分之一左右。互校互读是编辑部的一个比较有特色的制度，其程序是对决定采用的稿件，依次进行编辑审读、执行编辑审读和付印前审读等三轮审读。编辑部还注意刊发反映学科发展前沿和热点问题的稿件。由于坚持办刊方针，坚持实行多年行之有效的制度和办法，刊物的学术水准得到海内外学术界的称赞。刊物的编辑质量也有明显的提高。据院科研局组织专家审读统计，该刊2002年度各期的差错率都在万分之零点五以内，大大低于国家新闻出版署规定的标准，质量等级达到优质、良好。在该年度我院期刊评奖中，《近代史研究》受到评委的一致好评，荣获院第二届优秀期刊奖。

《抗日战争研究》（季刊），主编张海鹏，副主编荣维木。2002年度出版4期，共84万字。该刊内容涉及日本侵华、抗日战争时期的政治、经济、军事、文化、人物研究以及战争遗留问题研究、书评、研究综述等，本年度学术水平也有明显提高。刊物发表的文章，有13篇被中国人民大学报刊资料中心出版的《中国现代史》转载。此外，还协助举办第一届中日韩三国“历史认知与东亚和平论坛”、“七七事变与抗日战争”学术研讨会等，在学术活动中扩大了影响。

世界历史研究所

（一）基本情况

截至2002年底，世界历史研究所有现职人员89人，其中，正高级职称人员19人，副高级职称人员31人，中级职称人员18人，高中级职称人员占现职人员的76.4%。

该所设有外国史学理论研究室、古代中世纪史研究室、西欧北美史研究室、俄罗斯东欧史研究室、亚非拉美史研究室；《世界历史》编辑部；图书资料室；科研组织处；办公室。

（二）科研组织工作

在落实2002年院工作会议精神的过程中，该所始终把学科建设放在一切工作的首位：(1) 抓好院重点学科建设工程的落实。该所采取各学科依托一个研究室公开竞标的方式，动员全体科研人员参与评议，经所学术委员讨论，最终确定了古代中世纪史学科和西欧史学科为院重点学科。通过这项工作，明确了各个学科的发展方向和人员培养目标，同时调动了各个研究处室的积极性，营造了一种人人关心学科建设的气氛；（2）坚持辩证唯物主义历史观，加强理论研究，鼓励理论创新。除召开“世界历史（多卷本）”理论研讨会外，在院内外召开的各种有关史学理论的研讨会上，该所研究人员提交了多篇论文，积极参与讨论。《史学理论研究》杂志对坚持以唯物史观基本原理为核心的马克思主义史学理论给予了充分的重视，发表了相关的论文。

2002年度，该所共有7项课题获准立项。其中，国家社科基金交办的重点课题2项，社科基金青年课题1项；院B类重大课题2项，院重点课题1项，院长交办课题1项。

全年在研课题共计34项，其中，国家社科基金重大课题1项，重点课题3项，一般课题4项，青年课题2项；院A类重大课题1项，B类5项，院重点课题5项，院长交办课题1项，院资交办课题3项，院委托交办课题2项；所重点课题4项，个人课题3项。

《世界历史（多卷本）》是世界历史所承担的院A类重大课题，也是所科研工作的重点。本年度该课题的主要进展为：（1）明确了全书的撰写体例和要求。撰写大纲审定后制定了“撰写细则”。（2）本年度各卷册相继进入专题调研和写作阶段，共完成论文18篇，完成书稿初稿18万字；围绕该课题研究的阶段性成果《中国社会科学院世界历史研究所学术文集》第二集已正式出版。（3）8月12～14日，课题组在院北戴河培训中心召开理论研讨会，就该项目研究过程中遇到的理论问题进行了讨论。（4）针对个别卷册的问题，进行人员调整和补充。

2002年度，该所共完成学术专著4部，60万字；论文48篇，76万字；研究报告6份，1.9万字；译著1部，28万字；译文1篇，5万字；一般文章59篇，37万字；论文集1部，48万字。

2002年度，该所共得到院出版基金5.5万元，经所学术委员会讨论，对下列成果提供了出版资助：国家社科基金课题、院青年课题“部落联盟与酋邦”最终成果《部落联盟与酋邦》；院重大课题、所重点课题“世界历史（多卷本）”阶段性成果《世界历史研究所学术文集》；院重大课题、所重点课题“世界历史（多卷本）”阶段性成果《东欧与两次世界大战的爆发》；院老年基金课题“二战中的波兰”最终成果《二战中的波兰》。

2002年，该所共发表学术专著4部，123万字；论文58篇，79万字；研究报告6份，8.7万字；古籍整理1部，1.1万字；丛书1种，10万字；综述9篇，8.7万字；译著4部，101万字；一般文章40篇，15.3万字；软件2件，259.3Mb；论文集1部，33万字。

该所张顺洪、孟庆龙、毕健康著《英美新殖民主义》一书获第四届中国社会科学院优秀科研成果奖专著类二等奖；俞金尧撰写的《中世纪晚期和近代早期欧洲的寡妇改嫁》一文获第四届中国社会科学院优秀科研成果奖论文类三等奖；黄柯可撰写的《美国农业劳动力向城市转移的特点》一文获第四届中国社会科学院优秀科研成果奖论文类三等奖。

在筹备院庆25周年纪念活动和接待江泽民总书记等党和国家领导人视察我院的工作中，该所发挥集体攻关的优势，以计算机等现代化科技手段，及时地完成了院长交办的制作《世界历史年表》挂图和折册的任务，受到院里表扬和使用单位的欢迎。

（三）学术交流

2002年度，该所与国内外的学术交流活动进一步加强，有14批15人次出访英、法、德、俄、美、日、伊朗、印度、韩国等国；接待了来自英、法、德、俄、美、日、瑞典、挪威、西班牙、保加利亚、秘鲁、匈牙利等国21批25名学者来访；召开了"美、欧、俄对外战略与中国"国际学术研讨会。

（四）图书资料工作

2002年，图书资料室加强了为科研、特别是为重大课题服务的力度。全年共订购中文图书180余册、外文图书560余册，中文期刊90余种、外文期刊50余种。

信息化建设是图书资料室2002年度工作的一个重点。为了加强该所的信息化建设，图书资料室在所信息化领导小组的直接领导下，参加院首批信息化试点单位竞赛，被定为院重点支持的研究所之一；8月获院信息化建设阶段性成果评比第一名。制定了《世界历史研究所信息化建设总体方案》，完成了院领导交办的课题《世界历史年表》的设计和制作任务。在数据库建设方面，基本完成了《世界历史》、《史学理论研究》、《世界史研究动态》、《外国史知识》等刊物的全文数据库制作。

（五）期刊工作

《世界历史》编辑部坚持以"三个代表"重要思想为指导，把提高稿件的学术质量作为工作重点，刊发了一批比较有分量的文章。为了宣传扶植新学科，该刊与天津师范大学历史文化学院共同举办了"经济—社会史"学术研讨会，对经济—社会史学这个在我国比较新的学科进行了探讨。同时在刊物上以较多的篇幅进行了报道和发表有关论文，以促进学术界开展这一学科的研究。

《史学理论研究》杂志坚持唯物史观的理论指导，在追踪国际史学发展前沿问题、发掘中国史学优秀传统、坚持以唯物史观基本原理为核心的马克思主义史学理论等方面，发表了一批有较高学术水平的论文；在团结史学理论研究学者、促进国内外史学理论研究的学术交流等方面做了不少工作。此外，杂志发表了外国著名历史学家的论文，对中国学术界及时了解国际史坛信息，有一定的积极意义。

中国边疆史地研究中心

（一）基本情况

截至2002年底，边疆史地研究中心有现职人员19人，其中，高级职称人员4人，副高级职称人员6人，中级职称人员5人，高中级职称人员占现职人员的78.9%。

该中心设研究部、编辑部、图书资料部和综合办公室。

（二）科研组织工作

2002年，中国边疆史地研究中心在院领导和有关职能局的指导下，不断开拓科研工作的新局面，在学科建设和发展中取得了新的进展：

1. 2002年度，边疆史地学被列入我院“重点学科建设工程”，对学科建设和发展产生了积极的促进作用。同时，该中心拟在我院研究生院设立中国边疆历史系的申请已获批准，目前筹备工作正在进行之中。

2. 院重大课题“东北边疆历史与现状系列研究工程”于2002年2月正式启动。该项工程组成了领导机构，我院院长李铁映、财政部部长项怀诚为顾问，我院副院长王洛林任领导小组组长，黑龙江省委副书记杨光洪、吉林省副省长（现任吉林省委书记）全哲洙、辽宁省副省长赵新良、中国社会科学院学术委员会委员马大正任副组长，边疆中心主任厉声任秘书长。此外，设立了由15人（后增补为18人）组成的专家委员会，其中马大正任主任，秦其明、厉声任副主任。设立工程办公室，由李国强任主任。

该项工程启动后，先后公布了《东北边疆历史与现状系列研究工程课题管理办法》、《经费管理办法》、《课题指南》、《〈东北边疆研究〉丛书编纂排版体例统一规范》和《东北工程资料翻译工作规范》等一系列条例；面向全国接受课题申报，累计受理各类课题申请书197份，最终有65个项目获准立项，其中研究类课题35个、翻译类课题14个、档案类课题4个、委托类课题12个。由于采取介入性管理办法，不断加大组织、协调工作的力度，树立质量意识和精品意识，从而推动了课题研究。目前，立项课题进展顺利，已有部分课题完成并结项。

根据“东北工程”的工作安排以及学科建设和发展的需要，先后召开了2次专家委员会会议、3次专家委员会常务委员会会议、4次专项会议和1次大型学术会议。同时编辑印发了《通讯》和《简报》，发布了大量动态信息；开通了“中国边疆在线”网站，为东北边疆的学术研究提供了交流的平台。

2002年10月，该中心与中国社会科学出版社签订了出版合同，从而使该项工程科研成果的出版问题得以解决。目前，关于翻译类成果的出版正在与有关出版社进行磋商。

3. 为进一步加强对新疆社会稳定和发展问题的研究，由厉声承担主持《中国新疆：历史与现状》一书的撰写任务。

4. 在继续抓好院重大课题项目“中国历代边事与边政研究”（2000年，主持人厉声）、“当代新疆治理研究”（2001年A类，主持人马大正）、“云南广西社会稳定问题研究”（2001年B类，主持人李国强）的基础上，该中心完成“东北边疆历史与现状研究”（A类）和“中国3至9世纪高昌至西州政治制度研究”（B类）两项目的申报并获准立项。目前，上述项目进展顺利。

5. 对在研课题抓管理、抓进度、抓质量，该中心先后完成了“新疆反恐怖斗争研究”、“中国边疆史地研究：1989～1998”、“中越边境形势对广西社会稳定的影响”、“都护制度研究”、“边疆研究数据库的设计与编制”、“内蒙古民族区域自治与边疆治理”、“多尔衮的朝鲜政策研究”等一批所重点课题。这些课题的完成以及其他科研成果的发表，对中国边疆史地学科的建设有着重要的推动作用，使中国边疆史地研究的学术框架更加丰满，并使该中心保持了在中国边疆史地学术研究上的领先地位，为中国边疆学的构筑奠定了良好基础。

6. 根据我院实行所重点课题制的有关精神，审核批准边疆中心重点研究项目6项，即："新疆反分裂斗争社情调研——和田地区"、"中国新疆：历史与现状"、"数字边疆信息化研究和建设"（第一期）、"近代英国与中国新疆"、"中国边疆研究信息库三期项目"、"明代中朝使者往来研究"。

2002年度，边疆中心科研人员共承担各类课题22项。其中，按计划进行的课题有12项：厉声主持的"中国历代边事与边政"（院重大课题）；马大正主持的"当代新疆治理研究"（院重大A类课题）；李国强主持的"云南广西社会稳定问题研究"（院重大B类课题）；马大正主持的"东北边疆历史与现状研究"（院重大A类课题）；李方主持的"中国3至9世纪高昌至西州政治制度研究"（院重大B类课题）；孙宏年主持的"民国时期治藏的有关问题研究"（所重点课题）；马大正主持的"新疆反分裂斗争社情调研——和田地区"（所重点课题）；厉声主持的"中国新疆：历史与现状"（所重点课题）；李国强主持的"数字边疆信息化研究和建设"（第一期）（所重点课题）；许建英主持的"近代英国与中国新疆"（所重点课题）；万燕主持的"中国边疆研究信息库第三期"（所重点课题）；刘为主持的"明代中朝使者往来研究"（所重点课题）。

2002年已完成的课题有10项：马大正主持的"西藏反分裂斗争研究"（院重点课题）；马大正主持的"新疆反分裂斗争研究"（院重点课题）；房建昌主持的"近代雅鲁藏布江大拐弯及下游史地研究"（所重点课题）；阿拉腾奥其尔主持的"俄国对新疆的考察史略"（所重点课题）；马大正主持"芬兰探险家马达汉日记翻译与研究"（所重点课题）；李国强主持的"中越边境形势对广西社会稳定的影响"（所重点课题）；李大龙主持的"都护制度研究"（所重点课题）；万燕主持的"边疆研究数据库的设计与编制"（所重点课题）；吴楚克主持的"内蒙古民族区域自治与边疆治理"（所重点课题）；刘为主持的"多尔衮的朝鲜政策研究"（所重点课题）。

2002年，边疆史地研究中心出版专著2部，约58万字；发表论文19篇，约28万字；发表学术资料、译文、一般文章近10篇，约15万字；发表研究报告35篇，约12万字；古籍整理出版160部，计9000万字；设计、编辑软件2件，140万字节。

由林荣贵撰写的《五代十国的辖区设治与军事戍防》一文获中国社会科学院优秀科研成果奖论文类三等奖。马大正主编的《中国边疆经略史》一书获第二届郭沫若中国历史学奖三等奖。

（三）图书资料工作

2002年，该中心文献信息部较好地完成了各项工作，累计购进各类中外文专业图书202册；订阅专业期刊102种；回溯编目1200册。为了改善图书收藏和办公条件，资料室进行了必要的改造，并对书库进行了全面整理。

（四）网络信息化建设

2002年，该中心在院网络中心指导下完成了《边疆中心网络信息化建设5年规划》；在继续办好边疆中心主页的基础上，2002年4月，"中国边疆在线"网站顺利开通。据统计，

2002年度，边疆中心主页更新115页；更新数据库5个，约90万字；新建、编制数据库2个，约70万字。

在2002年度中国社会科学院信息工作会议上，该中心被评为我院2001年度信息工作先进集体，并有5件供稿获中国社会科学院2001年度优秀信息奖。

（五）学术交流

2002年度边疆中心先后接待了包括美国、俄罗斯、日本、韩国、挪威、芬兰等国家和地区的来访学者6批13人次，接待国内来访学者百余人次。有1批2人出访俄罗斯，有16批30人次参加了国内外各种学术会议。

在总结经验的基础上，该中心继续举办每月一次的学术沙龙，本年度共举办了12次。主讲人围绕课题研究或学术热点、前沿问题展开研讨，涉及边疆研究的诸多专业领域。与上年度相比，讲座和讨论的深度与广度得到了进一步提高，有力地推动了科研工作的深入开展。

（六）期刊工作

《中国边疆史地研究》（季刊），主编李大龙。2002年度，该刊编辑部在提高学术水平的基础上强化质量意识，编校水平有了长足提高；共审阅来稿157篇，约150万字；刊用稿件63篇，开设栏目11个，出版4期，共72万字；实现了邮局发行，学术影响不断扩大，成为中国边疆史地学术研究的重要园地。该刊发表的重要学术论文有：李世愉的《清前期治边思想的新变化》（第1期）、方铁的《蒙元经营西南边疆的统治思想及治策》（第1期）、程妮娜的《东北古史分期探赜》（第2期）、李方的《试论唐西州都督府与西州政府的关系》（第2期）、毕奥南的《元朝的军事戍防体系与版图维系》（第2期）、吴元丰的《南明时期中琉关系探实》（第2期）、赵永春的《关于中国历史上疆域问题的几点认识》（第3期）、马大正的《新疆历史纵论》（第3期）、孙宏年的《国民参政会与国民政府的治藏政策——以治藏议案为中心边疆管理机构》（第3期）、刘为的《清代朝鲜使团贸易制度述略——中朝朝贡贸易研究之一》（第4期）、方鹏的《自汉至唐海南岛历史地理略说》（第4期）等。

台湾研究所

（一）基本情况

截至2002年底，台湾研究所共有现职人员40人，其中正高级职称人员9人，副高级职称人员13人，高级职称人员占现职人员的55%。

该所设政治研究室、经济研究室、对外关系研究室、综合研究室、人物研究室、资料研究室、科研室、办公室和人事处。

（二）科研组织工作

2002 年，该所完成了《台湾研究年度报告 2002》、《台湾问题实录》、《台湾省地理》和《台湾研究》等书刊的编写与出版。

还完成了中央及有关部门委托研究课题多项。

（三）学术交流

2002 年，该所举办了三个学术研讨会，分别是：4 月在长沙召开的“入世后的两岸经济合作机制”学术研讨会；10 月在太原召开的“台湾政局与两岸关系展望”学术研讨会和 11 月在厦门召开的“台湾经济走势与两岸经贸关系发展”研讨会。并与全国台湾研究会、全国台联于 8 月在青岛共同举办了第十一届海峡两岸关系学术研讨会。四个学术研讨会都有一批海峡两岸著名专家学者与会，议题各有侧重。综合起来看，对两岸关系、台湾政局和经济发展中的诸多问题进行了全面的研讨。会议论文中提出不少很有见地的看法，其中，有对台湾问题宏观上的战略分析，也有对具体现实问题的深入探讨；有对台湾各方面未来发展走向的预判，也有对祖国统一面临的机遇和挑战的解读。上述学术会议对促进海峡两岸的学术交流起到了重要作用。

2002 年，该所共接待了美国、日本等国家和台湾地区来访客人 90 批 256 人次；派出 19 批 30 人次赴美国、加拿大、澳大利亚、日本、菲律宾等国家和台湾、香港、澳门等地区进行学术交流活动。

该所还接受海内外新闻媒体采访 85 人次，在宣传对台方针政策方面发挥了作用。应国家机关、社会团体、高等院校和部队等单位的邀请，就台湾问题作形势报告 20 多场次。还应邀参加了其他单位学术会议 42 人次。

（四）期刊工作

《台湾研究》（季刊），主编许世铨。该刊是台湾所主办的综合性学术季刊，是宣传祖国大陆解决台湾问题方针政策的阵地，是多方位研究台湾问题的理论学术园地，是目前国内研究台湾问题较具权威性的刊物之一，颇受台湾与海外的关注。该刊以全面和深入研究台湾、促进祖国和平统一大业为宗旨，主要刊登有关台湾政治、经济、法律、历史、宗教、社会、教育、文学、艺术以及两岸关系、祖国大陆对台方针政策等方面的研究成果，兼载台湾人物介绍、书刊评介以及其他重要研究资料。2002 年，该刊出版 4 期，发表各类论文 56 篇，64 万余字。编辑工作突出了学术研究密切结合政策研究与现实研究的特点，对推动台湾问题研究发挥了积极作用。

党的十六大召开后，《台湾研究》发表了《坚持“和平统一、一国两制”方针　尽早实现祖国完全统一》、《关于“一国两制”理论形成的几个问题》等专论，对十六大报告中有关祖国统一部分进行了分析论述。针对台湾当局竭力推行分裂路线的行径，该刊发表了《简析台湾正名运动》、《台湾当局“渐进式台独”透视》等文章，剖析了台湾当局的“台独”实质。海峡两岸加入世贸组织后，该刊发表了《入世对两岸经贸关系的影响》、《入世与海峡两岸教育交流》和《台湾加工出口区转型与两岸三通》等论文，对上述问题进行了学术思考。

《台湾周刊》，主编刘红。该刊是由台湾所主办的全面报道当前台湾各方面最新情况的新闻周刊。1993年1月创刊以来，及时、全面、准确地分析和报道了台湾诸方面的情况，有力地配合中央和各地的对台工作，受到了涉台部门、对台工作部门和调研单位的好评。从2000年起，该刊在国内公开发行，年内继续改版，注重丰富内容，提高质量。全年出版52期，发表研究类文章140余篇。

文学研究所

（一）基本情况

截至2002年底，文学研究所有现职人员135人，其中，正高级职称人员38人，副高级职称人员33人，中级职称人员41人，高中级职称人员占现职人员的82.9%。

该所设有古代室、现代室、当代室、理论室、民间室、比较文学室；《文学评论》编辑部、《文学遗产》编辑部；世界华文文学研究中心、中国民俗文化研究中心、影视文学研究中心；办公室、科研处、人事处。

（二）科研组织工作

2002年度，文学所以“三个代表”重要思想为指导，认真贯彻、实施院工作部署，积极探索发展社会主义先进文化的新思路和文学研究工作的新举措，努力开创文学研究工作的新局面，圆满完成党和国家交办的各项任务和本年度的工作计划。2002年度共出版专著18种，学术资料7种，学术普及读物3种，论文集4种，发表论文163篇，译文5篇。其中，杨义与陈圣生合著的《中国比较文学批评史纲》、杨之水所著《先秦诗文史》、金惠敏所著《后现代性与辩证解释学》、孙歌所著《主题弥散的空间——亚洲论述之两难》、叶舒宪所著《原形与跨文化阐释》、范智红所著《事变缘常——40年代中国现代小说艺术》、秦弓所著《荆棘上的生命——20世纪三四十年代中国小说叙事》出版后受到学术界的好评。经过专家、学者的协作，还完成中央组织部交办的编写《古今文学名篇》全国干部培训教材的任务。

2002年度，该所共有13项科研成果获奖，其中，杨义的《李杜诗学》、曹道衡与刘跃进的《南北朝文学编年史》获第十三届中国图书奖。刘扬忠的《唐宋词流派史》、徐公持的《魏晋文学史》、金惠敏的《意志与超越——叔本华美学思想研究》获院科研成果专著类二等奖；杨匡汉、孟繁华的《共和国文学五十年》获院科研成果专著类三等奖；钱竞的《乾嘉时期文艺学的格局》、吕微的《现代性论争中的民间文学》、陈晓明的《文化研究：后—后结构主义时代的来临》、钱中文的《文学理论现代性问题》获院科研成果论文类三等奖；许明、户晓辉、彭亚非等的《华夏审美风尚史》、张炯的《新中国文学五十年》获院科研成果追加奖励。张中良的论文《中国现代文学史学科建设需要比较文学眼光》获江苏省社会科学优秀论文奖。《文学评论》和《文学遗产》两份刊物在全院组织的第二届期刊评选中，分别荣获优秀期刊一等奖和优秀期刊奖。

古代文学、现代文学和文艺理论学科是文学所三个主要研究室，2002 年，它们分别通过院重点学科建设工程评审，并作为重点工程正式启动。“新世纪全球文化格局与中国人文建设”（杨义、叶舒宪）、“中国小说发展史”（石昌渝）、“敦煌赞颂文学研究”（徐俊）、“古典文学与华夏民族精神的建构”（刘扬忠）、“中国民间文学史”（祁连休）、“五四时期翻译文学”（张中良）、“中国民间叙事诗：传播载体的并生与置换”（贺学君）、“20 世纪中国文学经验”（杨匡汉）、“元诗与元诗文献研究”（杨镰）、“现代化文学艺术和文化”（毛崇杰）、“结构主义与中国文学批评”（陈晓明）、“秦汉文学渊源及其嬗变”（刘跃进）、“中国古代文学通论”（蒋寅）、“文学理论基本问题与后结构主义批判”（金惠敏）、“年度中国文情报告”（白烨）等院重大课题和社科基金课题研究均按计划顺利进行。

（三）学术交流

2002 年度，文学所的学术活动比较丰富，所里与各研究室不定期举办了多次学术论坛和讲演。各研究室、编辑部自办或与外单位合办了“中国古代北方少数民族政权下的文学与文化”学术研讨会、“文艺学与文化研究”学术研讨会、“民族与民间文学史写作经验与理论”研讨会、第二届中国古代小说国际研讨会、纪念何其芳诞辰 90 周年暨第二届何其芳国际学术研讨会等几次较大型的学术讨论会。近代文学研究会、现代文学研究会、当代文学研究会、毛泽东诗词研究会等学术团体也分别召开了学术研讨会或学会年会。

2002 年度，文学所派出访问团组 33 批 36 人次赴海外进行学术访问、进修、出席国际学术会议。接待国外学者 10 批 20 人次来访、进修、出席学术会议。

（四）期刊、学会工作

《文学评论》（双月刊），主编杨义，副主编王保生（常务）、胡明。2002 年，该刊发表了郑敏的《中国新诗八十年反思》、王晓明的《从“淮海路”到“梅家桥”——从王安忆小说创作的转变谈起》、马振方的《历史小说创作基本功刍议》、南帆的《革命、浪漫与凡俗》、盘剑的《走向泛文学——论中国电视剧的文学化生存》、何锡章的《论“思想”在中国现代文学价值生成与存在中的意义》、龙泉明的《中国现代诗学历史发展论》、李怡的《“重估现代性”思潮与中国现代文学传统的再认识》、余恕诚的《李白与长江》、傅璇琮的《从白居易研究中的一个误点谈起》、吴承学的《汉魏六朝挽歌考论》、董乃斌的《超越时空的心灵契合——论何其芳与李商隐的创作因缘》、周宪的《审美现代性的四个层面》、叶舒宪的《人类学与文学》、何西来的《道德中介论》、李衍柱的《文学理论：面对信息时代的幽灵》等涉及文学各个学科的一系列重要文章。这些文章因较高的学术探索精神而被其他刊物转载、摘引。

2002 年，《文学评论》与全国十多所高校文学院举办了十多次学术讨论会，会议内容涉及古代文学、现代文学、当代文学、文学理论等各个方面，学者们就一些具有时代性的议题进行探索、交流、争鸣，促进了学术水平的提高。

《文学遗产》（双月刊），主编徐公持，副主编陶文鹏。2002 年，该刊举行了第四次优秀论文奖评奖，获奖者为郭杰《从〈生民〉至〈离骚〉》、陈大康《熊大木现象：古代通俗小说传播模式及其意义》、贾晋华《〈汉上题襟集〉与襄阳诗人群的研究》、李剑国《干宝考》。获得优秀论文提名奖的是：李山《〈诗·大雅〉若干诗篇图赞说及由此发现的（雅）（颂）间部分对应》、莫砺锋《〈唐诗三百首〉中有宋诗吗?》、姜必任《庾信对北朝文化环境的接受》。

2002年，《文学遗产》共发表长、短学术论文98篇，学术综述3篇，学术活动报道、学术动态26篇，札记18篇。

2002年，由中国社会科学院主管、挂靠文学研究所的学术团体有：中国当代文学研究会，会长张炯；中国毛泽东诗词研究会，会长贺敬之；中国中外文艺理论学会，会长钱中文；中国鲁迅研究会，会长林非；中国近代文学研究会，会长郭延礼；中华文学史料学学会，会长包明德；中国现代文学研究会，会长王富仁。

2002年10月20～23日，中国现代文学研究会第八届年会在湖南省长沙市召开，会议由中国现代文学研究会和湖南师范大学文学院主办。与会代表就“四十年代文学与十七年文学”、“胡风与沈从文研究”及其他学术话题展开了深入的切磋、研究和探讨，并展望了中国现代文学研究的发展态势和学术动向。会议还选举产生了由87人组成的第九届理事会。

民族文学研究所

（一）基本情况

2002年8月，经中央机构编制委员会办公室批准，原中国社会科学院少数民族文学研究所更名为中国社会科学院民族文学研究所。

截至2002年底，民族文学研究所有现职人员43人，其中，正高级职称人员9人，副高级职称人员12人，中级职称人员11人，高中级职称人员占全所现职人员的74%。

该所设有蒙古族文学研究室、藏族文学研究室、南方民族文学研究室、北方民族文学研究室、当代少数民族文学研究室、《民族文学研究》编辑部、图书资料室以及办公室（含人事、科研管理、财务）。

（二）科研组织工作

2002年，该所完成各类科研成果1049.5万字。其中，专著7部，157万字；论文58篇，51.6万字；研究报告3篇，3.3万字；学术资料2部，95.6万字；古籍整理9部，503万字；译文1篇，1.1万字；学术普及读物5部，88万字；工具书词条32万字；一般文章21篇，11.8万字；论文集3部，106万字。另出版4期《民族文学研究》，60余万字。

主要科研成果为：《古代经典与口头传统》（尹虎彬著），《苗族图腾与神话》（吴晓东著），《格斯尔全书》（斯钦孟和主编），《卡尔梅克〈江格尔〉校注》（旦布尔加甫校注），《二十世纪中国民俗学经典》（苑利主编）等。

2002年，该所新设立课题9项。其中，国家社科基金一般课题1项：“口头史诗文本研究”（朝戈金）；院A类重大课题1项：“中国史诗类型学研究”（尹虎彬）；院B类重大课题1项：“《蒙古秘史》人文精神研究”（扎拉嘎）。所级重点课题6项，分别是：“转型期的中国少数民族女性文学”（田美莲）、“文学社会学视角下的《花的原野》”（莎日娜）、“西藏地区《格萨尔》资料搜集的理论与实践”（李连荣）、“民间说唱《格斯尔》研究”（斯钦孟和）、“口承与书写：彝族史诗与族群叙事传统”（巴莫曲布嫫）、“民族文学研究所网络的更新与维护”（任春生）。

在研课题19项，分别是：“蒙古族《西游记》研究”、“中国南方少数民族叙事诗研究”、“哈萨克英雄史诗与草原文化”、“中国少数民族文学资料库”、“少数民族口头文学丛编”、“卫拉特史诗研究”、“蒙古英雄故事研究”、“蒙古族萨满诗歌研究”、“新时期少数民族古代文学研究之发展”、“中国民族文学学术史”、“苗族口承文学与生态民俗”、“满族的萨满文化与民间文学”、“《福乐智慧》与维吾尔文化变迁”、“敦煌文献中的藏族文学”、“彝族经籍史诗研究”、“满族古老传说《东海窝集部》研究”、“俄罗斯民间文学通论”、“纳西族象形文经典中的史诗”、“藏族风马五兽神话与图像渊源之研究”。

院A类重大课题“少数民族文学资料库”（牵头人：郎樱、朝戈金）科研人员赴民族地区搜集到了珍贵的蒙古族艺人金巴扎木苏的演唱资料，所内其他同志提供了藏族艺人桑珠的演唱资料和其他珍贵资料，还派专人到拉萨、内蒙古以及西南民族地区拍摄了重要的民族传统仪式资料，部分资料制作成光盘收藏。

院A类重大课题“少数民族口头文学丛编”（牵头人：邓敏文）实行了严格的课题分卷负责制，责、权、利明确。目前已有5卷完成初稿，进展情况良好。

院A类重大课题“中国史诗类型研究”（牵头人：尹虎彬）已开始进行田野调查、搜集国内外相关资料；尹虎彬已发表了3篇与该课题有关的学术论文。

2002年已结项课题有3项，分别是：（1）国家社科研究“九五”规划委托研究重大课题“各民族文学关系及其贡献”（牵头人：郎樱、扎拉嘎）。该项目最终成果为《中国各民族文学的贡献及其相互关系研究》“先秦至唐宋卷”与“元明清卷”两部专著，约120余万字。（2）所重点课题“洛德口头传承理论研究”。此课题主要研究内容包括：美国学者艾伯特·洛德的著作《故事歌手》（英译汉）、译者注释、导读、论评等。（3）“新时期藏族文学创作现状与理论思考”（作者：杨霞）。该课题成果由4篇系列论文组成。

2002年，该所根据院科研局统一部署进行了学科调整，确定了8个研究学科，其中，两个为重点学科：中国史诗学，中国各民族文学关系研究。其余6个研究学科分别是：藏族文学，蒙古族文学，北方少数民族文学，南方少数民族文学，当代少数民族文学，少数民族古典文学。

中国史诗学是该所主要学科之一。从“六五”开始至今，一直列为重点研究项目，投入了大量的科研力量，先后承担多项重点研究课题，科研成果丰硕，并有相当丰厚的史诗资料积累。2002年，经院务工作会议批准，中国史诗学被确定为我院“重点学科建设工程”项目（学科牵头人：朝戈金）。未来5年（2002～2006），该学科发展总体目标与定位是，构筑“中国史诗学”体系。主要研究领域为：“口传史诗文本研究”、“中国史诗类型学研究”、“少数民族口头文学丛编”、“中国南方少数民族叙事诗研究”、“藏族史诗艺人研究”以及“南方民族神话研究”等；除此之外，还将完成与之相关的学术资料与科研手段建设项目。

2002年度，该所朝戈金的专著《口传史诗诗学——冉皮勒〈江格尔〉程式句法研究》获得中国社会科学院优秀科研成果奖专著二等奖；郎樱的《〈玛纳斯〉论》获得中国社会科学院优秀科研成果奖专著三等奖；该所的期刊《民族文学研究》获得中国社会科学院优秀期刊奖。另外，刘亚虎的论文《汉赋与南方民族文化》获中国文联文艺评论奖三等奖。

2002年度，该所有两项成果获得出版资助：《清代蒙汉文学关系》（院重点课题，扎拉嘎著）、《古代经典与口头传统》（国家社科基金课题，尹虎彬著）。

2002年，该所组织实施了网络建设二期工程，专门成立了网络工作室，从设计方案、搜集资料到网页内容更新、美术加工，重新打造了网站。该网站除了介绍该所基本情况外，更注重的是学科建设、学术交流，是民族文学研究者在互联网上的必访之地。

（三）学术交流

2002年7月18日，由我院、国家民委、文化部、国家广电总局、中国文联等五部委联合在人民大会堂举行了《格萨（斯）尔》千年纪念大会。

2002年7月22～25日，由全国《格萨尔》办公室和青海省文联联合主办的第五届《格萨（斯）尔》国际学术讨论会在西宁召开。

2002年10月8～9日，由该所主办，召开了第二届国际史诗专题研讨会。

该所年内共有10人次出访。其中，短期学术访问或参加国际学术讨论会的有8人，前往的国家分别为日本、捷克和波兰、奥地利、德国、加拿大、马来西亚、蒙古国；出国进修2人，分别赴蒙古国和韩国；另推荐了两人分别于2003年赴美国哈佛大学和日本进修。

（五）研究生教育

2002年，少数民族文学系共录取了5名研究生，其中有2名博士研究生、3名硕士研究生；进行了增设博导的组织评选工作，杨恩洪研究员被评选为博士生导师；组织制定了少数民族文学系未来3年博士研究生和硕士研究生培养方案和教学大纲；为加强对研究生的管理，制定了相应管理规定和具体要求，收到良好效果。

（五）期刊工作

《民族文学研究》（季刊），主编包明德。2002年出版4期，刊发文章85篇，62.9万字。其中，较重要的文章有：黄伟林的《论西部大开发与少数民族文学发展的机遇》（第2期），晨宏的《转型期云南少数民族作家文学试点的转换》（第1期），曼拜特·吐尔地的《新时期柯尔克孜族诗歌创作》（第2期），阿孜古丽和古丽仙的《论维吾尔族探索小说》（第4期）等。

维吾尔族古典文学研究近年来发展较快，第3期的“纳瓦依研究”、第4期的“《福乐智慧》研究”栏目共刊发了维吾尔族学者的8篇文章，集中展现了他们的学术实力。

“20世纪学术史的回顾”栏目刊发了6篇文章，内容涉及史诗学理论、满族文学研究、女真族文学研究、萨都剌研究、《蒙古秘史》研究等。

深入探讨不同民族文化交往对于民族文学发展影响的文章有10篇，其中毕桪的《哈萨克神话传说里的波斯成分》（第1期）、陈建宪的《中国多民族民间文学多元一体格局鸟瞰》（第3期）、郎樱的《西域佛教戏剧对中国古代戏剧艺术发展的贡献》（第4期）、田同旭的《论北齐对古代戏曲形成的艺术贡献》（第4期）等文章，对研究者开拓思路有意义。

《民族文学研究》2002年度获中国社会科学院优秀期刊奖。

外国文学研究所

（一）基本情况

截至2002年底，外国文学研究所有现职人员79人，其中，正高级职称人员19人，副高级职称人员26人，中级职称人员10人，高中级职称人员占现职人员的69.6%。

该所设有英美文学研究室、俄罗斯研究室、中北欧文学研究室、东方文学研究室、南欧、拉美文学研究室和文艺理论研究室；《世界文学》和《外国文学动态》编辑部、《外国文学评论》编辑部；科研处、办公室和资料室。

（二）科研组织工作

2002年，该所共发表专著3部：吴岳添的《卢梭》（所重点），14.7万字；刘文飞的《阅读普希金》，25万字；魏大海的《私小说——20世纪日本文学的一个“神话”》（所重点），20万字。发表论文54篇，论文集1部，译著41种，学术资料2篇，一般文章48篇。

2002年获出版资助的有：魏大海《私小说——20世纪日本文学的一个“神话”》、朱景冬《拉丁美洲小说史》、周启超《〈白银时代〉俄罗斯文学研究》、刘文飞《阅读普希金》。

2002年，该所新立项课题5项，其中，社科基金项目1项：陈众议的“西班牙‘黄金世纪’文学研究”；院B类重大课题4项：吴岳添的“法国小说发展史”、李永平的“荷尔德林研究”、魏大海的“20世纪后半叶日本文学研究”和穆宏燕的“伊朗当代诗歌研究”。

由吴元迈主持的社科基金课题“20世纪外国文学史”已于年初顺利结项。由石南征主持的社科基金课题“苏联文学：历史的反思”预计2003年底完成。“比较诗学”是由该所理论室周启超、史忠义承担的社科基金课题，进展顺利。刘文飞承担的社科基金课题“斯拉夫派和西欧派的思想斗争及其在俄国文学中的渗透”正按计划进行。郭宏安承担的社科基金课题“日内瓦学派研究”预计2003年底完成。院A类重大课题“跨文化的文学理论研究”、“现代化进程中的文学”正常进行。

该所英美文学研究室、俄罗斯文学研究室是我院重点扶持学科。英美文学研究室力争在未来5年做到：使学术研究更贴近国家面临的重大文化课题，更好地为我国的思想文化建设服务；进一步提高学术研究的总体水平，在英语诗歌、英国小说和美国文化等研究领域内争取取得国内领先地位；计划完成学术专著8～12部，其中2～3部应成为英语诗歌、英国小说和美国文化这三个领域内的具有一流水平的重要研究成果。此外还将陆续发表一批质量较高的论文和译文及若干其他著作和译作。

未来5年，俄罗斯文学研究室整体上将继续保持本学科在国内的领先地位，力争推出一批有分量的成果。另外，重点加强俄罗斯古典文学研究和俄罗斯文学现状研究。在队伍建设方面，要使学科队伍在年龄结构、知识结构、专业配置上更加合理，争取调入1～2人，专攻古典文学和戏剧。

2002年元月8～9日，外国文学研究所举办了优秀科研成果奖评奖活动。经所学术委员会审议，共评选出所优秀科研成果奖15部。专著类一等奖：陈中梅《柏拉图诗学和艺术思想研究》。专著类二等奖：陈众议《加西亚·马尔克斯评传》、史忠义《20世纪法国小说诗学》、元文琪《二元神论：古波斯宗教神话研究》、董衡巽《海明威评传》、刘文飞《诗歌漂流瓶》、张捷《俄罗斯作家昨天和今天》。论文类一等奖：黄宝生《书写材料与中印文学传统》、陆建德《爱德华·萨伊德的〈东方主义〉和后殖民理论》、叶廷芳《西方现代文艺中的巴罗克基因》。论文类二等奖：石海军《幻想与女人：读〈蛇与绳〉》、盛宁《世纪末"全球化"文化操守》、穆宏燕《波斯中世纪诗歌中的苏菲思想审美价值》。译著类一等奖：傅浩《艳情诗与神学诗》。译著类二等奖：余中先《植物园》。获得2002年第四届院优秀科研成果奖的有：陈中梅《柏拉图诗学和艺术思想研究》(专著二等奖)、黄宝生《书写材料与中印文学传统》(论文三等奖)、陆建德《爱德华·萨伊德的〈东方主义〉和后殖民理论》(论文三等奖)、傅浩《艳情诗与神学诗》(译著三等奖)。

2002年，该所有两位研究员获得国外荣誉称号，他们是：余中先获法国文学艺术骑士勋章、吕同六获意大利爵士勋章。

(三) 学术活动

1. 2002年6月25日，外文所"青年读书班"系列学习活动正式拉开帷幕。"青年读书班"是该所领导针对老中青研究人员学术水平差距较大这一普遍状况而采取的积极培养人才的举措，读书班为期两年，第一年读文艺理论，第二年读文学名著。所领导还组织专家学者开列了泛读与精读书目，精读书由所内相关的权威专家进行讲解辅导。到年底共举行了三次讲座，陈中梅、李永平、陆建德先后讲了亚里士多德的《诗学》、朱光潜先生译的爱克曼编著的《歌德谈话录》和约翰逊著的《莎士比亚戏剧集序言》。青年科研人员通过经典作品的学习和讨论，对文学审美的角度和深度以及文学研究的基本方法等都有了新的认识。

2. 2002年5月底，外文所和文学所比较文学研究中心邀请在京部分作家，以"全球化语境下的中国文学话语"为题，进行学者与作家之间的对话。与会作家纷纷从个人创作体验的角度，畅谈了全球化话语对创作的多重影响，畅谈了作家们坚持民族话语、传统话语和个性话语的努力与感受以及面临的一些困惑。大家还对未来的文学创作发表了意见。

3. 2002年6月25日，文学所所长杨义研究员在外文所作了题为《中国诗学特征》的专题讲演。与会的学者们对杨义打通古今的学术勇气以及对中国古典诗学特征的大胆探索表示了赞许。

2002年9月16日，著名梵文学者、外文所所长黄宝生研究员在文学所作了题为《印度文学与比较文学》的学术报告，指出"比较诗学"是大有可为的文学研究方法。

这两次演讲是由文学所和外文所理论室共同发起的系列学术讲座，其目的是为了弘扬中西文论的交融与互补研究，推动"跨文化文学理论"这一学术课题的深入进行。

4. 2002年10月12日，外文所理论室和北京师范大学外文系在北师大举行了"俄罗斯文论：回顾与展望"学术讨论会。与会者充分肯定了改革开放以来俄苏文论研究所取得的成绩，介绍和评述了新俄罗斯文艺理论的发展现状，指出文论研究自觉的历史意识的必要，强调应该在俄罗斯文论研究领域逐步建立起中国学派。

（四）学术交流

2002年，外文所派出10人次短期出访，分别前往西班牙、日本、英国、俄罗斯、德国和港澳地区进行了学术交流。

应该所邀请，美国国际著名学者詹姆逊于2002年7月31日来京，对该所进行学术访问，并作了题为“当前时代的倒退”的学术讲座。

西班牙著名女作家、2001年度“行星奖”获得者堂娜罗莎·雷加斯应邀来该所进行5天访问，并同中国的女作家、西班牙语语言文化学者和全国妇联的有关专家进行了交流。

（五）研究生教育

2002年，外文所有2名博士生、4名硕士生进行了答辩，并顺利获得学位。新招收博士生4名、硕士生2名。

（六）学会工作

中国外国文学学会，会长黄宝生。由该学会主办的中国外国文学学会第七届年会于2002年11月4～7日在武汉华中师范大学召开，会议主题为“20世纪外国文学反思”。来自全国各地的外国文学专家、学者200余人出席了会议。约有120人向大会提交了论文。

中国外国文学学会法国文学研究分会，会长吴岳添。2002年1月9日，由该分会主办的“纪念法国作家雨果诞生200周年大会”在京举行。中共中央政治局委员、中国社会科学院院长李铁映委托江蓝生副院长向大会表示祝贺并讲话。文学界、学术界、翻译界的名家名流200余人参加了会议。

由法国文学研究分会和广西民族学院联合召开的“雨果和浪漫主义”学术讨论会于2002年3月14～17日在南宁举行，30人参加了会议。与会者就雨果的生平和民主主义思想、雨果的浪漫主义美学、雨果诗歌和小说的艺术特色以及我国研究雨果的状况等问题展开了热烈讨论。

中国外国文学学会意大利文学研究分会，会长吕同六。由该分会主办的第十四届意大利文学研讨会是为纪念贝内德托·克罗齐逝世50周年召开的。意大利驻华使馆文化参赞萨巴迪尼教授出席并致辞。来自全国的40多名学者及在华意大利语言专家参加了研讨会。

中国外国文学学会日本文学研究分会，会长高慧勤。2002年9月12日，该分会第八届年会暨学术研讨会在青岛市召开，80多位代表与会。年会邀请了日本著名学者川本皓嗣、中西进、铃木贞美和平冈敏夫作了学术讲演；韩国日本文学研究会副会长金春美女士介绍了韩国的日本文学研究状况；与会专家学者发表了各自的学术见解。

中国外国文学学会德语文学研究分会，会长叶廷芳。2002年11月2日，该分会举办了穆齐尔学术研讨会。参加会议的有来自北京各高校和研究机构的德语文学研究者和国内知名的作家和出版家，柏林自由大学的穆齐尔研究专家费戈教授作了发言。

（五）期刊工作

《世界文学》杂志社继续贯彻执行办刊方针，在选题上尽量做到经典性、高品位、学术性，保持原有优势，同时，在满足不同阅读趣味和阅读需求方面作了一些尝试。第一期编选了“奈保尔作品集”诺贝尔奖获得者。在后几期中重点推介的作家和作品有：德国汉特克的剧作《骂观众》、阿根廷科萨尔的小说《风尾船或名重访威尼斯》、美国库弗的小说《保姆》、澳大利亚凯里的《“凯利帮”真史》、韩国当代诗歌、日本加藤幸子的小说、法国马尔罗的作品、捷克克利玛的短篇、美国的小小说、波兰米沃什和赫尔贝特的诗歌；在诗歌方面还介绍了沃尔科特、杜威、斯坦麦茨、昌布尔辛等诗人的作品；在古典文学方面，介绍了英国诗歌《克蕾丝德的遗言》、新近发现的马克·吐温的小说《谋杀，怪事与婚姻》；安徒生的游记《诗人的市场》和曼德尔施塔姆夫人的回忆录《诗与人》。为庆祝“《世界文学》50周年”，从第五期开始连载编辑部撰写的《〈世界文学〉五十年》，受到了读者的欢迎。

《外国文学评论》在反映、分析外国文学理论、思潮和创作方面的新动向的同时，着力于新课题和新角度的开发，以期扩展我国文学界的视野。2002年开设的重要栏目有：当代外国文学研究、外国当代批评理论和古典文艺理论、古典文学研究、文学史研究、作家作品研究、中外文学关系、外国文学发展态势、书评等。2002年，刊物发稿质量有明显提高。重头文章有：黄梅的《〈项狄传〉与叙述的游戏》，吕大年的《人文主义二三事》，张伯伟的《论日本诗话的特色》，杨国政的《怀疑时代的自传》，王建平的《历史小说的终结：约翰·巴思的〈烟草经纪人〉》，梅晓云的《无根人的悲哀》，申丹的《“故事与话语”解构之“解构”》，阎立峰的《斯坦尼斯拉夫斯基、布莱希特和阿尔托戏剧距离观之比较》等等。该刊在2002年中国社会科学院第二届优秀期刊评奖中获优秀期刊奖。

2002年，《外国文学动态》已初步扭转稿源困难的被动局面，目前，出版有序，装帧、校订和校对等方面的质量都有较大的提高，许多栏目已保持了稳定，如“文学综述”、“作家介绍”、“作品介绍”、“俄罗斯文学之窗”、“拉美作家榜”等，并争取每期有重头文章发表。

语言研究所

（一）基本情况

截至2002年底，语言研究所有现职人员90人，其中，正高级职称人员19人，副高级职称人员22人，中级职称人员26人，高中级职称人员占现职人员的74%。

该所设句法语义研究室（原现代汉语研究室）、历史语言学一室（原古代汉语研究室）、历史语言学二室（原近代汉语研究室）、汉语方言研究室、语音研究室、应用语言学研究室、当代语言学研究室、词典编辑室、《中国语文》编辑部；职能部门3个：科研处、办公室、人事处。

（二）科研组织工作

2002年，语言所发表学术专著3部，43.7万字；论文54篇，68.35万字；学术资料1种，0.4万字；教材2种，2.2万字；普及读物3种，4.2万字；工具书3种，41万字；一般文章1篇，1.8万字；软件1件，12千字节；论文集1种，1.5万字。

2002年，正式批准立项课题12项。其中，所重点课题2项："现代汉语语言文字规范问题研究"、"现代汉语新词新语研究"；所一般课题3项："《现代汉语》释义术语及体例研究"、"汉语离合词词表及语法特点研究"、"元代直译体文献特殊语法研究"；所资助课题3项："现代汉语词类转化的不对称研究"、"名词的指称与句法"、"现代汉语照应语研究"。院A类重大课题1项："中国濒危语言方言调查研究与新编语言地图集"；院B类重大课题2项："简帛文献语言研究"、"近现代汉语词源研究"；国家社科基金课题1项："贵州汉语方言调查研究"；国家自然科学基金项目1项："普通话不同语调语句中韵律词的变调规律"。

2002年，该所的《现代汉语词典》（修订本）获第四届吴玉章人文社会科学奖一等奖，《现代汉语方言音库》获第四届吴玉章人文社会科学奖优秀奖。该所还有4项成果获中国社会科学院优秀科研成果奖的二、三等奖，《中国语文》获得我院优秀期刊一等奖。

中国社会科学院青年语言学家奖金2002年度评选工作于9月12日结束。此次评奖共评出一等奖1项，二等奖3项。中国社会科学院历史研究所赵平安的论文《战国文字的"遊"与甲骨文"𡴘"为一字说》和《"达"字两系说——兼释甲骨文所谓"途"和齐金文中所谓"造"字》获一等奖。南京大学中文系顾黔的专著《通泰方言音韵研究》、南京师范大学何亚南的专著《〈三国志〉和裴注句法专题研究》、中国社会科学院语言研究所张伯江的论文《现代汉语的双及物结构式》和《论"把"字句的句式语义》分获二等奖。

（三）学术活动

（1）2002年6月3日，《中国语文》编辑部在北京国际饭店召开了庆祝《中国语文》创刊50周年座谈会。中国社会科学院副院长江蓝生，语言研究所所长沈家煊、副所长董琨，商务印书馆书记王维新以及一些有关专家学者参加了这次座谈会。

（2）第12次现代汉语语法学术讨论会于2002年4月19～22日在长沙举行，会议由语言研究所句法语义研究室、《中国语文》编辑部和湖南师范大学共同举办，到会学者70余人，会议主题是讨论汉语的指称和情态问题。

（3）第六届全国古代汉语研讨会于2002年9月22～26日在福建泉州召开。此次会议由语言所古代汉语室和泉州师范学院共同举办，60余位专家学者参加会议，会议就古代汉语语法研究的理论和方法问题进行了讨论。

（4）第十届全国近代汉语研讨会于2002年5月28～30日在宁波召开，会议由语言所近代汉语研究室和宁波大学共同举办，到会学者60余人。会议议题是讨论近代汉语语法、词汇等方面的研究成果。

（5）首届国际汉语方言语法研讨会于2002年12月28～30日在黑龙江召开。大会由语言所方言室、全国方言学会、黑龙江大学共同举办，到会学者80余人。会议内容以交流方言语法研究最新成果为主。

（6）粤北方言及周边土话第二届国际研讨会于2002年11月8～11日在湖南召开。大会由语言所方言室和湖南师范大学共同主办，到会学者60余位。会议主题是粤北方言及周边土话研究问题。

（7）2002年9月12～15日，在江西南昌召开了中国辞书学会语文词典专业委员会及辞书理论专业委员会第四届学术研讨会。会议主题是表彰优秀辞书、批评劣质辞书以及辞书评论方法等。到会学者80位。

(8) 该所2002年度"五四"青年演讲会于5月17日举行,11位青年同志参加演讲。

(9) 该所2002年度高研演讲会于10月17日举行,6位副研以上科研人员参加演讲。

(10) 该所"语言学沙龙"每月第一周星期四举行,2002年共安排13次。(192至204次)

(11) 该所学术报告会作为经常性不定期学术活动,2002年共举办21次。大部分是由邀请来访或顺访该所的外国学者作学术报告,报告内容大都涉及语言学前沿研究课题或领域,对促进该所学术交流和科研工作起到促进作用。

(四) 对外学术交流

2002年度,该所出访22批31人次,出访国家有美国、法国、日本及我国的香港、澳门、台湾地区;交流方式有参加学术会议、合作研究、学术访问等。接待国外顺访学者18批19人次,来访学者来自美国、英国、日本以及我国的香港、台湾地区。2002年,该所进一步加强了与国外汉语言学界之间的交流,交流内容涉及古代汉语、近代汉语、现代汉语、汉语方言学、语音学、词典编纂等领域。出国人员与国外学者紧密合作,推动了双方间的学术交流,取得了良好效果。

(五) 学会工作

挂靠该所的有两个学会:中国语言学会,会长侯精一;全国汉语方言学会,会长熊正辉。2002年7月10~19日,全国汉语方言学会在北京举办了首次汉语方言语法高级研修班。2002年12月27~29日,全国汉语方言学会主办了首届国际汉语方言语法学学术研讨会。来自中国(包括港台地区)、美国、法国、日本、新加坡的100余名研究和教学人员与会,共提交论文89篇,会后由黑龙江大学编辑出版。

(六) 期刊工作

2002年,该所主办的3种学术刊物继续保持原有特色,文章质量有所提高,学术影响进一步扩大。

《中国语文》(双月刊),主编侯精一。2002年共收到稿件约1000篇,发表专题研究论文77篇,学术会议报道60篇,学科建设报道6篇。专题研究论文中,总论6篇,语法学34篇,词汇学15篇,语音学5篇,音韵训诂11篇,书评6篇。2002年度的特色性专题讨论有:"语言中的主观化表达";"语法化的历时和共时研究";"汉语的语言类型学研究与语言对比研究";"普通话和方言的语调、声调、变调的试验研究";对汉语拼音方案和国家语言文字规范文本的讨论;对《现代汉语词典》的讨论。

2002年是《中国语文》创刊50周年。该所和《中国语文》编辑部共同主办了"庆祝《中国语文》创刊50周年"国际学术研讨会,并将《中国语文》第4、5、6三期辟为纪念刊。纪念刊共发表专题研究论文28篇。编辑了《庆祝〈中国语文〉创刊50周年学术论文集》和《语法研究和探索(十二)》,2003年出版。

《方言》(季刊)，主编张振兴。2002年共发表学术论文40篇。其中，讨论方言语音的15篇，讨论方言词汇的3篇，讨论方言语法的13篇，理论和综述性论文8篇，方言与少数民族语言比较研究的1篇，学术会议报道8篇。2002年7月10日，《方言》杂志编辑部在北京举办了首次"汉语方言语法研究"高级研修班。来自美国、日本、韩国和中国的58名副教授以上的教学与研究人员、在读语言学专业硕士和博士研究生参加了此次研修班。

《当代语言学》(季刊)，主编沈家煊、顾曰国。2002年收到各类稿件共计175篇，发表专题论文22篇，书评8篇，学术会议报道3篇，消息2篇。比较优秀的论文有：第1期《概念结构与非自主性语法：汉语语法概念系统初探》(戴浩一)、《汉语"被"字式在不同种类的过程中的使用情况考察》(杨国文)；第4期《汉语中的框式介词》(刘丹青)、《汉语表征研究中存在的问题及其解决办法》(李荣宝、彭聃龄)。第3期《心理语言学专号》出版后，受到语言学界的好评。该编辑部于2002年10月19～21日主办了中国第九届当代语言学研讨会。与会代表73人，收到论文70余篇。会议的主题是：语言习得；句式语法；语法化研究。此外，该刊编辑部还完成了从1961年的《语言学资料》到2001年的《当代语言学》汇编光盘的编辑与制作，并于第九届当代语言学研讨会上举行首发式。

哲学研究所

(一) 基本情况

截至2001年底，哲学所有现职人员141人，其中，正高级职称人员41人，副高级职称人员41人，中级职称人员28人，高中级职称人员占全所现职人员的78%。

该所设马克思主义哲学原理研究室、马克思主义哲学史研究室、中国哲学研究室、东方哲学研究室、西方哲学史研究室、现代外国哲学研究室、逻辑学研究室、美学研究室、伦理学研究室、科学技术哲学研究室、文化哲学研究室；《哲学研究》、《哲学动态》、《哲学译丛》3个编辑部；科研处、办公室、人事处及图书资料室。

(二) 科研组织工作

该所2002年度科研成果丰硕，共完成学术专著21部，近506万字；学术论文184篇，175万字；研究报告2篇，4.5万字；丛书5种，95万字；译著和译文27种，252万字；工具书2部，80万字；一般文章8篇，2万字；论文集3部，85万字，总计1199.5万字左右。

2002年，该所新设立各类课题13项。其中，院A类重大课题5项："马克思主义与时俱进的思想源头——马恩全集研究"，魏小萍主持；"哲学研究数据库"，王铁军主持；"知识经济时代的美学设计"，滕守尧主持；"信息哲学研究"，刘钢主持；"20世纪佛教思潮与中国思想的现代转换"，张志强主持。国家社科基金项目8项："经济全球化下的民族文化——道家与传统文化的综合创新"，胡孚琛主持；"孔孟之间的哲学——以出土文献为背景"，郭沂主持；“张岱年与‘综合创新’文化观”，干春松主持；“韩国儒学史”，李甦平主持；“西方哲学及其发展”，叶秀山主持；“现代逻辑及其在哲学、语言学和人工智能等领域中的应用”，李小五主持；“中国遗传伦理学理论和应用研究”，王延光主持；“马克思主义哲学形态的存在论基础”，杨学功主持。

2002年，该所完成院交办课题5项，分别是：“《共产党宣言》发表150年以来世界哲学发生的重大变化”，李鹏程主持；“关于德治问题的考察”，李德顺主持；“中国先进文化的前进方向”，刘奔主持；《文化产业蓝皮书》，已完成《文化蓝皮书：2001～2002年中国文化产业发展报告》的出版工作；“中国社会科学前沿报告”（哲学部分），李德顺主持。

2002年，该所获中国社会科学院第四届优秀科研成果奖7项，其中，专著一等奖为涂纪亮的《美国哲学史》（三卷本）；专著二等奖为邹崇理的《自然语言逻辑研究》；论文二等奖为王延光的《中国艾滋病预防的宽容策略》；专著三等奖为王路的《走进分析哲学》与江怡的《维特根斯坦》；论文三等奖为蒙培元的《从仁的四个层面看普遍伦理的可能性》；李鹏程、李河、张晓明的研究报告《关于构建“中国创新体系”的若干重要问题的报告》获三等奖。

2002年，该所有3个学科被确定为“重点学科建设工程”项目，分别是：中国哲学、西方哲学史、马克思主义哲学。

中国哲学学科在责任期内的发展总体目标与定位是：维护和进一步增强本学科的学术优势，力争把本学科建设成为中国哲学研究领域最重要的基地和中外交流最重要的基地。中国哲学在专业范围上涵盖儒、道、佛，目前，该学科最主要的力量集中在儒家哲学方面，是海内外学术机构中儒学研究特别是儒家哲学研究领域专家学者最为集中之处。该学科将利用和发展这一群体优势，争取在儒学研究方面有大的突破。

西方哲学史学科在责任期内的发展总体目标是：以培养高素质科研人才和出高质量科研成果为中心，根据合理调整专业方向布局、突出重点、加强弱项、通史与专题研究兼顾、理论研究和资料建设并举的方针，将课题研究和人才培养、充实科研骨干和后备力量相结合，在保质、保量、按时完成各类课题（尤其是重大课题）的基础上，全面提高本学科的学术研究水平，力求在整体上保持本学科在国内的领先地位，并争取在某些领域创造新的理论生长点，取得新的优势。根据本学科的历史和现状，责任期内的学科发展定位为：通过努力，充分发挥国家权威研究机构的特点，保持和发挥部分专业领域的原有优势，恢复和提高其他专业领域的水平，使本学科各领域的研究处于国内前列，在整体上保持全国学术研究中心和信息中心的地位，为今后的发展打下良好基础，同时努力扩大在国际上的影响。

马克思主义哲学学科在未来五年内的学科发展总体目标与定位是：努力把握马克思主义哲学与时俱进的时代脉络，紧紧围绕马克思主义哲学的改革和创新，初步建构体现当今时代精神精华的“马克思主义哲学中国版”。培养一支精干的马克思主义哲学研究队伍，建设一个比较完备的马克思主义哲学数据库，出版一批马克思主义哲学改革和创新方面的成果，进一步巩固本学科在国内马克思主义哲学学术研究中心的地位，并扩大国际影响；以学科意识为统摄，打破旧式不合理的学科分工界限，探索通过跨学科研究促进哲学原理建设的途径，注意捕捉不同学科交叉点上出现的重大现实问题，以现实问题的研究带动基础理论研究；立足当代实践，通过重新解读马克思主义哲学的经典文本，突破前苏联“教科书哲学体系”的束缚。通过对现时代重大问题的探索，把握“时代精神的精华”，从而大力推进马克思主义哲学的改革与创新，探索建构马克思主义哲学新形态，更好地发挥哲学为国家现代化建设服务的功能。

（三）学术交流

2002年，该所共接待国外学者150余人（含会议和顺访），不少人应邀在该所发表了演讲，比较重要的有：加拿大蒙特利尔大学东亚研究中心主任白光华教授作题为《西方的汉学研究》的讲演；美国Duquesne大学教授汤姆·洛克莫尔作题为《马克思与德国古典哲学》的讲演；美国密歇根州大河谷大学教授倪培民作题为《再铸因果概念》的演讲；俄罗斯科学院哲学所《哲学问题》杂志主编列克托斯基作题为《俄罗斯当代哲学》的演讲。以雷纳教授为团长的美国哲学家代表团一行8人来所访问，与该所科研人员就当代中国哲学问题以及西方哲学在中国的研究状况进行了交流。2002年，哲学所共有45位科研人员出国（境）作学术访问；2002年，该所与澳门哲学会共同举办了“科学精神与人文精神”学术研讨会，该所派出以李景源所长为团长的4人参加了会议。

（四）期刊工作

《哲学研究》（月刊），主编陈筠泉。该刊2002年以现实问题带动基础理论研究，取得了丰硕的成果。《唯物史观：发展还是超越》（王锐生）发表后，收到了普遍好评；《与时俱进（笔谈）》一组7篇文章，报送政治局参阅；传统道德的3篇争鸣文章，引起了强烈反响；穆南珂的《儒家典籍的语境溯源及方法论意义》尤其出色；《如何准确定义宗教》（李利安）对众说纷纭的争论提出了有新意的见解。2002年，《哲学研究》获得了国家优秀期刊提名奖、国家双效奖和中国社会科学院优秀期刊一等奖。

《哲学动态》（月刊），主编李立新。该刊2002年主要抓了两项重点工作：（1）在编辑选题上，各个学科都加强了对新问题、新观点的追踪，并着重抓住了几个焦点问题。在马克思主义哲学领域，继续搞好马克思主义哲学走向的专题讨论，开展了关于“马克思文本研究”的讨论争鸣，在2002年第9期上发了系列文章，在哲学界产生了较大的影响。在文化哲学领域，2002年第12期刊发了尚杰的《“心理国情”与启蒙》一文，此文在社会上引起了较大反响。（2）在编辑业务上，统一了编辑体例，使杂志体例与国际接轨。通过这些工作，《哲学动态》在2002年荣获中国社会科学院优秀期刊奖。

马克思列宁主义毛泽东思想研究所

（一）基本情况

截至2002年底，马克思列宁主义毛泽东思想研究所有现职人员53人，其中，正高级职称人员6人，副高级职称人员13人，中级职称人员14人，高中级职称人员占现职人员的

62%。

该所设马克思列宁主义研究室、毛泽东思想研究室、邓小平理论研究室、现代国外马克思主义社会主义研究室、当代资本主义研究室以及《马克思主义研究》编辑部、编译室和办公室。

（二）科研组织工作

2002年，为迎接党的十六大召开，该所结合自己的学科特点，把积极学习、研究、宣传和贯彻“三个代表”重要思想放在首位，加大对重大理论问题的研究，完成了院重大课题“邓小平理论与马克思主义”，写出了《继续在实践中推进马克思主义中国化和发展的新境界》的研究报告；完成了该所承担的其他院重大课题的部分研究工作，如“当前我国社会阶级阶层结构研究”、“工人阶级政党先进性问题研究”等。同时，该所还积极承担院邓小平理论研究中心应中宣部要求组织的重点文章的写作任务。有多篇重要论文在《求是》杂志、《光明日报》、《经济日报》和其他报纸杂志上发表。《马克思主义150年》、《“三个代表”青年读本》、《“三个代表”与历史唯物主义》等三本著作，作为向十六大的献礼图书出版发行。党的十六大召开后，该所及时组织科研力量，研究十六大报告中提出的重大理论和实践问题，撰写和发表了多篇重点理论文章。同时，已启动的“‘三个代表’和全面建设小康社会”课题，努力在社会主义小康社会理论方面取得有价值的研究成果。

2002年，该所发表专著3部，78.9万字；译著1部，24. 3万字；论文92篇，72.6万字；研究报告（包括调查报告）9篇，13.3万字；译文3篇，2万字；重要的政治理论读物1本，14万字；论文集1部，28.7万字；学术综述等文章15篇，8万字；总计约241.8万字。编辑出版《中国特色社会主义年鉴》，约120万字。

2002年，该所新立项的课题包括院A类重大课题：“邓小平理论与马克思主义”；院B类重大课题：“‘三个代表’与共产党执政规律研究”，“当代西方资本主义理论流派研究”；院交办委托课题：“毛泽东、邓小平、江泽民论哲学社会科学”，“中国特色社会主义是实现中国现代化的历史必由之路”；国家社科基金课题：“毛泽东邓小平结合中国实际创造性运用马克思主义的生动实践”；以及所重点课题12项。

在研课题有——国家社科规划办重大课题：“当代资本主义的新变化与世界社会主义面临的挑战和发展前景”；国家社科基金课题：“我国现阶段工人阶级地位和作用问题研究”，“20世纪西方新马克思主义发展史”；院A类重大课题：“当代资本主义的新变化及其发展趋势”，“唯物史观与中国历史发展道路”；院B类重大课题：“苏联模式对中国社会主义建设道路的影响”，“当前发达资本主义国家左翼的理论与实践”等。

在重点学科建设方面，该所2002年制定了全所中长期（2002～2010）发展规划；调整和完善了学科布局，将马克思列宁主义毛泽东思想研究室分开，分别组成了马克思列宁主义研究室和毛泽东思想研究室，后者兼及党建理论的研究。该所“建设有中国特色社会主义理论”学科对今后五年的建设制定了明确的发展目标和较为详细的发展规划，已被列为院重点学科建设工程项目，并在年内启动了相关工作。

2002年，该所李崇富的《较量——关于社会主义历史命运的战略沉思》获中国社会科学院优秀科研成果二等奖；靳辉明主编的《社会主义历史、理论与现实》获中共中央宣传部

“五个一工程奖”，并获中国社会科学院优秀科研成果追加奖。

（三）学术交流

2002年，该所举办或联合举办了多个学术研讨会、报告会。“21世纪世界社会主义”国际学术研讨会于10月22～24日在北京召开，来自9个国家的22位国外学者和来自国内几十家高校和科研机构的专家学者共约120余人参加了会议。李慎明副院长在会上作了“世界社会主义运动的百年回顾与前景展望”的主题报告。该所举办的“江泽民‘文化纽带’重要论述”研讨会于8月20日在中国社会科学院举行，来自北京的50余位专家学者出席会议，李慎明副院长向会议致辞。该所主办的“邓小平理论、‘三个代表’重要思想与马克思主义”——庆祝中国社会科学院建院25周年学术报告会于9月24日在我院召开，我院的40余位学者出席会议，院党组成员、中纪委驻院纪检组组长林文肯出席会议并讲话。

2002年，该所加大了与国外来访学者的交流，先后组织了与美共代表团的座谈和日共主席不破哲三在我院的学术讲演。该所所长李崇富等先后与来自俄罗斯、印度、日本、美国和乌克兰等国家的学者进行了六次学术座谈，了解了这些国家研究马克思主义科学思想的情况。李崇富还参加院里组团，陪同李铁映院长赴俄罗斯进行学术访问，写出了《俄罗斯人思想状况及发展中俄合作的对策》的报告。

（四）学会、期刊工作

2002年，中国历史唯物主义学会先后召开了“历史唯物主义原理研究与应用”研讨会、“学习十六大报告”理论研讨会，并举办了两次“中国发展与领导决策高层论坛”。中华外国经济学说研究会召开了“世界经济的新变化和外国经济学说的新发展”等学术研讨会。

《马克思主义研究》（月刊），主编靳辉明，2002年出刊6期。该刊注意贯彻历来坚持的正确的办刊方针和宗旨，围绕迎接和庆祝党的十六大召开，组织并发表了一批研究、学习、宣传江泽民“七一”讲话、“三个代表”重要思想和党的十六大精神的学术论文。在关于深化马克思主义的劳动价值论研究，马克思世界市场理论研究，人的全面发展理论研究，工人阶级政党的先进性、时代性问题研究，全球化及当代资本主义新变化研究等方面，该刊都发表了一些质量较高的论文。

世界宗教研究所

（一）基本情况

截至2002年底，世界宗教研究所有现职人员88人，其中，正高职称人员20人，副高级职称人员24人，中级职称人员23人，高中级职称人员占现职人员的76%。

该所设佛教研究室、伊斯兰教研究室、道教和中国民间宗教研究室、宗教学原理研究室、基督教研究室、当代宗教研究室、儒教研究室、佛教文化艺术研究室、编辑室（《世界宗教研究》杂志社)、资料室以及办公室(人事处、党委办公室)、科研处等职能部门。

(二)科研组织工作

2002年，该所的科研工作取得丰硕成果。共发表学术专著13种，1089.9万字；论文125篇，124.82万字；研究报告22篇，28.9万字；古籍整理2种，130万字；丛书1套，165万字；综述20篇，15.35万字；译著7种，156.7万字；译文9篇，8.9万字；学术普及读物8种，5.45万字；工具书3种，171.2万字；一般文章22篇，8.48万字；合计达1904.7万字。

2002年，该所新立项课题13个。其中，国家社科基金一般课题3个："宗教人类学学说史"(金泽主持)、"罗马天主教在当代的革新"(任延黎主持)、"伊斯兰教苏非主义研究"(周燮藩主持)；院B类重大课题1个："中国宗教研究40年"(张新鹰主持)；所重点课题9个："徐梵澄先生学术年谱"(孙波主持)、"金川湾石窟与三阶教"(张总主持)、"日本近现代宗教制度和宗教的运作形态"(张大柘主持)、"印度教概览"(邱永辉主持)、"南传佛教史"(宋立道主持)、"藏传佛教觉域派通论"(德吉卓玛主持)、"波埃修及爱留根纳宗教哲学研究"(赵广明主持)、"阿明尼乌主义研究"(董江阳主持)、"中国宗教研究百年书目"(王子华主持)。这些课题本年度共获得64万元经费支持。

历年立项的计划内课题有10个完成并通过鉴定或已经完成等待鉴定。其中，所级课题"佛教大藏经研究"(李富华主持)、"康德道德宗教研究"(孙波主持)、"当代犹太教"(黄陵渝主持)已经完成并通过鉴定。国家社科基金课题"中国宗教与中国文化"(吕大吉主持)、"从《周礼》看中国国家宗教的特征"(邹昌林主持)、"当代伊斯兰教法的发展与演变"(吴云贵主持)、"儒教通论"(李申主持)，所级课题"唐代道教医学研究"(吴受琚主持)、"伊本·阿拉比思想"(王俊荣主持)、"《张诚传》翻译"(辛岩主持)已经完成，等待鉴定，这些课题均按计划完成。由于种种原因，原计划2002年完成的课题拖后的情况也比较突出，有待进一步加强管理和督促。

2002年，经院科研局批准，该所有两个学科获得重点支持：佛教研究学科和基督教研究学科。

2002年，在我院举行的第四届优秀科研成果颁奖大会上，该所戴康生、彭耀主编的专著《宗教社会学》，杨曾文撰写的专著《唐五代禅宗史》获优秀成果二等奖；吴云贵、周燮藩合写的专著《近现代伊斯兰教思潮与运动》，金宜久、吴云贵等撰写的研究报告《20世纪90年代国际政治中的伊斯兰》获优秀成果三等奖。另外，张大柘撰写的《依法打击邪教，加强综合治理》调研报告获2001年北京市统战系统优秀调研成果二等奖。

2002年10月，经该所学术委员会评议，李富华、何梅的《汉文佛教大藏经研究》、张总的《地藏信仰研究》、吴云贵的《当代伊斯兰教法》3部著作获得出版资助，资助金额5.2万元。

(三)学术交流

2002年，该所在努力完成各类课题研究任务的同时，积极发挥了为中央当好参谋助手和为党政军实际工作部门提供智力支持的作用。该所学者深入研究国内外邪教问题，在报刊等媒体上发表文章、谈话，在社会上参加群众性社会科学普及讲座，继续揭批李洪志和“法轮功”组织的政治图谋。5月，冯今源研究员应公安部有关部门的邀请，作世界三大宗教基本知识和有关邪教问题的学术报告，在听讲者当中产生良好反响。该所学者还积极参加中央及地方有关单位关于邪教研究和破除愚昧迷信、发扬科学精神的学术会议，他们的论文和发言普遍受到会议主办方的重视。在美国“9·11”事件之后，该所学者加强了对宗教极端主义问题的研究，并应公安、安全和军队系统的邀请完成了一系列有关的咨询、培训工作。该所学者撰写的信息报告、参考资料，被我院《要报》、《信息专报》和中央办公厅内部刊物刊载6篇，该所被评为2002年院信息工作先进集体。在国内学术界、宗教界召开的各种全国性宗教学术会议上，都能听到该所学者的声音。宗教所学者还应邀到宗教院校授课，为培养高素质的宗教人才作出了贡献。

2002年，该所大力营造学术氛围，学术活动保持活跃态势。该所儒教研究室组织的“儒教研究茶座”举办两次活动，就儒教研究动态和成果进行讨论。5月，由该所参与主办的第三届天台山文化学术研讨会在浙江天台山举行，近百名学者出席了会议，提交论文70余篇。8月，该所与台湾中华宗教哲学研究社、云南大学联合举办“宗教文化与民族发展”海峡两岸学术研讨会，与会专家提交论文43篇。12月，院基督教研究中心召开“世俗化处境中的基督宗教”学术研讨会，90余人与会。另外，该所还经常组织一些不定期的学术讲座，参加听讲者十分踊跃，效果良好。

2002年，该所外事和对台港澳工作继续贯彻扩大学术交流、推动科研发展、增进友谊和相互了解、促进祖国统一的指导思想。全年派遣出访96人次，接待来访115人次。3月13～15日，我院佛教研究中心与敦煌学研究中心、日本驹泽大学、日本花园大学共同主办的“中日敦煌佛教学术会议”在京召开，该所6位学者应邀出席了会议。4月2～15日，该所组成“东南亚华人宗教文化学术考察团”应邀赴新加坡、马来西亚、泰国进行学术访问，对当地的宗教现状、历史、礼仪进行了考察和研讨。5月10日，该所与美国神学与自然科学研究中心合办的“科学与宗教”国际论坛在京举行，卓新平所长主持了论坛。6月23日，该所20人赴美参加“社会道德与宗教良知的当代影响”国际学术研讨会，为该所有史以来人数最多的出访团队。9月12～14日，该所与美国宗教研究所、美国加州大学合办的“中国宗教与宗教研究”国际学术研讨会在京召开，与会学者就新中国宗教的研究方法进行交流和探讨。10月3～9日，为纪念中日恢复邦交30周年，该所组团赴日本同朋大学进行友好访问，推动了双方的学术交流。10月21～26日，宗教所和美国伯克利联合神学院主办的“宗教与文化转型”国际学术研讨会在京举行，来自中、美、韩、日和阿拉伯世界的著名学者与会并提交论文。2002年，应邀到国外境外参加学术会议的个人出访活动也比较频繁。在重要外事活动方面，9月，卓新平所长应邀赴奥地利参加以“中国宗教研究”为主题的国际学术研讨会，还应邀赴非洲参加国际哲学与人文科学理事会第二十六届大会。在长期出访方面，刘国鹏前往意大利米兰圣心大学进修一年。2002年，该所研究人员还多次接受外国媒体记者的采访，宣传了我国的宗教政策，表明了我们在一些重大问题上的观点。

（四）学会、期刊工作

2002年，中国宗教学会与宗教所于7月18～19日在京联合召开全国宗教研究、教学机构负责人联席座谈会，40余人出席会议，中国宗教学会会长、宗教所所长卓新平致辞。该座谈会大大促进了各机构的联系。

2002年，《世界宗教研究》和《世界宗教文化》两份季刊作为宗教所的学术园地和形象橱窗保持了学术品位和正确方向，共编发各种文章180篇。《世界宗教研究》刊发的文章偏重于现代宗教研究，对新世纪宗教及其文化走向给予了充分的关注。如：高长江的《从全球化视角看宗教复兴运动》（第1期）、金宜久的《宗教在当代社会的蜕变》（第2期）、卓新平的《全球化与当代宗教》（第3期）、王晓朝的《文化视域与新世纪宗教文化的基本走向》（第3期）等。《世界宗教文化》知识含量有所增加，可读性有了较大的改进。该刊先后深度报道了中国佛教界文化观念的变化、印巴冲突、巴以冲突、印度教派之争和入世与中国宗教等专稿。由于两刊在选题和译稿上向现代宗教、重大事件与理论靠拢，得到了学术界和读者的肯定。

法学研究所

（一）基本情况

截至2002年底，法学研究所有现职人员117人，正高级职称人员26人，副高级职称人员35人，中级职称人员23人，高中级职称人员占全所现职人员的71.7%。

该所设法理研究室、宪法行政法研究室、刑法研究室、诉讼法研究室、民法研究室、商法研究室、经济法研究室、知识产权法研究室、国际法研究室、法制史研究室、传媒与信息法研究室、《法学研究》编辑部、《环球法律评论》编辑部、*China Law Review* 编辑部、图书馆、办公室。

（二）科研组织工作

1. 高度重视学风建设，积极落实精品战略，取得了一批高水平的研究成果。

2002年，该所十分重视学风建设，所领导在各种不同的场合一再强调全体科研人员要坚持严谨求实、脚踏实地、勇于创新的优良学风，并以身作则，身体力行，在所内形成了良好的学术氛围，为落实精品战略奠定了坚实的基础。本年度，该所科研人员共发表专著17部，学术论文187篇，论文集5部，研究报告25篇，教材7部，译著6部，译文35篇以及2部工具书，成绩斐然。

2002年，该所获得国家社科基金课题3项，并有11项院重大课题获准立项。有1项国家社科基金重点课题和1项院基础研究课题已经完成结项。

2002年，该所有7项成果获得院优秀科研成果奖，其中二等奖3项，三等奖4项。获得二等奖的成果为《中国物权法草案》（梁慧星等著）、《民事证据研究》（叶自强著）、《论西部大开发的法治保障》（法学所课题组）。获得三等奖的成果为《法治是什么？——渊源、规诫与价值》（夏勇著）、《世贸组织的法律制度》（赵维田著）、《因特网上的犯罪及其遏止》

(屈学武著)及《物权法的基本范畴及主要制度反思》(孙宪忠著)。

2. 积极承担、认真执行多项院和中央交办项目及其他任务。

2002年，该所在抓基础学术研究之余，还特别重视理论与实践相结合，大力推动和促进高质量、影响大的对策性研究。所领导认真部署落实中央和院交办的各项任务，力求发挥该所学术优势，为我国的民主和法制建设贡献力量。本年度该所承担中央交办项目共有6项，内容涉及人权、外交、西部大开发、防治邪教、反对“台独”、信息网络法制、WTO与法制建设等诸多方面。这些项目都顺利进行，有些已经圆满完成。

3. 积极参加国家组织的国际人权对话与斗争，为维护我国的国际形象、发展我国人权事业作出了贡献。

2002年，该所负责组织并积极参与了分别在北京和哥本哈根举办的中欧第八次和第九次人权司法研讨会。这两次研讨会是该所负责的中欧人权网络项目的组成部分。同时，该所研究人员还经常接待来自各国驻华使馆的官员和国外人权代表团，就中国的人权问题进行座谈，介绍中国的人权研究状况，得到了外交部的充分肯定。

4. 转变观念，为科研人员提高研究能力创造条件。

该所在所领导的关心指导下，积极培养年轻科研人员的科研素质，提高他们的科研能力。为了提高年轻科研人员对外交流的能力，科研处积极组织英语角，为提高年轻科研人员的外语能力创造条件。

5. 重视信息工作，设立中国法学网。

该所领导高度重视信息工作，在科研处设专人负责科研信息的收集和发布工作。通过院里相关的信息发布渠道及其他有关的媒体，及时发布了有关的科研信息。

2002年，该所设立了门户网站“中国法学网”。在该网站中设有“最新成果展”、“热点问题”、“理论前沿”、“学术讲座”和学术会议等栏目，有了有效地展示和传播法学所科研成果和科研信息的渠道，增加了对外联系的窗口。

(三) 学术交流

2002年，该所在原有的合作交流的基础上进一步拓展合作交流渠道，对外交往和合作频繁，态势良好。据统计，共正式邀请和接待了70多位外国学者来所开展学术交流，商讨项目合作；邀请知名的外国专家来所举办多场学术报告，学术报告的主题涉及法学领域的许多热点问题，如环境法、毒品走私和国际反洗钱法、社会学以及文化多元性与人权保护等。在院外事局的大力支持下，该所与荷兰、日本、韩国、德国、法国、丹麦、爱尔兰等国的学术机构和驻华使馆合作，成功地举办了一系列国际研讨会，如：2002年4月，与爱尔兰人权研究中心在爱尔兰戈尔维大学举办以“透明度与大众传媒规则”为主题的中欧联合国人权两公约学术交流网络第一次学术研讨会；5月，与荷兰使馆合作举办“社会团体的法律问题”研讨会；9月，与日本竞争法协会和贸易振兴会共同举办“竞争政策与经济发展”国际研讨会；12月，与丹麦人权中心共同举办“死刑问题”国际研讨会与“国际人权与公正执法”培训班等。此外，还承接了许多院或国家机关临时交办的外宾接待工作，如接待了英国学术院代表团、美国联邦最高法院大法官代表团、澳大利亚人权代表团、墨西哥人权代表团、日本商法代表团和美国国会行政委员会代表团等。该所在积极主动地与国际法学界建立联系和开展学术活动的同时，还积极探索渠道，努力争取国际资助，派学者出国进修学习。据统计，2002 年，共派出 119 人次学者出国学习、访问和参加国际会议。同时，还邀请了两名外国专家来所做访问学者。

科研处的外事工作人员以宣传和维护法学所良好的对外形象为己任。为推进这项工作，2002 年负责完成了法学所对外宣传手册并制作了所标。针对外事接待工作中出现的问题，适时起草了《外事工作人员行为规范准则》，进一步规范外事行为，提高工作质量。

2002 年，该所举办了多次理论研讨会。其中“中国法治论坛”系列研讨会已经成为该所打造的一个研讨会的品牌。“中国法治论坛”系列中的“社会团体的法律问题”学术研讨会和“纪念现行宪法颁布 20 周年”学术研讨会都取得较好的影响。

被称为“学术快餐”的定期学术讲座制度是该所科研活动的特色。2002 年，该所共举办学术报告近 30 次，其中包括邀请外宾和所外著名专家所作的学术报告十余次。报告的内容丰富多彩，涉及法学及相关领域的方方面面，如 WTO 研究、投资基金立法、所有权制度、哈耶克思想、从人权视角看刑法、结社自由与工会、知识产权民事案件的审理、传媒与妇女儿童权利、德国刑法和国际刑法研究中的前沿问题、经济社会和文化权利公约的实施机制等。该所的学术讲座活动不仅促进了学术交流，开拓了该所研究人员及研究生的学术视野，而且其社会影响也在不断扩大，通过各种途径慕名而来听报告的外单位人员如记者、律师、公司职员、学生等日益增多。

（四）研究生教育

2002 年，法学系重点抓了教师队伍的建设，聘任了终身教授 4 位、特聘教授 9 人、博士生导师 32 人、教授 14 人、副教授 27 人、讲师 9 人。

该所对研究生教育及法学继续教育工作十分重视，认为这是事关法学所学术地位和学科建设的一个重要环节，为此，全所专家学者在这项工作上倾注了很大的精力。2002 年，法学系研究生的招生规模有了较大的增长，共招收国内博士生 29 人，硕士生 14 人，港澳台博士生、硕士生 4 人，外国博士生、硕士生 9 人，博士后 23 人。2002 年，开办研究生课程班 4 个。授予博士学位 22 人，包括 1 名留学生；授予硕士学位 36 人。接待访问学者 4 人。

为提高研究生教学水平，该所还专门开设了“法律前沿系列演讲”，邀请院外著名专家为学生演讲，为把学生培养成为高素质法学人才创造条件。该系列讲座已取得预期效果。在重视研究生的业务素质与水平的提高的同时，该所亦关心研究生的生活，想方设法减轻学生们的负担，减少学生们往返研究所参加学术活动的不便。

该所还努力做好进修、培训等工作，积极接受国际和国内的访问学者。该所在 2002 年还积极探索了国际合作举办高级法学教育的途径，并已初见成效。

（五）学会与期刊工作

2002 年，中国法律史学会继续做好学会的各项工作。10 月中旬，在上海举办了中国法律史学会 2002 年学术年会；7 月，出版了《法律史论集》第四卷；12 月，出版了 2001 年学术年会论文集。

《法学研究》杂志根据我国法制建设和法学发展的新形势，通过调整选题、统筹规划，较好地继续保持和加强了作为我国最权威的法学专业刊物的地位。2002年是《环球法律评论》更名和改版的第二年，在院领导和有关部门的支持和督促下，经过法学所科研和编辑人员的努力，该杂志在法学界和期刊界赢得较高赞誉，影响日渐扩大。*China Law Review* 作为新创办的英文刊物，也在积极推进各项工作。

政治学研究所

（一）基本情况

截至2002年底，政治学研究所有现职人员34人，其中，正高级职称人员7人，副高级职称人员6人，中级职称人员10人，高中级职称人员占全所现职人员的67.6%。

该所设有政治理论研究室、行政学研究室、政治制度研究室、信息资料室、《政治学研究》编辑部和行政办公室。

（二）科研组织工作

在与法学所分所前后，政治学研究所的新领导班子多次召开会议，确定2002年该所科研工作的主要任务和目标。由于该所以前没有独立的科研管理部门和人员，基础性工作非常薄弱；与法学所分开后，筹备、建立规范的科研管理工作是当务之急。经过各方面的协调，2002年初该所及时调入1名硕士，专门负责科研管理工作。

为了加强所务管理基础工作，调动研究室的积极性，促进管理工作建章立制，2002年上半年制定和实施了《政治学所研究室工作条例》。所领导班子、科研管理人员非常重视科研管理工作的规范性，按照有关程序和规章开展工作。

该所领导班子非常重视院领导关于加速信息化工作的要求，组织以图书信息管理和科研管理人员为主的工作小组，筹备创建了政治学领域第一个专业性学术研究网站——“中国政治学”网，改变了该所数字化、信息化工作落后的局面，跟上了我院信息化工作的步伐。

2002年，该所申报并获准立项3个院重大课题：“马克思主义政治学理论研究”、“我国经济、社会结构变化对政治体制的影响”和“政治学文献信息的开发与发布”；申报并获准立项两个国家社会科学基金青年课题：“社会主义市场经济条件下政府政策评估的方法体系与效率研究”和“改革开放以来党的西藏政策与反分裂斗争研究”。

该所参与的院交办课题“当前我国社会阶级阶层结构研究”和承担的院交办课题“党的先进性问题研究”于本年高质量完成并结项。院重大课题“中国政治思想通史”（12卷本）和“政治参与的维度”的研究工作正在进行。院重大课题“基层民主政治建设研究”接近完成。

该所学者李梅博士的专著《权利与正义：康德政治哲学研究》在中国社会科学院第四届优秀科研成果奖评选中获三等奖。

2002年，该所共出版专著5种，183.6万余字；完成论文31篇，26.6万余字；研究报告14篇，57.7万余字；整理学术资料2份，3万余字；译著2种，35万余字；主编或参与写作工具书3种，62.4万余字；出版论文集1种，28万余字；一般文章4篇，11万余字。

（三）学术交流

2002年，该所组织召开有一定规模的学术会议6次，分别是：由该所主办的“政党政治：模式、理论与实践”国际学术研讨会，由中国政治学会主办的中国政治学会2002年年会暨“经济全球化与中国政治发展战略”学术研讨会，由“基层民主政治建设研究”课题组以中国社会科学院公共政策研究中心名义主办的“行政审批制度与行政服务中心建设”研讨会，由“基层民主政治建设研究”课题组举办的“乡镇人民代表大会代表选举”研讨会，“选举法律与制度研究”研讨会和“社区建设工作”研讨会。

2002年7月11日，该所邀请《黄河边的中国》一书作者曹锦清作了题为“中国现代化进程研究——方法与问题”的学术讲座。

（四）学会工作

中国政治学会，会长李慎明。2002年8月13～16日，中国政治学会在新疆石河子大学召开了中国政治学会2002年年会暨“经济全球化与中国政治发展战略”学术研讨会。与会的80多位专家学者，围绕政治文明的含义、特征及其在社会文明中的地位和作用，经济全球化与社会主义政治文明建设，经济全球化对我国社会主义民主政治、人民代表大会制度、政党制度、司法改革、统战工作、政府职能、政治文化、公民教育等方面的影响和对策，进行了热烈的讨论。

中国政策科学研究会，会长袁木。2002年，该会举办了多次专题座谈会、研讨会：2002年5月25日，邀请世界银行首席经济学家、发展经济学高级副行长斯特恩博士就目前世界经济状况及展望，中国经济面临的挑战，有关金融监管等经济问题进行了介绍和座谈；2002年6月27日，在钓鱼台举办“社保基金与资本市场的发展”研讨会，就中国社保基金与资本市场的相互关系，可吸取的国际先进经验，如何推动社保基金在资本市场上规范、有效、安全运行等问题进行了探索和研讨；2002年7月16日，在中南海举办“中西部地区城镇经济发展经验”座谈会，就城镇经济发展对农村经济增长、城镇化进程和增加农民收入所起的作用，中西部地区如何处理好乡镇集体经济与民营经济的关系，乡镇经济产权改造过程中的成功经验和教训等问题进行座谈。

（四）期刊工作

《政治学研究》（季刊），主编王一程。2002年出版4期，约60万字。该刊坚持正确的办刊宗旨，以马列主义、毛泽东思想、邓小平理论和“三个代表”重要思想为指导，积极组织和刊发学习、研讨“三个代表”重要思想的理论文章和分析国内外重大理论和现实问题以及关注、反映中国改革开放和社会主义现代化建设进程中面对的新情况、新矛盾、新问题的政治学与行政学的研究成果。2002年，《政治学研究》的转载率在70%以上，发行数量有所增加。

2002年第1期发表由王一程、房宁撰写的《〈共产党宣言〉发表150多年来世界政治发生的重大变化》，第4期刊登由王一程主持撰写的《论保持党的先进性》，较好地回答了有关的重大理论和实践问题。

2002年，该刊组织了一批关于社会主义政治文明建设的论文，分别发表于第3期和第4期。主要有王惠岩的《建设社会主义政治文明》，郑慧的《政治文明：涵义、结构和战略目标》，虞崇胜的《政治文明在人类社会文明中的地位》，丁志刚、王宗礼的《社会主义政治文明建设与中国政治发展》，纪玉祥的《党的十六大和建设社会主义政治文明》等，较为全面、系统地论述了政治文明的含义、结构、特征、功能以及建设社会主义政治文明的重大意义。

我国加入WTO之后，该刊编发了何颖的《加入WTO与我国政府职能的重构》，张永桃的《加入WTO与我国政府管理体制的改革和完善》，李和中的《中国加入WTO与公务员制度的创新》，徐家良的《WTO与政府：外在变量的作用》，沈荣华的《论WTO与我国地方管理体制改革》等。《政治学研究》编辑部还与吉林大学行政学院联合召开了“WTO与中国政治发展”学术研讨会。

《政治学研究》编辑部为了加强与学术界的联系，进一步推动学科的发展，与中国矿业大学文法学院于2002年10月10～12日联合举办了“当代中国政治哲学的建构及基本问题”学术研讨会，来自全国部分高校和科研单位的20多位专家学者出席了会议。与会代表就什么是政治哲学、怎样建构中国的政治哲学以及政治哲学涉及的一些具体理论和现实问题，进行了大会交流与激烈的辩论。

民族学与人类学研究所

（一）基本情况

2002年8月，经中央机构编制委员会办公室批准，原中国社会科学院民族研究所更名为中国社会科学院民族学与人类学研究所。

截至2002年底，民族学与人类学研究所有在职人员155人，其中，正高级职称人员30人，副高级职称人员40人，中级职称人员47人，高中级职称人员占现职人员的75.4%。

该所设民族理论研究室、人类学民族学研究室、民族历史研究室、民族经济研究室、民族语言学研究室、实验语音学计算语言学研究室、影视人类学研究室、《民族研究》编辑部、《世界民族》编辑部、《民族语文》编辑部、图书馆、行政办公室、科研处、人事处。

（二）科研组织工作

2002年，该所共发表专著21种，409.5万字；论文193篇，210.2万字；研究报告20篇，26.5万字；译著1种，13万字；译文11篇，60.3万字；整理学术资料14种，19.2万字。该所人员还向有影响的报纸、杂志投稿，并在《学习时报》、《中国青年报》、《光明日报》等报纸上发表文章，扩大了该所的学术影响。该所在《院报》上发稿47篇，在《要报》上发稿4篇，《信息专报》刊用稿件2篇。

2002年，该所新立项院重大课题7项。其中，院A类课题1项、B类课题6项；国家社科基金课题3项、自然基金课题1项。院A类课题“汉藏语声调及发音的声学研究”由孔江平承担；院B类课题“西部大开发中的少数民族文化遗产保护对策研究”由色音承担；“西夏社会研究”由史金波承担；“中国民族语言文字研究史”由有朝克和李云兵承担；“契丹语研究”由聂鸿音承担；“西部少数民族农牧收入及增长问题研究”由龙远蔚承担；“民国时期民族问题资料汇编”整理报告、资料集由张世和与王戈柳承担。另外，还得到联合国教科文组织教育部课题两项，与香港科技大学合作课题“21世纪中国语言语料库”，开展对我国两种濒危少数民族语言的调查和记录。

2002年，该所学术委员会受理所重点课题申请并批准8个课题立项，其中，“南岛语的分布和谱系分类”由吴安其承担；“走向经济全球化的中国少数民族利益问题”由王剑锋承担；“黎族加藏人的语言与社会生活”由刘援朝承担；“网络社会的兴起与种族主义的传播”由冯卫民承担。“20世纪新疆民族问题”由木拉提承担；“中国朝鲜族与在日朝鲜人的对比研究”由郑信哲与李宗勋共同承担；“云南新发现孟高棉语族语言情况调查报告”由陈国庆承担；“龟兹石窟壁画图像学研究”由廖旸承担。所学术委员会同时受理论文课题申请，批准立项17个。目前，所重点课题实施情况进展顺利。

在重点学科建设方面，该所申报的“中国民族语言信息重点学科”得到批准，“民族史学科”和“民族理论学科”也被批准为重点学科。另外，该所还获得福特基金对民族学、世界民族两个学科各10万元的资助。

2002年，该所网络信息工作取得了较大进展。在年初就推出新版网页，并获我院网页评比一等奖；建立了“中华民族文化网”和“中国民族学人类学信息网”两个网站，该所的信息化方案在全院演示评比中多次获得好名次。在原有“中国民族研究文献信息数据库”的基础上，又补充论文数据7000余条，书目数据2900余条，图片数据500余条，剪报数据1200余条。

2002年，经学术委员会全体会议两轮无记名投票决定，推荐9项成果报院参评院优秀科研成果奖。其中，获一等奖1项，二等奖3项，三等奖2项。由史金波和雅森·吾守尔合著的《中国活字印刷术的发明和早期传播》不仅获得了政法片惟一的一等奖，还获得了郭沫若史学奖二等奖；由卢勋、杨保隆、罗贤佑、高文德等合著的《中华民族凝聚力的形成与发展》获二等奖；由张均如、梁敏、欧阳觉亚、郑贻青、李旭练、谢建猷等合著的《壮语方言研究》获二等奖；由伍昆明撰写的论文《“西藏独立”是帝国主义侵略中国的产物》获二等奖；由王希恩、张世和、郑信哲、周竞红、孙懿等合著的《世纪之交我国民族问题的基本态势及进一步促进民族团结研究》获三等奖；由谢继胜撰写的论文《西夏唐卡中的双身图像的内容与年代分析》获三等奖。

（三）学术交流

该所全年有38人次赴美国、法国、德国、挪威、捷克、韩国、蒙古、瑞士、日本、俄罗斯、匈牙利等11个国家以及中国香港、澳门、台湾地区进行学术交流，同时，接待了来自法国、美国、德国、捷克、日本、越南、新加坡等国家和中国台湾、香港、澳门等地区的学者40余人次来访。同有关国家的相关学术机构和学者的合作不断加强。

该所与越南国家社科研究中心民族学研究所达成了合作意向；与蒙古国游牧文明国际研究所合作进行的中蒙联合考察项目顺利完成；另外，越南国家社科研究中心语言学所也提出与该所合作的意向。除国外的人类学、民族学、语言学、社会学等方面的研究机构外，有关自然科学研究的机构也开始重视同该所的交流，以便进行交叉研究，形成互补优势。

该所组织的“台湾原住民”考察组顺利完成了考察任务和资料搜集工作，使该所成为大陆学界对台湾“原住民问题”了解最多、资料最全和最有条件开展台湾“原住民问题”研究的机构。

该所的研究工作除同国家民委、统战部门的传统联系外，同国防、安全、公安等部门的联系日益密切。该所的科研工作受到电视、广播等传媒的重视，该所学者多次接受中央电视台、北京电视台等媒体的采访并应邀参与节目制作，受到普遍好评。该所中青年研究人员参加了外宣办组织的藏学研究代表团赴俄罗斯和东欧国家开展外宣工作，参加了外宣办组织的西藏生态白皮书的撰写工作。

依托在该所的中国社会科学院海外华人研究中心，成功地举办了“海外华人”国际学术研讨会，出版了《海外华人研究论集》，聘任了13位国内外著名的从事海外华人研究的专家学者担任中心顾问、兼职研究员，为海外华人研究中心在国内外海外华人研究领域发挥重要的学术作用奠定了基础。

2002年，该所科研人员参加了国内外20余个学术会议，扩大了学术视野。

该所还举办了“民族研究所学术系列讲座”5次，取得了良好的效果。

（四）研究生教育

2002年，该所共招收研究生7名，其中博士生4名、硕士生3名。毕业研究生3名，其中博士后流动站出站1名，新进站博士后1名。

（五）学会工作

2002年，挂靠在民族所的学会共有9个，8个在本所，1个在外省。

中国民族研究团体联合会，理事长郝时远（中国社会科学院民族学与人类学研究所）；中国民族理论学会，会长伍精华（原全国人大常委委员）；中国民族史学会，会长拉巴平措（中国藏学研究中心）；中国民族学学会，会长郝时远（中国社会科学院民族学与人类学研究所）；中国民族语言学会，会长孙宏开（中国社会科学院民族学与人类学研究所）；中国世界民族学会，会长郝时远（中国社会科学院民族学与人类学研究所）；中国突厥语研究会，会长哈米提·铁木耳（新疆维吾尔自治区语委）；中国民族古文字研究会，会长张公瑾（中央民族大学）；中国西南民族研究会，会长何耀华（云南省社会科学院）。

2002年，该所主办、合办召开的一些大、中、小型学术会议取得了良好的学术效益。有4个学会分别在不同的地区召开了学术会议，如中国民族学学会换届暨学术研讨会（恩施，2002.7）、中国民族语言学会年会（呼和浩特，2002.7）、中国民族史学会第九次学术研讨会（乌鲁木齐，2002.8）、中国民族理论学会专题研讨会（桂林，2002.11）等。

（六）期刊工作

《民族研究》（双月刊），主编郝时远。该刊2002年共出6期，全年共收到来稿530篇，其中，民族理论130篇、民族经济80篇、民族学139篇、民族历史181篇。在众多的来稿中，经过严格筛选和把关，2002年共发表文章94篇，近百万字。其中，民族理论19篇、民族经济6篇、民族学29篇、民族语言2篇、民族历史32篇、其他6篇。2002年，《民族研究》在版面作了一些改变，设立了全球化与民族问题、创见与争鸣、田野调查与研究、研究评述、书评、学会动态与信息等栏目。编辑人员坚持认真负责的态度，严格把好政治、学术和编校出版关，提高了刊物的质量，在中国社会科学院第二届优秀期刊的评奖中荣获一等奖。

《民族语文》（双月刊），主编黄行。该刊2002年共出6期，登载文章66篇。其中，中国少数民族语言专题理论研究7篇，语音研究8篇，语法研究10篇，词汇研究8篇，语言历史演变与比较研究10篇，语言概况与描写研究6篇，计算语言学与实验语音学研究3篇，古文字、古文献研究6篇，社会语言学与双语教学研究8篇。在所刊文章中，既有少数民族语言的理论研究，也有方法研究和个案研究；既有专题研究，也有学术争鸣。古文字、古文献研究历来是《民族语文》组稿计划的重点内容之一，这方面的文章涉及契丹小字、古代突厥语、古代回鹘文文献等，而且有些文献研究属首次刊布，对于学术界深入认识和研究我国少数民族的古代文献和古代文化都有很大帮助。该刊获院优秀期刊一等奖。

《世界民族》（双月刊），主编郝时远。该刊2002年共出6期，发表各类论文、资料、动态等64篇，73万字。其中，世界民族问题32篇，占50%；民族学与人类学10篇；民族社会与文化17篇；民族语言2篇；其他3篇。《世界民族》作者队伍层次高，编辑质量好。杂志视野广阔、信息量大，很多文章有新材料、新视角、新思路、新观点。且各类文章异彩纷呈、独具特色，成为民族学、人类学的重点刊物之一，受到学术界的关注和好评。

2002年，面对国际形势的变化，人们对世界范围内的恐怖事件给予了很大的关注。针对这一问题，《世界民族》2002第1期发表了该刊主编郝时远《种族主义与暴力恐怖活动》的重要文章。作者以独特的视角剖析了恐怖主义的根源，并从生物学有关人类种族的研究入手，对种族主义的发展及危害进行了深入的分析。文章指出："种族主义是分裂人类统一性的罪恶之源，也是造成种族主义及暴力恐怖的根源。"人类消除种族主义的斗争任重而道远。

社会学研究所

（一）基本情况

截至2002年底，社会学研究所有现职人员81人，其中，正高级职称人员18人，副高级职称人员30人，中级职称人员17人，高中级职称人员占现职人员的80.2%。

该所设社会理论研究室、社会学调查与方法研究室、性别与家庭社会学研究室、组织与社区研究室、农村与产业社会学研究室、社会政策研究室、社会心理学研究室和青少年与社会问题研究室及《社会学研究》编辑部。此外，还有办公室、科研处和信息网络中心。

（二）科研组织工作

2002年，该所有两个研究方向确定为中国社会科学院重点学科建设资助项目，分别是社会理论和发展社会学。

2002年，该所承担各类课题71项，其中，中华社科基金课题14项，院重大课题13项，院重点课题4项，所重点课题20项。

该所2002年共完成科研成果681.7万字，其中，出版专著9部，295.5万字；译著1部，38.3万字；论文和调研报告61篇，83.5万字；年鉴1部，264.4万字。

2002年，该所新立项课题6项，其中，国家社科基金课题2项，院重大课题4项。国家社科基金课题有：张厚义主持的"中国私营企业人力资本理论与实践研究"，王春光主持的"我国农村社会分化与农民负担政策研究"。院重大课题有：苏国勋主持的"全球化背景下不同文化的冲突与共生"，陈光金主持的"国家、农村干部、农民利益与信任关系研究"，沈红主持的"贫困人口的社会网络研究"，郑菁主持的"社会变迁时期的中层行政领导"等。

2002年，该所承担了多项在研的国家重点课题和院重大课题。国家社科基金重点课题有：陆学艺主持的"中国社会思想史研究"和"中国百村经济社会调查"，杨团主持的"建立农村社会保障体制的条件和机制"。国家社科基金一般课题有：苏国勋主持的"历史社会学的理论与实践"，李汉林主持的"中国单位组织中的失范与变迁"，陈婴婴主持的"社会变迁调查数据库的建立与共享研究"，张厚义主持的"中国私营企业人力资本理论与实践研究"，王春光主持的"我国农村社会分化与农民负担政策研究"。院重大课题有：沈崇麟主持的"当代中国城乡社会变迁研究"，李汉林主持的"组织变迁与创新的社会过程研究"，景天魁主持的"当代中国市场经济体制条件下的社会保障与社会政策研究"，单光鼐主持的"社会稳定与预警系统研究"，李培林主持的"当代中国社会人民内部矛盾问题研究"，李银河主持的"中国城市家庭贫富分化程度研究"、"中国城镇发展与社会流动研究"。

2002年，该所共有4项科研成果获得第四届中国社会科学院优秀科研成果奖，分别是：李培林等著的《国有企业社会成本分析》获专著二等奖；渠敬东著的《缺席与断裂》获专著三等奖；沈崇麟等著的《世纪之交的城乡家庭》获专著三等奖；李汉林等著的《资源与交换——中国单位组织中的依赖性关系》获论文三等奖。《社会学研究》获中国社会科学院优秀期刊奖。

（三）学术交流

2002年，该所的学术交流十分频繁，全年共有73批83人次出访；接待海外学者来访50人次。重要的学术交流活动有：3月27日～4月9日，接待国际社会学机构（International Institute of Sociology）主席本·拉斐尔来华考察第36届世界社会学大会的筹备工作；7月6～13日，李培林和黄平副所长出席在澳大利亚布里斯班举行的国际社会学协会（ISA）第15次年会。

（四）研究生教育

2002年，中国社会科学院研究生院社会学系共招收硕士研究生4名，博士研究生8名；有1名硕士研究生和6名博士研究生毕业。2002年，社会学系新增博士生导师2名，分别是黄平研究员和折晓叶研究员。

（五）学会、期刊工作

中国社会学会，会长陆学艺、郑杭生。2002年7月26～29日，该学会在甘肃省兰州市召开了2002年学术年会，会议主题是“全球化背景下的社会变迁”。中国社会科学院学术委员会秘书长郭永才和来自全国各省、市、自治区的200余名代表出席了会议。

中国社会心理学会，会长沈德灿。2002年10月，该学会在武汉召开了学术研讨会。

中国青少年犯罪研究会，会长郭翔。该研究会成立20周年纪念暨表彰大会于2002年8月25日在人民大会堂召开。全国各地的青少年犯罪研究会代表及专家学者300余人参加了这次会议。国务委员罗干致信祝贺，中国青少年犯罪研究会名誉会长张黎群致书面开幕词，国际犯罪学协会名誉主席汉斯·尤尔根·卡尔纳教授和澳门青少年犯罪研究会会长陈欣欣博士向大会致贺辞。纪念大会后，中国青少年犯罪研究会还在华北大酒店举行了为期两天的第14届学术讨论会。

《社会学研究》（双月刊），主编景天魁。该刊是国内惟一的社会学一级刊物，设有专题研究、理论、方法、学术论文、社会学笔谈、学者对谈、学术信息等栏目。《社会学研究》百期优秀论文评选工作2001年底开始，至2002年11月结束，有31篇论文获奖。

新闻与传播研究所

（一）基本情况

截至2002年底，新闻与传播研究所有现职人员43人，其中，正高级职称人员6人，副高级职称人员14人，中级职称人员8人，高中级职称人员占全所总人数的65.1%。

该所设马克思主义新闻学研究室、新闻事业研究室、传播学研究室、网络与传媒研究室、编辑出版室、图书资料室、办公室。

（二）科研组织工作

2002年度，该所科研人员发表专著2部，69.5万字；学术论文36篇，29.41万字；研究报告18篇，23.01万字。

2002年度，该所按计划进行的课题有2项：明安香主持的院重大课题“21世纪世界新闻传播、冲突与竞争格局研究”；时统宇主持的院B类重大课题“电视批评理论研究”。该所已结项的课题有1项：闵大洪主持的国家社科基金课题“新闻传媒数字化”。该所正在结项和未结项的课题有 4 项：徐耀魁主持的国家社科基金课题“大众传播新论”；刘晓红主持的院 B 类重大课题“大众媒介中的成就观念及其与传统文化的关系”；李斯颐主持的院 B 类重大课题“清末官方新闻活动研究”；孙五三主持的院 B 类重大课题“受众媒介观念与中国文化”。

2002 年度，该所卜卫、刘晓红合著的《社会科学成果价值评估》获中国社会科学院第四届优秀科研成果奖三等奖；尹韵公、李斯颐等人参与撰写的三卷本《中国新闻事业史》获第四届吴玉章人文社会科学一等奖。

2002 年度，该所的网络与数字传媒学科被社科院批准为重点学科，网络与传媒研究室被社科院批准为重点研究室。新闻与传播学科的重点建设工程为网络传播学。该学科的学术优势和特色为：(1) 研究工作与新媒体在国内的发展几乎同步进行，不是滞后研究；(2) 研究领域宽阔，涉及各类新媒体的传播特性及对传统媒体、社会、人带来的新变化、新问题；(3) 对许多新概念率先给予了界定，对许多新的传播现象率先给予了理论上的阐述；(4) 进行了多次实证调查，有的为全国性大型抽样调查；(5) 对有关领导机构了解情况和出台政策，提供了有价值的信息和意见。

该学科发展总体目标是：在国内新媒体研究领域形成优势地位，并具有自己的特色，在新闻传播学术界和实务界能够产生较大的影响力。

该学科发展的定位是：集中在新闻传播领域，对互联网媒体、传统媒体的数字化及各类数字新媒体进行深入研究；要在两方面取得成果：一是基础理论的建构；二是对于传播实务提出建设性的对策建议。

该学科主要研究方向和研究领域：(1) 互联网媒体，包括信息传播特性、传播效果、对原有传播格局的冲击与影响、政策法规等；(2) 传统媒体数字化，包括报刊、广播、电视数字化的进程、特点、国家政策、市场、与新媒体的关系等；(3) 各类数字新媒体，包括传播特性、市场、受众使用行为和心理、传播效果等。

（三）学术交流

国际学术交流：2002 年度，该所科研人员出访日本、美国、丹麦等国 10 人次；该所接待外国学者来所访问或参加学术研讨 10 人次。

国内学术交流：2002 年度，该所科研人员参加外单位举办的学术会议 45 人次。

所内学术交流：2002 年度，该所举办所内学术信息交流会 8 次。

（四）学术活动

2002 年 1 月 18～25 日，《中国新闻年鉴》第 21 届全国工作会议在重庆召开。会议肯定了一年来各地新闻工作者为《中国新闻年鉴》编撰所作的努力以及取得的成就，讨论了《中国新闻年鉴》(2002 年卷) 的编辑方案，传达了《中国新闻年鉴》(2002 年卷) 编委会作出的决议。与会者一致认为，2001 年我国大事多、喜事多，年鉴要充分反映 2001 年新闻工作的特点，突出对重大新闻活动、新闻事业重大改革的记录，增加新闻教育、经营管理、国际交流等方面的内容。年鉴的编辑、印刷质量要进一步提高，时效性应进一步增强。必须本着“专业化、规范化、更实、更近”的指导思想，使其更加丰富和实用，更贴近读者需要，更加全面地反映全行业的风貌。同时，代表们还对改进年鉴管理体制、提高稿件质量、提前出版时间以及发行和广告等问题进行了讨论。

会议由该所与中国新闻年鉴社主办。

2002年9月2～5日，《中国新闻年鉴》第22届全国工作会议在宁夏银川市召开。来自中央及地方各有关单位的负责人、该所领导和年鉴社工作人员近60人与会，交流探讨如何改进新闻年鉴的供稿和发行工作，以及进一步提高年鉴质量等问题。会议由宁夏回族自治区党委宣传部和中国新闻年鉴社主办，宁夏日报社承办。宁夏回族自治区副主席刘仲等领导出席开幕式并发表了讲话。《中国新闻年鉴》编委会副主任、年鉴社社长尹韵公在会上作了总结性发言。

（五）研究生教育

2002年度，新闻所将研究生教育作为重点，新闻系教学工作得到加强和完善。该所3名博士研究生通过论文答辩，被授予博士学位；20名硕士研究生通过论文答辩，被授予硕士学位。该所年内招收14名研究生，其中，博士研究生3人，硕士研究生11人。2002年底，该所共有在校研究生31人，其中，博士研究生5人，硕士研究生26人。

（六）期刊工作

《中国新闻年鉴》，主编阎焕书。2002年，该年鉴社完成《中国新闻年鉴》（2002年卷）的编纂任务，共149万字；中国新闻年鉴社与中国地市报研究会合作编辑出版了《中国新闻年鉴·地市报卷》，共65万字；与华夏当代（北京）国际文化艺术研究院合作编辑出版了《中国新闻界人物》，100万字。

《新闻与传播研究》（季刊），主编尹韵公。2002年，该刊出版4期，共60万字。其中，《BBS议题的形成与衰变》、《从儿童广告规约与网上隐私权保护规约的效果比较看自律原则对网络传播的适应性》（第1期）；《新闻专业主义的建构与消解》、《媒介神话化》（第2期）；《舆论监督与政府机构的“名誉权”》、《〈大公报〉与红军长征落脚点之研究》（第3期）；《“强国论坛”：9·11恐怖袭击后的24小时》、《他国形象误读：在多维视野中观察》（第4期），具有较高的学术价值。2002年，该刊再度被北京高校图书馆期刊工作研究会评选为文化事业/信息与知识传播类核心期刊。

世界经济与政治研究所

（一）基本情况

截至2002年底，世界经济与政治研究所有现职人员106人，其中，正高级职称人员23人，副高级职称人员33人，中级职称人员22人，高中级职称人员占现职人员总数的73.5%。

该所设跨国公司与国际经济组织研究室、国际金融与国际贸易研究室、世界产业结构研究室、世界经济统计研究室、综合专题研究室、国际政治研究室、国际战略研究室；《世界经济》编辑部、《世界经济与政治》编辑部、《国际经济评论》编辑部、《中国与世界经济》编辑部、《世界经济年鉴》编辑部；党委办公室、所长办公室、科研处、人事处、办公室、杂志社、世界经济资料信息中心。

（二）科研组织工作

2002年，该所将工作重点放在改进科研管理体制上，采取了如下几项措施：

（1）确立以研究室为中心的管理体制，调动多数人的积极性。研究室根据本学科的特点开展了形式多样的学术活动，如与其他机构进行合作研究，组织学术会议等。而研究所则尽可能为各研究室的活动提供便利条件，同时担负起单个研究室无法承担或完成的学术活动的组织工作。对于那些研究基础较为雄厚，发展水平具有相对优势的学科，鼓励他们先走一步；而对于那些发展相对薄弱的学科则采取适当扶持政策。2002年，利用院扶持发展重点学科的政策，选择了世界经济统计和全球环境与可持续发展经济学作为首批重点建设研究室，取得了良好的效果。

（2）协调基础研究、应用研究和学术普及工作之间的关系。该所为了强化研究人员的基础研究能力，对于少数学术水平较高、有志于纯粹基础研究的人员采取特殊对待、积极支持的态度。在应用研究方面，该所充分发挥了研究中心的作用。例如，国际金融研究中心与中国人民银行、中国银行、财政部、证监会等机构开展了广泛的合作；可持续发展研究中心与国家计委、国家气象局、清华大学及海外一些机构建立起了长期的合作关系。在院领导的倡议下，该所开始重视学术普及工作，号召研究人员积极兼顾学术普及的任务。2002年该所为中央媒体机构提供稿件和接受采访的数量在全院位居前列。

（3）建立动态管理和结果考核的奖惩制度。在课题管理方面，进行从申请到结项的动态管理。例如，对于所级课题，规定经费分批拨付，研究成果必须有固定比例部分用于公开发表，避免研究成果仅有存档用途的现象；达不到要求者没有资格申请结项。实施结果表明，2002年所课题按期结项率超过90%。

截至2002年10月底，该所完成各类科研成果近1000万字，其中专著10种，354.4万字；学术论文109篇，96.74万字；研究报告40篇，76.7万字；学术资料2篇，4.92万字；教材2种，100万字；综述4篇，10.6万字；译文4篇，36.1万字；工具书1种，160万字；一般文章49篇，19.32万字；论文集4种，127.6万字。

2002年度，该所在研课题共48项，其中，国家社科基金重点课题1项、国家社科基金一般课题2项、院A类重大课题9项、院B类重大课题8项、院重点课题4项、所级课题16项、国家自然科学基金课题2项、其他课题6项。

2002年，该所延续课题16项：

（1）社科基金重点课题："经济全球化的理论与实践"，李琮主持。

（2）社科基金一般课题："日本历史认识问题及其对中日关系的影响"，吴广义主持。

（3）院A类重大课题："经济全球化与中国"，张宇燕主持；"21世纪第三世界的地位和作用——全球化进程中的发展中国家"，谈世中、田春生主持；"世纪之交的大国战略调整与

21世纪的中国国际战略”，李少军、沈骥如主持；“WTO与世界经济新秩序”，李向阳主持；“现代资本主义政治经济学”，戎殿新、王金存主持；“中国与国际组织关系研究”，王逸舟主持；“科技全球化与中国科技发展战略选择”，王春法主持；“跨国购并的新特点、发展趋势及我国的对策”，罗肇鸿主持。

（4）院B类重大课题：“全球温室气体减排的国际合作机制研究”，陈迎、庄贵阳主持；“中国企业跨国经营的战略研究”，鲁桐主持；“论世界产业结构的高科技化与制造业发展新趋势”，李毅主持；“东亚货币合作：理论、实践与政策建议”，陈虹主持。

（5）院重点项目：“列国志——国际组织部分”，谈世中主持。

（6）所级课题：“基于购买力平价（PPP）的劳动生产率国际比较”，王玲主持。

从总体上看，大部分延续课题进展顺利，除少数课题需要延期外，其他均可按期完成。

2002年，该所新立项课题19项：

（1）院A类重大课题：“全球化条件下中国对外经济发展战略”（专著），李向阳主持。

（2）院B类重大课题：“关于外部冲击对中国经济影响的经济计量分析”（专著），何新华主持；“全球公共资源的利用格局与中国的公平博弈方略——以温室气体为例”（专著），潘家华主持；“开放条件下跨国公司与发展中国家的产业成长——国际经验及对我国的启示”（研究报告），宋泓主持；“外交决策分析：理论、方法与案例”（书稿），王鸣鸣主持。

（3）院重点课题：“2002～2003年世界经济形势分析与预测”（黄皮书）（专著），余永定主持；“2003年国际政治与安全黄皮书”（专著），王逸舟主持；“2002年世界形势报告”（研究报告），余永定主持。

（4）所级课题：“全球华人资源与中国产业发展”，康荣平主持；“日本存款保险制度研究”，李友申主持；“经济衰退中的日本企业经营——日本企业经营新解析”，周见主持；“经济全球化背景下中国农业发展模式探索”，刘宗超主持；“中国—东盟自由贸易区：理论、前景和政策选择”，潘金娥主持（均为研究报告）。

（5）交办委托课题：“提高公众气候变化意识长期战略及宣传材料编制研讨会”（系列研讨会、论文集），潘家华主持；“我国区域科技发展与经济增长关系研究”（研究报告），石小玉、王玲主持。

（6）国家自然科学基金课题：“经济全球化条件下的中国宏观经济季度模型”（模型），何新华主持。

（7）2002年度软科学研究课题：“利用外资与提高我国自主创新能力研究”（专著），王春法主持；“知识产权保护在美国技术创新和经济发展中的作用”（研究报告），肖炼主持。

（8）国家计委气候变化课题：“公平、发展与缓减中国温室气体排放研究”（研究报告），潘家华主持。

2002年已结项课题16项：

⑴社科基金课题：“主要发达国家国家创新体系的历史演变及其发展趋势研究”（专著），王春法主持。

⑵院重点课题：“2002～2003年世界经济形势分析与预测（黄皮书）”（专著），余永定主持；“2003年国际政治与安全黄皮书”（专著），王逸舟主持；“2002年世界形势报告”（研究报告），余永定主持。

（3）所级课题："欧盟独立防务：开端、问题和前景"，高华主持；"2000～2001 年国内世界经济研究综述"，张宝珍主持；"从电子产业发展看东亚产业结构调整"，刘秀莲主持；"'上海五国'"机制的发展前景与中国的战略选择"，王金存、吴广义主持；"跨国企业购并的理论与实践及其对中国的影响"，张金杰主持；"2000～2001 年国内国际政治研究综述"，刘庆芳主持；"APEC 各成员经济体驻华大使专访"，邵滨鸿主持；"世界经济数据库与世界经济模型"，何新华主持；"世界经济宏观计量模型研究之一：中国宏观经济计量模型"，涂勤、何新华主持；"全球化时代国际经济规则的制定权"，李向阳主持。

（4）国家自然科学基金："国际环境制度和环境政策对能源发展趋势的影响"，陈迎主持。

（5）福特基金项目："中国与国际组织关系研究"，王逸舟主持。

2002 年，该所有 5 项科研成果获第四届院优秀科研成果奖，分别是：（1）《WTO 与中国企业国际化》（专著），鲁桐，二等奖；（2）《未来可能的排放空间分配及相关国际谈判发展趋势的跟踪研究》（研究报告），陈迎，二等奖；（3）《国际经济规则与企业竞争方式的变化》（论文），李向阳，三等奖；（4）《干涉主义及相关理论问题》（论文），李少军，三等奖；（5）《经济全球化与国家主权的让渡和维护》（论文），王金存，三等奖。

经所学术委员会审议通过，决定资助国家社科基金课题成果《主要发达国家创新体系的历史演变与发展趋势》（王春法主持）出版，资助金额为 2 万元。

2002 年该所根据研究工作的需要，成立了两个所级研究中心：（1）全球并购研究中心，余永定担任中心学术委员会主席兼中心主任；（2）美国经济研究中心，由肖炼任中心主任。

（三）学术交流

截至 2002 年 12 月，世经政所共派出访问学者 36 批 48 人次；接待来访外宾 58 批 150 人次。

2002 年，该所先后举办了一系列重要的国际研讨会，如该所与联合国贸发会议联合举办《2002 年度世界发展报告》在中国的发布会；可持续发展研究中心（挂靠该所）举办了"中国与挪威关于公平、发展与温室气体减排"国际讨论会、"减缓气候变化：发展的机遇与挑战"国际研讨会；该所与 UNCTD 等机构举办了"WTO 与发展中国家：挑战与对策"国际研讨会。

2002 年，该所还举办了 3 次"双月大使论坛"，分别由瑞士驻华大使馆公使傅瑞东作题为"瑞典外交政策及瑞中关系"的报告，联邦德国政府反恐协调人威彻大使作题为"德国的反恐合作"的报告，巴基斯坦驻华大使霍哈尔作题为"'9·11'后的南亚形势"的报告。

（四）学会工作

中国世界经济学会，会长余永定（代理）。2002 年，该学会的学术活动有：

（1）常务理事会及学术研讨会：2002 年 4 月 24～26 日在浙江大学举行。常务理事会的主要内容为推选代理会长，批准秘书处关于分支代表机构、个人及团体会员登记的报告等。学术研讨会的主题是："经济全球化理论与发展动态"；"当前世界经济形势"；"加入 WTO 与中国经济发展"等。

（2）中青年委员会会议：2002 年 8 月 23～26 日在呼和浩特召开，主题是"经济发展与企业社会责任”。与会的专家学者围绕企业社会责任与西部开发、世界经济形势展开讨论并广泛涉及政治、社会、发展、历史和文化问题。

(3) 理论委员会理论发展研讨会：2002 年 8 月 15 日在北京召开，主要讨论了“国际经济学研究综述”的编写问题。会议建议该综述定名为《30 年来世界经济问题研究》，并尽快组织专人编写。

(4) 编辑出版会长奖论文集：经《世界经济》、《世界经济与政治》、《国际经济评论》杂志推荐，评委会评议，2000～2001 年共有 25 篇论文获得会长奖，5 篇论文获得会长奖入选奖，11 篇获得会长奖推荐。在人民出版社的支持下，已结集出版。

中国东欧中亚经济研究会，会长罗肇鸿。2002 年，该研究会顺利通过了民政部民间组织管理局的年检工作。

（五）期刊工作

《世界经济》（月刊），主编余永定。2002 年，该刊在逐步完善双向匿名审稿制度的同时，推出了一批学术上过硬的论文，受到各界的好评。如刘洪钟的《走上稳定增长之路：“大宇”被收购与韩国经济重构》（第 1 期），邹薇的《知识产权保护的经济学分析》（第 2 期），马颖的《论发展经济学的结构主义思路》（第 4 期），孙涛的《国际金融监管的新进展》（第 4 期），李向阳的《全球时代的区域经济合作》（第 5 期），盛斌的《中国加入 WTO 服务贸易自由化的评估与分析》（第 8 期），马剑飞、朱红磊、许罗丹的《对中国产业内贸易决定因素的经验研究》（第 9 期），沈国兵、史晋川的《汇率制度的选择——不可能三角及其扩展》（第 10 期），李晓、丁一兵的《论东亚货币合作的具体措施》（第 11 期），杨柳勇的《中国国际收支的超前结构——特征、形成原因、变动趋势和调整方向》（第 11 期），余永定的《货币存量的动态增长路径》（第 12 期），张志超的《汇率政策新共识与“中间制度消失论”》（第 12 期）等。

《世界经济与政治》（月刊），主编王逸舟。该刊坚持理论性、战略性、综合性和现实性的办刊方针，2002 年共发表各类文章 168 篇。其中有创新学术内容的论文有：余潇枫的《国际组织的伦理透视》（第 2 期），张文木的《全球化视野中的中国国家安全战略》（第 3 期），周丕启的《国际关系中的政治合法性》（第 3 期），萧琛的《论“入世”对市场制度的“成熟效应”与“升级效应”》（第 4 期），李滨的《无政府性·社会性·阶级性——国际政治的特性与国际观》（第 4 期），仲崇东的《全球化与三大意识形态》（第 5 期），王公龙的《温特建构主义理论的贡献与缺失》（第 5 期），秦亚青的《权力·制度·文化——国际政治学的三种体系理论》（第 6 期），李少军的《论战略观念的起源》（第 7 期），胡鞍钢的《是“威胁论”还是“互利论”》（第 9 期），苏长和的《中国与国际制度——一项研究议程》（第 10 期），江凌飞的《关于国家安全战略选择的若干问题》（第 11 期），李彬的《绝对获益、相对获益与美国对华安全政策》（第 11 期），郭连成的《俄罗斯财税体制改革与财政政策调整及其效应分析》（第 12 期）等。

该刊 2002 年被评为中国社会科学院优秀期刊，列入全国中文核心期刊。

《中国与世界经济》（*China & World Economy*）（英文双月刊），主编余永定。该刊是我国惟一的一份经济类专业英文刊物，设有“经济聚焦”、“专论”、“经济观察”、“WTO 与中国”、“世界经济”、“争鸣”、“改革之窗”、“海外视点”、“专访”等栏目。2002年出版6期。重点推荐论文：张春霖的《重新审视中国国企改革战略》(第2期)。

《国际经济评论》(双月刊)，主编余永定。该刊选题围绕以下方面：(1) 研究中国改革开放的国际经济环境，评述全球经济重大问题，指出对中国经济产生重要影响的因素；(2) 中国学者对全球经济焦点问题的评论和观点；(3) 在国际和国内学术界引起广泛争鸣的经济问题；(4) 就国内外经济热点问题对国际著名经济学家进行专访；(5) 就国内经济改革发展的难点问题提供可资借鉴的国际经验。2002年，该刊共出版6期。

《世界经济年鉴》(2002/2003年卷)，谈世中主编，《世界经济年鉴》编辑委员会编纂，2003年1月出版，170万字。该年鉴执行国家新闻出版署的办刊方针及院、所的规定，反映了2001～2002年世界经济中发生的重大事件及其影响，重点介绍了世界各国的经济及工业、农业、贸易、金融、科技、旅游业、环境保护等领域的发展情况以及一些国际经济组织、国际会议的活动情况。该年鉴还刊载了各国经济发展最新统计资料以及一些重要国家经济实力的对比等。

俄罗斯东欧中亚研究所

(一) 基本情况

2002年8月，经中央机构编制委员会办公室批准，原中国社会科学院东欧中亚研究所更名为中国社会科学院俄罗斯东欧中亚研究所。

截至2002年底，俄罗斯东欧中亚研究所有现职人员99人。其中，正高级职称人员18人，副高级职称人员29人，中级职称人员11人，高中级职称人员占现职人员的58.5%。

该所设俄罗斯政治社会研究室、俄罗斯经济研究室、俄罗斯外交研究室、中亚研究室、乌克兰研究室、东欧研究室、苏联研究室、《东欧中亚研究》编辑部、《东欧中亚市场研究》编辑部、科研处、图书馆、办公室、行政处。

(二) 科研组织工作

2002年，该所共出版专著12部，456.3万字；论文60篇，58.3万字；文章23篇，12.6万字；研究报告29篇，9.2万字；学术资料7篇，167万字，；译著4部，201.3万字；译文3篇，1.7万字；论文集1部，41万字；工具书1种，175万字；编辑期刊18期，220万字。

2002年，该所新设立课题有——院A类重大课题1项：“独联体国家投资环境研究”(李建民)；院B类重大课题2项：“俄罗斯能源外交与中俄油气合作”(郑羽)，“新世纪与俄罗斯外交”(姜毅)；中央及院交办课题3项；所重点课题5项。

2002年，该所共有9项课题通过验收并正式结项。其中，院重点课题4项，中央和院交办课题3项，所重点课题2项。其他未结项的有：国家课题2项、社科基金课题1项、院重点课题15项、所重点课题若干项。

2002年，在研国家课题有“20世纪俄罗斯历史档案”和“中苏关系历史档案”；在研院重大课题有：“俄罗斯十年剧变”（潘德礼）、“独联体一体化：现状、问题、前景”（郑羽、李建民）、“欧洲一体化与巴尔干欧洲化”（朱晓中）、“中亚五国与中国西部开发”（赵常庆）、“苏联经济体制改革史”（陆南泉）、“苏联通史”（张盛发）、“过渡经济学——从计划经济向市场经济过渡”（许新）、“21世纪的俄罗斯”（董晓阳）、“阿富汗问题与中亚安全格局”（孙壮志）；在研院委托课题有：《列国志》系列丛书“乌兹别克斯坦卷”（孙壮志）、“阿塞拜疆卷”（孙壮志）、“吉尔吉斯斯坦卷”（刘庚岑）、“土库曼斯坦卷”（施玉宇）、“塔吉克斯坦卷”（刘启云）、“格鲁吉亚卷”（苏畅）、“亚美尼亚卷”（陆齐华）、“白俄罗斯卷”（李允华）、“罗马尼亚卷”（李秀环）、“保加利亚卷”（张颖）、“克罗地亚卷”（汪丽敏）、“南斯拉夫联盟卷”（张永勇）、“捷克卷”（陈广祠）、“斯洛伐克卷”（陈广祠）、“匈牙利卷”（李丹琳）、“波兰卷”（高德平）、“斯洛文尼亚卷”（汪丽敏）；在研所重点课题有：“十年剧变”（李静杰）、“俄罗斯：变迁中的社会文化与社会”（李景阳）、“斯拉夫主义观念与俄罗斯现代化道路”（白晓红）、“中亚民族与宗教问题”（陈联壁）、“俄罗斯农业问题与农民的命运”（乔木森）、“中俄省州经济合作”（高中毅、陈辉、张红侠）、“中亚人口问题”（吴宏伟）、“剧变后的东欧”（高德平）、“论中亚的伊斯兰教与地区稳定”（常玢）、“国外苏联史研究综述”（张盛发）、“变动中的东欧经济体制：从改革到转轨”（孔田平）。

2002年，该所有4项科研成果获院级优秀成果奖。获院二等奖的是张盛发的《斯大林与冷战》（专著）；获院三等奖的是李静杰的《中俄战略伙伴关系及其美国因素》（论文）、许新的《俄罗斯经济转轨评析》（论文）、董晓阳的《俄罗斯利益集团》（专著）。

（四）学术交流

2002年，该所国际学术交流活跃，接待访问学者、外国驻华使节和外国学者48人次；组织研究人员出国考察和进修16人次，其中长期出国进修4人次。

该所实行每周学术交流制度，请所内外专家报告研究成果。该所实行国外考察报告制度，出国考察回国后，出访人员要写出考察报告或在一定范围内汇报考察成果。

（五）期刊工作

《东欧中亚研究》（双月刊），主编李静杰。2002年度，该刊坚持正确的办刊方针，在马克思主义、毛泽东思想和邓小平理论的指导下，紧密结合国际局势和研究对象国转轨问题及新问题展开学术争鸣。所选择的文章和论文主要考虑到理论上的创新性、实践上的应用性，方法上的独创性和观点的前沿性。全年6期共发表十几个专题内容的文章。各个专题都有不少有分量的文章。《东欧中亚研究》荣获我院优秀期刊奖。这表明，该刊目前继续保持了国际问题刊物的领先地位。

该刊2002年有代表性的文章有：《普京道路的经济学分析》（许新）、《俄罗斯的公司治理》（张聪明）、《俄罗斯未来经济发展障碍分析》（景为民、王勇兴）、《经济转轨十年：俄罗斯经济增长方式探析》（戚文海）、《美国对独联体的政策》（倪孝铨）、《普里马科夫多极化外交评析》（许志新）、《俄罗斯的国际地位与外交政策选择》（姜毅）、《俄罗斯“中派主义”思潮新变化》(李兴耕)、《俄罗斯：社会结构与政治格局》(李景阳)、《关于叶利钦时代的若干思考》(潘德礼、许志新)、《浅谈自由主义的俄国化问题》(董晓阳)、《中亚五国独立十年：成就与问题》(赵常庆)、《浅析21世纪中亚地区的安全格局》(孙壮志)、《试析东欧民族问题与政治转轨之间的关系》(高歌)、《中国"当代中亚学"的形成与现状》(常庆)。

《东欧中亚市场研究》(月刊)，主编张森。2002年该刊出版12期，120万字，重要文章70余篇，部分文章引起社会关注。该刊紧跟中俄战略伙伴关系的发展，重点报道中俄经济合作，探讨中俄经济合作关系、石油天然气合作、电力合作、林业合作，并围绕这些合作项目组织一批资料性稿件。中俄边境贸易是中俄经济合作的重要部分。该刊的"市场调查"、"边贸论坛"、"经济合作"栏目受到读者的欢迎，并继续与满洲里市、绥芬河市、黑河市、乌鲁木齐海关保持良好的合作关系。

欧洲研究所

(一) 基本情况

截至2002年底，欧洲研究所共有现职人员51人，其中，正高级职称人员12人，副高级职称人员10人，中级职称人员13人。高中级职称人员占现职人员的68.6%。

该所设经济研究室、国际政治研究室、欧盟法律和政治研究室、社会文化研究室、欧盟东扩研究室、综合办公室、《欧洲研究》杂志编辑部、图书资料室。

(二) 科研组织工作

2002年，该所在基础理论研究、重大国际问题、形势跟踪研究等方面取得了新的进展，推出一批有价值的科研成果。其中，专著8部，212.5万字；译著2部，56.8万字；学术论文54篇，69.7万字；译文9篇，23万字；一般文章24篇，7.85万字；各项报告(内部报告、调研报告)31篇，40.83万字；工具书1部，13万字。

2002年，该所新立项课题13项。其中，院重大课题2项：裘元伦主持的院A类重大课题"欧洲法律制度和市场经济秩序——欧洲法院功能及其司法判例与中国相关问题的比较"，顾俊礼主持的院B类重大课题"欧洲政党执政经验研究"；所重点课题11项：沈雁南主持的"欧洲发展报告"、"学会，中心，所网站"，马胜利主持的"欧洲政治文化研究"，罗红波主持的"欧盟制宪与一体化理论学术研讨会"，钱小平主持的"欧洲研究专题数据库"，陈志瑞主持的"中国欧洲研究现状评估"，肖元恺主持的"欧盟对外关系与台湾问题"，陈新主持的"欧盟东扩：历史性的挑战与机遇"，吴弦主持的"欧洲共同体/欧洲联盟辞典"，王鹤主持的"欧元跟踪研究"，杨伟国主持的"欧元与欧洲经济增长"。

2002年，该所各级课题进展顺利。其中，院重大课题3项，2001年所重点3项，2002年所重点12项，年度成果均已出版或将要出版。如院重点课题"欧洲一体化与外部世界"(周弘、吴弦主持)，院A类重大课题"北约战略调整与欧盟共同防务及其对我安全环境的影响”（潘琪昌、赵俊杰主持），院B类重大课题“欧元与21世纪初欧洲经济发展前景”（罗红波主持）等均是如此。

2002年，该所结项课题共10项。其中，国家社科基金1项，外单位交办委托课题2项，所重点课题7项。如，国家社科基金项目“福利国家论析”（顾俊礼主持），“对外援助与国际关系”（福特基金会1998年资助，周弘主持），“国外社会福利制度”（民政部2000年立项，周弘主持）等即是如此。

2002年，经院务会议批准，该所欧洲经济学科被确定为中国社会科学院“重点学科建设工程”项目。在院重点学科目标管理责任制的指导下，欧洲经济学科基本上确立了在国内的领先地位，例如在欧洲经济一体化、欧元与欧洲经济、欧洲经济改革、中欧经济关系、德国经济、意大利经济、北欧经济等国别经济研究领域均处于领先地位，并形成了一个颇具影响的专家队伍。目前，该学科有9名研究人员，其中6名研究员、2名副研究员和3名博士，学科带头人为裘元伦（院学术委员）、罗红波（项目主持人、副所长）、郑秉文（副所长）和王鹤（经济研究室主任）。

2002年，该所有两篇论文获中国社会科学院第四届科研成果奖三等奖，分别是《伯克、卢梭与法国大革命》（陈志瑞）、《论欧洲联盟的社会政策》（田德文）。

（三）学术交流

2002年，该所举办了多次学术活动，主要有2001～2002年欧洲形势年会、“欧盟制宪与一体化理论——纪念《马约》签署10周年”学术研讨会、中国欧洲学会英国研究分会2002年年会暨“21世纪的英国”学术讨论会、中国欧洲学会德国研究分会第十届年会暨学术讨论会、中欧论坛——德国司法部长讲演报告会、中青年学术研讨会、欧盟东扩报告会、西班牙大使报告会暨西班牙研究中心成立大会等。

（四）学会、期刊工作

中国欧洲学会，会长裘元伦。该学会下辖若干国别和地区研究分会。2002年，英国分会和德国分会召开年度学术研讨会，入选论文经筛选拟结集出版。

《欧洲》是欧洲所编辑出版的全国性学术刊物，主编周弘。2002年，该刊共出版6期，发表学术论文65篇，其他一般文章数十篇。

西亚非洲研究所

（一）基本情况

截至2002年底，西亚非洲研究所有现职人员58人，其中，正高级职称人员9人，副高级职称人员17人，中级职称人员10人，高中级职称人员占现职人员的62%。

该所设中东研究室、非洲研究室、国际关系研究室、《西亚非洲》杂志社、图书资料室、办公室及亚非经济文化咨询公司。

（二）科研组织工作

2002 年，西亚非洲研究所加强课题制管理，扩展了研究领域和研究重点。“非洲学科”被批准为院重点学科，国际关系学科建设取得显著成果，开拓了社会文化学科的研究。院重大课题和所重点课题正常进行。大国与中东非洲的关系、地区热点问题、战略和安全问题、地区内国家间关系等方面的研究都得到加强。在加强基础研究的同时，该所紧密结合国际形势变化，跟踪研究热点问题，产生了一批有分量的科研成果。在双边和多边国际学术交流方面取得了新的进展。继续加强了科研人才，特别是高学历人才的培养。进一步加强了研究所办公自动化和信息化建设。在全所人员的团结协作、努力奋斗下，该所获得 2001～2002 年度中央国家机关精神文明先进单位称号。

2002 年，“非洲学科”被中国社会科学院批准为重点学科，这是继“中东政治”学科后该所又一院级重点学科。该学科较好地执行了学科目标管理责任制协议书的各项规定，在作好基础研究的同时跟踪热点问题研究，除重点研究非洲政治、非洲经济外，注重对非洲文化、宗教、哲学的研究。同时注重青年科研人员的培养，加强科研队伍建设。

2002 年，该所新设立院重大课题 3 项：A 类重大课题“当代非洲政治中的民族与宗教”（主持人：张宏明）；B 类重大课题“国际经济环境和非洲发展”（主持人：姚桂梅）和“非洲国家反贫困行动”（主持人：安春英）。所重点课题 7 项：“中东战争史”（主持人：王建）；“冷战后非洲国家间关系：现实与未来走向”（主持人：张永蓬）；研究报告“以色列政党对其政局的影响及对未来发展的预测研究”（主持人：冯基华）；研究报告“东非三国妇女减贫研究”（主持人：魏翠萍）。连同在研课题，该所 2002 年承担的课题共有 49 项。

此外，该所有 7 部专著已结项，分别是院重大课题“西亚非洲列国志”中的“科威特”、“阿联酋”、“突尼斯”、“科特迪瓦”、“贝宁”、“肯尼亚”、“加纳”（主持人：温伯友）。

2002 年，该所出版专著 4 部，126 万字；论文 40 余篇，约 40 万字；研究报告 12 篇，约 7.5 万字；图书资料编辑，约 107 万字；数据库 6000 条，60 万字节；《2001 年西亚非洲大事记》，14 万字；《西亚非洲》出版 6 期，90 万字；配合院领导出访西亚非洲国家，提供有关国家和地区的全面资料和形势分析，印制《非洲五国国别简况》，11 万字；向院《要报》和《信息专报》提供稿件 8 篇，1.8 万字。

2002 年，该所有 5 项科研成果获中国社会科学院第四届优秀科研成果奖：《多维视野中的非洲政治发展》（作者张宏明）获专著类二等奖；《简明非洲百科全书（撒哈拉以南）》（主编葛佶）和《简明西亚北非百科全书（中东）》（主编赵国忠）获工具书类二等奖；《非洲大湖地区国家关系演变探析》（作者吴增田）和《坦桑联合过程及经验研究》（课题负责人温伯友）获研究报告类三等奖；《西亚非洲》双月刊获院第二届优秀期刊奖。

（三）学术交流

2002 年，该所国内外学术交流活动共 90 人次。其中出访 14 人次，4 名非洲问题学者赴美国参加“亚洲人与黑人：跨越时空的交往”国际研讨会，1 人参加丹麦“全球化、新技术、不平等和社会福利发展”国际学术研讨会。

邀请外国学者来访76人次，其中组织双边国际研讨会、报告会十余次，有7位中东、非洲国家驻华大使或公使到该所作专题报告。如以色列学者交流国际反恐怖问题；土耳其战略研究中心访华团就当前国际形势、中东形势和中亚形势进行交流；南非学者作题为“中国与南非关系及中非关系的未来发展”的报告；贝宁学者交流“非洲文化、哲学和宗教”问题；坦桑尼亚驻华大使作题为“坦桑尼亚国家发展及中非合作”的报告。

国内学术交流活动，主要就“9·11”事件一年后国际反恐活动的跟踪研究多次举行研讨会，邀请在京中东问题专家和学者分析形势和事态的发展，还就2002年中东和非洲形势召开研讨会。所内的学术活动较活跃，就热点问题和相关理论问题展开讨论，并邀请该所研究人员作专题报告，如“新国际经济环境下的非洲发展”以及出访西亚非洲国家情况报告等。

该所非洲问题学者应邀到国防大学非洲国家进修班演讲“中国与非洲关系”，参加中联部组织的赴非洲国家介绍中国经济发展和党建经验交流工作和非洲政党干部进修班的研讨会。

（四）学会工作

中国中东学会，会长杨福昌。该学会是“亚洲中东学会联合会”创始成员之一。作为联合会2001～2002年度的轮值主席，该会于2002年8月1～3日与中国社会科学院西亚非洲研究所及国务院发展研究中心亚非发展研究所联合在北京召开亚洲中东学会联合会第四届国际学术研讨会。会议主题是“中东与东亚：政治变革、经济改革与能源安全”。来自中国、日本、韩国、英国的代表和观察员65人出席了会议。与会代表就中东地区文化与交流、经济发展与合作、政治变革以及东亚的能源安全等问题进行了探讨与交流。

（五）期刊工作

《西亚非洲》（双月刊），主编杨光。2002年出版6期，90万字。该刊荣获第二届中国社会科学院优秀期刊奖。该刊坚持以“服务读者，弘扬学术”为宗旨，继承和发扬优良学风，把《西亚非洲》办成该研究领域的国内一流学术刊物。研究所充分发挥编委会的作用，3月召开新一届编委会议，研究确定2002年编辑工作方针。编委们一致认为，要进一步提高刊物的学术性，抓好选题策划，编好“热点透视”、“学术争鸣”和“商务指南”等栏目，处理好基础研究和应用研究之间的关系，进一步加大信息量。在抓重大问题、热点问题的同时，注意提高学术论文的质量。此外，杂志社还注重抓刊物的发行工作，扩大了发行渠道。

拉丁美洲研究所

（一）基本情况

截至2002年底，拉丁美洲研究所有现职人员58人，其中，正高级职称人员8人，副高级职称人员18人，中级职称人员11人，高中级职称人员占全所现职人员的63.7%。

该所设经济研究室、政治研究室、国别研究室、社会和文化研究室、图书资料室、《拉丁美洲研究》编辑部以及负责科研组织和行政事务工作的办公室。

（二）科研组织工作

2002年，在院党组的领导下，拉美所认真学习、贯彻十六大精神，并在所党委的安排下，结合拉美研究的特点，及时起草了学习、贯彻十六大精神的课题指南，成立“青年研究中心”，加快对青年科研人员的培养，并采取了改进和加强科研组织管理的新措施，使科研工作取得了新的进展。

2002年，该所共发表专著5部，1445千字；译著3部，626千字；论文65篇，451.2千字；调研报告23篇，242.7千字。

年内新立项课题有——院B类重大课题：袁东振主持的“拉丁美洲国家政治制度研究”；刘纪新主持的“拉美养老金制度改革研究”。列国志：谌园庭的“墨西哥”；白凤森的“秘鲁”；张颖的“厄瓜多尔”；王锡华的“危地马拉”、“萨尔瓦多”、“伯利兹”；范蕾、赵重阳的“海地”、“多米尼加”；吴德明的“圭亚那”、“苏里南”；周志伟、齐峰田的“牙买加”、“巴巴多斯”、“特里尼达和多巴哥”；林华、王鹏、张育媛的“拉美国际组织”。所重点课题：孙桂荣的“俄罗斯和拉美国家的关系——过去、现在和未来”。

2002年的在研课题有：毛相麟主持的国家社科基金课题“古巴的社会主义研究”；在研的院A类重大课题有苏振兴主持的“拉丁美洲现代化道路研究”、江时学主持的“21世纪初拉美发展前景预测”、吴国平主持的“拉美经济改革的经验教训——主要国家实例比较研究”；院B类重大课题有李明德主持的“科学技术与拉美经济增长”、徐世澄主持的“墨西哥的政治经济改革及模式转换”；院重点课题有杨茂春主持的“智利社会保障制度模式研究”；人事部留学回国人员课题有江时学主持的“金融全球化与发展中国家的经济安全：拉美国家的经验教训”；所重点课题有吴德明主持的“拉美现代化进程中的民族问题”；列国志有徐世澄的“古巴”，曾昭耀的“玻利维亚”，徐宝华的“哥伦比亚”，宋晓平的“阿根廷”，王晓燕的“智利”，吕银春、周俊南的“巴西”，贺双荣的“乌拉圭”、“巴拉圭”，焦震衡的“委内瑞拉”，杨西的“巴拿马”、“哥斯达黎加”，汤小棣的“洪都拉斯”、“尼加拉瓜”；自选课题有白凤森的《玛雅文化》（译作）。

2002年已结项课题有院交办课题：焦震衡主持的“埃连事件——古美关系中的一件大事”；所重点课题：刘承军主持的“拉丁美洲思想史”。

2002年8月，拉美所拉美经济学科被确立为院首批重点学科建设工程之一，由拉美所研究员、经济研究室主任吴国平主持。2002年，加强该学科建设的重要举措有：不定期举行“拉美经济论坛”；结合拉美热点问题（如阿根廷危机、委内瑞拉政局等）进行讨论；加强对该学科青年科研人员的培养，为每人指定了导师，并为其确定了研究方向。

2002年，拉美所苏振兴的《拉丁美洲的经济发展》一书获院第四届优秀科研成果专著类三等奖；江时学的《从拉美和东亚的发展模式看政治与经济的关系》一文获中国世界经济学会会长奖。

（三）学术活动

2002年4月25日，拉美所社会和文化研究室为纪念墨西哥著名哲学家和思想家莱奥波多·塞亚诞辰90周年，举行了“墨西哥哲学家塞亚思想”研讨会。来自拉美所、古巴驻华使馆、新华社和《人民日报》等单位和部门的十余位学者参加了会议。

2002年8月5~9日，中国拉丁美洲学会年会在大连举行。会议主题为“中国入世后的中拉关系”，参加人员约70余人。

2002年8月29日，拉美所与中国体制改革办公室联合举办了题为“当前拉美形势”的座谈会。来自拉美所和体改办的40余位学者参加了会议。

2002年10月31日，拉美所青年中心主持召开了“巴西大选与未来形势”讨论会。30余位学者参加了会议。

2002年12月2日，该所举办“2002年拉美形势”研讨会。60位专家、学者参加了会议。

（四）学术交流

该所2002年出访3人，接待来访外宾13批70余人。重大国际学术交流活动如下：

2002年4月25日，国防大学外训系高级指挥班第31期（拉美班）的29名学员与拉美所科研人员举办了“委内瑞拉危机的启示：军队在拉美政治经济生活中的地位和作用”座谈会。

2002年5月17日，古巴科技部副部长Lina Dominquez女士来拉美所作题为《古巴社会科学发展史和古巴社会科学研究现状》的报告。

2002年10月24日，古巴全国人民政权代表大会经济委员会主席奥斯瓦尔多·马丁内斯先生一行7人访问拉美所，作了题为“古巴当前经济形势”的报告。

2002年11月7日，拉美所与古巴驻华使馆联合举办了古巴民族英雄何塞·马蒂诞辰150周年纪念活动。

（五）学会、期刊工作

中国拉丁美洲学会，会长苏振兴。该学会于2002年8月5~9日在大连举行了主题为“中国入世后的中拉关系”的年会，70余人参加了会议。

《拉丁美洲研究》(双月刊)，主编蔡同昌。该刊2002年刊出的有创新内容的论文有：王秀奎、江时学《贯彻“七一六”讲话 加强有中国特色的拉美研究工作》；宋晓平《阿根廷经济和社会危机》；江时学《阿根廷危机的由来及其教训——兼论20世纪阿根廷经济的兴衰》；徐世澄《墨西哥银行的私有化和外国化进程》；蒋光化《中国加入世贸组织与中拉经贸合作关系的发展》；苏振兴《拉美国家制造业的结构调整》；卢国正《近十年拉美对外贸易和中拉贸易发展特点》；张宝宇《试论巴西现代化进程中的社会变化》；刘承军《简析印第安文明中的思想因素及其研究的意义》；刘纪新《从拉美实践看政府在社会保障改革中的职责》。

亚洲太平洋研究所

（一）基本情况

截至2002年底，亚洲太平洋研究所有现职人员46人，其中，正高级职称人员7人，副高级职称人员16人，中级职称人员10人，高中级职称人员占全所职工总数的71.7%。

该所设安全外交研究室、经济研究室、政治社会研究室、文化研究室、图书资料室、办公室（科研、人事、行政）。

（二）科研组织工作

为发挥学科和综合性研究的优势，该所于2002年初打破了以地区研究为基础设立研究室的建制，采取了以学科为依托设立研究室的重要举措。原来的东北亚研究室、东南亚研究室、南亚研究室、南亚文献研究室、国际关系与合作研究室调整为安全外交研究室、经济研究室、政治社会研究室和文化研究室。调整、梳理了该所的组织脉络，更有利于发挥学科研究的优势和加强院重点学科的建设，有利于院重大课题、院重点及所重点课题的设计、组织和落实工作。

2002年，亚太所经济研究室申报院重点学科建设项目，于2002年8月得到批复，亚太经济成为社科院首批57个重点学科建设工程项目之一。

2002年，亚太所发表专著11种，162.6万字；论文67篇，26.9万字；研究报告14篇，9.4万字；国外发表论文13篇，研究报告1篇。主要成果有：张蕴岭、孙士海主编的《亚太发展报告》（蓝皮书），田禾的《东亚劳动力跨国流动》（专著），高连福主编的《东北亚国家的对外战略》（专著），张蕴岭的《东亚合作与中国—东盟自由贸易区建议》（论文），陆建人的《APEC：上海会议的成果与今后的发展前景》（论文），唐世平的《2010～2015年的中国周边环境》（论文），孙士海的《21世纪的中印关系展望》（论文），韩锋的《东盟的政策调整对中国与东盟关系的影响》（论文），朴键一的《朝鲜建设“主体社会主义强盛大国”的经济发展战略》（论文）等。

2002年，该所新立项课题有——院重大课题2项：“亚太地区产业结构、投资结构、贸易结构之间的变动关系研究”（A类），主持人陆建人；“东亚现代化进程中的社会政治转型”（B类），主持人李文。所重点课题2项：“亚太发展报告2001年卷”（蓝皮书），张蕴岭、孙士海主编；“转型时期印支国家的政治与外交”，主持人杜继锋。外经贸部委托课题1项：“中韩贸易逆差原因及对策建议”，主持人张蕴岭。

在研课题有——院重大课题3项：“2000～2015年亚太地区的国际环境”（A类），主持人张蕴岭；“二战后南亚国家对外关系研究”（B类），主持人孙士海；“21世纪初亚洲东南部的国际环境及对我国的影响”（A类），主持人韩锋。院重点课题2项：“南亚伊斯兰原教旨主义”，主持人张玉兰。“列国志”、“巴基斯坦卷”，主持人张玉兰；“孟加拉国卷”，主持人刘建；“印尼卷”，主持人王受业；“越南卷”，主持人徐绍丽；“朝鲜卷”，主持人朴键一；“韩国卷”，主持人金英姬；“泰国卷”，主持人田禾、韩锋。

已结项课题有——院重点课题2项：“东北亚地区政治经济发展形势及我国对策研究”，主持人高连福；“东亚劳动力流动”，主持人田禾。所重点课题4项：“亚太发展报告”（蓝皮书），主持人张蕴岭、孙士海；“列国志—印度”，主持人孙士海、葛维钧；“列国志—尼泊尔”，主持人王宏纬；“列国志—斯里兰卡”，主持人王兰。外经贸部委托课题：“中韩贸易逆差原因及对策建议”，主持人张蕴岭。

科研成果获奖情况：2002年，张蕴岭的《综合安全观及对我国安全的思考》，获中国社会科学院第四届优秀科研成果奖论文类三等奖、所优秀科研成果奖一等奖；孙士海的《印度的发展及其对外战略》，获中国社会科学院第四届优秀科研成果奖专著类三等奖、所优秀科研成果奖一等奖；韩锋的《东盟地区论坛在亚太安全对话中的地位和作用的评估》（研究报告），获所优秀科研成果奖一等奖；陆建人的《东盟的今天与明天——东盟的发展趋势及其在亚太的地位》（专著），获所优秀成果奖；朱明忠的《尼赫鲁》（专著），获所优秀成果奖；郭良鋆的《因明入正伦》（梵汉对照）（论文），获所优秀成果奖；《当代亚太》杂志，获所优秀成果奖；唐世平的《中俄战略伙伴关系下的中亚地区经济一体化》（论文），获所优秀成果奖，院信息工作优秀信息奖；唐世平的《配合西部大开发，推进中亚地区经济合作》（论文），获院信息工作优秀信息二等奖；朴键一的《朝鲜建设“主体社会主义强盛大国”的经济战略》（论文），获院信息工作优秀信息三等奖；唐世平、江亦丽的《美国对阿军事行动对南亚和中亚局势的影响》（论文），获院信息工作优秀信息三等奖；唐世平、孙士海、江亦丽的《“9·11”事件后的国际局势与我国对策》（论文），获院信息工作优秀信息三等奖；亚太所获院信息工作先进集体称号（采用稿件排名第二）。

（三）学术活动

1. 国际研讨会、报告会

（1）2002年3月28日，邀请菲律宾驻华大使卫和作报告，主题为：①中菲关系；②中国与东盟关系。

（2）2002年6月7～8日，召开“朝鲜半岛与东北亚地区合作”国际学术研讨会，会议主题为：①大国对朝鲜半岛政策；②朝鲜经济变化的前景；③朝鲜半岛与东北亚地区的能源、交通与通讯合作；④促进朝鲜半岛的经济合作。

（3）2002年8月16日，召开“21世纪初东北亚和平与发展”国际研讨会，中日两国40余名学者出席。

（4）2002年8月22～23日，召开“东亚合作：进程与前景”国际学术研讨会。

（5）2002年10月26日，召开“加入世贸组织与地区经济关系”国际学术研讨会。

（6）2002年12月18日，召开“庆祝中澳、中新建交30周年”学术研讨会，澳大利亚驻华大使、新西兰驻华大使出席。

2. 国内学术研讨会、报告会

（1）2002年4月29日，召开“东亚经济合作”学术研讨会。

（2）2002年6月14～15日，召开“亚太地区经济形势与东亚地区合作”研讨会。

（3）2002年10月18日，召开中国社会科学院地区安全中心成立暨学术研讨会。

（4）2002年11月7日，召开中国社会科学院亚洲太平洋研究所东南亚研究中心成立大会暨学术研讨会。

（5）2002年12月26日，举行“2002年亚太地区政治经济形势回顾与展望”学术研讨会。

（四）学术交流

2002年，亚太所接待国外研究机构和大学来访学者、政府官员、国外新闻机构采访共计126批258人次（其中新闻机构采访12次）。出访、参加国际学术研讨会19批25人次。安排外国学者到亚太所进修和学术访问（一个月以上）6人，其中来自韩国3人，印度1人，新加坡1人，马来西亚1人。

（五）学会工作

中国亚洲太平洋学会，会长张蕴岭。该学会于2002年6月2～3日在广州举办了“区域合作与广东发展新机遇”学术研讨会。

中国南亚学会，常务副会长孙士海。该学会于2002年5月20～22日在长沙举办了“南亚的政治经济形势”研讨会。

（六）期刊工作

《当代亚太》（月刊），主编张蕴岭。2002年度，该刊发表的具有较高学术水平、创新学术内容和较大影响的论文有：张蕴岭的《东亚合作与中国—东盟自由贸易区的建设》（第1期）；库斯蒂亚（印度尼西亚驻华大使）的《印度尼西亚国内政策和印尼与中国的关系》（第1期）；江亦丽的《“9·11”事件对美国内政外交的影响》（第1期）；朴键一的《朝鲜建设“主体社会主义强盛大国”的经济发展战略》（第1期）；陆建人的《对当前亚洲经济形势的若干看法——博鳌亚洲论坛首届年会聚焦》（第5期）；朱明忠的《宗教冲突是影响南亚安全的重要因素》（第2期）；卫和世（菲律宾驻华大使）的《打击恐怖主义：菲律宾的经验》（第12期）；杨运忠的《对21世纪初中国安全面临的主要威胁的战略思考》（第10期）。

《南亚研究》（半年刊），主编孙培钧。2002年度，该刊发表的具有较高学术水平、创新学术内容和较大影响的论文有：王宏纬的《1962年边界战争及其对中印关系的影响》（第2期）；朱明忠的《甘地的非暴力主义及其影响》（第2期）；刘曙雄的《对当代伊斯兰文化的思考》（第1期）。

美国研究所

（一）基本情况

截至2002年底，美国研究所有现职人员58人，其中，正高级职称人员9人，副高级职称人员9人，中级职称人员28人，高中级职称人员占全所现职人员的79.3%。

该所设美国政治研究室、美国经济研究室、美国外交研究室、美国社会文化研究室、《美国研究》编辑部、图书馆和行政办公室。

（二）科研组织工作

2002年度，该所共完成专著3部，72万字；译著3部、译文22篇，100万字；论文36篇，39.7万字；调研报告11篇，54.2万字。

新立项课题有——院重大课题2项：胡国成主持的“美国宏观经济监管”（A类），朱世达主持的“美国市民社会问题研究”（B类）；所课题9项：顾国良主持的“‘先发制人’战略解决不了大规模杀伤性武器的扩散”，樊吉社主持的“美朝框架协议评析——兼论美对朝鲜的不扩散政策”，王孜弘主持的“美国金融资本与发展中国家资本市场”，袁征主持的“‘中国威胁论’的兴起与启示”，姬虹主持的“美国司法领域的种族矛盾和种族歧视”，洪源主持的“美俄在反恐中的合作与斗争”，仇朝兵主持的“从海湾战争到伊拉克危机——冷战后美对伊政策述评”，刘晓红主持的“美国政府的药品经济政策”，黄河主持的“市民社会中的美国工会”。

在研课题有——院重大课题3项：王缉思主持的“美国霸权主义研究”（A类），周琪主持的“意识形态与美国外交政策”（A类），陶文钊主持的“冷战后美国对华政策”（B类）；所课题9项：顾国良主持的“‘先发制人’战略解决不了大规模杀伤性武器的扩散”，樊吉社主持的“美朝框架协议评析——兼论美对朝鲜的不扩散政策”，王孜弘主持的“美国金融资本与发展中国家资本市场”，袁征主持的“‘中国威胁论’的兴起与启示”，姬虹主持的“美国司法领域的种族矛盾和种族歧视”，洪源主持的“美俄在反恐中的合作与斗争”，仇朝兵主持的“从海湾战争到伊拉克危机——冷战后美对伊政策述评”，刘晓红主持的“美国政府的药品经济政策”，黄河主持的“市民社会中的美国工会”。

已结项课题有——院委托课题2项：陶文钊主持的“布什言论”、“中美关系30年”；所课题12项：潘小松主持的“20世纪60年代美国文化研究探索”，姬虹主持的“2002年大选中的种族问题”，樊吉社主持的“美俄在军控领域的合作与分歧”，袁征主持的“艰难的政策抉择：美国对巴勒斯坦政策的起源（1945～1948）”，顾国良主持的“小布什政府军控思想与政策的调整变化及中国应采取的对应政策”，黄河主持的“新教伦理与美国市民社会”，仇朝兵主持的“反美扶日运动与1948年前后的中美关系：兼论中共对美蒋斗争策略的变化”，陈宝森主持的“美国‘新经济’与克林顿经济战略”，吴展主持的“美国核武器控制和核裁军问题”，郑伟民主持的“新世纪初的美国经济”，洪源主持的“导弹防御系统的未来”，魏红霞主持的“布什政府对拉美国家的政策评析”。

经2002年8月6日院务会议批准，美国经济研究学科被确定为中国社会科学院“重点学科建设工程”项目。该学科以美国经济发展及趋势为中心，重点研究美国经济制度、宏观经济监管体系、科研成果转化体系，注重美国经济发展中各领域的创新活动的研究。

学科建设重要举措：(1) 在责任期内，充实科研人员队伍至15人，在职研究人员每年完成1至2项所课题，或参加集体课题，在实践中提高研究水平和能力。(2) 学术基础建设和科研手段现代化建设具体目标：在责任期内完成1至2种重大科研精品和数篇高水准的论文；建立一支高水平的学术队伍，培养3名在学科领域享有较高声誉的学者；建立有重要学术参考价值的资料库和数据库；实现科研和管理手段的现代化。(3) 学科的人才培养与人才引进计划：在责任期内，选送3至5名青年研究人员赴美进修，鼓励青年研究人员报考国内在职博士生；力争在责任期内调入2至3名在国内已有成绩的高级研究人才，聘用3名高校和科研机构的研究人员为客座或特邀研究员，聘任1至2名美国经济学者为客座或特邀研究员，继续返聘在国内美国经济学界声名卓著的学者。

陈宝森的专著《美国跨国公司的全球竞争》，获中国社会科学院第四届优秀科研成果奖二等奖；陶文钊的专著《中美关系史（1949～1972）》，获中国社会科学院第四届优秀科研成果奖二等奖；资中筠的论文《美国强盛之道》，获中国社会科学院第四届优秀科研成果奖三等奖；周琪的论文《"美国例外论"与美国外交政策传统》，获中国社会科学院第四届优秀科研成果奖三等奖；王缉思的专著《高处不胜寒：冷战后美国的全球战略和世界地位》，获中国社会科学院第四届优秀科研成果追加奖。

（三）学术交流

1. 2002年以该所为主举办的学术研讨会有：

(1) "纪念上海公报发表30周年"学术研讨会，于2002年2月4～5日在北京召开，中国驻美国前大使柴泽民、朱启桢、李道豫以及美国驻华公使衔参赞李柏思（Lloyd Neighbors）和国内41家单位的150多位专家、学者参加了会议。

(2) 第四届"中美经济关系"国际研讨会，由该所与全国美国经济学会、香港岭南大学和澳门大学共同举办，于5月6～9日在香港岭南大学召开，来自中国内地、香港、澳门和台湾地区及美国、新加坡的60多位专家学者与会。

(3) "美国社会发展与中美交流"研讨会，由该所与东北师范大学美国研究所、美国驻沈阳总领事馆共同主办，于6月22～24日在长春召开，来自中国、美国、韩国和中国香港地区以及美国驻华使馆和驻沈阳总领事馆的部分官员和近百名学者参加了会议。

(4) "东亚国家关系中的中美关系"研讨会，由该所与中国美国史学会、厦门大学美国史研究中心共同举办，于10月26～28日在厦门大学召开，来自国内33个学术机构的60多位专家学者与会。

2. 国际学术交流：2002年度，该所共有27批42人次出访；邀请7批18人次来访。美国前国家安全委员会负责亚太事务的资深主任、密歇根大学教授李侃如曾来所就中美关系进行学术访问。

（四）学会、期刊工作

中华美国学会，会长王缉思。2002年，该学会举办了两次大型学术研讨会，即"纪念上海公报发表30周年"学术研讨会 和"东亚国家关系中的中美关系"学术研讨会。

中美关系史专业研究会，会长陶文钊。2002年10月26～28日，该学会与中华美国学会及厦门大学美国研究所合作举办了"东亚国家关系中的中美关系"研讨会。

《美国研究》（季刊），主编王缉思。2002年度，该刊登载了《"新帝国论"与美国"整合外交"》（阮宗泽）、《香港：中美关系中的"新"因素?》（鲍绍林）、《布什对华政策中的

“蓝军”阴影》（张睿壮）等具有创新学术内容的论文。

日本研究所

（一）基本情况

截至2002年底，日本研究所有现职人员39人，其中正高级职称人员7人，副高级职称人员12人，中级职称人员11人，高中级职称人员占全所现职人员的76.9%。

该所设日本政治研究室、日本经济研究室、日本社会文化研究室、日本对外关系研究室、《日本学刊》编辑部、图书馆、办公室。

（二）科研组织工作

2002年，该所共完成各类科研成果近700万字，其中，专著6部，210多万字；论文85篇，97万字；研究报告14篇，11.6万字；资料10万字；译著21万字；已完成未发表126万字。此外，全年完成期刊编辑（《日本学刊》）72万字，国际会议论文集150万字。

主要科研成果有：《日本政府与政治》（专著），《美日关系》（专著），《中日关系——复交30周年的思考》（专著），《日本的社会保障研究》（专著），《中国民众对日本很少有亲近感》（调查报告），《日本民族主义政治家言行的哲学透析》（论文），《日本必须信守关于台湾问题的承诺》（论文），《日本新时期国家安全战略浅析》（论文），《共筑东亚安全大厦》（论文），《日圆贬值及其影响》（论文），《个人所得税制改革趋向——对日本等主要发达国家的比较分析》（论文），《2001～2002年日本经济回顾与展望》（研究报告），《日本医疗制度的课题与改革》（论文）。

新立项课题有——

院A类重大课题：“区域合作与中日关系”（金熙德）；院B类重大课题：“日本自由民主党研究”（高洪），“日本现代化过程中的文化建设问题”（崔世广）。

所重点课题：“中日邦交正常化研究”（蒋立峰），“日本右翼——组织、人物、思想”（王屏），“2002年日本政治回顾与展望”，“新世纪日本的町村合并浅析”，“日本等主要发达国家法人税制比较研究”，“日元汇率走势分析”，“日本及世界能源产业的现状与分析”，“日本经济的回顾与展望”，“日本的青少年问题及其社会原因探析”，“日本妇女参政的历史与现状研究”，“日本人口结构的变化趋势及其对日本社会的影响”，“战后日本的发展与企业商业伦 理道德建设”，“21世纪初中日关系的特点与未来趋势——邦交正常化30周年的思考”，“冷战后日美安保体制的发展”，“近年来日本对东盟外交的调整趋势”，“日本外交的回顾与展望”，“2002年中国的日本研究概况”，“2002年日本政治、经济、文化大事记、基本资料”，“馆藏日文图书数据库”，“互联网日本所主页设计”，“制作开发及内容更新维护”，“中文图书回溯”，“大参考相关内容索引”，“科研成果数据库”等。

在研课题有：院A类重大课题“日本军国主义史研究”，论文集基本完成，资料集形成框架，专著大纲已确定；“21世纪日本战略调整趋势”，按计划进行；“21世纪初期区域合作与中日关系”，已启动。院B类重大课题：“日本右翼与政治”，进入最后写作阶段，中期检查提出延期到2003年6月；“大转折与大改革——日本经济发展模式再探讨”，资料收集已完成70%，初稿完成30%；“日本自民党研究”、“日本现代化过程中的文化建设问题”已经启动。

2002年，日本研究所认真制定了本学科发展的规划，经院批准，日本经济研究学科为院重点资助学科，实行目标管理，对出人才、出成果起到了机制上的促进作用和物质保证作用。目前，该学科以经济研究室为依托，现有研究人员5人（正高级职称人员2人，副高级职称人员2人，中级职称人员1人），均受过系统的经济学教育，都有在日本学习、生活和做研究工作的经历，有很强的学术意识，有较丰富的知识积累和资料积累，通晓1～2门外语，了解相关研究领域国内外的最新动态，能够运用计算机和现代通讯手段从事科研工作，在研究课题的选题方面，能够站在学科前沿，自觉地将日本研究工作与国家建设事业的需要相结合。日本经济研究室自成立以来，在跟踪日本经济研究动向、客观分析日本经济运行机理、总结日本经济发展中值得我国借鉴的经验与教训、回答国家有关部门的咨询等方面做了大量的工作，取得了丰硕的研究成果。特别是对日本经济体制构架和客观形势的分析研究方面，在国外也有一定的影响。

（三）学术交流

2002年是中日邦交正常化30周年。为纪念和配合国家、院的纪念活动及学术研究的需要，日本所共举办了6次国际学术研讨会，多次学术报告会，收到了良好的效果。

国际学术研讨会有：第六次中日青年论坛、中日资深外交家恳谈会、第二次中日政经论坛、“中日友好，共同发展——纪念中日邦交正常化30周年”国际学术讨论会、“中日两国的相互认识——中国人的日本观与日本人的中国观”国际学术讨论会、“亚太地区流通业比较”国际学术讨论会。

积极开展对外学术交流，全年共派遣出国进修、讲学、参加各种国际学术会议等人员20余人次，接待国外来访、参加国际会议、顺访的专家、学者、记者等近260人次。

（四）学会、期刊工作

中华日本学会，会长刘德有。2002年，该学会开展了如下四项活动：

（1）1月26日，在和平宾馆召开了新春联谊会。中华日本学会会长刘德有，副会长蒋立峰、王效贤、徐淡，中国社会科学院日本研究所副所长孙新，日本驻华使馆公使野本佳夫，日本国际交流基金北京事务所所长山崎正亲，日中经济协会北京事务所副所长畠山等在会上发表了热情洋溢的讲话。日本驻华商贸团体、金融业、企业界代表以及学会理事、工作人员80余人出席了联谊会。

（2）为纪念中日邦交正常化30周年，于3月16～17日在北京召开了中日资深外交家恳谈会。中日双方代表就30年来两国关系的发展和面临的课题、两国在东亚发展与地区合作中的作用、国家利益与安全对话等问题交流了看法，并提出了进一步改善和加强中日关系的建议。会议期间，中共中央政治局委员、中国社会科学院院长李铁映会见了学会领导和与会日方代表。

（3）2002 年 3 月，召开了“2002 年日元汇率走势及对我国的影响”讨论会。2001 年底和 2002 年初日元汇率下跌幅度较大，与会者全面分析了引发日元贬值的因素，指出了美国汇率政策在其中的作用，同时也客观地分析了日元贬值对我国外贸和经济形势的影响。会后写出的研究报告被《信息专报》和《要报》采纳上报。

全国日本经济学会，会长：王洛林。2002 年 12 月，该学会在北京召开了常务理事会，总结了 2002 年的工作。

《日本学刊》（双月刊），主编蒋立峰，副主编张进山、韩铁英（常务）。2002 年共出版 6 期，72 万字，被评为中国社会科学院优秀期刊。该刊的特点是：（1）针对我国改革开放和社会主义现代化建设事业的需要以及国际形势的变化，组织、刊登了大量日本政治、外交、经济、社会文化等方面的学术论文。特别是在纪念中日邦交正常化 30 周年之际刊载的一些高水平文章，在社会上引起较大反响，被多家国内外报刊、网站转载。（2）与时俱进，开拓创新，注重理论联系实际，发表了一些理论性、学术性强并具有现实意义的文章，为国内研究日本提供了可资借鉴的国际经验。（3）该刊系中国社会科学院日本研究所与中华日本学会共同主办的刊物，读者面比较广泛。因此，该刊注重从多方面多角度反映我国日本研究工作者的学术成果。除发表一些学术论文外，还发表了一些书评、人物介绍、学术动态等。该刊被北京大学图书馆和国家图书馆等单位组成的评选委员会列为国际政治类全国中文核心期刊，还被南京大学社会科学评价中心评为全国核心期刊。

二 院职能部门

办 公 厅

2002年，是我院建设和发展史上具有重大而深远意义的一年，也是办公厅任务较重、工作较为繁忙、发展较大的一年。一年来，在院党组和院务会议领导下，全厅同志高举邓小平理论伟大旗帜，以“三个代表”重要思想为指导，认真学习贯彻江泽民同志关于繁荣发展哲学社会科学的一系列重要讲话和党的十六大精神，牢牢把握正确的政治方向，切实履行“为院领导服务、为科研服务、为全院各项工作服务”的宗旨，团结协作，扎实工作，圆满完成了本年度工作计划和领导交办的各项任务，得到了院领导及有关部门的肯定和表扬。

2002年，全厅工作较之以往具有一些新的特点：一是国内、院内大事喜事多，承担任务重。如江泽民同志考察我院、院庆25周年、迎接党的十六大、院年度工作会议、院暑期工作会议的许多筹备工作由我厅承担，任务十分繁重。二是时间紧，工作要求高。很多任务是第一次承接，几乎没有什么经验可以借鉴，但都要确保按时完成、万无一失。三是全厅干部干劲大，工作热情高涨，表现出了很高的组织纪律性、大局意识和团结协作精神。四是锻炼多，收获大。在完成各项重大任务的过程中，全厅同志进一步振奋了精神，增强了凝聚力，得到了极大的锻炼和提高。

(一) 圆满完成江泽民同志考察我院、院庆25周年等重大活动的筹备任务

1.全力以赴做好江泽民同志来院考察的各项准备工作。党和国家最高领导人来我院考察，在我院历史上还是第一次。在院领导直接参与与指挥下，根据统一部署，全厅上下协调一致，各处室密切配合，连续十来天加班加点筹备，从材料报送、迎接方案设计，到文件准备、安全保密与宣传报道，再到各项会务工作及场地准备等，都反复检查，细之又细，慎之又慎，最终圆满完成了这项艰巨而光荣的重大政治任务，得到了院领导的高度赞扬。

2.认真筹办院暑期工作会议。由于准备充分、工作细致、服务周到，今年的院暑期工作会议开得很成功，把我院学习贯彻江泽民同志“七一六”重要讲话的活动推向了高潮，院领导和其他与会人员对会议筹办工作给予了充分肯定。会后，及时编发了《暑期工作会议文件汇编》等，进一步推动全院贯彻落实院暑期工作会议精神。

3.积极参与筹备院庆25周年系列活动。严格按照院庆筹备工作领导小组关于筹备工作要“全面准备、充分展示、抓住机遇、推动工作”的总要求，认真筹备组织院庆各项活动。建院25周年优秀科研成果展推出后，积极联络、邀请与组织院内外各界人士参观，其中部

级以上领导干部就有30多人。经过紧张而精心的筹备，院庆大会于10月16日隆重召开，邀请全国人大副委员长成思危、许嘉璐、蒋正华和各有关部委领导来宾30余人，组织院内同志约800人出席大会；会前向每位与会者赠送了《学习江泽民总书记“七一六”重要讲话文集》、《中国社会科学院第四届优秀科研成果奖》光盘和有彩色“院庆专版”的《院报》以及当日刊登《党的三代领导集体关心、支持哲学社会科学事业纪实》一文的《人民日报》，为大会营造了良好气氛。

（二）围绕各项重大活动，积极做好信息报送、新闻宣传和编辑出版工作

1. 信息报送取得新成绩。在院领导高度重视、亲自指导和组织部署下，今年进一步加强与党中央、国务院及中宣部有关信息部门的联系，紧密关注国际、国内形势，围绕重大事件与活动，突出快速反应、深刻分析、落实建议等特点，组织编发了一大批高质量的信息稿件。截至10月底，共编发《中国社会科学院要报》94期、《要报·信息专报》88期、《要报·领导参阅》30期、《世界社会主义研究动态》28期，共计150多万字。据不完全统计，《要报》、《要报·信息专报》被中央领导同志批示及被中办、国办和有关部委采用的稿件有80多篇，总反馈率约为45%，还有一批稿件被新华社、《人民日报》社、《经济参考报》等转载采用。另外，利用“二邮”系统上报国务院“专报信息”20余条，召开了6次《要报》专题座谈会，并将有关重要情况整理上报。

根据科技部2001年度全国科技统计年报工作的统一要求与部署，独自承担了我院的统计报送任务。组织我院33个单位进行调查统计，在对填报结果进行严格审核后，及时报送有关部门，得到北京市科委和科技部的好评。同时，加强对统计数据的开发应用，汇总制作了统计数据集，并撰写出分析报告供有关领导和部门参考。

2. 新闻宣传声势较大，效果较好。根据院党组的要求和部署，《院报》和新闻办以学习、宣传、贯彻江泽民同志关于繁荣发展哲学社会科学的一系列重要讲话精神为主线，紧密围绕江泽民同志考察我院、迎接党的十六大、院2002年度工作会议、院暑期工作会议、院庆25周年等重大工作与活动，加大宣传力度，集中全力做好重点宣传报道工作。

《院报》为配合学习贯彻江泽民同志“七一六”讲话和院庆25周年等活动编发了一大批消息稿件和理论文章，如编发长篇通讯《江泽民总书记考察中国社会科学院纪实》与多篇相关综述，连续刊登江泽民同志“七一六”重要讲话摘要，开设“一定要办好中国社会科学院”、“庆祝建院25周年”、“庆祝建院25周年征文”等专栏。

新闻办公室根据院领导今年赴有关新闻单位座谈协议，进一步加强了与各大新闻媒体的联系与合作。特别是积极联络与配合新华社、《人民日报》、中央电视台等各大新闻媒体广泛宣传报道江泽民同志考察我院和我院学习贯彻江泽民同志讲话、院庆等重大活动，扩大了我院和哲学社会科学的社会影响。据不完全统计，截至10月底，中央电视台有关节目共播出我院消息30余次，新华社及各大报刊报道我院新闻稿件和理论文章110余次（篇）。

为进一步提高新闻宣传工作的效率与质量，还将《院报》与信息报送和新闻办工作有机结合起来，加大组织策划力度，加强采编队伍思想建设与组织建设，重新制定《院新闻宣传工作管理办法》，并据此建立实施“学习与宣传联络员制度”和“新闻宣传工作情况统计制度”，加强了对全院新闻宣传工作的协调和管理。

3．精心编辑出版《中国社会科学院画册》等重要宣传资料。《中国社会科学院画册》是在李铁映院长亲自指示和指导下完成的。作为我院首部正式文献性画报，面临着任务重、时间紧、要求高、基础差、难度大等种种压力。为切实做好这项工作，朱锦昌秘书长亲自牵头组成《画册》编委会，统一组织协调。经过各方努力，历经半年时间，《画册》终于赶在院庆25周年和党的十六大胜利召开之际顺利出版。该画册以丰富的照片资料，生动反映了我院建院25年来，尤其是1998年至今全院各项事业取得的巨大成就。同时，精心编辑制作《一定要办好中国社会科学院——江总书记考察中国社会科学院纪实》纪录片光盘，记录了江总书记考察我院的全过程；编辑《一定要办好中国社会科学院——学习江总书记“七一六”重要讲话文集》，收录了江总书记考察我院的新闻稿、各新闻媒体的报道、我院专家学者在报刊上发表的学习江总书记重要讲话的文章。上述画册、光盘和文集具有较强的资料性、宣传意义和纪念价值，对于进一步推动全院乃至全社会深入学习贯彻江泽民同志“七一六”重要讲话精神，扩大我院和哲学社会科学的社会影响都具有较大意义。

根据工作计划和院领导有关指示，还编辑出版了《中国社会科学院年鉴》2001年卷，编制印发了《中国社会科学院2002年度综合计划》、《中国社会科学院2001年基本情况统计年报》、《2001年铁映同志大事记》、《2001年铁映同志讲话汇集》、《铁映同志论繁荣发展哲学社会科学》等文献资料。

（三）以服务全院为宗旨，切实做好各项日常院务工作

1．值班工作正常运转，并编发《工作日报》73期、《上周要报》40期、《月报》10期、“院领导一周活动安排”表40期和院《2001年大事记》等。

2．认真办理各项机要文秘工作。2002年的机要文件、电报、资料收发数量比2001年有较大增加，共收发文件资料68902份、电报243份，完成院领导文件传阅25000件（人次），缮用院、厅印章9000余次，复印文件资料5万余页。机要车辆安全行驶4.5万公里，登记、交换机要文件5200件无差错，被中央国家机关机要交换站评为“优秀交换集体”。下发了我院所局级领导定期阅文的通知，坚持每一季度按时下发阅文时间表，接待各级领导和研究人员阅文130多人次，还编发《港台报刊动态》331期。为全院72个单位（含内设机构）订阅并分捡发送报纸236种（全年累计588160份）、期刊1786种（全年累计29120册），还包括大量信件、文件、汇款单、包裹单的登记与分送。

完成全国人大九届五次会议、全国政协九届五次会议20件提案、议案、建议案的办理工作及院领导办公室的调整与办公设备的配备工作。

3．积极做好各项日常会务工作。截止到11月中旬，筹办院务会议4期，院长办公会议18期，秘书长碰头会议8期，并编发了《会议纪要》。

4．认真做好院学术报告厅的管理与服务工作。圆满完成江泽民同志考察我院、埃及总统穆巴拉克夫人和南非非国大总书记莫特兰特来院访问并演讲、院2002年度工作会议、建院25周年庆祝大会等重大活动的接待和会议任务。院领导对报告厅的出色工作给予了充分肯定。据不完全统计，院学术报告厅2002年共接待各种会议1250余次，接待会议人员48400多人次。

5．继续做好全院计划生育、献血等工作。联合有关单位共同举办计生干部培训班，继

续深入开展“三下乡”活动，广泛宣传新颁布实施的《人口与计划生育法》，积极组织参加中央单位计生知识竞赛并获奖。认真组织全院职工参加献血活动，连续第四次实现一日一次完成全年献血指标，连续第三次被评为东城区和北京市献血先进单位。还组织献血人员分批疗养，协助组织全院职工为部分灾区、贫困地区募捐大量款物。

（四）不断推进档案、保密工作管理规范化、科学化

1. 加快推进档案数字化。对建院前学部时期的永久、长期档案和 1975 年至 1990 年档案共计 2400 余份进行了系统整理，并完成了数字化加工工作。同时，图片声像档案的收集整理工作也取得较大进展，共收集各种照片 2000 多张，还将李铁映同志和历届院主要领导同志参加各项活动的大量重要图片与声像资料进行了数字化加工制作。

为提高档案人员业务水平及为档案立卷改革作好准备，今年组织院直部门的档案工作人员赴西安参加国家档案局组织的档案业务培训班。

2. 认真做好各项保密管理工作。组织召开全院各单位保密工作小组负责人和机要文件负责人会议，部署开展我院保密要害部门与部位的确定工作，传达国家保密局有关计算机、手机保密管理的通知，组织观看计算机保密宣传教育片等，进一步强化了全院职工特别是保密工作人员的保密意识，提高了保密工作质量。

2002 年，在机要文件收发、传阅等各项工作量比 2001 年有较大增加的情况下，仍实现全年无差错，无失泄密现象发生。中办和国家保密局有关领导来我院检查时，对十六大报告征求意见稿等重要文件在我院期间的保密管理给予了高度评价。

（五）加强并改进人事管理与后勤服务保障

1. 进一步加强人事管理工作。根据院有关要求和部署，认真做好本年度干部考核、奖评与总结工作，组织符合条件的专业人员参加本年度全院职称评审，并积极参加院干部考核小组的有关工作。

因职务变动、人员调入、退休等，全年共为 31 人（次）办理了人事、工资关系的调整。根据有关部门的统一要求，对全厅近五年来的人事档案资料进行核定归档，并对全部档案资料进行重新整理、装订，方便了管理与使用。

2. 切实做好各项后勤服务保障工作。为离退休干部核算了住房补贴，并签署有关协议。对全厅固定资产与办公设备情况进行调查统计，切实做好各项管理工作。为院领导和全厅干部组织发放物资十余次，并协助院领导在春节期间慰问老专家、老学者，探望厅内离、退休老干部。认真做好安全保卫工作，积极组织厅内人员参加募捐、献血、体检、院第三届运动会等活动。

（六）抓紧抓好信息化建设，切实推进办公自动化

1. 积极协助推进全院办公自动化。2002 年，院直机关成立了办公自动化工作小组，由办公厅牵头组织协调，网络中心提供技术支持，加快推进办公自动化和科研管理现代化。先后开发并试运行了“文件分发和管理系统”、“领导专用网文件阅览管理系统”、“护照签证申办系统”、“院职工体检数据库管理系统”等。同时，协助网络中心基本建成了院保密网和领

导专用办公网，即将开通运行。

2. 大力推进全厅信息化建设。作为全院信息化与办公自动化建设的试点单位，在有关领导和网络中心的支持与指导下，2002年，厅内先后建成“值班管理系统”、“文档处理系统”、“机要文件管理系统”、“档案管理系统”、“信函收发管理系统”、“报刊电子订阅系统”等，并试行使用，在一定程度上简化了工作程序，提高了工作质量与效率。

同时，对部分文件、档案进行了数字化，进一步完善院报网上查阅系统和厅内外网站建设，在院属各单位网页评比中获得二等奖。还先后在北戴河暑期工作会议和办公厅内部对我厅信息化建设阶段性成果进行了演示，得到了有关领导的肯定和称赞。全厅办公自动化的硬件设备也得到明显改善，广大工作人员的自动化操作技能进一步提高。

（七）加强自身建设，不断提高全厅干部的政治与业务素质

1. 高度重视提高全厅干部的政治素质。根据院党组统一部署，紧密围绕学习贯彻“三个代表”重要思想、江泽民同志一系列重要讲话精神和迎接党的十六大等重大活动，厅党总支制定并下发了有关学习计划，对学习的时间、内容、方法和要求等作了详细而严格的规定。各党支部多次召开专门学习讨论会，组织工作人员参加有关报告会与座谈会，积极开展各种形式多样、内容丰富的学习活动，把理论学习与实际工作有机结合起来，深化对各项日常工作的正确认识，增强服务意识，改进工作作风，提高工作质量。

2. 注重领导班子建设。厅领导班子认真贯彻民主集中制原则，充分听取各方面意见，民主决策，尽力调动全厅干部的积极性。班长以身作则，带领大家扎实工作，认真落实全院的工作部署，紧密结合工作实践，不断加强全厅干部队伍的思想建设与作风建设，进一步增强了全厅的凝聚力、大局观念和工作热情、服务意识。

3. 加强业务学习，提高服务水平。全年共组织17人次参加计算机应用培训，2人参加国家档案局档案管理培训，还有多名同志参加其他有关专业进修与业务培训，有效地提高了业务水平。同时，进一步改进工作作风，增强服务意识。特别是对值班室、秘书处、新闻办等全院窗口部门加强管理，对一些具体工作提出明确的规范性要求，并对新分配来的同志进行专门的教育培训。

4. 注重团结协作，进一步加强工作交流。在2002年的几项重大活动中，许多工作是大家分工协作共同完成的，不仅提高了工作效率与质量，还强化了广大工作人员的工作热情和集体观念。

回顾一年来的工作，全厅各方面都取得了较大成绩。但也要清醒地看到，工作中还存在一些不足和问题，如工作规章制度不够健全，有些工作方式、方法与新的形势和要求存在不相适应的地方，学习与文体活动举办较少等。对此必须高度重视，并采取有力措施及时妥善解决与改进。

科 研 局

2002年，科研局在院党组的领导下，以“三个代表”重要思想为指导，把握正确的政治方向、理论方向和科研方向，在科研管理工作中取得了新的成绩，全面完成了全年的工作任务。

（一）深入学习贯彻江泽民同志重要讲话和党的十六大精神，组织课题研究并撰写理论文章

江泽民同志在中央党校发表“五三一”讲话后，科研局发出通知，要求院属各单位在科研和出版工作中，以学习、宣传江泽民同志2001年“七一”、“八七”和2002年“四二八”、“五三一”一系列重要讲话为重点，组织相关课题研究、学术研讨并发表理论文章。院学术委员会召开座谈会，认真学习江泽民同志“八七”讲话和“四二八”讲话精神。

7月16日，江泽民同志考察我院并发表重要讲话，科研局组织全体同志认真学习，并协助院学术委员会召开“深入学习江总书记‘七一六’重要讲话，进一步办好中国社会科学院”专题研讨会，提出《关于改进我院工作的若干建议》。中宣部为落实江泽民同志“七一六”讲话精神来我院调研，该局根据院领导的指示，组织院直部门负责同志、有关所的领导同志和专家座谈，就加强和改进哲学社会科学工作提出了建议。

党的十六大召开后，科研局及时要求各研究所组织科研人员围绕十六大精神进行深层次的理论研究、阐发和宣传；要求各学术期刊精心组织和编发一批具有重要现实意义和学术价值的高水平的理论文章。同时组织全局党员掀起了学习十六大精神的热潮，梳理了一批需要深入研究的重大理论和现实课题，并逐步加以落实。该局还组织承办了我院与《经济日报》社联合召开的“首都理论界学习贯彻党的十六大精神”座谈会。

（二）完成江总书记来院考察和25周年院庆活动的有关组织工作

科研局按照院党组的统一部署，承担了迎接江泽民同志考察有关学术方面的组织工作，如举办“建院25周年科研成果展”；为院领导的汇报提供有关背景材料；配合院图书馆，做好与江总书记视察电子阅览室和古籍阅览室有关的人员方面的准备工作；协助院领导落实江泽民同志与我院领导和学者座谈会的组织工作等。

作为庆祝建院25周年的一项重大活动，科研局举办了优秀科研成果奖和优秀期刊奖颁奖大会；组织编写了获得一、二等奖的优秀科研成果简介；向院网络中心提供了获奖成果的有关资料，制作成光盘；与院图书馆共同举办获奖成果展和优秀期刊展，制作优秀科研成果奖和优秀期刊奖获奖作者光荣榜；与《院报》合作宣传获奖成果及其作者等等。

（三）继续组织落实重大课题，进一步加强重大课题管理

继续组织落实院重大课题，向院属各单位发出《关于2002年院重大课题申报工作的通

知》，对院属各单位申报的重大课题进行审查，对个别不符合规定的申报项目进行了必要的调整。经过院重大课题学科评审委员会评审和院务会议审定，共有120项重大课题立项，其中A类重大课题30项，B类重大课题90项。为了加强和改进对重大课题的管理，科研局印发了《中国社会科学院重大课题进展情况报告书》，组织各学科片对2000～2001年度立项的院重大课题的研究进展情况和经费使用情况进行了全面检查，并在此基础上完成了对符合要求的重大课题资助经费的拨付工作。

（四）积极稳妥地启动和实施“重点学科建设工程”

科研局在深入调研的基础上，制定了《中国社会科学院“重点学科建设工程”项目管理办法》，并就2002年院“重点学科建设工程”申报工作进行部署。经过各单位申报、科研局初步审查、学科评审委员会评审和院务会议审批，确定了57个重点学科建设项目。根据“重点学科建设工程”项目管理办法的有关规定，该局与有关研究所及研究室订立了“重点学科建设工程项目协议书”，并完成了经费拨款工作。

（五）举办第四届优秀科研成果评奖和第二届优秀期刊评奖

科研局经过深入调研，研究制定了《关于第四届（2002年）中国社会科学院优秀科研成果奖评选活动的若干规定》，并具体组织了评审工作。第四届优秀科研成果奖评选范围主要是我院学者1999年至2000年间发表和出版的科研成果。在评审中严格掌握评奖标准，坚持质量第一的原则；院学科评奖委员会的组成实行完全回避制度，并安排了两个异议期。这些措施，体现了公平、公正和公开原则，保证了评奖的高质量。在评选出的122项优秀科研成果中，一等奖5项，二等奖38项，三等奖79项。

在第二届院优秀期刊评奖的工作中，科研局研究拟定了《中国社会科学院优秀期刊奖励办法（试行）》，从评奖范围、评奖标准、评奖程序等方面对优秀期刊奖励工作作了明确规定；同时还制定了《中国社会科学院第二届优秀期刊评奖实施方案》，对奖励数量、评审方式以及评奖活动时间安排等问题作了具体规定。评审委员会坚持质量第一，宁缺勿滥，在各研究所推荐的40种候选期刊中评出获奖期刊28种，其中一等奖10种，优秀奖18种。“两奖”的评审结果均在《院报》、科研宣传栏及科研局网页上公示并受理异议。

（六）围绕加强学风建设等问题开展多项调查研究工作

2002年是中央提出的“转变作风年、调查研究年”。加强学风建设是我院工作的重点。科研局牵头成立了“加强学风建设研究”课题组，就我院学风建设的现状、存在问题和对策等，多次召开专家学者座谈会，并在全院范围内进行调研。在深入研究、反复讨论的基础上，课题组向暑期工作会议提交了《关于加强我院学风建设决定》的讨论稿和《关于我院近年来在加强期刊学风建设方面的工作回顾》等附件。经过会议进一步讨论修改，并经院党组会议审议通过，形成了《中国社会科学院关于加强学风建设的决定》，印发全院贯彻落实。

科研局2002年度进行的比较重要的专项调查还有：组织开展“青年科研启动金”调研，起草了《中国社会科学院青年科研启动金管理办法》；组织了“加强研究所建设”的调研，形成了《关于建设一流研究所的若干意见（讨论稿）》；组织了关于“成立我院出版集团”的调研；进行了“翻译出版世界人文社会科学学术理论名著”的调研，等等。

（七）加快科研管理信息网络化建设工作

该局完成了院科研管理信息化系统的总体规划，被列为院信息化建设第一批试点单位；改造科研课题管理系统和成果管理系统，实施科研管理信息网络化建设“一期工程”；对全院科研管理人员使用科研管理信息系统进行专题培训；加强了科研局网页建设，获得全院各所局网页评比一等奖。

（八）做好报刊、出版、社团和社科基金管理工作

坚持并完善期刊与图书专家审读制度，发布期刊和图书“审读意见通报”，促进了出版工作质量的提高。对我院 91 种报刊进行了年检，对院属内部资料性出版物进行整顿。加强了对全院图书出版工作的管理力度和日常服务工作。对社团分支机构进行复核和重新登记，完成了年度资助经费的拨款。社科基金管理工作有所加强，2002 年全院获得社科基金课题 50 项 294．1 万元经费资助，完成了 35 项课题的结项工作，对部分前几年立项的社科基金课题进行了中期检查和续拨款。

（九）把握学术前沿信息，提高编辑工作质量

继续抓紧年度科研工作报告的编写工作，组织各学科片完成了 2001 年度的科研工作报告。召开了“提高《社会科学管理与评论》办刊质量”座谈会，向编辑人员提出了提高组稿、编稿质量的具体要求。一年来，《社会科学管理与评论》出刊 4 期，约 48 万字；《学术动态》编发 12 期（包括增刊），约 24 万字；《哲学社会科学工作简报》编发 14 期，约 3．5 万字；《科研管理工作简报》编发 12 期，约 3 万字；《中国社会科学院学术委员会工作简报》编发 11 期。这些内部或公开的科研管理刊物通过多种渠道反映科研动向，评述学科研究前沿，介绍社会科学研究机构改革与发展的情况与经验，成为党和国家领导、院领导以及全院干部职工了解院内外社会科学发展和科研动向的重要信息源。

2002 年，该局组织编撰了《中国人文社会科学前沿报告（2001）》，对书稿进行了统编和审读；负责组织选编的“中国社会科学院学者文选”出版了《陈翰笙集》、《宦乡集》等 13 部，截至目前，该文选已出版 35 部；负责组织编辑的“中国社会科学院青年文库”出版了《清代弘阳教研究》、《秦汉官僚制度》等 5 部。

（十）加强业务培训，举办“科研管理论坛”，努力提高科研管理人员素质

科研局结合实际工作需要，开展了形式多样的业务培训和研讨活动。一年来，先后就“优秀科研成果评奖”、“重点学科建设”、“院级课题和课题管理的形成与发展”和“科研管理工作信息化建设的现状及发展”等问题请有关同志作专题讲座，并组织全局同志进行研讨，在局内进一步形成认真学习业务知识和研究科研管理规律的良好氛围。

为促进科研管理队伍建设，该局举办了“首届科研管理论坛”。院属各单位 60 位负责科研管理工作的同志，围绕课题管理与多出学术精品、科研管理档案建设的规范化与数字化以及科研管理制度与队伍建设等问题进行了交流和研讨。

该局还编印了《中国社会科学院科研管理规章条例汇编（1986～2002)》，作为内部资料下发院属各单位。

（十一）加强学术活动的组织和管理

科研局审核并制定了全院学术活动计划，协助院领导组织了“国际形势”、“加入 WTO 对中国文化和哲学的影响及其对策”、“加入 WTO 对我国政治、法律和社会的影响及其对策”等一系列研讨会。在继续实施院级课题结项公示制度的同时，建立了全院学术活动预告制度，促进了学术信息交流，活跃了学术气氛，受到了科研人员的欢迎。

（十二）院学术委员会、中日历史研究中心举办多种形式学术活动，局内日常管理和工会工作取得进展

院学术委员会组织学术委员到深圳、珠海就“加入世贸组织对我国思想文化的影响和对策”问题进行调研；举办国际形势、劳动价值论等学术报告会。中日历史研究中心受理了 69 项来自全国的课题申请，对其中的 10 项给予资助，同时对 1998 年以来立项的课题进行了中期检查和续拨款。

该局还完成了大量院领导临时交办的工作任务，加强了与国家机关部委、地方社科院的联系与协作，与人事、外事、计财等院职能部门配合，参与了全院性的管理工作。截至 2002 年 11 月底，全年共阅办公文函件 1289 件。此外，全局 36 位同志向洪涝灾区捐款，表达了对灾区人民的爱心。

附录1：

院学术委员会

为充分发挥我院资深学者、专家在科研方面的重要作用，我院于1998年12月成立中国社会科学院学术委员会，制定并颁布了《中国社会科学院学术委员会条例》。经过几年的工作实践，于2001年12月对此条例进行修订和完善，印发了《中国社会科学院学术委员会章程》。该章程对院学术委员会的工作职责、组织机构以及院学术委员的任职条件、义务和权利等方面，作了明确规定，成为对院学术委员会实行规范化、制度化管理的依据。

2002年，院学术委员会在院党组和院务会议的领导下，坚持以江泽民同志关于重视发展哲学社会科学的一系列讲话精神为指导，认真落实李铁映院长关于院学术委员会工作的有关指示，紧密结合新形势下党和国家以及我院发展的需要，积极开展重大课题研究和有关学术活动，对扩大我院在社会科学界的影响，促进我院科研工作发挥了积极的作用。

（一）发挥多学科综合研究优势，组织开展跨学科重大课题研究

深入开展对“加入WTO对我国思想文化的影响及对策”问题研究，是2002年院学术委员会工作的重点之一。为做好此项工作，院学术委员会先后召开秘书长办公会和调研预备会，具体讨论了调研内容和活动方案。6月下旬，在院学术委员会副主任汝信的带领下，来自经济、哲学、文学、史学、社会政法和国际问题等学科的18位院学术委员，分赴广东深圳和珠海两地进行为期一周的学术调研。在调研过程中，学术委员们多次召开专题座谈会，与当地宣传、文化、教育等政府管理部门以及社科院、政策研究室、高等院校等单位进行了广泛的交流和座谈，较为全面地了解了加入WTO对当地宣传文化、影视、音像、知识产权、出版和教育等文化产业部门的影响，以及WTO作为一种法律体系和政策系统对当地文化产业政策和文化市场管理的影响。与此同时，参加调研的同志还深入当地的部分高校及文化产业部门进行实地调研。返京后，院学术委员会又分别到国家有关部委作进一步调研，完成了题为《加入WTO对我国思想文化的影响及对策初探》的调研报告。

（二）组织召开学习江泽民同志关于重视发展哲学社会科学重要讲话座谈会

为认真学习和深刻领会江泽民同志关于重视发展哲学社会科学三次讲话精神，研究贯彻落实措施，院学术委员会于5月16日和7月17日，分别召开了两次学习座谈会。座谈会上，委员们结合自己的学习体会，畅谈了对讲话精神的认识和理解，并提出了贯彻落实讲话精神的具体办法和建议。《光明日报》5月28日和8月13日理论版分别以《学习江总书记讲话精神，繁荣发展哲学社会科学——中国社会科学院学术委员会委员座谈江总书记考察中国人民大学重要讲话精神发言摘要》和《学习江总书记讲话精神，繁荣发展哲学社会科学》为题，两次整版刊发了座谈会上部分委员的发言摘要，对全国学习贯彻和研究落实江总书记的讲话精神，起了一定的引导作用。

7月23～25日，院学术委员会再度举行会议，围绕学习贯彻江泽民同志“七一六”讲

话，进一步办好中国社会科学院这个问题进行了专题研讨。参加研讨会的院学术委员结合自己多年从事科研和科研组织管理工作的实践，从我院的事业规划和发展目标、科研管理、人才培养、学科建设、学风建设以及研究所建设等方面，就如何进一步办好中国社会科学院、促进我国哲学社会科学事业的繁荣与发展等问题发表意见，形成《关于改进我院工作的若干建议》上报院党组。李铁映院长对此《建议》高度重视，对很多问题作了批示，并指示将此件转发院有关部门。

（三）认真学习、积极宣传、努力贯彻十六大精神

2002年11月26～28日，院学术委员会在京举行座谈会，深入学习贯彻十六大精神。专家们表示，一定要把思想和认识统一到十六大精神上来，把智慧和力量凝聚到实现十六大提出的任务上来，进一步深入学习十六大报告，深刻领会、积极宣传十六大精神，大力加强十六大提出的重要理论和实践问题的研究，坚持与时俱进，不断进行理论创新，开拓马克思主义理论发展的新境界，为全面建设小康社会提供理论支持，为促进中国特色社会主义物质文明、政治文明和精神文明建设而努力工作。《院报》12月10日整版刊登了座谈会上部分学术委员的发言摘要。

2002年12月底，应海南省社会科学联合会和中国（海南）改革发展研究院的邀请，院学术委员会部分委员赴海口，在中国（海南）改革发展研究院举行关于学习十六大精神系列报告会。陈筠泉、刘海年和杨圣明等委员分别作了题为《深刻认识文化建设的战略意义》、《小康社会中的法制建设》和《十六大与国企改革》的专题辅导报告。海南省有关方面的理论工作者、政府管理部门的工作人员、部分高校师生以及大中型企业负责人共600余人参加了报告会，并对报告给予了高度评价。《海南日报》、海南电视台等新闻媒体对报告会进行了全面报道，并对报告人进行了专访。

院学术委员、十六大报告起草组成员张卓元应邀先后在财政部、国家行政学院和我院等多家单位作辅导报告；李京文、谷源洋、刘瀚、陆学艺等委员就十六大报告中的经济、社会、法制和国际关系等问题接受了媒体专访。

（四）结合课题研究和国内国际形势的发展，举办学术报告会

为集中专家智慧，交流对一些重大问题的认识，2002年3月，院学术委员会召开会议，邀请世界经济与政治研究所副所长王逸舟简要介绍了当前国际形势和我国的外交政策。与会的部分学术委员就目前反恐扩大化和反恐中的多重标准等国际问题以及“台独”问题进行了热烈的讨论，并就我国在新的国际形势下对外战略的调整提出了一些具体看法。

“要深化对劳动和劳动价值理论的认识”是党中央提出的一项战略性研究课题。院学术委员会委员杨圣明、陈筠泉等在李铁映院长的直接领导下，积极开展对该课题的深入研究。为交流学术观点，4月份，院学术委员会召开学术报告会，杨圣明作了题为“如何深化和发展马克思劳动价值理论”的学术报告。他在介绍当前经济学界对此问题的主要观点之后，对服务劳动、管理劳动、科技劳动、私人企业主的劳动以及劳动的国际价值等问题进行了理论阐述。与会同志就劳动价值论的一些问题进行了广泛的交流。

五、其他工作

1. 发挥智力优势，广泛参加各项工作

本届院学术委员会共有委员39人，其中九届人大代表和九届政协委员共14人。一年来，他们积极参加人大和政协组织的各项活动，充分发挥学者的智力优势，认真行使代表权力,积极建言献策。他们的辛勤劳动为我院，也为社会科学工作者赢得了荣誉。此外，我院学术委员会部分委员作为国务院学位委员会、国家社科基金评审委员会和我院2002年“两重两奖”（重点学科建设、重点研究室建设、优秀科研成果奖、优秀期刊奖）评审委员会的学科召集人或评委，在上述各项评审工作中，认真履行职责，发挥了积极的作用。

2. 利用学术专长，积极服务社会

学术委员们充分利用各自的学术专长，积极参加党中央、国务院有关部门及地方政府交办、委托的研究课题与决策咨询活动，广泛参加各种类型的学术报告会，为政府决策提供理论支持，同时也对社会科学的繁荣与发展起到积极的推动作用。

3. 参加广西合浦农业产业结构调整规划调研

2002年2月，应广西合浦县政府邀请，院学术委员会委员谷源洋等与中山大学、华南农大、广西大学等高校一起，围绕合浦农业产业结构调整规划问题进行为期一周的调研。参加调研的人员深入该地农村，对合浦的自然资源情况、农业特色产业的发展现状及潜在优势等多方面情况进行了全面了解。经过深入细致的调研，我院参加调研的人员完成了4个专题近3万字的调研报告。此次活动受到当地政府的好评。

4. 完成了院学术委员会的换届工作

第一届院学术委员会在院党组和院务会议的领导下，充分发挥院学术委员作为资深专家的作用，较好地完成了院领导交给的各项任务。几位为院学术委员会做了大量工作的老同志，因年龄的原因退出了院学术委员会。根据《中国社会科学院学术委员会章程》有关规定，经院务会议批准，新增补了11位同志为院学术委员。第二届中国社会科学院学术委员会由39人组成。

5. 完成了《21世纪初中国面临的重大理论和对策问题》的编辑出版工作。

附录2：

邓小平理论研究中心

2002年，院邓小平理论研究中心按照院党组的部署和要求，围绕全院工作的大局，组织撰写了一批理论文章，开展了一系列学术活动，凝聚了一批精干的科研力量，为党和国家的思想理论建设提供支持和服务，为党的十六大的召开营造良好的思想理论氛围。

（一）紧密围绕“三个代表”重要思想和“七一”讲话精神，精心组织撰写理论文章

围绕“三个代表”重要思想和“七一”讲话，该中心组织撰写了《牢牢把握马克思主义与时俱进的理论品质》（载1月15日《光明日报》）、《始终代表最广大人民的根本利益》（载2月19日《光明日报》）、《牢固树立正确的权利观》（载3月21日《人民日报》）、《“三个代表”是与时俱进的光辉体现》（载4月8日《经济日报》）、《科学的定位，伟大的使命——关于社会主义初级阶段及其经济特征的思考》（载第8期《求是》）、《中国共产党先进性的根本体现》（载4月22日《经济日报》）、《脚踏实地建设社会主义的基本前提》（载5月20日《经济日报》）等理论文章。

江泽民同志“五三一”讲话以后，该中心组织撰写了《形成团结奋进的强大精神力量》（载6月13日《人民日报》）、《关键在于坚持与时俱进》（载6月10日《经济日报》）、《论“三个代表”的理论贡献》（载7月11日《光明日报》）、《把握贯彻“三个代表”的关键核心和本质》（载9月3日《光明日报》）和《实事求是的楷模，与时俱进的典范——学习〈江泽民论有中国特色社会主义〉》（专题摘编）（载9月19日《光明日报》）等理论文章。

围绕江泽民同志“七一六”讲话，该中心组织撰写了《哲学社会科学的崇高使命》（载7月23日《光明日报》）等理论文章。中心还与《人民日报》理论部的“学习通信”栏目合作，约请我院科研人员撰写阐发江泽民同志提出的“当今世界的人才竞争是全方位的”、“研究和把握哲学社会科学研究工作的规律”、“做人、做事、做学问相统一”和“建设具有中国特色、中国风格、中国气派的哲学社会科学”等思想观点的文章。

十六大胜利召开后，中心发表了《论“三个代表”的历史地位》（载12月2日《光明日报》）一文，并应《光明日报》之约，撰写了题为《“三个代表”是十六大的灵魂》的长篇理论文章。

中心还承办了我院与《经济日报》联合召开的“首都理论界学习十六大精神”座谈会。由我院副院长、邓小平理论研究中心主任李慎明和《经济日报》总编辑冯并共同主持。来自有关研究所的专家学者阐述了十六大对马克思主义的理论创新以及在新世纪中国特色社会主义伟大实践中的重大意义。《经济日报》于11月25日以一个整版、12月2日以大半版的篇幅刊登了专家学者的体会文章。

在组织撰写理论文章过程中，中心把撰写重点文章与学术讨论结合起来，召开“在解放思想中统一思想”等小型理论研讨会，深入讨论撰写文章中遇到的理论问题，不仅促进了理论研究的深化，而且提高了文章的质量，产生了较好效果。

全年共有14篇理论文章以“中国社会科学院邓小平理论研究中心”的名义在重要新闻媒体上刊登，这些文章反映了我院学者的理论水平，在社会上引起了较好的反响，受到中宣部领导同志的表扬和奖励。

（二）举办重大学术活动，把“三个代表”重要思想的学习引向深入

2002年2月，该中心召开“纪念邓小平视察南方谈话10周年”研讨会。来自中央文献研究室、中央党史研究室、中央党校、国防大学、教育部和北京市邓小平理论研究中心的领

导和著名专家出席研讨会。与会人员通过学习邓小平南方谈话和江泽民“七一”讲话，从不同角度畅谈对马克思主义理论与时俱进的认识。

“五一”国际劳动节前夕，该中心和中国社会科学院《院报》联合就“正确认识新形势下工人阶级新变化”为题组织笔谈，对改革开放以来我国工人阶级的新变化进行回顾，围绕如何认识新的历史条件下工人阶级的主人翁地位、工人阶级的历史使命和未来前途，如何增强党的阶级基础、扩大党的群众基础等重大问题，发表了看法和建议。

5月中旬，举办“毛主席《在延安文艺座谈会上的讲话》发表60周年”座谈会。出席会议的有老延安文艺工作者，有著名诗人、作家和文艺理论家，有从事马克思主义理论研究的专家学者。与会者重温60年前毛主席在延安文艺座谈会上的讲话精神，回顾60年来我国文学艺术事业的发展道路，深刻理解《讲话》的历史意义，并就如何以“三个代表”为指导，与时俱进，坚持先进文化的前进方向，努力繁荣发展有中国特色的社会主义文化提出了建议。

7月16日江泽民同志来我院考察并发表重要讲话后，该中心向多位研究所领导和学者发出约稿通知，请他们结合本学科撰写深入学习“七一六”讲话的理论文章，并将这批有分量的文章提供给中国社会科学院《院报》，以“特约评论员”的名义在头版显著位置刊登。

10月17日，遵照院的安排，该中心承办了中宣部来我院召开调研座谈会的组织工作。中宣部的此项调研是为认真学习贯彻江泽民同志一系列讲话精神，全面了解当前我国哲学社会科学的发展现状，研究加强和改进哲学社会科学的办法措施而进行的。座谈会由我院副院长、院党组副书记李慎明主持。他就当前贯彻落实江总书记一系列讲话精神、繁荣和发展哲学社会科学的问题发表了看法和意见。与会20余位学者和科研管理人员从宏观层面上对加强和改进哲学社会科学工作提出了政策建议。

在十六大召开期间，按照院领导的指示，中心召开有关学者参加的小型座谈会，对十六大报告提出的新理论、新观点以及需要研究的重大理论问题进行了梳理。

（三）筹办“毛泽东思想、邓小平理论与‘三个代表’重要思想研究网”，利用互联网宣传邓小平理论和“三个代表”重要思想

“毛泽东思想、邓小平理论和‘三个代表’重要思想研究网”由邓研中心主办，马列所和网络中心合办。网址为 www. dxpllyj. net. cn。“研究网”设立了“重要言论”、“专题研究”、“理论动态”、“学术园地”、“相关论著”、“学者文库”等栏目，主要反映我院对邓小平理论和“三个代表”重要思想的研究成果，反映全国邓小平理论研究基地和社科院系统邓小平理论研究中心的研究成果和学术信息，以及国内外的有关研究动态。

（四）编辑出版学习宣传“三个代表”重要思想的图书和刊物

该中心编辑出版了2002年度的“邓小平理论前沿报告”《“三个代表”重要思想与若干重大理论问题研究》。该书主要收录了我院学者学习研究江泽民同志“三个代表”重要思想的理论文章和对当前我国一些重大理论问题的研究报告。其中包括我院为落实中共中央十五届六中全会精神组织的10项课题所取得的研究成果。

组织编辑出版了《中国特色社会主义年鉴》。这是由该中心主办，全国六大邓小平理论

研究基地协办，由马列所具体负责的一部大型年鉴类图书。

（五）参加中宣部及有关部门召开的理论工作会议，学习交流研究邓小平理论和“三个代表”重要思想的情况和经验

2002年2月，参加由北京市邓小平理论研究中心承办的全国在京五大邓小平理论研究中心交流会。4月，参加中宣部理论局召开的“邓小平理论研究基地重大理论问题研究工作会议”。6月，参加北京市邓小平理论研究中心组织的“三个代表”重要思想理论研讨会和邓研中心工作交流会。在会上与其他邓研基地交流了近年来对重大理论问题研究组织落实情况，并就如何进一步加大对重大理论问题的研究力度进行了讨论。10月，参加北京市社科院召开的“三个代表”研究中心成立座谈会。12月，参加北京市社科院“三个代表”研究中心召开的“十六大的理论创新”座谈会，等等。

（六）参与组织全国社科系统邓小平理论研究中心年会和理论研讨会，加强与地方社科院邓小平理论研究中心的联系

6月24～26日，由河北省委宣传部和河北社科院主办的全国社科系统邓小平理论研中心年会和“‘三个代表’对马克思主义的丰富发展”理论研讨会在北戴河召开。会议开幕式上，我院副院长高全立就“学习‘三个代表’、繁荣社会科学”作了讲话。河北省委常委、省委宣传部部长张群生也到会讲话。来自20多个省市社科院邓小平理论研究中心的70多位学者围绕学习江总书记“五三一”重要讲话精神进行了深入研讨，取得了良好的效果。

（七）改进《邓小平理论研究动态》编撰工作，突出研究的动态性，发挥这一刊物在加强与各基地沟通的桥梁作用

2002年，《动态》改为不定期出刊，以增强时效性；加强与各基地、各中心的交流；刊登各地邓小平理论研究中心的工作总结和经验，刊登各中心的机构概况、学术活动、科研成果和联系方式，加大《动态》的信息量。

人事教育局

2002年，人事教育局全体工作人员在李铁映院长和院党组的领导下，以“三个代表”重要思想为指导，认真贯彻江泽民同志关于哲学社会科学的三次重要讲话和党的十六大精神，努力落实院党组、院务会的工作部署，深化人事制度改革，增强竞争激励机制，促进科研和管理两支队伍建设，较好地完成了全年各项人事工作任务。

（一）调整充实部分所局领导班子

根据院党组的部署，为加强所局领导班子建设，推动干部队伍的革命化、年轻化、知识化、专业化，按照《领导干部选拔任用工作条例》的规定，2002年对院属各单位领导班子

成员缺额人选、后备干部人选及班子建设情况进行了普遍考察。通过民主推荐、个别谈话等方式，广泛听取群众意见，选拔出21名优秀中青年干部充实进所局领导班子，院及各单位党委建立健全了后备干部人选名单及培养制度。经院党组会议审议决定，任免25个单位的所局级干部34人。任免调整处（室）领导干部311人。通过对所局领导班子的考察调整和处室干部的充实，促进了我院干部队伍的建设。

（二）完成我院部分单位机构编制调整工作

根据我院改革方案研究制定的《中国社会科学院机构编制调整方案》，经院党组批准上报中编办并获批复。目前，已根据我院学科发展调整核定了43个所属事业单位机构编制，其中新成立单位3个，合并单位1个，更名单位6个。按照院党组的部署，院直机关的机构调整工作于2003年继续进行。

（三）制定并下发了《人才工程实施意见》

为从我院实际出发制定出加强人才队伍建设的办法和措施，在李慎明副院长的带领下，先后到9个研究所进行人才问题调研。在此基础上，院人才工作小组决定，成立由人事教育局等有关职能局参加的起草小组。经过起草小组、局务会议、人才工作小组、全院人才工程研讨会、北戴河暑期工作会议的多次研讨、征求意见，几经修改，最后形成了《中国社会科学院人才工程实施意见》，经院党组审议通过，下发全院执行。《人才工程实施意见》为我院稳定人才、吸引人才、培养人才，加强两支队伍建设，发挥全院工作人员的积极性和创造性，起到了推动作用。

（四）组织完成了院级专业职务评审委员会和所级专业职务评委会换届工作

根据有关规定，2002年进行了全院专业技术评审委员会的换届工作。遵循按系列类别、分级负责的原则，新组建的第五届专业技术资格评审委员会，共有9个院级正高级评委会，172人；33个所级副高级评委会，392人。此次院、所两级评委会换届新增人数均达到三分之一以上，年龄比上届有所下降，院外评委比例均达到条例规定的要求。

（五）认真组织实施专业技术职称评审工作

2002年度职称评审工作严格按照有关条例执行，组织周密，坚持质量，充分体现公开、公正、公平的原则。评审前在院内网站发布消息，结果实行公示。核对了近40个单位的高研职数，审核近30个单位申请高研岗位的报告及12个案例的处理。全院共评审正高级职称77人，副高级职称87人，中级职称87人，初级职称33人。为做好专业职务评审工作，根据人事部、文化部的要求，结合我院的实际，制定了《中国社会科学院专业技术人员计算机应用能力考试的规定》，印发了《关于试行〈全国图书资料系列高级职称评审基本条件〉的通知》等，认真进行了职称外语等级考试成绩的备案工作和免试资格的审查工作，并为我院参加晋升职称计算机考试的部分专业技术人员做了代理报考的服务工作。

（六）采取多种方式和渠道引进人才

为加强我院科研队伍建设，经人事教育局和各研究所党委的共同努力，2002 年共从院外引进人才 214 人。其中，京内外调入 70 人（含留学回国人员 13 人，博士后出站人员 15 人）；招聘应届毕业生 144 人。其中，具有博士学位 87 人，硕士学位 70 人，大学本科 48 人，大学专科 9 人；具有高级专业职务 26 人。这些人才的调入，弥补和缓解了部分学科人才不足的状况，为我院增添了新生力量。

（七）认真为高级专家做好服务工作

在做好专家工作方面主要做了如下工作：（1）向人事部推荐“全国杰出专业技术人才”2 人，其中 1 人荣获“全国杰出专业技术人才”称号。（2）向我院新增享受政府特殊津贴的 16 位专家颁发了证书；补充完善我院享受政府特殊津贴人员情况材料。目前，我院在职人员共有 1361 名专家学者享受政府特殊津贴。（3）组织我院有突出贡献专家赴云南休假考察。（4）推荐 23 名专家分别参加中组部、中宣部、人事部等有关部委的各类活动。

（八）进一步加强了我院博士后流动站的建设

经过人事教育局和有关研究所的共同努力，完成了 2002 年度全国博士后管委会给我院下达的 13 个国家资助指标的招收工作。同时，考虑到所里学科建设的需要，由院资助了 4 位博士后。在严把质量关的同时，适当增加了自筹经费博士后的数量，吸引优秀博士来我院博士后工作站作研究，全年共招收自筹经费博士后 70 多人，基本满足了我院各研究单位对博士后的需要。博士后工作站与博士后联谊会联合组织编写了《中国社会科学院博士后论文集》一书，并努力改善了博士后的工作环境。

（九）国家公派出国留学和回国人员择优资助工作取得新成绩

2002 年，我院共向国家留学基金委推荐了 24 名公派留学申报人员，经评审，共录取 20 名，录取率为 83.3%。其中有高级职称的 15 人，中级职称 5 人；高级访问学者 9 人，普通访问学者 11 人。还完成了 2003/2004 年度赴美国富布莱特留学人员和向人事部推荐赴法国国立行政学院进修人员选拔工作。另外，为留学回国人员更好地开展工作，积极申请办理教育部留学服务中心设立的留学回国博士科研启动基金，2002 年有 3 人共申请 15 万元的科研启动基金（待批）。向人事部申报留学回国人员科技活动择优资助项目，经人事部批准，共有 5 人获得科研启动类资助经费 13.5 万元。

（十）开展继续教育和各类培训

为提高科研人员和管理干部的全面素质及专业技能，举办各种培训班 15 期，培训 562 人次；举办报告会 2 期，参加人员 600 多人次。其中，举办国家劳动与社会保障部设定的全国计算机信息高新技术培训 3 期，8 个班次，培训 226 人次；按照人事部关于专业技术人员计算机应用能力考试的要求，举办了 6 个模块的培训班，培训 150 人次；计算机网络提高班 2 期，培训 31 人次；计算机基础知识培训班 2 期，培训 40 人次；《新概念英语》班 1 期，培训15人次；举办学习贯彻《领导干部选拔任用工作条例》培训班，培训100人次；举办WTO专题报告会2期，参加人员600多人次。

（十一）组织开展了各类人员年度考核工作

在开展全院各类人员考核工作的同时，对所局正职领导干部实行院里统一考核的办法。2002年参加考核3501人，其中，优秀584人，称职2878人，基本称职9人，不称职3人，未定等次27人。同时还完成了全院2002年度考核3%人员的工资晋级工作，全院119人获晋级奖励。组织了技师考核和部分工种的工人技术等级考核、考试工作。

（十二）完成了计划统计工作和大量日常人事工作

制定了我院2002年人员计划和工资总额计划，完成了全院各类人员统计和工资统计年报；审批办理57名院管干部退休；向中组部呈报我院2002年度因公出国人员政审工作情况报告；为了充分体现院党组对广大职工的关怀，在“春节”、“七一”前为全院特殊困难职工进行了补助，共有212人获得补助，使用金额10.17万元；组织安排了专家及部级干部（含享受待遇）检查身体49人次；办理干部医疗待遇48人次；解决干部夫妻两地分居24人，“农转非”1人，解决干部身边无子女困难1人；接收院属各单位移交的流动人员档案525份，转接流动人员人事档案37份；配合中央考察组顺利完成对我院的两次干部考察工作；开展了全院人事执法检查自查工作，完成中组部交办的全国干部教育培训教材编审的有关组织工作；组织选派5名博士参加中组部“博士服务团”，并在行前进行了培训。

外　事　局

2002年，我院对外学术交流继续保持良好的发展势头。据不完全统计，截至12月底，派遣出访850批1455人次，接待外宾和来访者857批2142人次，新办理因公出访护照378本，签证签注1009人次，交流规模和工作量都比上年有所增加。

（一）2002年我院对外学术交流的主要特点

1. 高层次交流活动保持发展势头

1月17日，日本外务副大臣杉浦来我院访问并会见王洛林副院长。

1月21日，挪威首相邦得维克应邀到我院作题为“挪中关系展望”的演讲，并回答了专家学者的提问。

2月15日，埃及总统穆巴拉克夫人应邀来我院作题为“埃及社会发展50年”的演讲。

5月21日，德国联邦司法部部长格梅林女士应邀来我院出席“中欧论坛”，发表了题为“共同价值观——从比较法角度观察”的报告。

6月17～28日，李铁映院长率领我院19人代表团访问俄罗斯，增进了与俄罗斯社会科学界的交往和了解；同期，陈佳贵副院长率14人经济学家代表团出席在莫斯科召开的第四届中俄经济学家研讨会，把中俄经济学家交流提高到一个新的水平。

10月16日，俄罗斯伏尔加格勒州州长马克修塔率5人代表团访问我院，扩大了我院与俄罗斯各界的交往领域。

10月19～21日，俄罗斯科学院院长奥希波夫率5人代表团回访我院，该代表团受到了李鹏委员长的接见。

11月27日，芬兰总统访华期间，其丈夫阿拉加维到我院访问，就社会问题、家庭、福利和就业等问题与我院学者进行座谈交流。

此外，土耳其高教理事会主席古鲁兹，日本银行前副总裁、众议员铃木淑夫，日共中央主席不破哲三，德国著名哲学家哈贝马斯，美国诺贝尔经济学奖获得者麦克法登教授，南非总统姆贝基胞弟小姆贝基，突尼斯妇女部长等都应邀来我院访问或发表演讲。

2. 与海外学术合作机构的重要交流活动频繁

4月23日，我院协议机构德意志研究联合会秘书长格林瓦特博士率7人代表团来我院举行工作会议，讨论我院博士生和博士后参加培训项目的有关事宜。

5月15～16日，我院与协议伙伴美国密苏里大学圣路易斯分校在北京共同举办了“中国加入世贸组织与全球经济”双边研讨会。

6月27日～7月7日，朱佳木副院长率5人代表团参加英国学术院百年院庆研讨会，并就当代中国史研究问题对剑桥大学、牛津大学和伦敦大学亚非学院进行了学术访问。

7月16～18日，邀请了中亚5国我院学术交流的合作伙伴19人在新疆召开了“中亚论坛——经济合作与安全问题”国际多边研讨会。

8月，原副院长刘国光作为波兰科学院外籍院士在我院合作机构——波兰科学院进行了学术访问。

8月27日～9月19日，英国牛津大学墨顿学院院长罗森根据双方交流协议来访，就考古问题在我院进行学术访问。

9月5～14日，英国学术院副院长率团来访，就有关问题进行沟通和磋商。

10月22～29日，陈佳贵副院长率10名专家参加了阿登纳基金会在德国举办的“中国论坛”。

10月中旬，高全立副院长率团访问美国协议单位明尼苏达大学，对方也派团来访。

10月25日，院韩国研究中心与协议机构韩国高等教育财团共同召开了“入世与中国对外经济”高级论坛。

11月28日～12月15日，王洛林副院长率团访问土耳其、埃及、南非，代表我院分别与土耳其高教理事会、埃及开罗大学、南非人文科学院签署了交流协议。

此外，我院其他协议机构负责人，如印度社科理事会主席潘卡穆其，韩国高等教育财团事务总长金在烈，法国人文之家基金会副主任齐福乐等都来我院访问或商谈、交流工作。

3. 交流渠道进一步开拓，互授荣誉称号增加

通过高级代表团出访，开拓了新的交流渠道，增加了机构间的交流协议。如李铁映院长访俄，与莫斯科大学、伏尔加格勒大学、远东国立大学签署了合作交流协议；王洛林副院长出访，与土耳其高教理事会、南非人文科学研究院签署了合作交流协议。西班牙格林那达大学、法国波尔多大学，也都通过交流与我院签署了协议。2002年共增加院级合作交流协议

10个。

在与韩国学术合作机构密切交往的基础上，韩国高等教育财团资助我院成立了亚洲研究中心。通过该中心，对我院研究课题、国际会议和文献翻译等5个项目提供了资助，使5个院属单位获益。

在与国外合作伙伴的密切交往中，双方互授荣誉称号的有：俄方授予李铁映院长俄罗斯科学院名誉博士，俄罗斯科学院远东所名誉博士，莫斯科大学名誉博士，远东国立大学名誉博士称号；授予王洛林副院长俄罗斯自然科学院外籍院士称号。我院也授予俄罗斯科学院院长奥希波夫名誉教授称号，授予美国哥伦比亚大学教授蒙代尔名誉教授称号。

4. 与国际组织的合作交往活动有新内容

2001年，通过努力将格萨尔千年纪念活动纳入联合国教科文组织2002年的活动内容，7月16日在北京召开了由我院和联合国教科文组织共同举办的“格萨尔史诗”国际研讨会，联合国教科文组织副总干事长出席了此次会议。同时，与有关研究所一起协助国际哲学团体联合会和国际美学会在北京举办了国际研讨会。此外，我院还派专家学者出席了6月在比利时召开的国际科学院联盟第76届大会；派代表团参加了9月在贝宁举办的国际哲学与人文科学理事会第26届大会；派代表团参加了12月在奥地利举办的国际社会科学理事会50周年纪念大会；组织“转型社会中社会科学的作用”专题讨论会。

5. 对研究所开展对外学术交流的支持力度有所增加

2002年，我院各研究所举办的（不含院直接举办的会议及双边小型会议）各类多边国际学术研讨会达到33个，其中有17个会议得到院对外学术交流经费的资助，金额近200万人民币；还资助世经政所、法学所两份英文期刊50万元人民币；资助民族所、欧亚所国际合作项目20万元人民币。初步统计，派遣三个月以上学者出境进修或做访问学者81名（不含教育部出国进修渠道）。2002年前三季度，各研究所争取到美国福特基金会研究课题资助15项，资助额达到63万美元。

6. 与港澳台地区的学术交流继续深入发展

与港澳台地区的交流仍呈现向上势头，派遣人数达到328人次，但团组规模缩小，为215批次，这是学术交流深入发展的具体体现；接待人数也达到182人次。

与港澳台地区的交流中，特别突出了对台湾的交流，配合了中央关于“一国两制，和平统一”方针的实施。如1月陈佳贵副院长率17位经济学家访台，是陈水扁当政后第一个访台的高级团组，在台湾有较大影响。两岸交流的学术活动也不少，如：8月，我院台湾所与全国台湾研究会等单位在青岛举办第十一届“海峡两岸关系”研讨会；10月，我院在贵州召开“海峡两岸中华文化多元一体架构”研讨会；10月，宗教所和社会科学文献出版社分别召开了有台湾学者参加的专业性研讨会。一些有关台湾的研究成果和出版物也发挥了一定作用，如5月出版的《中国对外关系中的台湾问题》，是涉台关系问题上较全面、系统的著作，既有学术价值，对涉台工作也有参考意义；又如1月出版的《关羽，关公和关圣》一书，已发行到海外和台湾，产生了一定影响。

（二）重点抓了几项对外学术交流工作的基础建设

首先是健全了局领导班子和党总支班子。一位副局长工作变动调离，经过广泛征求意见，认真考核，提拔了一位年轻的副局长。同时在机关党委领导下，对原外事局党总支进行了改选，产生了新的党总支班子。

其次是完成了年初确定的三项整改措施。5月召开院外事工作会议后，对全院所级外事管理干部进行了业务培训，互相交流了经验和情况，增进了院所外事管理干部之间的合作和谅解。到11月底，基本完成了我院对外学术交流规章制度文件的修订和补充，初步形成了15个新的规章制度，并准备提交院工作会议征求意见；与此同时，基本完成了我院海外合作机构信息与情况介绍的编写工作，并准备印制《我院对外学术交流手册》或上网，作为加强为院属单位信息服务的一项措施。

再次是就外事局改革问题展开了大讨论。8月北戴河院暑期工作会议以后，组织局务会成员就该局改革问题进行了三次大讨论，而且还邀请院属10个所和单位的负责人参与研讨，在此基础上，整理出该局改革的意见和实施步骤，准备报院领导批准后，分轻重缓急逐步实施。

最后是抓了"十五"规划的修改和讨论。按照院领导指示，"十五"规划要与十年规划相衔接，即要成为2010年的规划。这一工作难度是比较大的，既要有长远大目标，又要切实可行。经过规划小组的讨论，形成初步意见，又经过局务会讨论修改，目前已基本完成规划送审稿的撰写并已按时上报。

财务基建计划局

2002年，我院财务基建计划工作在院党组和院领导的关心和领导下，以迎接党的十六大召开为动力，认真贯彻江泽民同志来我院考察工作时的重要讲话精神，坚持以科研为中心，把资金保障和基础设施条件保障作为自己的基本职责，为科研工作提供了应有的支持和服务。全年工作重点突出了12个字，即：抓经费、保科研、做实事、促改革。按计划较好地完成了经费保障、预算安排和会计队伍建设；房地产管理和住房制度改革；基本建设和工程管理；规范和完善国有资产管理四个方面的工作。

（一）预算和财务管理工作

我院通过努力工作，争取财政部的支持，2002年科学事业费预算同上年度相比，又有了较大幅度的增长。当年财政部核定我院总经费（年末决算数）为42954.47万元，其中社会科学事业费36793.47万元（含当代中国研究所1147.7万元），比2001年的32494.45万元（含当代中国研究所1093.1万元）增加4299.02万元，增长13.23%；住房改革支出预算6161万元，包括住房公积金2012万元，提租补贴935万元，购房补贴资金3214万元。

按照院党组和院务会的要求，年度预算安排在保证人员经费和课题经费支出需求的前提下，大幅度增加了对信息化建设的投入。2002年用于数字化建设的经费预算从2001年的900万元增加到1500万元，总额增长了67%。在科研基础设施条件改善方面，继续突出重点，解决主要矛盾，专项修缮费投入从2001年的1950万元增加到2650万元，比2001年增长了36%。从2002年起，开始有计划地安排专项购置经费，进行研究所的车辆更新，全院有11个单位更新了汽车，并将通过3至4年的时间，使每个单位都更新一辆工作用车。

为认真学习贯彻全国增收节支工作会议精神，根据院领导的指示，结合我院财务基建计划工作的安排，在2002年第三季度组织了我院各研究所法人代表“贯彻全国增收节支工作会议精神、加强预算管理”学习班。院领导到会作了重要讲话，各研究所主管行政工作的党委书记、副所长共38人参加了学习班。学习班认真学习了全国增收节支工作会议精神，还请财政部、审计署等主管部门的领导到会介绍了当前国家预算管理和财务税收制度方面的改革精神和有关制度，对各级行政领导正确履行责任是一个很好的促进。根据2002年财务工作的重点和我院财会工作的需要，有针对性地举办了两期财会人员培训班，请国家审计署的工作人员介绍国家审计对事业单位财务实施监督审计的原则和依据，以及单位财务在管理中应注重的问题；请北京市税务局的工作人员讲解有关的税种税法。配合财政部部门预算改革的进程，较好地完成了全院40个单位包括3年决算数据在内的定额测算的试点工作。在2001年的决算汇审工作中，该局被财政部评为优秀单位。

在2001年开展“清理‘小金库’，规范各项收入管理”检查的基础上，我院根据财政部、审计署有关文件要求，结合资金管理的具体情况，制定印发了《关于进一步规范我院二级预算单位各项收入管理的通知》，重申和明确了有关收入管理中的一些具体要求，对保证全院资金的合理使用，提高财务工作的质量和水平起到了积极的推动作用。

（二）基本建设和工程管理工作

2002年，我院基本建设投资总额为2110万元，结转建设任务6163平方米，规划设计任务8000平方米，新增建设任务4341平方米，规划设计任务6700平方米。

工程管理部门集中力量，在3个半月的时间内完成了科研大楼10000多平方米旧书库的改造，对楼内14个研究所的科研用房和17个机关职能局和直属单位的办公用房进行了调整，有效扩大了研究所科研用房和院直机关办公用房面积。在科研大楼改造过程中，贯彻了院领导提出的科研环境要“满足数字化发展需要、体现开放式科研的房屋布局”的指示精神。多数研究所在调整科研用房的同时，改变了单一的办公室环境，突出了科研功能的体现。基本建设工程的安排，向国家计委申请专项投资，实施了院职工食堂的改扩建项目，有效改善了我院职工的就餐环境，也极大地改善了后勤服务部门职工的工作环境。

投资240万元，对日本所东平房、美国所西楼、近代史所图书馆、史学片科研楼、杂志社食堂、法学所进行了改造。投资58万元，对学术报告厅多媒体会议室和通道进行改造。投资160万元，完成院部6号楼改造工程。投资500万元，对建外、劲松九区、潘家园1号楼、紫竹院、车公庄等住宅小区进行了电梯更新、水泵改造、煤改气等工程，进一步改善了科研条件和职工生活环境。

在组织实施各项工程的同时，还加强了基建、房修工程质量和造价审核工作，重申并完善了相关制度。2002年共组织审核工程项目20余个，审核总价为201.83万元，核减总价为33.55万元，降低了工程费用，保证了工程质量，提高了投资使用效益，减少了不合理支出，确保了资金的使用效益。

（三）房地产管理和住房制度改革工作

为进一步规范我院集体宿舍管理，制定了《关于进一步加强单身宿舍管理的通知》，在床位十分紧张的情况下，多种方式增加房源，完成了新职工的入住安排，共安排单身职工120人。制定了《关于对办公用房出租情况进行清理登记的通知》，清理了科研大楼和机关大院内出租的办公用房。按照国务院机关事务管理局的要求，对各单位办公用房进行了普查。在继续向职工出售公有住房的同时，完成了500多户职工住房产权证的制证和发放工作。

积极创造条件，继续推进职工住房制度改革。按规定向1513位职工发放了购房补贴资金，全院离退休职工的住房欠账问题已全部按国家政策用货币方式进行了补偿。在积极宣传房改政策、努力引导青年职工转变住房消费观念的前提下，采取预支资金的方式支持74名年轻职工和无房职工走上市场，按照自己的意愿，购买了经济适用住房或商品房。

（四）规范和完善国有资产管理

继续开展企业清理整顿工作，完成了“中咨公司”企业扩股改制工作，确保国有资产保值增值。完成“东方城”公司的撤销工作，收回办公用房三套，解决了历史形成的因注册资本金不实可能引发的行政处罚事件。在政策规定范围内，利用现有资产积极组织创收工作。

克服重重困难，积极推动并完成了我院诉蓝天宇翔公司多年来租占日坛路附楼纠纷一案，涉案诉讼标的1000多万元。其间，历经反诉、管辖移送、撤诉、追诉、质证、评估、复议等多项诉讼程序，北京市第二中级人民法院一审作出判决，我院胜诉。

在办理诉案的同时，认真清理历史形成的各种手续不完备、不规范问题，通过多方查找，收回我院日坛路6号西侧楼的房屋产权证，解决该楼新建1900平方米建筑归属及财产问题，接收了新建部分的全部规划竣工资料，办理了新建部分产权的确认手续。办理了考古所西安商品房的《房屋所有权证》，合计面积3069.94平方米。

老干部工作局

2002年，老干部工作局认真贯彻执行党中央、国务院关于老干部工作的方针政策，认真落实政治、生活待遇，在院党组的领导下，围绕并服务于全院的中心工作，全面开展“六个老有”活动，使我院的离退休干部工作取得了长足进步。

（一）基本情况

截至2002年底，我院共有离退休干部2624人（其中离休干部747人，退休干部1877人）。离退休干部中有中共党员1820人；有红军时期参加革命的老干部32人；有副高以上职称人员1773人。享受部级干部待遇的2人；享受部级干部单项待遇的2人；享受副部级干部待遇的6人；享受副部级干部单项待遇的16人。

（二）加强离退休干部理论学习和离退休干部党建工作

1. 按照院党组的部署，向院属单位老干部工作部门印发了《关于组织老同志深入开展学习江泽民同志"三个代表"重要思想活动的通知》，同时分别召开院老干部工作人员和离退休干部党支部书记会议进行动员，做好学习组织工作。多次组织召开院离退休老专家、老学者学习江泽民同志一系列重要讲话座谈会，为老同志组织学习"三个代表"重要思想的辅导报告及"当前国际形势及国际格局的特点"等国内外形势报告会。党的十六大闭幕后，配合院属单位党委，组织老同志收听收看广播、电视，传达文件，各支部认真组织老同志研读原文，或分专题座谈学习，或撰写文章谈心得体会。院直机关200余位老同志参加"学习'三个代表'重要思想、迎接十六大"基本知识竞赛活动，在广大离退休干部中掀起学习十六大报告的热潮。

2. 举办全院离退休干部党支部书记学习班，发挥支部书记在政治理论学习和思想工作中的骨干带头作用。学习班集中学习"三个代表"重要思想和江泽民同志的"四二八"、"五三一"、"七一六"重要讲话；收听关于"党的先进性和阶级性问题"、"当代中国社会结构变迁"专题报告会；组织座谈，进行学习心得交流；考察参观了北京市农村先进单位南宫村和河南濮阳西辛庄，听了全国先进共产党员李连成模范事迹介绍。

3. 召开全院离退休干部党支部工作会议，院属单位分管领导和离退休干部党支部书记参加会议。院党组副书记、副院长、直属机关党委书记李慎明出席会议并就"如何加强新形势下离退休干部党的工作"发表讲话，进一步明确我院离退休干部党支部工作的领导关系和工作体制。

（三）开展纪念《中共中央关于建立老干部退休制度的决定》颁布20周年系列活动

1. 摘编了中央、国务院及我院关于老干部政治、生活待遇的有关规定，印发给院属各单位老干部工作部门进行系统学习并对照检查各项规定贯彻执行情况。完成的《院属单位贯彻执行离退休干部有关政策规定自查情况汇总报告》受到院领导的重视并给予肯定。

2. 开展"迎十六大争先创优"活动。号召老干部工作部门按照中组部的要求，从"勤奋学习、政治坚定"，"围绕中心、服务大局"等六个方面争先创优，形成奋发向上的工作氛围，争创一流的工作成绩，高标准、高质量做好全院的老干部工作。

3. 开展宣传表彰活动。组织开展纪念《中共中央关于建立老干部退休制度的决定》颁布20周年宣传表彰活动并隆重召开表彰大会。院领导王洛林、高全立和朱锦昌及曾分管离退休干部工作的老领导出席会议。宣传表彰了民族所等3个离退休干部工作先进单位，孙连华等10名离退休干部工作先进工作者，史探径等54位离退休干部工作先进个人，高莽等4个离退休干部模范家庭。

（四）开展调研活动

根据院工作会议关于加强调研工作的精神，成立两个调研小组：一个由老党员、离退休干部书记参加的调研小组，就我院离退休干部党支部组织建设、制度建设、发挥作用及党员的教育管理等情况开展调研；另一个调研小组围绕健康老龄化与精神文化需求进行调研，总结开展老年文体活动，实现健康老龄化的做法与经验。完成了《中国社会科学院离退休干部党支部工作调研报告》和《如何满足老同志精神文化需求调研报告》，报送院党组、直属机关党委和有关方面。

（五）围绕“六个老有”的工作目标，做好经常性的服务管理工作

1. 贯彻执行中央及我院关于老干部生活待遇的各项规定，办理离退休干部医疗特殊困难补助、生活困难补助，发放离休干部护理费、离休特困家庭生活困难补助费、高龄老人及老红军生活补贴等共计 118.9 万元。

2. 举办 2002 年院离退休干部新春团拜会。院领导李慎明、江蓝生、陈佳贵、高全立、林文肯和朱锦昌等出席，与院属单位领导、老同志等 400 余人共度新春佳节。

3. 坚持开展“送温暖”活动。元旦、春节期间，组成 6 个慰问小组，走访慰问了 110 位老红军、老干部、老专家等离退休干部。先后探视和看望患病老同志 113 人（次）。到 67 位耄耋老人家中贺寿并参加 3 个单位老同志的集体祝寿活动。“七一”前夕，看望慰问了 13 名生活困难的离退休干部党员。

4. 组织院 202 名离退休干部分 5 批赴桂林、西安和延安休养，先后两次组织院直机关 321 人（次）参观游览中华文化园、十三陵水库和蟒山国家森林公园。组织院直机关离退休干部党支部书记、委员参观北京市第五届科技博览会。组织 50 名高龄老人登香山观红叶。

5. 为离退休干部医疗门诊 13215 人（次），院属宿舍区巡诊 35 次。坚持做好离退休干部外出健康休养的医疗保健工作。

6. 为院直机关离退休干部发放各类补助费、代收其他费用约 30 万元。

（六）积极开展老年文化体育活动

1. 加强老年活动场所的建设。院领导及有关职能部门在筹划地段、资金调拨等方面给予极大支持，建成并开放皂君庙、农光里活动站，潘家园和劲松中街活动站已竣工待开放。至此，我院已在 16 个院宿舍区建立老干部活动站，召开活动站工作会议，明确任务，提出要求。对各活动站开展工作和安全情况进行了全面检查。

2. 重视老年文化体育工作。召开院老年体育工作会议，对老年体协和各分会组织进行调整，表彰了 3 个老年文体活动先进集体和 12 名老年文体积极分子。

3. 举行第 15 届院老年运动会，历时 5 个月，约 500 名老同志参加了 19 个比赛项目，推动了老年体育工作的开展。

4. 根据老同志的需要，举办了 3 期电脑培训班和 1 期书画培训班，有 114 位老同志参加培训。组织书画会、诗社老同志野外写生、举办诗词讲座和院庆画展参展活动。

5. 以老年团体组织为载体，大力开展文体活动。推广柔力球等适合老年人的体育健身项目，培训了 118 名老年骨干。老干部合唱团在江泽民视察我院、院庆 25 周年和春节团拜会上的精彩演出，受到领导和同志们的称赞。老年门球队被评为东城区先进门球队。象棋队获第二届全国老干部象棋邀请赛冠军。

（七）做好“老有所为”工作

1. 院领导及有关职能部门从经费调拨、科研管理、评奖表彰等方面积极支持老同志开展科研活动。老干部工作局完成1999年至2001年的45项资助课题的结项工作和2002年58项课题的评审立项工作。

2. 组织老年学会召开“提高老年人生活生命质量”课题研讨会，老同志撰写论文19篇，提交全国老龄委13篇，被选用3篇。

3. 精选136位作者的204件作品，编辑出版了《中国社会科学院老年书画选》。其中收集了郭沫若、胡乔木、胡绳等20余位老学部委员和已故著名专家学者的珍贵墨宝。

（八）加强离退休干部工作的指导和老干部工作部门自身建设

1. 召开全院离退休干部工作会议，传达全国老干部局长会议精神，总结、部署工作；院文学所、世经政所和农发所作大会交流发言；高全立副院长出席会议并发表讲话。

2. 举办离退休干部工作研讨会，学习传达和贯彻落实有关会议及文件精神，研讨新形势下如何做好离退休干部工作，提高工作人员的政策水平和服务本领。高全立副院长出席会议并讲话。院属单位60名专兼职干部参加研讨，撰写论文37篇，8位同志作交流发言。

3. 召开7次院老干部工作小组会议，通报情况，征求意见。

4. 搞好宣传报导工作，营造尊老、敬老和关心老干部工作的氛围。在院部宣传橱窗出3期图片展，展示老干部丰富多彩的活动和生活。编辑《老干部工作简报》34期，几次得到李铁映院长的指示和鼓励。

5. 坚持院属单位老干部工作部门的年度总结、计划、季度报表报送制度，调整老干部工作领导小组的备案制度。

院党组办公室、直属机关党委

（一）院党组办公室

根据［2002］社科党组字39号文件通知精神，院党组办公室于2002年7月1日与院直属机关党委分设。院党组办公室为院党组的办事机构，其主要职责：办理党组文件的上报下发、党组会议和党组理论学习中心组举办的学习报告会的会务工作；编辑《学习与参阅》内部刊物；受党组委托接待并处理群众来访来信工作；负责组织管理院青年人文社会科学研究中心；党组交办的其他工作。

（二）直属机关党委

2002年，新成立的直属机关党委在院党组的正确领导下，坚持以马克思列宁主义、毛泽东思想为指导，高举邓小平理论伟大旗帜，全面贯彻“三个代表”重要思想，认真学习党的十六大精神和江总书记考察我院发表的“七一六”讲话，围绕我院科研中心工作和25周年院庆，勇于实践，积极进取，努力探索我院党建和思想政治工作的有效途径和方法，不断加强党的思想、组织、作风和制度建设，从整体上提高了党员领导干部的思想政治素质，确保了我院正确的政治方向、理论方向和科研方向，为把我院建设成为马克思主义的坚强阵地，保证全院各项任务的完成提供了有力的思想保证和组织保证。

1. 深入开展党的十六大精神和江总书记考察我院重要讲话的学习活动

(1) 十六大召开前，根据中央国家机关工委要求和院党组的部署，直属机关党委发出了《关于认真组织收听收看江泽民同志在中国共产党第十六次全国代表大会上的报告的通知》，要求院属各单位党政主要负责同志对十六大的学习、宣传工作必须高度重视，切实组织好全体职工收听收看十六大开幕式盛况和江总书记在大会上所作的报告。全院各单位在收听收看后，立即召开座谈会，结合我院工作实际，展开讨论。院属各研究所、院党校和院团委也及时召开多种学习十六大精神的座谈会和研讨会。

(2) 认真开展“三个代表”重要思想学习活动。按照院党组的指示，直属机关党委参与起草了院党组印发的《关于进一步深入开展“三个代表”重要思想学习活动的通知》和《关于进一步深入学习“七一”讲话的通知》，要求全院各级党组织组织党员干部认真学习“七一”重要讲话和《论“三个代表”》一书的重点篇目，在全院掀起学习、研究、宣传和贯彻“三个代表”重要思想的热潮。2002年5月31日，江总书记在中央党校省部级干部进修班毕业典礼上发表重要讲话后，直属机关党委及时发出学习通知，组织全院干部职工学习讲话精神。

(3) 7月16日，江总书记考察我院并发表了重要讲话。根据院党组发出的学习通知，直属机关党委组织院属各单位重点学习和深刻领会“七一六”讲话精神，并召开专家学者座谈会，不断把学习引向深入。通过学习，全院同志对新世纪繁荣发展哲学社会科学事业的基本指导方针，对中国社会科学院所处的地位和作用，对哲学社会科学工作者肩负的时代使命有了更加深刻的认识，提高了干部群众的信心和勇气，增强了做好我院各项工作的坚定性和自觉性。

(4) 举办系列报告会，加强对全院干部职工的形势教育。2002年以来，直属机关党委协助院党组继续组织好院党组理论学习中心组扩大学习报告会，先后邀请国防大学校长邢世忠、外经贸部副部长龙永图、财政部部长项怀诚、军事科学院前院长刘精松作报告。举办“WTO讲习班”，邀请外经贸部世界贸易组织司司长何宁、服务贸易处副处长洪晓东到我院授课。十六大前，组织我院部分局级干部和专家学者，参加由中宣部等五部委联合举办的“十三届四中全会以来改革开放成就系列报告会”15场。

(5) 充分利用有效载体，进行思想政治工作的宣传和教育。直属机关党委将《党的工作通讯》(2002年共出版40期) 改版，改名为《社科党建》，由李铁映同志亲笔题写刊名。全年共编发《建议》5期，提高了广大科研人员献计献策的积极性。更新了直属机关党委的网页内容，使思想政治工作更及时，更生动。

(6) 增强大局意识，积极做好全院稳定工作。2002年，根据中央国家机关维护稳定办公室的要求，组织院属各单位正处、副局以上党员领导干部170多人观看了《“法轮功”地下组织违法犯罪活动展览》录像，并按照中央国家机关党工委文件要求，及时召开院属单位党委书记会议，传达有关精神，提出明确要求，向院党组报告维护稳定方面的情况。在全院各单位的积极配合下，确保了全院稳定的局面。

2. 从抓好基层党的建设工作入手，努力增强基层党组织的凝聚力和战斗力

（1）积极协助和配合院党组抓研究所党委的领导班子建设，重源头，抓关键。2002年"七一"，组织召开我院"以'三个代表'为指导，加强研究所党建和领导班子建设"座谈会。我院党组副书记、副院长、直属机关党委书记李慎明在会上作了重要讲话。5个单位的党委书记作了主题发言，交流了本单位加强党建和领导班子建设的做法和经验。

（2）抓基层党支部建设，重基础，抓队伍。2002年，组织召开了全院党的基层组织建设工作研讨会暨经验交流会。我院1996年、2000年和2001年被评为先进的32位支部书记参加了这次研讨和交流，并就如何加强和改进我院基层党组织建设提出了很好的建议和意见。会议就我院今后党建工作"三个制度化"达成共识，即支部书记（或支部委员）培训制度化，党委委员与支部联系制度化，支部工作经验交流制度化。

（3）抓党员干部培训，重教育，抓管理。院党校积极组织院属各单位编制了《2002～2006年党员干部入党校培训计划》，全院474名党员干部纳入了今后5年的培训计划。2002年，院党校共举办两期培训班，培训处级以上党员干部59人。在院党组的统一部署下，年末又组织一期学习党的十六大精神专题研讨班。院属各单位60位党委领导、科研骨干参加了研讨学习，为下一步全院学习打下了基础。

（4）抓青年科研人员中的组织发展工作，重环节，抓重点。2002年，举办了第16期入党积极分子培训班，来自院内18个单位的41名入党积极分子参加了学习，其中45岁以下的科研人员15人。2002年，全院共有43名入党积极分子光荣加入了党组织，其中科研人员19人。

3. 深入开展调查研究，努力创新党建和思想政治工作的方式和方法

（1）2002年上半年，深入到14个院属单位，对全院党建基本情况进行调研。通过调研，及时了解各单位党委工作制度的制定与执行情况，非党处室干部思想动态以及基层党支部开展活动情况，并撰写出《我院部分研究所党建基本情况调研报告》，报送院党组。

（2）江总书记考察我院并发表重要讲话后，及时深入院属各单位，检查学习情况，了解干部群众反应，并在调研的基础上，形成《中国社会科学院学习江总书记"七一六"重要讲话情况报告》，报送院党组和中央。这篇调研报告，由于内容翔实，多次受到院领导的表扬。

（3）根据李铁映同志和院党组的指示，开展对全院各单位执行《党委工作条例》和《所长工作条例》的情况检查，这次检查以各单位自检自查为主，要求各单位认真回顾和总结本单位执行两个《条例》的情况，提出符合实际的自评意见。调查结束后，写出调研报告初稿，上报院党组。

（4）十六大前后，利用电话采访和召开座谈会等形式，先后五次对我院专家学者、干部职工的思想动态进行深入了解，并形成报告，报院党组和中央国家机关工委。

（5）与院人事教育局共同进行我院科研骨干流失情况的调研，并撰写出专题调研报告，上报院党组。

（6）参加各单位党政领导民主生活会，汇总了职能局、直属单位及六个学科片领导班子民主生活会的情况，形成了8份文字报告，上报院党组和中央国家机关工委。

4. 加强党对群众组织的领导，发挥统战及工青妇等群众组织的作用

(1) 加强完善党组领导与党外人士的联系制度，进一步调动和发挥各民主党派专家学者为我院发展献计献策的积极性和主动性。经过征求基层党委意见，向院党组推荐了30多位党外专家，由院党组领导同志确定联系对象。在我院第一次建立了“院领导与党外专家联系制度”。

(2) 院工会充分发挥作用，广泛开展群众性的文体活动。召开第四届工会会员代表大会，选举产生了新一届工会领导班子。加强对全院困难职工调查。调查结果显示，全院在职职工3623人，离退休职工2685人。其中在职困难职工130人，占职工总数的3.6%；离退休困难职工90人，占离退职工总数的3. 4%。成功地举办了我院第三届职工运动会，全院报名参赛共计4860人次，历时216天。继续开展“送温暖活动”，元旦、春节期间，院工会和基层工会组织共走访慰问离退、患病职工和资深研究员以及困难职工家庭822户，累计送慰问金、慰问品71.9436万元。

(3) 院团委积极开展各种活动。组织院属部分单位的团员青年赴无锡、苏州和上海等地考察，使他们增长见识，扩大视野。与共青团中央等单位联合主办了“血铸中华”、“民族魂”网站，联合国内200家网站，共同主办“清明网上祭奠英烈”活动。组织我院邓研中心专家学者撰写《“三个代表”青年读本》。参与中央国家机关团工委组织编写的《部长寄语共青团》一书等活动。

(4) 院妇工委团结全院女职工配合院中心工作，发挥了积极作用。举办了表彰会，共表彰“优秀女领导干部”10名，“五好文明家庭”10户。在纪念邓小平同志南巡讲话发表10周年之际，组织女干部职工开展“与春天对话”游园、摄影、征文等系列活动。做好残疾子女职工家庭帮扶工作，在“5·19全国助残日”期间，探望慰问有残疾子女的职工家庭，并送去慰问金和慰问信。召开女领导干部联谊座谈会。与7个部委共同举办“金秋之约”未婚女职工联谊活动。继续举办“女学者论坛”。

5. 加强直属机关党委的自身建设

(1) 注重提高党务管理人员的政治素质。一年来，始终做到用马克思列宁主义、毛泽东思想、邓小平理论和“三个代表”重要思想武装党务干部的头脑，认真组织学习，与党务工作者座谈，尤其是对新分配的毕业生进行理论教育和政治培训，提高他们的政治素质。党支部注重对入党积极分子进行培养和教育。

(2) 加强规章制度的制定和落实。直属机关党委把制定和完善各种规章制度作为首要任务来抓，现已印发了《直属机关党委规章制度汇编》。

(3) 加强业务知识的学习。面对我院社会科学门类齐全、学科繁多、党的工作涉及面广，且政治性、政策性强，责任重大的特点，我们提倡在全体同志中形成勤于学习、勇于创新、敢于负责、善于总结、精于业务、长于解难、甘于奉献、严于律己的风气。

中央纪委驻院纪检组、院监察室

2002年，在中纪委和院党组的领导下，我院各级党组织、纪检监察组织认真贯彻党的十五届六中全会、中纪委七次全会精神和国务院廉政工作会议精神，努力实践“三个代表”重要思想，以加强政治纪律建设为重点，加大从源头上预防和治理的力度，党风廉政建设和反腐败工作取得了比较明显的成效。

（一）认真贯彻六中全会精神，加强政治纪律建设

对2月28日召开的院纪检监察工作会议，院党组十分重视，李铁映同志、王洛林同志在会上作了重要讲话，驻院纪检组对党风廉政建设和反腐败工作作了全面部署。会议突出强调加强政治纪律的重要性，要求全院各级党组织和全体党员必须坚持党的基本路线，自觉同党中央保持高度一致，维护中央权威，保证中央政令畅通。

驻院纪检组就如何加强政治纪律建设进行调查研究，并召开专题研讨会，探索加强政治纪律的规律。科研局、外事局、新闻所、文学所、哲学所、宗教所、当代中国所等9个单位在会上介绍了经验。大家进一步认识了加强政治纪律建设的重要性，明确了如何正确处理维护政治纪律与开展学术研究的关系。会议在院内引起了积极的反响，收到了较好的效果。会议形成了《加强政治纪律建设，保障和促进社会科学研究》的报告，以院党组的文件下发，要求各单位贯彻执行。各单位把政治纪律建设作为加强党风廉政建设的首要任务来抓，取得了很好的成效。全院在加强政治纪律教育的同时，在院维护稳定领导小组的领导下，查处了3起违反政治纪律的案件和问题。

（二）加大了从源头上预防和治理腐败工作的力度

一是开展党纪政纪教育活动，落实廉洁自律有关规定。在全院党员干部中开展了以“立党为公、执政为民”为主题的教育活动。各单位组织党员认真学习“三个代表”重要思想和六中全会提出的“八个坚持、八个反对”的规定。一些单位组织党员听党课、参观革命纪念地、观看党纪教育录像片；一些单位结合剖析重大案例和本单位违纪问题，进行警示教育。通过教育活动，广大党员干部增强了党性，提高了廉洁自律的自觉性，能够严格遵守党纪政纪。从对所（局）领导干部遵守廉洁自律规定的检查结果看，总的情况是好的，群众反映是比较满意的。

二是院务公开、所务公开工作有良好的开端。我院开始推行院务公开、所务公开，这项工作初步取得进展。11月，对全院50个单位进行了问卷调查。对4类14个问题的调查结果显示，绝大多数所（局）党、政领导班子增加了权力运行的透明度，扩大了群众的知情权、参与权和监督权，群众基本上比较满意。科研局严格执行重大选题报批制度及《社会科学成果评估指标体系（试行）》中的相关规定，评估成果的等级划分后，在全院范围内公示，力求成果评估工作的公开、公平、公正。办公厅积极推行厅务公开，对涉及职工利益的调

职、调级、评优以及经费管理等实行公开，受到职工欢迎。服务中心在4号楼改造工程中，通过公开招投标，确定了承建单位和监理单位，并对工程进行了跟踪审计，加强了监督，较好地完成了任务，为我院工程建设实行招投标和规范化管理迈出了第一步。

三是廉政制度建设取得较大的进展。院党组重视制度建设，制定了《关于认真贯彻党的十五届六中全会精神，加强我院党风廉政建设和反腐败工作的意见》，规范了加强党风廉政建设和反腐败工作的指导思想、主要任务、工作格局、领导体制和工作机制、责任制以及措施办法等，使我院党风廉政建设和反腐败工作纳入制度化的轨道。

按照党风廉政建设责任制，受院党组的委托，驻院纪检组制定下发了《关于党风廉政建设和反腐败工作重点任务分解》，将党风廉政建设和预防、治理腐败工作进行了细化，确定了牵头单位，明确了职责分工，使反腐败抓源头工作有序地进行。

驻院纪检组、院监察局在对各部门现有规章制度进行清理的基础上，编印了《中国社会科学院规章制度（简本)》。多数单位对现有的规章进行了清理、修改、完善，初步建立了一套比较完整的规章制度体系。一些单位认真总结以往发生违纪问题的教训，制定整改措施和规章。

人事教育局严格执行《党政领导干部选拔任用工作条例》，结合我院实际，制定了干部选拔任免、职称评聘工作的程序、措施和办法；进行了干部学历、学位的检查清理工作，提高了工作透明度，加强了民主监督。科研局针对薄弱环节，完善相关规章制度，提出了加强学术道德自律的八项基本准则和加强学风建设的六项制度保障；加大了出版管理工作的力度，成立了图书审读小组，并坚持期刊审读制，严格了政治方向和政治纪律。财计局进一步规范了我院二级预算单位各项收入管理，对我院各类公司进行了清理整顿，取得了初步成效。研究生院制定了《关于研究生导师职责的规定》等9个文件，对预防和纠正招生、培养、学位授予等工作中弄虚作假、徇私舞弊的不正之风，推进教学管理体制改革，发挥了积极作用。

四是加大了监督检查工作的力度。驻院纪检组、院监察局会同直属机关党委，对各单位领导班子执行《中国共产党中国社会科学院研究所委员会工作条例》和《中国社会科学院研究所所长工作条例》，落实党委会议制度和所（局）长办公会议制度的情况进行了检查。从检查的情况看，大多数单位党、政领导班子能够认真执行两个工作条例，贯彻民主集中制，研究所建设和党的组织建设、作风建设都取得进展。

按照工作安排，院监察局分别对语言所、人事教育局、财计局等8个单位进行了执法监察。对这些单位领导班子和领导干部遵守、维护政治纪律和宣传出版纪律，执行“八个坚持、八个反对”和党风廉政建设责任制规定的情况，廉洁自律情况以及所（局）务公开等情况进行了检查。在肯定成绩的同时，也将发现的问题向有关单位进行了反馈，促使一些问题及时得到解决和纠正。院监察局直接或委托社会审计部门对我院5个出版单位进行内部审计。审计中发现存在未建立系统、全面的内部财务管理控制制度，会计管理控制环节薄弱等问题，院监察局及时向这些单位提出了审计建议，并督促整改。还对法学所、欧洲所、宗教所、人口与劳动经济所等10个单位的财务情况进行审计，督促这些单位完善了财务管理。

（三）严肃查处了一些违纪违法案件

加大了查处违纪案件和问题的力度，根据群众的举报，查处了几起经济案件和违纪问题。如查处了一起私设“小金库”、重复报账的案件和一起利用职务之便，虚报多领稿费的案件；查处了一起在基金管理中涉嫌贪污的重大经济案件等。还查处了招生考试试题泄漏的问题，及时更换了试题，避免了可能造成的恶劣影响。

总的来看，2002年我院党风廉政建设和反腐败工作的成效比较明显，但也存在着一些问题，如违反政治纪律的行为和经济方面的违纪违法案件还时有发生；有些方面的不正之风还比较严重；在执行反腐败工作领导体制和工作机制方面还存在着不足，领导干部党风廉政建设责任制落实还不够等等。今后必须坚持不懈地努力，推进党风廉政建设和反腐败斗争不断深入发展。

三 院直属单位工作

研究生院

（一）基本情况

截至2002年底，研究生院有现职人员130人，其中，正高级职称人员11人，副高级职称人员15人。高级职称人员占现职人员的20%。

研究生院设有办公室、人事处（党办）、研究生工作处、教务处、学位办公室、外事处、总务处、保卫处、财务处、基建处、图书馆、外语教研室、马克思主义理论教研室、学报编辑部、继续教育学院、政府政策与公共管理系等机构。

（二）第二次研究生院工作会议

中国社会科学院第二次研究生院工作会议于2002年11月29日召开。社科院职能部门有关领导，研究生院全体领导、教授委员会委员、系主任、系秘书、导师代表、教职工代表、研究生代表共180多人参加了会议。会议由研究生院党委书记晋保平主持。社科院党组成员、研究生院院长武寅作了“开拓创新，把研究生院建设成国际一流人才培养基地”的主题报告。会议讨论了《深化研究生院管理制度改革的实施办法》和《关于改进研究生培养工作的若干意见》两个文件。

（三）研究生教育与学位管理工作

1. 招生与学生管理

（1）招生工作。2002年，该院根据教育部对硕士生入学考试的有关规定，进一步建立健全了各项规章制度，严格管理，严肃纪律，为招生工作创造了一个公开、公平、公正的环境，维护了研究生院的良好声誉。

2002年硕士生报考人数为744人，比2001年多188人，增长34%；计划招生170人，实际录取171人。博士生报考人数为1211人，与2001年持平；计划招生200人，实际录取213人。研究生院的在校生人数达到1299人。

（2）毕业研究生的就业指导。该院重点抓了毕业生的择业观和职业道德教育，定期召开毕业生就业专项工作会议，尽量为毕业生的就业创造有利条件。2002年我院参加国家统一就业的毕业生共有145人，其中143人按期顺利地走上了工作岗位。

（3）研究生的学籍管理。随着在校生人数的增加，研究生工作处从规范操作程序入手，严格执行有关规定，学生档案与学籍管理工作进一步规范化。2002 年度，毕业生与新生入学涉及流转档案共计 608 份，未出现一例差错。

(4) 研究生思想政治工作。该院充分发挥党团员及学生干部的先锋模范作用，以学生党支部、团支部与班委会的建设为先导，狠抓学生骨干的培养工作。新发展党员 29 人，预备党员转正 40 人，考察培养入党积极分子 85 人。组织新党员到抗日战争纪念馆举行宣誓仪式，组织学生干部和学生代表到天安门参加“看升旗、登城楼”爱国主义教育活动。进行了新一届研究生会和团委的换届工作。举办研究生党支部委员培训班。组织学生收听、收看党的十六大报告。派遣 2 名博士生到基层挂职锻炼。

(5) 校园文化生活与学生社团活动。研究生会举办了 2002 年元旦联欢会、“社科之春”文化艺术节、第一届卡拉 OK 大赛、周末舞会、电影周等一系列文化娱乐活动，活跃了同学们的业余文化生活。举办了“首届全国研究生会主席论坛”，邀请了国内几十所知名大学的研究生会主席与会。会议以“研究生学风建设与新世纪青年的责任”为主题，并向全国研究生发出了“德业双修、学行并重、勇于创新”的倡议书，在社会上产生了较大的影响。研究生会成立了多个学生学术社团，定期或不定期地组织各种形式的学术活动和学术交流。对《研究生论坛》杂志进行改版，促进了研究生的学术交流。学生社团“青年读书会”发起的“青年学术双周”和“网上论坛”活动在同学中有较大的影响。

2. 教学管理

(1) 进一步完善课程设置。2002 年度，除 7 门公共课外，研究生院本部还以专题讲座的形式开设了 6 门专业基础课，13 门公共选修课，5 门专业课。对少数涉外专业进行双语教学试点，现已在英语和日语两个语种试行。

(2) 发挥教授委员会的作用。研究生院教授委员会运行一年多来，在教学管理与研究生培养工作中发挥了越来越重要的作用。2002 年，研究生院召开了两次教授委员会全体会议、一次教授委员会扩大会议、五次教授委员会执委会扩大会议。教授委员会把工作重心放在加强教学及其有关工作的制度建设方面，参与制定了《关于攻读博士学位和硕士学位研究生培养工作的若干规定》、《关于硕士—博士学位连读的暂行规定》等 8 个教学管理方面的文件，并就教材编写、课程设置、学籍管理、导师的教书育人、教授委员会委员及其执委、系秘书的责权利等问题进行了研究，进一步明确了研究生院各个教学系和研究生导师在研究生的培养工作中应负的职责，特别强调了导师在研究生的思想道德与学术研究上要严格要求。

(3) 加强与改进教务与教材编写工作。向导师们换发了教师证，颁发了导师聘书；制作了教务工作流程图和大型标准化课程表；认真做好教材编审委员会的日常工作；召开了几次研究生教学座谈会；广泛征求意见，全面修订研究生培养方案；完成了 2000 级硕士生的中期筛选工作；进行了有关系主任和系秘书的换届工作；理顺了教师酬金的发放方式等。

3. 学位管理

2002 年，学位管理方面完成了以下几项常规性工作：完成了 2003～2004 年新增 60 位博士生导师的申报评审工作；完成了推荐国务院学位委员会第五届学科评议组候选人的组织工作；完成了 2002 年毕业的 145 名硕士生和 181 名博士生的论文答辩和学位授予工作；组织了2002年在职人员申请硕士学位全国统一考试，参加报名审核的有587人次；推荐5篇博士学位论文参加2003年全国优秀博士学位论文评选；组织四个系开展学位论文匿名评阅试点工作。

该院法学系96级法学理论专业博士研究生周汉华的博士学位论文《中国法制改革论纲：从西方现实主义法律运动谈起》获得了2002年“全国优秀博士学位论文奖”。研究生院对其指导教师李步云教授进行了表彰。

为了加强与改进博士生的论文答辩与评阅工作，2002年，研究生院首次对两名以同等学力申请博士学位的申请者的论文进行了匿名评阅。在此基础上，确定了四个系为2003年博士学位论文进行匿名评阅的试点单位，并制定了实施办法。

（四）教职工队伍建设

为争创世界一流高等学府，全面提高研究生院管理干部队伍的素质，2002年4月，研究生院对处级领导干部进行了大幅度调整，一批具有较高学历的年轻干部进入到了处级领导岗位，形成了一支较为精干的中层管理干部队伍。为进一步提高处级领导干部的政治素质、思想水平和业务能力，研究生院党委举办了40多人参加的处级领导干部学习班，邀请了国务院学位办的领导、社科院有关职能部门的领导作专题报告，使学员开阔了视野，认清了形势，统一了思想，明确了任务，增进了团结。

2002年，对研究生院高级职称评审委员会进行了调整，完成了本年度的职称评审工作。顺利地完成了职工工资调整。制定了《研究生院关于调整外聘人员劳动报酬的决定》，进一步完善了外聘人员的用工制度。建立了人事档案数据库。

（五）新校园建设与后勤工作

2002年4月，研究生院成立了基建处，负责新校园建设项目的具体工作。

李铁映院长两次到房山区视察，并亲自与北京市委、市政府的主要负责同志商谈新校园建设事宜；院党组的其他领导同志也多次到房山高教园区现场考察办公，使新校园建设取得了重大进展。

2002年，校园教学设施、体育设施和后勤服务设施得到了进一步的改善。在图书馆安置了多台电脑，为学生提供免费上网服务，添置了120个寄存柜和3台自助式复印机；投资改造了教学多功能厅；改造了学生浴室；在校园内建造了一些健身设施；对配电设施进行了检修；建立了安全防范的整体技防网络，维护了学校的治安安全；学生食堂增加了花色品种，延长了开饭时间。总务后勤部门的出色工作，保证了全年教学任务的完成，缓解了招生规模扩大后学校后勤资源紧张的矛盾。

（六）留学生、港澳台学生和对外学术交流工作

2002年，研究生院共招收35名博士、硕士留学生（硕士生第一次超过博士生），其中，硕士生19人，博士生16人，不需X签证的人数呈增长趋势，占新生总数的40%以上；招收港澳台学生14人，其中博士生13人，硕士学生1人。在2002年度由北京市教委组织的北京市高校外国留学生教育质量评估工作中，该院获得好评。

2002年，共派出17批22名学生出国、出境学习和进行学术交流活动；派遣9批22名教职工出国进行教育考察和招生宣传活动；接待长期来访学者1人、短期来访学者28人。在考察与宣传方面，组织了赴澳大利亚、新西兰教育考察团，参加了教育部组织的赴韩国、日本和德国招生宣传活动。

（七）继续教育与培训工作

2002年，继续教育学院以“调整机构、适应市场、抓住重点、多方办学”为工作指导思想，主动与境外大学合作开设了工商管理研修班，面向西部贫困地区开办了一些义务性的针对性很强的专题讲座培训班。为办好研究生课程进修班，培训中心多次与系秘书和授课教师座谈，就培养方案、课程安排、教材编写、课程考试等问题征求意见。为了适应新的形势发展和工作需要，继续教育学院对内部机构进行了调整，引进了一些有较高文化素质和实践经验的工作人员，明确了各部门的职责；同时，大力加强管理，调动每位工作人员的积极性，从而使继续教育工作取得了较好的经济与社会效益。

（八）校园信息化和图书馆工作

为加强校园信息化建设，成立了研究生院信息化工作领导小组，设立了网络中心，配备了专业技术人员，更新了部分硬件设施，制定了校园信息化建设实施方案并付诸实施。

图书馆的馆藏资料增加，服务水平进一步提高。图书馆接待院内外读者借还中外文图书、期刊100710册次，购进中外文图书7140册，收订报刊1239份，新增数据库4个。信息检索中心和多媒体阅览室共接待读者177963人次。充分利用“丹诚图书馆管理系统”提供的统计模块，实现图书馆内部管理的自动化；“校园一卡通”管理系统的使用，提升了图书馆的管理水平；升级更新了图书馆主页。网络中心和图书馆的专业技术人员还担负了各处室计算机的维护与保养工作。

（九）科研组织工作

研究生院教职员的科研工作也取得了一定的成绩。全年共完成专著1部，论文集1部，丛书1种，论文35篇，教材3种，译文1篇，学术资料1种。组织了2002年度科研课题的申报与立项工作，经过研究生院学术委员会批准，23项课题被确定为研究生院重点项目。

（十）期刊工作

《中国社会科学院研究生院学报》荣获“全国百强社科学报”奖和“北京地区高校学报一等奖”；发行量有一定的增加；实施“四校制度”，差错率明显降低。

中国社会科学院图书馆（文献信息中心）

（一）基本情况

截至2002年底，院图书馆（文献信息中心）有现职人员137名，其中正高级职称人员11名，副高级职称人员38名，中级职称人员46名，高中级职称人员占现职人员的69%。

该馆设有文献采编部、典藏流通部、报刊部、古籍特藏部、参考咨询部、数据库部、网络系统部、研究部（含《国外社会科学》编辑部、《第欧根尼》编辑部、《当代韩国》编辑部)、《环球市场信息导报》编辑部、办公室、人事处（党办)、科研处。

（二）图书馆馆务及科研组织工作

1. 顺利完成了中国社会科学院图书馆搬迁和开馆工作

在院图书馆（文献信息中心）发展历史上，2002年是具有重要意义的一年。在这一年，我院新图书馆大楼终于建成并于4月30日投入使用。为了不影响院部后院的改造，院领导要求图书馆搬家工作必须提前在5月1日以前完成。在一个多月的时间里要将分散在十几个书库的100多万册图书搬进新馆，同时还要妥善处理好历史所图书馆、文学所和哲学所自管库等问题，难度是较大的。该馆广大职工以前所未有的工作热情投入搬家工作。3月28日，李铁映院长亲自带领院领导班子成员和各职能局负责同志参加搬家劳动，极大地鼓舞了该馆广大同志的干劲。从3月6日搬家工作进入实施阶段至4月30日举行新馆揭幕仪式，该馆全体同志高水平地完成了新馆开馆工作。2002年7月16日上午，江泽民总书记等党和国家领导人来中国社会科学院考察，并参观了图书馆举办的“建院二十五周年优秀科研成果展”和图书馆古籍陈列以及图书馆电子阅览室。

2. 图书馆现代化建设取得了显著成绩

新图书馆要建设成“国内一流，国际领先”的数字图书馆，这是院领导给我院图书馆建设确定的总目标。2002年，该馆在图书馆自动化系统软件的选择和应用、网络平台构建以及电子阅览室建设等方面都取得了突出的成绩。

在2001年对国内外图书馆自动化系统进行全面分析比较的基础上，初步决定新图书馆要采用国际上最先进的图书馆自动化系统。2002年2月27日，该馆成立信息化建设工作领导小组。经过慎重考虑，选择了与韩国ECO图书馆软件公司合作开发大型图书馆自动化软件系统。这样不仅可以根据我院图书馆的特点进行软件功能的设计，而且更重要的是可以为我院节省一大笔经费开支。在图书馆各业务部门的通力合作下，经过中韩双方技术人员近一年的不懈努力，开发过程已基本结束，合作开发的图书馆软件系统正在进行最后的检测和调试。新系统的投入和使用，将显著地提升我院图书馆管理和服务的自动化水平。

如何构建一个具有中国社会科学院特色的图书馆网络平台，一直是该馆反复考虑的重要问题。经过认真调查研究，2002年提出了中国社会科学院图书馆网络平台需求报告，并在此基础上进行了招投标工作。经过仔细筛选，最后确定与东华诚信网络集成公司合作进行图书馆网络平台的建设。在对原来的需求报告进一步完善后，网络工程建设正式启动。为配合迎接江总书记考察社会科学院的需要，在时间紧迫的情况下，院图书馆与该公司紧密合作，及时搭建了临时网络平台，从而保证了考察工作的顺利进行。同时，临时平台的搭建也为后来网络工程的正式启动积累了经验。

电子阅览室是图书馆自动化建设中的一个重要内容。在院领导的亲自关心下，在院有关部门的大力支持下，一个配备了100台先进的计算机系统和拥有丰富电子信息资源的电子阅览室终于落成了。随着电子信息资源的逐渐增加，电子阅览室已经成为读者流量最多的阅览室，是反映我院现代化建设成就的一个窗口。

2002年，全院图书采购经费仍然为1100万元。其中院图书馆550万元。2002年，院馆采购中文新书13515册，外文新书4079册。订阅中文报刊1801种，外文报刊970种。配合新馆开馆，在经费有限的情况下争取做到用好钱，买好书，提高采书质量。其中一个工作重点是工具书的补充调整。先后补充工具书286册，年鉴50多种。为了让读者尽快看到最新的工具书，采购人员每月外出采购一次，尽可能到书店现货购书。2002年采购工作的另一个重点是学位论文的收集。该馆是国务院指定的社会科学学位论文收藏单位。但是近几年来高校交送论文的数量越来越少。2002年，中心领导把改善学位论文收集工作当做一项重要工作来抓，与2001年相比，收集数量有了一定的增加。

2002年，在继续完成中文旧书回溯编目扫尾工作的同时，该馆将工作重点转到了西文图书的回溯编目上来。为了加快工作进度，西文图书回溯编目采取了与春辉图书编目公司合作的方式，由中心编目部对未按《中图法》编目的西文图书进行重新分类，春辉公司的编目人员进行编目，中心编目部对该公司完成的编目数据逐条校对。截止到11月4日，对47539册图书按《中图法》重新分类，已经完成西文编目数据118001条，年底可完成预定的回编任务。在突击进行旧书回编的同时，编目部2002年完成新书编目30597册，其中中文新书15585册，英文新书3844册，法、意等小语种书176册，俄文书1231册，日文书814册，学位论文8947册。

在读者服务方面，由于今年搬家闭馆，读者数量受到一定的影响。书库接待读者6694人次，借还图书23067册，其中借书11061册，还书12006册。报刊阅览室1～10月共接待读者8187人次。

2002年，该馆在数据库建设方面继续采用自建与购买相结合的方针。为配合重点学科和重点研究室建设，数据库部加班加点进行“社会科学引文分析数据库”的数据加工。在年初推出《中国人文社会科学引文数据库（2000年版）》的基础上，全年完成2000年和2001年100万条数据的制作并通校三年的数据，共计140万条。截至2002年底，已经完成全部任务的90%，为2003年重点研究室的启动作好了前期准备。另外，该馆研究部完成的“《国外社会科学》资料数据库”对该刊创办20年来发表的内容进行了整理。数据库建成后，可以通过计算机检索该刊20年来登载的内容，还可以分析20年来该刊物反映的学术热点问题及变化趋势。

在引进数据库方面，该馆继续订购人大复印报刊资料、GALE、OCLC等一批国内外知名数据库，丰富图书馆电子资源，为读者提供方便快捷的服务。

3. 科研成果与研究课题

2002 年，该馆的科研工作继续贯彻课题研究与为学术界和政府决策部门提供高质量信息服务并举的方针，在继续做好《国外社会科学》、《网讯》等信息刊物的编辑出版工作的同时，出版和发表了一批科研成果，完成了一批重点课题的研究。与此同时，还完成了一批中央和院领导交办的任务。

2002 年发表的科研成果有：专著 4 种，350.1 万字；论文 32 篇，30.8 万字；研究报告 7 篇，33.9 万字；综述 31 种，11.76 万字；译文 49 篇，24.58 万字；工具书 3 种，1577 万字；一般文章 24 篇，25.7 万字；软件 7 件，1789（kb）；论文集 1 种，10.7 万字；要报 2 篇，4600 字；论著题要 72 篇，29.7 万字；译文文摘 46 篇，7 万字；校稿 765 万字；审稿 652 篇，331 万字；数据库条目 4278（条）；词库 1200（条）。

2002 年已完成的科研课题有：蒋颖主持的国家社科基金课题“因特网学术资源的收集和评价研究”；黄育馥、刘霓主持的馆重点课题“信息技术与女性发展”（已出版）；杨雁斌、赖升录主持的馆重点课题“《国外社会科学》数据库”；何培忠主持的馆重点课题“当代日本社会科学”。

正在进行的科研课题有：杨沛超主持的院 A 类重大课题“数字图书馆的理论、实践与中国社会科学院数字图书馆建设”；何培忠主持的院 A 类重大课题“改革开放以来的国外中国学研究”；萧俊明主持的院 B 类重大课题“西方人文社科经典数据库”；姜晓辉主持的院 B 类重大课题“中国经济社会发展基础数据库”；黄长著主持的院长委托课题“汉英新词语词典”；于文兰主持的中心重点课题“国外中国学家数据库”；萧俊明主持的中心重点课题“西方文化研究”；王文娥主持的中心重点课题“国外知名图书馆的数字化过程与经验”；杨丹主持的中心重点课题“网络信息的组织方法研究”。

2002 年新立项的课题有：黄长著主持的院 A 类重大课题“人文社会科学领域文献计量学的理论与应用”；尹国其主持的院 B 类重大课题“中国人文社科计量指标的统计与分析”；蒋颖主持的院 B 类重大课题“资源数字化标准问题研究”；姜一平主持的所重点课题“数字化图书馆信息导航服务的应用模式分析”；顾红主持的所重点课题“图书馆参考咨询工作机制的建立及其研究”；黄丽婷主持的所重点课题“社会科学学位论文资源调查与馆藏对策”。

4. 重点学科建设

2002 年，该馆学科建设有了重要发展。社会科学文献计量学被确立为该馆的重点学科。为此，该馆对学科建设的重点进行了必要调整。在继续开展图书馆学、情报学、国外中国研究、国外女性研究等传统领域研究的同时，加强了社会科学文献计量学研究的力量。为此，申请了相关的院重大课题和院重点学科项目并得到了批准。

在我院第四届优秀科研成果奖评选中，黄育馥的专著《京剧、跷和中国的性别关系》获得三等奖。

（三）学术交流

受院图书馆搬家的影响，2002 年中心对外学术交流工作的数量比 2001 年有所下降。有些计划中的交流项目没有得到落实。全年出访仅 11 人次，接待正式来访 9 人次。包括：5 月 21 日，美国 ALCORN 州立大学助理教授、美国信息科学与技术学会图像信息研究小组组长虞立新博士和美国 RUTGER 大学助理教授张向民博士来中心分别作了题为《地理信息系统在社会科学中的应用》和《数字图书馆与 INTERNET》的学术讲座；5 月 23 日，黄长著主任赴韩国进行学术访问，拜访了韩国国际交流财团、韩国现代中国研究会、韩国国立中央图书馆、韩国 ECO 图书馆软件公司等机构，考察图书馆自动化软件应用情况并探讨扩大学术交流合作的可能性；8 月 21 日，越南国家人文社会科学研究中心信息研究所副所长邓青霞女士一行三人来中心访问，进行工作会谈，并参观图书馆和建院 25 周年科研成果展；9 月，黄长著、杨沛超、彭绪庶和陈源访问瑞典，对瑞典和北欧图书馆的现代化建设、特别是数字图书馆的建设和发展有了比较清楚的认识，对如何制定我院图书馆近期和长远发展规划有重要参考意义。

（四）学会、期刊工作

2002 年 6 月，中国社会科学情报学会在西安召开了“新世纪信息资源开发与利用”学术研讨会。来自全国 50 多家图书馆和社会科学信息机构的 80 多名学者参加了会议。研讨会共收到论文 80 多篇，是学会近年来提交论文数量最多、质量最好的一次研讨会。

2002 年，《国外社会科学》（主编：黄育馥）的编辑质量有了明显提高，在全院期刊评审通报中得到表扬。在选题、组稿、栏目设置等方面都有新的举措，增加了刊物的信息含量，反映学术动态更加及时。2002 年发表的重要论文有：《伊斯兰原教旨主义、宗教极端主义与国际恐怖主义辨析》（吴云贵）；《当代西方基督宗教思想研究》（卓新平）；《社会学与社会建构论》（苏国勋）；《评西方受众理论》（单波）；《文化研究的发展轨迹》（萧俊明）；《信息伦理学：新兴的交叉科学》（梁俊兰）；《论 WTO 金融自由化中的金融监管问题》（韩龙）；《20 世纪系统思想的发展演变》（赵晓康、王维红）；《西方政治人类学 60 年的演进》（董建辉）；《当代西方女性主义人类学的发展》（白志红）；《酷儿理论面面观》（李银河）；《中国加入 WTO：与世界经济的整合》（陈源）；《文明的困惑——关于文明冲突论的断想》（萧俊明）；《俄罗斯经济转轨理论述评》（郭连成）；《网络经济与政府治理》（顾丽梅）；《国外网络文化研究评介》（杨新敏）；《国外的道藏研究》（郑天星）；《重现与印证历史的历史学——口述历史学的客观性质管窥》（杨雁斌）；《雅克·埃吕尔的技术哲学》（狄仁昆、曹观法）；《国外中小学校的道德教育》（黄育馥）；《经济全球化与国家经济发展问题》（于文兰）；《技术与男性气质：应予瓦解的等式——女性主义技术研究述评》（刘霓）；《20 世纪西方科学哲学发展述评》（郑祥福）；《新世纪法国的跨学科研究》（江小平）；《女性主义经济学述评》（贾根良、刘辉峰）；《发人深省的关于新经济的新观点——评即将到来的互联网大萧条》（张玉福）；《宗教对话问题及其解决设想》（何光沪）；《当代西方政治哲学中的若干新问题和新动向》（上）（徐友渔）；《法国的跨学科性研究与模式》（江小平）；《地理信息系统及其在社会科学研究中的应用》（虞立新）；《经济全球化与俄罗斯》（于文兰）；《阿克洛夫、斯彭斯和斯蒂格利茨的微观信息经济学理论及其应用》（唐久红、唐岳驹）；《〈全球化的政治经济〉一书评介》（张燕晖）。

《网讯》（负责人：王亚田、黄长著）是该馆承担的一项为政府决策部门提供信息服务的重要情报产品，每天一期，直接报送国务院办公厅。2002 年，信息收集和资料编辑工作人员克服了搬家工作导致的时间紧、工作环境差等不利因素，保证了《网讯》的正常发稿。从

2001年10月到2002年9月，该馆提供的信息被国务院办公厅《网摘》选用198条，其中55条得到国务院领导的批示。另外，该馆主办或协办的《当代韩国》(主编：汝信)、《第欧根尼》(中文版)(主编：萧俊明)、《环球市场信息导报》(主编：黎歌)、《INTERNET信息世界》(总编：黄长著，该刊自2003年起更名为《程序员》)等刊物在编辑质量和发行数量等方面都有明显提高。

中国社会科学出版社

2002年，中国社会科学出版社全体职工高举邓小平理论伟大旗帜，努力贯彻“三个代表”重要思想，以迎接十六大、学习十六大精神为动力，发扬实事求是、与时俱进、开拓创新、奋力拼搏的精神，圆满地完成了年初工作会议提出的主要任务。

(一) 严格把握正确出版导向，自觉地为十六大营造良好氛围

2002年，中国社会科学出版社始终把为十六大召开营造良好氛围当做头等大事来抓。一是加强书稿内容的把关，严格把握正确出版导向；二是抓好献礼图书的出版。全体编辑人员严格遵守宣传出版纪律，从选题的报批到书稿的审读，都严格把关，保证不出政治性问题。同时还及时出版了配合十六大和向十六大献礼的图书，如《邓小平理论形成史》、《邓小平哲学思想新论》、《邓小平德育思想研究》、《“三个代表”与历史唯物主义》、《二十世纪中国百项考古大发现》等。后两种被中宣部和新闻出版总署列为向十六大献礼图书。

(二) 积极开发选题，使选题种类更加丰富

中国社会科学出版社把“坚持品牌特色、拓展市场空间”作为全年工作的要点。全体编辑人员立足于“大社科”视野，努力做“大社科”文章，一方面继续组织高水平的学术专著选题，一方面大力开发大众读物选题，包括时政类、人物类、纪实类、生活类、小说类、书画类、游记类、名著赏析类等等，使选题种类进一步向多样化发展。全年共组织选题541种，数量大大超过了往年，种类也更加丰富多彩。

(三) 编辑出版工作精益求精，出版的重点书、精品书较往年增多

2002年，该社全体编辑、校对、装帧设计、出版人员普遍强化了精品意识，精心编校、精心设计、精心制作。出版的重点书、精品书有：“中国社会科学院学者文选”新出13种、《社会福利与弱势群体》、《中国公共政策分析》(2002年卷)、《中国公开选拔领导干部制度研究》、《古代国家的等级制度》、《明代皇权政治研究》、《中国西部文化发展战略研究》、《二十世纪中国百项考古大发现》、《天山·古道·东西风——新疆丝绸之路文物特辑》、《唐代文化》、《二十世纪唐研究》、《西欧文明》、《简明东欧百科全书》、《信息认识论》、《人的自我发展与符号形式的创造》、《情感与理性》、《吐火罗史研究》、《中国历史年表》、《中古风度》、《自由与秩序——中国学者的观点》、《反自由主义的剖析》、《财产与自由》、《社会相对运动

初探》、《物理社会学》、《人口社会学》、《普京文集》、《舒芜口述自传》、《西夏经济史》、《世界经济文化年鉴》、《蜜蜂的寓言》、《市场化与反贫困路径选择》、《次高增长阶段的中国经济》、《影响力》、《毛泽东的艰难决策》、《法制与行政现代化》、《西方法律思想发展简史》、《语文与人的意义世界》、《读书人的出世与入世》、《性别与欲望——不受诅咒的潘多拉》、《晚清文选》、《大分裂》、《伪黎明》、《"唱衰"中国的背后》、"文化与审美丛书"、"行者悟语图文丛书"、"唐克"书系等等。这一年，图书生产在装帧设计上有所创新，图书更加精美。

（四）积极参与市场竞争，畅销书显著增加

2002年，全社编辑出版人员积极参与市场竞争，抓畅销书选题，抢出版进度。在两次订货会之前，各编辑室争报畅销书选题，以最快的速度把畅销书推向市场。

2002年出版的畅销书数量为该社历年之最。当年发行量在万册以上的图书有：《这是女孩子的事》、《影响力》、《青少年生活策略》、《世界问题报告》、《西游记：智擒红孩儿》、《西游记：大闹天宫》、《西游记：偷吃人参果》、《生活策略》、《秘密花园》、《新写长征图文档案》、《跟唐克学百科》、《唐克脑筋急转弯》、《快乐的算术》共13种。有三种书被中国图书发行协会评为2002年全国优秀社科类畅销书，分别是：《青少年生活策略》、《世界问题报告》、《中国发展问题报告》。

（五）计划目标基本实现，宣传工作达到预期效果

2002年全年出书429种，比上年增加了25种。其中新书390种，比原计划的360种增加了30种，比上年的313种增加了77种。

全年图书发货码洋共7800万元，比原计划的6500万元增加了1300万元；比上年的7500万元增加了300万元；全年发行回款2607.8万元，出版补贴959万元，以上两项收入相加共3566.8万元，剔除回款中必要的稿费和劳务费支出，2002年属于本社的收入比上年增加了38.9万元。全年上缴国家税收221万元，比上年的213万元增加了8万元；年内全社职工平均收入增长超过计划指标的20%。

2002年，该社产品的宣传推广工作也取得了显著成绩。宣传策划室组织了48篇书评，其中梁小民对《蜜蜂的寓言》的书评、止庵等人对《舒芜口述自传》的书评，以及汪丁丁、戴逸等人的序跋书评都在社会上产生了很大的影响。据不完全统计，全年见诸各媒体的书讯、书评、信息、连载、摘登等约100多次。上中央电视台新闻联播两次，在该台做专题3次、专栏3次。

全年组织召开首发式、出版座谈会、新书发布会等活动11次，比上年增加4次。

社科出版社网站改版后，已有602种图书上网，每种书都有书影、内容简介，部分图书还有作者介绍。社网已与30家网站友情链接，通过"新浪"、"搜狐"等著名门户网站可直接对该社网上数据进行中文查询。"人民网"、"新浪网"、"光明网"、"新华网"、"大洋网"都宣传过该社的图书。

全年的广告宣传费用共支出48.75万元。以软广告为主，硬广告由该社人员自己设计。

通过宣传，更加突出了该社的品牌形象。2002年，该社被选为中国版协经营管理委员会的理事单位及中国发行业协会社科委员会的常任理事单位。2002年，该社有多种图书获

奖。其中，《中国道教史》（增订本）获第十三届中国图书奖；有10种书获省部级奖；有3种书获2002年全国优秀畅销书奖。此外，该社的网络建设还获得社科院评定的三等奖；防火工作获得社科院评定的二等奖。

（六）改善办公条件、关心职工生活

在这方面做了如下实事：装修多功能厅；添置10台电脑；更换发行软件；组织全社职工外出学习、考察和休息；安排全社职工进行健康体检；节、假日补助；给全社职工购置运动会服装；组织老干部外出游览活动。以上所办实事，共投入资金140多万元。

中国社会科学杂志社

（一）基本情况

截至2002年底，中国社会科学杂志社有现职人员46人，其中，正高级职称人员8人，副高级职称人员11人，中级职称人员9人，高中级职称人员占现职人员的60.8%。

该社设哲学编辑室、经济编辑室、文学编辑室、综合编辑室、中国古代史编辑室、中国近代史编辑室、世界史编辑室、英文编译室及总编室、办公室、图书资料室等机构。

（二）思想建设

2002年，杂志社把学习和贯彻“三个代表”重要思想和十六大精神作为办刊指导思想和编辑队伍政治思想建设的中心工作，认真组织党员及全体职工学习有关文件，特别是江泽民总书记7月16日视察我院时发表的重要讲话精神。通过学习和讨论，自觉地把“三个代表”思想以及上述重要思想贯彻到办刊工作中去。

杂志社加强了政治纪律、宣传纪律的教育，做到警钟长鸣。2002年全社所办刊物和其他方面的工作未出现政治失误。

（三）刊物的编辑与出版发行

杂志社共办有《中国社会科学》、《历史研究》、《中国社会科学文摘》、《中国社会科学》（英文版）、《国际社会科学杂志》等5种刊物。全社以编辑工作为中心，刊物质量有所提高，各刊都发表了一些高水平、有影响的作品。

1.《中国社会科学》2002年度共收到来稿2600篇，发表104篇，学科分布为：哲学25篇，经济22篇，社会学13篇，法学16篇，民族学1篇，文学、语言学13篇，历史学11篇，国际问题1篇，其他2篇。发表的稿件以论文为主，占发稿量的89%，其他为学术述评、综述、读者评议、书评等。作者群以中青年为主，占作者总数的85%；高校作者占作者总数的69%，成果主要来自高职称、高学历学者群。这种状况，是与我国社会科学研究力量的分布、与杂志社刊物的定位和学术地位相吻合的。

在2002年发表的作品中，除了继续保持一定数量的基础理论研究外，绝大多数都涉及当前改革开放和经济社会发展中的重大现实问题。一些重大选题体现和配合了当前党的重大理论创新，各学科都有一些社会反响较好的文章。第1期有章百家的《改变自己，影响世界》，李培林的《巨变：村落的终结——都市里的村庄研究》，刘溶沧等的《税收与经济增长》；第2期有蔡曙山的《论技术行为，科学理性与人文精神》，王逸舟的《国家利益再思考》，刘晓明的《“语”“文”的离合与中国文学思维特征的演进》，朱寿桐的《论中国现代文学的伟大传统》；第1期和第3期有贺雪峰、仝志辉的《村庄权力结构的三层分析》及《论村庄社会关联》；第4期有胡鞍钢、周绍杰的《新的全球贫富差距：日益扩大的“数字鸿沟”》，傅郁林的《审计制度的建构原理》；第5期有孙利平的《实践社会学与市场转型过程分析》，邓野的《联合政府的谈判与抗战末期的中国政治》；第6期有潘家华的《人文发展分析的概念架构与经验数据》，葛晓音的《四言体的形成及其与词赋的关系》等等。

2.《历史研究》2002年共收到来稿649篇，发表93篇。其中古代史38篇，近代史37篇，世界史18篇。反响较好的文章有：第1期罗志田的《见之于行事：中国近代史研究的可能走向——兼及史料、理论与表述》；第3期的《国中的“异乡”：20世纪二三十年代旅外川人认知中的全国与四川》等。

3.《中国社会科学》（英文版）。2002年，该刊改版，减少了长篇论文，每期设中心议题，并通过论文摘要大大增加了信息量。改版后的杂志受到海内外读者的欢迎。

4.《中国社会科学文摘》，全年发稿600多篇，影响在继续扩大。一些高校已将《文摘》列入评价指标体系。发行量也在稳步上升。

5.《国际社会科学杂志》是杂志社受联合国教科文组织委托翻译出版的一份学术期刊，近两年工作有较大的改进，翻译质量不断提高，读者面在不断增加。

（四）制度建设

作为权威性学术期刊的编辑出版单位，多年以来，杂志社努力保持刊物的学术品位，推动优良学风的建设。2002年制度建设的重点有两个方面：一是从第1期开始，《中国社会科学》、《历史研究》全面实行双向匿名专家审稿制；二是修订并统一了引文注释规范。

1.匿名审稿制的实施，提高了国内外对刊物地位的认可程度，也提高了审稿的公正性和把握稿件的准确程度。2002年，《中国社会科学》、《历史研究》约请社外专家审阅的稿件大量增加。

2.2002年，该社推出了经过重新修订的引文注释规范，在学界及期刊界引起了广泛的重视，收到了较好的效果。

社会科学文献出版社

2002年是社会科学文献出版社在国内书业市场环境偏紧的状态下，连续第5个年头获得高速增长的一年。在这一年中，全社职工继续保持1998年实施第二次创业发展战略目标以来的拼搏精神和创新能力，不断开拓进取，全面完成了年初制定的各项发展目标，以骄人的业绩宣告第二次创业第一阶段前5年发展目标的顺利实现。

2002年，该社共出书289种，其中新书221种，重版重印书68种，发稿字数11397.12万字，发稿字数、重版重印数分别比上年增长34%和30%；造货总码洋（产值）4909万元，比上年增长40%；发货码洋约4600万元，销售码洋3800多万元，分别比上年增长21%和18.75%；销售实洋2091万元，其他营业收入222万元，两项合计实现销售收入2313万元，比上年增长18%；全年实现利税267万元，其中利润178万元，比上年增长21.9%；全年现金流入2918万元，流出2863万元，分别比上年增长42%和41.7%。以造货码洋、发货码洋、现金流量和总营业收入三项基本指标考核，全面完成了年初制定的增长指标。

1. 坚持为院科研服务的办社方向，确保重点出版项目和中央及院交办任务的完成

——严格按照中央书记处的指示精神，全面完成《苏联档案选编》33卷（35册）约1800万字的编辑出版任务。

——为中国社会科学院科研服务的角色定位和服务功能得到进一步强化和张扬。全年共出版本院学术研究成果70种，约2100万字。院第四届科研成果获奖图书中，有15种是由社会科学文献出版社出版的，名列各出版单位之首。完成院领导和有关职能局交办的任务十几项，约300万字。其中为配合李铁映院长2002年6月率团出访俄罗斯，从年初开始组织翻译出版《论民主》英文版、《改革开放探索》俄文版图书及光盘，此项任务由社主要领导亲自组织实施，克服了任务重、要求高、难度大、时间紧等重重困难，确保高质量地按期完成任务。

——被列为国家“十五”重点出版项目和院重点科研项目的《列国志》编辑出版工作全面启动，《列国志》工作室开始正式运行，到年底完成审稿10部，正式发稿2部。

2.《产品质量保障体系》的严格实施，使出版图书的内容质量、编校质量及设计印装质量得到进一步提高

就编校质量而言，2002年中在聘请社外高级专业校对按每个品种版面字数10%抽检的193个新书品种中，总合格率（差错率在万分之一以内）达74.61%，其中优良率达45.08%。

3. 进一步调整和优化产品结构，建构起“一个平台三根支柱”的产品战略，取得良好的发展势头

“一个平台”即人文社会科学高端产品出版平台，在这个平台上主要演绎主题出版理念。2002年列入学术主题出版的“全球化与当代资本主义”、“阅读中国”、“经济学家散文作品”等系列，均取得不俗的业绩。“三根支柱”即皮书系列产品、英语学习系列产品、成人职业培训及继续教育类教材。这三大支柱产品战略的实施，旨在为该社第二次创业期间的高速发展和规模性扩张提供后续支持。经过一年的努力，已显露出良好的发展势头：

——“皮书”系列，经全方位综合运作，不仅成为出版社的品牌标志，而且提升为中国社会科学院的品牌，成为院主送中央和有关部委及国际交流的首选图书。2002年共出版各类皮书22种，造货码洋约500万元。其中新推出的《文化蓝皮书》、《旅游绿皮书》在业内外引起重大反响，并迅速进入皮书主打品种之列。

——英语学习系列，2002年主推产品是《自学英语》和《张道真最新英语语法》，围绕这套产品所策划的"自学英语社会行动计划"第一阶段"市场造势"的目标已全面完成，全年累计造货码洋约841万元，发货码洋约488万元，2003年该项目有望实现盈利。后继产品包括《英语自学文库》、《实验室英语》和《市民英语常用会话手册》等，将在2003年内陆续推出。

——教材及职业培训类产品系列。经过前几年的探索，已形成了一定的产品基础。2002年秋正式成立教材工作室，对教材类产品进入整体运作，其中社会工作专业教材已被福建、江苏、湖北等省成人自考选用。

4．加大市场开发力度，在锁定目标客户、培植大客户和产品信息的有效发布和传递上做足文章

——在发行部进一步试行绩效管理办法，有效地调动了销售经理的工作积极性，全年完成销售实洋2091万元、发货码洋3714万元，分别比上年增长60.8%和38.4%。

——组建市场推广部，建构产品信息发布平台和有效通道，使产品真正实现由传统的宣传到立体有效传递的转变。全年共召开各类产品发布会、研讨会、报告会约20场次；据不完全统计，国内外媒体发表有关本社信息全年累计达400条左右，平均每天1条以上；印发《新书征订目录》4期40000份；《精品图书概览》2种8000份，编发《经理人阅读引擎》1期10000份，累计直投目标客户信息50000多份；新增网站页面1971页。

——在完善前几年建构的产品销售体系的基础上，2002年继续实施具有该社特点的客户关系管理（CRM），着重推演重点销售客户和终端目标客户管理策略，从而使该社产品市场占有率进一步提高，稳定的读者群基本形成。全年各类图书平均印数6150册，其中印数超过8000册的达57种，超过2万册的达10种，当年出版当年重印的18种。

5．着力提升社会资本的整合能力，对外合作步伐进一步加大，学术资源经营水平明显提高

——与台湾喜玛拉雅基金会的合作取得更加显著的成绩。双方成功举办了喜玛拉雅学术顾问会议（香港，3月）和"中华文化与域外文化互动"学术研讨会（泉州，10月），综合效益甚佳；"喜玛拉雅学术文库"共出版13种；基金会采购本社图书并赠送国内外有关机构和个人2465册，折合实洋9.5万元。

——与德国飞扬旅游集团公司、晨兴科技投资公司、青岛市社会科学院等机构的经营合作迈出可喜的步伐，取得一定的经济效益。

——版权合作取得新进展。全年共输入版权17项，卖出版权7项，取得版税收入折合人民币约7万元。

6．强化内部管理，坚持制度创新和流程再造

——2002年，该社研究制定《绩效管理办法》和《成本管理办法》，并在发行部试行。经过一年时间的实践和总结提炼，最终形成《人力资源管理办法》、《成本管理办法》和《绩效评估办法》，从而实现内部管理制度的全面创新。

——为实施"一个平台，三大支柱"的产品战略，从2002年秋开始，对原有产品生产、销售流程进行再造。首先，将全社内部机构设置分成三类，即业务部门、公共服务部门和综合管理部门；其次，将原有只对书稿负责的编辑部，改造为对市场负责的事业部，鼓励编辑由书稿处理编辑向市场策划编辑转变；第三，全面推进部室主任竞聘上岗和各岗位人员应聘上岗制度，并制定了各类岗位的业绩考核办法。

7. 在强化内部管理等软件建设的同时，不断提升出版社的物质装备水平，努力保持可持续发展

——2002年，出版社承租并装修办公用房1200平方米，办公用房总承租面积达1400平方米，合计投入资金152万元，到年底基本实现相对集中办公，实现建社17年以来在装备水平上的历史性突破。

——在信息化及其他硬件建设方面，全年共增置电脑12台，其中手提电脑3台；铺设信息接点153个，网络接入及数字交换设备5套，等离子大显示屏1台；中型旅行车1部；购置其他办公设备82台（套）；合计投入资金50多万元。

计算机网络中心

2002年，计算机网络中心工作多、任务重、要求高。在院领导高度重视和全院同志大力支持下，院信息化领导小组决策正确，指挥有力；网络中心全体人员团结奋斗、扎实工作，克服了许多困难，在埋头苦干中获得了显著成绩。

2002年，该中心本着“网络是基础，信息是生命，应用是目的，法规是保证”的工作方针，紧张有序、高效协调地开展了以下各项工作：

1. 召开全院第一次网络信息工作会议，对指导全院的信息化工作起到了积极作用。

2. 组织了全院所、局网站网页的评比，加快了信息上网。

3. 选拔八个研究所和办公厅、科研局、图书馆作为全院第一批信息化建设试点，经过示范演示起到了样板作用。

4. 第二批试点单位的选拔工作正在顺利进行，全院有26个研究所（中心）递交了信息化建设方案，工作热情十分高涨。

5. 数字化成绩显著。与超星公司合作的10条生产线发挥了冲破难关的作用，全院科研人员基本都用上了可在网上检索几十万种书籍和资料的读书卡。

6. 同研究所合作，为保证领导出访等应用需求，有选择地制作了几百张理论和资料光盘，提供了有效服务。

7. 内外网站的改版，在“重整合、易检索”的原则指导下，改版成功，领导满意，用户认可。随后，对全院各单位网络信息员进行了专门应用培训，新网站很快投入使用。

8. 网上信息已经进入实用阶段，在支持科研和加强管理中发挥着越来越重要的作用。

9. 多家省市社科院来我院学习交流信息化工作，得到了我们实实在在的帮助，我院信息化工作对外有了良好的影响。

10. 软件开发与应用推进很快，在全院“统一平台、统一标准、统筹规划、统筹安排”会议开过之后，各行其是的问题得到了解决，认识和行动逐步统一，保证了我院信息化建设健康发展。

11. 在院庆25周年和迎接江总书记视察中，圆满完成了领导交办的建设多媒体会议室、制作优秀成果光盘、协助图书馆筹备电子阅览室、保证网络畅通等各项任务。

12. 随着网上信息增多，大型数据库平台的选择经多方调研和多次论证后，第一批次应用需求签约，获得了41%off的优惠。

13. 办公自动化进程加快，网上科研管理进展顺利，两个模块均已显示出初步成果。

14. 为了加强管理，2002年新制定了《网站评比办法》、《网络中心聘用专业人员管理办法》等多项条例规章。

15. 重新修订了“十五”规划，按照新的奋斗目标制定了十年规划纲要。

16. 保密网和领导专用办公网已经建成，目前正在试验等待运行。

17. 借资实施的院网的大幅度升级扩容和独享30M出口的宽带网络工程按期完成，一个先进的网络系统为科研和管理所应用。

18. 因办公大楼的改造和新建四号楼等给网络建设带来许多计划外的工程项目，均在修复、重建和重新调试中紧急完成，保证了各方应用。

19. 顺利完成了中心办公用房的调整和搬迁。新办公场所出现了新气象，中心内部建设和内部管理上了一个新台阶。

20. 汇编了第一批试点单位信息化建设方案及网站（网页）信息资源介绍合订本，对全院信息化建设起到了样板作用。

21. 同中科院一起成功地组织了“两岸三院”信息技术应用交流会，三方各有20名左右专家、学者出席会议，对互学互补、加强合作、增进了解、推进祖国统一起到了积极作用。

服务中心

2002年是服务中心全面推进规范管理的起始之年。在这一年里，中心认真学习贯彻党的十六大精神和“三个代表”重要思想，按照后勤体制改革的要求和院工作会议精神，结合实际加大内部改革，进一步推动领导体制和管理机制的落实，较好地完成了2002年的服务经营和基本建设任务。

（一）加强政治学习，认真实践“三个代表”重要思想

服务中心注重学习十六大精神和党的方针政策，从思想上深刻领会“三个代表”的丰富内涵；从讲政治的角度，拓展理论学习的内容和方法，提高对后勤体制改革与搞好后勤服务重要性的认识，提高认真执行“三为”方针的自觉性。学习江泽民总书记视察我院的重要讲话，更加激发了广大干部职工爱岗敬业、奋发向上的工作热情。通过学习，各级领导干部的政治、法律、制度、业务素质普遍提高。

（二）加强规范管理，提高后勤管理水平

2002年，服务中心把规范管理当做一件大事来抓，通过不懈的努力，取得了一定的成

效，达到了当年服务经营管理工作会议提出的基本要求。

1. 以制度建设为根本，坚持依靠制度和规章来指导、监督各项工作，走管理规范化、科学化的治局之路。为此成立了由服务中心领导组成的规章制度编审小组，对近两年形成的8类50多个规章制度进行修改、补充、完善，编辑印发了《中国社会科学院服务中心规章制度选编》。2002年6月6日，召开了服务中心规章制度建设工作会议，中心主任在会上作了题为“构筑制度体系，推进规范管理”的报告。会议还下发了《关于加强规范管理的意见》以及《关于印发〈服务中心规章制度选编〉的通知》，推动了各企事业单位的制度建设。

2. 完善计划管理，制定了《中国社会科学院服务中心计划管理办法》。提出了勤于思考，缜密计划，实际可行的要求，严格规定了发展规划、年度计划、半年计划、季度计划、月计划的管理方式和方法。在实践中，各部门、各直属企事业单位按照服务中心总计划的要求，对各自的工作任务逐级分解，严密计划，并通过有效的监督、考核与协调，保证了服务经营和管理工作的顺利进行。

3. 完善会议管理，制定了《中国社会科学院服务中心会议制度》。提出了召开会议要简明紧凑、重点突出，有利于各项工作落实的要求；严格规定了召开主任碰头会、主任办公会、主任办公扩大会、党员干部会议、服务经营管理工作会议、党务工作会议以及专题研究会议的方式、方法和要求。贯彻这些要求，保证了会议的成功。

4. 加强人事管理，提高人员素质。实施了干部聘任制和工人合同制后，对聘任干部和职能部门实行了《目标管理责任制》，按照“德、能、勤、绩”进行考核，根据工作需要及时对企事业领导班子进行调整。为使各类人员掌握专业技术知识，组织了34人参加各种培训班，占职工总数的16%。在工资改革、办公自动化、医疗改革、技师技工考级和成人高考等培训和考核中取得了较好的成绩，并获得了各类证书。此外，还在外聘人员、职工内退等方面进行了较深层的调研和探索。

5. 规范财务管理，提高资金运作能力。本着客观、积极、完整、严肃和透明的原则，突出抓了以预算为核心的财务管理、财务分析，统一会计科目、财务报表和财务决算等管理办法。通过加大财务管理力度，加强内部财务审计和监督，执行严格的财务制度，理顺了财务管理方式，使财会人员技能有所提高，财务管理水平明显上升，保证了财务收支任务的完成。在配合基建工作中，努力筹措资金，保证了工程需要，有力地支持了基建任务的完成。

6. 创新资产管理，盘活国有资产。加强了对现有资产的管理，并从保护、利用、效益的角度，积极开发资源。对四号楼区域建设、密云栗林山庄建设进行了可行性研究。在工程确定后，积极协助工作，解除了与富利酒家等四个单位的合同，保证了工程顺利进行。在规范资产管理工作中，从管理、计划、收益等方面作了严格的规定，较好地完成了收益计划，确保国有资产保值增值。在人防管理中，严格执行有关规定，与使用人防单位签订了《消防安全责任书》、《治安防范管理责任书》，加大管理和综合治理力度，并利用人防设施收益对劲松七区、东总布宿舍的人防设施进行了改造。

7. 加强业务管理，按照《服务管理合同》、《经营管理合同》和《委托经营管理合同》，加强了管理目标考核，对反映出的问题及时解决，保证各项合同的严肃性，促进了各项管理合同顺利执行。

（三）加强基本建设，扩大服务经营资产规模

1. 搞好四号楼区域基本建设是 2002 年要完成的两件大事之一，是落实院领导的指示，解决科研人员就餐困难和消除危楼安全隐患的重大举措。对此，中心领导高度重视，精心组织，周密安排，作为一项政治任务来抓。从工程前期策划、办理相关手续、公开招标、协调关系到施工过程，中心领导带领基建办的同志坚守一线，严格管理，提出在完成每一项工作中都要“想细、说细、干细、记细”，精益求精，认真负责，体现“说话有依据、工作有程序、办事有证据”的规范要求，确保工程的安全、质量、造价和工期。经过 5 月 26 日至 9 月 26 日共 123 天的艰苦奋斗，顽强拼搏，克服了重重困难，保证了 10 月 8 日院部餐厅按计划向全院职工提供午餐服务。

从 7 月 1 日开始，对研究员俱乐部进行了改造、扩建，扩大了规模，为增加服务项目创造了良好条件。同时还自筹资金对四号楼东侧进行改造，成立了贡院圣士大酒楼。该酒楼的成立是服务中心逐步实施发展战略的标志，是对机关后勤服务事业社会化、市场化的一次探索和尝试，也是为我院科研事业的发展提供有力保障的一个新的举措。

至 12 月 10 日，四号楼区域建设全部完工，共新建、扩建、改建了 7003.44 平方米，其中新建 4989.68 平方米，改造 2013.76 平方米，实现了“6 个月新建、改造 6000 平方米建筑，上 6 个项目”的预期设想。

2. 为改善科研服务条件，创造良好的工作生活环境，2002 年还对密云栗林山庄和北戴河培训中心进行改扩建和改造。自 5 月至 7 月，经过改扩建的栗林山庄，已是山环水绕，绿色如茵，娱乐设施、住宿条件以及营造的景致都令人耳目一新，心旷神怡。主体建筑突出，周边的湖、亭、台、花园、药圃以及百余棵栗树和草坪，烘托出一派优雅的田园风光。

北戴河培训中心经过扩建，增添了一些娱乐设施，为我院暑期工作会议和一些重大接待活动提供了必要的条件，也为服务经营工作创造了一个良好的环境。

总之，基建工作为扩大资产规模、创造为科研服务的条件起到了重要作用。同时，通过基建锻炼了队伍，培养了人才，再一次证明服务中心是一支能打硬仗，经得住考验的队伍。

（四）坚持服务为本，树立良好形象

为科研工作、机关工作和职工生活提供良好的后勤服务和保障，是服务中心工作的宗旨。中心领导坚持把搞好后勤服务作为首要工作来抓，强调服务工作无小事，使各项服务工作出现新局面，新效果。

1. 突出物业管理服务，解除广大职工后顾之忧。物业管理中心注重以人为本，不断加强职工的思想教育和业务培训，在管理服务、安全防火，为群众办实事和完成重要政治任务中，都取得了较好的成绩。在江总书记来我院视察、院工作会议和一些重大活动中，积极配合院和有关部门，出色地完成了任务。在继续抓好科研大楼保洁工作的基础上，为搞好院图书馆物业管理工作，积极组织专业培训，保证了各项设备正常运行。完成了院部、各宿舍小区日常维修 8300 余次，动力维修 1184 次，建外、望京宿舍上水改造工程，车公庄宿舍区粉刷和水泵改造工程，劲松九区、昌运宫小区 2300 平方米的道路改造工程，201 院、望京小区 5000 平方米的绿化工程，宿舍区 2000 户信报箱的安装工作。配合房产处完成车公庄、东

总布、昌运宫等宿舍的电梯改造工程。在配合科研大楼、四号楼区域建设中，进行了照明电缆、23个所局电器安装线路，维修保养2个变电室6个厢式变电器，并配合有关单位进行制冷设备调试、整改工作90余次。此外，还完成电话装移机1000余部，架设电缆2000余米，改接配电箱40余个，改接线1000余对，接转、回叫电话服务131.5万余次。为我院办公区、宿舍区及代管单位，冬季供暖29.4万余平方米。虽然物业管理中心的工作非常繁忙，但由于领导、党员作表率，广大职工积极努力，出色地完成了后勤保障和服务工作，得到了院领导和我院职工的表扬。2002年，车公庄、望京、201号院还获得院绿化先进单位称号。

2.搞好接待服务工作，树立良好形象。2002年共接待各类会议服务13580次，其中大型会议150余次，尤其是圆满完成了江泽民总书记来我院视察接待服务工作，做到了万无一失，彬彬有礼，体现了后勤服务工作不可替代的作用，反映了后勤工作的管理水平和后勤工作者的良好素质，赢得了院领导和有关部门领导的赞扬。完成了院工作会议、暑期工作会议、院离退休老干部接待、第四次科研成果颁奖大会、院庆以及审计、保密等重大会议的接待服务工作。栗林山庄、北戴河培训中心坚持保内向外的服务原则，以良好的服务、优质的环境、适当的价格吸引了院内外宾客，2002年双双突破了往年的接待人数，分别为1263和3077人次，超额完成了服务经营合同指标，取得良好的社会效益。社科宾馆面对旅游饭店业价格放开后的行业竞争，坚持宾客至上，服务第一，采取灵活的形式，广开门路，力争客源，2002年共接待24779人次，较好地完成了经营合同指标。

院部餐厅（职工食堂和研究员俱乐部）在抓好饭菜质量，增加花色品种，提高服务质量上下功夫，不断提高管理水平，尤其是在10月8日开业以来，中午就餐人数已突破日平均1000人次。据不完全统计，目前已为242588人次提供午餐服务，接待大中型宴会用餐698桌，完成服务管理合同。

贡院圣士大酒楼于2002年12月8日开业，重新组建的研究员俱乐部将于12月28日开业，这将形成一个成龙配套的餐饮服务区域，在弘扬中国传统优秀饮食文化基础上，博采众长，不断创新，为我院科研人员和社会提供一个具有较高文化品位的饮食和休闲场所。

3.加强车队管理，保证工作需要。社科车队始终把交通安全作为永恒的主题，在安全教育、车辆保障上不断加大管理力度。制定了《社科车队劳动管理制度》、《社科车队汽车配件领取规定》等11项制度；为50部车辆建立了“车辆履历簿”；坚持安全例会和车辆安全检查制度；加强车库监督、检查、值班制度，保证24小时有人管理，设置防火器材，张贴防火宣传警示，消除火灾隐患，保证国有资产安全。同时，还利用板报形式，宣传安全工作和好人好事，收到良好效果。2002年社科车队安全行驶93.35万公里，未发生甲方重大责任事故。圆满完成了江总书记视察我院、暑期工作会议、党的十六大期间的车辆保障和安全任务，受到了院领导的表扬。在保障院领导与院内重大活动、机关公务用车和班车服务的任务之外，还利用节假日合理调配车辆，提高利用率，为院内各所局提供会议和旅游车辆服务235车次，取得了良好社会效益和经济效益，顺利完成了经营合同指标。

4.搞好综合治理，使消防、安全、医务、卫生、绿化等工作都取得较好的成绩。在消防安全工作中，严格履行消防规程，完善交接班制度，尤其是在科研大楼施工期间，严密监控，坚持巡查，扑灭初起火灾一起，确保了科研大楼的安全。在卫生管理工作中，召开了全院卫生工作会议，进行了多次以卫生、预防食物中毒的食堂大检查。我院医务室在取得医保定点医疗机构资格认定后，加大了医务室的改造，扩大诊室17间，面积300多平方米；在原7个科室基础上又增加内科、牙科、眼科、B超、妇科、抢救等7个科室，方便了本院职工就诊。2002年还完成全院职工3400人的体检工作。在绿化工作中，组织150名各所局领导等参加了潮白河义务植树活动，还邀请两位院领导参加了中央国家机关百名部长义务植树活动。在栗林山庄绿化美化工作中，综管办领导抱着病体，克服困难，驻守工地，指挥施工，共运土500多方、石料270多方、水泥400多吨，种植苗木、花卉5000余棵，草皮300多平方米。2002年，我院重大活动较多，为营造好活动场所内外环境，积极配合有关部门进行鲜花布置工作，每次都取得较好的效果。2002年，在综管办的努力下，我院被评为"国家机关绿化美化先进单位"，"北京市爱国卫生先进单位"。

（五）搞好企业经营，提高经济效益

维尔卡姆实业总公司在工作中，认真抓好规范管理，促进企业经营上档次，上水平，注重开发利用市场，扩大企业规模，取得了较好的经济效益。社科光大公司积极参与市场竞争，与玉泉家园合作开发、扩大建材市场营业面积3500平方米，实现优势互补，年收入可达150万元。图文印刷厂狠抓产量质量，积极开发院内外市场，还自筹资金添置了印刷设备，完成211.2万元营业收入，还完成多项政治性极强的印刷任务，受到院有关领导的好评。安信捷办公用品销售中心在积极为院内服务的基础上，勇于开拓社会市场，不断扩大服务项目和经营品种，以优质服务赢得广大客户的信任和支持，营业收入136.2万元。

（六）加强党的建设，发挥政治核心作用

1. 服务中心机关党委以提高党员干部的思想、政策水平为重点，坚持中心组学习制度；组织召开党务工作会议和党员干部大会，认真贯彻落实主任负责制和党委监督保障的领导体制；坚持党政配合，参与服务中心重大问题的决策。在实际工作中，坚持思想政治工作与行政工作同时进行，把党务工作、精神文明建设作为各项合同管理目标，保证了服务经营工作顺利进行。注重民主生活会的质量，在会上畅所欲言，积极开展批评与自我批评，有效地增强了领导班子的团结和战斗力。认真贯彻院纪检监察工作会议精神，加强廉政建设，制定"财务廉政自律制度"，实行工程建设公开招标，将廉政反腐工作任务分解到人。坚持党管干部的原则，对干部进行跟踪考核，并扩大民主评议和测评会人员范围，使干部的聘任、考察、管理与群众监督紧密结合起来。

2. 机关党委2002年创办了内部刊物《职工之友》，至今已发了8期。刊物较好地宣传了党和国家的方针、政策，反映服务中心的工作和职工精神风貌，丰富了职工的文化生活，为树立服务中心的形象发挥了一定作用。

3. 充分发挥群众组织作用，关心职工生活。举办了新年联谊活动和春季登香山比赛。组织参加院第三届运动会，以总分第一名的成绩荣获"最佳组织单位"称号。在职工生活或家庭发生困难时，党委领导带领工会走访慰问60余次，并对他们进行补助。

4. 奉献爱心，支援灾区。2002年，有261人为我国灾区捐献现金6550元、衣物300余件；完成年度献血指标266.7%。

2002年，由于注重抓好党的思想建设和党员模范带头作用，有3名预备党员转正，6位

同志加入了党组织，10 个积极分子参加院培训班，22 名积极分子被确定为发展对象，还有 10 名同志递交了入党申请书。

（七）坚持安全第一，保证稳定发展

中心领导对安全工作高度重视，逢会必讲，遇事则抓，毫不懈怠，对各级领导班子提出了“严防死守、杜绝隐患、警钟长鸣、保驾护航”的要求。中心安全领导小组始终坚持安全例会和检查制度，在国家重大活动、节日期间，各企事业单位严格执行安全值班制度，加大安全、防火、防盗、防交通事故的宣传和教育，并采取相应措施。尤其在基建施工过程中，专门组织人员进行安全、保卫工作，与施工单位签订“安全协议书”、“施工安全管理办法”和“雨季施工安全管理措施”，明确了责任，严格工地纪律，保证了施工的安全。

2002 年，服务中心在规范管理以及基本建设中取得了较好的成绩，在服务经营工作中树立了新形象，创造了较好的社会效益和经济效益，队伍稳定，人心思进。在新的一年里，将进一步深化改革，迎接新机遇，实现新发展，为我院科研后勤事业作出新的贡献。

中国人文科学发展公司

（一）基本情况

截至 2002 年底，人文公司实有事业编制人员 22 人，具有专业职称的人员 15 人，其中，高级职称人员 5 人，中级职称人员 7 人，初级职称人员 3 人；行政管理人员 6 人，工人 1 人。

该公司设有总经理办公室，图书贸易一部、二部、三部，国际学术交流中心，国际商务咨询中心，进出口部，人文科学培训中心，广告部，金融投资中心，豪普工贸公司，研究发展部，国际发展中心，因私出入境咨询服务中心。

该公司的方针任务是：为中国社会科学院科研工作服务，积极探索为科研服务、与研究所合作的方式；坚持服务与经营相结合的方针，以人文科学、社会科学研究成果进出口及相关业务为主，努力扩大其他业务，坚持一业为主，多种经营，外贸为主，内外贸结合，进出口结合，以出口创汇为重点，以出口促进口；依靠中国社会科学院的人力、智力、信息资源优势和专家、学者的支持，在文献资源的开发和利用、科研成果转化等方面，积极拓展经营范围，扩大业务规模。

（二）经营绩效

2002 年，该公司深入学习贯彻十六大精神和江泽民“三个代表”思想，维护安定团结，着力加强公司的思想建设、作风建设，坚持正确的经营方向，文明经商，努力作到经济效益和社会效益的统一。经过该公司员工的共同努力，全年实现营业额 4300 万元，贸易额已达 4138 万元，上交税金 98.9 万元，较好完成了进出口任务。

1. 以国企改革的方针政策为指导，从实际出发，积极稳妥地推进公司的改革。入世后，

该公司经营面临新的形势，不走改革之路就无法生存和发展，改革的重点是转换体制，建立现代企业管理制度，强化管理，提高效益。在改革中，坚持不损害社科院和公司的利益，保证国有资产不流失，充分考虑现有职工的切身利益，实行“老人老办法，新人新办法”的原则，妥善解决好职工的实际问题，保证职工的待遇有所提高。

2. 坚持以业务经营为中心，努力拼搏，搞好日常经营，增加经济效益：

（1）总经理办公室继续推行以效益为中心的聘任制，加强管理力度，协助业务部门开发进出口业务；财务部门为业务部门提供财务服务，遵守国家的税收规定和财务制度，没有出现违规问题。制定政治、业务学习计划，建立了以第一责任人为主的责任制，领导带头，看好自家门，管住自家人，落实保密、防火、行车安全等措施，全年安全无事故。继续采取措施，指派专人负责，加大催账力度。

（2）图书进口工作直接为院科研工作服务，全年进口各类外文书刊2000余种（册）。按照新闻出版署的要求，把好进口图书的审查关，不进口违禁书刊，同时积极向海关、税务、外汇总局等有关单位反映书刊进口工作中的新情况、新问题，及时疏通渠道，保证科研所需的资料尽快送达研究人员手中。全年采购书刊近百万元。

（3）书刊出口部把我院科研人员的研究成果出口到国外，促进了学术成果的转化，扩大影响，又为国家赚取外汇。他们自筹资金，克服困难，在办公地点变动的重重困难情况下，努力完成了全年任务，出口了80余万元的中文书刊。

（4）对外贸易部采取代理和自营的方式，分级把关，认真细致操作，规避风险，扎实经营，全年贸易额4183万元，并参加了2002年的广交会，扩大了公司的影响，增加了国外客户，多次受到银行、外汇管理部门、海关、税务部门的好评。收汇继续保持先进，银行信誉达到A级。

（5）国际商务咨询和学术交流中心同日本研究所共同举办了庆祝中日建交30周年学术研讨会，获得了因私出入境中介服务机构资格许可证，完成了培训中心的登记工作，理顺了关系，完善了手续，并开办了日语培训班。

（6）豪普工贸公司自主经营，全年进出口贸易额达209万元。

（7）国际发展中心积极开展国际交流工作，进行广泛的市场调查，为下一步开展工作作好了准备。

（三）思想政治工作

2002年，该公司组织学习江泽民“三个代表”重要思想，加强思想政治工作，不断提高理论水平，自觉同党中央保持一致，遵纪守法，支持改革开放，保持了本单位稳定。通过组织职工学习江泽民总书记的“七一”重要讲话，深刻领会中央工作会议、党的十六大精神，进一步理解了“三个代表”重要思想的意义。大家认识到，人文公司要发展，就必须加强党的建设，关键是加强党的作风建设，每个党员干部都要自觉改造世界观，廉洁自律，更好地为科研服务，为国家经济建设服务。与此同时，要努力学习业务知识，团结拼搏，求实进取，建立良好的企业文化和形象，努力把中国人文科学发展公司办成为中国人文科学、社会科学提供优质服务的企业。

四 院代管单位

当代中国研究所

(一) 基本情况

截至2002年底，当代中国研究所有现职人员103人（含当代中国出版社）。其中，正高级职称人员13人，副高级职称人员17人，中级职称人员26人，高、中级职称人员占全所现职人员的54%。

该所设第一研究室（政治史研究室）、第二研究室（经济史研究室）、第三研究室（文化史研究室）、第四研究室（外交史及港澳台史研究室）、办公室与科研办公室。其中，办公室下辖秘书处、档案处、人事保卫处、财务处、行政管理处、老干部处、机关服务中心等7个处。科研办公室下辖学术处、史料征集处、宣传教育处、《当代中国史研究》编辑部、图书资料室、计算机中心等6个处。当代中国出版社为所直属单位。

(二) 科研组织工作

2001年12月10日，中共中央书记处第27次办公会议原则批准当代中国研究所三年(2001~2004年) 科研规划。2002年，该所启动了该科研规划，落实了中华人民共和国简史、中华人民共和国大事记和专题研究等主要项目的研究与编写任务。

1. 关于中华人民共和国简史

2002年1月10日，第一次所长办公会议决定成立由所领导和各研究室负责人为主要成员的简史编写组，着手设计编写大纲。全体科研人员集中三天时间专题研讨了简史大纲。通过讨论，明确了撰写简史的指导思想、基本要求、框架与特点。会议指出，这部共和国简史是由中央授权撰写的第一部国史书，应当在章节设计上与已有的国史书有所区别，具备权威性、理论性、宏观性、创新性、简要性和可读性，达到让中央满意、学术界认可、群众爱读的要求。之后，简史写作组分两批吸收了新的成员，分三次听取了所外专家学者的建议和意见，分八次深入、详细地讨论了简史的章节设计，于2002年9月底最终将其敲定。

2. 关于中华人民共和国大事记

4月初，所长办公会在科研人员两次研讨的基础上，对与写大事记有关的问题进行了专题研究。写大事记作为一项长期工作，其实质应是写编年史，而不是写一般的大事记；在写法上，应把政治、经济、文化和外交等各方面大事综合起来，以时间为序，一年为一卷；在进度上，开始可以一年编一卷，待取得经验后再适当加快。会议决定成立由所领导和各研究室负责人、资深科研人员组成的编委会，从各研究室抽人组成各卷的编辑部，并指定了第一卷（即1949年卷）的执行主编。2002年，第一卷已完成纲目设计，参加编写的人员按要求写出了样条，准备向编委会汇报后确定体例。与此同时，编辑共和国历史长编作为一项日常工作，也在各研究室开始进行。

3. 关于专题研究

对于三年规划中列入的11项专题，该所采取了课题制的形式。全所共立项16个（含委托课题一个）课题，其中以专著为最终成果形式的7项，论文6项，研究报告3项，做到了绝大多数科研人员手中都有1～2项所、室级课题；如果加上简史和大事记等项目，有的人参加的重点课题多达3～4项。目前，有的课题，如“三个代表与国史研究”已经结项。该所科研人员参加的院重点课题和其他一些所外重点课题，也正在按计划进行。

列入三年规划中的主要任务还有继续组织“当代中国人物传记丛书”、“中华人民共和国地方简史丛书”和“全国百家大中型企业调查丛书”的编写与出版，筹备出版“当代中国城市发展丛书”。2002年，“人物传记丛书”中《陈赓传》已进入审稿阶段；“地方简史丛书”新出版了江西卷和宁夏卷；“企业调查丛书”新出版了鹤煤集团卷。10月，当代中国出版社和当代上海研究所在上海联合召开了“城市发展丛书”编写工作座谈会。会议讨论并明确了这套丛书的性质、意义、定位以及编写方法、组织方式、工作进度等。会后，所长办公会听取了出版社的汇报，并决定成立丛书编委会，要求第一批丛书于2004年9月底以前出版。

（三）学术交流

1. 国内学术交流

（1）为了加强与所外学术机构的交往，该所多次组织有关人员到兄弟单位考察。春节以后，处以上干部在所领导率领下，先后集体走访了中央档案馆、中央文献研究室和中央党史研究室。

（2）举办国史讲座，是该所为加强所内外学术交流、开阔科研人员眼界、提高政治学术水平而采取的一项新举措。2002年，该所共举办了6次国史讲座。著名历史学家戴逸教授、中央文献研究室常务副主任金冲及教授、当代中国研究所所长朱佳木、著名经济学家卫兴华教授、澳大利亚的当代中国史学家泰伟斯教授、国务院台湾事务办公室副主任王在希等，先后就“关于古代编修国史的传统及启示”、“老一代革命家在开国过程中的历史贡献”、“中国工业化与中国共产党”、“新中国建立以来党的经济理论与思想发展的回顾与评析”、“西方的当代中国史研究”、“学习十六大精神，做好对台工作”等问题作了学术报告。

（3）为了加快国史研究后备人才的培养，推进国史学科的建设，该所和中国人民大学本着优势互补的原则，经过长时间周密酝酿，决定联合兴办“当代中国研究中心”，并于5月17日在中国人民大学举行签字和挂牌仪式。中心负责人由双方主要领导担任，并聘请了首批研究员、副研究员，该所有7名科研人员受聘。

2. 国际学术交流

（1）该所于6月底利用中国社会科学院派人赴英国参加英国学术院成立100周年纪念活动的机会，组成4人考察组，先后访问了剑桥大学东方研究院、伦敦大学亚非学院《中国季刊》和牛津大学莫顿学院，与英方15名专家学者进行了学术交流，增进了对英国研究当代中国史的机构和人员情况的了解。

(2) 同月，该所一位学者参加了李铁映院长率领的访俄代表团，增进了对俄罗斯历史与现状的了解。

(3) 10月，该所根据与俄罗斯远东研究所的协议，首次派出了赴俄进行学术交流的学者。

出访后，有关人员均写出了专题报告，为该所与国外的学术交流探索了路子，积累了经验。与此同时，该所还陆续接待了俄罗斯、英国、澳大利亚等国10位学者的来访。

(四) 期刊工作

《当代中国史研究》，全国人文社会科学核心期刊和中文社会科学引文索引（CSSCI）来源期刊，中国国史学界权威刊物。据不完全统计，该刊2002年被转载（摘）资料近40篇，在全国同类期刊中排位居前。

2001年底，该所成立了由所内外专家组成的《当代中国史研究》编辑委员会，并召开了两次编委会，进一步明确了办刊方针和指导思想，研究和讨论了栏目设置、年度选题等问题。在编委会的指导下，杂志在保持原有风格和水平的基础上，开辟了一些新的专栏，在探索中稳定发展，全年共收到来稿近500篇，700多万字；1～6期总共编发稿件97篇，120多万字。其中，论文（含述评）78篇，图书评介4篇，文摘5篇。论文分栏目统计：特稿3篇，国史讲座3篇，政治史11篇，经济史12篇，社会史6篇，文化史5篇，外交史11篇，军事史5篇，民族史1篇，人物研究9篇，地方史志研究7篇，重大事件回顾1篇，借鉴与参考1篇，学术述评3篇。2002年该刊发表的文章，大多具有较高的学术水平，在国史学界保持了影响力。除了政治史和经济史这两个传统的重点以外，外交史、社会史、军事史和文化史方面也发表了不少有分量的文章。其中一些文章产生了较大反响，被《新华文摘》、《中国社会科学文摘》、《人大报刊复印资料》及其他报刊转载。

中国地方志指导小组办公室

(一) 基本情况

截至2002年底，地方志办公室有现职人员26人，其中，正高级职称人员1人，副高级职称人员6人，中级职称人员5人，高中级职称人员占现职人员总数的46%。

中国地方志指导小组办公室是中国地方志指导小组的常设办事机构，负责落实指导小组部署的任务，处理指导小组的日常事务，研究编纂地方志的政策性、技术性问题，研究地方志理论。办公室下设秘书处、联络处、方志理论研究室、《中国地方志》编辑部、年鉴处（又称《中国地方志年鉴》编辑部）等5个处室和一个直属事业单位——方志出版社。

(二) 地方志编修的组织与指导工作

2002年，该办公室以江泽民“七一”讲话和“三个代表”重要思想为指导，贯彻落实中国地方志指导小组三届一次会议和全国地方志第三次工作会议精神，为全面启动第二轮修志工作作好理论准备、队伍准备、组织准备，推动地方志工作向新阶段发展。主要做了以下几项工作：

1. 组织传达贯彻两个会议精神，加大舆论宣传工作

2001 年 12 月 19～21 日，中国地方志指导小组三届一次会议和全国地方志第三次工作会议在京召开。会后，将中国地方志指导小组组长李铁映的重要讲话、指导小组常务副组长朱佳木的工作报告、指导小组副组长徐根初的总结及两个会议纪要，以指导小组 2002 年 1 号文件形式及时印发全国方志机构。年内，全国有 21 个省（区、市）和国务院 3 个部委局史志机构召开了全省（区、市）和部委局系统地方志工作会议，并结合本地本系统实际对今后工作进行了部署。

为使社会和各级领导更多了解、支持地方志工作，加强了宣传力度，将李铁映的重要讲话、朱佳木的工作报告、徐根初的总结以及两个会议纪要等重要文件，全文刊登在《中国地方志》杂志上，全国 20 多种地方志期刊作了转载或选载。上述三个讲话同时在《中国社会科学院院报》上发表。李铁映的讲话还在《光明日报》上摘要发表。指导小组办公室撰写了反映全国首轮修志成果和当前地方志系统亟待解决的问题的材料，在新华社《国内动态清样》上发表，供领导参阅。《瞭望》周刊也对全国地方志工作作了长篇报道，介绍新编地方志的意义和丰硕成果。中央电视台于 7 月 18 日在 19:00 新闻联播和早间新闻、午间新闻报道了地方志工作及首轮修志的成就。

经中共中央办公厅批准，江泽民同志 1987 年 5 月在上海市地方志编纂委员会成立大会上的讲话由本人审定后在《中国地方志》2002 年第 5 期上公开发表。为此，指导小组办公室、上海市地方志办公室协助中央文献研究室查找了相关的背景资料、引文出处等。“讲话”高屋建瓴，精辟地论述了编修方志的意义、要求、组织领导等一系列根本问题 。这是党和国家最高领导人就地方志工作发表的重要指示，是指导全国地方志工作的纲领性文献，具有重大的现实意义和深远的历史意义。

2. 抓队伍培训

指导小组办公室先后与苏州大学、河北大学、宁波大学联合，分别于 2002 年 5 月、6 月和 11 月在苏州、北戴河、宁波举办了三期培训班由全国方志界和高等院校对方志理论研究有素和具有丰富修志实践经验的同志授课，参加学习的全国方志界骨干共 350 多人。据不完全统计，2002 年各省（区、市）举办的各种培训班共培训业务人员 6500 多人，取得了较好的效果。有些地方还实行了修志培训、持证上岗制度。

3. 落实了李铁映同志提出的编写《中国方志通鉴》的任务

6 月 4～6 日和 7 月 23～27 日，指导小组办公室分别在北京和辽宁兴城召开编写《中国方志通鉴》专题会议，研究确定《通鉴》的框架结构和具体的撰写纲目，并落实到单位和人员。北京会议成立了编委会。

4. 完成中国地方志协会的换届工作

2002 年 12 月 19～20 日，在广州召开“中国地方志协会第四届会员代表大会暨第四届理事会第一次会议”，会议通过了协会的新《章程》，选举产生了新一届常务理事会及领导，李铁映继续任名誉会长，朱佳木当选会长。朱佳木在会上就如何用党的十六大精神指导地方志协会工作问题作了重要讲话。会议确定了地方志协会今后 5 年的主要工作任务。

5. 成立了中国地方志协会年鉴专业委员会，《中国地方志年鉴》创刊

2002 年 3 月 12 日，中华人民共和国新闻出版总署回函中国社会科学院，同意创办《中国地方志年鉴》并纳入年鉴出版系列。该年鉴大 16 开本，年刊，公开发行，由中国地方志指导小组主办。《中国地方志年鉴》以马列主义、毛泽东思想、邓小平理论和“三个代表”重要思想为指导，力求全面反映全国各省（自治区、直辖市）、市（地、州、盟）、县（市、区）三级地方志编委会办公室及国务院各部委局方志工作与年鉴工作的新进展、新信息、新成就，是一部全面系统记载中国地方志与年鉴事业发展状况的专业年鉴。

为更好地贯彻落实全国地方志第三次工作会议精神，进一步做好新世纪的方志工作和年鉴的编辑出版工作，由中国地方志指导小组办公室与广西壮族自治区通志馆联合主办、北海市承办的“全国地方志志鉴关系和年鉴编修研讨会”于 2002 年 6 月 11～14 日在广西北海召开。会上，选举产生了中国地方志协会年鉴专业委员会理事会，同时成立了《中国地方志年鉴》编辑委员会。与会者认为，《中国地方志年鉴》的创刊是志鉴界的大事、好事，一定要集众智、集众力办好，并对编写提纲进行了热烈讨论，提出了许多建设性意见和建议。

2002 年 9 月 6～9 日，《中国地方志年鉴》（2002）组稿会议在内蒙古自治区呼和浩特市召开。在各级地方志机构的积极合作下，经过《年鉴》编辑部同志们日夜奋战，《中国地方志年鉴（2002)》（约 240 万字）于年底付梓问世，并出版了电子版。

《中国地方志年鉴（2002)》设特载，特辑，专文，大事记，中国地方志指导小组办公室工作概况，国家部委局、解放军、武警部队志鉴工作，各省、自治区、直辖市志鉴工作，志鉴选介，文献，附录，索引，21 世纪方志工作寄语，信息服务等栏目，并登载一些反映国情、地情和开展地方志事业发展的最新资料，以增强科学性、可读性与收藏价值。

6. 启动对外学术交流工作

2002 年 9 月 20 日～10 月 4 日，中国地方志指导小组办公室首次组团对澳大利亚、新西兰进行地方史志学术考察交流。参加考察交流的有 13 个省市地方志机构的负责人，10 月 18 日的《亚洲时报》第 7 版对方志考察团作了详细报道。考察结束后，代表团撰写了 8000 多字的考察报告，对今后地方志系统如何加强国际学术交流提出了建设性意见。

7. 加强信息工作

《中国方志通讯》是在全国地方志系统内部交流工作信息的不定期刊物，2002 年加强了工作，及时通报指导小组领导指导地方志工作的指示、讲话和各地修志工作信息等，全年共出 49 期，反映消息及时，各地反应良好。

（三）协会、期刊工作

1. 召开中国地方志协会第四届会员代表大会暨第四届理事会第一次会议，会议修改了协会章程，选举产生新一届常务理事会及领导人员。

2. 对《中国地方志》杂志改版

《中国地方志》（双月刊，主编周均美）是中国社会科学院主管、中国地方志指导小组主办的全国地方志系统惟一的历史类核心期刊，是中国地方志指导小组在政策上、业务上指导全国地方志工作的一个重要途径，也是进行方志理论研究和志书编纂探讨、方志界沟通信息的重要园地。《中国地方志》坚持正确的办刊方向、鲜明的宗旨和明确的定位，贯彻指导小组意图、传达指导小组部署，配合并完成指导小组的工作任务。

从2002年起，《中国地方志》改为大16开本，增加半个印张（8页），对栏目作了调整，加强了指导性和理论性，扩大了信息容量，同时增加彩照。刊物已基本形成了自己的风格和个性特色，有了较稳定的栏目、版式，改版后在规范化和同国际接轨方面有明显进步，受到方志界的广泛好评。2002年度共出版发行6期，约90万字。

2002年3月4日，《中国地方志》新一届编委会在京召开第一次工作会议。编委会主任单天伦，副主任秦其明。新编委会委员的学科专业更为广泛，比上届增加了经济、法学、军事和少数民族的成员，有利于刊物更加全面地反映方志工作。编委们充分肯定了刊物在上届编委会领导下所取得的进步和成绩，同时，也对刊物目前面临的问题提出了几点建议：(1)加强刊物每期和年度的侧重点和针对性；(2)加大介绍和报道史志研究成果的力度；(3)提高编辑人员自身的业务素质。

（四）进行省（区、市）方志工作调研，加强机构建设

1. 4月10～13日，中国地方志指导小组常务副组长朱佳木到河北省地方志办公室视察并调研。其间，朱佳木参观了河北修志20年成果展，并与部分编修地方志工作人员进行座谈。

2. (1) 4月16日，中国地方志指导小组常务副组长朱佳木对拟建的国家·北京方志馆选址进行实地考察。中国地方志指导小组秘书长兼办公室主任单天伦，中国地方志指导小组副秘书长兼办公室副主任秦其明以及北京市地方志编纂委员会办公室主任徐俊德陪同考察。(2) 5月14日，中国地方志指导小组办公室与北京市地方志编纂委员会办公室联合向北京市规划委员会报送《关于确定国家·北京方志馆选址的函》。(3) 12月6日，中国地方志指导小组常务副组长朱佳木就国家·北京方志馆的建筑设计方案问题，参观考察了中国科学院图书馆和北京大学图书馆。中国地方志指导小组副秘书长兼办公室副主任、临时机关党委书记田嘉等陪同考察。(4) 北京市政府批准投资合建国家·北京方志馆，并已完成选址，规划设计工作正着手进行。目前正向国家计委申请立项。

3. 5月18日，由中国地方志指导小组办公室撰写的《全国地方志首轮编修工作基本完成，部分地方修志机构不稳定等问题亟待解决》一文，被新华通讯社采用，在《国内动态清样》(第1267期）刊登，供领导参阅。

4. 6月6日，中国地方志指导小组常务副组长朱佳木视察重庆市地方志办公室，并发表了题为“努力做好地方志工作，用自身成绩提升方志工作的地位”的重要讲话。

5. 8月7日，中国地方志指导小组常务副组长朱佳木到秦皇岛市调研地方志工作，考察了秦皇岛市地方志办公室和档案资料室，参观了秦皇岛市首轮新编方志成果展，听取了秦皇岛市地方志办公室的专题汇报并作重要讲话。中国地方志指导小组秘书长兼办公室主任单天伦，中国地方志指导小组副秘书长兼办公室副主任秦其明陪同考察调研。

6. 8月中下旬，中国地方志指导小组常务副组长朱佳木前往辽宁省的锦州、营口、大连等市地方志办公室考察工作。

第 五 编

科 研 成 果

2002年主要科研成果

经济研究所

《中国转型经济的政治经济学分析》

王振中（研究员）

专著　300千字

中国物价出版社　2002年11月

该书是中国社会科学院“九五”重点课题的研究成果，主要内容是对中国转型经济进行政治经济学分析，范围包括九个方面：社会主义转型经济的制度变迁背景、社会主义转型经济的资源配置方式、社会主义转型经济的政府职能转换、社会主义转型经济的宏观调控运行、社会主义转型经济的产业结构调整、社会主义转型经济的所有制关系、社会主义转型经济的国有企业改革、社会主义转型经济的平等—效率问题、社会主义转型经济的对外开放。在该书中，作者运用马克思、恩格斯关于社会经济形态二重基本结构的分析方法，从生产关系系统和交换关系系统两个方面的演进、改革及其相互联系来界定转型经济，即转型经济既存在着从计划经济向市场经济的转型，也存在着基本社会制度的选择。作者认为，那种把不同国家的转型经济只区分为“激进”和“渐进”两种“方法”差异的见解，掩盖了不同国家的经济转型存在着不同“方向”的选择，因而是片面的。

《中华人民共和国经济史》（第一卷）

吴承明（研究员）、董志凯（研究员）等

专著　840千字

中国财政经济出版社　2001年12月

该书是国家社科基金“九五”重点课题的研究成果，主要内容是阐述新中国成立最初三年（1949～1952）中新民主主义经济全面建立、实施、运行的历程与成就。该书指出，建国之初三年取得巨大成功的深层次根源在于制度进步。全书以大量事实说明，这三年在经济制度发生巨大变化的同时并没有出现经济的剧烈动荡和停滞，相反，却直接促进了经济的恢复和发展。其原因在于抓住了新民主主义经济的主要环节：在社会主义性质的国有经济领导下，经济成分与经济利益的多样性及其协调发展；资源配置的基础环节为国家调控下的市场体系，并与多种计划管理方式（指导性计划与指令性计划并行）相结合；“公私兼顾、劳资两利、城乡互助、内外交流”的照顾四面八方的经济政策；灵活多样的国家资本主义形式；充分发挥广大农民发展个体经济与互助合作两种积极性；等等。这构成了新中国建立初期新民主主义经济体制的基本特点。通过这样的社会经济体制，党和政府领导全国人民赢得了财政平衡、市场稳定、生产恢复，出现了新中国建立初期经济发展、精神文明进步的历史盛况；创造了在极其困难的环境下恢复经济的奇迹。该书突出的特点是史料翔实、丰富，论述扎实、深刻，运用实证分析的方法深入研究历史。该书出版后，得到多位经济学家和历史学家的高度评价，称其“是党性与科学性完美结合的上乘之作，读后会令人信服，堪称精品”。

《资本流动与中国经济增长》

赵志君（研究员）

专著　240千字

中国物价出版社　2002年5月

该书共由八章组成，内容涉及资本流动的概念和金融工具的发展、经济增长理论从古典到现代的发展过程和前景、新增长理论的新发现、有关新古典理论和新增长理论的实证分析、银行改革、汇率走势、网络经济发展、通货紧缩等等。作者在全面考察了金融资产的总量、结构、利率、汇率与经济增长之间的关系的基础上，揭示了以网络经济为代表的新经济现象的特点和规律，分析了外国直接投资和金融深化在中国经济增长中的作用，提出了通货紧缩的制度成因及通货紧缩压力长期性特征。作者在中国宏观经济的理论分析、实证分析和对策分析等方面都有独到的见解。

《一只灵巧的手：论政府转型》

胡家勇（研究员）

专著　193千字

社会科学文献出版社　2002年2月

该书重点论述了从计划经济到市场经济转型期间政府职能的转型问题。作者认为：政府干预常被喻为一只“看得见的手”，但是，在市场经济条件下，政府应是一只“灵巧的手”，其基本职能是校正市场失灵，同时避免自身失灵。因此，政府实际支配的资源不能太多，否则，就会挤压市场机制的作用；国有经济的规模和结构要与政府职能相适应，超出这一界限，就会酿成难以摆脱的困境；政府的规模不能太大，不然会衍生出许多无效甚至有害的干预行为；即使在基础设施领域和社会保障领域，政府也要充分利用市场机制的作用，适当缩减自身责任；对于蓬勃生长的非公有制经济，政府应由限制、管制转向扶持、鼓励、引导，充分利用它们在拉动投资、促进增长、增加就业等方面的积极作用。总之，一个灵活运用市场机制的政府，才是一个高效、廉洁的政府。

《中国经济走势分析（1998～2002）——兼论以住宅金融创新为突破口实现城乡就业联动》

刘树成（研究员）、汪丽娜（研究员）、常欣（助理研究员）

论文　12千字

《经济研究》　2002年第4期

2001年，中国经济似乎是“一枝独秀”。然而，就其自身情况看，仍存在一些值得重视的问题。该文考察了近几年来中国经济增长的特点，并提出今后发展的逻辑思路：扩大就业，包括城镇人员就业与农村劳动力向城镇转移，是下一步中国经济增长中需要解决的一个突出问题。扩大就业主要靠城镇产业结构的升级来拉动，也要靠城镇消费结构的升级来拉动。住宅业的发展是城镇消费结构升级的一个重要内容，而住宅金融创新则是关键的一环。通过住宅金融创新，推动城镇住宅业的发展和城市化的进程，可以做到以城带乡，以乡促城，实现城乡就业联动，并可由此推动中国经济实现新一轮快速增长。

《近代交通运输与晚清商业的演变》

朱荫贵（研究员）

论文　18千字

《近代史学刊》第1辑　2001年12月

该文指出，作为近代交通运输工具的铁路和轮船在中国的出现是晚清社会发生的一件大事，它所引起的反响是多方面的。作者从进出口贸易、农产品商品化、新兴市场的开拓和近代城市的兴起等几个方面，对铁路、轮船与晚清商业演变间的关系进行了初步的考察，认为铁路和轮船除了作为工业文明时代生产力的体现，作为一种大量进入中国内地的机制产品和列强掠取中国资源的载体外，它还是外部世界信息进入中国的媒介，是震撼和冲击中国古老生产、生活方式的重要动因，因而它的影响和作用绝非停留在商业的变化、城市的兴衰更替和交通运输功能的改善上，而是扩散和影响到社会生活的各个层面和中国大地的各个方面。这种扩散和影响反过来又对整个社会发生作用。因此，铁路、轮船在晚清中国社会中激起的变化，仅仅是此后更大变化的一个开端而已。

《中国就业发展新论——核心就业与非核心就业理论分析》

王诚（研究员）

论文　15 千字

《经济研究》　2002 年第 12 期

核心就业是指直接参与、引导、促进和扶持企业创新活动的那部分就业；非核心就业是指通过与企业创新无关的其他手段所创造的就业。核心就业的兴衰决定了市场经济中总体就业的兴衰。但核心就业作为市场就业的基础在中国经济改革以来一直没有受到足够重视，因而造成今天就业发展特别困难的局面。中国由计划经济向市场经济转型的内在目标之一，应是培养和扩大核心就业在总就业中的比重，同时削减过去大量形成的虚拟就业的相对规模。中国企业的核心就业水平在目前仅达到 25% 左右，总体核心就业水平达到 30% 左右，而非核心就业比重达 70% 左右。为了达到 80% 左右的市场一般核心就业水平的目标，中国应采取一系列新的政策措施，包括改变现行的国有企业改革方式，把企业改革的注意力放在培养和造就作为市场经济核心力量的企业创新能力上；建立政府各部门之间权力的均衡和制约机制，以良性发挥政府催生核心就业的功能；变革农村的改革和发展道路，以大力改善农村经济的创新和核心就业状况等等。

《中国城市中的三种贫困类型》

李实（研究员）

论文　15 千字

《经济研究》　2002 年第 10 期

该文利用调查数据对中国城市贫困的性质和特点进行了考察。通过综合考虑收入标准和消费标准，把中国城镇贫困分为三种类型，即持久性贫困、暂时性贫困和选择性贫困。在贫困人口中，有一大部分属于选择性贫困，即他们的收入高于贫困线而消费低于贫困线。对贫困户的消费函数进行估计，其结果显示以下几个因素对贫困状况产生重要的影响：平滑收入的效应；人们防备外部环境不确定性的心理；人们为将来投资而进行储蓄的行为；家庭对子女教育和医疗服务的特殊需要。作者还对三种贫困类型进行了比较分析，从中发现，预测的金融资产、收入以及教育和医疗的特殊需要，都对不同类型贫困户的消费行为起到重要的影响作用。

《论“公私资本相机参与”模式的构造——中国基础部门产权制度探讨》

常欣（助理研究员）

论文　14 千字

载《政治经济学研究报告》（三）

社会科学文献出版社　2002 年 6 月

该文首先对所有制改革与引入竞争的关系进行分析，认为要达到提高效率的目的，引入竞争和所有制改革是缺一不可的。随后，文章探讨了传统公共部门（公企业）在提供基础设施服务方面的“效率问题”，认为公企业的低效率是垄断经营、规制失效与公共（政府）所有共同形成的。接着，该文对基础部门的民间参与趋势进行探讨，构造出“公私资本相机参与”模式，认为通过形式多样的分类方法和设计良好的制度安排，完全可以取得民间部门灵活机动的参与效果。该文最后提出推动中国基础部门民间参与的改革建议：一是对企业进行公司化改造，使其按照商业化原则从事经营；二是理顺价格形成机制和价格管理制度，尽可能地放松价格管制，在价格方面形成对民间资本的有力吸引和有效引导；三是加快投融资体制的改革，放松民间资本市场准入的限制，形成多元化的股权结构。

《腐败对投资效率的影响》

陈健（博士）

论文 5千字

《广东商学院学报》 2002年第1期

腐败问题引起了经济学界越来越多的关注。一般认为，除了在计划体制影响仍很大的转轨初期腐败可能会起到润滑剂的作用外，在正常情况下，腐败作为寻租的一种形式，将引起经济效率的降低。该文将腐败视为对政府官员的贿赂，分析的侧重点在于腐败的产生对投资效率的影响。文中假设，政府官员对投资拥有审批权；而投资分为私人投资和公共投资。文章证明，在存在不对称信息和不完全合同的情况下，腐败会使得有效的私人投资不足（私人投资意愿受到压制），以及无效的公共投资过多（质量低劣的工程过多），这两种情况都造成经济效率的损失。这一结论对现实中观察到的类似现象提供了一种解释。文章认为，在不对称信息和不完全合同造成的影响中，不完全合同起着更主要的作用。文章的不足是只考察了政府官员与投资者或承包者之间的“一次性”关系。在更接近现实的重复行为下，出于声誉上的考虑，双方都可能会变得更加“合作”，这会降低模型的解释力。

工业经济研究所

《中国工业发展报告（2002）——WTO规则下的企业和政府行为》

吕政（研究员）主编

研究报告 550千字

经济管理出版社 2002年7月

该书是工业经济研究所编著出版的第7本中国工业发展（年度）研究报告。该报告紧密围绕我国加入WTO的重大历史事件，以WTO规则下的企业和政府行为作为主题，客观阐述了WTO的基本职能和基本原则，详细分析了我国加入WTO后的机遇和挑战，回答了国人非常关心和急需了解的我国加入WTO后应该怎么办的问题。该报告除总论外，分综合、产业、地区和企业4篇33章，深入探讨了加入WTO后政府管理经济方式的转变，工业品进出口贸易制度的变化，引进外资的新趋势与结构变化，服务贸易的开放及其对工业的影响，工业知识产权制度的完善，金融环境的变化和工业投资的发展，建立公平竞争和培育有效市场秩序，行业协会在反倾销中的作用，工业就业与政策措施。该报告围绕工业结构调整与升级，重点分析了机械、电子、汽车、医药、纺织、轻工、钢铁、能源等行业的比较优势，面临的差距与挑战以及应对策略；讨论了地方政府的经济行为和角色转化，区域经济发展与区域政策调整，制造业区域分布的变迁以及西部地区投资环境的改善。该报告还分别论述了大型企业、中小企业、国有企业、上市公司等面临的影响和战略调整，以及企业的信息化改造、企业竞争行为的变化、企业的管理创新、企业财务制度的变化、企业的跨国经营、企业的人才竞争和企业的品牌战略等。该报告文字流畅，主题鲜明，内容丰富，数据翔实，图表生动，可读性强。

《未来50年——中国西部大开发战略》

王洛林（研究员）主编、魏后凯（研究员）副主编

专著 458千字

北京出版社 2002年1月

该书是院重大研究课题“我国西部大开发战略与政策研究”第一阶段的研究成果。全书17章，全面深入地探讨了当前我国西部地区发展存在的主要问题、实施西部大开发的难点和总体思路，以及未来50年实施西部大开发的战略目标、战略阶段、战略重点和战略布局。在此基础上，该书从多维的角度，详细讨论了今后我国实施西部大开发的重要战略领域，包括国土资源综合开发利用，基础设施建设及资金筹措，生态环境保护与建设，农业发展与扶贫开发，工业结构调整与升级，第三产业和旅游业发展，城镇化与城乡协调发展，人口、就业与人力资源开发，科技创新与教育发展，国有企业改革与企业制度创新，资本市场与投融资战略，对外开放与利用外资，东西企业合作和对口支援等。该书从长期战略规划的角度，认为实施西部大开发必须强调以人为本，以富民强区作为大开发的根本目标，以科技创新和制度创新作为两个突破口，发挥后发优势，因地制宜、分类指导，突出重点、逐步推进，遵循自然规律和经济规律，充分发挥政府和市场的双重调控作用，通过政府财政资金和区域政策的积极引导，广泛吸引国内外民间资本参与西部大开发。

该书认为，西部大开发总体规划应以50年为期，分三个阶段，递进展开。第一阶段（2000～2010年）重点是搞好基础设施和生态环境建设，力争取得突破性进展，使西部地区生态环境恶化的趋势得到基本遏制，投资环境明显改善，经济运行进入良性循环，城乡居民社会公共产品享用水平逐步向全国平均水准趋近。第二阶段（2011～2030年）重点是构建具有竞争优势的地区特色经济，城市化率超过50%，部分地区率先完成工业化，大多数地区进入工业化后期阶段，绝大多数地区居民基本生活福利水准进一步向全国平均水平靠拢，生态环境恶化得到全面遏制。第三阶段（2031～2049年）重点是全面推进现代化建设，部分地区率先实现现代化，其他地区亦都搭上现代化的班车。该书观点新颖，结构严谨，创新性强，内容丰富，资料充实，图文并茂，是我国第一部有关西部大开发战略长期规划的高水平学术著作。该书获得北京出版社优秀图书二等奖。

《国有企业根本改革论》

金碚（研究员）

专著 300千字

北京出版社 2002年1月

该书是国家社科基金重点课题。它系统、深入地探讨和论述了我国国有企业改革中的根本性问题，即国有企业在社会主义市场经济中究竟应该居于怎样的地位、发挥怎样的作用，进而提出了国有企业根本性改革的理论逻辑和可行路径，为研究我国国有企业的产业分布和制定我国国有企业产业定位的战略方案提供了依据。

“国有企业是特殊企业”是全书的中心思想和核心内容。书中认为，不能用规范一般企业的规则来规范所有的国有企业，建立现代企业制度并不是为所有国有企业确立一种普遍适用的一般的企业制度。作者指出，我国国有企业现实可行的改革道路应该是：凡不宜实行国有制的企业应改制为其他公有制形式、混合所有制形式或非公有制形式，这些企业将按一般的现代企业制度的规则运行；凡必须保持国有制的企业要按现代国有

企业制度的要求，借鉴其他国家国有企业管理和改革的经验，建立起适用于我国国有企业的有效管理体制，并配备优秀管理人才弥补国有制的弱点，实现严格保卫资产安全前提下的较高经济效率；凡既适合国有企业也适合民营企业的领域将变得越来越主要由民营企业来承担。国有企业只在少数特殊产业或特殊领域中发挥特殊功能，其他多数产业将主要由民间企业承担发展的职能。

该书还针对不同产业的特点及其在国民经济中的地位，具体分析了国有企业应承担的职能和各类产业中国有企业的适应性，提出了不同产业中国有企业进一步改革的方向和政策建议。该书着重研究了一些具体产业中的国有企业和必须实行企业化经营的“事业单位”，包括城市公用事业、报纸产业和卫生医疗服务业，从而丰富了国有企业改革的理论和经济学的内容。该书资料丰富翔实，观点鲜明，解释力强，是一部富有理论价值和实践意义的著作。

《现代企业管理——变革的观点》

黄速建（研究员）主编

专著 450千字

经济管理出版社 2002年1月

该书是中国社会科学院研究生院教材，除导论外共有22章，内容涉及企业理论、企业重组、企业集团、信息技术发展与企业组织变革、学习型组织与知识管理、企业业务流程再造、战略管理理论、多元化与专业化经营战略、企业战略联盟、人本管理理论与实践、股票期权制度与员工持股计划、生产管理技术创新与模式发展、负债经营与证券化融资、适应性企业、研究与开发管理、冲突危机管理、关系管理、电子商务、无形资产管理与品牌价值、企业跨国经营与竞争优势、管理绩效评价等诸多问题。该书以管理学最新变革和发展为主线，重点论述的内容都是这些领域的最新发展，特别是侧重于反映作者对这些新发展的认识和观点。书中还注意了管理知识的最新发展与我国企业实际的结合，着重讨论了我国企业改革与发展中面临的重大问题，如现代企业制度问题、经营者的激励与约束和企业信息化等问题。该书体现了与时俱进精神，内容充实，结构新颖，每章都附有相关的案例分析、研究思考题目和参考书。

《对深化国有企业改革的再认识》

吕政（研究员）

论文 10千字

《中国工业经济》 2002年第10期

该文简要总结了近10年来我国国有企业改革取得的进展，在此基础上，指出我国国有企业改革选择了渐进式的道路，实践证明，这种选择是正确的和成功的。国有企业已基本转变成社会主义市场经济的微观主体。但国有企业改革的任务还没有完成，深化国有企业改革需要进一步明确国有经济及其企业的定位，收缩国有经济的战线，规范现代企业制度，积极推进国有减持股，完善存续企业与上市公司之间的关系，探索对经营者的有效激励和约束机制。该文还借鉴国外经验论证了在市场经济条件下国有企业存在的必要性及国有企业退出的原则和范围。

《工业化与城市化关系的经济学分析》

郭克莎（研究员）

论文 16千字

《中国社会科学》 2002年第2期

该文通过国际比较和实证分析，认为中国的城市化并没有严重滞后于工业化。城市化率的上升与工业产值比重上升的相关性较低，而与非农产业就业比重变化的相关性较强。中国的问题在于工业化的偏差而不在于城市化的偏差。该文从理论上分析了非农产业的就业比重能够比较恰当地衡量我国工业化的实际水平，这个指标与人均收入（人均GDP）的变化比较一致，反映了工业化中就业结构的转变与城市化有直接的联系。而非农产业就业比重的较快上升只能主要依靠服务业的迅速扩张，这是我国推进城市化的基本途径，也是促进工业化与城市化协调发展的中心内容。文中阐述了新时期的工业化面临着更为艰巨的任务：一是要加快农业剩余劳动力的转移，提高非农产业的就业比重；二是要加快工业的技术进步和产业升级，提高工业发展水平和国际竞争力；三是要通过就业结构的转变，促使劳动人口城市化率的上升。因此，需要实现农村工业化向城市工业化的战略性转变，在改革、开放中促进工业化与城市化的协调发展。

《我国经济增长过程中能源利用效率的改进》

史丹（研究员）

论文　12千字

《经济研究》　2002年第9期

该文分析了我国经济快速增长条件下能源消费减缓的原因，认为我国改革开放以来能源利用效率的改进是非常显著的。当前，我国工业部门提高能源利用效率仍然有很大的潜力，特别是我国加入WTO后，更有利于工业能源利用效率的改进。该文指出，我国能源消费量居世界第二位，但相对的产出水平却很低。如果我国的能源利用效率达到中等发达国家的水平，我国完全可以在能源消费零增长的条件下逐步达到发达国家的经济水平。该文还针对国内外关于我国能源消费与经济增长的有关评论进行了分析，并阐述了作者的看法。

《业绩评价与国有企业经营者报酬制度的激励性》

黄群慧（研究员）

论文　10千字

《中国工业经济》　2002年第6期

该文旨在研究国有企业经营者业绩评价和报酬制度的关系，指出这是现代企业理论和管理理论所关注的问题之一。在经济学中，用委托人—代理人分析框架可以把经营者的激励约束问题描述为：现代企业所有者（股东）作为委托人想使作为代理人的企业经营者按照所有者自己的利益目标选择行动。而管理学更为关注的是如何具体评价企业经营业绩、如何构造和选择评价指标、如何创新有效的业绩评价方法等操作性问题，在此基础上制定经营者的激励性报酬机制。作者总结出关于经营者业绩评价和经营者激励性报酬制度之间关系的逻辑分析框架图，并进行了详细阐述。文中针对我国国有企业存在的“董事会外部化”，探讨了国有企业经营者业绩评价存在的问题，进一步引申出改善国有企业评价、提高国有企业经营者报酬激励性的政策建议。

《论市场经济秩序与企业信用》

刘光明（研究员）

论文　12千字

《中国工业经济》　2002年第3期

该文从市场经济秩序的现状、造成市场经济秩序混乱和反经济信用行为的原因分析入手，提出了强化社会信用意识、建立有效的企业信用管理和企业信用评价体系，从而健全和完善公平竞争和有效运行的市场秩序的构想。该文指出，市场经济秩序中存在的问题，其深层次的原因是经济伦理问题。诚信、责任感、友善这些偏离自利行为的伦理道德在市场经济和工业发展中发挥着十分重要的作用。一个基于短期利益的增长而缺乏长期决策的价值观，一个不惜牺牲经济信用为代价的社会，在文化意义上是没有吸引力的，这样的社会在经济上也是缺乏效率的。以各种形式出现的狭隘的短期行为带来的效益增进和道德的牺牲，不会对社会的福利产生任何好处。一度出现的“反经济信用行为”的蔓延，造成社会道德、社会信用的滑坡，也扰乱了社会经济秩序，使经济缺乏效率，并破坏社会福利。我国加入WTO后，企业信用的重要性日显突出，企业不守信用将寸步难行。随着市场经济的发展，信用不仅是道德观念，体现在制度层面上，更重要的是个人信用体系、企业信用体系、银行信用体系、国家信用体系的相互关系。如何看待企业信用，不但影响企业的生存发展，而且它还从根本上影响着企业信用体系、银行信用体系、国家信用体系的建设。

《假账背后——企业会计造假的制度因素》

杜莹芬（研究员）

论文 7千字

《经济管理》 2002年第19期

该文针对我国资本市场近年来连续出现的上市公司业绩骗局、财务报告虚假的现象，指出财务信息的真实披露已经成为人们关注的焦点。如何看待企业做假账问题？如何防治企业做假账？该文试图从制度因素上进行分析。企业会计造假的动机：一是造假所带来的利益的诱惑；二是违法成本低廉。企业做假账的制度因素：一是市场缺陷；二是经济转轨时期市场体制的不完善。企业做假账的防治，包括建立和完善高质量的会计准则，加大法律惩罚力度，建立社会的诚信文化，完善公司治理结构，完善企业内部控制机制，完善公司审计制度等几个方面。

农村发展研究所

《2001～2002年：中国农村经济形势分析与预测》（农村经济绿皮书）

中国社会科学院农村发展研究所、国家统计局农村社会经济调查总队

专著 231千字

社会科学文献出版社 2002年4月

该书为农村经济绿皮书系列的第10本。它全面、系统、客观地回顾了2001年中国农村经济的运行状况，展望了2002年中国农村经济的发展趋势，并提出了一些政策建议。第一部分“总论”，阐述了对中国农村经济形势的总体判断和发展的基本思路；第二部分“形势分析与预测”，在大量翔实和系统的第一手统计、调查数据基础上，系统地描述和分析了2001年中国农村经济的运行状况，并对2002年中国农村经济发展进行了预测，内容包括：改革评价、农村经济与国民经济、农村产业结构、粮食生产与需求、乡镇企业、农产品价格、农产品进出口贸易、农民收入与生活、农村区域经济、农业财政与税收、农村金融、农村可持续发展、农村贫困、农村教育、农村社会保障等；第三部分为“专题”，主要是从不同角度对中国农业和农村经济在加入WTO后将面临的挑战和机遇进行了深刻分析，并提出了相应的对策措施。

该书对中国农村经济发展的分析和预测比较准确，为宏观经济决策提供了科学的参考依据。例如，该书对2002年粮食产量、农民收入、乡镇企业发展、农产品价格的基本走势等的预测与2002年的实际运行基本吻合。此外，该书对农村经济运行和问题的分析不仅仅局限于一个年度，而是具有一定的时间跨度，使读者更清晰、系统、完整地了解和把握中国农村经济运行的轨迹和脉

络，有助于全社会对“三农”问题的了解和关注，推动“三农”问题的解决。该书出版后，《中国改革报》、《经济参考报》、《中国日报》、《中国经济时报》、《农民日报》等进行了介绍和评论。

《联结农户与市场——中国农民中介组织探究》

张晓山（研究员）等

专著 342千字

中国社会科学出版社 2002年5月

该书从农民中介组织这个一般性概念出发，从理论和实践上对各类农民中介组织进行概括、分析和比较研究，探索在发展市场经济的新形势下，在发育新中介组织的同时，如何最大限度地利用、改造原有的中介组织资源，并通过两种组织资源的对接，形成一个农业科技能顺利转化为现实生产力、农产品能最终实现价值的组织体系，使农民能以较低成本、较快捷的方式整体进入市场，最终使农民实现增收。该书从实际出发，提出在社会主义市场经济条件下发育和完善各类农民中介组织的政策建议具有可操作性，有较为重要的理论和应用价值。

该书的部分章节曾在《中国社会科学》、《管理世界》、《中国农村经济》等刊物上发表，《经济参考报》理论周刊（2001年8月8日）以一个整版篇幅发表了该书的主要研究成果。《中国改革报》论坛（2001年9月17日）也以将近一个版的篇幅对该书成果作了报道。

《小城镇与区域一体化》

张晓山、胡必亮（研究员）主编

专著 198千字

山西人民出版社 2002年5月

该著作不是就小城镇本身而谈小城镇，或者仅仅从小城镇发展对于推动我国农村城镇化的角度分析小城镇问题，而是从区域一体化的视角全面分析了小城镇的定位与今后发展的方向。得出的基本结论是：我国的小城镇建设必须与城乡一体化、区域一体化发展结合起来，最终形成城乡之间紧密结合的区域综合协调发展模式，而不是主要将小城镇作为我国农村城镇化的一种方式而孤立地加以推进。该研究的部分内容引起了中央有关部门的关注与重视。

《农村金融体系框架、农村信用社改革和小额信贷》

杜晓山（研究员）

论文 10千字

《中国农村经济》 2002年第8期

该文对目前农村的金融体系框架作了描述和评价，提出改革的目标是建立起一个多元化的、功能和机构布局合理的农村金融体系。为此，应注意解决现存的几方面问题：(1) 农村各类金融机构或金融结构的功能定位；(2) 农村信用社的功能和性质；(3) 满足“三农”需要的整体金融服务；(4) 非正规金融的引导、监督和健康发展；(5) 农村金融机构的资产质量和管理水平。文章强调了农村信用社应根据不同的内外部条件，选择多样化的职能定位，改革产权制度，完善内部管理机制；强调了发展新的农村信用社合作组织的必要性和可能性。文章肯定了农村信用社推行小额信贷的意义和作用，也指出在开展此项工作中应注意的几个问题。

该文在国际学术研讨会上发布并引起讨论。《金融时报》“编辑点评”对该文作了充分肯定的专评。

《环境生态经济学研究的进展》

李周（研究员）

论文 12千字

《浙江社会科学》 2002年第1期

该文旨在对有关环境生态经济学的文献作一个粗浅的评价。人类遭遇的环境问题在不同的时期有不同的内容。在原始社会，遇到的是过度渔猎、采摘造成生物群落失去平衡的问题；在农业社会，遇到的是过度开垦、放牧造成自然生态环境遭受破坏的问题；在工业社会，遇到的是非再生资源急剧减少和污染不断加剧的问题；在后工业社会，遇到的很可能是过度辐射造成的问题。人类确实遇到了许多生态灾难，包括文明在局部的毁灭，但从总体上看，人类能够依靠自己具有的发现、创造和纠错能力保持生态和环境的可持续性。

环境问题可用产业结构理论、产权理论和“外部性”理论来解释。环境问题评价有市场评价法和虚拟市场评价法两大类。

环境管制包括强制性管制和诱导性管制两类。强制性管制的优点是：内容稳定，措施规范，便于企业形成稳定的预期。诱导性管制的优点是：监督成本低，实现“双赢”的几率高，企业的选择空间更大。主要措施有补贴、税收和排污权交易。补贴旨在降低环保技术进入的门槛，税收旨在施加污染技术退出的压力，排污权交易旨在把外部性问题转化为内部性问题，把行政手段和市场手段有机地结合起来。

环境与生态经济学研究促进了学科的融合。此类研究中提出的重要概念，如资源等级、持续产量、社会贴现率和使用者成本等，对于完善环境生态经济学的知识体系具有重要作用。

《农村税费改革与乡镇财政缺口》

朱钢（研究员）

论文　10 千字

《中国农村观察》　2002 年第 2 期

该文主要通过对农村税费改革试点县（市）乡镇财政状况的调查，分析了农村税费改革对乡镇财政的直接影响、乡镇财政缺口的不同类型、农业税地位的强化与乡镇财政缺口的关系。作者着重分析了目前我国乡镇普遍存在的三种不真实的财政缺口：公共产品过度供给引起的财政缺口、非公共产品供给引起的财政缺口和人为夸大的财政缺口。作者指出，合理确定转移支付既是农村税费改革的难点也是改革能否成功的关键，必须在认真甄别不同类型财政缺口基础上制定有效的财政转移支付制度，否则将给农村税费改革带来政治成本和财政成本过高的风险。作者还指出，为解决财政缺口，一部分地区在农村税费改革中存在着强化农业税地位的倾向，使改革陷入两难境地。因此，应对现行农村税费改革中的农业税调整方案进行修改。该文提出了一些在农村税费改革中实际存在但并未引起足够重视的问题，如农业税地位的强化可能产生与农村税费改革初衷背道而驰的结果等，对农村税费改革政策的调整具有参考价值。

《从合作基金会事件看中国农村金融改革与发展》

张元红（副研究员）等

论文　15 千字

《中国农村经济》　2002 年第 8 期

亚洲金融危机以后，中国政府在农村地区关闭了许多非正规的金融机构，包括农村合作基金会等。该文回顾和总结了这一事件对不同部门的影响，并根据合作基金会的经验和教训，重新考评了中国农村金融的市场结构与发展战略，对有关的改革方案和政策选择提出了建议。该文的突破与创新之处有：首次全面而且从实证角度总结了农村合作金融事件及其对中国农村金融市场的影响；在理论上分析了有关转型经济中的金融发展政策及其在中国农村的适用性，提出了有约束的金融市场化改革取向；根据中国农村的实证资料，检验了有关合作金融的理论和原则，在中国农村合作金融的有关组织和政策方面提出了不同的见解；基于中国政府在现实经济生活中的支配作用，该文还重点分析了政府与金融部门之间的关系。这些分析对转型经济中有关金融改革与发展的相关理论和实践工作都有重要的参考价值。

《地方分权与乡镇财政职能》

谭秋成（副研究员）

论文 18千字

《中国农村观察》 2002年第2期

该文首先讨论了实行财政地方分权的理由和限度。在此基础上，考察了我国财政分权的历史和特征，分析了乡镇财政应具有的职能。认为，乡镇政府与乡镇财政的职能应该是：提供适合本辖区范围内生产和农民需求的公共品和服务，包括：(1) 具有外部性的、但收益和成本不外溢本辖区的地方公共品，如公共安全、民事纠纷处理、乡村道路建设、防洪、灌溉排水、土地整治等；(2) 外部收益或成本溢出本辖区，需要与上一级政府或其他辖区进行合作来提供的公共品或服务，如基础教育、卫生防疫、跨乡镇的公路建设、区域水土治理、环境保护等；(3) 具有一定规模经济、收益可排他的俱乐部物品，如医疗、文化及其他社区福利项目。该文提出了关于公共财政职能的一个分析框架，对分析目前乡镇财政存在的问题和今后乡镇财政制度建设具有指导意义，在乡镇财政研究文献中具有较高的引用率。

《中国粮食安全与国际贸易》

李成贵（副研究员）

论文 10千字

《国际经济评论》 2002年第3期

中国重视粮食安全的传统绵延不绝。然而，不同时期粮食安全面临的问题和解决问题的途径是明显不同的。现在，经济全球化把中国纳入到广泛而深入的国际经济循环之中。在这种背景之下，该文首次提出了“有效率的粮食安全”的概念，提出要实现政治性粮食安全向经济性粮食安全的转向。其要点是：第一，重视粮食安全不等于要追求现实的粮食产量增加，而是要保护粮食生产能力，培育粮食生产潜力和可持续性。粮食安全的要义是不使居民发生饥饿，其底线是确保居民的口粮供应。而实现口粮安全的关键是要有能力安全，即在需要生产的时候可以从容地生产出来。相反，像现在这样实施大规模的国内储备，既费钱又效率不高，因而，在实施战略性结构调整时，需要把储粮于仓与藏粮于地有机结合起来。第二，把“立足国内自给，适度进口调节”的传统粮食安全战略转变为“保证国内粮食生产能力，积极利用国际粮食市场”的新型粮食安全战略。粮食是土地和用水密集的产品，从某种程度上讲，进口粮食就等于进口了土地和水资源（进口一吨粮食就等于进口了1000吨水），而出口劳动密集型的果蔬及动物性产品则等于输出了劳动力，这样的贸易战略非常符合中国土地和水资源短缺而劳动力过剩的资源特点，是完全符合比较优势原则的选择。该文发表后，*China Daily* (June 4，2002) 以“*Flexible Grain Policy Needed*”为题予以摘要发表，《期货日报》(2002年7月13日) 头版头条摘要发表。

《合作社：农业中的现代企业制度》

杜吟棠（副研究员）

专著 260千字

江西人民出版社 2002年9月

该书通过对国内外合作社发展模式的比较研究和案例分析，分析了农民合作社的制度择优和发展趋势问题，提出了农民合作社实际上是农业中的一种现代企业制度的新观点。书中通过对国外合作社新旧史料的大量引证和分析，说明国外早期的合作社运动是社会主义思潮的一部分，其宗旨是要建立一种非资本主义形态的社会组织。而后期的合作社运动，是适应市场竞争的客观需要而兴起的一种创建新型农业企业制度的活动，反映了企业制度优胜劣汰的历史趋势。该书关于欧文早期在美国进行劳动公社试验详情的介绍，关于苏联建国初期推行农业公社制度、20 世纪 50 年代把集体农庄改为国营农场导致农业危机等详情的介绍，以及对 20 世纪 80 年代以来美国“新一代农民合作社”发展情况的介绍，过去在国内都未曾见到，具有较新的学术参考价值。书中对目前国内几种新型农民合作组织的案例调查和制度剖析，也具有一定的理论新意。该书在总论中提出，要提高我国农业的国际竞争力，必须加快我国农民合作社的发展；而要加快农民合作社的发展，必须在降低合作社组织成本和市场进入成本上做文章。该项成果在农业部软科学基金专家评审会上获得一致好评。

财政与贸易经济研究所

《中国的外资经济：对增长、结构和竞争力的贡献》

江小涓（研究员）

专著　240 千字

中国人民大学出版社　2002 年 10 月

该书前几章描述、分析了外资经济在中国经济中的重要作用：提供资金来源、改善投资效益、扩大产出、引进先进技术和研发能力、提升产业结构、扩大出口和提升出口商品结构以及推进体制改革等。这些作用覆盖了外资影响的主要方面。作者着重探讨了一些有争议的问题，如外资在中国是否产生了市场垄断行为；对外商投资企业的优惠政策是否导致外商投资企业与国内企业的不平等竞争，优惠政策是否是外商投资企业有较强竞争力的主要原因；外商投资企业的净出口表现及其对中国净出口总额的贡献如何等。对这些问题，书中都有专门章节加以讨论。书中还有几章展望外商在华投资前景，提出吸引外资参与国有企业改革与重组、形成高附加值和高技术含量的全球制造基地、扩大开放以保障经济稳定安全等战略重点，并提出了对外资经济加强监管的重点领域。全书以实证研究为主，力求做到描述和分析全面系统，数据翔实可靠，事实可信，结论谨慎明确，有针对性和前瞻性。

《中国创业板市场研究》

王国刚（研究员）

专著　186 千字

社会科学文献出版社　2002 年 11 月

该书从设立中国创业板市场的推动过程、建立多层次资本市场、设立创业板市场的几个认识问题、设立创业板市场的理论依据和政策探讨、创业板市场的风险分析、公司在创业板上市的几个政策问题和应注意的问题、创业板与民营企业上市等 8 个方面，系统地分析研究了我国自 1998 年以来在推动创业板市场设立过程中所发生的诸多基本理论问题、政策选择问题和实务操作问题，提出了许多有独到之见的新观点。其中包括，建立多层次资本市场体系是资本市场发展和走向成熟的必然选择；创业投资的根本特征不是“风险”而是“创业”；设立创业板市场的主要目的不在于有多少家企业上市，而在于激励社会各界的“创业”；应重视区分公益性高新技术研发与商业性高新技术开发的区别，运用相应的政策来支持高新技术的产业化；股指走势不是评价股市成败的标准，美国 Nasdaq 股指下落是股市内在规律发挥作用的结果，不应依此而暂缓中国创业板市场的设立；中国创业板市场的近期运行风险小于A股市场，但如果创业板的运行规则囿于A股旧套之中，则创业板的风险将大于A股市场；家族企业是中国民营企业的重要组织方式，民营企业上市是家族企业走向社会化的重要步骤，家族股份上市并不会引致贫富两极分化。

《2000～2002年中国旅游发展：分析与预测》（中国旅游绿皮书）

张广瑞等（研究员）

研究报告　444千字

社会科学文献出版社　2002年3月

该书是我国第一本关于中国旅游发展和预测的全面系统的研究报告，是社会科学文献出版社“皮书系列”的新成员，并将每年出版一本。该书由总报告和专题报告组成。总报告对中国旅游业发展20年历程和发展阶段作出了判断，对发展的现状进行了分析，对“旅游大国和旅游强国”、“政府与市场”、“积极性和盲目性”、“改革与开放”、“自身发展与外部环境”等重要问题进行了思考，并对影响中国旅游业未来发展的8件大事——全球经济发展速度由高转低、经济全球化和区域经济一体化、“9·11”恐怖袭击事件、国际生态旅游年、加入世界贸易组织、2008年北京奥林匹克运动会、西部大开发战略和长假期制度与“旅游黄金周”等逐一进行了探讨。该书的专题报告涵盖了旅游业的入境旅游、国内旅游和出境旅游三大市场，包括了旅行社、饭店、景区景点旅游业的基本要素，涉及旅游投资、上市公司、旅游网站以及都市旅游等热点问题，并对香港、澳门和台湾地区旅游业发展的新态势作了介绍。

《商业银行制度与投资基金制度：一个比较分析框架》

何德旭（研究员）

论文　15千字

《经济研究》　2002年第9期

20世纪末期以来，投资基金作为一种新的金融制度在世界尤其是在欧美国家获得了迅速发展，其在金融体系中的地位和作用日显重要和突出。根据投资基金迅速崛起与商业银行日渐衰落这一经济现象，经济理论界展开了一场投资基金制度是否会取代商业银行制度的国际争论。该文以金融体系的功能观点为理论背景，对商业银行制度和投资基金制度以及二者的发展趋势与发展前景进行了深入的描述和比较。该文认为，在相当长的时期内，商业银行制度与投资基金制度不是取代与被取代的关系，而是共生共长、交叉融合、相互促进、共同发展的格局与趋势。在此基础上，该文还就塑造中国商业银行与投资基金的“双赢”格局提出了具体的对策建议。该文的突出特点在于从历史、理论、制度及现实等多个视角和多个层面，对商业银行制度和投资基金制度作了深层次、客观的比较与分析，为探讨、研究这两种制度背后的直接融资与间接融资的关系问题提供了一种理论框架和理论解说。

《从贸易方式走向与国际经济融合——中国加工贸易管理模式探索》

冯雷（研究员）

论文　9千字

《国际贸易》　2002年第3期

该文主要探讨了我国加工贸易发展的内在规律性、加工贸易政策的定位与管理重点的转移，并对不同国家加工贸易的管理模式及实践经验进行了分类研究，提出了我国对加工贸易进行全面管理的目标体系、基本政策与管理模式。

该文提出了两个具有创新意义的观点：第一，应该从宏观经济层面上认识加工贸易。我国的加工贸易在促进对外开放、启动沿海经济发展、提供就业机会、引进技术、带动产业结构和出口商品结构调整、创汇与国际收支平衡等方面具有重要作用。对加工贸易发展过程中出现的负面影响要一分为二地分析，加工贸易政策的调整要与其他经济政策相协调。第二，应该从经济全球化的角度认识加工贸易。加工贸易是我国融入国际经济的一条重要通道。随着加工贸易自身产业结构的提升，中间投入品国内配套程度的提高，与加工贸易相伴随的技术转移以及与国际销售渠道的衔接，加工贸易已经开始向一般贸易转化，成为顺应21世纪全球经济一体化与国际贸易发展趋势，利用我国比较优势与竞争优势深入参与国际分工的一种主流贸易方式。

《城乡居民消费增长的制约因素分析和消费政策评价》

宋则（研究员）

研究报告　7.5千字

《首都经贸大学学报》　2002年第3期

该研究报告认为：（1）中国动态化的高中低三大收入消费群体日益明显，形成了消费层次多样化趋势当中的三大轴心。在入世过渡期，要以释放中势为主，同时积极开发强势，千方百计培育弱势，为夯实中国后续的消费购买力创造条件。

（2）对制约消费的因素及其分析框架需要进一步明确。近年来，由于研究方法的缺陷，对消费需求不足和收入不足时常出现混淆和误判，导致了对策上的偏差。消费是收入的函数这个一般原理是有条件的，就目前中国的具体情况而言，消费还是另外一些自变量的函数。这些自变量即是由于消费环境、条件不具备所造成的“非收入制约”，诸如消费品价格偏高，服务收费价格不合理，收入预期下降，基础设施欠缺，行业价格垄断，以及商业欺诈、质量低劣、货不对路、信息不对称、购买不便、交通阻隔、服务滞后、担心消费伤害等等。

（3）由于经常混淆这个区别，简单认定消费永远都只是收入的函数，仅仅用“增收政策”直接、完全等同于“消费政策”，致使许多讨论“消费不足”的文献不厌其详地谈论如何增加收入，有些增进消费的命题被变换成了研究收入分配、增加收入的命题，在有关增进消费的建议上出现了“重收入制约、轻环境条件制约”的倾向。

（4）提出收入—购买力增量制约和环境条件制约分析框架，具有很强的政策含义。第一，近期内有希望实现收入明显增长的，可突出解决收入制约，以便促进社会总消费的外延化增长；第二，鉴于环境条件制约由于复杂多样、具体琐碎而往往被忽视的情况，似应对培育消费环境条件、排除非收入制约、化解购买力存量给予更多的关注。

《完善价格管理　更好地发挥价格的作用》

温桂芳（研究员）

研究报告　4千字

《国家行政学院学报》　2002年第6期

该报告阐述了市场经济条件下价格管理理论和管理模式，并就价格管理中如何认识“定规则、当裁判”的关系、如何协调对价格的管理、政府对宏观价格管理应由什么部门来实施、政府制定价格和管理价格的行为约束和监督等问题提出了作者的见解。报告比较全面系统地从管理的“越位、错位、缺位”，管理的方法手段，管理体制，管理的法律法规体系建设，管理机构设置等方面揭示现行价格管理现状和存在的问题；指出了在新形势下价格管理面临的新情况和新的挑战。在此基础上，作者论述了新时期我国价格管理体制深化改革的任务，并对在新时期如何加强价格管理、发挥价格作用提出了相应的对策建议。

该研究报告的创新之处主要有：认为“定规则、当裁判”虽都是政府行为，但应分属于不同部门实施，价格主管部门不能既定规则又当裁判；价格主管部门的职权在于管理商品和某些服务价格，不应管理利率、汇率、工资等要素价格，否则就是越位；政府价格主管部门的职权在于管理微观价格，不应也不能管理宏观价格；指出《价格法》在许多方面已经不适应改革开放新情况的需要，建议进行修订和完善；针对目前管理、监督、检查中存在的问题，主张将价格执法检查与司法判决分离，建立独立的裁判体制，实行价格执法垂直管理，保障价格执法的独立性、权威性和有效性。

《中国企业大并购》

荆林波（副研究员）

专著 299千字

社会科学文献出版社 2002年7月

该书指出，在20世纪80年代，西方管理界深刻反思日本管理模式和美国管理模式的区别，美国企业界也开始检讨美国管理模式的弊端。过去处于美国经济制度核心部位的两种假设正带来无穷的祸害。第一种假设是企业越大越好、经营规模越大越好；第二种假设是劳动者的专业分工将日趋细密，可能的话采用机器替代劳动者。在第一种假设条件下，美国企业嗜好“大而不是最好”理念，美国式管理以大批量生产和大规模营销为代表，倾向于纵向一体化经营，即拥有自己的原料产地、加工生产线和成套配送体系。如此庞大的系统，无法与日本和德国灵活多变的经营体制抗衡。1986年，沃尔特·亚当斯（Walter Adams）和詹姆斯·布罗克（James Brock）在《大型联合体综合症》（*The Bigness Complex*）一书中指出：“大肆宣传的规模经济从来没有完全达到当初认为可以达到的效果。”通用汽车公司艾尔弗雷德·斯隆说：“我们正在享受规模过大造成的惰性之苦。”“大就是好，更大为更好，最大则最好，已不再是真理，过去不曾是真理，将来也肯定不会是真理。”然而，就是这种“非真理”的大企业却频繁出现。人们不禁要问：合并的大企业是否具有经营效率？是否能够增强市场竞争力？这种合并是一种短期应景之作，还是长期战略考虑？如今，人们逐渐意识到，有必要在一个新的环境下重新审视这个古老的话题，这就是如何看待并购。

该书通过十大案例的分析，揭示了最大国企——中国石油的重组上市，质疑“小超人”香港电讯的世纪收购，诠释了新太科技的买壳上市、华联商城与新长江的收购与反收购、通百汇和胜利的股权之争，剖析了渝钛白重组的艰难过程以及维科股份如何通过资产重组调整结构，同时，通过中联建设、中集集团和天津大港的案例，对非正常收购、横向收购和关联企业收购进行了探讨。

《竞争力：中国24个城市点评》

倪鹏飞（副研究员）

论文 8千字

《经济日报》 2002年1月14日

该文对中国24个城市进行了详尽的对比和案例研究，并在此基础上，对这些城市竞争力的优势和问题以及未来战略进行了评述。该文的现实意义在于：(1) 对城市发展有导向作用。文中的有关评述为城市清醒地认识自身优势和劣势，瞄准标杆城市，制定和实施城市竞争和发展的战略，提供了明确的参照系统。(2) 对城市竞争有推动作用。该文进一步强化了城市间你追我赶、奋发向上的竞争氛围，推动城市间的合作和竞争。(3) 对城市有推销作用。24城市竞争力点评大大提高了这些城市的知名度和美誉度。此外，该文还推动了各城市的决策者们和社会公众对城市竞争力问题的深切关注，许多城市已开始深入研究本城市的竞争力和提升竞争力的方法。该文发表后迅速成为国内外多家媒体关注的焦点，并受到许多城市政府的高度重视，其评论作为评价城市现状和城市工作的依据而被广泛引用。

数量经济与技术经济研究所

《中国经济前景分析——2002 年春季报告》

刘国光（研究员）、王洛林（研究员）、李京文（研究员）主编

论文集 220 千字

社会科学文献出版社 2002 年 4 月

该书试图从理论上深入探讨中国加入 WTO 头一年经济发展的关键问题。总报告对中国经济问题进行了综合分析，对 2002 年中国经济发展作出了推断。如《解析中国经济“一枝独秀”》一文探讨了在 2001 年世界经济增速明显减缓的背景下，中国经济仍保持 7.3%的增长速度的深层次的原因。书中还对财政、金融、证券市场、国内需求等进行了探讨，指出在充分运用积极而稳定的财政、金融政策的基础上，进一步扩大内需仍将是 2002 年中国经济的主旋律。书中在分析 2001 年证券市场运行特点的同时，对 2002 年证券市场作出了“宏观经济趋好，但仍有很大不确定性”的预测。而《加入 WTO 后的中国工业经济》、《中国农村经济形势及与“三农”有关的几个问题》、《就业与劳动力市场分析展望——兼析 WTO 的就业效应》等文章就国有企业、农业以及就业等热点问题阐述了自己的观点。书中对外贸、外资形势作出了积极判断，提出了在新形势下的反倾销问题；在分析外资外贸的新特点的同时，指出外资的进入使中国的经济竞争力有显著提高，但是引进外资以后，充分利用好外资同样是面临的重要问题。

《知识经济下劳动价值论深化研究》

齐建国（研究员）

研究报告 50 千字

数量经济与技术经济研究所 2002 年 5 月

该报告认为，马克思的劳动价值论科学地揭示了商品生产方式中生产关系的本质。但是，随着科学技术的日益发展，生产力获得了极大发展，资本结构、商品生产方式、劳动方式和劳动内容等都发生了巨大的变化，劳动价值论也必须深化发展和创新才能不断完善，以便能够解释现实经济活动中的新经济现象。该报告通过对知识商品生产、流通、使用的分析，引入了知识劳动的概念。知识劳动具有一次投入，永远发挥作用的特殊性质，这使得在知识经济下，人类财富发生了根本性的变化，创造这些财富的劳动几乎全部具有倍加性质。马克思把技术进步产生的必要劳动下降带来的“剩余劳动”完全归结为直接生产劳动者的贡献，显然已经不能解释在其背后的大量知识劳动的贡献，而且也忽视了报酬与贡献相一致的原则。报告认为，知识经济下的劳动价值论深化发展的核心要点是如何看待知识创造与应用者和创新组织者——企业家的劳动性质及其价值和市场价值问题。在当今的知识经济条件下，除了级差地租Ⅰ以外的剩余价值均来源于知识劳动。劳动力以外的其他生产要素参与分配只不过是知识劳动创造的剩余价值的市场化表现。生产要素参与分配与劳动价值论并不矛盾。引入了“知识劳动”这一概念以后，生产要素参与分配的假象与劳动价值论的矛盾就不存在了。

《中国“三农”问题及其对策》

汪同三（研究员）、张涛（博士）

论文 30 千字

在数量经济学会年会上的发言　2002年5月

该文包括四个部分。第一部分提出了世纪之交的中国“三农”问题——农民收入增长问题、农业产业化和农业结构调整问题以及乡镇企业改造升级和小城镇建设问题；第二部分从农村家庭收入、农民负担、乡镇企业、国民收入分配格局、城乡二元结构等方面阐述了“三农”问题的根源；第三部分从利弊两方面分析了入世对中国农村经济的影响；第四部分提出了解决“三农”问题的方向及其对策，包括加快农村税费改革，减轻农民负担，调整农产品种植结构，开展精深加工，稳定农村家庭经营收入等短期政策，以及从根本上调整国民收入的分配格局，加大财政资金对农业的支持力度，优化财政支农结构，大力发展农村非农产业，加快小城镇建设的步伐等中长期政策。文章最后强调指出，“三农”问题不仅仅是农业和农村本身的问题，而且是与整个中国宏观经济息息相关的问题。“就农而农”已无法彻底解决“三农”问题了。解决“三农”问题，必须着眼于国民经济宏观层次上，对整个经济结构进行战略性调整，实现整个国家范围内的资源优化配置，采取综合措施，全方位突破，只有这样，才能使农民增收，社会稳定，才能最终实现中国的现代化。

《解决小煤矿问题的根本出路是管理改革》

杨敏英（研究员）

研究报告　8千字

《数量经济技术经济研究》　2002年第3期

我国已颁布了不少有关乡镇煤矿的管理条例、法规，但是多年来，仍存在着大量非法的小煤矿，反映出管理中存在着严重的缺陷。该报告认为，只有从问题的根源着眼，从管理体制和机制着手，才有望根本解决小煤矿的问题。该报告针对我国乡镇煤矿的特点以及当前实施关井压产后出现的死灰复燃现象，强调今后乡镇煤矿管理必须重视解决如下几个问题：（1）许可证的颁发、管理与服务问题；（2）机构体制要单一化；（3）资源划分问题；（4）适当提高小煤矿的安全标准，落实安全监察；（5）税费体制问题；（6）地方及权力参与者既得利益问题；（7）市场流通体制问题；（8）强化执法和监督机制；（9）普及宣传教育，疏导为主等，并提出具体的管理改革建议，以促进广大农村社会稳定和国家煤炭工业健康发展。

《论森林价值计量概念与方法的恰当性》

徐嵩龄（研究员）

论文　7千字

《中国软科学》　2002年第9期

该文的评论主要针对中国学术界在森林价值计量中出现的论争问题，同时也兼及这些问题的相关国际学术背景与进展。该文包括两大部分。第一部分讨论森林价值计量中的一些概念和方法，它们是：存在价值和选择价值，间接使用价值，替代成本法，价值的可分解性，价值的可加性。为了使森林价值计量能与国民核算系统一致，该文试图提出一种计量规范，以“过滤”过去计量中的“伪”成分。该文第二部分讨论森林价值计量的主要应用，即基于“森林破坏的年度经济损失”的国民核算。

《自然文化遗产的价值与利益》

郑易生（研究员）

论文　5千字

《经济社会体制比较》　2002年第2期

该文通过自然文化遗产的价值和利益关系结构的分析，说明了自然文化遗产的价值特征决定了它与不同利益群体的对应关系，进而说明不同利益目标对应着对遗产资源的不同关注与投入。了解这些不同行为的冲突性与一致性，乃是国家公园制度建立和不断调整的出发点。国家公园制度正是为防止人们为谋取小利而破坏全社会乃至全人类的利益而创造出来的。因此，作者希望将国家自然文化遗产进一步置于社会监督之下。该文批评了片面强调保护的思想，因为它不理解导致国家公园制度在中国的变异或退化现象的经济社会根源。该文说明变异现象的深层原因，并非为了使之永久化，更不是为了掩饰这种变异背后堆积的无知、短见、自私、贪婪。恰恰相反，该文希望尽早扭转这种变异现象，使我国自然文化遗产的制度设计更加有针对性和创造性，以新的面貌回到或更加接近于国家公园的理念。之所以强调“尽早”，一是因为自然文化遗产一旦破坏难以恢复，二是因为不恰当的利益结构一旦形成则难以改变。现在正是对未来特别敏感和重要的时候，我们还有机会。

《建立中国森林资源可持续发展的制度环境》

钱薏红（副研究员）

论文　6千字

《可持续发展研究》　2002年第1期

该文通过我国森林调查的数量指标和资源退化的程度、自然原始性程度、森林中树种相对健康等三个质量指标对我国森林资源的可持续性进行了评价。长期以来，我国以生产木材产品为目标的林业产业在林业发展中始终占据主导地位，长期对森林资源的过度消耗和忽视生态林业的建设，造成了大量的环境和资源问题。该文指出：森林资源的可持续发展问题将影响我国生态环境的安全和经济发展。

1998年启动的天然林保护工程是我国实现可持续发展的一项重大决策，标志着我国林业指导思想的根本转变。但是，中国森林资源由以经济利用为主转向可持续发展的战略调整绝不简单是林业部门政策的调整。这一工程实施的最大困难在于它不可避免涉及各个不同阶层的利益分配，从观念、理论到实践都是一场深刻和广泛的社会变革。如果没有相应的机制和政策，这一工程将难以进行下去和实现预期的目标。我国天然林保护工程成败的关键在于能否提供持续有效的激励机制和能够协调各方利益的制度安排。因此，建立有利于中国森林资源可持续发展的制度是当务之急。

人口与劳动经济研究所

《2002年中国人口与劳动问题报告：城乡就业问题与对策》

蔡昉（研究员）主编、张车伟（研究员）、都阳（副研究员）副主编

专著　277千字

社会科学文献出版社　2002年6月。

该报告对失业、下岗职工的状况，女性职工地位，农村劳动力转移以及与此相关的制度因素进行了分析。改革开放以来，劳动力市场逐步发育，下岗和失业成为经济社会发展中的现实问题。同时，随着产业结构的调整和所有制结构的改革，就业结构也趋于多样化。WTO框架为中国继续其改革开放设定了一个时间表，并创造了一个不可逆转的外部约束环境。能否克服加入WTO对就业的潜在不利影响，取决于经济发展战略能否适时地转向发挥中国的比较优势。

《中国民族人口》(一)

田雪原（研究员）主编

专著　1600千字

中国人口出版社　2002年6月

该书是56个民族人口系列专著的第一集，内容包括蒙古族人口、满族人口、朝鲜族人口、赫哲族人口、达斡尔族人口、鄂温

克族人口、鄂伦春族人口和锡伯族人口。该书揭示了各个民族人口发展变动的历史，人口过程的特点，地理环境和民族文化对各民族人口变化的影响，各民族地区人口与经济社会发展的关系，并对未来各民族人口的发展趋势进行了预测，对民族人口与可持续发展的模式进行了探讨。

《制度、趋同与人文发展：区域发展和西部开发战略思考》

蔡昉（研究员）等著

专著 182千字

中国人民大学出版社 2002年3月

该书对缩小地区差距的发展政策进行了反思，揭示了导致发达与不发达的更深层原因——贫困地区之所以长期陷于贫困的恶性循环，除了在人均收入、投资水平、效率上与发达地区存在差距外，在一系列人文发展条件上的差距更为重要。这些人文发展条件包括体现在教育和健康水平上的人力资本禀赋、资源环境条件、产品和生产要素市场的发育水平，以及其他制度因素。该书建议，正在实施的西部开发战略，应着眼于改变中西部地区的人文发展条件，消除其发展经济能力上的贫困。

《国有企业的家族化》

张翼（副研究员）

专著 326千字

社会科学文献出版社 2002年8月

该书指出，在改革过程中，如果某些占据了企业权力资源的领导利用“改革”的“好机会”，以家族网络垄断企业的某些要害职位，形成“内部人控制”的“家天下”，那么，这种改制将比不改制更糟糕，更会激化与工人的矛盾。作者以社会学方法解剖了改革过程中国有企业的“家族化”特征，并着力回答几个重大的理论与现实问题：第一，家族是怎样镶嵌进企业组织并以怎样的手段使企业的资源配置倾向于“自家人”？第二，工人为什么不能依靠工会的力量摆平自己的困惑？第三，国家制度为什么总是被组织修改执行？第四，家族网络和非正式组织为什么是市场与政府资源配置力无法达到的社会场域？第五，为什么非正式组织永存于正式组织之中？

《人口，将给中国带来什么》

蔡昉（研究员）、张车伟（研究员）等著

专著 270千字

广东教育出版社 2002年9月

该书有两个主题：其一，人口在可持续发展过程中究竟起什么样的作用；其二，怎样的人口特征、结构和转变过程才是可持续的。作为可持续发展系统中的重要组成部分，人口的年龄、性别等特征既是人口过程本身自然演变的结果，也是过去或当前社会经济变化和制度、政策变化的反映，同时也是决定未来人口发展趋势的重要因素。人口特征对于社会经济的可持续发展具有举足轻重的作用，合理的人口特征是实现可持续发展的条件之一。

《比较优势差异、变化及其对地区差距的影响》

蔡昉（研究员）、王德文（副研究员）

论文 22千字

《中国社会科学》 2002年第5期

该文尝试从地区发挥比较优势的角度解释地区差距。文章从物质资本、劳动力、人力资本和自然资源等角度揭示了不同地区禀赋比较优势和显示性比较优势的变化趋势，通过估计生产函数计算了不同地区生产要素的边际报酬。研究发现，由于市场发育水平特别是要素市场发育水平尚不完善，使得产业结构调整尚未达到资源最佳配置的目标。

在改革期间，物质资本的边际报酬在地区间差异较小，并于20世纪90年代以来走向趋同；而人力资本和劳动力的边际报酬在地区间的差异存在着扩大趋势。地区间生产要素边际报酬差异导致地区差距，其变化趋势与生产要素流动性和市场发育状况密切相关。

《中国贫困农村的食物需求与营养弹性》

张车伟（研究员）、蔡昉（研究员）

论文 19千字

《经济学季刊》2002年 第2卷第1期

该文运用中国贫困地区的农户消费水平数据，研究了总消费水平与食物和营养需求之间的关系。结果发现，在中国的贫困农村地区，虽然食物需求非常具有弹性，弹性值估计在0.74左右，但营养需求则相对缺乏弹性，其弹性值只有0.14左右。这意味着贫困地区家庭的食物消费增长并不必然被用来增加营养的“数量”，而是会在相当大程度上被用来改善食物的“质量”、“口感”或“味道”。因此，一定程度的营养干预也许会对改善贫困地区的营养状况具有重要意义。

《生育控制与逆人口投资：人口过剩条件下人口与社会经济问题的综合治理》

李小平（副研究员）

论文 15千字

《市场与人口分析》 2002年第2期

该文提出了逆人口投资——即为控制人口增长而进行的投资或为降低生育水平而支出的费用的概念；概述了逆人口投资的主要类别及其功能；指出了对每户独生子女家庭的平均投资水平与放弃生育二胎的数量成正比；分析论述了在人口过剩条件下，直接针对独生子女家庭的奖励和保障性逆人口投资对人均收入增长的重要性是任何其他投资所无法比拟的。以此为依据，该文提出了用现货和期货两类逆人口投资方法和七项措施来大幅度扩大农村独生子女家庭比例的方案，并分析了该方案在降低生育水平的多方面具有重大意义的社会效果。该文还提出了逆人口投资的筹措方案。

《进一步降低生育率的必要性和可能性》

李小平（副研究员）

论文 10千字

《人口研究》 2002年第4期

该文提出了8～10亿和3～5亿两个百年人口目标，分析论述了进一步降低生育率的必要性和可能性，提出了尽量加速人口的零增长并使总和生育率长期低于1.5水平的大政方针。以此为目标，设计了以奖励和社会保障方式加速扩大农村独女户比例的七项可供选择配套的具体措施，并以该七项措施为一个整体方案以及单一货币奖励方案，在两个省的两个村进行了实验性的实证调查，证实了完全有可能实现农村独女最终平均生育1.5个孩子。该文还概要论述了加速老龄化有利于老年保障，继续推行一胎化不会导致劳动力短缺。此外，还对一些似是而非的人口见解给予了有根据的反驳。

《社会学自杀研究理路的演进》

张翼（研究员）

论文 25千字

《社会学研究》 2002年4期

对于自杀的研究，很多人认为起始于法国社会学家涂尔干，但该文通过考证发现，早在涂尔干之前，社会统计学派就对自杀这一社会现象有了比较深刻的研究。该文在进一步梳理自杀社会学研究理路的过程中，还总结了后涂尔干时期学术界对涂尔干自杀社会学研究的批评，并进而指出，社会学不仅可以通过对某一社会自杀率的研究，探究自杀得以发生及自杀率高低的社会基础，而且还可以通过对某一自杀案例的研究，探究自杀这一行动背后的社会逻辑。

城市发展与环境研究中心

《西部大开发聚焦在城镇》

牛凤瑞（研究员）、宋迎昌（副研究员）、盛广耀（助理研究员）等

专著　280千字

社会科学文献出版社　2002年9月

该书为院重大课题的研究成果，分九个章节，分别论述了西部大开发中城镇体系、土地资源、人力资源、经济环境、产业发展、生态环境等方面建设。主要观点如下：

——西部地区人口密集低于全国平均水平，但大大超过相对低下的土地承载力，因而西部大开发是总体上已经开发过度的落后地区加快发展意义上的开发。

——城镇是实现西部开发诸多战略任务的空间集合点，西部大开发必须实施城镇带动战略。

——西部城镇开发的总体方略应是以扩张现有城镇规模为主，以改革开放为动力，以城镇要素合理开发和优化组合为中心，以提高人的素质为基础，以实现可持续发展为目标。

——西部地区城镇体系发展的宏观构想是：进一步强化中心大城市，积极发展中小城市，有重点有选择地发展小城镇；以省会和地区中心城市为重点，以交通干线为主轴线，形成点轴推进与群体开发相结合的城镇体系。

——增强经济实力是西部城镇开发的中心任务，要调整产业结构，实现生产要素在更大空间地域上的优化配置。

——西部城镇仅建成区国有土地资产达1.4万亿元，运营好这笔国有资产，应进行土地制度创新，实现城镇土地的高效开发。

——发挥城镇教育中心的功能，实现西部人力资源的全面开发。

——统筹规划扶贫、天然林保护、退耕还林还草、防治水土流失和荒漠化沙漠化，在环境脆弱地区实施生态移民工程。

《绿色税费与中国》

梁本凡（研究员）

专著　240千字

中国财政经济出版社　2002年7月

该书是中国—欧盟高等教育国际合作项目的研究成果，共分三大部分：第一部分，概述环境税费设计与创新的基本理论和理念，以及理论提出的背景和理论应用的条件。第二部分，介绍欧盟绿色税费设计的实践及其进展、经验与教训。第三部分，在吸取世界各国绿色税设计经验与教训的基础之上，指明了中国制定绿色税费政策必须考虑的国内与国际挑战，并根据可持续发展的要求，提出了有关我国绿色税设计的初步方案及政策建议。

《中国城市经济创新透视》

杨重光（研究员）、梁本凡（研究员）主编

专著　302千字

中国社会科学出版社　2002年7月

21世纪，知识经济初现端倪，中国城市发展呈现出工业化和信息化同时推进的特征，城市革命呼之欲出。该书分理论与实践两篇。上篇以城市革命为首，着力探索知识经济时代城市经济的新理论和新观点，内容涉及时势经济、空间经济、资源经济、环境经济、管理经济、社会经济、公共经济和联盟经济等。其中空间价位再分配理论为当代城市经营、城市公共资源形成提供了理论基础。下篇在总结中国半个世纪城市经济发展成就及经验教训的基础上，提出了21世纪中国城市经济发展的建议。

考古研究所

《半支箭河中游先秦时期遗址——赤峰考古队田野工作报告之一》

国家文物局　中国社会科学院考古研究所、内蒙古自治区文物考古研究所、吉林大学边疆考古研究中心、赤峰考古队编著

专著　444千字

科学出版社　2002年8月

该书是关于内蒙古自治区赤峰市西南部半支箭河中游先秦时期古代遗址的考古调查报告。赤峰考古队于1996～2000年对这一区域221平方公里的范围进行了详细踏查，了解到在此区域之内现存220处从新石器时代到战国时期的古代遗址。其中，有140多处相当于中原夏代的夏家店下层文化遗址、70余处年代在商周时期的夏家店上层文化遗址和近40处战国时代的遗址。属于新石器时代的遗址数量较少，只有红山文化的遗址20处左右。书中对这些遗址的具体位置、地貌环境、文化（或年代）属性、分布面积、堆积特点和采集的遗物以及同一时期遗址间可能存在的空间联系都一一作了记述。多数夏家店下层文化遗址配有照片，并刊布了44处夏家店下层文化遗址的实测图和16处夏家店下层文化遗址的低空摄影资料。各遗址的分布范围在大比例航片中均有显示，其位置全部反映在一张等高距10米的总地形图上。此项调查是对这批遗址实施保护的重要环节，为研究赤峰西南部先秦时期的历史，特别是夏家店下层文化的社会面貌保存了第一手资料。同时，该书也是国内首次披露的区域性考古调查成果，为今后进行区域调查提供了一些值得借鉴的经验和方法。

《丝绸之路河南道》

陈良伟（研究员）

专著　295千字

中国社会科学出版社　2002年1月

丝绸之路河南道是丝绸之路的一支。其起点是益州（四川成都），经过川北的茂县、松潘，先至甘南的临潭、青海的同仁和贵德，稍后抵达青海湖西岸的伏俟城，而后西经柴达木盆地、北越河西走廊而分别前往西域和漠北。由于其沿线主要经过东晋南北朝隋唐时期的吐谷浑河南国，故又被称做丝绸之路河南道。丝绸之路河南道可细分为四条分道和九条支道。丝绸之路河南道主要兴盛于公元4～6世纪，约于公元9世纪中叶渐趋衰落，其间，是沟通南朝与西域、南朝与漠北间非常重要的通道。据不完全统计，东晋、南朝、前凉、吐谷浑、柔然、丁零、突厥、铁勒，以及西域、中亚和西亚的许多古代国家都频繁使用丝绸之路河南道，以实现政治、经济、文化交流的目的。

《二十世纪中国百项考古大发现》

《考古》杂志社编

专著　460千字，图1500幅

中国社会科学出版社　2002年5月

20世纪是中国考古学产生、发展并走向繁荣的世纪。为了回顾中国考古学百年的发展历程，展示中国考古学所取得的辉煌成就，推进21世纪中国考古学的发展，新世纪伊始，中国社会科学院考古研究所《考古》杂志社组织举办了“中国20世纪100项考古大发现”评选活动。该书即是根据这次评选活动选出的100项考古大发现编写而成的。这100项考古发现的时代上自旧石器时代，下至明代，发现地点涵盖了26个省、市、自治区和香港特别行政区。这些考古发现集中反映了中国百年考古的成就，并成为中国20世纪考古学的缩影。

该书主要部分为：100项考古发现的介绍和评述，每项发现由3000字左右的文字

和10余幅图片对发现经过、主要内容和学术意义等加以说明和评述。该书出版后被新闻出版署选为向中国共产党第十六次代表大会的百种献礼图书之一。

《珍馐玉馔——古代饮食文化》

王仁湘（研究员）

专著　150千字，图150幅

江苏古籍出版社　2002年

中国饮食文化在世界上独树一帜，源远流长。该书为了追溯中国饮食文化古老传统的渊源，以田野考古提供的资料为依托，从旧石器时代狩猎者茹毛饮血的生活开始，阐述了火食的发生与传统饮食习惯的形成。对于文明时期饮食生活的发展变化和饮食文化丰富的过程，结合考古和文献资料，按照时代顺序，选取典型事例进行了粗略归纳。书中选配了大量图片，图文互为补充，为读者了解中国古代饮食文化提供了许多线索。

中国考古学百年来有许多重要发现，其中相当多的发现见证了中国悠久的饮食文化传统。该书从出土的传统炊具、食具和图像资料考察古代的烹饪技巧和进食方式，从出土的食谱和食品实物直接感受中国古代烹饪的魅力，通过考古资料真切观察到古代厨师的烹饪活动和古人的传统饮食礼俗，这些都是文献记载所缺乏的。

《陕西扶风县云塘、齐镇西周建筑基址1999—2000年度发掘简报》

周原考古队

研究报告　20千字

《考古》　2002年第9期

自1999年秋季开始，由中国社会科学院考古研究所、陕西省考古研究所、北京大学考古系联合组成的周原考古队在周原遗址进行了大规模的考古调查和发掘。此次工作在陕西扶风县黄堆乡云塘村和齐镇村共发掘西周夯土建筑基址八座。该简报记载和描述了所发掘的建筑基址的概貌，反映了此次发掘的成果。从该组建筑的位置、规模、“品”字形布局、“U”形石子路和东阶、西阶的设计看，与《仪礼》中所记礼制建筑特征等相符，为今人认识其性质和研究西周礼仪制度提供了线索。

《汉长安城桂宫四号建筑遗址发掘简报》

中国社会科学院考古研究所、日本奈良国立文化财研究所　中日联合考古队

研究报告　21千字

《考古》　2002年第1期

桂宫四号建筑遗址于2000年秋至2001年春季发掘，遗址位于汉长安城内桂宫遗址的西墙东182米、北墙南215米，发掘面积14880平方米。遗址范围东西124米、南北120米，其中间通道分隔为东、西两部分。通道南北长95米、东西宽8.92米。该简报记载和描述了此次发掘所得的成果，包括建筑遗址和出土遗物的概貌和状况等。作者认为，桂宫四号遗址的建筑，时代上限不超过西汉中期，该建筑可能毁于王莽末年的战火。这座建筑应是后妃们在宫中进行宫事活动的辅助地点及生活区。

《广州市南越国宫署遗址2000年试掘报告》

中国社会科学院考古研究所、广州市文物考古研究所、南越王宫博物馆筹建处

研究报告　20千字

《考古学报》　2002年第2期

2000年春季，中国社会科学院考古研究所、广州市文物考古研究所、南越王宫博物馆筹建处完成了在广州市儿童公园的考古试掘。试掘面积360平方米，清理房基25座、灰坑33个、沙井18个、墙基29条、水井8个、路6条、沟2条、渠1条、水池1个、灶1个。试掘所得以南越国时期的遗

迹 F24、唐代的 L6、五代至宋代的遗迹 F14 为主。试掘表明，儿童公园内不仅确切分布有南越国的宫署类遗迹，而且拥有广州从南越国直至明清时期的历代各类重要遗迹，该地在广州城建史上具有重要的意义。试掘出土的历代遗物对古代中国物质文化史、中国南北文化交流、中西文明交流以及广州历史研究都具有重要的意义。

《古代中国考古学》

张光直著，印群（副研究员）译

译著　397 千字

辽宁教育出版社　2002 年 2 月

该书是美国科学院院士、哈佛大学人类学系原系主任张光直教授的英文名著 *The Archaeology of Ancient China* 的最新版本（英文第四版）的第一个中文全译本。此书曾多次修订再版，并被译成多种文字，是海外学术界关于中国考古学研究的经典之作。该书内容包括旧石器时代基础，早期农人，北方及南方地区新石器时代文化发展，文明相互作用的范围与基础，夏、商、周三代及其以外的最早文明以及结语等。

该书的核心观点如下：

中国古代文明发展史上的首要因素是文化间的相互作用范围和每一组成地区的相互关系。其构成区域由生态学之层面被匡定，各地区自身的发展史皆可被上溯到旧石器时代的晚期。至公元前 5000 年，这几个地域文化已呈现出清晰的轮廓，而在随后的 1000 年间，它们走上了扩张之路，其相互作用的程度使一个大的相互作用范围得以在持续发展的地域文化上被识别出来。这些地域文化相互间已有了接触，跨地域的相似的物质文化逐渐显露，并互相吸收与融合。这样的融合在时间的长河中日益加剧，而且一直在发展进程之中。因此，秦时所出现的国家统一，表面上是军事征服的结果，其实质是在政治上继续推动并促进文化统一的历史进程，而该进程已经延续了 4000 年左右。

中国古代文明发展史上的另一个非同寻常的重要因素是，在漫漫的发展历程中，其文化的突出方面表现于政治领域。阶级分化由于文明的产生而登峰造极，其最初的实现途径可能是利用政治手段，夏、商、周文明的崛起即是此类现象。地域文化之间的相互作用丰富多彩并发生于整个范围之内。若将这些地域文化传统的总和称之为中国传统，也许会更便于对其人文主义精神的把握。

《商文明》（张光直学术作品集）

张光直著，张良仁（助理研究员）、岳洪彬（助理研究员）、丁晓雷译

译著　319 千字

辽宁教育出版社　2002 年 2 月

《商文明》是一部中国商代（公元前 18 世纪～公元前 12 世纪）文明史。全书共分三部分，绪论部分从传统历史文献、青铜器、卜甲和卜骨、考古学和理论模式等五部分论述了探索商代历史的途径；第二部分则从安阳和王都、自然和经济资源、商王朝及其统治机构、商王国的经济状况和政治秩序等几方面对安阳所见的商代社会进行了论述；第三部分讨论的是安阳之外的商文明，主要就郑州商城、安阳和郑州以外的商代考古以及与商文明有关的几个主要问题等进行了论述。

《21 世纪中国考古学与世界考古学》

中国社会科学院考古研究所编著

论文集　993 千字

中国社会科学出版社　2002 年 12 月

该书为纪念中国社会科学院考古研究所建所 50 周年而出版。书中共收录文章 50 余篇，内容分为两部分：

第一部分是中国社会科学院领导和国内

外专家学者在纪念中国社会科学院考古研究所成立50周年暨“21世纪中国考古学与世界考古学”国际学术讨论会上的讲话、贺词及学术讨论会的相关报道。

第二部分是考古学论文。其中，多数是“21世纪中国考古学与世界考古学”国际学术讨论会的与会代表在会议论文基础上修订的论文。论文的内容包括：如何评价20世纪末的中国、东亚及世界考古学，中国、东亚考古学在世界考古学中的地位，东、西方考古学的热点及其理论与方法，考古学与自然科学的结合及与其他人文学科的关系，中国及东亚乃至世界考古学的发展方向等问题。此外，该书还以我国考古发掘的资料为基础，结合文献记载，对中国史前时期的历史与文化、夏商都城及商周青铜器、汉唐时期的都城及物质文化、宋代墓葬及金银器等进行综合或专题研究，提出了一些有价值的学术观点。

历史研究所

《中国风俗通史》

陈高华（研究员）等主编，宋镇豪、彭卫、吴玉贵、陈高华、林永匡（均为研究员）等著

专著　2440千字

上海文艺出版社　2001年11月

该书夏商卷、秦汉卷、隋唐五代卷、元代卷、清代卷由历史所承担。各卷以断代形式独立成书，内容丰富，具有系统性。

《夏商卷》为宋镇豪著。该书对夏商时代的居住习俗、饮食、服饰、交通旅行、农业生产俗尚、婚姻礼俗、人生俗尚、丧葬习俗、宗教信仰、甲骨占卜和语言文辞风习等作了详细、全面的介绍。该书指出，夏商时代，风俗通常与“礼”相交会，形成所谓礼俗。礼俗既是夏商时代一种较特殊的社会文化现象，又构成当时经济生活的行为规范。

《秦汉卷》为彭卫等著。该书主要对秦汉时期的各种社会风俗进行了详细、系统的介绍。在这一时期，随着社会经济的发展以及国家大一统局面的形成，社会风俗也发生了一定的变化和融合，并对以后的中国社会产生了极大的影响。

《隋唐五代卷》为吴玉贵著。该书主要对隋唐五代的各种风俗，如饮食、穿着、居住与建筑、丝绸之路与行旅交通、生育与养老保健、婚姻、丧葬、生产、信仰、节日、音乐、歌舞、戏曲和百戏与游艺等进行了详细、系统的介绍。该书指出，隋唐五代是风俗史的一个重要转折期。汉魏旧俗和北朝的胡俗在这一时期得到了进一步的消化和整合，并在此基础上形成了许多新的风俗。这些风俗对封建社会后期的社会风俗产生了重大影响，有些甚至历宋、元、明、清，影响一直及于现代。

《元代卷》为陈高华等著。该书通过元代统一中国后所推行的一些政策，尤其是“汉法”，对元代风俗观念和风俗政策进行了详细的介绍。元政府还对社会生活的各个方面作出了具体的规定，如服饰、丧葬、饮食等，主要体现出对等级的强调和对奢侈的反对。但到了元末，元朝政府在风俗方面实行的民族隔离政策受到很大的冲击，在多数场合已名存实亡。

《清代卷》为林永匡等著。在清代，风俗习尚呈现出与以往各个朝代迥异的一些新特点。鸦片战争后，人们的社会生活方式与生活风俗习尚较之以往又发生了较大的变化。该书系统、全面地介绍了清代风俗形成的社会历史背景、清政府的风俗政策和风俗观念，并着重介绍了清代的各种社会风俗。

《秦汉官僚制度》

卜宪群（副研究员）

专著　269 千字

社会科学文献出版社　2002 年 12 月

该书在充分吸收前人研究成果的基础上，选择"秦汉官僚制度产生的历史前提"、"秦汉官僚制度的渊源与演变"、"三公九卿制度"、"秦汉皇权与官僚制度"、"秦汉官僚的类型及其演变"、"秦汉官僚行政运作的基本形式"等专题进行了研究。作者在研究中充分运用了有关典籍与近半个世纪以来出土的考古资料和简牍资料，在许多问题上提出了自己的新见解。该书选题新颖，研究视角全面系统，研究方法有所突破，从而把研究工作提高到了一个新的水平。

《唐代文化》（全三卷）

李斌城（研究员）等

专著　1500 千字

中国社会科学出版社　2002 年 5 月

该书是迄今为止国内第一部全面、系统地论述唐代文化的具有较高学术水平的专著。该书所论述的唐代文化指唐代人在 290 年间所创造的物质财富和精神财富的总和。物质财富如衣食住行等物化形态，即服饰、饮食、建筑、交通等；精神财富如文学、艺术、宗教、哲学、史学、风俗礼仪、科技等。该书通过对唐代文化的具体论述，勾勒出"盛唐气象"的概貌，探索了大唐文化繁荣昌盛的原因。该书的一大特点是征引、运用了许多考古新资料、尤其是长期流散在海外的唐代文化珍品。如"唐代美术篇"引用了大量日本、欧美等国收藏的唐代名画、书法墨迹原本或摹本；"唐代乐舞篇"引用了法门寺地宫出土的稀世珍宝、青海都兰吐蕃墓出土的文物资料等。该书以较新的视角，全面、系统地探讨了唐代文化发展变化的历程，并对一些重大问题提出了独到的见解。

《唐礼摭遗——中古书仪研究》

吴丽娱（研究员）

专著　420 千字

商务印书馆　2002 年 11 月

该书是通过敦煌本书仪入手研究中古礼仪的著作。全书分上下两编。上编"书仪编"，探讨各类书仪产生的源流、性质、内容、结构、制作方式、发展趋势及相互递进、取代的关系。下编"礼仪编"，讨论与书仪本身和中古社会相关的各种礼仪，将礼仪的研究扩展到政治和社会生活的诸多方面，并揭示出唐五代礼仪的全貌和发展方向。该书的主要特点在于：对具体书仪规格，书仪涉及的语词、称谓、书体等进行了详细的解说；对一些重要书仪中涉及的年代及史实等进行了细致的考证；对中古书仪的演变进行了系统研究，梳理出各个时代书仪演变的轨迹；厘清了书仪背后的社会历史、文化背景。作者在这些方面的探索推进了书仪研究，对隋唐社会史研究也大有裨益。

《从文明起源到现代化》

林甘泉（研究员）等

专著　471 千字

人民出版社　2002 年 2 月

中国是一个历史悠久而又有着丰富文明遗产的伟大国家。"以史为鉴，可以知兴替"。建设有中国特色社会主义的伟大事业，要求党和国家的各级领导干部认真学习中国的历史，了解中国历史的特点和基本脉络，吸取历史上国家兴亡治乱的经验教训，增长自己治理国家的智慧和才能。该书作为教材或参考读物，把中国历史发展的基本脉络以及干部应了解的历史知识，用专题的形式分成若干讲加以叙述，每讲约 2 万字，可单独阅读。这种体例是一种新的尝试。

《明代徽州方氏亲友手札七百通考释》

陈智超（研究员）

专著　1200千字

安徽大学出版社　2001年12月

该书将哈佛大学燕京图书馆所藏的珍贵明人手札发掘出来，对其进行考释，为研究徽州文书提供了珍贵的史料。这批名人手札为原件，既属稀见文物，又为珍贵史料，它内容丰富，涉及明代后期这一变革时代的许多方面，收信人为徽州儒商，具有典型意义，研究价值极高。尤为可贵之处在于，该书作者经多年努力，搜集大量有关资料，旁征博引，对这批利用难度极大的手札进行了全面考释。在考释方法上坚持"金针度人"原则，将证据、方法及论证的过程全部展示出来，严谨而准确，显示出作者深厚的考证功力，表现了中国考据学的科学魅力。作者在该书中总结的"有罪推定"原则和多重证据、连环互证原则，是考据学的部分理论升华，该书的方法论价值与其史料价值相比毫不逊色。

《杨园先生全集》

（清）张履祥著，陈祖武（研究员）点校

古籍整理　1058千字

中华书局　2002年7月

张履祥为清初理学名儒，著述甚丰，操志高洁。其学术影响亦因清廷的崇奖朱学由晦而明，在所谓"理学中兴"的同治十年（1871）跻身孔庙东庑，比肩于清初大儒孙奇逢。该书是他一生著述的汇编，凡五十四卷，于同治十年由江苏书局刊行。其中，除《神农书》二卷于20世纪60年代有过排印本，其余各种迄未点校整理。陈祖武的整理以江苏书局本为底本，再结合现存诸本详加比勘，并在整理过程中作了必要的技术校勘，为研究张履祥提供了可用的善本。

《揖芬集——张政烺先生九十华诞纪念文集》

张政烺先生九十华诞纪念文集编委会

论文集　1150千字

社会科学文献出版社　2002年5月

张政烺先生是我国著名的历史学家、考古学家、古文字学家、版本目录学家，是历史研究所的资深研究员。他治史不分断代，读古书之博，可以与王国维、陈寅恪、陈垣等前辈媲美，尤其擅长先秦史，喜爱宋史。他谦逊宽厚，治学严谨，从不轻率发表著述，但一旦发表必受同行推崇。2002年是他九十华诞，值此先生九十大寿之年，其所在单位的学生和同事为宏扬他求实为文为人的精神，以汇集友人、学生、同事的体会和学术成果的形式，表达对张政烺先生的景仰之情。全集共收集各类文章86篇，按访谈回忆录、考古、历史和学术史顺序编排。定名《揖芬集》，是引自李白《赠孟浩然》诗"高山安可仰，徒此揖清芬"的典故。

《顾颉刚学记》

顾潮（研究员）等

论文集　320千字

三联书店　2002年5月

顾颉刚先生是著名的历史学家。他于20世纪20年代初期提出了"层累地造成中国古史观"，引起了当时学界对古代史料真伪的考辨，产生了"古史辨学派"，是我国现代史学的奠基人之一。同时，他以民俗学材料印证古史，并对歌谣、故事、风俗等进行开拓性研究，是中国民俗学的倡导者。30年代，他创办《禹贡》半月刊，为中国历史地理学培养了整整一代人才。顾颉刚先生一生治学，著作等身，在国内外学术界具有广泛而重大的影响。为了进一步探讨他的学术思想，该书将历年来有关顾颉刚先生的学术论文，大致依其内容以及发表时间选编若干，成此一册，并附顾颉刚先生学术年表简编及著述要目于书后。

《两汉经学与社会》

孙筱（副研究员）

专著　270千字

中国社会科学出版社　2002年10月

该书是作者10年来研究两汉经学的结晶。作者认为，两汉经学是对先秦儒学内纯化的过程，并以两汉经学为例，结合其所处的特殊社会背景进行深入探讨。在书中，作者以宗法制与编户制来描述从血缘关系到地缘关系的变化，以土坯型政体到框架型政体讨论秦汉政体形式。作者提出秦制、汉政之说，用来说明汉代新秩序与旧制度的社会实质。用这样的观点就不难理解经学在公与私论述上的犹豫，在君本与民本中的抵牾，在国家与社会选择上的两难。书中对一些名词如“经”、“易”、“县”的考释也较有新意。

附：郭沫若纪念馆

《郭沫若全集·考古编》（**10**卷本）

郭沫若著，郭沫若编辑出版委员会编辑

专著　356印张

科学出版社　2002年10月

10年前，在纪念郭沫若诞辰100周年时，《郭沫若全集》文学编（20卷）和历史编（8卷）已经与读者见面。此次由中国科学院资助出版补贴，由科学出版社出版的《郭沫若全集·考古编》（10卷本）的出版，标志着《郭沫若全集》38卷全部出齐，为郭沫若作品的阅读和研究，提供了完整、宝贵的第一手资料。

《郭沫若全集·考古编》的出版是我国历史考古学界、特别是古文字学界渴望已久的盛事。20世纪30年代，郭沫若运用马克思主义唯物史观深入探讨中国古代社会历史问题，全面进行了甲骨文的分类整理与考释，创造性地进行西周铜器铭文的断代研究，所著《甲骨文字研究》、《卜辞通纂》、《殷契粹编》、《殷周青铜器铭文研究》、《西周金文辞大系》、《金文丛考》等书，极大地推进了甲骨文、金文研究的发展，具有划时代的里程碑意义，至今仍是有关学者必备的典籍。由于种种原因，这些名著大多已有四五十年不曾重印，有关学者深感不便。《郭沫若全集·考古编》在编辑过程中，不仅对各书进行认真的文字校订，而且补充图像和拓本，增加必要的编者注释，同时又将20世纪40～70年代的论著收录齐全，其中包括《商周古文字类纂》。《考古编》的出版，满足了读者多年来的迫切需要，对于中国古代史和古文字研究的进一步发展，将有重要的促进作用。

《再生缘》

郭沫若校订，谢保成（研究员）、郭平英（副编审）整理

古籍整理　820千字

北京古籍出版社　2002年11月

《再生缘》是乾隆年间女词人陈端生未完成的长篇弹词。该弹词通过孟丽君、皇甫少华、梁素华（苏映雪）三位主要人物的曲折姻缘，抨击了中国传统文化对女性才华的压抑，引起陈寅恪、郭沫若两位国学泰斗的高度重视。如果说使《再生缘》在我国文学史上获得应有地位的功绩首推陈寅恪；那么，使其文化价值被学界深刻了解、对原著版本及时加以系统整理的功绩则非郭沫若莫属。受陈寅恪影响，郭沫若于20世纪60年代对《再生缘》作专门研究，尽收各种版本，连续发表九篇论文，认为《再生缘》是中国长篇叙事诗最高成就的代表，毫不逊色于古印度、古希腊的大型史诗，应和《红楼梦》并称为“南缘北梦”。他倾注大量心血，完成了《再生缘》前17卷的校订，成为其一生古典文学整理校订用力最多的一部书。

囿于特定的历史原因，这部约70万字的校订本，连同九篇论文，当年未能结集出版。出书事搁浅后，郭沫若再次对清样进行校订，并通过主要人物姓氏，解读出原著寓意为“黄粱梦”三字。遂补写《题记》，指出此即《再生缘》一书的真实主题。

《郭沫若与20世纪中国文化》

中国郭沫若研究会编

论文集　259千字

福建人民出版社　2002年10月

近年来，郭沫若研究界先后以“郭沫若研究与文化反思”、“郭沫若与20世纪中国思想文化”、“郭沫若与新中国”为题，召开了几次学术会议，旨在以百年文化学术史为背景，拓展郭沫若研究的深度和广度。该书收录的论文是这一阶段的学术成果，既体现了郭沫若研究的新面貌，也正面切入目前研究中的一些热点问题。该书的面世将推动郭沫若研究出现新的生机。

《激情与英雄梦想——关于郭沫若浪漫精神的思考》

蔡震（编审）

论文　10千字

载《郭沫若与二十世纪中国文化》

福建人民出版社　2002年10月

该文认为，在《女神》和浪漫主义成为郭沫若人生行旅的起点那一刻开始，它们就构成为郭沫若体认客观世界的独特情感方式和思维方式，并且一直是他文化个性中最本质的东西。郭沫若浪漫主义的精神内涵是理想主义与英雄主义。前者是关于人生、社会的思考，后者是关于自我的思考。英雄主义以理想主义为寄托、为追求；理想主义则靠英雄主义变为可能和现实。它们表现在郭沫若的实践意志中，就是他一直追求的创造精神。尽管他的人生道路发生了巨大的变化，理想主义、英雄主义内涵也随之发生了很大变化，但郭沫若一生都没有改变浪漫的精神个性。他总是搏击在历史大潮的风口浪尖上，这将他带进人生的辉煌境地，也使他陷入历史的悲剧性情境之中——一个浪漫诗人文化个性的历史悲剧。但无论如何，他那种追求崇高理想的激情与献身精神永远是现实的，这就是他留给20世纪中国的宝贵财富。

《20世纪90年代中国散文的发展》

李晓虹（副研究员）

论著　10千字

载《中国当代文化发展研究报告》

首都师范大学出版社　2002年1月

该文为国家哲学社会科学“九五”重点课题“中国当代文化发展研究报告”中的一章，分为三个部分：（1）20世纪90年代，散文构成了最壮观的局面。（2）散文文体特点与社会转型期的文化需求。（3）散文发展中的一些值得注意的问题。文中就以上问题作了论述。

《收获与困惑——回眸2001年的散文创作》

李晓虹（副研究员）

论文　4千字

《文艺报》　2002年6月25日

该文认为，世纪之交的社会转型给散文带来机遇，也带来新的挑战。一方面，散文成为创作数量最丰、作家队伍最庞大、在报刊上拥有版面最多同时也最受读者关注的一种文体，并且散文中对乡土与荒原的回归，对心灵与命运的叩问，对自然万物的平等相待的态度，对历史文化的人文关注，对亲情的深层表现等，孕育着散文新的发展希望；另一方面，散文在热闹中表现出浮躁和茫然，市场化造成的半成品问世，创作中的审美偏离和思想缺乏超越性的问题仍旧突出，数量的多和优秀作品的少形成强烈反差。

《中国书法家全集·郭沫若卷》

赵笑洁编著（文博馆员）

普及性读物　45千字

河北美术出版社　2002年3月

郭沫若书法作品浩如烟海，但其成书并不多见，而对郭沫若书法研究的成书就更加少见。该书从郭沫若的人生（包括艺术人生）道路入手，以郭老作品为基础，分析研究了“郭体”的形成、发展和影响，弥补了“郭体”研究的不足，同时对“郭体”的普及有一定的作用。该书分为五个部分，即：生平概述、书法艺术历程、兰亭论辩、“郭体”解析和论艺摘录，对于读者理解、认识郭沫若书法风格有所帮助。

近代史研究所

《日本教科书问题评析》

张海鹏（研究员）等主编

专著　298千字

社会科学文献出版社　2002年2月

该书是国内第一本全面系统研究日本教科书问题的专著。它将教科书问题的渊源、来龙去脉及产生原因进行了深入细致的分析，并将原有教科书问题研究中对史实篡改的批驳推进到了更深的层次。

该书的第一部分以大量篇幅“向读者介绍近代以来日本教科书编写的历史发展过程”，旨在“说明日本的历史教科书从战前开始，经历战争时代到战后的沿革，特别是近年来新编历史教科书出笼的历史与社会背景”。从某种意义上说，战前和战争中日本的教科书是导致日本走上战争道路并且越陷越深的帮凶。

近些年来日本教科书问题的产生与战后日本对战争责任问题的追究不彻底有密切关系，但更深层次的原因则在于20世纪80年代以来日本国内重塑“国民形象”的需要以及由此引发的日本的“国际贡献”问题。战后日本经济高速发展，日本认为在几十年的“忍辱负重”后现在有资本说“不”；加之又认为自己战后对国际的贡献巨大，而没有得到相应的报答。这些意识和民族主义的情绪反映到教科书的编纂中，便产生了教科书问题。因此，日本右翼势力对历史的篡改、对侵略的美化不是认识问题，而是故意所为。这是当今日本教科书问题的本质所在。

战后几十年来，日本对历史教科书的“新编”、对史实的篡改一直体现出三个特点：一是不承认暴行，如南京大屠杀、731细菌战、强制劳工、“三光”扫荡政策、从军慰安妇等。二是数量的低化与性质的弱化。如对南京大屠杀，右翼势力在无法抵赖的情况下，以战争中死人不可避免的歪理来混淆战争的性质。又如对慰安妇问题，他们在无法否认的史实面前，也承认的确存在，但又炮制出慰安妇的从娼性质与商业性质，为其兽行、罪行开脱。三是美化侵略战争。该书第二部分列出10个小专题对新版教科书篡改史实的问题进行了逐一批驳，使得读者对新版历史教科书的本质有更进一步的清醒认识。

该书对人们认识日本教科书问题的现状和实质，认识日本社会右倾化的现实，认识中日关系的未来，都会有极大的帮助。

《中国服饰通史·民国编》

刘志琴（研究员）

专著　100千字

宁波出版社　2002年10月

该书以服装为例提出思想观念与生活方式的关系问题，认为中国传统文化模式是礼俗文化，它以血缘为纽带，以等级分配为核心，以伦理道德为本位，渗透中国人精神生活和物质生活的各个领域，就其内容来说具有等级序列、伦理道德和生活方式三位一体的结构。中国传统文化的近代化离不开这三位一体文化结构的解体，服饰是突出的一例。该书通过对晚清上海社会生活变迁的考察，从洋货流行与近代工商观念、尊卑失序与社会平等观念、享乐之风与消费商业化观念、妇女生活与男女平等观念以及婚姻家庭观念等方面，揭示了社会生活变动与观念变迁之间的互动关系，是社会文化史新领域的开拓创新之作。

《晚清上海社会的变迁——生活与伦理的近代化》

李长莉（研究员）

专著　410千字

天津人民出版社　2002年8月

该书运用丰富的报刊、文集等资料，对晚清时期上海社会生活所发生的变动及社会伦理观念的变化进行了比较全面、系统的研究。全书以上海社会生活出现的新风尚为线索，以民众生活方式与伦理观念变迁的互动关系为主线，生动地描绘了上海商业繁荣和社会变动所引起的社会生活新风，深刻地揭示了生活方式变动的社会意义及由此引起的人们社会伦理观念的冲突和演变。

该书通过对晚清上海的个案研究揭示中国近代伦理观念变迁的社会机制及特性，认为由商业化、城市化引起的生活方式的变动，是近代伦理观念变迁的启动力量；民间生活伦理是近代伦理的内在源流；由西方侵略激发的民富国强观念是近代伦理的价值核心；西方富强的榜样是近代伦理形成的主要参照。中国近代伦理的民族特性主要表现为：价值核心不同于西方的“个人竞争”，而是追求全体生存基础上的“民富国强”；接受工业化的观念基础不同于西方的“个人追求最大利润”，而是在西方威胁下与其“争利”、“商战”以求民族自强；社会平等观念具有传统人本主义的历史文化源流。

该书的选题是以往人们较少注意的领域，运用资料丰富而生动。该书还运用社会文化史的研究方法，解读社会生活与文化观念的互动，是一部立体呈现社会文化近代变迁的历史学著作。

《董仲舒》

马勇（研究员）

专著　100千字

香港中华书局　2001年10月

董仲舒是中国历史上为数不多的伟大思想家之一，他生活在西汉景、武之世，正当中国传统社会确立与完善之际。董仲舒顺应时代的需要，充分调动与利用中国古典智慧资源，完成中国传统社会官方意识形态的重新建构，为此后两千年的中国历史发展作出了意味深远的贡献。作为官方学者，董仲舒的思想无疑具有不可克服的局限性，但将他的思想放到中国历史发展的广阔背景来考察，不难发现他的思想并非如后世有些学人所讥讽的那样迂腐、浅薄。他不仅充分代表了他那个时代的思想精华，而且其深沉、丰富的智慧实际上已汇入中华文明的长河之中，成为中国思想发展史上必不可少的环节。

该书基于实事求是的原则探讨了董仲舒理论见解的利弊得失，并以知人论世的方法辩证正统思想家在人类思想史上究竟应当处于什么样的地位，是迄今公平对待董仲舒思想与学术贡献为数不多的研究成果。

世界历史研究所

《美英现代社会调控机制——历史实践的若干研究》

吴必康（研究员）主编、徐再荣、姜南、谢闻歌、孟庆龙（均为副研究员）

专著 250千字
人民出版社 2002年8月

该书是国家社科基金重点课题的研究成果，主要论述19世纪末期以来英美现代社会调控机制的基本历史发展。社会调控研究在学术上为探讨社会发展提供了一个独特视角，在现实中有史鉴意义。

英美现代社会调控机制有局部性调控、全局性调控和调整优化三个发展阶段，逐渐从不成熟走向相对成熟，形成一个有综合效应的社会调控系统，力求把社会矛盾控制在资本主义秩序范围内。该书以专章探讨了经济调控、社会福利、警察、国家安全、高等教育和社会科学等领域中的调控政策及其变革。作者指出，英美社会调控机制虽有相对成熟的发展，但资本主义基本矛盾依然存在。它对矛盾危机的遏止、缓解或拖延的调控能力，终究有限。

《拉丁美洲农业的发展》

冯秀文、金计初、钱明德（均为研究员）
专著 335千字
社会科学文献出版社 2002年12月

该书是国家社科基金课题的研究成果。上篇“历史的回顾——前资本主义形态下的拉丁美洲农业”，首先考察了印第安人农业所取得的卓越成就和对人类的巨大贡献；进而通过对西班牙人在掠夺印第安人土地基础上建立的农业制度的考察，深刻揭露了殖民统治的罪恶，同时对殖民地时期农业的发展也给予了客观的评价。中篇“历史的变迁——拉丁美洲农业向现代化的转变”，考察了拉丁美洲自独立后至20世纪中期向资本主义过渡时期的农村状况和农业形态。对于当时的土地改革运动，既指出了其局限性和保守性，又肯定了它的社会进步性。下篇“历史的发展——拉丁美洲农业的现代化和现代化中的农业问题”，考察了拉丁美洲各国20世纪70年代以来实现农业现代化的历史进程，对带有普遍性的“绿色革命”、“生态革命”以及城市化、机械化、国家干预等问题进行了较为深入的研究，总结了相应的经验和教训。墨西哥驻中国大使塞尔西奥·雷伊·洛佩斯为该书撰写了前言。

《古罗马早期平民问题研究》

胡玉娟（副研究员）
专著 166千字
北京师范大学出版社 2002年7月

该书以古罗马王政时期（公元前8～6世纪）至共和国前期（公元前5～3世纪）的平民（plebs）为研究对象，着重考察学术史上的几个存疑问题，包括平民的起源、身份地位、平民与贵族的矛盾冲突的性质以及平民身份的演变等问题。全书分为五章。第一章对平民问题的由来、学术价值、国内外研究状况进行系统的史学回顾与评析；第二章分析平民产生的原因、条件以及平民阶层形成的时间；第三章考察平民的身份地位；第四章考察共和时期的等级冲突与平民运动；第五章考察平民由无权自由民转化为全权公民的过程以及平民内部的分化、显贵与新平民的产生等问题。该项研究的部分成果曾以论文形式在《世界历史》、《史学理论研究》等学术期刊发表。

《西方史学史研究中的问题和方法》

于沛（研究员）
论文 8千字
《史学史研究》 2002年第4期

该文认为，中国的西方史学史研究借鉴、参照西方国家的史学史研究是必要的，但不应该是全部或主要的内容。我们的西方史学史研究应有自己独立的理论、原则和方法，对西方史学发展历史的特点和某些规律性的现象，需要从当代中国历史学家的立场出发作出判断和阐释。因此，必须建立起自己独立的西方史学史研究体系，首先是以唯物史观为指导的理论体系。强调西方史学史研究的理论描述，丝毫不贬低史学发展史中具体的史实和文献资料的地位和作用，而是对文献资料的鉴别和使用提出了更高的要求。西方史学史研究的任务不仅说明“是什么”，而且还要回答“为什么”，使其有丰富的理论内涵，从而更好地为当代中国历史科学的建设服务。

《马克思主义史学的发展与新时期史学思潮》

侯云灏（副研究员）

论文　21千字

《史学月刊》　2002年第6期

该文的意义和价值在于科学地总结和回答了马克思主义史学在新时期的历史命运。新时期马克思主义史学的发展分四个阶段：一是拨乱反正，清除“左”倾错误；二是调整步伐，对马克思主义史学理论重新学习和理解；三是史学危机，史学的多元化发展倾向；四是走向自我，在唯物史观的指导下历史学的开拓前进。主要表现为：区分历史理论和史学理论，加强史学理论研究；对历史学学科特性的新认识，强调了历史学作为一门人文学科的基本属性；对历史学的社会功能、科学认知功能和人类智慧的历程等都有了较为充分的认识；历史研究领域的拓宽，包括文化史、社会史、现代化、城市史、妇女史等新领域的不断开拓。该文指明了新时期历史学发展中存在的问题，对史学界所谓“回到乾嘉去”，用自然科学方法来拯救历史学，服膺西方史学理论和方法，偏离马克思主义唯物史观，把史学变成商品、使史学研究走向市场等等史学思潮进行了细致的分析。文章认为：要使中国历史学沿着健康的轨道发展，第一，应坚持马克思主义唯物史观的指导，同时反对将其教条化、简单化、庸俗化；第二，马克思主义史学理论是一个开放的体系，要不断吸收各种新理论、新方法，进行新的理论创造；第三，必须遵循历史学发展的内在规律，不可依附于政治，不能丧失历史学的尊严和科学品格；第四，有扎扎实实的考证工作作为基础；第五，要不断更新观念，开拓新领域、研究新问题；第六，要关注社会，呼唤新时代的到来。

《论巴列维王朝的覆灭》

李春放（副研究员）

论文　13千字

《世界历史》　2002年第1期

伊朗巴列维王朝的突然覆灭一时成为难解之谜，各种解释随之蜂起。该文认为，巴列维王朝形式上采用现代君主立宪制，实际上却与传统君主制大同小异。君主立宪名不副实使巴列维王朝缺乏稳定的现代政治合法性。美国既是支撑战后巴列维王朝专制王权的支柱，又是导致巴列维王朝夭折的重要因素。国王依附西方大国疏离了伊朗民族主义，加剧了王朝的合法性危机。国王的社会经济快速现代化运动，一方面暂时挽救和强化了专制王权，另一方面也加剧了社会与国家的矛盾。诸多因素使伊朗政局具有潜在的爆炸性，国王突然实行自由化政策，导致政治参与膨胀和统治权威的危机。危机期间，国王和卡特政府的“自我挫败”政策，加上霍梅尼的政治才略，最终锁定了巴列维王朝悲剧性的结局。总之，巴列维王朝突然覆灭是各种复杂因素相互作用的结果，其中国王的个人主观因素——他的性格、禀赋、心理、健康、能力、判断和决策等，也是导致巴列维王朝统治夭折不可忽视的因素。

《沙特王国君主制的伊斯兰特征》

王彤（副研究员）

论文　12千字

《世界历史》 2002年第4期

该文认为，沙特王国君主制的伊斯兰特征主要体现在：(1) 沙特王权坚持本家族祖先当权者与伊斯兰教改革家瓦哈卜于1744年签订的政教联盟。(2) 沙特王权坚持伊斯兰教传统政教合一，集政权、教权于一身。(3) 沙特王权坚持以教治国：坚持以《古兰经》为宪法，坚持实施伊斯兰教法，坚持政治、经济、文化教育、外交等诸方面改革遵循伊斯兰理论，或以伊斯兰名义，或在伊斯兰框架内进行。有此特征，沙特王国既不同于伊斯兰会议组织中国家元首是穆斯林、以伊斯兰教为国教的一般所谓伊斯兰国家；同时，因其国家实际权力掌握在世俗家族、世俗君主手里，所以，也不同于国家实际权力掌握在神职人员、最高宗教领袖手里如伊朗一类的伊斯兰国家。文章认为，称沙特王国君主制为“伊斯兰君主制”未免牵强，莫若称之为政教合一君主制更为贴切。

《古代日本律令制国家的身份等级制》

徐建新（研究员）

论文 18千字

载《世界历史研究所学术文集》第1集

江西人民出版社 2001年12月

该文指出，良贱身份制是古代日本奈良时代的等级制度。日本古代国家在引进中国唐代的法律制度时，也同时引进了中国式的社会等级制度——良贱身份制。奈良时代的良贱身份划分是将全体人民划分为良、贱两大身份，它本质上是古代国家对社会成员进行统治的一种工具。日本古代社会中主要存在着三个社会等级，即贵族等级、公民等级和贱民等级。日本古代天皇不属于任何身份序列，是凌驾于良贱身份制之上的特殊存在，其根本利益与贵族等级是一致的。贵族等级由根据位阶制被授予爵位的社会集团构成，奈良时代律令制国家的权力掌握在这个等级手中。公民等级主要指古代日本“公地公民制”下的班田农民，律令制国家赋予他们的权利是有限的。贱民等级由五种权利有差的贱民（五色贱）构成，贱民不被国家视为正式的社会成员，他们的阶级地位相当于奴隶或“准奴隶”。良贱身份的互相转换（身份等级流动）主要体现为“罚贬为贱”或“放贱从良”，其转换原则体现了古代国家的统治意志，因此，良贱身份又具有“国家身份”的性质。

《论日本近代民主制的建立》

武寅（研究员）

论文 15千字

《中国社会科学》 2002年第2期

文章指出，日本自19世纪走上资本主义道路以来，不但在经济上融入了资本主义世界市场体系，而且在政治上也最终采用了起源于欧洲的资产阶级议会民主制。日本近代民主制的建立，实质上是以资本主义生产方式的移入为根本目标和中心任务，以西方政体模式为参照和手段，对自身传统的政权组织形式进行扬弃的过程。在这一过程中，政治传统中不适应新的时代需求的成分被抛弃了，而有助于完成新的历史任务和确立新的经济基础的成分则积淀下来，成为新的上层建筑中不可分割的组成部分，同时也成为反映新的政治体制特点的典型因素。日本近代民主制的建立过程表明，采取何种政权组织形式，最终要根据政权建设的根本任务来决定。在政权的性质和政权的组织形式之间并没有必然的逻辑联系。

《苏联：30年代大清洗人数考》

吴恩远（研究员）

论文 12千字

《历史研究》 2002年第5期

苏联在20世纪30年代大清洗运动中究

竟抓了多少人、杀了多少人，在国内外学界一直争论不清。社会上流传较多的是西方夸大的数字。该文依据俄罗斯最新公布的档案材料和权威单位公布的数据，对“镇压反革命”的内涵进行了考证，指出，不能把俄文“镇压”一词完全理解成“枪毙”，“镇压”实际包括死刑、监禁、流放和驱逐出境等几种形式；同时考证了被镇压人数的统计范围、政治犯含义及大清洗时间。

该文认为：在苏联30～50年代大清洗中因“政治原因”而被判刑的人数总共为380万左右，其中1937～1938年大清洗中被判刑的大约在130～150万人左右，而不是过去传闻有1880万人被逮捕。从1937～1950年，关在劳改营的囚犯总共有8803178人，其中政治犯大约340～370万人；在“镇反”高潮时期的1937～1938年，关押犯人总人数为1140647人，其中1937年关押的政治犯为429311人，1938年为205509人，这两年总共关押的政治犯约60～70万人。从1917～1990年因政治原因被判死刑人数的政治犯为827995人，其中，1937～1938年被枪杀的人数是681692人。从1937～1938年被流放和被驱逐出境的共28411人。从30～50年代被迁徙的富农及其家属总共3486701人，远非所传说的1500万人；1934年1月1日～1947年12月31日，死于集中营的犯人总共96.21万。那种所谓“集中营死亡了1200万人”的说法，是没有什么根据的。

该文基本上搞清楚了苏联大清洗运动的总体情况，澄清了一段历史真相。

《16世纪英国社会的等级状况》

郭方（研究员）

论文　13千字

《首都师范大学学报》　2002年第3期

该文认为，在16世纪英国社会政治经济大变革过程中，旧的等级界限被打破，旧的等级秩序和等级观念发生变化，如贵族和教士的特殊地位大为弱化，市民地位上升，城乡劳动者的处境进一步恶化，各等级间的矛盾和竞争更加激烈等。国王和政府在经济上和政治上需要新兴阶层的支持，新兴阶层则通过参与国家管理晋身为上层等级；劳动者也逐渐具备了“平民”的等级意识并为争取自身利益而斗争。但是，总的来看，16世纪的英国仍然是一个等级社会，并以等级制度作为国家的重要统治手段。这种社会状况与政治体制是与英国由封建社会向资本主义社会过渡这个时期的等级状况及政权性质相适应的。封建等级制已蜕变为大小不等的地产占有制，而地产经营与原始资本主义的农、工、商业发展的关系相关连，因而将地产、财产与等级的政治社会特权相结合，并力争利用这种特权对王权与政府施加影响，是适合当时统治阶级的利益的。

中国边疆史地研究中心

《国家利益高于一切——新疆稳定问题的观察与思考》

马大正（研究员）

专著　200千字

新疆人民出版社　2002年12月

该书分为综合报告篇和专题研究篇。前篇较为详细地概述了1950～1995年新疆地区反分裂斗争的历程，分析了20世纪90年代初期新疆稳定的形势、1997年以来新疆反分裂斗争日益严峻的形势以及1999年科索沃危机后新疆反分裂斗争的新变化，同时对近10年来新疆反暴力恐怖斗争进行了回顾并对其未来的走势进行了评估。后篇则就新疆社会稳定、新疆反分裂斗争社情研究、新疆境外分裂组织的发展趋向、反分裂斗争的新战场——人权问题、新疆生产建设兵团与新疆稳定等进行了专题研究。作者对上述问题研究分析后认为，在目前和今后一个时期里，新疆大局的主流是稳定，而与之并存的则是一股制造分裂和动乱的逆流，它可能引起新疆局部地区的社会动荡。作者从建立反暴力恐怖预警机制，不断提高对敌斗争水平；壮大新疆建设兵团；改进和加强宣传教育工作，打好意识形态领域反分裂斗争的仗；开展和加强新疆反分裂斗争中的敌情和社情调研等多个方面提出了政策建议。该书在国内首次从理论高度就新疆反分裂斗争及相关问题进行了学术研究，对维护边疆稳定、促进边疆发展，有重要的实践意义。

《唐西州地方行政体制考论》

李方（研究员）

专著　260 千字

黑龙江教育出版社　2002 年 8 月

该书从西州的地方机构、官吏职掌、官吏职任、官府运作及制度、少数民族部落等五个方面对唐代西州地方行政体制进行了研究。指出，唐西州都督府与西州政府为合署办公的关系，唐前期都督府一般与州政府合署办公；西州（包括沙州）不仅有司户、司法二机构，而且有司兵机构。该书是国内学术界首次对唐西州行政体制的特征及其发展演变所进行的研究，不仅有利于揭示西州的历史，而且有助于补充、证实有关唐朝规章制度的史料记载，同时对于深入研究我国边疆地区历代行政体制也有相当的理论意义。

《〈海录〉校释》

安京（副研究员）

古籍整理　260 千字

商务印书馆　2002 年 8 月

该书汇校了《杨炳南序本》、《海国图志本》、《海山仙馆丛书本》、《吕调阳序本》等八个版本，纠正了以往大型辞书在《海录》版本上的错讹；利用葡萄牙档案，对《海录》作者谢清高的生平作了新的研究；详细校释了书中涉及的地名、国名、职官名等，对中国海疆史研究有重要的参考价值。该书不仅对《海录》中所记载的诸多地名等进行了较为严格的校释，而且廓清了《海录》作者的生平及书的版本，有较高的学术意义。

《中国古代的边疆政策与边疆治理》

马大正（研究员）

论文　20 千字

载《从文明起源到现代化》

人民出版社　2002 年 4 月

该文对中国边疆的概念、发展特点、古代的边疆政策及其特征进行了简要、系统的论述，认为中国的边疆是广阔地域与分散发展演进后的统一，是多民族在自立发展基础上融合的结果，具有历史连续性。中国古代边疆政策具有历史继承性，内涵多样，影响深远。该文对中国古代边疆政策与边疆治理进行了全面系统的研究和总结，具有较高的学术价值。

《新疆历史上的短命分裂政权——"东突厥斯坦伊斯兰共和国"的覆灭》

厉声（研究员）

论文　15 千字

《中国边疆史地研究》　2002 年第 2 期

该文对 20 世纪 30 年代新疆出现的分裂政权"东突厥斯坦伊斯兰共和国"的出笼及其覆灭过程作了深入的分析，认为这是军阀混战、农民起义暴动此起彼伏的特定历史时期偶发的一次分裂运动的产物，违背了各族人民群众的意愿。该文的学术价值在于：一是将"东突厥斯坦伊斯兰共和国"定性为特定历史时期偶发的一次分裂运动的产物；二是从理论上阐释了分裂的缘起及其发展的一般规律。该文不仅有助于新疆历史问题的学术研究，而且具有一定的现实意义。

《唐单于都护府的几个问题》

宋秀英（副教授）、李大龙（编审）

论文 18千字

《中国边疆史地研究》 2002年第2期

该文从唐朝单于都护府兴衰过程、治所的变迁、辖境及历任都护包括副都护的任职、职责、选任制度作了论述。该文是国内学术界首次对唐单于都护府作全面系统的研究，特别是在历任都护包括副都护的任职、职责、选任制度等方面的探讨，在以往的研究中十分鲜见。

《英国秘密档案中记载的民国初年护理西藏办事长官陆兴祺——兼论印度华侨在维护中央对西藏的主权中所起的重要作用》

房建昌（副研究员）

论文 10千字

《西北民族学院学报》 2002年第4期

该文深入细致地分析了英国解密档案，梳理出20世纪30年代护理西藏办事长官及其他印度华侨在印度活动所涉及的重要背景资料、中外人物和相关交涉史实，并论述了他们在维护中央对西藏地方中的作用。该文利用英国档案首次对在印度担任西藏办事长官的陆兴祺进行了研究，从而揭示了华侨在维护中央对西藏主权中的重要作用。

《元朝的军事戍防体系与版图维系》

毕奥南（副研究员）

论文 10千字

《中国边疆史地研究》 2002年第2期

文中认为，元朝的军事戍防体系由中央宿卫制和地方镇戍制组成，戍防的对象对外有西北诸王、沿海海盗等势力，对内主要是镇遏江南南宋残余势力及边疆地区各部族。该文的学术价值在于对元朝的军事戍防体系进行了较为全面的研究，并深入剖析了这一体系在稳定边疆、维系版图中的作用。

《朝鲜赴清朝使团的文化交流活动》

刘为（副研究员）

论文 15千字

《中国边疆史地研究》 2002年第3期

该文对朝鲜使团的交流活动进行了较为全面的阐述。认为，在中朝宗藩关系中思想文化交流活动是最重要的内容之一，而这种文化交流活动是朝鲜使团的重要任务。在中朝宗藩关系中，充分的文化思想交流是建立稳定宗藩关系的前提，而稳定的宗藩关系又为文化思想交流的进一步扩大和深入提供更有利的条件和保障。该文在宗藩关系核心理论层面上探讨使团文化交流活动的必然性和必要性，这一独特的研究角度是该文主要的特点和贡献，其研究对今天重新认识中朝历史关系的发展进程有一定意义。

《国民参政会中的藏族参政议员与国民政府的治藏政策》

孙宏年（助理研究员）

论文 18千字

《西藏研究》 2001年第4期

1938～1948年，国民参政会共历四届，每届都有藏族参政员，他们积极参政议政，提交了与西藏和藏区有关的议案。这表明了西藏是中国不可分割的领土，这些议案对国民政府的治藏政策产生了重要影响，有利于维护边疆稳定和国家统一。该文以独特的视角对国民参政会中的藏族参政议员进行了研究，并结合国民政府的治藏政策，进一步论证了西藏是中国领土的组成部分。

《试析清政府在帕米尔交涉中的对策》

许建英（副研究员）

论文 15千字

《中国边疆史地研究》 2002年第3期

该文对帕米尔交涉进行了论述、分析，认为清政府在交涉中采取的“以夷制夷”政策僵硬、落后，对英、俄的目的认识有误，致使交涉措施失当。该文重点阐释了清政府在帕米尔问题交涉中对西方近代国家及国家边界认识上的观念落后是交涉失误的重要原因，具有一定创新意义。

台湾研究所

《台湾问题实录》

余克礼（研究员）主编

论著 989千字

九州出版社 2002年6月

台湾海峡两岸关系的曲折起伏，使台湾问题越来越成为人们关注的焦点，台湾海峡的风云变幻牵动着海内外所有中国人的心。有鉴于此，中国社会科学院台湾研究所部分学者撰写了这本以广大人民群众为主要读者对象的书，尽可能全面地将台湾问题在几个历史阶段的发展变化说清楚。该书顺着20世纪40年代末国民党残余逃台到世纪之交台湾政局发生重大变化这50年的轨迹，以历史事实为依据，以重大事件为切入点，力求客观地将这一全过程展现在读者面前。该书不是纯学术著作，而是夹叙夹议的政论性著作，具有可读性。

《台湾省地理》

王建民（副研究员）

专著 376千字

福建人民出版社 2002年5月

该书是“中国地理丛书”之一。台湾是我们伟大祖国神圣领土不可分割的一部分，尚未与祖国统一。近几年来，岛内政局发生了新的变化，台独分裂势力抬头，为两岸关系的健康发展与祖国统一蒙上了一层阴影。台湾问题已成为全国人民关注的焦点，实现台湾与祖国统一是21世纪中国人民的重大历史使命。近年来，台湾当局修改台湾地理与历史教科书，删减书中祖国大陆地理与历史所占内容比例，妄图割裂台湾与祖国大陆的历史与文化联系，因此，出版该书具有特殊的重要意义。它不仅有助于向世人昭示台湾是中国的神圣领土及台湾与祖国大陆在地理、历史与文化上的密切联系，而且有助于人们特别是青少年全面系统地了解台湾的地理、历史、经济与人文地理，增进海峡两岸人民的相互了解与信任，为最终实现祖国统一创造条件。该书注意将知识性、通俗性与严肃性、科学性相结合，分析和介绍了台湾自然资源、历史地理、工农业、交通运输、对外贸易、旅游及都市化发展等内容。

文学研究所

《中国鲁迅学通史》

张梦阳（研究员）

专著 1830千字

广东教育出版社 2002年12月

该书把鲁迅研究作为20世纪中国一种重要的精神文化现象进行了全方位、多侧面、多角度的梳理与评述，以原始文献为基础再现了20世纪中国鲁迅学史的全貌，并对其中的精神文化背景与个中玄机作了深刻的分析。

该书包括以下三卷：上卷——主要界定鲁迅学和鲁迅学史的概念和内涵，阐明研究鲁迅学史的意义以及该书的框架与要义；从宏观上描述作为20世纪中国一种精神文化现象的鲁迅学的发展史。下卷——从微观上透视鲁迅学研究的一些专题，对《野草》学史、阿Q学史、狂人学史、《故事新编》学史、杂文学史等主要专题学史进行学术梳理；对鲁迅学中鲁迅本体与鲁迅映象的关系、学术哲学问题以及鲁迅学与20世纪中国精神解放、思维变革的双向互动进行理性反思。索引卷——20世纪中国鲁迅学论著资料的要目索引，分为编年索引、专题索引，分别按时间顺序和学术专题编排。

该书治学严谨，资料翔实，立论公允、客观，论述精辟，是中国鲁迅学学术史研究的集大成之作。该书出版后，引起了媒体的广泛关注，十余家报刊报道了出版消息。在学界引起了较大的反响。《人民日报》、《光明日报》、《中华读书报》、《文汇读书周报》、《中国图书商报》、《南方日报》、《山西日报》、《社会科学报》、《广州日报》和《中国现代文学研究丛刊》、《全国新书目》等报刊均发表了学术书评。林非、樊骏、吴小美、王吉鹏、孙郁、黄树森等国内知名学者及竹内实、张钊贻、李冬木等海外学者对该书给予了较高的评价。

《中国比较文学批评史纲》

杨义（研究员）、陈圣生（研究员）

专著　350千字

福建教育出版社　2002年9月

该书于1998年6月先由台北业强出版社出版，后经作者适量增订，于2002年9月由福建教育出版社重新出版。该书的创意在于厘清比较文学在我国现当代文学批评史中的地位和作用。比较文学作为文学研究新学科之一，是在20世纪80年代正式引进的。但是，该书提纲挈领论述的我国各家各派的“比较文学批评”，却已有声有色地开展了百余年。面对现当代各国风起云涌的文学新学科和新学派，二位作者既没有盲目跟从，也不是无所适从，而是从历史与现实结合的层面梳理出在我国最有实效、因此也最富生命力的比较文学学派——他们称之为“中国比较文学批评”。其实，历来的文学批评大致都可归入二途：一是比较鉴赏式的，一是哲理推考式的。前者多为文学创作家兼治，中国前中期比较文学批评便属此类型；后者多为学者或理论家所善。当然，两种批评是不能截然分开的。该书第三编“中国近期的比较文学批评”概括不少当代的新成果，它们在分量和深度上虽然都不能与以前相比，但带有新鲜的生命力，未尝不可作为比较文学中国学派的新苗头而加入到中国现当代文学批评中来。此书的意义也许就在于通过阐扬该学派百余年的成就，促进引自西方的纯学术的实用化。

《颠覆与重建——后批评中的价值体系》

毛崇杰（研究员）

专著　480千字

社会科学文献出版社　2002年5月

该书从哲学价值学、认识论、伦理学、美学与信仰的关系批判了后现代—全球化语境下虚无主义和实用主义对真善美与信仰的颠覆，以致力于马克思主义对这些人类珍贵价值体系的重建。上卷为全书主体部分，立足于价值论与认识论的统一，真善美的统一，厘清了种种分裂的后现代语境。下卷从中国古代孔子和老庄的思想到当代民粹主义、启蒙主义直到后结构主义，阐述了后现代语境，如“知识”和“游戏”、学术史、新历史主义等等，并将之与文本批评结合起来。作者对普遍困惑的重大问题，如腐败为何如此猖獗并愈演愈烈，其根源究竟何在等，力求给以历史唯物主义的回答。对中国在全球化格局中的定位，知识分子的角色意识等作了深入的研究。该书发挥马克思主义在后现代多元文化中的阐释优势，从文学“痞”分析了国民性，并广涉《废都》、《白鹿原》、谭盾的交响乐、前卫美术——行为艺术、张艺谋的电影等艺术现象与大众传媒文化。

《原型与跨文化阐释》

叶舒宪（研究员）

专著　280千字

暨南大学出版社　2002年9月

该书是由钱中文、童庆炳主编的“新时期文艺学建设丛书”之一种。

原型批评作为20世纪重要的文学理论流派，在80年代由作者译介到国内。随后又投入借鉴原型理论应用于中国文学研究的尝试，力求打通人类学与文学两个学科领域。该书是作者总结20年来应用原型批评与跨文化阐释方法的论著结集。书中的许多篇章，从知识全球化视野重审中国文学特质，见解独到，发人深省。

跨文化阐释方法，指的是在文献材料和地下考古材料外，利用跨文化的民族学与民俗学材料作为参照旁证，阐释本土的文学和文化现象的研究方法。这牵涉到跨文化比较和跨文化阐释的复杂方法论问题。该书从正面论述了这个理论难题。

作者认为，西学本来就有跨文化的倾向。如何利用外向的、跨文化的西学来改造和更新内向的、相对封闭的国学，使之在后现代的知识大重组中获得新生，这是该书尝试探索的方法论方向。

该书的学术创新观点在学界引起相当反响。书中有多篇被2002年《中国社会科学文摘》等刊转载。

《表意的焦虑——历史祛魅与当代文学变革》

陈晓明（研究员）

专著　400千字

中央编译出版社　2002年5月

该书论述了“文革”后当代文学变革的历史过程，描述了伤痕文学、改革文学、知青文学在新时期前期重建历史的那种愿望和方式；分析了现代主义崛起与寻根文学产生的历史背景与现实意义；特别是深入阐述了先锋派文学的形式主义变革给当代文学提供的崭新经验，论述了晚生代的反本质主义叙事包含的历史内因及预示的文学前景。该书对当代小说试图重建历史叙事面对的困境的分析十分精当，对商业主义审美趣味对当代文学影响的揭示发人深思。

该书试图揭示“焦虑”这个词所包含的时代内涵，但这并不意味着作者对此持否定或批判的态度。表意的焦虑感，可能是一个根本的现代性问题，在现代以来的历史进程中，中国思想史的主导趋向确实经常陷入巨大的焦虑。因而，文学艺术承载着过重的历史意义，它要表达超量的意义，它在表达的速度（变革）、范围和内涵方面，都超出了它力所能及的界线。这就是表意焦虑的历史无意识内涵。

《主体弥散的空间——亚洲论述之两难》

孙歌（研究员）

论文集　350千字

江西教育出版社　2002年10月

该书是一部主题论文集，汇集了作者近几年有关亚洲主体性问题的讨论文章，体现了作者在理论梳理和经验分析两个方面同时对于主体存在方式进行思考的意图，并且在知识论意义上把关于主体性的讨论引向了对于知识生产方式本身的反思。

该书由三部分和附录构成。第一部分结合具体的个案分析，讨论了中日思想对话实践中呈现的真实困境，在现实经验中提炼出了这样的基本问题：无论是文化开放还是跨文化，都不是一个轻松的过程，只有在自我中心和封闭的上下文中，它们才会变成可以轻松使用的概念。第二部分讨论在亚洲这样一个地理和思想的空间里，主体如何以弥散的方式存在和发生作用的问题。在此，作者正面提出了亚洲论述的两难问题——它有自我叙事的必要性和迫切性，但是却又不得不全力避免以文化特殊论为自己的起点和终点。它不能摆脱面对和包容西方的真实现状，又必须避免选择简单排斥西方或者简单认同西方的立场。第三部分包含四篇论文，分别处理了西方、中国和日本思想史与学术史在跨文化状态下所发生的主体弥散问题，并力图在“时空互换”的界面把东西方的思想资源在不同历史脉络中加以重新组合，建立新的互动关系。

《荆棘上的生命——20世纪三四十年代中国小说叙事》

秦弓（张中良）（研究员）

专著 400千字

春风文艺出版社 2002年10月

该书是研究20世纪三四十年代中国小说叙事的文学史著作，由宏观性的“引言”、总结性的“结语”和13章作家论构成。作者所选择的13位作家，有的是素有高度评价的名家，如茅盾、巴金、老舍，有的则由于各种原因曾被程度不同地忽略，但其小说特色鲜明，对现代文学发展颇有建树，如李劼人、张恨水、沈从文、张天翼、萧红、端木蕻良、路翎、张爱玲等。作者在论述这些重要作家的个性与贡献的同时，尽力将作家的生存状况与文学活动、创作个性与社会文化背景、个体的文学成就与小说文体的现代发展结合起来，并注意各家之间的呼应与比较，因而较为完整、丰满地复现出20世纪三四十年代中国小说创作的历史面貌，清晰地勾勒出其发展线索，历史规律的总结寓于典型现象的剖析之中。

作者在细读文本的基础上，从对文本的艺术分析入手，抓住经典作家独特的意象、感情等典型现象予以细致深入的解读，努力凸显出各自的创作个性。文学所研究员、著名学者樊骏认为：“该书较为充分地写出了各位作家不同的审美追求和艺术创造，对过去受到冷遇的作家作了切实、完整的介绍，并提出了一些精彩的见解。两者都能深化读者对于这些作家、这段文学历史的理解。这也就是本书的价值所在。”《中华读书报》等媒体亦刊出肯定性的书评。

《后现代性与辩证解释学》

金惠敏（副研究员）

专著 215千字

中国社会科学出版社 2002年11月

后现代主义是一种国际性的文化思潮，在中国也早已成了一个无法拒绝的事实。该书不只是将后现代主义作为一种思潮，更重要的是将其作为一种思想，即后现代性，以此而致力研究后现代性与传统的内在关系。该书选择了两个难度较大的课题——施莱尔马赫的解释学和孔子的后现代转换进行深入的开掘和阐发。关于施莱尔马赫的解释学，该书提供了在国内学术界比较系统和详备的研究。它试图纠正国际学术界如德里达、伊瑟尔等对施莱尔马赫解释学的误解，证明现代性解释学所隐含的后现代性。自近代以来，如何开掘出孔子思想的当代价值一直是纠缠中国学者的一大难题，其中新儒家无疑作出了突出的贡献，即从孔子仁学中发掘出民主和科学的精神。但这种努力之结果并无多大说服力，例如海外新儒家代表杜维明后来就明确地放弃了这一方向，而代之以较宽泛的“人文精神”论。该书通过对孔子学说中的“主体性”和“他异性”问题的研究，以及对牟宗三所作的“仁”学本体化诠释的批评，截然相反地提出孔子的价值不在其莫须有的现代性，而在于其对现代性的批判，在于其后现代性。这种旗帜鲜明的研究实际上已经将孔子研究推进到后现代阶段，或者它就代表着孔子研究的“后现代转向”。

该书所收与国外后现代理论家的一组访谈、对话，一方面意在丰富、扩展前面的话题，另一方面更在将对话作为全球化时代的一种基本学术方法予以张扬，对打破国内文论界在国际交流中的沉默是有积极意义的。

该书得到老一辈学者的肯定，汝信先生拨冗作序，称赞该书“新意迭出，有不少创见，扩展了原有的研究，令人有耳目一新之感”，还特别表扬访谈一对话部分，“作者在那里以平等的身份与一些知名的西方学者真正进行了一场学术对话，对话很专业，有深度，也有交锋”，并将对话提高到作为“新世纪中国学术发展的必经之路”来认识。

《中国人审美心理研究》

户晓辉（副研究员）、梁一儒、宫承波

专著 300千字

山东人民出版社 2002年3月

该书是教育部“九五”博士基金课题的研究成果，其主要特点和创新之处表现在：

学术视野的开放性。以开放性的学术视野，在广泛吸取中外文艺学、美学、心理学、人类学、生理学等相关学科的理论成果的基础上，铸就新的理论基点并且提出和解决新的理论问题，勾勒出一幅中国人审美心理的坐标系。

理论成果的新颖性。书中从交叉学科视角，以古代历史典籍和文物发现为依据，从生态环境、文化背景、石器造型、彩陶和岩画、文字构造及饮食习惯等方面具体而微地探讨了中国人审美心理从孕育、萌芽到形成的过程及其发生学特点，这在一定程度上把中国美学史拓展到了史前时代。接着，作者又从审美感知、审美想象和审美情感方面，首次详细阐明了中国人传统审美心理的整体过程和潜在规律，继而对中国各民族的审美心理及中西民族的审美心理类型作了比较分析，探讨了中国人审美心理社会化的古典模式和近现代转型模式。

内容的丰富性。该书并没有停留在对中国人审美心理结构的静态描述上，而是将心理过程的动态描述与心理类型的静态分析结合起来，显示了其内容的丰富性和厚重性。另外，该书的取材范围涉及中外民族的文字、书法、绘画、建筑、舞蹈、音乐、歌谣、岩画、彩陶、文论等等，通过对有形材料的深入分析来探讨无形的审美心理的流程和结构特点，不仅增加了内容的丰富性，也使结论有了扎实的论证基础。

《文史哲》、《东岳论丛》、《中华读书报》和《中央民族大学学报》均刊有书评对该书给予肯定。

《事变缘长——1940年代的中国现代小说艺术》

范智红（副研究员）

专著 150千字

人民文学出版社 2002年1月

该书侧重探讨20世纪40年代小说中处于前沿的那些艺术成就较高、又呈现多样化状态的小说。它破除了简单地认定抗战小说或40年代小说处于“凋零期”的结论，梳理了中国现代小说叙述形式发展的脉络，是对现代小说史的深化认识，因此具有相当的学术价值。该书的二、三、四章将小说叙述形式问题与时代、社会、意识形态、思想问题相结合，论证了40年代小说别样的面貌。如叙述的意义如何得到重新重视，成为“五四”叙述的深层发展；该时期小说的探索性如何表现在平凡化、象征化上面。在历史与艺术的双重观照下，该书深化了对沈从文、路翎、张爱玲、赵树理、萧红、汪曾祺等的评价，提出了对冯至、李拓之、袁犀、爵青等的新的分析。作者从历史实际出发，对于分布在不同地区，活跃于40年代的许多作家作品进行了详尽的分析。从小说的叙述方式、情节结构、象征手法、语言风格诸方面，具体揭示了这一时期作家在人生观、历史观及美学观上发生的变化，表现了作者对复杂多变的文艺现象较强的综合驾驭能力。

《先秦诗文史》

杨之水（副研究员）

专著　160千字

辽宁教育出版社　2002年4月

该书分上下两卷，上卷七章，述先秦之文；下卷两章，述先秦之诗。全书配置彩色图片百余幅，力求用相关的历史文物从不同角度来展示诗文产生时代的社会风貌。图的说明文字有短有长，多与诗文史的叙述内容相呼应，因此也是正文的组成部分之一。《先秦诗文史》旨在从先秦时期文史哲不分的浑然中抉发独特的“文心文事”，它没有很多的理论色彩，而多是贴近诗文本身，用具体的比较和分析，且从文字的细微处来发见修辞与叙事的用心。有评论说：“对于先秦诗文的分析，该书摆脱了历来文学史家叙述和评价古代作品时内容、思想性、艺术性、影响等四大块的做法，更多的是忠实记录下自己读这些作品的感受和想法。”对先秦诗文的阐释与评价多有个人的体验和若干独到的认识，可以说是该书的重要特色之一。

民族文学研究所

《古代经典与口头传统》

尹虎彬（研究员）

专著　186千字

中国社会科学出版社　2002年11月

该书是关于口头诗学方法论的评述性著作。作者以帕里（Milman Parry）、洛德（Albert Bates Lord）、纳吉（Gregory Nagy）和费里（John Miles Foley）等学者的代表著作为基础，以欧洲民俗学历史、口头传承研究历史和美国民俗学百年历史为参照系，阐述帕里—洛德理论（Parry – Lord theory）的基本概念、研究方法和学科形成过程，确定它在西方民俗学历史上的地位，说明它与中国民俗学研究的关系；系统探讨了口头诗学的一些基本理论范畴，对口头诗歌的叙述单元、结构、文体模式等基本概念进行了界定。从歌手表演的角度，重点探讨了口头诗学的程式、主题、文本概念；史诗传统的演进模式、文本化过程；史诗的故事模式等问题。该项研究在以下几个关键问题上有新的理解：（1）田野作业的意义；（2）表演中的创作问题；（3）主题和程式；（4）传统与创新问题；（5）口头史诗的统一性和有机体；（6）作者和文本；（7）共时与历时的研究视角和方法论问题；（8）创作、表演、流布的概念和史诗传统的演化模式以及史诗文本的演化问题。全书采用民间文艺学、民俗学、人类学等跨学科视角，对口头诗学作了一次较为全面和深入的论述。

《格斯尔全书》（第一卷）

斯钦孟和（副研究员）主编

古籍整理　1800千字

民族出版社　2002年7月

该书的出版，是《格斯尔》学术史乃至蒙古英雄史诗研究史上的一件大事，也是蒙藏文学与文化关系史上的一项有意义的工作。蒙古文《格斯尔》是与藏文《格萨尔》同名，并且具有相同故事题材的伟大史诗。流传在蒙藏民族中的《格斯尔》与《格萨尔》交相辉映，既反映着蒙藏民族历史上的密切文化联系，同样也反映着蒙藏民族各自独特的文化传统。

该书由长篇学术导论、1716年北京木刻本和北京隆福寺削竹写本《格斯尔》影印原刊、蒙古文校勘注释和拉丁字转写等四个部分组成。全书计1508页，结构合理，编辑和出版规格较高，具有较高的文献价值和学术水准。其出版是国内外蒙古学界和史诗学界久候的佳音，对推动《格斯尔》的传播和研究，将会产生重要影响。由于印刷年代较早，北京版《格斯尔》保存了更多史诗早期的文化信息，在研究史诗的形成和发展历史、史诗的社会意义和功能等方面都具有特殊的价值。北京版《格斯尔》那古朴、精炼、典雅、优美的语言，那庄重而又幽默的故事，使它以史诗简约本的形式，成为18世纪蒙古族书面文学的典范。

围绕影印本这个核心，校勘本、拉丁转写本及注释等各个部分相互依存，浑然一体，更显出《格斯尔全书》（第一卷）具有较高的文化品位和学术追求。校勘本继承以往同类著作的成果，又有新的发现，使读者可以看到更好的版本。拉丁转写本则为更多国外学者研究《格斯尔》提供了便利。北京木刻本和北京隆福寺抄本都是古籍版本，在语言方面存在古今差别。为了便于读者阅读，注释是必要的。这些注释，总计达到1268条之多，涉及语言、文字、文化、历史、宗教等诸多学科，是一项繁杂和有一定学术难度的工作，显示出这部《格斯尔全书》（第一卷）的较高学术价值。

《卡尔梅克〈江格尔〉校注》

旦布尔加甫（副研究员）

校注 1300千字

民族出版社 2002年8月

蒙古英雄史诗《江格尔》主要流传于我国新疆蒙古族聚居区和俄罗斯卡尔梅克地区。卡尔梅克语是蒙古语的一种特殊方言，有自己的文字，而且遗存大量古蒙古语词汇，与我国通行的蒙古语及蒙古文有较大差距。该书汇集了在俄罗斯先后出版和发表的卡尔梅克文《江格尔》长诗31部，共36000诗行，将其撰写成通用蒙古文，同时还进行了校勘，并写出2600多条注释，是目前为止最完整的卡尔梅克《江格尔》汇集、转写、校注本，具有重要的文献价值和学术资料价值。

《苗族图腾与神话》

吴晓东（副研究员）

专著 230千字

社会科学文献出版社 2002年5月

该书是在搜集了大量资料的基础上写成的，是一部涉及口头文学、语言学、民俗学、考古学与人类学的论著，对苗族支系及其图腾进行了比较全面的梳理，对与其相关的图腾神话进行了相应的阐释。该书提出了一些比较新的观点：盘古神话最早产生于古苗瑶语族生活的荆楚地区，犀牛为苗族图腾，是盘古的原型，“盘古”为“老爷爷”的意思；盘瓠神话是楚与卢戎战争的反映，图腾标志是盘瓠神话形成的关键，“盘瓠”为“王爷”之意；相繇神话是延维神话的发展；苗族《开亲歌》中有的部分来源于猴图腾神话；氐人是从三苗中鱼图腾部落发展而来的，即被窜于三危的那一部分苗人，苗族古歌中“鹳吃鱼”反映了三苗被打击的情况；楚族属于东夷族，苗瑶语族洪水神话是苗蛮与东夷族战争的反映；《苗族古歌》中的“蝴蝶妈妈”并非苗族之图腾；九黎与三苗若有关系，可能是九黎被打败之后融入三苗的缘故，但九黎不可能是三苗的主源。该书体现了作者力图将历史与现实结合起来，从整体上把握研究对象的全新理念，这也是从猜谜般的神话研究走上实证的第一步。

外国文学研究所

《阅读普希金》

刘文飞（研究员）

专著 250千字

人民文学出版社 2002年12月

普希金是俄罗斯文学的奠基人，其创作对于整个俄罗斯文学的定型和发展都具有十分重大的意义。普希金作品在中国得到了比较充分的译介和比较深入的研究，但是，对普希金创作的综合性研究以及对国际普希金学最新成果的评介，在我国还显得相对薄弱，这便是该书写作的意义所在。

该书共分为四个部分：第一部分“普希金面面观”，是对普希金不同体裁作品的阅读，以给出一个关于普希金创作的整体印象；第二部分“阅读的阅读”，是对所谓“普希金学”著作的阅读，作者试图在对那些精彩论著的细细揣摩中提出自己的心得；第三部分“普希金名诗译释”，是一种传统的文本解读和赏析；最后一个部分“二百岁的普希金”，是几篇关于俄罗斯1999年普希金诞生200周年纪念活动的观感性文章。

该书的学术价值在于，作者试图让独立的阅读体验和他人的阅读智慧、具体的文本解析和亲身的观感见闻这四种因素相互交织，构成一个有机的整体；同时，也注重以随笔性的文字叙述严谨的学术研究对象，用较为空灵的结构来营造一个较为自如的阅读空间，并对“普希金学”中的一些“另类”著作给予了较多的关注。这也是作者在写作过程中追求学术性和可读性并重、传统学风和现代意识并存的一个具体尝试。

《卢梭》

吴岳添（研究员）

专著 147千字

华夏出版社 2002年1月

在卢梭逝世200多年后的今天，他的绝大部分作品都已被译成中文，但是我国还没有一本关于卢梭的评传，因此该书是一个有意义的选题，无疑有助于我国读者对卢梭的了解和认识。

该书的特色是简明扼要，仅用14万字的篇幅，全面地评述了卢梭的生平、他的政治著作和文学作品的意义，他在奠定现代民主政治和开辟浪漫主义文学运动方面的贡献和影响。

长期以来，对于卢梭与伏尔泰、狄德罗等其他启蒙思想家的恩怨，人们通常都归咎于卢梭性格的怪僻。该书以令人信服的资料和分析表明，他们的矛盾从根本上来说是源于政治态度与宗教思想的分歧，源于他们所代表的不同的阶级利益，同时论证了卢梭的孤独主要是社会迫害的结果，从而以客观的态度对卢梭作出了公正的评价。

卢梭是日内瓦的公民，是法国文学史上最早和影响最大的移民作家。他在法国备受迫害，然而始终热爱法国；他成名后一贯坚持自食其力，但是又离不开达官贵人的庇护；他非常珍视感情，却把自己的五个孩子都送进了育婴堂。对于这些看似矛盾的微妙问题，该书都作了客观的评述，从而使读者看到的是一个全面和真实的卢梭。

《私小说——20世纪日本文学的一个神话》

魏大海（副研究员）

专著 200千字

山东文艺出版社 2002年9月

“私小说”是20世纪日本文学中特有的文学样式。它不仅在世界文学的样式中别具一格，也是一种具有文化心理学含义的民族文学形式。该书并非直接从“私小说”的诞生或发展写起，而是首先介绍了“私小说”诞生之前的日本文学基本状况，旨在使读者产生一种印象——即在第一部“私小说”（田山花袋的《棉被》，1907）诞生之前，日本已经具备了“私小说”产生、发展的文学或文化土壤。

在第二章中，作者着重介绍了日本自然主义文学与“私小说”十分紧密的渊源关系或内在关联，同时对“私小说”作家与作品进行了介绍与分析。作者试图通过日本著名作家、评论家有关“私小说”的评说或评论，通过西方学者的研究成果、方法与视点，来说明“私小说”的重要性、文化学意义与基本特征。例如，论著中对德国的日本文学研究家伊尔梅拉·日地谷的研究成果——《私小说——自我暴露的仪式》，进行了较为详尽的介绍与评述。

该书的新意主要体现在较为完整、全面地评介了这种特殊的国别文学样式，并将它置于一个粗泛的历史文化环境中加以考察。在介绍作家作品的基础上，该书所进行的是一种综述性的研究，其理论上的主要观点体现在对论述对象的选定、描述与评价上。

语言研究所

《如何处置“处置式”》

沈家煊（研究员）

论文 20千字

《中国语文》 2002年第4期

把字句的语法意义是表示主观处置，把字句的这种主观性与语言的主观性表现是一致的，主要表现在说话人的情感，说话人的认识，说话人的视角。认识把字句的这种语法意义有助于对把字句的各种语法语义特点作出统一的解释。该文还对历史上处置介词的兴替原因提出一种解释。

《中古译经中的“VP不”式疑问句》

曹广顺（研究员）

论文 12千字

载《王力诞辰100周年论文集》

商务印书馆 2002年11月

该文讨论中古译经中的“VP不”式疑问句的使用情况，对其形成过程和以后的发展作了描写，纠正了以往研究中的一些模糊认识。

《施事角色的语用属性》

张伯江（研究员）

论文 18千字

《中国语文》 2002年第6期

该文针对把施事当做基本语义角色所遇到的困难，提出施事的理解很大程度上取决于语用因素的观点。文章逐一考察了关乎施事语义的几个方面的因素：主语名词的词汇语义、动词的自主性、句式以及说话人的主观态度。结果表明，不论是名词、动词还是句式，只有那些自身凝结了语用规定意义的少数成员能明确地预测施事，其他的常规情况下，是不是理解为施事要看语用条件。施事常常与说话人的视点和感情合一，说话人的移情焦点优先占据句首位置的时候，叙述视点有可能离开常规施事位置，常规施事位置上就会出现弱施事成分，这是施事语用决定特征的另一方面表现。

《汉英机器翻译中汉语动结式译文的分析》

傅爱平（研究员）

论文 8千字

载《机器翻译研究进展》（2002）

电子出版社 2002年11月

汉语动结式的结构形式简洁，语义关系复杂。机器翻译系统很难在汉语动结式和英语的某些结构形式之间找到比较整齐的转换规律。该文用三个汉英机器翻译系统翻译了来自真实语料的一批含有动结式的汉语句子，然后分析得到的英语译文。分析的着眼点主要放在与动结式相关的成分的句法表现上。根据英语译句的表层结构信息，归纳出词语表达、结构表达、状语表达、定语表达、谓词并列、成分丢失，以及动补堆砌等七种表现汉语动结式的手段。然后分补语非虚化句和补语虚化句两类讨论各种情况，并说明机器翻译汉语动结式的某些特点和症结。

《汉语能性述补结构“V得/不C”的语法化》

吴福祥（副研究员）

论文 20千字

《中国语文》 2002年第1期

该文运用共时和历时相结合的方法讨论汉语能性述补结构的产生过程，认为汉语能性述补结构“V得/不C”的产生是一种典型的语法化现象。主要结论是：(1) 从共时角度看，汉语具有将“是否具有实现某种结果/位移的可能性”这一语义语法化为“V得/不C”述补结构的内在要求。另一方面，历史上在能性述补结构“V得/不C”产生之前，汉语在结果/状态的能性范畴的表达上存在一个空格，而正是为了填补这个空格，“V得/不C”才获得语法化的动因。(2) 能性述补结构“V得/不C”是由表实现的述补结构“V得C”、“V不C”语法化而来。(3)“V得/不C”的语法化不仅在范围上不均衡，而且时间上也不同步。

《汉语类指成分的语义属性和句法属性》

刘丹青（研究员）

论文 15千字

《中国语文》 2002年第5期

该文是国内首篇以现代语言学方法研究汉语类指成分的论文，着重探讨以主语/话题为原型位置的类指成分的语义属性及其在汉语中的句法表现。类指主语适合属性谓语而排斥事件谓语，其中“多/少”类谓语专用于类指主语，可作为类指的测试框架。类指的典型形式是光杆NP，有理由假定汉语的光杆NP都有类指属性。口语中类指NP常带定冠词性的标记，与英语the相似，表现为北京话中轻读的“这”、吴语的泛用量词“个”和粤语的复数量词“啲”，后两者体现了量词强势方言的特点，这些类指标记同时有明显的表话题功能。用“一个NP”表示类指则是以个体转喻类的用法。

《指示词“这”和“那”在北京话中的语法化》

方梅（研究员）

论文 18千字

《中国语文》 2002年第4期

该文借助篇章分析的手段，通过对“这”和“那”在北京话共时系统中用法的描写，说明北京话指示词用法的虚化轨迹和虚化的系统背景，以及“从篇章用法到句法范畴”的语法化演变机制。基本结论是，以跨语言的句法标准衡量，北京话中的“这”已经产生了定冠词的语法功能，定冠词“这”的产生是指示词在篇章中的“认同用”进一步虚化的结果。全文共四部分：(1)“指示词+名词”组合中名词的指称属性。(2) 指示词功能的扩展。(3)“这”“那”虚化的不对称。(4) 语法化的系统背景和类型学意义。

《〈诗论〉笺疏》

王志平（副研究员）

论文 20千字

载《上博馆藏战国楚竹书研究》

上海书店出版社 2002年3月

该文对上海博物馆所藏战国楚简《诗论》作了比较详尽的研究。竹书《诗论》共有竹简29支，该文对于全部竹简作了逐字逐句的解读，从文字的释读、语义的训诂以及句义的阐释都予以充分的论述，还对《诗论》及其相关的传世文献作了较为详细的对读和比较研究。该文对于语言学、文献学和学术史研究等都具有一定的参考价值。

《元代白话碑文中助词的特殊用法》

祖生利（副研究员）

论文　18千字

《中国语文》　2002年10月

该文主要利用元代白话碑文蒙汉对译材料及《蒙古秘史》、《华夷译语》的旁译，对白话碑文、《元典章》、《通制条格》等元代直译体文献中助词“者”、“有”、“了”、“来”、“着”、“呵”、“的（底）”对译中古蒙古语动词（副动词、形动词、助动词）式、时、体等附加成分的特殊用法加以揭示，指出由于蒙式汉语的影响，有些特殊用法已经渗透到元代北方汉语里。

《〈晏子春秋〉的人称系统及相关问题》

姚振武（研究员）

论文　15千字

《长江学术》　2002年第5期

该文讨论《晏子春秋》的人称系统及相关问题。（1）提出了“古指称词”的观念，这一观念的核心就是，上古汉语不存在指示代词和第三身代词的区别。（2）分别考察了第一身代词吾、我和第二身代词汝、尔的使用特点，分析了“吾、我”的使用情况对确定《晏指春秋》成书年代的意义。（3）分析了己身代词“自”和“己”的使用状况及其同和异，着重指出了这两个成分不同的称代功能。

《客家方言表示“乳汁”义的读音》

谢留文（副研究员）

论文　10千字

《中国语文》　2002年3月

该文从吴语、徽语、赣语、闽语等南方方言的儿尾和儿化现象出发，认为客家方言表示“乳汁”义的读音是一种儿化的残迹，并对这个读音可能的儿化方式进行了探讨。

《徽州方言晓组合口一二等字的声母今读》

刘祥柏（副研究员）

论文　8千字

《长江学术》　2002年第8期

该文说的晓组合口一二等字声母今读主要是指所谓f－、h－分混问题，也就是晓组跟相应的非组合口一二等字声母今读的分混问题。徽州方言在f－、h－由分到合的语音演变历史过程中，有许多相关的语音现象产生，该文旨在揭示这些相关的语音现象，并分析这些方言语音现象在f－、h－分混史这一历史年表中的时间位置及其发生的时间跨度。对方言语音史现象的揭示以及对其时间层次的分析有助于我们认识和解释f－、h－分混以及相关现象的前因后果和来龙去脉。

哲学研究所

《西欧文明》（上、下）

姚介厚（研究员）、李鹏程（研究员）、杨深（研究员）

专著　958千字

中国社会科学出版社　2002年11月

该书是国家社会科学基金课题、院重点课题的最终成果之一，分上、下两卷，21章。上卷三篇，即西欧古典文明，西欧中世纪文明，西欧文艺复兴文明；下卷二篇，即西欧近代文明，西欧现代文明。全书以翔实丰富的资料，展示西欧悠久、丰盈、博大又复杂的文明演进画面，同时探讨有关的重要理论问题。其理论上的突破与创新有：以马克思主义的文明观，探究西欧文明的本质与特征；将西欧各阶段性文明作为经济结构、政治结构与文化精神的有机整体来剖析它们的总体特征；以历史主义观点论评西欧文明对人类文明与进步作出的重大贡献，也注重分析各阶段性文明所蕴涵的复杂的社会与文化矛盾；探究西欧文明的一系列历史、理论和现实问题，包括历史评价性的问题、哲学与其他精神文化的理论问题、文明史研究中有争论的问题、当今世界文明理论研究中的重要问题（如文明冲突论）等。

该书的理论价值与现实意义：有助于深化认识西方社会历史与文化传统，从而在各个领域的实际工作中开展合理的中西交往；有助于有分析地吸取与借鉴西方文明中的优秀成果；有助于正确观察、认识在当今世界文明多样化的国际政治格局中西欧文明的地位、作用和发展前景，理解“文明冲突论”不能成立。

《印度吠檀多不二论哲学》

孙晶（研究员）

专著　380千字

东方出版社　2002年6月

该书是有关印度哲学研究的学术新成果，由上、下两篇构成。上篇是对印度吠檀多不二一元论派的两个主要哲学家乔荼波陀和商羯罗的研究，下篇是对商羯罗的梵文哲学著作《示教千则》的全本汉译和注释。《示教千则》一书是经日本著名印度学者前田专学教授考证整理出版，孙晶在前田版本的基础上做的汉译，并且逐一对经文的各个偈颂作出了批判性的研究和注释。对历史文献、宗教和哲学经典的翻译、整理、校勘和注释是学术研究中最为复杂艰巨的工作，也是进一步研究的基础。这部著作试图将传统的精细考据、校勘方法与现代科学分析、思想研究相结合，不仅为学界提供了一个有关印度吠檀多哲学的参考文本，更对《示教千则》的思想理论进行了详细的研究，从而肯定了对印度古典哲学经典进行翻译和研究的现实意义和学术价值。

《应用伦理学前沿问题研究》

甘绍平（副研究员）

专著　290千字

江西人民出版社　2002年10月

该书作者对应用伦理学兴起的思想背景、社会历史背景、学科性质、一般方法和原则进行了系统而深入的研究，较为完整地呈现了应用伦理领域的国际学术前沿状况；对基因伦理、科技伦理、环境伦理等提出了一些新颖的见解。该书有四个特征：第一，它描述应用伦理学是以现实存在着的引起学术界和社会公众的思考与论争的最具有代表性的重大课题为视角。第二，展示了西方伦理学理论论证的思路和论据交流的进程，使应用伦理学最重要、最典型的基本范畴得到了突显和集中的阐释。第三，指明应用伦理学的任务在于对现存的不同立场进行调节从而达成共识或形成无可争辩的基本原则。第四，应用伦理学不仅体现着一种新的理论模式，而且还代表着一种新的道德实践的权衡机制、行为程序。该书的作者在国内第一次提出了应用伦理学是民主时代的道德理论的观点，不仅在理论上比较系统地展现了应用伦理学的学科特点、基本范畴、基本原则，而且也从操作层面呈示了应用伦理学所代表的一种新的道德实践的权衡机制及行为程序，从而为我国各级伦理委员会的建构，为探索我们面临的各种道德冲突的解决途径，提供了有价值的参考方案。

《西方思想史》

章士嵘（研究员）

专著　340千字

东方出版中心　2002年10月

该书是我国第一部全面论述西方思想史的专著。近代中国与近代西方思想文化的接触已有百余年历史，但迄今为止，尚未有一部我国学人写的较为完整的西方思想史。作者在长期研究西方哲学史、思想史的基础上，首次尝试对西方思想发展的历史作比较全面的勾勒和说明，它将有助于人们拓宽视野，推动西方思想文化的深入研究。

全书始自希腊的古典时代，追循西方思想发展的主脉，最后归结到当代世界的重大现实问题及其思想理论的深层根源。该书还介绍了西方当前一些新的突出的思潮。在横向展开上，该书介绍精英思想家和社会思潮并重，并以政治、经济、法律、伦理思想为主，兼顾其他的方面，必要时指明其思想发展的动力。

《逻辑、语言和信息》

邹崇理（研究员）

专著　400千字

人民出版社　2002年9月

当今计算机信息技术的发展要求在逻辑的框架内去描述自然语言的特征。在机器的自动句法分析和识别、把逻辑公式作为中介语的机器翻译以及计算机的自然语言理解等领域内，逻辑语法理论起到巨大的作用。近30年来，逻辑的应用范围扩大到自然语言及其计算机信息处理的领域。与西方相比，我国逻辑语法的研究总体上落后许多，同当今国际前沿还有不小差距。基于此，作者承担了中国社会科学院基础课题“汉语的自然语言逻辑研究”，最终写成该书。

该书的基本思想是：以自然语言为研究对象，以现代逻辑为研究的方法或依据，研究的目的是把自然语言变成一种计算机可以处理的信息。该书的内容为：第一章，从宏观角度给出整个逻辑语法群体的概观；第二章，介绍刻画自然语言量化结构的广义量词理论；第三章，讨论新颖的语义理论——情境语义学；第四章，阐述各种各样的动态语义理论；第五章，介绍加标演绎系统以及该理论应用于自然语言理解的研究结果；第六章，运用广义量词理论研究汉语量化句的语义特征；第七章，运用情境语义学的概念描述周礼全先生的语用交际图式。

该书的创新之处是构造了两个系统：一个是专门刻画量化意义的汉语部分语句系统。运用逻辑语法工具处理汉语的量化表达式，这在国内逻辑学和计算语言学界来说是一个开拓性的工作。另一个是体现聚合语义的谓词逻辑系统。与西方学者有关逻辑系统的语义学是建立在比较复杂的代数的格理论基础上的情况相比，作者所构造的这个系统的语义理论显得比较简明，同时作者也证明了该系统的可靠性和完全性。

《真理与自由：康德哲学的存在论阐释》

黄裕生（副研究员）

专著　307千字

江苏人民出版社　2002年8月

该书选取作为启蒙哲学之总结的康德哲学为分析对象，试图对康德哲学进行存在论阐释：他的“哥白尼式革命”并非简单地颠倒了认识论上的主一客关系，而是在存在论的深度上调整了先验（apriori）存在方式与经验存在方式的关系。正是在康德这个存在论视阈内，真理与自由在形式上统一了起来，而且从根本上说，真理必须以自由为基础。一切伦理学与政治学不仅要具有真理性，更要具有合理性，即要以自由理性为基础。因此，任何个人和集团都不能声称因自己拥有真理就有权力统治他人，乃至有权力剥夺他人的权利。这是康德哲学在存在论视野内被揭示出来的现代性意义。

在对康德哲学的感性论与逻辑学进行存在论阐释过程中，该书着重阐释了时间如何构成了存在论的出发点，认为逻辑学如果要成为存在论，它也需要感性论。在讨论逻辑学部分，该书讨论了我思意识与时间意识的本质区别，统觉的分析的统一与综合的统一之关系，以及范畴作为存在论宾词如何从统觉的综合统一中演绎出来。在讨论辩证篇时，不再停留在对二律背反的逻辑分析，而是在此基础上揭示了自由对真理的优先性。这些都是以往康德哲学研究不够深入甚至根本没有触及的方面。

《归隐之路——20世纪法国哲学的踪迹》

尚杰（研究员）

专著 200千字

江苏人民出版社 2002年10月

该书以外文原著为主，以现象学为发展线索，分章详细分析了胡塞尔、柏格森、普鲁斯特、海德格尔、萨特、梅洛-庞蒂、列维那、福柯、德勒兹、塞尔、利奥塔尔、德里达等人的思想。该书的创新之处在于第一次提出理解现象学的新思路：现象学并不像国内多数研究者所认为的那样，是一门现象之学或者显学，而是经过隔离后不可见的"隐学"。"隐"的思路即从胡塞尔到德里达之路，也是20世纪法国哲学之路。作者认为，所谓"隐"的含义应该在狭义的观念、概念、理性之外获得理解，即西方传统哲学所不熟悉的另外一个方向，是没有被说出来的，或者是不可说的领域。这个领域，要借助于直觉、意志、想象等被西方传统形而上学长期忽视了的思维形式。

作者认为，直到现在为止，我们可能只是关注了哲学或者智慧中的正面，即"明"的一面；但是，哲学还有它的反面，即"暗"的一面，这方面正是20世纪特别是当代法国哲学研究的领域。从这个方面出发，我们才能理解，在这些文本中为什么出现了大量对我们来说是陌生的概念，比如悬隔、荒谬、虚无、他者、死等等，也就是作者提出的异域。

《生物学哲学》

胡文耕（研究员）

专著 222千字

中国社会科学出版社 2002年1月

该书是国家哲学社会科学基金课题的研究成果。作者在详细占有资料的基础上，用马克思主义哲学观点，对当代生物学中的哲学问题作了透彻的分析和系统的研究。该书的学术价值在于：（1）作为我国第一本生物学哲学专著，填补了我国学术著作的一个空白，并且，在国际上为数不多的生物学哲学专著中，有着自己特有的学术价值。（2）对生物学哲学中的重要问题系统地阐述了自己的见解，并对国际上生物学哲学的代表人物的论点进行了公允中肯的分析，这应视为我国学者在生物学哲学的学科前沿和国际著名学者所作的一次认真的对话。该书的问世，将会推动我国生物学哲学研究进入一个新的阶段——全面地进行生物学哲学学科建设的阶段。（3）作者对生物学哲学中诸多问题独立地进行了理论概括，或作了新的综合和梳理，提出一些富有新意的见解。作者关于生物学规律三个特点的论述，关于生物学的预言方法以及关于生物学因果结构的学术见解，突破了过去人们将物理学哲学的结论硬套在生物学哲学头上的做法，认真探讨了当代生物学革命给予人们的新启示。

马克思列宁主义
毛泽东思想研究所

《马克思主义150年》

李崇富（教授）、姜辉（副研究员）主编

专著 139千字

学习出版社 2002年6月

该书勾勒了马克思主义150年来发展创新的历史轨迹，揭示了马克思主义基于时代、实践和各门学科发展而发展的内在联系和规律。书中扼要地阐述了马克思主义的三个基本组成部分哲学、政治经济学、科学社会主义150年来发展演进的主要内容、趋势和特点。该书认为，马克思主义哲学在社会主义国家的使命和功能已从指导革命转变为指导建设；政治经济学发展为包括资本主义和社会主义的政治经济学说；科学社会主义研究对象和理论内容的侧重点也从发达资本主义国家转向经济文化比较落后国家的革命和建设问题。在此基础上，该书阐述了马克思主义面临和需要解决的时代性课题的演变，以及在回答、解决这些重大课题的进程中，马克思主义、列宁主义、毛泽东思想、邓小平理论和“三个代表”重要思想适时地应运而生，成为一脉相承的统一的科学体系。这就从理论上再现了马克思主义150多年来的实践和发展，既是自觉地指导社会历史进步，也是自觉地推进自身发展创新的互动过程，阐明了“马克思主义具有与时俱进的理论品格”。该书为中宣部、新闻出版总署“迎接十六大重点图书”。

《马克思恩格斯政治学说研究》

李延明（研究员）等

专著　230千字

人民出版社　2002年1月

该书对马克思恩格斯有关政治学的基本观点进行了较为系统的梳理和阐述。作者认为，马克思恩格斯政治学说是他二人揭示社会政治现象及其规律的观点体系。该书较为全面地论述了马克思恩格斯政治学说的原理，并对其总体结构进行了探讨，认为：国家和革命问题是其政治学说的核心；阶级学说是国家学说和革命学说的灵魂和基础；无产阶级专政学说是国家学说和革命学说的共同结晶。马克思恩格斯政治学说正是以国家学说为核心，以解决无产阶级革命任务为目的，依各个部分的内在逻辑联系而形成的一个完整的体系。它与现代西方政治学体系截然不同。它既是马克思恩格斯的哲学学说在政治学领域的应用，又是他们的政治战略、策略、原则、方法的基础理论，同时，它与马克思恩格斯的经济学说、社会学说等同处并列地位和有机的相互联系中。

《现代化：历史、理论与反思——兼论西方左翼的现代化批判》

周穗明（研究员）等

专著　420千字

中国广播电视出版社　2002年1月

该书以马克思主义的理论和方法为指导，对世界现代化的历史模式进行了纵向梳理和比较，对西方现代化理论的发展阶段、主要流派和方法论嬗变作了横向的分析和评述。在此基础上，作者全面探讨了西方左翼的现代化批判理论。该书大量使用了国外20世纪90年代出版的第一手材料，分析了西方现代化理论和左翼思潮的新内容和新动向，阐述了当代西方左翼的现代化批判不同于以往的文化向度和文化意义。书中对西方现代化理论各大流派的代表人物和主要观点进行了概括述评，特别是对20世纪90年代以来具有重大影响的后现代主义、生态社会主义、市场社会主义、马克思主义女权主义、依附理论、左翼全球化理论等国外左翼理论思潮进行了分析与概括。作者力图从现代化历史与理论演进的角度研究当代西方马克思主义，从当代西方马克思主义理论发展的视点研究现代化问题，这种交叉研究是该书的特色之一。

《与时俱进——20世纪以来若干马克思主义重大问题探析》

张战生（编审）、吴波（副研究员）主编

专著　300千字

安徽人民出版社　2002年12月

该书站在新世纪的起点，以回顾和反思20世纪以来马克思主义的发展历程，总结一个世纪社会主义的历史经验为目的，重点选取了能够反映这一发展历程的14个重大理论专题进行了探讨。这些专题包括：马克思主义哲学与20世纪中国、20世纪社会主义理论与实践、“三个代表”重要思想是党的先进性的新概括、中国特色社会主义理论体系的初步形成、社会主义与市场经济的结合、马克思主义民主观与20世纪社会主义民主、马克思主义的价值理想与社会主义精神文明、关于阶级分析与阶层分析、现阶段深化对马克思劳动价值论认识的若干思考、现阶段我国工人阶级的新变化、苏东剧变的历史反思、“西方马克思主义”在当代中国、关于20世纪资本主义的若干分析、全球化与社会主义的历史命运等。该书以专题的形式构成分析框架，思考20世纪马克思主义发展的历史、现实和未来，视角独特。在书中，作者不回避一系列有争论的问题，而是以马克思主义作为观察和解决问题的指导线索，旗帜鲜明地予以诠释、澄清和解答。

《论“三个代表”的理论贡献》

李崇富（教授）、姜辉（副研究员）

论文　7千字

《光明日报》　2002年7月11日

该文系统阐述了“三个代表”重要思想在马克思主义中国化进程中的理论贡献。文章认为，这一贡献首先体现在“三个代表”重要思想继承了马克思主义与时俱进的创新品格，并将其发扬光大。这表现在：其一，“三个代表”重要思想贯穿着一切从实际出发这一马克思主义的科学精神；其二，“三个代表”重要思想敏锐地抓住并正确地回答了时代提出的新课题，为马克思主义增添了鲜活的时代内容；其三，“三个代表”重要思想推动了马克思主义与中国实际相结合的进程，形成了马克思主义中国化的最新的重大成果；其四，“三个代表”重要思想中，每个方面都具有新的深刻内涵，而且三个方面相辅相成，辩证统一，揭示了我们治党和治国的内在联系，形成了一个深化对共产党执政规律、社会主义建设规律和人类社会发展规律认识的新的理论体系。该文还分别阐述了“三个代表”重要思想的各个方面，以及它作为一个理论体系的创新之处。文章指出，要贯彻落实“三个代表”重要思想，关键在于发扬不断创新的理论品格，与时俱进，创造性地解决我国改革开放、社会主义现代化建设所面临的国内国际的重大问题，以推进中华民族的伟大复兴。

《马克思的范畴体系与辩证逻辑方法——邓小平理论范畴体系构建的学理分析》

赵智奎（研究员）

论文　12千字

《马克思主义研究》　2002年第2期

该文根据马克思的范畴学说来分析邓小平理论的范畴体系，认为邓小平理论的范畴体系是马克思主义范畴学说的具体体现。文章指出，理论体系的产生，是范畴、思想群系列辩证运动的结果，是逻辑范畴运动的一般模式。范畴和范畴体系具有认识论的性质，也具有辩证法的性质。在某种层次上说，邓小平理论范畴体系就是唯物辩证法，辩证逻辑方法是其方法论基础。文章通过对邓小平理论的10组范畴，即一般原理和中国特色、和平与发展、制度和体制、计划和市场、公平和效率、发展和稳定、速度和效益、民主和法制、物质文明和精神文明、独立自主和对外开放的分析，指出这10组范畴都与唯物辩证法的对立和统一、量和质、肯定和否定、内容和形式、原因和结果、必然性和偶然性、可能性和现实性等范畴密切相关，是这些范畴的具体展开、运用。从而在学理上证明马克思的范畴学说是邓小平理论范畴体系构建的理论基础。

《论当代资本主义发展的动因和趋势》

罗文东（副研究员）

论文 8千字

《当代世界与社会主义》 2002年第5期

该文从资本主义的基本矛盾以及其与社会主义相互关系的角度，系统分析了当代资本主义发生新变化的四大动因：西方发达国家积极利用科技革命的最新成果，为其生产力的发展开辟了新的空间；周期性发作的经济危机和日益加深的社会矛盾，迫使西方资产阶级对资本主义体制进行了不同程度的调整和改良；不合理的国际关系使西方发达国家通过盘剥落后国家而获得了巨大的利润；蓬勃兴起的社会主义运动，不仅给战后资本主义的调整和改良构成了巨大的压力，而且提供了可资借鉴的经验。这些因素共同构成了当代资本主义发展的动因。文章通过分析战后垄断资本主义的新发展及其投机性和寄生性的加剧，进一步论述了资本主义的自我调节和改良并没有改变帝国主义的根本性质。特别是苏东剧变以后资本主义内外矛盾的加深及由此引发的侵略战争，表明资本主义世界变得更加狂妄和野蛮，对世界和平与人类进步事业构成了严重的威胁，从而使资本主义最终要被社会主义所取代的历史大趋势不可改变，也再次证明了马克思主义关于人类社会必然走向共产主义的基本原理。

《“9·11”后资本主义的新变化与社会主义的新战略》

周穗明（研究员）

论文 12千字

《马克思主义研究》 2002年第4期

“9·11”事件是21世纪发生的世界历史性大事件，它引发了西方资本主义的一系列最新变化。作者提出，贫穷是产生恐怖主义的温床。资本主义主导的全球化加剧了世界的贫富差距。“9·11”事件是以扭曲的形式表现资本主义全球化累积矛盾的历史性爆发。要杜绝恐怖主义，必须从根本上铲除滋生它的根源。在理论上，应分析“9·11”事件的意识形态新挑战，揭示新自由主义的本质、恐怖主义兴起的意识形态基础，研究恐怖主义与资本主义、社会主义三大意识形态之间的关系。当前，尤其需要研究构成恐怖主义理论基础的原教旨的极端民族主义和无政府主义。文章认为，“9·11”事件后，资本主义的新变化给世界社会主义的理论、制度和运动造成了新冲击，提出了新问题，也形成了新的发展契机。研究“9·11”事件对资本主义的经济政治政策新变化的全面影响，是步入新世纪的世界社会主义运动制定战略和对策的需要。在实践上，应分析“9·11”事件对世界社会主义运动发展提出的新问题和对中国社会主义现代化提出的新挑战，并基于此制定具体的政策措施。

《论当代资本主义世界体系》

刘海霞（助理研究员）

论文 9千字

《马克思主义研究》 2002年第5期

该文从比较沃勒斯坦和马克思两位思想家的不同观点入手，论述了资本主义世界体系的起源及其全球扩张，指出：在这一过程中，资本主义具有掠夺的本性。作者认为，只有将资本主义世界看做一个整体，从世界体系的视角来分析，才能了解它的真实面貌，即资本主义是文明与落后、进步与局限、繁荣与贫困共存的体系。文章结合全球化的大背景，从不同视角分析了当代资本主义世界体系矛盾的深化：第一，资本主义的生存一直是以高度整合的外部空间为依托的，而新的国际分工使边缘国家更加边缘化，资本主义发展的外部空间越来越小，资本积累受到阻碍；第二，资本主义自我调节的手段逐渐失效，资本主义世界体系的整合功能严重受损；第三，以追求科学为象征的资本主义文明示范效应减弱，“核心—外围”概念从空间扩展到社会关系方面，“普遍主义—种族主义/性别主义”之间的对立显著。文章指出，全球化使得资本主义世界体系的矛盾在各个层次更加清晰地展现在人们面前。而作为资本主义对立物的社会主义，同样也是世界性的，并有光辉的未来。

《李大钊对唯物史观的认识及其影响》

张小平（助理研究员）

论文　13千字

《中国社会科学院研究生院学报》　2002年第2期

该文对中国马克思主义的先驱李大钊最早传播的唯物史观进行了理论辨析，指出，李大钊对唯物史观的性质、方法所进行的探究，直接影响了中国早期马克思主义的理论形态，对后来中国马克思主义的发展有着不可低估的影响。文章首先剖析了李大钊对唯物史观的性质、方法进行探究的思想轨迹。对唯物史观的性质，李大钊的理解具有两个特点：一是认为唯物史观不是自然科学，也不是历史科学，而是哲学；二是认为它作为哲学，不是思辨的形而上学，而是与历史科学相联系的具有科学实证性质的历史哲学。李大钊认为，唯物史观的第一个特殊方法是经验归纳法，体现了唯物史观的科学精神；第二个特殊方法是历史进化方法，体现了唯物史观与以往历史观的根本区别。作者认为，李大钊的这一理解高扬了唯物史观的哲学意义，将唯物史观置于传统的形而上学之外。他在把唯物史观视为历史哲学的同时，又强调了唯物史观的实证特征和科学意义。正是李大钊对唯物史观的性质、方法所进行的探究，形成了中国早期马克思主义的三大特点：一是鲜明的实践性，二是科学主义倾向，三是认识论化、方法论化的倾向。这些早期的特点对后来中国马克思主义的发展，在理论和实践两个层面均有深远的影响。

世界宗教研究所

《20世纪中国学术大典——宗教学》

卓新平（研究员）主编

学术辞典　770千字

福建教育出版社　2002年9月

该书以学术大典的形式对20世纪中国宗教学的发展及其研究成果加以系统回顾、总结，其内容涉及中国宗教学整体及其各个分支领域的研究情况，包括宗教学、佛教、道教、基督教、中国基督教史、世界伊斯兰教、中国伊斯兰教、犹太教、儒教、中国民间宗教、印度宗教、摩尼教、琐罗亚斯德教、新兴宗教等方面的研究综述。该书共有80多个学术专题，并附有宗教学研究领域学术事件、人物、名著名篇、机构团体和期刊的条目80余条。

该学术大典首次对中国宗教学的来龙去脉、学术全貌进行系统、整体的研究，对许多重大学术问题加以梳理、辨析，并厘清、阐明了中国宗教学学术流派的走向及其特点。其主要理论见解和创新论点是将20世纪中国宗教学的发展分为三个阶段和两大方向。第一阶段为20世纪初至1949年，其特点是宗教学在中国作为一个独立学科之兴起，其研究由教内学者具有信仰前提的研究转向人文学科意义上的客观研究，从而奠定了中国宗教学的基础。第二阶段为1949年至1976年，其特点是宗教学研究进入高等院校和研究机构，其与文、史、哲等学科的结合形成了宗教学研究“跨学科”的趋势，并突出政治层面和意识形态意义上的认知。第三阶段为1977年至20世纪末，其特点是宗教学在中国全面、系统的发展，这一发展主要集中在人文社会科学领域，形成了令世界宗教学界瞩目的“中国特色”。其两大方向是指思想理论探讨和文献史料发掘这两大不同侧重。前者形成了以宗教哲学为核心的学术发展，后者则构成了以宗教史学为主线的学术沿革。

《传统与现代——变化中的南传佛教世界》

宋立道（研究员）

专著 418千字

中国社会科学出版社 2002年8月

该专著为所级课题的最终成果。全书首先对佛教保持其在南亚和东南亚社会中的主流文化地位，为社会提供有益的价值指导，为普通信众提供精神服务进行了讨论。其次，探讨了现代社会与佛教徒之间及现代政治环境与佛教生存、发展之间的关系，并分别就泰国、柬埔寨、缅甸、老挝和斯里兰卡等国佛教在现代政治环境中的处境、佛教同政治及民主机制的互动关系作了说明。最后，该书对比泰国与缅甸的发展实践，阐释了在现代经济与政治的发展过程中，佛教僧伽所作出的应对和变化。

该书的创新之处在于对佛教同现代化过程中的经济与政治发展的关系进行讨论。书中从宗教信仰的差异方面叙述了斯里兰卡僧伽罗人与泰米尔人的长期斗争，分析了两个民族之间冲突的地区经济和社会文化原因。该书对西哈努克和吴努等所创导和实行的佛教社会主义的用意和成败作了细致和深入的阐述和评论。该书对泰国、缅甸、斯里兰卡、柬埔寨等国的僧伽在20世纪世纪重大历史事件中的表现，对某些组织和人物在通过佛教促进社会现代化中的表现的论述，给人留下深刻的印象。同时，作者对宗教在回应现实变革中表现出的局限性也有分析。

《从印度佛教到泰国佛教》

宋立道（研究员）

专著 150千字

台湾东大图书公司 2002年5月

该书是一部通俗性的知识读物，分为两部分：（1）描述佛教从印度传往斯里兰卡，再从那里传往东南亚的历史过程；（2）以泰国佛教现实社会为重点，叙述了今天泰国的佛教习俗和社会文化生活面貌。由此说明，佛教已渗透到了南亚和东南亚社会的政治、历史与文化的各个方面。作者指出，佛教同斯里兰卡和泰国传统社会的联系以及它的仪式制度和宗教观念同人们传统农业生活节奏的融合，表现在不同的节日性的时令节气的安排上、人生周期变化的设计上；宗教不仅成为传统文化的主流成分，支配人们的道德观念，更影响到人们的生活情趣，影响到人们的政治意识形态等等。该书通过宗教文化在社会发展中的作用，从政治与经济两方面分析了宗教对人的社会生存的意义。

《道教本论》

李申（研究员）

专著 213千字

上海文化出版社 2001年11月

该专著论证的是，道教和其他宗教一样，是具有一套高级哲学理论体系、以劝善为目的的宗教。道教的源头，应是汉初黄老道家，而不是东汉的太平道和五斗米道。该专著首先考察了“黄老”、“道家”和“道教”三个概念在古代的使用和演变，指出，汉初黄老道，乃是东汉太平道、五斗米道的源头。汉初之所以“黄老”并称，乃是由于汉初以黄帝为最高上帝，老子则是当时的国家所选中的“师”，是上帝和人的中介。黄老，也就不仅是一个学派的名称，而是标志当时国家整个宗教思想体系的名称。“道家”，乃是由司马谈父子首先使用的概念，和“黄老”同实而异名。所以，后来就用“黄老”或者“道家”指称道教。在上述考察的基础上，作者叙述了自汉初开始道教的发展过程。指出，道教和儒教一样，也往往以修身、治国为目的。把长生术作为自己活动的主要内容，乃是道教在政治上失意之后的不得已行为。古代思想家多能把道教中的两种成分分开，并认为以《老子》为代表的、现在国内学者几乎一致认为的根本区别于道教的“道家”，乃是道教中的高级成分。而以长生术为代表的各种方术，乃是道教中的低级成分。

《多难之路——犹太教》

黄陵渝（副研究员）

专著　160千字

台湾东大图书公司　2002年7月

该书从文化的视角对犹太教全貌加以全面、系统、概括性介绍，内容涉及犹太教历史、教义、伦理、律法、经典、教派、制度、风俗、礼仪、节日和圣地。该书突出地阐明了犹太教作为一种“行为的宗教”，以宣扬“上帝独一”为实质，以伦理道德为核心，以犹太民族为载体，以经典、律法、制度、风俗、礼仪、节日、圣地为表现，以历史发展为传承，使读者对犹太教的整体框架有比较全面、清晰的了解，是一部可读性很强的学术专著。

《近代东亚佛教——以日本军国主义侵略战略为线索》

何劲松（研究员）

专著　250千字

社会科学文献出版社　2002年4月

该专著为我院基础研究课题的最终成果。该专著第一章探讨了从古代到近代日本佛教与政治之间的关系。第二章就二战时期的日本佛教进行了论述，其中包括战时宗教总动员体制与佛教、为法西斯主义服务的佛教界等。第三章的内容涉及日本帝国主义变朝鲜为其殖民地的过程、日本佛教诸宗派充当帝国主义的帮凶、殖民统治下的韩国佛教等。第四章为日本佛教诸宗与殖民统治时期的中国台湾佛教。第五章叙述了日本佛教诸宗在中国东北地区的传教情况。近代日本佛教的发展变化，与日本军国主义的侵略扩张有着密切的关系。今天，日本社会中还潜存着一股右翼势力，他们在对侵略战争的态度上经常做出一些让中国人民和亚洲人民不愉快的举动。因此，该课题的研究显示出重要的理论意义和现实意义。

《“神体儒用”的辨析：儒学在日本历史上的文化命运》

王健（副研究员）

专著　203千字

河南大象出版社　2002年9月

该专著认为，“神体儒用”的传统精神结构是日本传统社会向现代社会转变的重要精神文化支撑。该书研究和分析了绳纹文化与弥生文化以及邪马台国和古大和国的地理、历史特征，勾勒出日本民族形成“神体儒用”精神结构的历史发生学原因和接受外来文化时的本土心理文化背景。另外，从日本历史两次重大转折的历史事实入手，指出儒学自五六世纪传入日本后经历两次功用性命运，从而与日本本土神道信仰构成了日本民族特有的“神体儒用”的精神—心理结构。最后，根据德川幕府末年的“尊王倒幕”运动和明治维新的历史经验，分析和思考了“神体儒用”的现代价值和在普世主义人类情怀上的缺陷。

《伊斯兰教在中国》

周燮藩（研究员）、沙秋真（助理研究员）

专著　170千字

华文出版社　2002 年 7 月

该专著从伊斯兰教在中国传播的独特之处入手，介绍伊斯兰教自唐代传入中国至今的简史，其中包括穆斯林来华路线、伊斯兰教传入中国起始年代的几种说法；唐宋时期的穆斯林；蒙元时期伊斯兰教的发展，穆斯林与中国文化；明清时期中国的穆斯林民族和中国伊斯兰教文化；民国时期伊斯兰教的盛衰；中国伊斯兰教历史新时期等。全书重点介绍伊斯兰教在中国的传播和演变。其特点是利用外文资料将中国伊斯兰教放在世界伊斯兰教的大背景中加以研究，通过对伊斯兰教的兴起和发展，近代伊斯兰教，伊斯兰教经典、教法及信仰礼仪的介绍，使读者了解伊斯兰教在中国的传播与国外伊斯兰教的不同之处，明了其传播和演变的特点，提出了世界伊斯兰教的变化苏非占指导作用，这种作用也反映在中国伊斯兰教中的新论点。该专著突出介绍了苏非教团与中国门宦；苏非派的传入；苏非学说的传播；新疆的依禅派；甘宁青的门宦等。另外，对当代中国伊斯兰教的客观介绍也成为全书的又一特点，读者可以了解新中国伊斯兰教的历程和中国各族穆斯林的生活，体会中国的宗教信仰自由政策。

《说不尽的观世音——引经·据典·图说》

张总（副研究员）

专著　60 千字，彩图 335 幅

上海辞书出版社　2002 年 4 月

该专著应用大量图版，全面介绍、研考了观音信仰与艺术的状况。它由观音经典与艺术遗迹作品入手，以中国为主，前溯古印度的起源，后及韩、朝、日等传国，既依照历史线索梳理，亦顾及了诸民族地区的文物；述及经典时分为汉语系与其他语系，特别注重现存梵本、西夏、回鹘、于阗、粟特、藏文本的介绍，还涉及欧洲早期的英法文译介。作者对疑伪观音经的内涵、版本方面均有新见。对经籍与敦煌遗书中观音忏咒、签课、符印、偈赞、治头痛眼疾咒疗病方的探讨使视角更加全面。

观音尊像的种类依显密种种分出不同。石窟造像碑塔、金铜瓷木、绢纸壁画、版画经册插图为中古诸民族的艺术品。观音铜石造像之标识由莲花手到杨枝净瓶、摩崖刻经与造像题记中出现的“观世音佛”、观音胁侍组合的转化等作者都加以概括。由经典而出再加变化的诸化现观音、民间流传的三十三观音及十圣观音等形象均有详述。艺术形态亦从观音戏典、节日等方面涌现。观音道场作为信仰中最重要方面，无论是最为著称的普陀还是藏地或海东日韩，均未有失。

《朱谦之文集》（1—10 卷）

朱谦之（研究员）

专著　7913 千字

福建教育出版社　2002 年 9 月

朱谦之先生（1898—1972），著名哲学家、历史学家、东方学家、宗教学家，学术界称之为“百科全书式的学者”。该文集将朱谦之先生生前的著述绝大部分收入其中。第一卷收集了朱先生的生平自述、社会、政治方面的著述；第二卷涵盖了朱先生早年的中国哲学研究、史学研究和中国音乐文学研究以及南方文化研究的专著；第三、四卷为中国哲学史研究；第五卷为历史哲学研究；第六卷为现代史学和文化学的研究；第七卷为比较文化个案、中外文化交流、宗教学的研究著作；第八卷为日本哲学的研究；第九卷为日本哲学史撰述与韩国禅教史方面的译作；第十卷为中国禅学思想史的译著。朱谦之先生的有些著作至今仍是学术界的经典，没有人超越，并被学者引用或研究。他写的《革命哲学》、《无元哲学》、《一个唯情论者的宇宙观及人生观》是研究“五四”思潮的基本资料。《历史哲学》、《文化哲学》是中国最早出版的有特色的哲学读物。《老子校释》因搜集版本之丰而被全球汉学家一致推荐为最佳的研究。《日本的朱子学》和《日本的古学及阳明学》是用马列主义观点研究日本哲学的典范，受到了日本学者的高度评价。他集40年之功不断修改撰写的《中国哲学对于欧洲之影响》，是中西方哲学思想交流的代表作。他写的《中国古代乐律对于希腊之影响》、《中国音乐文学史》是音乐文学史研究的开山作。《扶桑国考》和《哥伦布前一千年中国僧人发现美洲考》，提出了北美大陆与中国最早有联系的论断，引起了国际学术界的广泛讨论。《中国景教》是朱谦之生前写的最后一本著作，是一部著述最新、资料最丰、研究最深、篇幅最多的早期中国基督教史专著。《文集》中有的著作是首次出版。

法学研究所

《司法公正与法官责任追究》

熊秋红（副研究员）

论文　15千字

《诉讼法学研究》第2卷　2002年2月

该文认为，在我国司法实践中，为了应对司法不公、司法腐败等不良现象，建立错案责任追究制度的初衷是好的，但是，它存在以下几方面的问题：(1)“错案”不是一个严格的法律术语，其范围很难加以明确界定；(2)“错案责任追究”很容易被人理解为只要发生错案，就应追究法官的责任；(3)现行错案责任追究制度与法官责任追究制度产生了混淆。从我国法律关于法官责任的规定看，原则上以行为的违法性作为追究法官责任的标准，但有时也兼顾“造成错案”这一结果标准。在我国，在追究法官枉法裁判罪时，原则上应当从严掌握，以防对法官独立行使职权产生消极影响。完善现行法官责任追究制度，应遵循两条思路：其一是给予法官充分的职务保障；其二是对法官的责任追究严格依照公正程序进行。只有这样，才能为法官独立公正地行使职权提供良好的制度保障。

《市场法治论》

邱本（副研究员）

专著　280千字

中国检察出版社　2002年2月

市场经济就是法治经济，市场与法治密切相关；论市场就是论法治，论法治就在论市场。故该书名之为市场法治论。市场法治的内容十分广泛丰富，但最核心最直接的是私法、行政法和经济法，因而该书除导论外，相应地分为三编，分别诠释了市场与私法、市场与经济法和市场与经济法之间的关系，对它们的重要原则和热点问题作出了较为详尽的诠释。该书出版以后，产生了一定的学术影响和社会效果。

《法治的层次》

吴玉章（研究员）

专著　300千字

清华大学出版社　2002年11月

作者有感于当前学界议论法治失之于笼统，故著书提倡分层地认识法治观念与制度。该书分五编11章。第一编主要讨论西方法治建设的历史发展。第二编研究法治的价值，分别讨论了法治所体现的价值和法官的职业伦理问题。第三编分析法治的技术层次，分别就专门的司法问题发表了看法。第四编反思法治观念与制度，先后介绍并分析了西方社会中流行的两个法学流派，即批判法学和法律与文学运动，并提出了对于当前流行的法治观念的批评。第五编则针对西方特别是英美社会中的权利观念作出了评价。

《现实主义法律运动与中国法制改革》

周汉华（研究员）

专著　290 千字

山东人民出版社　2002 年 3 月

该书分别对法制改革的四个重要领域即立法、行政、司法和法律教育进行了探讨，并对如何保证法律与社会的有机联系、实现依法治国提出了系统的制度建议。作者认为，立法是法治权威的基础与行为合法性的主要评价标准。行政与司法是法律权威得以实现的保障，也是法律与社会联系的桥梁。法律教育是整个法治系统有序运转的外部条件，是培育现代法律人的必经渠道。该书分别对四个领域进行专门的探讨。认为只有在法制改革的这些主要环节保证法律制度的开放性，保证法律与社会的有机联系，才有可能真正树立法治权威，实现依法治国、建设社会主义法治国家的伟大战略目标。

《知识产权案件的审理与裁判》

周林（副研究员）主编

专著　900 千字

中国人民公安大学出版社　2002 年 3 月

该书的特色是，揭示知识产权案件的审理及裁判过程，使读者了解法官分析案情，适用法律，进行逻辑分析、思考、推理、判断的过程。它区别于已出版的案例书只对裁判文书进行评论的局限，首先对中外知识产权案件的审理与裁判进行了比较研究，然后集中绝大部分篇幅，由具有丰富知识产权审判经验的法官和曾经作为陪审员的专家学者，对一些具体案件涉及到的法律问题进行了深入分析。该书的第三部分“两大法系国家知识产权案件的审理与裁判举例”回应了该书第二部分的中外比较研究。

《行政处罚法新论》

冯军（研究员）

专著　258 千字

中国检察出版社　2002 年 10 月

该书是在《行政处罚法》颁布实施六年以后，对这部重要法律进行反思性研究的一部学术专著，着重探讨了《行政处罚法》在实践中暴露出的缺点和不足，探讨了行政处罚制度今后应如何进一步完善和发展的问题。对行政处罚制度进行比较系统的研究是该书的特点。该书从概括和总结行政执法的法治理论以及分析我国《行政处罚法》的理论基础入手，对中外不同的行政处罚观念进行了比较，并对行政处罚法的继承与创新、基本原则、处罚种类、设定权、处罚体制、证据、一事不再罚原则及其适用、处罚程序的突破及其不足、处罚的监督纠错机制、《行政处罚法》完善与发展等一系列问题进行了较为深入的阐释和研讨。书中关于改革现行体制的思考和对行政处罚设定权理论与立法的反思，关于进一步推动行政处罚程序司法化的建议，见解独到并富有启发性，对修改和完善《行政处罚法》有参考价值。

政治学研究所

《论保持党的先进性》

王一程（研究员）

论文　24 千字

《政治学研究》　2002 年第 4 期

该文指出：当前我们党面临着国际环境、国内环境和党自身状况发生重大变化带来的一系列新情况、新矛盾、新问题。国内外一些人对我们党是否还应坚持工人阶级先锋队性质，还有没有先进性，要不要保持先进性，能否保持先进性，以及如何保持先进性，产生了种种怀疑认识和错误观点。针对这种新形势、新挑战，江泽民同志向全党提出了“三个代表”要求，以解决好在新的历史条件下究竟应该“建设一个什么样的党和怎样建设党”的问题。共产党的先进性归根结底是由党的工人阶级基础和马克思主义理论基础决定的，是靠健全的民主集中制的组织制度和党在各个历史时期正确的路线纲领方针政策体现和保证的。共产党保持自身的先进性，必须在实践中坚持、运用和发展马克思主义；坚持党的最低纲领与最高纲领具体的历史的统一；坚持紧密依靠工人阶级，不断增强党的阶级基础，扩大党的群众基础；坚持全心全意地为绝大多数人谋利益，为人民的利益坚持真理、为人民的利益修正错误；坚持和完善民主集中制，充分发扬党内民主，切实维护党的集中统一。在国内外新的历史条件下，中国共产党要继续保持先进性，必须正确理解和全面贯彻“三个代表”重要思想，始终坚持党的工人阶级先锋队性质，坚定不移地依靠工人阶级，巩固和加强工农联盟，并根据我国社会阶级、阶层结构变化的实际，正确认识和处理党同其他社会阶层的关系，加强和改进党的建设，坚持和改善党的领导。

《努力建设社会主义政治文明》

王一程（研究员）

论文　1.4千字

《光明日报》　2002年8月3日

该文认为：江泽民总书记把建设社会主义政治文明摆上与建设社会主义物质文明和精神文明同样重要的地位，标志着我们党对有中国特色的社会主义文明有了更为全面和深刻的认识，社会主义政治文明建设的步伐将会加快，我国社会主义政治制度的自我完善和发展将提高到一个新的水平。

该文指出，政治文明主要指一定社会的政治法律制度形态；一定政治法律制度的形成和完善，是在一定政治思想意识形态的制约和指导下进行的；一定政治法律制度的实现和维系，只能通过千百万社会成员遵守该制度的政治行为实践。因此，可以认为，政治文明就是由一定社会的政治法律制度形态、政治思想意识形态和政治行为实践所规定和体现的社会文明。

自人类进入阶级社会以来，尽管人类社会的政治文明不断有所发展和进步，民主、自由、平等、公正等价值追求却只限于在少数人当中实现，大多数人则仍然处于被少数人剥削、压迫和统治的地位。只是到20世纪，世界上诞生了苏联、中国等一系列社会主义国家后，人类政治文明的发展才开始发生质的飞跃：少数人剥削、压迫、统治大多数人的不民主、不自由、不平等、不公正的制度被社会主义政治文明实践所否定，被剥削、被奴役的无产阶级和广大劳动人民成为国家和社会的主人。20世纪80年代末、90年代初，苏联东欧社会主义成果被断送，但只要我们从中汲取教训，就能建设好有中国特色的社会主义政治文明。

该文被国内诸多网站和一些刊物转载。

《当代中国的新政治哲学——论以德治国方略》

房宁（教授）

专著　240千字

文汇出版社　2002年1月

该书认为：以德治国方略的提出，为中国共产党在现代条件下执政提供了一种新的政治哲学，体现了中国共产党对于现代社会发展规律的深刻把握和对历史发展进程的辩证理解。

改革开放以来，党和国家提出了依法治国的方略。但依法治国不是社会发展、稳定的全部机制，仅是社会发展与稳定的一个方面。法律制裁无法消除市场经济的趋利性给社会稳定和道德状况造成的冲击。

该书梳理了我国古代政治实践的经验教训和传统文化中有关“法治”和“德治”的

思想，认为儒家倡导的“德主刑辅”的治国方略对于今天的政治实践仍具有一定借鉴意义。作者还对“人治”、“法治”、“德治”的内涵进行了研究，认为封建政治制度决定君主无论采用什么方法治理国家都只能是“人治”，法治和德治都是“人治”的不同手段而已。

作者认为，在当代中国提出以德治国的命题与我们正在建设社会主义市场经济有紧密联系，市场经济是提出和实行以德治国方略的历史背景与社会条件。西方思想家对市场经济与社会伦理道德的关系所作的分析和论证，对探索市场经济条件下精神文明建设基本规律、实施以德治国方略有参考价值。该书回顾了从霍布斯、托克维尔到马克思·韦伯对市场经济对社会可能造成的危害与西方国家文化、宗教和社会传统对市场经济趋利性的遏止因素进行认识的过程，认为在社会历史领域，主观因素具有反作用，“单纯的经济发展和生活的改善还不足以提升社会道德水平，不足以达至长治久安”。

作者批判了“有什么样的经济关系就会产生什么样的道德”的经济决定论观点，强调“精神文明重在建设”，要“掌握思想文化的领导权”，才能建立社会主义道德社会中健康发展的市场经济。

作者认为，社会主义国家的以德治国方略应在吸收人类共同的精神财富、文明成果的基础上，重构适应我国社会主义市场经济要求和社会全面发展所需要的新的信仰道德体系，即倡导、发扬和发展以为人民服务为价值取向、以社会平等为理想信念和以集体主义为伦理原则的社会主义信仰、道德体系。

《成长的中国——当代中国青年的国家民族意识研究》

房宁（教授）、王炳权（助理研究员）、马利军

专著　250千字

人民出版社　2002年5月

该书被北京市委宣传部、北京市新闻出版局主办，北京图书大厦承办的“迎接党的‘十六大’百部重点出版物展示展销”活动列为重点推荐书籍。

该书从政治社会化角度，记述了20世纪80年代以来我国青年国家、民族意识发展变化的脉络。该书认为：80年代，青年人的社会政治意识总体上是建立在对国家、民族的历史道路以及现实选择反思的基础上，充满了对国家刚刚过去的历史的批判；民族与历史虚无主义的倾向，否定自我、认同西方的激进的西化主张大行其道。“八九”政治风波及其之后国际环境的剧烈变故震撼了大陆青年，尤其是西方国家对待中国的态度、苏东剧变激起了大陆青年朴素的爱国热情和对社会主义道路的重新理解。进入90年代，中国开放的步伐加大，国际社会掀起了全球化浪潮。由于中国在国际社会中面临越来越多来自发达国家的压力，中国的国家安全逐渐成为引起人们广泛关注的话题，国家和民族振兴的艰难探索唤起了大陆青年强烈的爱国情感和中华民族意识。

国家民族意识产生于国家、民族间利益的边界。90年代末在中国青年中兴起的民族主义思想有着独特背景。西方经济、军事、文化的强势和敌视政策，对中国青年国家民族意识的复苏和觉醒产生了刺激作用。

《政治文明：涵义、特征与战略目标》

杨海蛟（研究员）

论文　20千字

《政治学研究》　2002年第3期

该文在对学术界有关七种政治文明的定义辨析的基础上，提出了自己的看法。作者认为，政治文明作为整个社会文明的重要组成部分，是人类进入文明社会以来，在改造

社会和实现自身完善过程中创造和积累的所有积极政治成果和与社会生产力发展需要相适应的政治进步状态。

文章认为，政治文明具有阶级性、复杂性、动态性和民族性等特点。任何类型的政治文明，都严重地带有那个社会占统治地位的阶级的阶级色彩。政治文明并不是永恒不变的，它总是随着社会的发展和社会形态的更替不断地改变其内容和形式，受特定民族和国家的历史传统、民族特征的影响，深深地带有鲜明的民族特征。

正因为如此，在社会主义政治文明建设过程中，在注重其形式、机制完善的同时，更为主要的是要把注意力集中于巩固其阶级基础上来。既重视政治主体的现代化程度的提高、组织结构的完善，又要重视注重社会意识形态体系的构造和政治意识的创新，逐步使政治行为规范化、程序化，不断推动政治制度的健全和完善。必须根据本国国情，寻找自己的模式、途径和道路，通过社会主义政治文明建设，推动中国的政治现代化和政治发展，促进社会全面进步。

《社会党国际和社会民主党若干问题研究综述》

董礼胜（研究员）

论文 15千字

《政治学研究》 2002年第2期

该文介绍了社会党国际的概况；回顾了社会民主主义的三个时期；评述了社会党国际和社会民主党的基本政治立场和理论观点；着重分析了社会民主党在20世纪末面对困境进行的反思及其提出的对策。

第二次世界大战之后，西欧社会民主党人对待马克思主义的看法和态度发生了根本的变化。社会党国际在纲领和声明中都强调“多元化”或“中立化”原则。“多元化”强调除了马克思主义外，还有其他一些学说同为社会民主党人意识形态的组成部分；“中立化”侧重于说明对马克思主义和非马克思主义学说要一视同仁。

社会党国际承认资本主义制度有很多弊病，主张以和平的、改良的手段使资本主义演变为社会主义；同时也承认资本主义在过去一二百年中实行了许多积极的变革，如推行福利国家制度，承认政府在经济和社会计划方面的责任，增加选民特别是劳动人民在政治上的影响。

英国工党从1900年问世算起和工会共生并存了一个世纪。党章第4条款长期以来一直被视为该党的基石、象征和灵魂。1995年4月，工党在年会上终于通过了修改党章第4条的决定，使原来把社会主义理解为一种制度变为一种价值观，把作为社会主义目标的公有制、国有化转变成只是实现社会主义的一种手段，把社会主义重新界定为一种人们之间的伦理关系而不是物质利益。这种转变的实质是把“制度社会主义”转变成“价值社会主义”。

新“第三条道路”是欧洲社会民主党为把自己与其历史上的老左派和新右派区别开来，标明自己的理论实践创新而量身定做的“新装”。从政治定位来看，它要走一条介于传统的社会民主主义和自由资本主义之间的道路。而1951年社会党国际成立时宣称，社会民主主义要走一条既不同于资本主义、也不同于共产主义的“第三条道路”。

《当代中国的文化安全简论》

徐绍刚（助理研究员）

论文 6.4千字

《新视野》 2002年第4期

该文认为：文化安全是整个国家安全体系的一个重要组成部分。在当前全球化浪潮的背景下，有必要从主流文化价值体系免遭来自内部或外部的侵蚀、破坏或颠覆的角度对我国的文化安全问题进行考察。

在外因方面，作者总结、分析了西方反华势力进行文化渗透和文化颠覆的三种主要手法，指出，如果对于来自不同发展程度和不同意识形态国家的文化挑战不能进行客观的、辩证的分析，对以建立单极世界或单一化社会为目的的文化霸权主义不能保持必要的警惕并采取正确的应对措施，将会化解中华民族的内在凝聚力，造成我国深层次的“文化弱势”，削弱国家的综合国力，甚至出现政权的“合法性危机”，由于价值观的分裂而引发诸多社会问题。

在内因方面，该文剖析了我国文化建设存在的主要问题，提出：对与反华势力之间在文化领域、特别是意识形态领域的斗争缺乏清醒的认识，某些意识形态工作的弱化和不力，是造成安全工作弱化的直接原因；商品化的倾向对思想、文化领域的渗透和泛滥，是威胁文化安全的重要因素；我国文化建设的薄弱与不足，是造成文化领域缺乏抵抗外来威胁“内应力”的根本原因。在此基础上，作者认为，加强文化战略研究，确保国家文化安全，是必须强调的一个长期而又紧迫、艰巨的任务。

该文是作者对文化安全问题研究的阶段性成果。《哲学研究》2002 年第 3 期、《中国社会科学院要报》2002 年第 44 期曾编发了综述和摘要，《中国社会科学院院报》2002 年 5 月 21 日曾作报道。

《从交往实践看科学技术及其价值》

秦益成（助理研究员）

论文　4 千字

《哲学研究》　2002 年第 9 期

该文认为，人与自然的交往和人与人之间的交往是交往实践（生产实践）的两个方面。科学技术在交往实践中发挥作用，科学技术的正、负面效应总是在交往实践中产生。所谓科学技术的价值效应，其实就是交往实践的价值效应，而科学技术只是交往实践发展程度的表征尺度。以此为依据，该文对科学技术的负面价值效应进行了区分：(1) 在人类交往实践中总会有一些偶发事件，这类事件只可能减少，但难于避免。(2) 人类认识的历史局限性，比如，煤、石油的燃烧释放二氧化碳造成温室效应，是当初不曾想到的。这类负面效应是认识真理的环节。(3) 由于利益的斗争和冲突、民族的掠夺和压迫、阶级的对立和剥削，科学对于劳动来说表现为异己的、敌对的和统治的权力。作者认为，第一、二类负面效应，不带有目的性，是人类交往实践的应有内容，第三类才是科学技术负面效应的真正根源。结论是：人民创造了科学技术并推进着它的发展，科学技术只有在属于人民、为人民谋取利益的时候，才闪射出历史进步的光辉。

《中外思想家论政治文明》

王焱（副编审）

论文　8 千字

《政治学研究》　2002 年第 3 期

该文意在对“政治文明”这一概念进行分析评述。第一部分进行概念分析，追溯“文明”与“文化”在中西语言中的语源，指出“文明”与“文化”这两个概念的内涵与外延历来都十分模糊笼统。在中文世界中，“文明”、“文化”一般具有复杂、文饰、教养等意义。而在西方语言文化脉络中，政治原本就有“文明”的意涵。当代英语世界的一般用法，是将文化视为行为方式的总体，而将构成行为方式基础的物质条件视为文明。第二部分指出马克思、恩格斯曾经在三种意义上使用“文明”这一术语，而在具体的行文中运用文明概念时，一般是用来对文明与野蛮之间的关系进行考察。第三部分对“政治文化”与“政治文明”这一对概念进行比较分析。指出前者现已成为美国政治科学中的基本范畴之一，共有广狭两种意义。狭义的政治文化主要指国家、社会集团或个人对政治的主观倾向。广义的政治文化概念则将政治行为的模式包括在内，即通常人们所说的大文化概念中的政治部分。而“政治文明”概念，一般用以指称特定时期、特定类型的文明中政治制度与其精神文化基础和社会建制之间的关系。

在上述概念分析的基础上，文章指出：现代人对于政治文明这一概念，一般在两种意义上使用：(1) 指特定文明类型中的政治系统部分，强调政治与该文明中的终极关切 (Ultimate Concern) 以及社会政治建制、社会组织之间的关系。(2) 当代汉语中的“政治文明”，一般指在具备正当性的政治制度、政治规则的基础上形成的良好的政治秩序。它往往在与政治无序、政治愚昧、政治落后等对立的意义上使用，因而带有鲜明的价值意涵。最后，文章依据政治文明的上述两种含义，对中国古代思想家（以先秦时期为主）的一些有关论述作了摘编。

民族学与人类学研究所

《中文语境中的“族群”及其应用泛化的检讨》

郝时远（研究员）

论文　16 千字

《思想战线》　2002 年第 5 期

英文 ethnic　group 这一术语引进中国后，普遍共识的翻译为“族群”。但是，中国人类学、民族学界在理解这一术语的含义和应用这一术语的实践中，存在对“族群”概念理解的片面和应用泛化的现象。该文辨识了 ethnic group 翻译为中文“族群”的准确性，同时针对台湾和大陆学界有关理解和应用“族群”概念中存在的问题进行了辨析，重点对“族群”应用的漫散无边和替代中文话语的“民族”等问题进行了分析和质疑，并结合西方国家“认同群体”的问题就“族群”应用的误区提出了一些看法，以期为全面理解和准确应用这一源于西方发达国家以“认同”为核心的术语（ethnic group）提供一些研究思路。文章认为，在“族群”研究的本土化实践中，将“族群”概念及应用泛化于社会群体范围不是本土化，将“族群”概念取代中国共有的和既定的“民族”概念也不是本土化。中国人类学、民族学界在“族群”问题研究中的着力点之一应该是如何将中国“本土”的概念和相关理论让国际学界知晓、理解，从而实现学术交流的双向互动而不是像几个世纪以来发展中国家对西方观念那样的被动接纳、甚至削足适履于自身。

《我国的语言和语言群体》

黄行（研究员）

论文　9 千字

《民族研究》　2002 年第 1 期

语言和语言群体是和目前民族学界讨论的民族和族群问题有关的一对范畴。作者认为，在我国，语言身份的识别往往不是根据语言的交际行为，而是根据语言的结构特点以及语言认同态度和语言使用者的民族属性等综合因素确定的，因此出现了语言和语言群体不一致的情况。方言一般被认为是语言的地方变体。使用同一方言的人们，特别是使用相同自称的方言群体有更多的共同的交际行为和认同感；在没有超方言的民族共同语或标准语的情况下，方言更接近语言群体。方言学的深入研究认为，方言可能是语言分化和语言融合共同作用的结果，这种理论模型比较适合解释我国少数民族亚群体方言的形成过程。双语现象的出现改变了传统社会由单语民族构成的语言群体状况，主要表现为语言群体向更大的双语或多语的语言群体发展。由于我国少数民族人口的年龄、语言分布地区和语言使用场合等方面的语言使用存在明显的差别，因此，语言群体在双语的使用状况和使用态度方面也会存在着明显的差别。

《当代中国民族问题解析》

王希恩（研究员）

专著　360千字

民族出版社　2002年2月

该书对我国民族问题作了多角度多层面的分析，既有新中国建立以来我国民族问题发展的纵向阐述，又有经济发展、法律法规、民族关系、民族意识、国家统一和民族凝聚力等方面的横向研究，同时也增添了民族素质和国际因素对国内民族问题影响等方面的内容。作者以党的社会主义初级阶段理论为指导，详尽地展示了当代中国民族问题的主要内容、性质特征和解决途径。作者认为，民族问题涉及民族存在、发展及各种相关利益的社会矛盾，这些矛盾存在于民族之间，也存在于各民族内部以及民族与其他社会群体或社会单元之间；不但存在于国内基本民族层次，也存在于以国家为单位的国家民族层次。以非对抗性的矛盾为主，以发展中的矛盾为主，是我国社会主义初级阶段国内民族问题的两个特点；少数民族和民族地区迫切要求加快发展和自我发展能力不足的矛盾，是社会主义初级阶段国内民族问题的主要矛盾。这些观点对人们认识当代中国民族问题提供了新的视角。

《清代翰林院制度》

邸永君（副研究员）

专著　160千字

社会科学文献出版社　2002年1月

该书为“中国社会科学院青年学者文库”文史系列丛书之一，是我国首部有关清代翰林院制度的专著。作者对这项曾历时一千余年，对中国封建社会产生过重大影响的制度从源流、发展到结局进行了系统全面的研究，并对此项制度从产生到消亡的深层次根源和影响进行了较深入的分析，也提出了清朝科举制度分为四级人才结构的新见解。

翰林院是我国封建社会中、后期历代王朝政府中一个文化色彩十分浓厚的官僚机构。它随着科举制度的创立而出现，又随着科举制度的废止而消亡，从唐代至清代，相继存在千余年。自明代实行的庶吉士制度，使科举制度与翰林院制度正式并轨。至此，“非进士不入翰林”，翰林院成为科举的延伸、发展与极致。翰林院制度自唐代以来，历朝都有发展变革。至清代，翰林院制度因满族入主中原而更具特色。如清代翰林官中，除汉族人外，满、蒙出身者也为数不少，并有回族翰林和南方少数民族士子，这使得清代翰林院成为中华民族文化的交汇、融合之所。该书从清代翰林院之起源、建置、职掌、遴选翰林官之途径、对翰林官之培养考课与任用、清代之翰林与皇权、清代之翰林与思想文化等方面进行了系统研究，论点鲜明、论证充分、考证精详、文笔流畅、结构严谨，是一部具有较高学术价值的学术专著。

《桑植白族经济与社会结构研究》

王剑峰（助理研究员）

专著　200千字

吉林人民出版社　2002年10月

族群认同与族群性问题，是民族学和人类学研究的热点问题。该书在田野调查的基础上，对湖南省桑植白族的族群认同与族群性进行了深入研究。桑植白族源自宋末元初云南大理国的“爨僰军”，距今已700年有余，但他们一直保留原始的“僰人”认同，一直发展为当代的白族认同。族群认同本质上具有二元特征：一方面，它是族群内部基本规范和习俗传承的结果。通过文化传承，人们不仅能够在任何时候把自己和族群的其他成员联系起来，而且能够把过去和未来的代际联系起来。另一方面，除了族群的自我认同外，与这一族群发生关系的其他族群和管理族群的国家都参与了族群认同的构建。族群是历史意义上既定的社会和经济构成框架内被置于与其他群体不对称关系中的群体。他们在一个更为广大的社会和经济制度中占有不同的位置，在财富和权力规模上拥有不同的地位。据此，族群性可以说就是对不同群体之间某种社会与经济关系提出挑战的文化反应。

《文明会冲突吗?》

何星亮（研究员）

论文 16千字

《中南民族大学学报》 2002年第4期

“文明”是人文社会科学许多学科共同研究的主题之一。近10年来，在有关“文明”的论著中，影响最大的是美国著名政治学家塞缪尔·亨廷顿撰写的论著。他认为，在冷战后的世界，冲突的基本根源不再是意识形态，而是文化或文明方面的差异。未来主宰世界的冲突主要是“文明的冲突”。

该文不同意亨廷顿的观点，并从人类学的角度对“文明”的性质和功能作了深入的分析。作者认为，文明或文化既不属于有机世界，也不属于无机世界，而是介于两者之间的第三界，即有机物与无机物的统一体。在世界上，只有有生命的有机体才会冲突，文明本身不会自动冲突。由于文明或文明具有功用性，某些人为了达到自己的目的，利用文明的功能并使它成为自己的工具。历史上不同民族、不同宗教或不同文明之间的冲突，主要是冲突挑动者把文明或文化作为工具，利用不同文化、不同文明之间的差异性进行煽动，从而引起冲突。

为防止由于误解而发生不同文明民族之间的冲突，以及防止别有用心的人利用文明的不同挑起民族间或国家间的冲突，不同的民族与国家应相互理解和沟通，并提倡互助与互爱。当代世界各种文明都有数千年历史，都具有顽强的生命力，都不会轻易退出历史舞台。在21世纪，为全世界大多数国家所认同的普世文明是不存在的，以一种模式来统一世界各国的文化是行不通的。各种文明之间应共生共存，取长补短，并行发展。

《东南亚华人与土著民族的族群关系研究——以菲律宾和马来西亚为例》

曾少聪（副研究员）

论文 15千字

《世界民族》 2002第2期

该文从民族学的角度，以菲律宾和马来西亚为例，探讨华人与当地土著民族的关系，分析西方人殖民东南亚时期与东南亚国家独立建国之后华人与土著民族关系的状况，阐明不同族群之间的冲突不是因为文化的差异引起，主要是由于政治和经济的原因使得族群差异和文化差异被政治化和经济化之后，才会发生紧张的族群冲突。在多民族国家里，消除种族歧视、允许多元文化的并存是促进多民族国家族群关系和谐的重要途径，也是世界多民族国家发展的主流。该文指出，菲律宾和马来西亚都是多种族、多民族并存的国家，华人族群是其所在国民族的重要组成部分，华人经济也是菲律宾和马来西亚经济的重要组成部分。东南亚一些国家只能顺应世界的历史潮流，摈弃种族歧视，采取宽容的民族政策，真正实现民族平等，东南亚华人族群与土著民族的关系才能朝着更为和睦和更为融洽的方向发展。

《移民地位和权利：对现代民族国家及其政治制度的挑战》

王建娥（副研究员）

论文 10千字

《民族研究》 2002年第5期

第二次世界大战后，世界移民趋势的变化引起一系列相应的社会问题，如移民少数民族的边缘化、劳动市场种族化分工，针对移民的种族暴力行为等等，对传统的社会结构和政治制度产生了强烈的冲击。从本质上看，移民问题和由此而产生的一系列连锁反应，与民族国家内在排斥机制有直接的联系。现代国家是建构在民族意识、民族象征、民族自由和民族认同、民族成员的公民权利这些观念基础上的。这种观念形态，为公民身份确定提供了认同标准，使民族国家的排斥性外延合法化。现代民族国家及其所有政治安排和法律制度，包括公民权和代议制民主制度，都是在这种排斥性意识形态前提下建构的。它本身所具有的排外性，是西欧近年来发生的针对外国移民种族暴力和种族排斥现象的制度性根源。移民和移民的公民权问题已经对传统国家的合法性形成了威胁，对民族国家传统权利和制度职能提出了严峻挑战。因此，移民问题的解决与现代国家政治制度的改造之间便发生了必然联系。

《卓仓藏人的骨系等级婚姻制度及其渊源初探》

扎洛（助理研究员）

论文 10千字

《民族研究》 2002年第4期

藏族传统社会中的等级婚姻制度可以分为两种：一种是以经济、政治地位为基础的等级婚姻制，它是以卫藏地区的封建农奴制度为依托的。另一种是以骨系高低为基础的等级婚姻制。由于骨系观念已久存于人们的意识之中，百年来，尽管藏族地区的社会制度已发生了极大的变化，但在许多藏区，骨系等级却仍旧是人们缔结婚姻时首先考虑的因素。生活在青海东北部的卓仓藏人，骨系差别的主要根据是骨系“纯洁”与否，而“纯洁”与否的关键则是看是否有狐臭味及其程度如何。卓仓藏人把这种体味描述为一种极其难闻的臭味，并认为这种体味通过肌肤接触而传染。没有这种体味的即为“纯洁”骨系，反之为“不洁”骨系，而这两种骨系的人通婚或发生某些接触，则产生出介于二者之间的“中间”骨系。卓仓藏人认为，骨系差别在起源上并不与人们的社会经济地位关联，而将它看成为各个家族固有的特性，就如大自然中的动植物各有其气味一样。具有遗传、先赋性质的体味差异构成了骨系的等级差别，这在卓仓藏族社会中具有广泛的社会意义，甚至影响到不同等级的社会行为规范和伦理道德。但其最重要的意义还是表现在婚姻制度上，因为卓仓藏人的骨系阶层内婚姻制和父系血亲外婚制，都是以骨系观念为基础。但由于经济等方面的原因，跨阶层婚姻在卓仓藏人中也是允许的。其中，较高阶层的女性嫁给较低阶层的男性，表现形式为下嫁婚，因为它的社会地位明显而更为常见。

社会学研究所

《2002年：中国社会形势分析与预测》

汝信、陆学艺、李培林（均为研究员）主编

研究报告 317千字

社会科学文献出版社 2002年1月

该书是中国社会科学院“社会形势分析与预测”课题组发表的第10本年度“社会蓝皮书”。2002年度的社会蓝皮书在内容上有三个新特点：（1）突出地分析了加入WTO以后中国可能发生的变化；（2）突出地分析了社会阶层结构的变迁和利益格局的变化；(3) 更加突出地反映了社会改革的状况和进程。该书分总报告、调查篇、改革篇、专题篇、部门篇和阶层篇。为该书撰稿的都是有关领域的专家。该书是我院出版的精品图书之一，在国内外具有重要影响。

《社会发展的时空结构》

景天魁（研究员）

专著 428 千字

黑龙江人民出版社 2002 年 1 月

该书是黑龙江人民出版社出版的"中国学术前沿性论题文存"之一，收录了景天魁 1980～2000 年期间的主要研究成果，记录了作者执著于研究社会发展问题的研究历程和研究心得。全书共分三个部分，第一部分为社会发展的逻辑结构；第二部分为社会发展的认知结构；第三部分为社会发展的时空结构。近年来，作者致力于将社会哲学、社会学和作为社会学的具体应用的社会政策研究贯通起来，该书是作者在这方面的努力所取得的成果。

《当代中国社会阶层研究报告》

陆学艺（研究员）主编

研究报告 333 千字

社会科学文献出版社 2002 年 1 月

该书是"当代中国社会结构变迁研究"课题组的阶段性成果，是对广东深圳、安徽合肥、湖北汉川和贵州镇宁四个县市抽样调查数据进行初步分析的结果。该书第一次将中国人划分为十大社会阶层，即国家与社会管理者；经理人员；私营企业主；专业技术人员；办事人员；个体工商户；商业服务人员；产业工人；农业劳动者和城镇无业、失业、半失业人员。全书共分总报告、专题研究报告和市县个案研究报告三部分。该书是国家"十五"重点图书规划项目。

《中国社会问题报告》

陆建华（研究员）

专著 332 千字

石油工业出版社 2002 年 1 月

该书作者从失业、贫困、犯罪、腐败、环境污染、教育、收入分配、劳资关系、妇女等中国现代化建设中面临的问题入手，用社会学的观点分析了这些社会问题的成因，以及它对中国现代化进程所产生的影响。该书的特点是抛开了对社会问题的传统分析方法和写作方法，把社会问题看做是社会发展进程中不可避免的、结构性的问题，由此引入公共政策这一概念，探讨了公共政策与社会问题的关系，并对相关研究文献进行了初步梳理。

《"三农论"——当代中国农业、农村、农民研究》

陆学艺（研究员）

论文集 436 千字

社会科学文献出版社 2002 年 11 月

该书是作者近 10 年来研究农业、农村和农民问题的文集。作者怀着对中国农业、农村、农民深情的学术关怀，全身心投入"三农"问题的调查研究，并以严谨的学风系统阐发了"三农"研究的学术思想，发表了许多重大而有影响的文章。该书全面描述了 20 世纪 90 年代以来中国"三农"问题的发展和演变，内容涉及农业发展和粮食问题、农村的改革与发展、农村现代化道路、农民分化与农村社会阶层、社会结构与经济发展等方面。

《中国社会学》(一)

中国社会科学院社会学研究所编

研究报告 343 千字

上海人民出版社 2002 年 7 月

该书收集了近年来在汉语学刊发表过的社会学论文或译文、在外文学刊上发表的论文及少量未发表过的社会学论文。所有论文的作者均是中国学者或海外华人学者。该书力图收录社会学恢复以来华人学者所发表的优秀论文。《中国社会学》是一本年度连续出版物，出版的目的一是纪念前人，二是推进积累，三是探索方向。

《中国私营企业发展报告》

张厚义（研究员）等主编

研究报告　371 千字

社会科学文献出版社　2002 年 1 月

该书是私营企业蓝皮书系列的第 3 本。该书作为一种学术资料性专著，力求忠实地记录私营企业的发展过程，客观地描述私营企业的发展状况，全面分析私营企业的发展特点，内容翔实、数据系统、事例典型。全书分专题篇、调查问卷篇、研究报告篇和学术探讨篇。该书的特点是理论与实际相结合、学者与实际部门工作者相结合。该书包括一个关于私营企业员工问卷调查的分析，这是第二次全国范围的私营企业员工调查，具有系统性和权威性。通过该书，可以了解我国私营企业发展的总体情况。

《村庄内外》

刘一皋、王晓毅（研究员）、姚洋

专著　202 千字

河北人民出版社　2002 年 1 月

该书的写作基础是对河北、江苏、浙江和广东等省四个村庄的调查资料。在村庄调查中，作者采用问卷、访谈和搜集文献资料的方法，对中国东部农村的非农经济、村庄利益分配、外来人口、文化认同、权力分化等作了比较深刻的研究。该书所涉及的主题为农村工业化过程中村庄的结构变迁和本村人与外来人口之间的互动，这是近年来社会学界关注的热点问题。该书较好地把握了分析这一问题的脉络，用真实的数据和丰富的访谈资料，向人们展示了中国农村在现代化过程中激烈变化的社会结构。该书三位作者的知识背景分别是历史学、社会学、经济学。该书的写作表明，作者试图推动这一领域的跨学科研究。

《邓小平理论与当代中国社会阶层结构变迁》

陆学艺（研究员）、龚维斌、陈光金（副研究员）

专著　193 千字

经济管理出版社　2002 年 2 月

该书为全国哲学社会科学规划办公室中长期重大课题的最终研究成果。该书从邓小平理论与中国社会阶层结构变迁的关系的视角，分析了中国社会阶层变迁的动因，中国社会阶层变迁的过程展开，中国社会阶层变迁机制的转换，中国社会阶层变迁方向的调节等问题。该书认为，邓小平改革开放理论是中国社会阶层结构变迁的前提，他的经济建设理论推动了社会阶层结构变迁的展开，他关于大力发展科学技术的理论从一个重要方面促成了中国社会阶层结构变迁机制的转换，他的政治法律理论对中国阶层结构变迁的方向具有重要调节作用，他的关于社会主义本质的理论为中国社会阶层变迁提供了社会主义的评价标准。

《中国青少年犯罪研究年鉴》（第二卷）

中国青少年犯罪研究会编

工具书　2644 千字

中国方正出版社　2002 年 8 月

该书是为纪念中国青少年犯罪研究会成立 20 周年专门编辑的。该书全面介绍了我国保护未成年人的有关法律法规，收录了近 10 年来中央有关部委对防止青少年犯罪所做工作的总结以及中国青少年犯罪研究会的工作总结。该书同时收集了近10年来全国各地对青少年犯罪所作的调查研究报告和有关青少年犯罪研究的论文。

新闻与传播研究所

《大众媒介对儿童的影响》

卜卫（研究员）

专著　320千字

新华出版社　2002年1月

该书是我国第一本关于媒介与儿童的学术专著。作者根据10年来对儿童使用大众媒介的社会调查、个案研究和媒介研究结果，为公众提供了大量有关儿童使用电视、广播、报纸、计算机、互联网等媒介的数据。在此基础上，论述了媒介对儿童现代性、道德发展、学业成绩等方面的影响。该书还讨论了媒介暴力、媒介中的刻板印象等对儿童的影响，并就有关儿童与媒介的立法、媒介自律和媒介教育等重要问题表明了自己的见解。

《世界新闻传播史》

陈力丹（研究员）

专著　375千字

上海交通大学出版社　2002年5月

该书分为七篇21章。第一篇论述了世界新闻传播的宏观历史，其他六篇分别论述了各大洲或大的区域内各国新闻传播的历史发展和特点，然后选取各大洲或区域的代表性国家共14个（英国、法国、德国、意大利、俄国、美国、加拿大、墨西哥、巴西、印度、日本、埃及、南非、澳大利亚），较详尽地叙述和研究其新闻传播发展的历史和特点。该书以各国纵向的历史发展为主线，辅以区域内的横向比较；历史和现实的媒体是否提及和论述详略，以历史和现实中产生影响的大小作为选取标准，不再以资产阶级、无产阶级来划分论述对象。该书材料截至2000年，书前有历史资料图片四幅，书后附有中英文参考文献共132项。该书是我院新闻与传播研究所重点科研课题的研究成果，是我院研究生院新闻系研究生外国新闻史课程的教材，一些高校新闻传播院系也将该书作为研究生阅读书目之一。

《关于信息传播全球化和新世纪初我国传播发展战略的几个问题》

明安香（研究员）

论文　12千字

载《新闻传播论坛》第7辑

南京大学出版社　2002年8月

该文探讨了传播全球化的概念，认为信息传播全球化就是信息能够在地球上任何地方跨越时间、空间、地域和边界的限制，进行及时、广泛传播或交流的状态和过程。当今信息传播全球化的主要标志是全球性电视广播网、电话电信网和国际互联网等三大全球性网络的初步建成和迅速普及。我国作为世界上最大的发展中国家，毫无疑问应该紧紧抓住机遇、乘势而上，制定出正确的新世纪传播发展战略，积极主动地参与信息全球化的进程。为此作者建议：（1）充分利用信息传播新技术、新媒介特别是网络传播等带来的有利条件，积极主动地参与传播全球化的进程。要制定相关政策、降低上网门槛，有利于全民上网。（2）进一步认识和尊重传播规律，着力加强媒体的内容建设，切实提高传播效果，让我们的新闻传播和舆论传播在西方主流社会中落地，逐步影响21世纪世界舆论的格局。要遵守新闻传播的基本规律，在对外传播特别是新闻报道的手法上与国际接轨，才能取得预期的传播效果。（3）适应中国加入WTO以后面临全球媒体竞争的需要，按照市场经济规律办事，逐步实现媒介传播资源的最佳配置，建立中国自己的世界级媒体超级航母。要在搞好媒体内容建设的基础上，真正按照市场经济规律，形成几个跨媒体、跨行业、跨地域、跨国界的超级媒体集团，既要防止垄断，又要实现新闻资源的最佳配置。

《从法兰克福到伯明翰——西方电视批评理论再析》

时统宇（研究员）

论文　15 千字

《现代传播》　2002 年第 4 期

法兰克福学派和伯明翰学派是电视批评理论的两个重要的西方学术流派。前者的社会批判理论是解剖电视的一把利刃，对我国思想理论界产生了巨大影响；后者则将经济学的基本范畴引入电视研究，看到了电视传播背后的市场这只“无形的手”的作用，从而更深刻地“读”懂了电视。对于电视批评而言，这种经济学视角具有特别重要的意义。伯明翰学派的著名代表人物费斯克提出，电视工业首当其冲的要务是生产商品化的观众。对此，无论是波德利亚的《消费社会》，还是大传播学的许多论著，抑或是霍尔的《编码，解码》等等，都阐述了电视传播、文化生产与市场经济的共谋关系。包括电视业在内的文化产业的迅猛发展，是西方电视批评理论进步与完善的根本原因。如果说法兰克福学派是一批愤世嫉俗的斗士，那么，伯明翰的文化研究者则更像一批睿智的智者。就中国电视事业的健康发展而言，既需要斗士，也不能没有智者。这种斗士和智者的并存和相互砥砺，将作为对中国电视传播的监督、校正和理论支撑长期存在。

《全球化时代的传播与国家权力》

杨瑞明　（副研究员）

论文　4 千字

《国际新闻界》　2002 年第 6 期

自从人类进入阶级社会后，传播活动与传播媒介就受到社会权力主体——国家的控制和影响，国家权力始终是媒介背后的一种支配力量。当代国家主要作为法律法规和政策的制定者，规范媒介之间的竞争与协调各资本力量对市场的划分。全球化正在通过重组或重新调整国家政府的权力、功能和权威，以及重建国际政治关系的基础改变着当代世界的秩序。传播全球化的力量对世界政治经济全球化的发展产生深刻的影响，但传播全球化受到国际体制的约束。同时，国家权力依然是争取国家利益和实现全球传播战略的重要手段。

《修改宪法要与时俱进——反对把“私有财产神圣不可侵犯”写进我国宪法》

喻权域（高级编辑）

论文　6 千字

《当代思潮》　2002 年第 6 期

该文论证，“私有财产神圣不可侵犯”是 1789 年法国大革命发表的《人权与公民权宣言》中提出的，成为资产阶级革命的口号与旗帜。这个口号在历史上起过进步作用(反对君主专制)，也起过不良作用。“二战”之后，资本主义国家修订或重新修订宪法，都没有这一条。该文引用了当今二十几个资本主义国家的宪法中关于财产权的规定，有三个共同特点：(1) 保护私有财产，但不把私有财产神圣化、绝对化；(2) 限制私有财产，不得妨碍国家、社会利益；(3) 在国家、社会需要时，政府可以依法、有偿征收私人财产。因此，我们不能逆历史潮流而动，不能把“私有财产神圣不可侵犯”写进我国宪法。

世界经济与政治研究所

《经济全球化与世界经济发展趋势》

余永定（研究员）、李向阳（研究员）主编

专著　402千字

社会科学文献出版社　2002年9月

该书从全球化的角度对世界经济各个组成部分的发展趋势作出评估，不仅涉及世界经济的传统核心组成部分（贸易、金融、投资），而且还涉及与世界经济发展密切相关的一系列重大问题，如科技创新与扩散、产业结构演变与调整、区域经济合作、环境保护与可持续发展、跨国公司的全球战略、国际经济规则的统一等。该书对这些领域进行理论探讨，从而对世界经济的发展趋势作出了深入全面的分析，认为面对经济全球化的发展趋势，中国要应对有方，扬长避短，趋利避害，坚持自己的发展道路和方向，以最终实现中华民族的全面振兴。

《2001～2002年：世界经济形势分析与预测》（世界经济黄皮书）

王洛林（研究员）、余永定（研究员）主编，谈世中（研究员）、李正乐（研究员）副主编

专著　302千字

社会科学文献出版社　2002年2月

该书分为“综合报告”、“国别与地区”、“专题与研究报告”、“世界经济大事记”、“世界经济统计资料”五部分。该书认为，2001年是1990年以来世界经济形势最为严峻的一年。2000年秋季，人们对2001年世界经济形势的恶化估计不足，固然有客观原因，例如，谁也没有估计到会发生美国“9·11”事件，但从主观上说，是与经济学家们对于美国经济结构的深层次矛盾认识不足有关，还与对于全球化大潮中世界各国经济的相互影响估计不足有关。

相对于2001年来说，2002年的世界经济形势带有更大的不确定性。这种不确定性首先是由于阿富汗战局的发展难以预计，但更深一层的原因则是由于世界一系列矛盾的发展变化呈现出许多新的特点。考虑到世界经济中的诸多不确定因素，我们必须做好充分思想准备应对2002年世界经济出现所谓“增长型衰退”的挑战。以更长期的观点来看，2001年的世界经济，特别是美国经济增长速度放缓，可能标志着世界经济新阶段的到来。战后时期是资本主义发展的黄金时期；20世纪70年代石油危机之后的十多年是发达国家经历过的滞胀和调整时期；20世纪90年代，美国经济在经历了十年扩张期后，重新取得了在世界经济中的主导地位；目前美国经济可能又进入一个调整期，世界经济将暂时告别20世纪90年代的高速增长而进入一个经济增长速度较低的新时期。对此，我们亦应有所准备。

《2002年：全球政治与安全报告》

李慎明（研究员）、王逸舟（研究员）主编，李正乐（研究员）、沈骥如（研究员）、李少军（研究员）副主编

专著　347千字

社会科学文献出版社　2002年2月

该书在2001年年度报告所设的“总论”、“大国关系”、“第三世界研究”、“周边安全问题”、“全球军控问题”、“联合国研究”、“区域组织与政治”、“各国政党”、“国际关系理论”、“国际政治与安全大事记”等栏目的基础上，增设了“恐怖主义”、“难民问题”、“生态政治”和“非政府组织”等章节，也在“国际关系理论”和“重大专题”栏目内变换了探讨的主题。2001年，最令国际政治学家关切的大事当属“9·11”事

件。美国此番遭袭及其严重的人员财产损失，充分暴露了其安全体系的某些盲点和脆弱之处，凸显了布什新政府上台后大力推行的全球导弹防御系统的荒谬性，对力主发展此系统的美鹰派势力是一次强力狙击。为了从根本上遏制恐怖主义威胁，今后一段时间内，美国执政者和强力机器不得不集中精力对付国际恐怖主义。美国对国际恐怖主义发动的大规模报复行动，很可能是有史以来国际社会所见过的最严厉的报复行动。但美国亦有它的难题，有协调短期行动与长远目标之间矛盾的艰巨任务。由于美国国内安全感下降，将会导致一系列不利于美国的消极后果。对“9·11”事件，看上去各国几乎众口一词加以谴责，但从利害关系和战略角度分析，许多国家其实盘算不一，仔细听就知道调门有微妙的差异。从国际安全和战略研究的角度观察，“9·11”事件的确是一个历史的新起点，标志着冷战结束后国际关系领域的新界碑，2001年将因此而载入史册。

《恐怖主义溯源》

王逸舟（研究员）主编

专著　284千字

社会科学文献出版社　2002年9月

环顾后冷战的世界，恐怖主义已成为世界各国面临的一个公害。“9·11”事件不仅是对美国史无前例的一次打击，也是对所有国家和人类尊严的一种蔑视和挑战。为了全面而深入地追踪恐怖主义的来龙去脉，中国社会科学院世界经济与政治研究所、宗教研究所和民族研究所的10位专家学者组成了课题组，从不同角度对恐怖主义的概念与类型，大国关系与恐怖主义的联系，南北分裂局面与恐怖主义的滋长，国家战略与恐怖主义的滋生，种族、民族冲突与恐怖主义的关系，宗教问题对恐怖主义的影响，以及二战后三大著名战事同恐怖主义的发生等等，进行了系统和细致的分析。书中还附有国外学者对恐怖主义根源的讨论。

该书注重的是理论的探讨、概念的推敲，多学科分析工具的运用以及分析说明的深度，特别是中国人探讨这一现象应有的视角。恐怖主义到底由何而来又怎样界定？何以如此猖獗却屡禁不止？它与宗教摩擦、民族矛盾有哪些联系？它与大国关系和地缘政治有什么瓜葛？该书都提出了自己的见解。

《国家创新体系与东亚经济增长前景》

王春法（研究员）

专著　305千字

中国社会科学出版社　2002年3月

1994年，美国经济学家克鲁格曼在《外交》杂志上发表了那篇引起广泛争议的论文：《亚洲奇迹的神话》。许多学者认为，克鲁格曼无视东亚经济增长的独特性质，低估了东亚地区经济持续增长的潜力，东亚经济增长至少还可以持续20～30年。但是，国内外也有一些经济学家赞成克鲁格曼的分析，认为他的分析切中东亚经济的时弊，值得深思。正是在这种情况下，“东亚经济增长的前景——克鲁格曼命题研究”作为重点课题于1997年8月正式批准立项。几乎与此同时，金融危机迅速蔓延到东亚许多国家及地区，许多学者从克鲁格曼的批评者转变为颂扬者，认为他对东亚经济发展前景的判断非常准确，有先见之明。有鉴于此，课题重点从克鲁格曼命题的分析转到对东亚经济前景的分析上来，并以东亚经济增长的科学技术基础作为分析的突破口，有意识地将研究重点转向国家创新体系理论以及东亚地区国家创新体系的演变及其特点，并据此分析东亚经济变迁的进程。在这个过程中，许多使用一般常规分析方法无法观察或解释的经济现象，比如说东亚区域创新体系的存在与东亚经济增长的群集性、东亚地区多个国际生产网络的重叠与技术扩散、东亚电子工业的崛起与东亚奇迹之间的密切联系、电子工业中的技术学习、美国和日本在东亚地区的经济技术竞争等，运用国家创新体系理论都有可能作出比较明确合理的解释。

《国际政治学概论》

李少军（研究员）

教材 413千字

上海人民出版社 2002年3月

该书是一本国际政治学教科书，宗旨是介绍有关的知识与观点，同时也想通过提出问题引起思考和讨论。该书的内容分为四部分：第一部分以国际政治学学科为着眼点，阐释了国际政治学基本概念与理论体系，并侧重介绍了当代国际政治学的主要理论与范式；第二部分以国际安全为着眼点，阐释了国际关系的本质表现即国际冲突与合作，并就安全概念、对外政策、干涉主义、争端解决等国际安全的主要层面进行了探讨；第三部分以世界政治为着眼点，就当代全球性问题，诸如生态环境问题、恐怖主义问题、民族主义问题、核武器问题以及难民问题等进行了专题阐释；最后一部分以中国与世界的关系为着眼点，通过中西文明的对比，对中国未来的发展与面临的机遇进行了讨论。该书的写作把对国际政治理论的研究与对国际政治问题的研究结合起来，把对世界的研究与对中国的研究结合起来，各章都附有思考题、相关概念以及应进一步阅读的书目，以便于读者学习。

《中国金融开放的战略抉择》

谈世中（研究员）主编

专著 373千字

社会科学文献出版社 2002年2月

该书从理论和实践两个方面论述了中国金融开放的必要性和可能性，回顾了中国金融开放的历史进程，对中国金融开放中的长期性、战略性、根本性问题进行了深入研究，提出了中国金融开放可持续发展战略，勾画了中国金融开放循序渐进分步走的目标和蓝图，并设计了中国金融开放的风险监督和防范体系以及提高中国金融国际竞争力的战略措施和反危机方案。

该书共分为九章：第一章“金融开放的理论分析”，主要从理论上分析了金融开放的作用、影响和可能产生的冲击；第二章“中国金融开放的国际环境”，通过对21世纪初世界经济发展的八大趋势，指出中国金融开放的国际经济环境是良好的；第三章“中国金融开放的历程”，指出中国金融开放已取得巨大成绩，加入WTO将为中国金融开放增添新的活力；第四章“中国金融开放的战略定位”，提出金融可持续发展战略、金融赶超、循序渐进的中国金融开放模式、有中国特色的中国金融开放体制等；第五章“中国金融开放的战略目标”，是该书最重要、也是最具新意的内容之一，为中国金融开放勾画了分三步走的战略蓝图及其每个阶段实施的具体步骤；第六章“中国金融开放的潜在风险及监督防范体系”；第七章“金融国际竞争力：中国金融开放的基础”，分析了中国金融国际竞争力的现状，并提出如何增强竞争力的措施；第八章“七大金融改革：中国金融开放的必要条件”，七大改革中有些是正在进行的，有些是改革的设想；第九章“中国金融开放的反危机方案与措施”，集中讨论了发生危机后该怎么办。

《放松投融资管制的增长与波动效应》

姚枝仲（助理研究员）

论文 40千字

《中国社会科学评论》 2002年第2期

该文通过考察国民经济核算账户与银行账户之间的关系，以及金融工具与资金流量之间的关系，发现国有部门与非国有部分之间存在资源转移状况，非国有部门通过金融系统向国有部门转移资源，而国有部门则通过工资支出等合法以及一些非法渠道向非国有部门转移资源，资源转移状况随着对非国有部门投融资管制程度的不同而有所差别。为此，论文建立了一个两部门模型，以纯公有制为基础的完全计划经济体制作为逻辑起点，用逐步放松对非国有部门的投融资管制来内生体制变化，并考察了这种体制变化以及体制变化过程中的资源转移对经济增长与宏观波动的影响，发现政府放松投融资管制的顺序和速度的各种组合能够产生不同的经济增长路径和宏观波动特征。这一模型能有效解释中国改革过程中关于经济增长与宏观波动的一些难以解释的特征事实。

《中国外国直接投资的性质研究》

宋泓（副研究员）、柴瑜（副研究员）

论文　12 千字

《国际贸易》　2002 年第 10 期

国内关于外国直接投资的研究，更多地关注它们的数量和规模，相对来讲，忽视了质量和素质。同样一美元的外国直接投资，以不同的类型或性质投入，对我国的经济影响会截然不同。在我国加入 WTO 后，不同性质的外国直接投资所进行的生产调整也不同。因此，了解我国引入的外国直接投资的性质不论对政策的制定和经济影响的分析都具有重要的意义。该文试图从对外贸易的角度来分析这一问题。

该文利用加工贸易在我国经济贸易中的特殊地位以及加工贸易与劳动力寻找型投资之间的密切关系，估计出外国直接投资的性质，基本结论是：截止到 2001 年底，我国实际利用的外国直接投资中 70.30％属于劳动力寻找型投资，26.41％属于市场寻找型和自然资源寻找型投资，其余 3.29％属于购并型投资。其中，劳动力寻找型投资具有重要的现实和理论意义。譬如：从事加工贸易活动的劳动力寻找型投资越多，外国直接投资对我国经济的直接影响就不会太好，如工业结构效益不高；但间接影响则会很好，如对我国企业、尤其是中小型企业规范经营和管理的样板作用，对农村转移劳动力的市场化教育作用，对增强我国经济与世界经济联系的中介作用等。在理论上，应如何看待和评价这种以劳动力寻找型投资为主的引进外国直接投资战略？加入 WTO 后，这种类型投资对我国未来经济有什么影响？我国引进外国直接投资性质的变化趋势如何？该文的研究有助于对这类问题的分析和思考。

俄罗斯东欧中亚研究所

《苏联兴亡史论》

陆南泉（研究员）、徐葵（研究员）

专著　649 千字

人民出版社　2002 年 1 月

苏联剧变是 20 世纪人类历史上的一件大事。苏联解体比 100 多年前巴黎公社失败所包含的内容与提供的经验教训要丰富和深刻得多。从苏联发展历史过程来研究其兴亡原因，具有重大的现实意义和理论意义。该书以苏联 70 多年政治、经济体制的形成、发展与改革为主线，把苏联体制模式放在俄国史和苏联 70 多年社会发展的大潮流、大背景下加以透视，试图突破一些重大理论难题，揭示出苏联衰亡的历史教训。

《基本经济制度转变中的社会冲突》

李景阳（研究员）

专著　237 千字

人民出版社　2002 年 1 月

该书研究的重点是基本经济制度转变所引发的社会冲突。作者运用马克思主义的基本原理和历史唯物主义的方法，并借鉴了当代西方冲突学理论的成果，对俄罗斯社会进行透视和分析，指出俄罗斯社会结构变动是市场化和私有化冲击的结果，但与典型的资本主义社会相比，又有本质的不同。作者对俄罗斯社会的大资产阶级、中产阶级、精英阶层进行了深刻的分析和全面的概括，对社会冲突进行了较为深入的理论探讨。例如，对社会冲突的四个根源，对社会学中的“不满”、“社会紧张度”以及从矛盾到冲突的发展均有较系统的论述。作者还专门介绍了社会变动时期的俄罗斯经济制度变更中的文化冲突，对俄罗斯冲突学理论的内容、主要观点及相关的概念和术语进行了翔实的论述，从而大大丰富了转型期的社会冲突理论。该书学术价值较高，是一部重要的学术著作。

《苏联的“波兰问题”——1939～1945》

吴伟（研究员）

专著 366千字

当代世界出版社 2002年1月

该书围绕第二次世界大战中一个非常重要的理论问题展开研究分析，从战争背景、进程、苏波双方以及反法西斯主要盟国之间的关系等方面，描述了自1939年9月“波兰问题”产生到1945年9月基本解决的过程。该书是国内学术界第一部关于苏联与“波兰问题”的专著，采用了大量鲜为人知的俄罗斯和西方最新解密的档案材料，并对东西方有关的新材料进行了整合。

《独联体十年——现状 问题 前景》

郑羽（研究员）、李建民（研究员）

专著 670千字

世界知识出版社 2002年1月

该书是目前国内学术界第一部关于独联体问题的综合性学术著作，对独联体的宏观、中观和微观问题进行全面系统的研究。它不仅涉及独联体在当前世界政治、经济和文化发展中的地位，独联体政治、经济和军事一体化的基本状况及发展前景，而且还涉及一些具有重要意义的问题，如独联体的能源安全和生态安全问题，独联体范围内的恐怖主义问题，边界分歧问题等等。该书是一部多学科研究成果，具有较高的学术价值。

《中东欧与欧洲一体化》

朱晓中（研究员）

专著 240千字

社会科学文献出版社 2002年12月

该书中对中东欧与欧洲一体化进行了全面介绍和阐述。剧变后的中东欧国家不以意识形态分亲疏，淡化与俄罗斯的政治、经济和军事关系，扩大与西方国家的政治、经济和军事接触；在加强区域经济合作的同时，加入欧洲经济一体化进程，以实现其“回归欧洲”的中期外交目标。作者详尽描述了中东欧国家“回归欧洲”的历史背景，指出它是一个历史文化概念和地理空间概念，是对西方文化和价值观的认同。作者认为，具有西方历史文化传统的国家可以“回归欧洲”，而那些属于拜占庭文明和伊斯兰文明的国家是“加入”欧洲。由于欧共体是“精神国家”和经济繁荣的双重代表，故成为中东欧国家“回归欧洲”的主要目的地。作者认为，“欧洲协定”对东西欧具有重大的经济、政治意义。该协议的签订标志着欧洲联盟同中东欧国家的经济关系的主要内容从经济援助转向贸易为主。此外，作者指出，欧盟东扩是一个双向道，欧盟扩大不仅对中东欧国家的政治经济转轨具有重要意义，对欧盟自身也是一个挑战。

《南斯拉夫的变迁》

赵乃斌（研究员）、汪丽敏（研究员）

专著 400千字

广东人民出版社　2002年12月

该书以历史事实为基础，突出重大事件，从内因和外因的影响，对几十年来南斯拉夫的变化和现状作了比较系统的阐述和客观的分析。该书是一部简明南斯拉夫现代史，同时也是一部很有参考价值的背景资料性著作。作者全面总结了前南斯拉夫联邦社会主义道路成败的一些经验教训。指出，第一，前南斯拉夫对自己的社会主义自治理论的宣传过多且不切合实际，形成新的教条主义；第二，社会主义自治制度的一些重大原则和政策偏离了客观社会发展规律；第三，在多民族国家，民族矛盾始终存在，要防止民族沙文主义和狭隘民族主义；第四，在多民族国家内，如何解决经济不发达地区的经济问题十分重要，外部支援只能缓解暂时的困难；第五，执政党的自身建设应符合并适应社会发展的要求。

《俄罗斯西伯利亚与远东——国际政治经济关系的发展》

薛君度（教授）、陆南泉（研究员）

专著　317千字

世界知识出版社　2002年6月

西伯利亚与远东地区无论过去和现在始终是世界各国关注的热点地区。进入21世纪，该地区出现三个不可逆转的趋势：一是加速开发与开放的进程；二是在经济上融入世界经济一体化进程；三是该地区在国际政治经济关系中的作用日益凸显。该书还将西伯利亚与远东放到东北亚区域经济合作的大背景下进行研究，从区域合作角度，探讨其在该地区的地位、作用及其与邻国的关系。该书的特色部分是详尽地探讨了西伯利亚与远东在中俄关系中的重要性、如何实现两国的优势互补及开展各项经济合作等问题。

《关于叶利钦时代的若干思考》

许志新（副研究员）、潘德礼（研究员）

系列研究报告　15千字

《东欧中亚研究》　2002年第4期

这是一组系列研究报告，对叶利钦时代进行理论反思。作者对以下问题提出新的见解：俄罗斯发展道路，对叶利钦时期的基本评价，叶利钦为什么能够长期执政，社会发展与历史继承，自相矛盾的社会转轨，俄罗斯民主制何以不能促进社会发展，俄罗斯剧变中知识分子的作用。

《普京道路的经济学分析》

许新（研究员）

论文　12千字

《俄罗斯东欧中亚研究》　2002年第1期

普京提出要走经济改革的新道路，即市场经济与俄罗斯现实相结合的道路。这条道路的体制模式是德国弗莱堡学派提出的有秩序的市场经济或社会市场经济。其微观基础是以现代产权理论为依据的、以排他性产权为主体的混合所有制结构，并通过企业重组和公司治理使其得以完善。其宏观机制是向社会公共财政转变，并建立能保证自身稳定和成为景气政策手段的财政体系；是完善两级银行体制，并建立能形成良好宏观环境和合理融资渠道的金融体系。在对外经济关系上，既重视斯密、李嘉图的世界经济学也重视李斯特的国民经济学，积极发展对外经贸关系，循序渐进地实现同世界经济的一体化。注重社会政策，在分配方面实行按劳动分配与按要素分配相结合原则；在社会保障方面奉行社会安全阀理论，同时也接受庇古福利经济学的基本观点；实行保障对象上的选择保障制，资金筹集上的现收现付制，给付原则上的收益基准制。

《普京文集——文章和讲话选集》

俄罗斯东欧中亚研究所编

译著 530千字

中国社会科学出版社 2002年11月

该书是俄罗斯东欧中亚研究所对俄罗斯总统普京发表的文章和讲话进行筛选、编辑和翻译而成。该书反映了普京总统治理国家的重要观点和思想，从中人们可以看到俄罗斯人民在新的历史时期为实现国家和民族振兴作出的巨大努力，俄罗斯作为联合国常任理事国为维护世界和平所发挥的重要作用，以及俄罗斯人民在普京总统领导下实现经济发展、政治稳定、社会和谐所取得的新成就。江泽民为该书作序，指出，《普京文集》是了解当代俄罗斯及其发展前景的重要文献。该书在中国的发行，对加强中俄两国和两国人民的相互了解和信任，将会产生积极而重要的影响。

欧洲研究所

《欧洲发展报告——欧元与欧洲的改革》

郑秉文（教授）主编、沈雁南（编审）、刘绯（副编审）副主编

研究报告 272千字

社会科学文献出版社 2002年2月

当前，欧洲正处在重大转折和变革的关键时期。21世纪初改革之风盛行，西欧一些国家在政治、经济、社会等诸多领域推出了一系列的变革措施；在俄罗斯，普京新政初见成效，经济好转，政治与社会亦渐稳定；在欧洲一体化进程方面，2000年年底，欧盟政府间会议的闭幕及其产生的《尼斯条约》为欧洲一体化进程带来了新的前景，同时有关欧洲一体化未来体制模式的争论又重新升温，成为人们关注的焦点；伴随着这场讨论的是欧元正式流通和欧盟东扩等实际问题的日益迫近。欧盟为解决这些问题所作出的种种改革与建树，其成功与否将对欧洲一体化的未来产生重大甚至关键性的影响。

《对外援助与国际关系》

周弘（研究员）主编

专著 685千字

中国社会科学出版社 2002年3月

该书在对西方援助国进行全面梳理的基础上，将对外援助作为全球化的渠道之一进行理论探讨，指出援助国在向南方发展中国家转移援助资金的同时，也转移了大量的“软力量”，如对于发展道路的选择、价值观、意识形态和管理方法等。这些都对当今的国际关系产生了极其深远的影响。

作者在对这些影响进行分析之后指出：(1) 西方国家改变了分割世界的战略，通过全球化对世界的各个部分进行影响和渗透。而对外援助是援助国对受援国施加影响的重要渠道之一。(2) 国与国之间的力量较量不仅表现在“硬力量”的对比上，也表现在“软力量”的角逐上。外援和外援的附加条件表现的主要是国家的“软力量”。(3) 各个援助国由于内部的结构、利益、性质不同，它们通过外援输出的影响和目标也有所不同。(4) 通过外援传输的“软力量”在很多情况下有利于发展中国家的发展，关键在于受援国如何对外援加以利用。(5) 世界上已经出现了多元援助的情况，值得深入研究。该书中还收录了国外外援理论研究大家的新作。

《福利国家论析——以欧洲为背景的比较研究》

顾俊礼（研究员）主编，田德文（副研究员）副主编

专著 368千字

经济管理出版社 2002年2月

该书回顾了西欧“福利国家”制度发展

过程，着重剖析了20世纪80年代以来世界各国社会保障制度的困境与变革，进而对我国的相关制度建设提出了自己的看法。该书指出，社会保障制度是民族国家对工业化进程作出的制度性回应。经济全球化冲击了民族国家的经济—社会功能，是福利国家危机的重要原因。在此基础上，该书对英国、法国、德国、瑞典、美国、日本、拉美国家、东亚新兴工业化国家和地区、俄罗斯和东欧国家社会保障制度的建设、发展、结构、危机与变革进行了比较全面的研究。分析中强调了三个论点：首先，各国的社会保障制度是依据工业化进程中出现的社会需求逐步建立起来的，由于国情不同，这些制度呈现“同中有异”的形态。其次，各福利国家制度面临的普遍困境是财政困难，但造成困难的原因却各有不同。第三，各国社会保障制度改革的基本方向是由消耗性的福利制度向促进就业和增长的“积极的”福利制度转变。目前，我国的社会保障制度建设尚处于起步阶段，应立足于国情和改革的需要，借鉴世界其他国家和地区的经验。从总体上看，我国应当从实际出发，建设一种以民生为本，兼顾基础性、综合性与多元性的社会保障体系。

《欧元生成理论》

杨伟国（助理研究员）

专著　290千字

社会科学文献出版社　2002年2月

该书系院重大课题的最终研究成果之一，是运用国际政治经济学方法分析欧元生成的学术专著。作者在参阅国内外大量有关资料的基础上，综合、系统、深入地研究了欧元生成的机理，提出了欧元生成的合力方程理论。作者把欧元生成归结为：历史发展的惯力、国际环境的压力、利益需求的引力、欧盟成员国的推力、倒退成本的阻力五种力量共同作用的结果，并最终阐明，欧元是欧洲一体化进程的最新总结，是欧洲谋求发展利益的重要开端。

《欧洲经济货币联盟》

王鹤（研究员）

专著　230千字

社会科学文献出版社　2002年2月

该书认为，对于欧洲经济乃至全世界经济而言，欧洲经济货币联盟带来的是意义深远的广泛的制度变化。欧元的问世和欧洲中央银行的建立，与统一市场一起创造了一个崭新的经济实体，使得“欧洲经济”成为真实的存在。欧洲经济货币联盟的建立使欧洲一体化进入能动发展和扩张的自主进程，其内在发展动力使得欧元成为进一步一体化的强有力的催化剂。该书从对欧盟经济一体化的实证分析出发，论述与各种制度变化相关的经济理论和经济政策，以及对于欧洲各方面的影响；同时论述和分析了欧元启动两年多来经济领域内发生的重要变化。

《社会保障能否全球化?》

周弘（研究员）

论文　10千字

《世界经济》　2002年第8期

该文分析了民族国家社会保障制度的基本要素，认为这些要素主要是在国家的范围内发挥作用，离开了主权国家的政治、经济和社会条件就不再发生作用。作者认为，世界政府的缺位与经济的全球化发展是当今世界贫富不均、社会问题严重的主要原因。市场是全球的，但平衡市场的力量却是分散的，要寻找解决这个矛盾的新方法，可以从“收入转移”的视角去考察。

在全球的范围内，收入转移的的渠道众多、数量可观，很多转移超出了国家权力的范围。如果将收入转移的所有形式都考虑在内，那么关于社会保障能否全球化的问题就有两个解，一个解是以平衡各国社会保障水平为前提，像欧盟进行的那样，削减过高的福利，提高过低的福利，然后在近似的社会保障制度之间进行连通和互换；另外一个解是发展适应全球化的多元收入转移渠道，挤压国家社会保障制度在经济中所占的比重，进而解构国家社会保障制度，用其他不受国家疆界限制的收入转移逐渐地补充，乃至取代国家社会保障制度提供的服务。

《全球化对欧洲合作主义福利国家的挑战》

郑秉文（教授）

论文　14千字

《世界经济》　2002年第6期

该文认为，以国家、雇主组织和雇员工会三方合作为主要特征的、以北欧一些国家为典型代表的欧洲合作主义福利国家，在20世纪80年代受到新保守主义政制的冲击，90年代出现回潮。面对全球化浪潮，合作主义福利政制又一次遇到前所未有的巨大挑战，“强资本”与“弱劳工”将会同时存在于福利国家：第一，工会组织率和集体谈判覆盖率的日益下降导致工会组织的合法性及其存在意义受到挑战。第二，工会组织的弱化导致谈判能力下降，谈判层次具有向下移动的倾向。第三，在国家、资本和劳工三者之间，权力的平衡开始向资本一方移动，三方伙伴主义的关系基础具有弱化的倾向。第四，全球化将产生削减政府赤字和降低税收的外部压力，对社会福利和社会开支水平产生“下调”倾向。与此同时，全球化将导致工会作用反弹，使之成为支撑合作主义政制的重要力量之一：第一，各工会之间开始采取联合行动，要求政府提高福利待遇。第二，“工会合并”现象日益频繁。第三，公共部门工会采取行动的作用和效果要远远大于私人部门工会。第四，在欧洲“减税风”中亦可看到工会发挥的作用。第五，欧元将会成为一个间接地强化合作主义政制的因素。第六，全欧性的“制度性对话”具有分散和弱化民族国家内三方伙伴架构的合作主义因素的可能性。

西亚非洲研究所

《冷战后海湾地区国际关系》

刘月琴（研究员）

专著　363千字

社会科学文献出版社　2002年4月

该书比较系统地论述、分析、概括了海湾地区国际关系的理论。如依附理论、预防威胁理论、国家主权理论、均衡理论、务实主义理论、霸权和平理论等。作者认为，海湾国际关系秩序呈无政府主义状态，缺乏必要的国际制度，导致出现种种威胁，因而提出“借力外交理论”并将其运用到海湾国际关系理论分析中，解释海湾国家现行的对外政策：海湾六国采取了“自力”与“外力”相结合的外交政策，即实行“借力外交”，借助美国和其他大国力量保护国家安全。该书还关注许多国际热点问题，如：地区安全与国际关系的互动，军备竞赛；民族主义与霸权主义的混合；美国撤离海湾地区的利弊，以及伊斯兰教在国际关系中的作用等等，并就这些问题发表了自己的创新见解。

《冷战后大国与海湾》

唐宝才（研究员）

专著　260千字

当代世界出版社　2002年6月

该书论述了冷战期间及冷战后美国的全球战略，海湾在美国全球战略中的地位，美国的海湾政策及其调整，英、法、德、俄、中、日等国的海湾政策，世界大国对海湾政策的比较研究，美国在海湾受到的挑战，海湾地区国家与美国关系及其调整变化以及21世纪初中国的海湾政策。

作者依据世界大国对海湾政策的不同，提出了三类不同国家的政策；同时具体分析了世界大国特别是联合国五个常任理事国在海湾政策上的交叉点和不同点。作者用毛泽东的《矛盾论》观点分析了当今世界一极与多极在海湾的矛盾，对美国与沙特阿拉伯的关系及其调整，对美国与伊拉克、伊朗关系的发展变化等进行了深入分析，对美国与海湾地区大国关系的发展前景作出了预测，并对21世纪初中国对海湾地区的政策提出了建设性的建议。

《阿以冲突——问题与出路》

殷罡（副研究员）主编

专著 400千字

国际文化出版公司 2002年5月

该书认为，阿以之间积淀了人类社会各种利益冲突——民族的、家族的、宗教的、教派的、国家和国家集团的。阿以冲突是国际关系史上延续最久和最复杂的地区冲突，涉及范围广、领域多，各方积怨甚深。该书对阿以冲突，特别是阿以冲突的核心问题——巴勒斯坦问题的要点进行了深入客观的专题论述。首先，论述阿以冲突及其政治解决的基本情况，“阿拉伯前线国家”在冲突及其政治解决中的作用。其次，论述巴勒斯坦问题的各主要议题，包括巴勒斯坦国的国家地位，巴勒斯坦领土与边界的演变，耶路撒冷之争，巴勒斯坦难民的产生与永久安置，构成巴以和平主要障碍的犹太人定居点等。再次，论述中东地区的军备控制与安全合作，水资源争端，阿以经济关系和巴勒斯坦经济环境。这些都是实现中东和平所无法逾越的问题，也是维系未来“新中东”长治久安的必要条件。作者在论述中既注重国际法准则的运用，也注重对复杂历史问题认识上的与时俱进；引用一些具体统计数据，填补了我国以往对阿以冲突研究的一些空白；对以往因历史条件限制而回避的一些敏感问题也有所述及；纠正了沿袭已久的不客观的史料和翻译中的错误。

《中东非洲发展报告》(2001~2002)

杨光（研究员）、温伯友（研究员）主编

专著 240千字

社会科学文献出版社 2002年8月

该书围绕“非洲联合自强：世纪回眸与展望”这一主题，叙述了2001年7月在赞比亚首都卢萨卡举行的非洲统一组织第37届成员国首脑会议的概况。这次会议宣告成立“非洲联盟”，并通过“新非洲行动计划”，形成了在21世纪实现非洲振兴的新战略。作者指出，非洲振兴思想经历了勃兴—发展—沉寂—复兴四个阶段。该书由泛非运动、非洲统一组织和非洲联盟三部分内容组成，主要阐述泛非主义思潮及泛非运动兴起的历史背景和理论发展轨迹；着重论述了非洲统一组织的发展历程及其在争取非洲大陆彻底解放，捍卫非洲国家政治独立，维护地区和平与安全，促进能源、社会和文化发展的作用；侧重论述非洲联盟建立的背景、机制和前景。该书还论述了中东和非洲两大地区的形势发展，介绍了“9·11”事件后的巴以冲突和中东非洲政治经济发展的特点以及中国与中东非洲的经贸关系。

《非洲农业危机的根源》

姚桂梅（副研究员）

论文 6.5千字

《西亚非洲》 2002年第3期

该文指出，近年来，非洲农业发展缓慢，地位下降，处于危机之中。其根源在于：(1) 非洲国家发展政策的失误。(2) 不利的自然条件。(3) 落后的农业技术。(4)

内战冲突频发。(5) 发达国家操纵的不合理的国际经济秩序。作者认为，在21世纪，非洲农业发展的方向应是：在制定经济发展战略时，必须加强农业的基础地位，建立以粮食生产为中心的多样化格局，大力推广农业生物技术。一方面，非洲国家必须团结起来，以集团作战的方式争取减免外债、增加投资，要求放宽对非洲农产品进入发达市场的限制；另一方面，国际社会尤其是发达国家应该放宽对非洲农产品进入其市场的限制，并增加对非援助。非洲国家应尽快建立集体安全机制，共同预防和制止战争的爆发。非洲联盟、区域合作组织和地区大国应积极发挥作用，共同克服发展的障碍。

《巴勒斯坦向何处去》

王京烈（研究员）

论文　8千字

《西亚非洲》　2002年第5期

该文认为，“9·11”事件后，以色列当局利用国际上形成的反恐势头，企图将巴勒斯坦问题“阿富汗化”或“塔利班化”，即试图通过媒体将所有反抗以色列军事占领的行为指称为“恐怖主义行为”，进而企图将巴勒斯坦民族解放运动的领导机构定义为“恐怖主义组织”，像美国打击塔利班那样将其彻底铲除。由于巴勒斯坦民族解放运动所具有的正义性和合法性，以阿拉法特为首的巴勒斯坦民族自治机构和巴勒斯坦解放组织拥有最广泛的群众基础，代表着最大多数的巴勒斯坦人民的利益，联合国也从国际法的角度赋予其坚实的地位。随着时间的推移，年事已高的阿拉法特或迟或早要退出政治舞台，但巴勒斯坦人民的解放事业不会因此终结。阿拉法特之后，巴勒斯坦政府将更多地依赖“体制”运行。2002年3月，阿拉伯国家首脑会议通过了以沙特方案为基础的《贝鲁特宣言》。《宣言》意味着阿拉伯国家将作出重大妥协，为实现和平承担巨大的牺牲，再次向以色列摇起了橄榄枝。面对和平机遇，需要政治家的睿智。实现和平是最佳也是惟一选择。巴勒斯坦人民要求在公正的基础上实现持久和平，并能够尊严地生活。以色列方面则趋向于按现有实力来解决冲突、而暴力和军事打击可能再次折断和平的翅膀。

《“9·11”之后美国霸权下的中东》

张晓东（研究员）

论文　6千字

《西亚非洲》　2002年第6期

该文指出，在过去10年，美国主导下的“稳定与和平”可说是中东地区形势的主要特征。一方面，美国是中东和平进程的主导性力量，影响着中东地区的格局演变；另一方面，美国的力量与影响也不是万能的，国际与地区盟友的支持、大国的协调与谅解依然是美国中东政策获得成功的重要条件。美国在中东的影响力并非不受限制，它的主导地位也遇到挑战。美国无视联合国和大国在中东事务中的作用，阿拉伯盟友在美国人眼里越来越变得无足轻重，美国支持以色列成为中东地区的超级强国。“9·11”事件及随后的反恐战争使伊斯兰势力在国际政坛的影响受到遏制。然而，“9·11”事件以及美国发动的阿富汗战争对中东地区形成了巨大冲击，尤其是各国围绕国际反恐战争所展开的政策调整更是对中东地区格局产生了难以估量的影响。由此不难看到，一个美国主导下的中东正在转变为美国霸权下的中东。

《地方民族主义与肯尼亚多党大选——以1992年和1997年肯尼亚多党大选为例》

张永蓬（助理研究员）

论文　10千字

《世界民族》　2002年第6期

该文认为，1992年和1997年肯尼亚两次大选都体现了鲜明的地方民族主义背景。1992年大选前夕，肯尼亚反对党的力量组合与地方民族主义有着实质性联系。地方民族主义成为党派利益斗争的工具，政治家或政党往往利用地方民族间的固有矛盾，通过激发地方民族主义情绪，挑起暴力冲突，达到打击对手、获取政治利益的目的。两次大选中，从各政党的选举战略、选举过程到投票的民族区域分布，都体现出较强的民族认同性。大选结果表明，地方民族的狭隘性导致反对党的分裂，从而对大选结果产生重要影响。地方民族主义削弱了肯尼亚的政治和社会基础，对20世纪90年代肯尼亚的政治、社会环境造成消极影响。

《论非洲民主化》

贺文萍（副研究员）

论文　10千字

《西亚非洲》　2002年第6期

非洲民主化浪潮从20世纪90年代初至今已走过了10年的风雨历程。作者认为，由于非洲市民社会的弱小和资本主义商品经济不发达以及选举制度上的一些缺陷，非洲民主的发展有其特殊的复杂性、艰难性和脆弱性，不可能简单复制西方式民主。10年来，非洲的民主化建设已搭起了一个包括宪法、政党和选举制度在内的民主制度框架，初步完成了民主化第一阶段的制度建设。而民主化的第二阶段，即民主文化和价值观的巩固，以及保证公民充分行使其政治和社会权利的一系列法律制度的建立和完善则刚刚开始，任重而道远。

《从借鉴中国经验看南非政党政治》

刘乃亚（副研究员）

论文　9千字

《西亚非洲》　2002年第6期

该文分析了以非国大为主导的三方联盟共同执政，其他政党广泛参与为特征的“南非政党制度模式”概念，并指出，三方联盟基于对南非当前社会发展的主要矛盾达成的共识是“南非政党制度模式”的政治基础；而工人阶级则是该模式得以运转的群众基础。由《自由宪章》确立的“建立自由、种族平等的新南非”的既定目标，并没有随着黑人执政而得以实现，民族民主革命仍是当前南非社会发展的主要任务。为此，非国大力图运用政治手段实现经济基础向黑人资产阶级及中产阶级的转移。三方联盟推行的民族民主革命纲领起到了笼络民众的政治效用，然而在一定程度上迟滞了南非的经济发展，不利于国内新兴市场的培育。

作者就非国大借鉴中国改革经验得出几点启示：（1）借鉴应该与各国的具体国情相结合；（2）作为国际交往的重要组成部分，加强党际交流有利于促进国际关系的发展；（3）社会主义事业不仅仅是某一个国家或几个国家的事业，现今它正在不同的社会基础和意识形态中被打造、发展和创新。

拉丁美洲研究所

《巴西现代化研究》

张宝宇（研究员）

专著　286千字

世界知识出版社　2002年9月

该书为中国社会科学院重点研究课题的研究成果，主要论述巴西自20世纪30年代现代化开始以来所发生的社会变化。作者在指出其现代化特征、成果和水平的同时，对于当前存在的主要社会问题也作出简约论述。认为，30年代出现和发挥作用的政治因素是判断巴西现代化起始的重要依据。作者提出两种社会转型概念，即由传统社会到现代化开始时期的社会转型和由现代化开始至现代化完成时期的社会转型。此外，作者还就巴西工业化特点以及巴西现代化所达到的水平提出个人见解，有新颖之处。

《拉美国家制造业的结构调整》

苏振兴（研究员）

论文 8千字

《拉丁美洲研究》 2002年第6期

该文系中国社会科学院重大课题研究的阶段性成果。拉美国家自实行经济改革以来，产业结构出现两种新的变动趋势：一是第一产业占GDP的比重上升，第二产业占的比重下降，出现所谓“工业化倒退”；二是制造业结构中出现技术密集型产业萎缩，资源密集型产业扩张，并形成了南美国家以资源密集型产业为主、墨西哥和中美洲国家以出口加工工业为主的两种“生产专门化模式”。文章分析了出现上述变化的原因和带来的后果，并重点介绍了阿根廷、巴西、墨西哥等六个拉美主要国家制造业结构的变动情况。作者指出：(1) 拉美国家在改革中遵循“为了创造的破坏”的观点，实行急剧的市场开放，使长期在高保护下的工业企业在激烈的竞争中大批破产，造成了对工业生产力的破坏，而新的有国际竞争力的产业迄今并未“创造”出来。(2) 经过50年工业化进程后，再度把资源加工作为重点产业，并对其进行大规模设备更新，技术密集型产业便相应萎缩。虽然资源加工产品出口增加，但这类产品连续受到国际市场需求与价格波动的冲击，加上设备进口剧增，工业部门成为外贸赤字大户。(3) 墨西哥等国以发展客户工业为中心，出口与增加就业的效果均比较好，但正面临着过分依赖美国市场所带来的风险。这些情况说明，在经济全球化形势下，发展中国家如何进一步推进自身的工业化是一个值得认真关注的问题。

《阿根廷危机透视》

江时学（研究员）

论文 6千字

《求是》杂志 2002年第7期

该文分析了2001年12月爆发的阿根廷危机的来龙去脉。作者认为，危机的根源在于僵硬的货币汇率制度、庞大的财政赤字以及沉重的外债负担，而“经济问题政治化”则使经济形势进一步恶化。从阿根廷危机中可以得出以下几点启示：首先，在全球化时代，国民经济与国际经济的联系越来越密切，而汇率是这一联系的“纽带”，因此，选择合适的汇率制度，实施恰当的汇率政策，成为经济开放条件下决策者必须考虑的重要课题。其次，必须注意利用外债的规模。第三，减少财政风险是维系经济安全的必要条件之一。第四，政治稳定是加快经济增长的基本条件之一。第五，政府与公众应该在反危机措施和其他一些经济政策上达成最大限度的共识。第六，私有化不是抵御经济危机的“防火墙”。第七，必须通过强化自身的国际竞争力和提升产业结构来扩大出口。

《墨西哥现代化进程和政治经济模式的转换》

徐世澄（研究员）

研究报告 180千字

墨西哥经济文化基金出版社（Fondo de Cultura Economica, Mexico） 2002年

该报告收入莱奥波尔多·塞亚和埃尔南·塔波阿达主编的“全球化和第三千年的拉丁美洲”丛书第一册《边界与全球化》。

该报告介绍和分析了20世纪初以来墨西哥的现代化进程，重点分析20世纪70年代初以来墨西哥政治经济模式的转换：政治上，通过改革，墨西哥从特殊的政治模式——官方党一党长期执政的总统制过渡到三党争雄、三足鼎立的局面；经济上，从进

口替代工业化过渡到新自由主义的市场经济。报告分析了墨西哥革命制度党为什么在执政71年后在2000年7月大选失败的主要原因，并分析了原反对党国家行动党领导人福克斯上台后墨西哥政治模式的变化。

该报告是作者在2000年5月至2001年3月在墨西哥实地考察的成果，它从理论和实践两个方面，对20世纪70年代初以来墨西哥在现代化进程中政治经济的改革和模式的转换作了比较客观的剖析，报告对墨原有政治经济模式的缺陷和问题的分析，对墨革命制度党长期执政后下野的原因分析和对墨加入北美自由贸易协定后利弊的分析，对我国的现代化和政治经济改革有借鉴意义。

2002年6月，在墨西哥首都墨西哥城举行了“全球化和第三千年的拉丁美洲”丛书第一册《边界与全球化》一书的首发式。主编塞亚在首发式上讲话，对该报告予以高度评价。该报告的全文在我国尚未发表，但报告的部分内容已以论文的形式在国内的一些公开和内部刊物上发表，受到好评。

《21世纪拉丁美洲经济发展大趋势》

吴国平（研究员）主编

专著 360千字

世界知识出版社 2002年4月

该书系国家社会科学基金课题的最终研究成果。分上下两篇，上篇为综合篇，通过对拉美地区经济发展进程的历史回顾和研究，分析影响21世纪拉美经济发展趋势的主要因素，在此基础上提出了21世纪拉美经济发展的总体趋势。下篇是国别篇，选择巴西、墨西哥、阿根廷、智利和古巴等五个国家进行个案研究。该书论述了21世纪拉美经济发展的四大趋势：一是经济发展战略的多样化趋势；二是按照经济全球化战略需要，拉美企业进行自我改造的趋势；三是跨国公司在拉美的投资战略出现了新的变化；四是拉美推进开放的地区主义。

该书的主要学术价值在于，作者在对拉美经济进行整体研究的同时，突出了拉美国家的个案研究，并在案例的选择中第一次将古巴经济纳入其中。在此基础上，该书指出了拉美地区经济未来发展的大趋势及五个典型国家经济发展的不同趋势，在强调拉美经济的共性特点的同时，也突出了拉美国家经济发展趋势中的差异性。该书还在综合篇和国别篇中对中国和拉美国家的经贸关系发展趋势、面临的挑战和机遇进行专题研究，并提出了具体的可操作的建议。

《圣保罗论坛——拉美的左派运动》

宋晓平（研究员）

调研报告 8千字

《世界社会主义研究动态》 2002年第18、19期

该报告指出，圣保罗论坛自1990年成立以来，在政治和意识形态多元化的基础上，努力团结拉美左派进步力量，批判新自由主义，追求“替代新自由主义的发展”，已发展成为该地区最具代表性和影响力的左派进步运动。古巴共产党在论坛中发挥着重要作用。通过合法斗争赢得选举，改变地区政治力量格局和政治走向，是当前论坛所关注和追求的主要目标。但论坛日益侧重议会、政党和选举政治，也受到拉美一些左派力量的质疑。论坛的多质性和多元化造成不少政治困难和问题，需要加以解决。突出的问题是，如何超越思想和理论交流为惟一活动内容的阶段，进入一个“进行创造和开展行动的新阶段”。否则，在落实“超越反对派角色”、上台执政的战略任务方面，论坛难以发挥应有的作用。

社会主义是论坛很多成员组织的政治信念，但并未见诸于论坛历次大会的基本文件中。从总体上看，拉美左派进步力量仍处于

积蓄力量的发展阶段，真正成为新自由主义的“替代选择”尚需作出很大努力。但是在今后一个时期，左派进步力量对该地区发展的影响逐步增强是不可避免的事实。

《阿根廷危机的挑战：金融安全与社会稳定》

吴国平（研究员）

论文　6.5千字

《中国金融》　2002年第2期

2001年，阿根廷爆发了严重的危机，如何实现金融安全和社会稳定，成为阿根廷走出危机的关键。该文分析了造成阿根廷危机发生的原因。这些原因包括，政府汇率政策、外债政策和经济调整政策的失误，阿根廷经济结构的脆弱，以及阿根廷经济改革过程中出现的社会问题的加剧，造成社会大众对政府调整政策的承受能力下降。因此，当政府为保障金融安全而采取严厉的经济措施时，反而诱发了严重的社会动乱，结果又加剧了金融动荡，造成金融安全和社会稳定之间的恶性循环。该文最终分析了阿根廷政府在金融安全和社会稳定之间寻找平衡、走出危机的措施。该文的学术价值在于，明确提出了金融安全与社会稳定之间两者缺一不可、相互影响的关系，对我国保持社会稳定和防范金融危机有一定的借鉴意义。该文发表后，受到业内有关专家的好评。

《拉丁美洲的共产主义运动》

祝文驰（副研究员）主编

专著　320千字

当代世界出版社　2002年3月

该书撰写的初衷有三：一是拉美共运历史悠久，内容丰富；二是拉美国家的反帝反殖和民族民主运动都与共运有关；三是苏联解体后，国际共运处于低潮，拉美共运前景引人关注。该书分三部分，共有五章。第一部分为第一、二章，主要对1848～1849年欧洲大革命失败后，一些革命者流亡到拉美传播社会主义思想，开展工人运动，成立共产党以及20世纪30年代拉美共产党召开的三次代表大会和白劳德主义对拉美共产党的影响作了详尽的论述。第二部分为第三、四章，对古巴人民革命的胜利、社会主义建设的成就和经验，智利人民团结政府的建立、失败和经验教训，桑地诺人民革命的胜利和在大选中失去政权，60年代国际共运大论战对拉美共运的影响和游击战争等等进行了较为客观的阐述。书中对中国共产党同拉美共产党的关系作了系统的说明，其中不少情况是鲜为人知的。第三部分为第五章，主要论述苏联东欧剧变对拉美共运的影响以及拉美共运面临的挑战。

该书资料翔实，史论结合，论从史出，分析中肯。既借鉴了美国、拉美和苏联学者的论著，又提出了自己的看法，给人以启迪。

《从拉美实践看政府在社会保障改革中的作用》

刘纪新（副研究员）

论文　8千字

《拉丁美洲研究》　2002年第6期

该文从五个方面对拉美国家的政府在社会保障制度改革中承担的职责进行分析，认为社会保障制度改革中，有效而正确的政府行为是成功的改革有望实现的前提。政府的改革决心和意志对改革的顺利实施非常关键，这既表现在改革模式的选择上，也体现在整个改革进程中。进行制度设计之前，应该充分进行调查研究，明确改革目标，形成总体思路，进行整体规划。还应抓住有利时机坚决推进改革。既要制定相关法律、法规，又要严格执法和实施监管。在新老制度交替的过渡期中，国家的财政担保非常重要。政府能否为社会弱势群体提供最低生活保障，是社会保障制度改革能否顺利实施的重要一环。该文的学术价值在于，目前我国正在进行社会保障制度改革，需要学习和吸取其他国家的经验教训。拉美国家的改革实践为我们提供了多方面的启示，该文从政府职责的角度切入，旨在强调社会保障改革成败取决于政府能否正确地承担职责、有效地发挥作用。

亚洲太平洋研究所

《东亚劳动力跨国流动》

田禾（研究员）

专著 220千字

世界知识出版社 2002年8月

该书是国内第一本研究东亚劳动力跨国流动的专著。从社会冲突、文化冲突方面研究各国的劳动力流动现象是该书的重要内容。该书探寻了多种族、多文化在经济全球化背景下共同生存的可能性，以及各国政府在制度上和政策上有多大的宽容度。劳动力流动与安全的关系是该书的创新之处。它涉及的问题有：（1）劳动力流动与国家安全。大规模的人口流动对国家和地区的安全构成了挑战。非法劳动力流动影响地区安全和国家关系，有时还会影响到两国之间的外交关系。（2）劳动力流动与社会安全。首先，具有高度文化同一性的国家，引进外国劳工意味着多种文化的进入。第二，外国劳动力增加了社会经济成本，对基础设施，如住房、教育、交通设施和福利机构产生了巨大的压力。第三，外国劳动力特别是非法劳动力过多，将影响正常的社会秩序。人口走私、新的人口贸易、强迫女性卖淫等现象不仅侵犯人权，对国家和社会的权威也是一种公然的挑战。第四，环境问题也受到劳动流动的较大影响。（3）劳动力流动与个人安全。长期以来，外国劳动力的个人安全不受重视，他们在异国的生活、工作、人身以及尊严都受到较大的威胁。

东亚劳动力跨国流动对国家提出了一个难题：究竟应该保护谁？毕竟外国劳动力为国家的经济作出了巨大的贡献，流动促进了文化交流，从长远来看，具有积极的意义。

《东北亚国家对外战略》

高连福（研究员）主编

专著 386千字

社会科学文献出版社 2002年8月

东北亚地区主要包括中国、日本、朝鲜、韩国、俄罗斯和蒙古六国。冷战体制解体以来，东北亚地区局势的影响已突破地域界限，日益与世界总体局势相关联。

该书认为，东北亚地区局势中有两方面趋势值得关注：一是美国日益重视并积极介入东北亚事务，逐步推进以美、日、韩政治军事同盟为主导，以中俄为战略防范目标的地区政治安全框架的趋势；二是本地区各国为适应和平发展这一主流以及应对美国东北亚政策而进行相应战略调整的趋势。该书立足于中国修好与周边国家关系这一战略举措，以紧邻中国的日、朝、韩、俄、蒙五国为研究对象，力求完整、详尽地展现上述五国在半个世纪以来，特别是近10年来对外战略思想的演变轨迹，以使读者洞悉上述五国对外战略发展变化的完整历程。

《亚太地区发展报告》(2002)

张蕴岭（研究员）、孙士海（研究员）主编

研究报告 310千字

社会科学文献出版社 2002年8月

该书是亚太研究所推出的系列年度报告。该报告收集了由亚太所研究人员撰写的26篇文章，其中3篇文章是对2002年亚太地区政治、经济和安全形势的综述和分析；

其余23篇则是就次地区或有关国家的重大事件、重要经济活动和热点问题进行透视和分析的专题性文章。附录部分包括了地区大事记和国内有关亚太地区研究文章的综述。

该报告的专题性文章涉及经济、社会、政治、国际关系和安全等领域。具体内容有：东亚地区合作问题；亚太经合组织的墨西哥峰会；东亚经济复苏的分析；中国与东盟自由贸易区问题；朝鲜的经济调整问题；中国与韩国的贸易问题；印度的出口政策；跨国公司在亚太地区的投资动向和原因；泰国的医疗保障制度；印度的农村贫困问题；新加坡的族群关系；澳大利亚的族群分析；越南当前的社会、政治问题；印度尼西亚的政局分析；"9·11"事件后巴基斯坦的反恐斗争；斯里兰卡新政府上台后的政治、经济形势；尼泊尔的反政府武装问题；印度的教派冲突问题；美国与台湾的军事关系；冷战后美国的对日政策；东盟的对外关系；"9·11"事件对南亚安全的影响以及中国与巴基斯坦的关系等。

《东亚合作与中国东盟自由贸易区的建设》

张蕴岭（研究员）

论文　10千字

《当代亚太》　2002年第1期

东亚合作的思想由来已久，推动东亚合作的加速器是1997年的金融危机。1999年11月28日在菲律宾首都马尼拉举行的会议是东亚合作的一个重要转折点和新起点。这次会议就推动东亚合作的原则、方向和重点领域达成了共识，首次发表了《东亚合作联合声明》。东亚合作已建立起一个行动框架，领导人会议，一年一次。目前，东亚合作的进程是四个轮子一起转动：第一个轮子是"10+3"，即整个东亚范围的对话与合作；第二个轮子是"10"，即东盟自身的发展与合作；第三个轮子是"10+1"，即东盟分别与中、日、韩之间的对话与合作；第四个轮子是"3"，即中、日、韩之间的对话与合作。四个轮子一起转动符合东亚当前的实际。东亚各国领导人同意成立"东亚合作展望小组"，该小组提出把建立"东亚共同体"作为东亚合作的长期目标，说明东亚合作的进程只能是循序渐进的。

中国和东盟领导人宣布建立中国—东盟自由贸易区，不仅可以增加区内贸易，也会促进外部对区内的投资以及区内本身的投资，有利于东亚合作进程，成为加快东亚一体化的积极因素。

《东盟的政策调整对中国与东盟关系的影响》

韩锋（研究员）

论文　8千字

载梁志明主编《面向新世纪的中国东南亚学研究回顾与展望》

香港社会科学出版社　2002年6月

该文指出，20世纪90年代以来，中国与东盟的双边关系全面正常化，经济贸易互利合作更趋活跃。然而，中国与东盟经济关系还存在一些问题：(1) 双方的贸易发展相对缓慢。(2) 贸易产品结构雷同。(3) 贸易市场结构相同。(4) 相互投资较小。上述问题对双方来说都是值得思考的。

1997年金融危机后，东盟对经济进行结构性调整。首先，加强区域内部的经济合作，如在2003年实现"东盟自由贸易区"；其次，注重与区外国家的双边经济合作；再次，加大力度改善国内贸易、投资环境；最后，加强发展科技和教育。与此同时，中国经历了加快国有企业与金融制度的改革，扩大内需，"西部大开发"，加入WTO。总之，双方的政策调整和产业升级将使中国与东盟的经济关系与合作面临新的形势和机遇。作者预测，中国与东盟的经济关系会出现如下发展趋势：(1) 合作的重要性提高；

(2) 合作的紧密性提高，制度合作将成为趋势；(3) 合作包容性提高，由贸易为主的合作走向全方位合作。

《APEC：上海会议的成果及今后发展的思考》

陆建人（研究员）

论文　10千字

《世界经济与政治》　2002年第2期

2001年APEC上海会议是在不同寻常的国际形势下召开的 。在东道主中国及全体成员的努力下，上海会议取得了一系列重要成果，如达成《上海共识》；重振APEC贸易投资自由化势头；推出《经济技术合作行动计划》和《数字APEC战略》；从经济金融领域加强反恐合作及提高人力资源能力等等。这些重要成果标志着APEC在进入第二个10年后重新走向复兴。但是，APEC前10年积淀下来的几个老问题，如怎样有效地推动贸易投资自由化、如何更好地开展经济技术合作及是否需要加强自身机构建设等问题，仍未得到较好的解决。作者在该篇论文中就这些问题提出了自己的思考与见解，并指出，APEC今后面临的任务十分艰巨，需要不断地创新和发展，在前进中焕发出生命力。

《2010～2015年的中国周边安全环境——决定性因素和趋势展望》

唐世平（副研究员 ）

论文　15千字

《战略与管理》　2002第5期

新加坡《联合早报》全文转载，《改革内参》摘登

该文运用国家安全环境的系统理论，通过考察对中国的安全环境有决定性影响的因素的演变趋势，对2010～2015年中国将面临的整体安全环境作出了初步的系统预测，并在此基础上提出中国大体的战略框架。

文章认为，在未来的10～15年内，影响中国周边安全环境的将主要是以下几个因素：(1) 技术的影响，包括战略威慑是否存在，常规军力的发展方向，通信广播技术和国际舆论，对资本流动的影响；(2) 美国的全球地位和战略；(3) 俄罗斯的再生；(4) 中国发展的潜力和瓶颈；(5) 印度的崛起和走向；(6) 日本是否走向真正的衰落；(7) 朝鲜半岛的演变和大国关系；(8) “10+3”和东亚共同体的未来。

在总体的力量格局上，2010～2015年的亚太地区将更加平衡，没有国家能取代美国的地位。在地区热点问题上，朝鲜半岛是亚太地区最有可能出现变化的地方，南海问题将主要随着中国和东盟关系的变化而演变。其他的问题（包括印巴、中印、台湾问题等）将大体维持现状，不大可能有实质性的进展。总体说来，中国的周边安全环境将保持相对良好的状态。

中国将继续实行谨慎的外交安全战略并将拓展其内涵，从目前的两个支柱（以中美关系为核心的大国外交，以睦邻友好为目的的周边外交）过渡到三个支柱，即：以推动地区性大国协作为目标的大国外交，双边合作和多边机制并重的周边外交，参与地区性和全球性多边组织运行机制及规则的制定。

《朝鲜建设“主体社会主义强盛大国”的经济战略》

朴键一（副研究员）

论文　9千字

《当代亚太》　2002年第1期

该文根据1998年8月以来朝鲜政府发表的重要文件和金正日在视察各地经济部门时发表的讲话，结合朝鲜政府的实际做法，着重描述了朝鲜建设“主体社会主义强盛大国”的经济发展战略的若干主要方面——包

括这个战略的目标、原则、方法、重点领域和主要问题，为更好地认识朝鲜国民经济发展的总体布局提供一个宏观视角。

该文提出了如下研究结论：（1）朝鲜的强国概念是一个内容丰富的国家发展战略规划；（2）强国战略的实施带来了国内经济形势的好转、对未来信心的增强和对外关系的一系列重大行动；（3）朝鲜经济状况的好转只是相对于过去极端恶劣的情况而言，要恢复到历史最好水平还需要相当时日，解决粮食、能源和原材料紧缺状况还需要大量外援；（4）朝鲜国民经济发展需要一个稳定的外部环境。由于美国布什政府上台后的国际环境新变化，朝鲜还没有能够把全部精力用于经济建设；（5）如果今后朝鲜能够感觉到外部环境的有利变化，有可能加快思想意识的变革，扩大各级地方政府自主权，加强同世界各国的科技、文化和教育交流。

《21 世纪的中印关系展望》

孙士海（研究员）

论文　10 千字

载《中国与周边环境及“9·11”后的国际局势》

中国社会科学出版社　2002 年 7 月

该文认为，印度是一个有着强烈大国意识和浓厚民族主义思想的国家，在外交上具有很强的独立自主性。在未来的大国关系中，印度既不会加入以美国为首的西方阵营遏制中国，也不会加入针对美国的战略联盟。它将避免使自己卷入大国或大国集团之间对抗，在大国的竞争中使自己拥有更大的外交活动空间和回旋余地，从而能够最大限度地利用有利于自身发展和崛起的机遇。

在过去的半个世纪中，中印关系处于“冷和平”状态。两国在历史文化、社会制度以及地缘战略上存在着差异和竞争，但这与冷战时期两个超级大国之间争夺世界霸权显然不同。除短暂时期之外，谋求关系正常化始终是两国关系的主流。未来的中印关系既不是对抗的关系，也不会是结盟的关系。竞争与合作并存，接触与谋求关系正常化将是两国关系的主流。决定中印关系这种发展大势的最根本原因有两个方面：一是两国在国内和国际战略上的共同利益；二是两国对对方政治、经济、安全等方面的重要性使两国只能采取和平共处与共同发展的现实主义政策。

《宗教冲突是影响南亚安全的重要因素》

朱明忠（研究员）

论文　10 千字

《当代亚太》　2002 年第 2 期

南亚地区安全稳定的核心问题是印度与巴基斯坦之间的长期对立和冲突。印巴的对抗，既是一种地缘政治斗争和围绕克什米尔归属的领土主权之争，也是一种宗教信仰的斗争。该文从历史和现实的角度，阐述了宗教冲突是影响印巴关系及南亚安全的重要因素：（1）从历史的角度看，现今印巴的对抗是 19 世纪末英国殖民主义者所采取的“分而治之”政策所致。在英国的挑唆下，两大教派冲突不断，最终导致印巴的分治。印巴之间的三次战争中，有两次战争的爆发与印度教徒与穆斯林之间的宗教冲突有直接的关系。（2）从现实的角度看，今天执政的印度人民党是一个具有强烈教派主义性质的政党，它的上台是与印度教派组织的支持分不开的。1998 年印度人民党政府执政以来，实行了一种比以往政府都强硬的民族主义政策，这种政策有可能导致南亚地区的紧张局势，加剧印巴的对抗。

美国研究所

《剖析美国“新经济”》

陈宝森（研究员）

专著　290千字

中国财政经济出版社　2002年11月

该书为美国研究所课题资助项目，对美国“新经济”进行了深入的剖析。作者认为，自1995年以来，美国结构性劳动生产率摆脱了近20年的低迷状态，使经济的年增长率可以打破2%～2.5%的旧格局，从这个意义上说美国出现“新经济”是可以成立的；但“新经济”并未改变市场经济的基本规律，高度繁荣中孕育着走向衰退的因素。在书中，作者以实例考察和说明了信息技术革命及全球化战略对美国经济结构调整的促进作用；探讨了制度创新和管理创新对“新经济”的强大推动作用，以及政府在“新经济”出现中所扮演的角色。该书在剖析美国“新经济”时的一大特色，就是运用“一分为二”的辩证观点，在肯定其积极作用的同时，指出其中蕴含的消极影响。如，在肯定经济结构和产业结构调整为美国经济创造了许多结构性优势的同时，强调供求规律不能违抗，对信息业的过度投资和生产过剩是导致2001年经济衰退的最根本原因；在肯定金融创新在20世纪90年代的美国经济繁荣中发挥了令人瞩目的作用的同时，指出了金融创新用之过度或恣意滥用是导致供求失衡和金融丑闻的根源。这样的辩证分析为人们全面认识美国“新经济”提供了有益的帮助。

《21世纪的美国经济发展战略》

胡国成（研究员）、韦伟、王荣军（副研究员）

专著　220千字

中国城市出版社　2002年1月

该书是“经济全球化中的大国战略丛书”（李京文主编）中的一部，为美国研究所课题资助项目。该书探讨了美国经济未来的发展趋势和发展战略。在分析20世纪90年代美国经济高速增长的原因时，作者强调了技术创新及其引起的企业结构、企业间关系和金融市场结构的变化，以及美国联邦政府的相关政策和风险资本的作用；同时对美国新经济中人才的教育和培训状况、美国经济与世界经济和国际贸易的关系、美国对外经贸活动的新趋势以及中美经贸关系的现状与前景进行了探讨。作者认为，在全球化浪潮中，美国政府和企业以“竞争危机”意识为激励，开始将技术作为一种经济战略武器，积极而有意识地通过技术来创造竞争优势；与此同时，联邦政府以科技政策、竞争政策和贸易政策为手段，力促美国经济全球竞争力的提升；美国的企业则将研究与开发及以技术为基础的竞争战略作为独特的经营战略，公司的技术战略开始向国际化的方向发展。作者认为，21世纪美国经济发展战略上的这些变化值得我国经济部门和企业界认真关注。

《美国政党与选举政治》

张立平（副研究员）

专著　406千字

中国社会科学出版社　2002年8月

该书为美国研究所课题资助项目，是我国学者研究当代美国政党政治的第一部学术专著。作者通过对美国两党制的政党结构、功能、联邦选举程序及选举政治的实际运作的考察，向读者展现了美国选举政治的复杂性及其社会、文化基础。该书的主要学术价值在于，通过作者的考察和分析，回答了国内读者普遍关注同时又感到困惑的许多问题。这些问题包括：美国两党制生命力的根源何在？第三党为何总是不能成气候？美国民主党和共和党的意识形态、政策趋向、基础究竟有何不同？两党的组织松散，它们究竟如何进行竞选，又如何发挥政治作用？“金钱政治”为什么在美国难以纠正？等等。书末的附录“美国民主党的党章和规则”以及“共和党的规则”，为研究者进一步探讨美国的政党政治问题提供了有价值的参考资料。

《透视美国：近年来中国的美国研究》

胡国成（研究员）主编

论文集 323千字

中国社会科学出版社 2002年4月

该书是中国社会科学院美国研究所建所20周年学术研讨会的结晶，属所课题资助项目。全书收入学术论文及综述文章11篇，分别就1989年以来我国的美国史研究，中美关系史研究，美国外交史研究，当今中美关系研究，当代美国外交政策研究，美国经济、军事、教育、政治、社会、文化研究的主要成果进行了系统而翔实的介绍和客观而公正的评价。该书与中美建交10周年时所编辑出版的《中美关系十年》论文集共同构成了改革开放以来我国学者在美国研究领域的主要成果评述。两书相比，前者所评述的内容无论是在研究领域的拓展、研究课题的深化、研究水平的提高方面，还是在研究成果的质量方面，都明显地胜出。它清楚而令人信服地表明了我国学者在美国研究领域所取得的进展。

《美国年鉴》(2002)

王缉思、胡国成（研究员）、赵梅（编审）主编

工具书 310千字

中国社会科学出版社 2002年10月

该书是在社科院领导和科研部门的大力支持下，由美国研究所逐年编纂的有关美国的基本资料工具书，系社科院课题资助项目。2002年度《美国年鉴》除“分类资料”更新外，在“美国发展报告”中发表了九篇关于美国政治、经济、外交、社会及中美关系的分析文章。在《执政一年评布什》一文中，作者对布什上台第一年间在减税和刺激经济、稳定国内治安以及发动对阿富汗塔利班政权的战争等三个领域中的政策措施及其所体现出的布什政府的执政纲领、国际战略和执政能力进行了分析，认为，就履行总统职权而言，布什在执政第一年里基本是成功的。在对华关系方面，“9·11”事件以后，美国国家安全战略的转变和中国政府坚定的反恐立场使布什政府真正认识到中国不可忽视的重要作用；布什本人在2001年10月和2002年2月的两次访华，标志着美国新总统对华“认识期”和新总统上任后的中美关系“磨合期”的结束；尽管在亚太安全战略、台湾问题等许多具体问题上双方的分歧不会消除，但中美关系应该能走上正常轨道了。中美关系后来的发展证明，这些分析是符合实际情况的。

《人权与外交：人权与外交国际研讨会论文集》

周琪（研究员）主编

论文集 250千字

时事出版社 2002年1月

该书是2001年5月在北京举行的由美国研究所主办、加拿大市民社会项目基金资助的“人权与外交”国际研讨会论文集。全书收入参加研讨会的中国、加拿大、美国、法国和丹麦学者的论文20篇，内容涉及人权与外交理论、西方国家人权外交政策、中国人权政策及人道主义国际干预等研究领域。从论文的内容可以看出，中外学者在人权问题上存在较大分歧，特别是在有关人权的内涵和理论，以及人权与主权的关系等问题上有不同的认识和理解。然而，正是这些分歧使我们可以真实地了解西方国家及学者在人权问题上的不同观点和看法，有利于我们与之进行交流与对话。这正是该书的价值所在。

《反导条约与美国的反导计划》

吴展（研究员）

论文 14千字

《美国研究》 2002年第1期

该文为美国研究所课题资助项目的研究成果。2001年12月，美国宣布将退出限制反弹道导弹条约（反导条约），该文探讨了美国采取这一行动的原因。30年前，美国与苏联签订反导条约的原因是由于反导技术复杂，一时难以取得进展；但条约签订后，美国的反导技术研制工作一直没有停止。苏联解体后，俄罗斯国力削弱，不再对美国构成重大威胁，但一些第三世界国家却在研制和开发导弹，使到处树敌的美国感到了一些威胁；随着美国反导技术的改进，美国决心摆脱反导条约的束缚，开发并部署反弹道导弹。美国开发反导系统有针对中国之嫌，我们必须时刻保持高度警惕。

《影响国会外交及安全决策的关键因素及冷战后的新特点》

倪峰（副研究员）

论文 15千字

《美国研究》 2002年第1期

该文为美国研究所课题资助项目的研究成果。国会是美国外交和安全政策领域中的一个重要的决策主体。在决策中它会受到哪些关键因素的影响？冷战后这些影响因素有了哪些变化和新的特点？这些问题是全面、深入地研究美国外交和安全政策时不可忽视的方面。该文作者从具体决策案例出发，对美国总统和国会的领导能力和领导作用、利益集团、公众舆论、党派政治和参与决策的政府机构互动等五个影响国会决策的关键因素及冷战后这些因素的变化和特点进行了探讨和分析。该文对我们了解美国国会决策过程及美国外交和安全的具体政策的实际含义很有帮助，同时也为我国对美外交工作特别是对美国国会工作的开展提供了有价值的背景资料。

《论美国枪支管制运动的发展及前景》

袁征（副研究员）

论文 15千字

《美国研究》 2002年第4期

该文为美国研究所课题资助项目的研究成果。近年来，美国校园内和社会上枪击案频发，枪支管制问题成为公众关注的重要问题之一。该文对这个在美国社会中极具争议的问题的由来、发展及前景进行了探讨。作者指出，枪支问题的出现是由美国早期特殊的历史积淀而造就的；当代枪支管制运动从20世纪60年代兴起，经历了不同的历史阶段，发展曲折。目前，美国社会关于枪支管制的争论涉及公民权利、政府权力与公共秩序维护之间的关系问题，而文化传统、价值观念、法定权利、利益集团、政治和党派之争等多种因素也交织其中，显得异常复杂。作者由此推断，美国的枪支管制运动将是一个曲折、渐进而漫长的过程；但用长期发展的眼光看，随着社会的进步、城市化的不断提高，公众对于枪支危害性认识也会增强，要求枪支管制的呼声会越来越高，枪支管制组织的力量就会日益壮大。

日本研究所

《日本政府与政治》

蒋立峰（研究员）、高洪（副研究员）

专著 300千字

台湾扬智出版社 2002年4月

该书作者把广义的政府组织和宏观政治结构作为剖析日本政治的出发点，深入研究了日本在冷战结束以后的政治变迁过程，具有理论探索和对策研究的双重意义。该书以当代日本政治研究为主要内容，从中国人的视角分析了日本政治的结构、格局以及法定权力的内涵与外延，其中对政治文化、宪法体制、政党制度、议会内阁制度、选举制度、行政改革的历史沿革与现实走势有深入细致的分析，并以事实为依据对“半政治大国、半军事大国的日本在21世纪将如何发展”这一问题提出了新的见解。该书在台湾出版后，在台湾学术界引起不小的反响，被收录到台湾大学编纂的“比较政府与政治丛书系列”中。媒体和网络上的评介文章认为，该书“代表了大陆学者对日本政治认识水平的高度”，“运用材料翔实，对复杂问题深入浅出地作出了明确而生动的阐述，具有从外部观察、了解日本社会，加深认识日本政治发展的重要价值”。

《中日关系——复交30周年的思考》

金熙德（研究员）

专著 230千字

世界知识出版社 2002年12月

该书是中国社会科学院日本研究所重点课题的最终研究成果。作者以国际关系理论为线索，就中日两国作为国际关系行为体的基本特征、影响中日关系的诸因素进行了深入分析，对中日两国的不同现代化进程进行了比较研究，揭示了中日关系的“逻辑”和“历史”两个起点。以此为先导，该书就1972年9月中日复交的背景、原则及其深远意义进行了概括和分析，指出恪守这些原则是中日关系健康发展的基本保证。在此基础上，该书就复交30年来中日关系的经验与教训进行了思考和总结，提炼出了21世纪初中日关系的基本特征，指出现阶段中日关系的症结在于“经济互补”与“安全相斥”的矛盾共存状态。该书就21世纪中日关系的近景、中景、远景进行了展望，指出中日关系的前景将在很大程度上取决于未来10～20年间两国战略关系的定位趋势，中日进行战略对话和共同推动东亚合作，将是两国关系得以实现双赢的最佳前景。

《樱花之国》

叶渭渠（研究员）、唐月梅（研究员）、高洪（副研究员）

专著 200千字，插图500余幅

上海文艺出版社 2002年1月

该书是中国社会科学院“世界文明研究”课题组首批系列丛书之一——《日本文明》的图籍本。全书共六章，内容贯穿整个日本历史过程，主要涉及上古文明，飞鸟、奈良、平安时代文化，中世和近世武家文化，近代以后日本吸取西方文明的历史变迁，以及今天的日本社会的文明成果。该书的编纂依照历史线索，循序渐进地说明日本文明生成、发展及变化的原因与内容，以文字说明为主线，图文并茂，通俗易懂。该书的出版为人们认识、了解日本文明提供了必要的帮助，兼有学术性和普及性的双重价值。

《个人所得税制改革趋向——对日本等主要发达国家的比较分析》

张舒英（研究员）

研究报告 10千字

《日本学刊》 2002年第2期

该文比较分析了主要发达国家个人所得税制的基本结构及其在财政收入中的地位，揭示出如下共同趋势：（1）提高起征点；（2）降低税率；（3）减少累进档次，税制结构趋于扁平化。该文分析了导致上述共同趋势的经济背景以及发达国家在税收理念上的变化，继而分析了日本现行个人所得税制存在的问题，诸如：人口结构老龄化与纳税人口减少；中低收入者税负沉重；税收不公平；综合课税制名存实亡等等。文中对日本个人所得税制今后的改革取向也进行了分析。这项研究成果对我国健全个人所得税制具有较大的参考价值。

《日元贬值及其影响》

张舒英（研究员）

论文　5.6千字

《求是》　2002年第5期

该文分析了2001年底和2002年初日元贬值的背景与原因,指出日元贬值既有经济方面的原因,也有政策方面的原因,还有借助政策兴风作浪的投机因素。文中分析了日元贬值可能给日本经济带来的正反两方面的影响,认为日元贬值对于解决日本经济现存的问题只能起一些缓解作用,不具有根治效果,但却对亚洲经济的稳定发展带来不利影响。

该文的新意是揭示了日元汇率变动背后的"美国因素"。以往,美国曾多次压日元升值;此次对日元贬值表现出少有的宽容,是出于自身的需要。IT泡沫破灭和"9·11"事件动摇了国际市场对美元的信心。如果资金大量撤离美国,对美国经济将是雪上加霜。美国容忍日元贬值是为了巩固美元的强势地位,维持美国的就业和经济稳定。但是,日元贬值是把双刃剑,它一方面有助于凸显美元的强势地位,另一方面也将抑制日本对美国的投资,加大美国对日贸易逆差。因此,美国对日元贬值的容忍不可能是无限度的。

该文有助于全面认识影响日元汇率的因素，对深入了解美日经济矛盾也有帮助。

《市场开放与日本经济增长》

徐梅（副研究员）

论文　11千字

《日本学刊》　2002年第1期

该文主要论述了在全球化、一体化形势下市场开放与经济增长的关系。作者认为，二战后日本在逐步开放市场的进程中促进了日本经济高速增长，实现了追赶欧美的目标。但是，20世纪80年代中期以后，由于日本的结构改革和市场开放滞后于时代和自身发展的要求，给日本经济的进一步发展带来一系列问题，最终导致"泡沫经济"崩溃，日本经济陷入长期萧条。建立适应全球化的市场开放体制是日本面临的重大课题。我国业已加入WTO，今后市场开放进程将进一步加快。研究日本市场开放的发展过程对我国具有一定的借鉴和参考意义。

科　研　局

《基础设施与制造业发展关系研究》

王延中（研究员）等

专著　256千字

中国社会科学出版社　2002年10月

该书是国家社科基金课题的最终研究成果。该书把有关经济发展的两个重大问题——基础设施建设与制造业发展结合起来，通过实证调查和计量分析测算出两者之间的相互关系及其关系程度大小，提出了具有理论依据和实际操作意义的政策措施。比如，该书对基础设施尤其是交通设施的"过分超前发展"提出了批评，提出要确立与经济发展阶段和发展水平相适应的基础设施发展战略；根据不同基础设施项目对制造业效率的不同影响和区域经济差异影响的分析，提出了要调整积极财政政策、促进基础设施与制造业协调发展的政策建议；针对基础设施投资兼有公益性、垄断性、收费性和竞争性的特点，提出了深化基础设施投资与建设体制的市场化改革、为民间资本进入基础设施建设创造更好的环境与条件的建议与思路。该书认为，正确认识基础设施与制造业之间的相互关系，是促进基础设施与制造业的协调发展的保障，也是加速经济发展和提高经济运行质量的重要前提。国家社科基金规划办将此项成果作为重点研究成果。

《如何保障农民的健康》

王延中（研究员）

论文　15千字

《经济研究参考》2002年第35期　《新华文摘》2002年第8期

该文根据20世纪80年代以来90%左右的农民成为毫无卫生保障的自费医疗群体的客观事实，分析了广大农民尤其是为数众多的贫困农民陷入了无钱看病、无钱吃药困境的根源。近年来，相当数量农民的健康状况甚至出现了恶化的趋势。大量农民因病致贫、因病返贫，不仅直接危及这些贫困家庭的生活，而且影响扶贫战略的效果。农民健康问题，已经成为不容忽视的重大问题。目前，政府对县级预防保健机构的拨款只占支出的三分之一左右，公共卫生服务严重不足。在农村最贫困的农户（约占4%）中，50%左右属于因病致贫或因病返贫。中国第一次卫生革命的成功，在很大程度上得益于比较完善的城乡医疗保障体系。但在新形势下能否全面恢复合作医疗制度是一个很大的疑问。文章指出，由于我国城乡经济社会结构发生了深刻的变化，已经不可能继续按照传统的方式建立合作医疗制度了，需要根据形势的发展，积极探索以国家投资贫困地区、以县级作为统筹地区、以保大病为重点、大力发展公共卫生保健和积极探索医疗救助为基本内容的新型农村医疗保障体系。

《次高增长阶段的中国经济》

刘迎秋（研究员）等

专著　347.5千字

中国社会科学出版社　2002年10月

该书为国家社科基金课题成果。这项成果注重宏观政策量化指标及政策操作数量边界的分析。全书由前言、九章正文和主要参考文献组成。按照逻辑顺序，该书首先分析和阐明了我国经济从超高增长阶段转向次高增长阶段的必然性及其突出特征：GDP增长将在总体上围绕7.5%展开并呈前高后低格局，通货膨胀率平均3%、不超过6%。接着，分析阐明了与潜在经济增长相适应的合理消费率和合理投资率以及两者间的正确组合关系，即要确保最终消费对GDP增长的应有贡献，就必须使最终消费增长率达到6.1%以上，10%将是今后一个相当长的时期内我国最终消费增长率的平均上限；与此相对应，可将18.6%作为投资增长率的基本控制目标，将20.7%作为投资增长率的控制上限。然后，分析和阐明了融资收缩现象以及通货紧缩的深层原因及货币供给增长率倍数，即在市场化进程仍在继续和货币流通速度继续下降的情况下，货币供给的增长率区间保持在GDP增长率的1.95～2.43倍区间是合理的；并强调在经济景气循环的高涨期内，政策操作要着力于货币供给增长率的低倍数选择，而在经济景气循环的衰退期内，政策操作要着力于货币供给增长率的高倍数选择。作者进一步阐明了与我国实践相适应的适度赤字率和债务率：基本赤字率的控制下限应为2.5%、上限应为3.5%，全额赤字率的控制下限应为3.5%、上限应为4.4%；从赤字率派生出来的政府债务率，其均衡目标值则可控制在下限36.8%、上限46.3%以内。随后，作者阐明了与国民经济次高增长相适应的失业控制及其政策操作指标，即一定要把自然失业率控制在6%左右，力争登记失业率不超过4%，不允许实际广义失业率（包括显性失业率、隐性即在职失业率和潜在失业率）超过10%。然后，分析和阐明了产业结构调整的重点、方向及其政策操作数量指标，股票和期货等资本市场发展与我国国民经济成长的联系及其数量关系，与对外经济联系有关的指标以及中长期发展动向。国家社科基金规划办将此项成果作为重点成果。

《当前我国经济运行中的“缩长病”及其医治》

刘迎秋（研究员）

论文 8.5千字

《财贸经济》 2002年第10期

该文针对当前我国经济运行中存在的突出问题，提出了一个新的概念——“缩长病”。作者首先指出，所谓“缩长病”，是指通货紧缩与经济增长同时发生的现象。然后分析和阐明了“缩长病”的“病灶”特征是增长主要靠财政投资支撑、通货紧缩压制民间投资和消费。在此基础上，作者进一步论证和说明了当前我国经济增长过度依赖扩张性财政政策支撑和物价的持续下降现象，并不是“流动性陷阱”所致。一是目前我国并不具备“凯恩斯流动性陷阱”发生作用的基本条件，二是至今我国尚未形成普遍利率回升的预期，三是这一轮经济大调整过程也未结束。最后作者分析指出，要医治“缩长病”，不仅需要扩张性财政政策继续有所作为，而且需要更加积极的货币政策的有效配合，具体包括下调贷款利率和准备金利率、放松外汇管制和改进售结汇制度、减税、制止超经济垄断、调整市场准入政策、扩大民间投资需求等等。文章简稿先在中国社会科学院《要报》发表，公开发表后曾被《中国经贸导刊》、《经济参考报》、《新华社内参选编》转载或转摘。

院党组办公室、研究室

《世界沧桑150年——〈共产党宣言〉发表以来世界发生的主要变化》

何秉孟（编审）、方军（编审）等

专著 195千字

社会科学文献出版社 2002年1月

该书是中国社会科学院重点课题的研究成果。它全面介绍和分析了《共产党宣言》发表150多年来世界各个领域发生的主要变化，包括科技、经济、政治、文化、社会结构、哲学、宗教、民族、战争、社会主义和资本主义等诸多领域广泛而深刻的变化，阐释了马克思主义与时俱进的时代变化依据和实践发展依据，有助于我们更好地把握马克思主义与时俱进的理论品格，从而在21世纪更加自觉地丰富和发展马克思主义。该书强调：作为一个马克思主义政党，作为一个马克思主义者，无论什么时候，都要研究形势的变化，研究社会到底发生了什么变革。观察时代的发展和变化，研究、解释这些变化，解决由此而产生的问题，推动时代前进，这是马克思主义政党和马克思主义者的历史任务。

该书信息量大，论理深刻，各报告既独立成篇，又相互联系，是理论学术界一部重要的阅读参考著作。

《21世纪初欧洲共产党“新共产主义”战略的理论发展和面临的问题》

姜辉(副研究员) 于海青(助理研究员)

论文 8千字

《教学与研究》 2002年第7期

该文系统介绍了21世纪初以法国共产党为代表的欧洲共产党的“新共产主义”理论的基本内容，如什么是“新共产主义”，如何“超越资本主义”，实现社会变革的力量和“人民运动”，共产党的基础、作用和组织变革，共产党和社会民主主义政党的区别等。该文详细分析了“欧洲共产主义”与“新共产主义”之间的理论联系和差异：二者在探索独立自主的社会主义道路、同西欧议会民主制度相适应的斗争策略等方面是一致的，在不同时代条件下的思维取向和理论诠释角度有差别。文章认为，欧洲共产党适应时代发展和资本主义变化进行理论政策调整有积极意义，但在淡化意识形态和自己的鲜明特征，在泛化“民主”原则等方面则造成了困惑和危机。文章还阐明了如何正确评价西欧共产党理论变革的方法和立场。

《马克思恩格斯列宁毛泽东邓小平江泽民论民主》

中国社会科学院民主问题研究中心编

学术资料　518 千字

中国社会科学出版社　2002 年 11 月

该书在广泛学习和阅读经典作家和中国共产党领导人著作的基础上，精选马克思、恩格斯、列宁、毛泽东、邓小平、江泽民关于民主问题的论述并根据专题进行分类，是国内第一本研究马克思主义民主理论的必备参考书。

中国社会科学院图书馆（文献信息中心）

《中国图书情报网络化研究》

黄长著（研究员）等

专著　340 千字

北京图书馆出版社　2002 年 1 月

该书为国家社科基金“九五”重大课题成果。图书情报网络化是近年来发展极快的一个领域，特别是因特网、数字图书馆及信息技术的发展，给图书馆情报学带来了许多新的课题。该书介绍了中国图书情报网络化的现状并与国外情况进行了对比；对 CNNIC 的数据进一步分析。在此基础上，从以下几个方面提出自己的创新方案：信息资源共享、图书情报网络化平台、软件系统、数字图书馆及网络环境中图书情报事业的选择机制等等。

《E 时代的女性——中外比较研究》

黄育馥（研究员）、刘霓（研究员）

专著　133 千字

社会科学文献出版社　2002 年 10 月

该书从社会性别的视角探讨新技术对女性的影响，以及女性在新技术领域内的地位和面临的问题。作者采用问卷调查的实证研究方法，建立了国内现状描述和国际比较分析的基础，客观反映了中国女性进入新技术领域的状况，填补了国内从性别视角研究“塞伯空间”和“数字鸿沟”的空白。该书视角独特、析理透辟、数据扎实可靠，是将女性研究与信息技术发展联系起来的成功尝试。

《文化研究的发展轨迹》

萧俊明（研究员）

论文　16 千字

《国外社会科学》　2002 年第 1 期

1964 年，当代文化研究中心在英国伯明翰大学成立，标志着文化研究不仅在西方学术体制内部站稳了脚跟，而且演化成为 20 世纪的一场国际化思想运动，与后现代主义一道成为 20 世纪末期的两大主潮。文化研究起步早于后现代主义，成名却晚于后现代主义。后现代主义虽然曾经一度甚嚣尘上，却日趋显得底气不足，而文化研究则以其坚实有力的步伐，随着“文化转向”的号角迈入了“文化的 21 世纪”。该文以 20 世纪 80 年代为聚焦点，对文化研究的轨迹作了一次回顾。

《国外中小学校的道德教育》

黄育馥（研究员）

论文　16 千字

《国外社会科学》　2002 年第 4 期

在有记录的人类历史上，各个社会中的成年人多对年轻人的价值观和品德培养给予极大的关注。20世纪中期以后，这种关注在一些国家曾有所减弱，并带来了严重的社会后果。20世纪后期，不少国家吸取了学校忽视道德教育的教训，并采取了相应的措施，加强道德教育已经成为社会的共识。该文从道德的定义入手，对国外中小学道德教育的内容、方法和发展作了比较详细的阐述。

中国社会科学杂志社

《第三方物流的生存空间》

秦毅（研究员）

论文 5千字

《军队物资》 2002年第4期

第三方物流是物流社会化的一种方式，在我国物流发展的过程中引起了较大关注。针对其中的认识误区，该文提出第三方物流并不是物流发展的一个阶段，“第三利润源泉”也不意味着物流企业是一个利润中心。第三方物流的生存受一定条件的限制和约束。生产和流通企业是否采用第三方物流，是由是否满足成本最小化的目标所决定的。无论就宏观经济而言，还是就微观经济而言，物流从来都应是一个成本中心，而不是一个利润中心。因此，发展第三方物流、从事第三方物流的企业都需要对第三方物流市场有明确的认识，给企业找准明确的目标市场，为需求方提供高效率的服务，才能保证物流业的健康发展。

《从领导党到执政党转变的宪政阐释》

李林（研究员）

论文 26千字

《学术界》 2002年第2期

该文认为，在宪政意义上，革命党、领导党和执政党有着不同的内涵，它们与国家政权、宪政和法治具有不同的关系。中国共产党夺取全国政权以后，随着中心任务逐步由革命向建设的转变，同时也经历着由革命党向领导党、由领导党向执政党的领导方式和执政方式的转变。在本质上，共产党作为中国的领导党就是执政党，共产党领导与执政是高度统一的，共产党领导就是执政。在社会主义宪政理念上，共产党作为执政党，具有并且应当具有以下特征：(1）共产党在国家政体中掌握国家权力，以公权力主体的身份直接或者间接行使国家的立法权、行政权、审判权、检察权和监督权等公权力。(2）在社会主义建设时期，执政党的实质合法性来自于对“三个代表”的忠诚实践，形式合法性来自于民主选举和宪政的程序。(3）执政党的地位、权力、责任和活动方式必须得到宪法和法律的确认，使之具有合宪性、合法性；同时执政党的执政行为应当以宪法和法律为圭臬，在宪法和法律范围内活动，接受宪法和法律的监督。坚持社会主义宪法和法律至上，就是坚持执政党意志与人民意志的统一和至上，就是坚持人民利益高于一切。坚持执政党领导、人民当家作主与实行宪政是相辅相成的。(4）共产党领导的多党合作和政治协商制度，是中国特色的社会主义政党制度。

《翰林学士及其活动与中唐文学》

马自力（编审）

论文 17千字

载《国学研究》第9卷

北京大学出版社 2002年6月

在中唐社会变迁和文学转型的过程中，翰林学士作为唐代政治制度变迁的产物，作为一类具有特殊地位和经历的文人或文人集团，曾经活跃在当时的政治和文化舞台，并扮演了十分重要的角色。翰林学士的主体显然是政治家或政客，同时他们中间也不乏现代意义上的文学家或文章家，他们的社会活动和文学创作，既体现了中唐的时代特征，又对后者产生了相当程度的影响。该文作者利用文史资料，对上述方面分别进行了考察，并由此探讨了翰林学士及其活动与中唐文学的种种关联。

《1888年康有为在北京活动探微》

马忠文（副编审）

论文　8千字

《浙江学刊》　2002年第4期

该文认为，由于直接材料的缺乏，长期以来人们对康有为早年政治活动的真实情况很难全面了解。学术界对康1888年在京师上书活动的研究和叙述，主要依据康氏本人的自编年谱、文稿及其弟子的著述，据此，对康氏早期从事变法活动的历史曾予以很高评价。然而，从康有为的个性以及当时他的处境与思想动机看，1888年康在北京频频上书权贵，很大程度上系受到清议风尚的影响，主要目的是为了寻求出仕机会。在京期间，像许多落第士人一样，康氏亟亟奔走于权门，表现出急功近利的心态，结果受到朝臣们的嘲讽和疏远，似不能完全从变法的角度予以评判。1888年的康有为不过是一位流落京师的普通士人，其地位与政治影响远不能同10年后令人瞩目的变法领袖相比；同样，他的《第一书》在当时的影响也不可与《第六书》在戊戌年的影响同日而语。康有为及其弟子在戊戌政变后，出于政治目的，处处夸大康氏的政治影响力，以致康氏早期历史也被大大美化了，这一点应予以澄清。另一方面，从康有为早期政治活动所反映出来的政治人格中急功近利的倾向，也是评判康氏戊戌年变法活动得失不可忽视的因素。

《秦汉时期北河战略地位考察》

宋超（编审）

论文　10千字

载《秦汉文化比较研究》

三秦出版社　2002年4月

北河以北属于水草丰盛的漠南地区，以南则是宜耕宜牧的河南地。正是由于这种地理位置，北河在汉匈战争进程中具有重要的战略地位。秦始皇三十三年（公元前214年）攻逐匈奴，修缮长城，控制了北河地区。秦始皇死后，匈奴趁秦王朝兵连祸结之机渡北河南下，重夺河南地，对中原地区形成攻势。汉初虽与匈奴缔结和亲，但实际效果并不显著。文帝初年，匈奴驱逐月氏，占据河西地区，与河南地遥相呼应，对关中地区威胁更甚。武帝时发动河南战役，再次将匈奴势力拒之于北河之外，不仅保障了京畿地区的安宁，也为日后发动的河西与漠北之战奠定了基础。历史转了一个大圈，终于又重新回到蒙恬攻逐匈奴，建立北河防御体系这一起点之上。

《20世纪30年代日本政军财关系初论》

姚玉民（编审）

论文　11千字

《日本学刊》　2002年第4期

该文对20世纪30年代日本政党、财阀和军部的关系进行了论述。在明治宪法体制内，充斥着专制主义与立宪主义的矛盾。代表专制主义的军部击败了具有立宪主义倾向的政党及所实行的政党政治，在这一过程中，财阀的政治取向具有重要的意义。在政党内阁消失以前，财阀支持政党，将其作为自己的政治代理人，引起了民间法西斯势力和军部皇道派的憎恶和攻击。此时，财阀与军部处于相对疏远的状态。军部打倒政党内阁，军部内的统制派清除敌视和攻击财阀的皇道派获得军队控制权，为军部和财阀的接近与合作提供了条件，同时军部又向财阀开放自己的领地——殖民地市场，表明了“容纳财阀”的政治态度。而财阀也因政党内阁的倒台而把目光转向掌握了政治主导权的军部，渐渐地疏远了政党，开始公开表明尊重军部“国防利益优先”的原则，乐于把军部作为新的政治代理人。在这一新的历史条件下，军部与财阀的关系由相对疏远转变为以军部为中心的“军财抱合”关系。这就是20世纪30年代日本政党、财阀、军部之间关系变化的基本轨迹。

当代中国研究所

《中国工业化与中国共产党》

朱佳木（研究员）

论文 22千字

《当代中国史研究》 2002年第6期

该文认为，中国工业化是中国共产党始终不渝的奋斗目标。中国工业化的道路、战略、资源配置方式、资金与人才来源等一系列重大问题，都是由中国共产党解决的。不仅如此，在中国共产党的领导下，中国工业化还取得了比资本主义国家更高的发展速度，为现代化的实现和中华民族的全面振兴奠定了坚实的基础。实践证明，中国共产党是中国工业化发展要求的必然产物和忠实代表；中国的工业化建设，过去、现在和将来都离不开中国共产党的领导。

《历史转折论》

程中原（研究员）、夏杏珍（研究员）

专著 379千字

人民出版社 2002年10月

该书较为全面地评述了遵义会议前后和中共十一届三中全会前后实现两次伟大转折的历史过程，“毛洛合作”和“邓陈合作”分别在其间所起的作用，并较为系统地概括了两次历史转折的宝贵经验。

作者就两次转折的历史提出不少新的见解。如：扎西会议是遵义会议的继续与完成，这个会议实现了“博洛交替”，变换了中央最高领导，通过了《遵义会议决议》，领导中央红军和各苏区实现了战略转变；再如：邓小平主持的1975年整顿是第二次历史转折的前奏，它是对“文化大革命”拨乱反正的开始，是邓小平理论的起点，为新时期的拨乱反正和改革开放作了准备。

作者比较研究两次伟大历史转折后指出：坚持马克思主义与中国具体实际的结合，坚持解放思想、实事求是的思想路线，反对形形色色的“左”的教条主义，是实现历史转折的根本保证；充分发扬党内民主，正确开展党内斗争，妥善解决党内矛盾，是实现历史转折的正确途径。

《再论学史》

田居俭（研究员）

论文 8千字

《光明日报》 2002年3月22日

该文认为，中国共产党三代领导集体十分重视学习历史和借鉴历史。古往今来的实践证明，历史是有见识、有作为的政治家取之不尽、用之不竭的精神财富。当代中国的各级领导干部具备积累历史知识和运用历史经验的本领，就能思接千载，视通万里，彰往察来，把握机遇，更好地团结和带领人民群众，在建设中国特色社会主义、实现中华民族伟大复兴的事业中作出更大的贡献。

该文从学史有利于提高马克思主义修养，有利于丰富治国安邦经验，有利于坚强思想道德建设等三个方面作了具体、深入的论述。文章发表后，《学习活页文选》与《新华文摘》曾加以转载。

《中国改革开放的酝酿与起步》

李正华（研究员）

专著 279千字

当代中国出版社 2002年1月

该书认为，以中共十一届三中全会为标

志，我国进入了改革开放的新时期。但改革开放酝酿、起步可追溯至百废待兴的“文化大革命”结束之初。当时的人们迫切要求改变生产力的落后状况，希望通过改革来发展生产力，加快经济建设的步伐。为此，思想理论界对一些重大的理论问题进行了重新认识，党和政府主要领导人表明了鲜明的态度，采取了积极的措施，一些地方大胆地进行了改革的尝试，这一切促成了全面改革开放时机的成熟。正是因为有了这两年的准备，十一届三中全会才能统一思想，实现全党工作重心的转移，重新确立党的实事求是的思想路线，开辟一个新的时期。

《走向市场经济的三线建设调整改造》

陈东林（研究员）

论文　12 千字

《当代中国史研究》　2002 年第 3 期

该文是一篇对三线建设调整改造进行全面分析和评价的论文。文中指出，1965～1980 年的三线建设在我国中西部 13 个省区的全民所有制单位共投入了 2052.68 亿元资金，建成了近 2000 个大中型企业和科研机构，堪称中华人民共和国经济建设史上一次重大战略部署。但是，由于历史的原因，许多三线企业一直存在着生存条件差、产品无出路、经济效益低等严重遗留问题。1983 年，中央确定了三线企业“调整改造，发挥作用”的方针。1986 年开始，又历经三个五年计划，从布局、产品方向、产业结构和技术改造三个方面，对三线企业进行了调整改造，改善了企业的外部环境，稳定了职工和科研队伍，促进了企业的技术进步和体制转变，增强了企业市场竞争能力，为建设社会主义市场经济和西部大开发战略提供了重要准备。该文得出的结论，填补了中国当代经济史上的一个空白，对当前正在进行的西部大开发中如何利用过去的基础设施和经验教训具有现实意义。

《顺应世界潮流　立足发展自我——党的三代领导集体应对国际环境的对策与经验》

刘国新（研究员）

论文　6 千字

《前线》　2002 年第 8 期

该文指出，新中国 50 多年发展处在不那么有利的环境中。在不利的国际政治经济环境中取得如此显著的成绩，其根本原因就在于党的三代领导集体能在不同时期、根据不同的历史条件、采取不同的应对之策，达到了顺应世界潮流，立足发展自我的战略目标。今后 10 年、20 年、50 年将是中国发生更加深刻变革的伟大时代，我们要基本实现社会主义现代化和中华民族的伟大复兴，谋求跨越式发展，在很大程度上取决于中国怎样应对世界。应该说，这方面的历史经验，无疑是一笔宝贵的财富。

《冲破坚冰——回顾中美关系从冷战到缓和》

丁明（副研究员）

论文　10 千字

《团结报》2002 年 1 月 19 日

新中国成立后的 20 多年时间里，中美关系犹如一块封冻年久的坚冰。尼克松于 1969 年 1 月就任美国总统之后，为了摆脱困境，开始奉行比较务实和灵活的外交方针，多次表示想同北京交往，并采取了放宽美国公民到中国旅游的限制等措施。美国领导层的言论和行动引起了毛泽东的密切注视。1971 年 4 月，毛泽东邀请美国乒乓球队访华，拉开了一场影响深远的乒乓外交的序幕。同年 7 月，美国国务卿基辛格秘密访华，中美双方发表公告，宣布尼克松将访问中国，这一消息立刻震动了世界，被称为“本世纪最重要的外交事件”。1972 年 2 月尼克松访华。中美领导人经过多次会谈，发表了《上海公报》，标志两国之间建立新关系的开始。中国外交取得重大突破，进入了一个新的历史发展阶段。

《近半个世纪以来中国城市化进程的总结与评价》

李文（编审）

论文 15千字

《当代中国史研究》 2002年第5期

该文通过大量的数据分析证实，与国际标准模式相比较，中国的城市化水平略低于经济发展水平，严重滞后于工业化水平。这一现象是中国独特的工业化道路造成的。20世纪80年代以来中国城市化进程明显加快，是产业结构和就业结构转换的客观需求。直到21世纪中叶，中国将一直保持这一趋势。

第　六　编

学 术 活 动

一 2002 年主要学术活动

法国作家维克多·雨果诞辰 200 周年纪念会

2002 年是法国作家维克多·雨果诞辰 200 周年。中国外国文学学会法国文学研究分会与北京大学外国语学院等 18 个单位，于 2002 年 1 月 5 日在北京联合举办规模盛大的纪念大会。中共中央政治局委员、我院院长李铁映委托江蓝生副院长向大会致辞。她说，雨果是法国不朽的民族诗人、剧作家、小说家、政治家和文艺理论家，也是世界文学史上一位伟人。我们在新世纪的第一年纪念这位法国文化巨人，具有重要的现实意义。在中国，雨果的作品很早就译成了中文，他的名篇巨著《悲惨世界》和《巴黎圣母院》在我国读者中广为流传，深深打动人们的心。雨果的思想和创作风格对我国作家如巴金、郭沫若等一代大师也有很深的影响。雨果是法国的，但同时又是属于世界的。他的作品是全人类共同的精神文化财富。具有不同历史文化背景的各国之间，本着相互尊重、相互学习的精神，在平等的基础上开展积极的文化交流，共同创造人类的未来，这或许就是我们今天纪念法国大作家雨果诞辰 200 周年的现实意义。全国人大常务委员会副委员长许嘉璐向大会发来了贺信。中国外国文学学会名誉会长、北京大学教授季羡林委托北京大学外国语学院院长胡家峦教授宣读了他给大会的贺信。法国驻华使馆公使燕保罗先生在会上作了发言。文学界、学术界、翻译界的著名人士 250 余人出席了纪念大会。

“学科制度建设”研讨会

2002 年 1 月 12 日，中国社会科学杂志社在北京召开了“学科制度建设”研讨会，来自中国科学院、中国社会科学院、中央教育科学院、北京大学、清华大学、中国人民大学、南开大学等单位的 20 余名学者与会。会议中讨论了如下问题：

1. 关于学科制度产生的渊源。北京大学哲学系韩水法说，学科是作为大学制度的一个组成部分而形成和发展起来的，学科及其制度基本上以大学为存在的根据。

2. 关于学科制度的概念。北京大学方文认为，学科制度是在特定学科的知识生产和知识创新过程中所建构的制度体系，主要包括知识行动者群体及其职业伦理体系、学科培养制度、学科评价与奖惩制度和学科基金制度。

3. 关于学科和科学的关系。清华大学蔡曙山说，科学研究是以问题为中心的；学科是科学研究发展成熟的产物。相对于科学发展，学科在时间上是滞后的，在空间上是不连续的，仅仅是若干科学研究领域的集合。在科学与学科的相互关系和矛盾运动中，科学是第一性的、决定的方面；学科则是第二性的、被决定的方面。与此有关，学科划分是学术的，由科学家来完成；学科设置是行政的，由管理者甚或行政领导来完成。

4. 关于我国当前学科设置。蔡曙山认为，学科设置的依据是学科目录。问题是，我国目前在学位点设置、重点学科评审和学科基地建设这三项学科建设举措所依据的学科目录陈旧，束缚了学科的发展。

5. 关于学科制度中的评价标准。学科制度中的评价标准有导向作用。北京大学吴志攀认为，高校文科存在的评价标准可以概括为以下几种：(1) 自然科学的评价标准。例如，考核发表在一定国际学术刊物的论文数量，论文发表后的被引用率，SCI、SSCI，等等。(2) 行政管理的标准。如财政年度的周期标准，数量化管理标准。(3) 市场经济的标准。出版社追求利益最大化的取向影响着高校教师的科研行为；文科学者具有更多的个性化特点。(4) 国际主流标准。其一，国际主流研究的方法；其二，国际主流研究的热点或前沿课题。(5) 本土研究方法的标准及学者个性化标准等。吴志攀主张：高校文科科研的评价标准应该是多元的；标准之间，应该是互补的；应该是不同学科有不同的标准，而不能一刀切。

6. 清理现行学科目录，建立动态的学科调整机制。蔡曙山主张，各级学科管理部门应该认真清理现行的学科目录，并要建立动态的学科调整机制。他还说，考虑到学科设置的滞后性和离散性，应参照世界各国的通行做法，对清华大学、北京大学、中国科学院和中国社会科学院等具有本国最强科研实力、最具示范性的科研单位，在学科设置上给予更大的自主权，直至完全放开，允许其按照国际标准自主设立学科，并在学位点设立、重点学科评审、重点实验室和学科基地建设、基金项目的申报和评审等各方面予以承认和支持。

“中国考古新发现”学术报告会

2002 年 1 月 17 日，由中国社会科学院考古研究所《考古》杂志社举办的“中国考古新发现”学术报告会在北京举行。会议邀请成都市文物考古研究所、陕西省考古研究所、贵州省文物考古研究所、浙江省文物考古研究所和中国社会科学院考古研究所等 5 个单位的代表就 2001 年学术界广泛关注的 6 项考古新发现作学术报告。国家文物局和中国社会科学院科研局的领导、北京大学考古文博学院、中国历史博物馆、故宫博物院、中国文物研究所、文物出版社、中国社会科学院研究生院等在京科研单位和陕西省考古研究所、上海博物馆、济南市考古研究所等单位的专家学者以及考古研究所的科研人员 150 余人出席会议。

报告会共进行 6 场，即：中国社会科学院考古研究所叶茂林副研究员的《青海民和喇家史前遗址发掘》，中国社会科学院考古研究所王学荣副研究员的《河南偃师商城商代早期王室祭祀遗址》，成都市文物考古研究所馆员张擎的《成都金沙遗址的发现与发掘》，陕西省考古研究所段清波副研究员的《西安秦始皇陵园的考古新发现》，贵州省文物考古研究所所长梁太鹤研究员的《贵州赫章可乐夜郎时期墓葬》，浙江省文物考古研究所黎毓馨副研究员的《杭州雷峰塔地宫的清理》。与会代表围绕报告内容展开了热烈而又充分的讨论，并提出了一系列关注的问题，如青海喇家遗址中所反映出的古代洪水与地震的间隔时间；喇家遗址窑洞式房址房顶的结构；偃师商城宫城祭祀坑内的动物是家猪还是野猪，祭祀坑内的草木灰是否与甲骨文记载的柴祭有关；成都金沙遗址中发现的卜骨有多少片，大量精美的器物出于何处；秦始皇陵园陪葬坑内马俑、文官俑的出土情况以及棚木的树种问题；贵州赫章可乐夜郎民族墓葬的时代序列，墓葬中人骨保存情况，青铜器成分分析情况，四种形式的“套头葬”的演变关系，以及这组形制及纹饰独特的青铜器的分布状况和产地问题；还有对杭州雷峰塔地宫制度的南北差异该作如何解释，银质阿育王塔内发现的金棺是否与金棺银椁之制有关以及是否反映了吴越国的地方特色等，报告人对此一一作了解答，与会代表也积极发表了自己的见解。

2001～2002年欧洲形势年会

2002年1月17日，中国社会科学院欧洲研究所、中国欧洲学会、社会科学文献出版社在北京联合举行了2001～2002年欧洲形势年会暨《2001～2002年欧洲发展报告》（欧洲蓝皮书）发布会。北京地区欧洲问题和国际问题的研究机构、高等院校及中央机关有关部门的专家学者共100多人出席了会议。

欧盟驻华大使安高胜先生、欧盟现任轮值主席国比利时驻华大使约翰·马里科先生应邀出席了会议，并就当前欧洲一体化进程的最新发展及欧元正式流通等问题发表了演讲。

安高胜大使首先介绍了莱肯会议的重要内容：（1）在欧盟东扩方面，明确了尼斯会议提出的东扩条件。（2）在反恐方面，加强欧洲司法与内部事务的合作。关于欧元，欧盟大使认为，这种欧洲单一货币的启动是非常成功的。在欧元区的一些国家中，96％的现金交易已经使用欧元，大部分取款机中的现钞已经换成欧元。至今为止，欧元工程没有出现大问题。当然，如何处理旧币仍是问题。现在，欧元已经成为12个国家3亿人使用的世界第二大货币。欧元在全球货币市场占有量为16％。欧元高度流动性带来的一个结果是欧元在全球投资总额所占的比例达到了四分之一。最后，安高胜大使也谈到了欧元与美元汇率相比持续走低的问题。他说，虽然不希望出现这种情况，但是事实毋须令人担忧。他相信欧元背后的机制是合理的。

比利时大使重点介绍了莱肯会议提出的欧洲未来面临的挑战：（1）欧盟东扩。（2）欧洲共同外交与安全政策。（3）欧元如何与欧洲未来发展相协调。大使认为，欧盟正站在一个十字路口，需要重新定义自己。欧洲联合是欧洲的古老理想，欧盟可望在不久的将来再增加10个成员国。因此，不仅欧盟内部面临调整，而且在全球化迅猛发展的时代，尤其是“9·11”事件发生后，即将面临三个挑战：（1）如何使欧洲公民更了解欧盟机构。（2）如何在一个扩大了的欧盟中管理其内部事务。（3）如何在多极化的世界中使欧盟成为一个稳定的组织。应对这些挑战需要解决一系列问题，比如欧盟权力的重新分配与定义；欧盟的民主化、透明化和效率以及为欧洲人订立一部宪法等等。《莱肯宣言》为这些问题作了总结。

会上有学者提出：欧盟内部对权力分配和对未来欧盟的发展持有不同的意见，比如有的强调发展欧盟超国家的职能，有的主张政府间合作等，欧盟在制宪会议与政府间会议上将如何解决这个问题？对此，安高胜大使认为，这两种看似对立的观点并不适合欧洲。欧洲是复杂的。欧盟各成员国有着悠久的历史和不同的传统，并为这种差异性而感到骄傲。就欧盟发展程序而言，欧盟的超国家性质在加强，但并不意味着要创造一个超国家的组织。我们为拥有民族国家的特色而骄傲。大使认为，欧洲的未来不会出现联邦的欧洲或欧洲合众国，但超国家主义的色彩会更为浓厚。

另有学者谈到欧元汇率、欧盟成员国中某些右翼政党上台后是否会对欧洲一体化进程带来不利的影响等问题，两位大使都一一作了回答。

“纪念《上海公报》发表30周年”学术研讨会

由美国研究所与中华美国学会共同主办的“纪念《上海公报》发表30周年”学术研讨会于2002年2月4～5日在北京召开。国内41家单位的150多位专家、学者参加了会议。一些中美关系发展的重要参与者和见证人，如中国驻美国前大使柴泽民、朱启桢、李道豫以及美国驻华公使衔参赞李柏思专程出席了研讨会。

在会议开幕式上，几位大使和外交官致辞。柴泽民指出，尽管《上海公报》发表已经有30周年了，但公报所确立的几乎所有基本原则，如和平共处原则、尊重主权和领土完整原则、超越社会制度处理国家关系原则、反对和不谋求霸权原则、发展贸易原则以及处理台湾问题的原则等，对目前中美关系的健康发展仍具有指导意义。朱启桢谈了自己对公报的体会。他认为，整个公报贯穿着一种求同存异的精神，从公报中双方的表述来看，两国在许多问题上立场有很大的不同，但是都能以务实的态度坦率表明立场，并彼此交换了原则看法。这对于处理目前的中美关系可能变得更重要了。李道豫以在美的亲身经历指出，公报是一份特殊的历史文件，它既列出了两国的分歧，也讲明了共识，而且对双方来说，都是共识比分歧更重要，这就是为什么虽然两国关系几经起伏但仍然获得了空前发展的原因；而对于存在的分歧，两国应当高度重视。事实证明，首脑会晤是处理两国关系的重要办法，过去的几次首脑会晤都使中美关系出现了转机。李柏思作为一名美国外交官，在中国两岸三地有20多年的工作经历，见证了中美关系发展的许多重要时刻。他认为，中美关系要继续发展，既要尊重历史，也要超越历史；并指出，现任美国政府重视美中关系，布什总统对华访问的日期选定并不是偶然、凑巧，美国政府希望与中国建立“坦率的”、“建设性合作关系”。

在接下来的两天研讨中，与会者围绕涉及中美关系各个方面、各个领域的问题进行了广泛、深入的讨论。陈宝森教授认为，中美经贸关系的发展有三个特点，第一是跃进式发展；第二是必须经过一个磨合期，然后会出现量变到质变的突破；第三是潜力巨大。朱世达教授以文化为背景，分析了中美关系的发展，认为文化因素在两国关系中的重要性正在日益显现出来，不同文化传统、处世方式和价值观之间的相互理解、尊重和交流，对于发展稳定的中美关系变得越来越重要。王缉思教授指出：《上海公报》发表时中美关系比现在简单得多，比如在美国，对华决策主要由最高行政首脑等几人控制，而且目标明确，程序简单；而目前参与决策的机构以及在其中有利益的团体呈几何级数增加，它们是从不同的角度、抱有不同的目的来参与决策的，某一个部门发表的有关言论是否代表整个美国政府的立场需要我们作深入的分析。此外，媒体在中美关系中的作用大大增加，它对各种问题的处理有自身的特点。资中筠教授以亲身经历指出，公报不仅对中美关系意义重大，而且对中国国内的发展也产生了重要影响。《上海公报》的发表既标志着中美之间大门的打开，也为后来的改革开放政策创造了重要的外部环境。王玮教授认为，《上海公报》中有许多值得深入挖掘的东西，它既是一个历史发展进程的终点，也是一个新的历史进程的起点。当时，中美两国的领导人都对公报的意义进行了升华，毛泽东在此之后提出了“三个世界”的理论，而尼克松则确立起大三角的战略概念，从而对当时的世界格局产生了重大影响。

会议还分析了“9·11”事件对美国对外战略和对外政策及国内政治的影响、对中美关系的影响，以及美俄关系变化对国际格局产生的影响。学者们认为，反恐联盟已成为国际格局中一个值得关注的问题。

“中日敦煌佛教”学术会议

2002年3月13～15日，由中国社会科学院佛教研究中心、中国社会科学院敦煌学研究中心、日本驹泽大学禅研究所、日本花园大学国际禅学研究所共同主办的“中日敦煌佛教”学术会议在京举行。14位中国学者、8位日本学者在这次会议上发表了论文，中日双方数十位专家学者出席了会议。中国国家图书馆馆长、中国社会科学院世界宗教研究所名誉所长任继愈教授，中国社会科学院亚太所前所长黄心川研究员，中国人民大学宗教研究所所长方立天教授，中央民族大学藏语系王尧教授，中国社会科学院世界宗教研究所所长卓新平教授，中国敦煌吐鲁番学会秘书长柴剑虹编审等应邀出席了开幕式。任继愈教授在开幕式上发表讲话，强调了佛教研究在敦煌学中的重要地位。柴剑虹秘书长代表中国敦煌吐鲁番学会会长季羡林教授致辞，对会议的召开表示祝贺。卓新平所长在讲话中指出，以往的敦煌学成绩十分辉煌，而未来的敦煌学蕴藏着更大的发展空间。希望这次会议能提供增进中日两国学者的友谊和联系，进一步促进敦煌佛教研究的发展。中国社会科学院佛教研究中心主任杨曾文教授、日本驹泽大学禅研究所副所长石井修道教授分别代表中日双方主办单位讲话。

这次学术会议举行了8场论文发表会，论题包括敦煌禅宗、佛教文献的文本考证与研究、寺院生活研究、印度佛教研究、汉藏佛教关系研究、经藏与藏外佛典研究、俗讲研究、三阶教研究、敦煌藏经洞封闭原因研究，乃至利用计算机进行佛教文献文本分析研究等诸多方面，涉及汉、梵、藏、回鹘等多语种文字。论题的广泛与深邃，充分反映了敦煌佛教的特色。值得注意的是，不少论文都从不同角度涉及敦煌佛教的信仰性特色，为研究敦煌佛教，也为研究中国佛教提供了新的思路。

“雨果和浪漫主义”学术研讨会

中国外国文学学会法国文学研究分会和广西民族学院联合召开的“雨果和浪漫主义”学术研讨会于2002年3月14～17日在南宁举行。来自中国社会科学院外文所、北京大学、武汉大学、杭州大学、中山大学和厦门大学等单位的专家学者约30人出席了会议。

研讨会主要围绕以下几个主题展开讨论：法国浪漫主义文学运动的意义和影响，论文有《法国浪漫主义小说的类型和演变》、《雨果浪漫主义美学与现代性》、《浪漫主义与伪浪漫主义》等；雨果的民主主义和人道主义思想，论文有《雨果的民主主义》、《雨果与小拿破仑》、《雨果与〈九三年〉》等；雨果创作的艺术特色，论文有《雨果小说中的浪漫主义》、《论雨果〈巴黎圣母院〉的艺术》、《雨果浪漫主义诗歌的艺术特色》、《从巴黎圣母院谈起》、《雨果与滑铁卢》等；雨果生平研究，论文有《历史·时代·地域·个人素质——综论雨果》、《雨果的忧郁》、《再识雨果》、《雨果与妻子和情人》等。

与会学者就雨果及其作品、雨果的人道主义思想、雨果和浪漫主义的关系，以及我国研究雨果的状况等交流了各自的见解。南京解放军外语学院的杨松河教授曾任我驻瑞士使馆武官多年，多次实地考察过滑铁卢战场，而滑铁卢战场在雨果的巨著《悲惨世界》中占据着极其重要的地位。杨教授把实地考察的结果与小说中的描写加以对照，更加清楚地勾勒出《悲惨世界》的来龙去脉。他在发言中还把雨果诗歌中的浪漫主义与毛泽东诗词中的革命浪漫主义进行比较分析，也使大家对浪漫主义与现实主义的关系有了新的认识。浙江大学唐珍教授提出了雨果“美丑对照”思想的根源。雨果为什么会对美丑对照的问题感兴趣？这与他成长的家庭和社会环境是分不开的。他从小就处于非常对立的环境之中，例如他的父亲是拿破仑手下的大将，而母亲却是个保王分子。雨果年轻时是赞成保王思想的，后来才随着形势的演变而逐渐转变为一个民主主义者。武汉大学杜青钢教授分析了雨果与妻子和情人的关系，以及这些关系对于他的创作的影响。武汉大学罗国祥教授分析了雨果的美学思想，以及他的思想在现代的影响。其他学者大多通过分析雨果的一部小说或者一篇诗歌，来探讨他的思想演变和艺术特色。也有一些学者分析了与雨果有关的其他浪漫主义作家的作品，例如，外国文学研究所研究员吴岳添介绍了法国浪漫主义小说的发展过程，北京大学车槿山教授介绍了浪漫主义诗人洛特雷亚蒙等等。

关于这次讨论会，《广西日报》、《外国文学评论》和《外国文学动态》等报刊都作了报道，会议的论文集将于2003年出版。

《2001～2002年中国农村经济形势分析与预测》（农村经济绿皮书）新闻发布暨研讨会

2002年3月15日，由中国社会科学院农村发展研究所、国家统计局农村社会经济调查总队、社会科学文献出版社共同主办的《2001～2002年中国农村经济形势分析与预测》（农村经济绿皮书）新闻发布暨研讨会在我院学术报告厅举行。王洛林副院长、国务院发展研究中心副主任陈锡文出席会议并讲话。中央政策研究室、国务院发展研究中心、国务院研究室、国务院体改办、国家统计局、农业部、国家计委宏观经济研究院、农科院以及我院有关部门的领导、专家学者等70余人参加了会议。

王洛林在讲话中指出，“三农”问题是多年来困扰中国经济的大问题，“三农”问题的解决不能仅从农村经济层面上考虑。研究农村问题的学者要结合整个宏观经济运行和体制改革来展开研究，研究宏观经济的学者也要关注农业和农村问题。

研讨会主要就农民收入增长、农村经济发展在我国加入WTO后将面临的形势、影响当前农村发展的深层原因等问题展开了讨论。与会者认为，2001年遏止了农民收入增长速度连续四年下降的局面，但这仅是恢复性增长，今后农民收入增长形势仍不容乐观。中国加入WTO后，大宗农产品价格将可能遭遇国外农产品进口的冲击，农村就业压力巨大，农民外出打工受到种种限制，乡镇企业发展缺乏后劲，等等，都将对农民收入增长构成严重影响。农民收入能否保持较快增长将在很大程度上取决于体制改革的深化，如土地市场、劳动力市场建立、金融体制创新、农产品流通体制改革等。

与会者指出，无论是决策机构还是农业实际工作者对加入WTO给中国农业带来的冲击估计不足，对此，应该引起高度重视。对于加入WTO对中国农业将是利大于弊的普遍看法，一些人提出了不同意见。认为，加入WTO后，不同产品、不同产业、不同地区、不同人群所受到的冲击是各不相同的，有些地方可能利大于弊，有些地方则可能弊大于利，如果被一个笼统的利大于弊所遮盖，对农业、特别是中西部粮食主产区将是非常不利的。

与会者提出，“三农”问题除了有农业、农村经济固有的问题外，很大程度上还有国民经济的体制和结构原因，如城乡关系不协调，宏观经济政策依旧向城市倾斜等，因此，调整国民经济结构、尤其是调整国民收入的再分配格局是解决“三农”问题的根本措施。

授予蒙代尔博士中国社会科学院名誉教授暨世界经济与政治研究所名誉研究员仪式及报告会

2002年3月18日，世界经济与政治研究所举行了授予美国哥伦比亚大学教授、诺贝尔奖获得者蒙代尔博士为中国社会科学院名誉教授暨世界经济与政治研究所名誉研究员仪式。来自我院和院外许多研究机构的近百位专家学者出席了仪式和报告会。王洛林副院长首先致辞。他代表我院对蒙代尔教授接受荣誉称号表示感谢，并扼要介绍了蒙代尔教授的学术成就。他还向客人简要介绍了社科院的有关情况，希望蒙代尔博士作为我院荣誉教授，能够经常到我院访问和讲学，同时提供更多的建议。

在热烈的掌声中，蒙代尔教授分别从王洛林副院长和余永定所长手中接过了我院及世经政所颁发的荣誉证书。之后，教授作了题为《国际货币体系问题》的精彩演讲。他就二战后国际货币体系的演变发展过程作了详细的介绍，着重阐述了固定汇率和浮动汇率问题。这位被称为“欧元之父”的著名经济学家十分看重固定汇率的基础作用，他认为，浮动汇率制度会破坏货币政策的稳定性，带来恶性通胀、通货紧缩等问题；而统一区域货币（比如欧元）实质上是固定汇率制度的延伸，它不仅有助于国家间的贸易和经济比较，有利于世界经济的发展，而且可以改善国家间的政治关系和权力平衡，这对于统一货币区域内的每一个国家都是有利的。此外，他还特别表示，应建立亚洲货币联盟，汇率实行与美元挂钩的方式。演讲后，蒙代尔教授围绕货币政策的稳定性、美元汇率、欧元汇率等问题回答了多位与会者的提问。蒙代尔教授的演讲对于我国研究人员关于国际金融问题、特别是汇率问题的理解和对策研究有重要参考价值。

“文化遗产的保护与经营”研讨会

由中国社会科学院环境与发展研究中心、中国社会科学院文化研究中心联合主办的“文化遗产的保护与经营”研讨会，于2002年3月22～23日在北京召开，到会代表180多人。福特基金会驻北京首席代表华安德（Andrew Wasfon）、联合国教科文组织驻华办公室项目官员Edmond Makala、国务院文物局局长张文彬参加了会议，我院副院长江蓝生致开幕辞。此次会议就以下四个方面进行了讨论：

1. 关于文化遗产科学。有的代表发言摆脱了对文化遗产价值的文化学阐释或经济学阐释的传统角度，另辟哲学符号学阐释的新途径，从而对遗产价值的认识焕然一新；有的代表提出了“活态人文遗产”概念，在中国尤其具有现实意义，因为这类遗产多集中在贫困的少数民族地区，往往处于特殊的“保护—发展”两难困境之中；有的代表发言题为“论文化遗产权利的法律保护”，以文化遗产权力概念为中心，讨论了它的内容、保护方式、中国有关法律的特点以及存在的主要问题与对策；有的代表着重剖析了“所有权与经营权分离”这一制度问题，分析了“经营权转让”或“一套班子，两块牌子”经营模式的弊端，提出了新的经营制度的设想。

2. 关于遗址保护。代表们就历史名城的定义、类型、保护规划的编制与实施作了全面的阐述。代表介绍了国外遗址保护的不同模式，介绍了龙门石窟的建制史以及世界遗产的申报与管理等情况。

3. 关于博物馆学。代表们从不同侧面、不同方式讨论了中国博物馆事业的发展问题。面对进入21世纪的新形势、新使命，代表们提出“世界一流的文物收藏、世界一流的遗产保护、世界一流的科学研究、世界一流的展示与服务”的目标。

4. 关于文化遗产与经营。代表们认为，中国文化遗产界面临的形势有三个特点：(1)以经济建设为中心；(2)向着市场经济制度全面转型；(3)包括遗产产业在内的文化产业蓬勃发展。这一形势既为文化遗产事业的发展创造了新的机遇，同时也带来了新的挑战、压力与风险。有的代表在发言中对新中国50年文物保护，尤其是改革开放以来文物保护工作中的“大得大失”进行了评价。有的代表精细地辨析了文物与经济资源之间、文物事业与经济产业之间的差异，同时又指出它们之间的可能联系。

部分代表还讨论了遗产旅游业的发展问题，提出了旅游与文物相结合的新思路。

“西北边疆民族”学术研讨会暨中国中亚文化研究会第三届年会

2002年3月24～26日，边疆史地研究中心与陕西师范大学西北民族研究中心、中国中亚文化研究会在陕西省西安市联合主办了“西北边疆民族”学术研讨会暨中国中亚文化研究会第三届年会，来自北京、四川、甘肃、宁夏、新疆、内蒙古、江苏、陕西等八个省区，包括科研机构、高等院校以及出版机构的60余位专家学者与会。陕西师大西北民族研究中心主任周伟洲、中国社会科学院中国边疆史地研究中心主任厉声先后主持了开幕式和闭幕式，陕西师大校长赵世超到会并讲话。会议共举行五场大会，有35人作大会发言，并进行了讨论。此次会议以西北边疆民族的历史与现状、西部大开发与西北边疆民族、中亚研究的回顾与展望、中亚局势的变化及其对西北民族地区的影响为主题，展开了广泛的交流。其中，马大正关于新疆多民族创造历史和多元文化并存、刘迎胜关于正确处理中亚国家与我国新疆民族的关系、李琪关于周边国家民族关系对新疆稳定的影响、杨建新关于西部开发史中西北地区的过度开发、孙振玉关于西部大开发中增强少数民族内聚力和向心力、王欣关于西部大开发中处理西北民族问题应注意的几个问题的发言，引起与会者的强烈共鸣。

“美、欧、俄对外战略与中国”国际学术讨论会

由中国社会科学院世界历史研究所主办的“美、欧、俄对外战略与中国”国际学术讨论会于2002年4月9～11日在北京举行。中国社会科学院秘书长朱锦昌出席会议并致开幕词。美国驻华使馆新闻发言人倪克波，欧盟驻华使团一等秘书白小川，俄罗斯驻华使馆文化参赞波尔季亚科夫，西班牙驻华使馆文化专员易玛，以及来自美国国防部、美国威尔逊中心、俄罗斯科学院、乔治·华盛顿大学、斯德哥尔摩大学、奥斯陆大学、汉堡国防大学、保加利亚军史会、马德里自治大学、中国社会科学院、上海社会科学院、中国国际问题研究所、现代国际关系研究所、国防大学、清华大学、北京大学、中国人民大学、复旦大学、南开大学、华东师大等单位的80余名专家学者参加了会议。

会议围绕美国与欧洲的对外战略构想，它们之间的异同，美欧关系；俄罗斯的对外战略构想，美俄关系，欧俄关系；中国应该有什么样的对外战略构想，它的国际地位和作用；中国应该为实现什么样的国际格局和国际秩序而努力等内容进行了深入讨论。与会者在热烈的讨论中，对一些重大理论问题和实际问题加深了理解，或是达成了某些共识，在一些敏感问题上各抒己见，甚至直言相对。

关于中美关系，尽管存在分歧，但多数学者认为两国利益的共同之处多于冲突，“9·11”事件为两国关系的发展提供了新的机会。中国许多学者强调，目前中美关系的核心是台湾问题。关于中欧关系，一般都持乐观态度。有学者指出，目前具有全球影响力的应属美国和欧盟，尽管美欧关系看起来不错，但长远来看，美欧矛盾有可能发展，也不排除在某些问题上的激化和冲突，欧洲将成为美国最大的对手。关于中俄关系，有学者认为关系虽然比较稳定，但短期内不会有较大的实质性进展。

会议收到论文40余篇，由中国社会科学出版社结集出版。

“亚洲人与黑人:跨越时空的交往”国际研讨会

2002年4月12～14日，中国社会科学院西亚非洲研究所派出副研究员李智彪、贺文萍、成红和刘乃亚博士一行四人组成学术代表团，出席了在美国波士顿大学非洲裔美国人研究中心举办的“亚洲人与黑人：跨越时空的交往”国际研讨会。西亚非洲研究所还是这次会议的协办单位之一。来自中国、日本、南非、澳大利亚、英国和美国的150多名学者出席了会议，近百名学者向大会提交了论文。会议共分20个专题，涵盖了亚洲人与黑人在美国境内及境外两种交往类型。

代表团通过会议交流和对美国的考察看到，非洲在美国的对外战略中仍然处于比较重要的位置，但美国的非洲问题研究正在发生重大变化，特别是非洲问题研究与美国黑人问题研究相互交叉的特点愈加突出。美国对非洲的外交政策历来是美国国内种族斗争史中的一个重要组成部分。随着美国寻求能源多样化而逐步调整其对苏丹的政策以及美国驻坦桑尼亚、肯尼亚使馆被炸及“9·11”事件后反恐斗争的需要，非洲在美国对外战略中的地位相对上升。美国的非洲问题研究与黑人问题研究相互涵盖的特点，也反证了其服务于布什政府任内注重

国内社会稳定、平抑种族矛盾以促进经济发展的时代主旨。会议还着重探讨了当今美国社会中白人和黑人之间的种族冲突、黑人与亚裔后代之间的紧张关系等问题。

西亚非洲所的四位学者在会上宣读了论文并受到与会学者的好评。他们分别从古籍文献、中非友好交往的历史、中非经贸关系和中非政治交往等角度阐述了中非关系的发展历史。代表团的发言使与会学者对中国与非洲国家的政治、经济交往产生了浓厚兴趣并表示要与中国的学术界建立广泛的学术联系。这表明，亚非问题研究，尤其是中非关系问题研究，不但在国内学术界有着旺盛的生命力，而且在国际学术界也同样有着广泛的影响力。

“入世后的两岸经济合作机制”学术研讨会

2002年4月上旬，台湾研究所在湖南长沙举办了为期两天的“入世后的两岸经济合作机制”学术研讨会。两岸加入世贸组织后，如何实现两岸经济关系正常化并进一步建立两岸经济合作机制问题，成为海内外关注和讨论的热点问题。钱其琛副总理关于愿意听取海内外人士有关建立两岸经济合作机制意见的讲话，也引起了海内外的广泛关注和回应。为此，台湾所邀请大陆及台湾有关专家就如何推动和建立两岸经济合作机制问题进行了深入探讨。

专家们认为，两岸先后加入世贸组织后，鉴于国际经济区域合作的发展潮流和两岸经济关系的迅速发展，两岸建立更紧密的经济合作关系符合世界潮流和两岸各自的经济利益，有其必要性。同时，现有两岸经济关系存在的“间接、单向”的发展格局，也使两岸经贸交流出现的问题缺乏有效的机制和渠道加以解决，因此，建立两岸经贸交流和合作机制，更有其迫切性。在建立两岸合作机制的方式上，学者们出现不同意见，有的认为应采取循序渐进的方式，通过实现“三通”和两岸经贸关系正常化，再逐步推动两岸自由贸易区等合作机制的建立；也有学者认为，两岸应先确立某种合作机制的目标，并以此目标为平台，充分利用WTO规则中的GATT第24条，在两岸经济关系实现正常化的过程中同步就某些领域先行建立某种形式的合作机制。与会学者对两岸经贸关系的前景普遍持乐观态度，认为两岸建立经济合作机制是大势所趋，但政治问题仍是摆在两岸面前的最大障碍。

“中国投资项目社会评价”研讨会

由中国社会科学院社会学研究所、财政部国际司、国家计委社会司、亚洲开发银行、世界银行、中国国际工程咨询公司联合主办的“中国投资项目社会评价”研讨会于2002年4月18～19日在中国社会科学院学术报告厅举行。

改革开放以来，国外金融机构在我国基础设施建设中的投资项目对我国的经济发展起了重要作用，但其对社会发展所起的作用还没有引起足够的重视。对投资项目进行社会评价是提高其社会经济效果的重要手段。亚洲开发银行在中国设立了“社会评价能力建设”技术援助项目。受财政部委托，中国社会科学院社会学研究所作为中方执行机构，对该项目进行管理。举办此次研讨会的目的，是总结交流中国进行投资项目社会评价的经验，探讨投资项目社会评价的理论、方法与实践，讨论开展投资项目社会评价的战略与措施，以进一步加强投资项目在社会评价方面的计划、实施和监测评估工作。

与会者围绕中国投资项目社会评价的回顾与展望、投资项目与扶贫、投资项目中社会性别与少数民族发展、投资项目中的移民等议题进行了讨论。

来自财政部、国家计委、国务院扶贫办等部委以及高等院校和科研机构的领导、专家共百余人出席会议。亚洲开发银行中国代表处和世界银行中国代表处也派人参加了会议。

中国、挪威“公平、发展与温室气体减排”国际研讨会

2002年4月22日，中国社会科学院可持续发展研究中心和挪威的南森研究所（The Fridtjof Nansen Institute）共同组织召开了中国社会科学院可持续发展论坛（第三期）暨中挪“公平、发展与温室气体减排”国际研讨会。来自我院及有关政府部门、高等院校以及英国、加拿大、澳大利亚、联合国开发计划署、日本国际开发机构、德国国际开发署等驻华主管人员等40多位代表参加了研讨会。论坛由可持续发展研究中心主任滕藤致欢迎辞，挪威驻华大使兰德罗简短致辞，南森研究所研究员 Goerild Heggelund 介绍了该所的历史及在气候变化领域的研究状况。与会代表从不同角度就如何理解气候变化中的公平问题，发展的潜力与温室气体减排，温室气体减排的前景等问题展开了热烈的讨论。

会议分为两部分，第一部分主题为“公平、政治和温室气体减排”，有三个主题发言：挪威奥斯陆大学 Steinar Andresen 教授发言的题目是《美国的气候政策：不可缺少性与不可阻挡性》。分析了影响美国气候政策的主要因素：（1）美国国会和政府分立、两党分野的治理结构；（2）政治家的观点受地方选区的利益和态度的影响；（3）企业界和环保界利益集团的游说；（4）影响政府“黑箱”决策的执行机构和关键人物；（5）美国在气候科学上的主导地位；（6）美国具有倾向单边主义、市场化和反对政府干预的国家文化传统。关于未来的前景，他认为，美国的退出将削弱国际制度的效力，延缓其步伐，同时对其他一些心存犹豫的缔约方产生不利影响。

社科院世界经济与政治研究所潘家华研究员作了题为《发展中国家的发展潜力与排放需求》的发言，探讨了碳排放限额对发展权益的可能约束，论证在当前水平下限制低收入国家国民的碳排放，将会对低收入人群的发展权益的实现产生不利影响。全球减缓气候变化的国际谈判需要考虑地球上每一个人实现其发展权益所需要的排放需求。

国家统计局魏涛远博士发言的题目是《碳税对中国的经济影响》。他在分析中利用引入碳税的经济、能源和环境的CNAGE模型，模拟计算了不征收碳税（基准情景）和征收不同税率的碳税（5或10美元/吨碳）三种不同情景下碳税对中国经济的短期和长期影响。

会议第二部分的主题为“减排温室气体的前景”，有三个主题发言：

南森研究所的 Kristian Tangen 教授发言的主题是“全球碳排放贸易市场及中国实施清洁发展机制（CDM）”。他分析了全球碳排放市场的总体供求关系，2002年碳市的现状，以及决定未来碳排放权价格的主要因素，认为CDM是规避碳价过高的风险的一个工具。他预测，碳价受到较强的下滑压力，在2008年前可能一直保持在较低水平。通过CDM合作获得碳额度，具有比从市场购买价格低、风险小的优点。为了吸引CDM投资，中国应该进行制度建设，如制定项目审批体系、选择标准，开展项目试点等。

国家计委能源研究所姜克隽博士发言的主题是“中国减排温室气体面临的挑战”。他首

先介绍了 IPCC 有关全球 CO_2 排放情景的研究，国际上对中国排放情景的研究结果，以及能源所为中国建立的 6 种不同 CO_2 排放情景的计算结果。强调减缓全球气候变化的关键在于能源技术的创新和扩散。中国作为发展中国家，需要参与和加强国际合作。

社科院可持续发展中心陈迎博士就“温室气体减排的公平问题”作了主题发言，强调公正在决策过程中应优先于实际操作层次上的义务的公平分担；气候变化中的公平问题的基础应是作为个体的人的公平；并提出了三种不同类型排放权的新概念：(1) 基本需求的排放权；(2) 部分可贸易的排放权；(3) 完全可贸易的排放权。目前《京都议定书》只关注由政府行使管理权的第二类排放权，片面强调市场的作用。如何确定三类排放权的比例，尤其是如何量化基本需求的排放权将是一个有待研究的问题。

第六次中日青年论坛

由中国社会科学院日本研究所和日本日中技术留学交流协会共同主办的第六次中日青年论坛“中日邦交正常化 30 周年的思考”国际学术讨论会于 2002 年 4 月 29～30 日在北京中日青年交流中心举行。来自国内约 30 家研究机构及大学的近 50 名学者和来自日本十多家研究机构及大学的 15 名学者出席了会议。会议收到论文近 40 篇。

此次论坛的第一个焦点，是对 30 年来中日关系的经验和教训进行回顾和总结。与会学者普遍认为，一方面，30 年来中日关系发展的主流是好的，在政治关系、经贸往来、安全对话、文化交流等方面取得了前所未有的进展；另一方面，中日之间存在着潜在矛盾，并时而上升为政治、安全、经济摩擦，其中尤以历史问题和台湾问题为最主要的问题。中日学者一致认为，坚持《中日联合声明》关于历史问题和台湾问题的原则精神，是中日关系得以健康、稳定发展的基本保证。中日双方应为落实 1998 年确定的建立“致力于和平与发展的友好合作伙伴关系”的目标而共同努力。

第二个焦点，是对现阶段中日关系的特点与课题进行分析和探讨。与会学者认为，以中国的经济大国化和日本的政治大国化的双向交叉发展为背景，21 世纪初中日关系的基本特点是两国的国力和心理趋向于历史上从未有过的均衡与对等；在两国关系的调整进程中竞争意识和相互警惕进一步上升；在军事安全和经济竞争中的“中国威胁论”和“日本威胁论”已成为中日走向新型的健康、稳定关系的主要障碍。如何看待中国经济高速“崛起”的势头、如何看待日本加快走向“普通国家”的趋势成为研讨的重要内容。与会学者指出，中日间经贸往来和民间交往的迅猛发展，是抑制两国间矛盾与摩擦，使其不致导向两国关系恶化的根本因素。因此，对未来中日关系的发展趋势在总体上可以持乐观态度。

第三个焦点，是对未来中日关系发展趋势和前景进行展望和设计。与会学者认为，未来中日关系发展前景无非有走向合作、非敌非友、日益恶化这三种可能性。中日两国政府和各界有识之士应积极致力于争取实现第一种前景，力争保证第二种前景，防止第三种前景变为现实。中日学者普遍指出，中日共同推动东亚经济、政治与安全合作，是抑制双边摩擦和过度竞争的有效途径。

如何为东亚区域合作定位，如何处理与美国的关系，是此次研讨中的又一焦点。与会学者指出，中日合作乃至东亚区域合作，都不是排他性的，而是致力于各国共同发展的区域合作机制。中日两国和本地区其他国家应从现在做起，持之以恒地推动东亚区域合作。

塞亚思想研讨会

为纪念墨西哥著名哲学家和思想家莱奥波多·塞亚90周年诞辰，拉丁美洲研究所社会文化研究室于2002年4月29日召开了塞亚思想研讨会。墨西哥驻中国大使馆文化参赞何塞·安东尼奥·门多萨先生应邀出席了讨论会。拉美所徐世澄、林华和刘承军分别在讨论会上作主题发言。与会者对塞亚的成长道路、塞亚“美洲哲学”思想的主要内涵、塞亚思想在拉美和世界的地位和影响以及塞亚与中国等问题进行了讨论。

与会者认为，塞亚是一位值得敬仰的学者和社会活动家。塞亚是“拉丁美洲哲学”的主要代表人物之一，他在拉美地区建立了第一个“拉丁美洲研究专业”，是拉美和加勒比研究协会、拉美与加勒比研究国际联合会的主要创始人之一。塞亚为发展和传播拉丁美洲哲学奋斗了半个多世纪，著述极多，最主要的有《觉悟的美洲》、《历史进程中的美洲》、《美洲觉悟的辩证法》、《美洲史的哲学》、《来自边缘与野蛮的话语》以及《20世纪末的思考：这是失败的百年吗?》等。他的许多著作被译成英、法、意、俄、罗马尼亚等多种文字在国外出版，在国际学术界享有极高声誉。

与会者认为，塞亚丰富而具有创建性的哲学思想是对拉美和世界哲学的巨大贡献。与会者把塞亚的思想大致归纳为以下几点：(1) 哲学是人对所处环境的责任。哲学是人与所处环境的一种约定，人不能选择环境，只能选择自己的态度；人无论采取什么态度，都对他所处的历史负有责任；哲学家更应该关注人的问题。(2) 具体的人道主义。塞亚提出用具体的人取代资产阶级传统观念中普遍的、抽象的“人”；人应该在承认自身特殊性的同时，也承认他人的特殊性，从而达到建立在差异基础上的真正平等的人的权利。(3) 觉悟的拉丁美洲。塞亚通过对“两个美洲”的描述，勾勒出拉美文化的特征。塞亚的主要贡献在于使拉美人“觉悟”了自己的历史和环境，并在此基础上建立了自尊、信心和使命感。(4) 争取解放的哲学。塞亚认为拉丁美洲哲学是“贫穷民族的哲学，是争取人类和世界解放的哲学”。这种解放哲学超越了资产阶级哲学中隐含的排他性，旨在争取包括压迫者在内的所有人的解放。

与会者认为，中国学者应加强对拉美和其他发展中国家哲学和思想文化的研究，弥补国内学术界在这方面研究的不足。

“科学与宗教”国际论坛

2002年5月10日，由中国社会科学院世界宗教研究所与美国神学与自然科学研究中心联合主办的“科学与宗教”国际论坛在北京希尔顿酒店举行，来自中国社会科学院、中国科学院、北京大学、清华大学、中国人民大学等单位及中国香港和美国的自然科学及宗教学方面的专家、学者120人参加了会议。美国总统科学与技术顾问委员会成员、著名生物科学家弗朗西斯科·阿亚拉教授，美国神学与自然科学研究中心主任、物理学家罗伯特·罗素教授，神学教授泰德·彼得斯，香港浸会大学宗教学及哲学系教授江丕盛，中国科学院北京天文台名誉台长、著名天文学家王绶院士，中国科学院著名物理学家冼鼎昌院士，中国科学院自然科学史专家李佩珊研究员及我院世界宗教研究所所长卓新平研究员在会上作了主题演讲。

论坛围绕“宗教与科学的关系”这一主题展开探讨。中美学者根据各自的研究领域，就科学与文化的关系、人类进化、终极关怀、遗传、基因、信仰以及宗教的意义和价值等问题进行阐述。美国学者就宇宙大爆炸和当前生物工程基因技术、克隆人，以及圣经和上帝的关系等等作了重点介绍，认为科学技术的发展给世界带来了变化，同时也使世界的物种减少和改变，由此引起了精神世界的变化。在科学发展史和历史上，科学与宗教一直存在着严重的对立。进入 21 世纪，科学与宗教之间的关系应该重新进行审视，看看两者之间是否可以有一座桥梁来沟通与对话。在伦理方面，宗教的作用是显而易见的。中国学者认为，过去曾经认为科学的地盘越来越大，宗教的地盘越来越小，现在看来有必要加以改变。科学与宗教的关系，即人的认知与信仰的关系是值得重视的重大问题。

中国社会科学院上海合作组织研究中心成立大会

中国社会科学院上海合作组织研究中心成立大会于 2002 年 5 月 27 日在北京青兰大厦召开。参加会议的有来自外交部、中联部、经贸部、文化部、国防大学、国务院发展研究中心、现代国际关系所、国际贸易研究院、中国国际问题研究所、人民大学、中央党校、北京大学以及社科院科研局、世界宗教所、西亚非洲所等研究机构和高等院校的专家学者。外交部副部长刘古昌作了关于上海合作组织的报告。在报告中，他首先祝贺中国社会科学院上海合作组织研究中心的成立。他说，上海合作组织研究中心很有发展前景。上海合作组织是历史上第一个由中国发起、用中国城市命名的组织，对中国有战略意义。外交部将积极支持上海合作组织研究中心的工作。

会上专家就下列问题进行了讨论：

1. 上海合作组织发展战略。

上海合作组织是我国西部大开发、维护西部安全的重要保障，是打击三股势力的关键力量。我们要通过上海合作组织进一步加强与各成员国之间的合作，同时，应强化中俄战略伙伴关系，协调成员国内部关系。有学者提出，应正确看待俄罗斯在该地区的影响。应通过加强中俄关系来巩固上海合作组织。应利用上海精神来协调中亚之间、中俄之间、中国与中亚国家之间的关系。要从维护地区安全的角度增强组织的合作性。要加强合作机制、组织建设，进行区域合作组织的定位。要尽快启动秘书处的工作，从各领域的高层会晤、军技合作入手。要确定中国通过上海合作组织对未来安全和发展所要达到的目标。目标定位要找准。目标的确定不应希望在短期内看到效果，要提高中国的影响力。中国应落实与中亚国家已经签订的石油天然气等协定。上海合作组织是开放性的组织，应与世界其他组织建立联系与合作。

2. 上海合作组织中的经贸合作。

上海合作组织中有两条主线，一是安全，二是经贸。“9·11”事件后，上海合作组织在安全合作方面有所减弱，中亚国家更多关注的是经贸合作。目前，上海合作组织还没有整体的经贸合作计划，但存在双边合作：中俄经贸合作已上台阶，中哈有能源合作，中乌、中吉也有较密切的经贸合作。如何把双边合作发展为整体合作、多边合作是值得探讨的问题。中国应从各成员国最关心的问题入手，发展与中亚的经贸、能源、交通合作，推出几件实事，使中亚从中看到希望，得到实惠。

3. 关于美国进入中亚。

美国进入中亚，其目的一是要挤压俄罗斯，控制里海；二是针对中国、上海合作组织。美国近期在中亚仍会存在。美在中亚的地位虽然处于上升态势，但其影响力是有限的，基础也不扎实；俄对中亚传统影响仍是主流。作为周边大国的中国，其经济发展、良好的外交政策都吸引着中亚国家。美在中亚的影响对上海合作组织是个挑战，但上海合作组织仍有发展空间。中亚主要矛盾不是中美矛盾，而是俄美矛盾。美在中亚的存在必然引起与穆斯林国家的矛盾。中国在这一地区不处于矛盾的中心位置。在安全领域，上海合作组织的主要问题是反恐，上海合作组织要加强反恐力度。但在中亚，美国是反恐主力，所以，中美在中亚应该是协作关系，而不是排斥关系。

中亚国家实行多元平衡务实的外交政策。美国进入中亚，在反恐问题上显然对中亚各国有利，所以，目前中亚国家对上海合作组织的依靠比“9·11”事件前有所减轻。然而恐怖势力在这一地区并没有因塔利班政权的覆亡而消失，只是被大大削弱。乌兹别克伊斯兰运动目前仍有三四千人，这对中亚国家、尤其对乌、塔、吉三国存在威胁。所以，中亚国家还是十分重视与中国、俄罗斯的关系，在反对三股势力的问题上也需要上海合作组织。另有学者认为，中亚国家对与中国合作没有远见。“9·11”事件后乌的政治取向有很大变化，认为今后美国不仅要作为观察员参加上海合作组织，还要起主导作用。中国要在这方面多做工作，使中亚国家明白，真正要解决中亚问题，要靠周边国家。苏联解体后，阿富汗内战给中亚地区造成很紧张的局势，中亚国家让美国进入符合其安全利益。中亚国家对美国有迎合也有戒心，美国的价值观和意识形态与中亚国家格格不入，目前是暂时默契之后的合作，但矛盾明显且不易解决。美国在进入中亚之前，对中亚国家很宽容，但进入中亚后激活了亲西方的民主派，且认为是该干涉中亚国家的民主政治的时候了。中亚国家普遍面临领导人老化、换届的问题，美国的进入会对中亚国家内政有影响。俄罗斯在积极调整外交政策，不愿与美国对抗，但也不想放弃中亚。俄罗斯在重大原则上对美国妥协，但在中亚问题上内部意见并不一致。俄罗斯想借助上海合作组织来抵制美国进入中亚，这就为中俄合作提供了新的契机。

4. 关于中亚国家之间关系对上海合作组织的影响。

从表面上看，中亚国家之间和睦相处，不断完善一体化，实际上，这些国家之间存在着不少矛盾。表现为：第一，一些国家想当头，其他国家也受影响。第二，各国有不同的集团、不同靠山。“9·11”事件后，中亚国家与美国的关系有所调整，但除乌美关系密切外，其他国家仍把对俄关系放在第一位。第三，非经济因素如领土纠纷、水资源问题、移民问题、咸海问题等影响中亚国家之间的相互关系。其中，领土问题最影响乌对上海合作组织的积极性。在乌哈、乌吉、乌塔的边界地区，军事信任问题仍没有解决。第四，三股势力问题矛盾多。中亚国家之间的矛盾会对上海合作组织造成一定影响。如果中亚国家把领土纠纷问题拿到上海合作组织内部来解决，事情将变得十分复杂。与会学者提出的对策及建议是：(1) 中国应该公开表态支持中亚一体化；(2) 在上海合作组织内部应多讨论原则，避免讨论具体问题；(3) 不管是中亚哪个国家以什么目的倡议维护地区安全与稳定，中国都应明确支持；(4) 避免将中亚内部不和问题引到中国身上。

5. 关于上海合作组织面临的问题、挑战和机遇。

面临的问题：(1) 宪章制定后扩员的问题。上海合作组织是开放性的地区组织，但这个组织正处于巩固阶段，进一步扩员会造成组织变得受限、松散。(2) 与其他地区性合作组织的关系问题。如与独联体集体安全条约、欧亚经济共同体的关系问题等，要努力做到不使上海合作组织的功能被冲击、淡化。(3) 合作深度问题。中国一贯奉行不结盟的外交政策，而上海合作组织的合作还包括军事合作和举行联合军事演习，这会不会给国际社会造成结盟的印象？(4) 在对三股势力尤其是对东突的打击问题上，上海合作组织的安全合作仅有情况交流和司法合作，具体的行动却还没有；圣彼得堡峰会成立比什凯克反恐机构后，安全合作如果没有上一个层次，也不好说这一领域的合作有什么进展。(5) 凝聚力问题。影响合作因素的存在对上海合作组织的凝聚力和合作效率是个考验。

面临的挑战：(1) 美国在中亚的战略。美国的新中亚战略是实现其全球战略的重要组成部分。美在中亚要建立陆地战略，对中国会产生不利的影响。(2) 俄罗斯在中亚的战略。俄仍把中亚放在优先地位。上海合作组织在俄的战略目标中，是第二层次，而不是第一层次。俄首先要经营独联体集体安全条约，上海合作组织只是俄的依托。(3) 中国在中亚的外交战略还占不到俄、美的地位，中亚没有把中国排到第一位，并且中国与中亚之间还存在着若干问题。(4) 中国自身面临着实力的挑战。中国对中亚国家的投资达不到与美国一样多的资金，中国还没有把中亚放到重点政策之中。

面临的机遇：(1) 经济全球化与政治多极化是潮流，上海合作组织顺应这一趋势对中国是历史机遇。(2) 中亚国家与中国不断加强政治互信，在经贸、安全领域的双边合作不断取得进展。(3) 中亚国家的伊斯兰世界环境，中国与伊朗、巴基斯坦、土耳其等国的友好等因素，有利于中国与中亚国家关系的发展。(4) 中国是政治经济大国，中亚看重这个大国，要借助中国巩固与提升自己的地位。中亚发展经济要靠中国。中亚没有出海口，也要借助中国。总之，既要看到挑战，又要看到机遇。中国与中亚发展关系要靠安全问题作为支撑，这是中亚与中国关系的重要基础。

“欧盟制宪与一体化理论”研讨会

2002 年 5 月 30 日，“欧盟制宪与一体化理论——纪念《马约》签署 10 周年” 学术研讨会在北京举行。召开此次研讨会的目的在于推动我国欧洲学界对欧盟制宪这个重大历史事件的研究，以期深入理解欧盟的宪政发展过程。

欧盟委员会驻华使团大使安高胜先生应邀就欧洲建设现状与前景作了主题报告。与会者分别从历史学、法学、比较政治学和国际关系学等不同角度，比较全面和系统地审视了欧盟的宪政进程及其作用和影响，提出了一些理论问题，并进行了集中而热烈的讨论，取得了积极的成果。此次研讨会是由中国社会科学院欧洲所主持召开的，来自北京以及上海、南京、济南等地高校和研究机构的 40 余名代表参加了研讨会。

“加入 WTO 对我国思想文化的影响及对策”学术调研

2002 年 6 月，院学术委员会在副主任汝信的带领下，分赴广东深圳和珠海两地，围绕加入 WTO 对我国思想文化的影响及对策问题进行学术调研。此次调研旨在了解加入 WTO 对我国教育、影视、音像、知识产权和出版等文化产业部门的影响、对我国文化产业政策和文化市场管理带来的影响以及对我国人民历史观、价值观的影响。来自经济、哲学、文学、史学、社会政法和国际问题等学科的 18 位院学术委员参加了此次调研。

在调研过程中，各调研组围绕调研主题，多次分别召开加入 WTO 对我国宣传、文化、影视、音像、知识产权、出版和教育等方面影响的专题座谈会，与当地宣传部、社科院、政研室、文化局、教育局、广电局、中高等院校、电视台、特区报社等单位进行了广泛的交流和座谈，较为全面地了解了情况。同时，参加调研的同志还深入当地的部分高校及文化产业部门进行实地调研。专家们认为：在应对加入 WTO 对我国文化产业政策和文化市场管理的影响方面，我国应根据 WTO 规则要求，在做好政府职能转变工作的同时，积极借鉴世界各国在开放文化产品、发展文化产业和开拓文化市场方面的成功经验，促进我们的观念更新和文化产业政策和文化市场管理体制的创新。应制定中长期文化发展战略，应对外国跨国文化资本的冲击和挑战。在应对加入 WTO 对我国人民历史观、价值观的影响方面，要充分认识 WTO 规则中蕴涵的西方文化价值观，以及他国商品和服务所蕴涵的他国生活方式、意识形态和价值观念与中华文化所具有的传统价值观和我国社会主义的文化价值观的矛盾和冲突，在文化市场准入的谈判中，对“文化帝国主义”和“文化霸权主义”加以有效的抵制。同时，要提高我国商品和服务的文化含量，充分发挥博大精深的中华传统文化的优势，扩大中华传统文化的影响，促进中华民族的全面振兴。广东省社会科学院及深圳、珠海两地市委宣传部、社科院（所）对此次调研给予了大力支持与协助，参加座谈的单位认真对待、充分准备，并在座谈中畅所欲言，提出了一些值得深入研究的问题。参加调研的同志收获较大，为进一步开展有关问题的研究奠定了基础。

返京后，院学术委员会在此次调研的基础上，分别到国家有关部委作进一步调研，完成了题为《加入 WTO 对我国思想文化的影响及对策初探》的调研报告。

“促进朝鲜半岛与东北亚地区合作”国际学术研讨会

2002 年 6 月 7～8 日，中国社会科学院亚太研究所朝鲜半岛问题研究中心与美国韩国经济研究所、韩国对外经济研究院、美国亚金会、美国曼斯菲尔德太平洋事务中心在北京联合举办了“促进朝鲜半岛与东北亚地区合作”国际学术研讨会。来自中国、美国、日本、韩国、法国、德国、加拿大、俄罗斯和我国香港地区的专家、学者、政府官员 40 余人出席了会议。与会代表围绕“大国对朝鲜半岛的政策”，“朝鲜经济变化的前景”，“非政府组织在促进朝鲜半岛和解与合作中的作用”，“朝鲜半岛与东北亚地区能源、交通、通讯合作”，“如何促进朝鲜半岛经济合作”等问题进行了讨论和交流。会议代表展望了朝鲜半岛与东北亚地区经济合作的前景并指出了存在的问题。与会代表认为，在大国对朝鲜半岛局势的影响方面，美国发挥着决定性作用，布什政府对朝鲜的强硬政策，阻碍了朝鲜半岛南北和解合作的进程。中国和俄罗斯与朝鲜和韩国都保持着友好关系，应当发挥更加积极的作用。

“全球化与世界社会主义”学术研讨会

马克思列宁主义毛泽东思想研究所与中央马列著作编译局世界社会主义研究所、南京师范大学公共管理学院、中央党校科学社会主义教研部、中国人民大学马克思主义学院、北京大学世界社会主义研究所等单位联合主办的“全球化与世界社会主义”学术研讨会于2002年6月14～17日在南京师范大学举行，来自全国高校和科研机构的40多名专家、学者出席会议。会议围绕“全球化的性质”、“全球化与建设有中国特色社会主义”、“全球化与当代资本主义”、“全球化与当代社会主义”、“世界社会主义前景”等议题进行了热烈讨论。

关于全球化的性质，有学者提出，近代以来的全球化是西方资本主义生产方式和生活方式向全球扩展的过程。主要体现在：（1）在全球化过程中，西方资产阶级一直起主导性作用；（2）迄今为止，全球化的结果是西方资本主义制度和资本主义文化在世界各地得到了推广。有学者认为，全球化也是资本主义各种矛盾向全球扩展的过程。也有人提出，资本的全球化是全球化的实质或性质。

面对全球化，如何建设有中国特色社会主义？有学者指出：（1）必须把巩固人民民主专政政权和社会主义建设成果摆在重要位置；（2）必须利用资本主义发展成果建设和发展社会主义；（3）中国要为世界社会主义运动的发展作出积极贡献。有人提出，中国特色社会主义要解决两大新课题：一是取得科技进步的主导权；二是要增创中国社会主义的特色。关于如何看待全球化与当代资本主义，与会者认为，某些发达资本主义国家出现经济相对繁荣局面，国家对生产关系调节起了关键性作用；对发展中国家的剥削、掠夺是其生产力高度发展的重要原因。大家指出，正是从全球化的发展趋势，可以看到世界社会主义胜利的希望。

第二届“全球道德—社会伦理与宗教良知的当代影响”国际学术研讨会

2002年6月23～30日，以中国社会科学院宗教所吴云贵副所长为团长的代表团一行22人，前往美国加州大学洛杉矶分校，参加由宗教所与美国太平洋地区发展与教育协会共同举办的第二届“全球道德—社会伦理与宗教良知的当代影响”国际学术研讨会。这是按照中美双方的协议，继1998年在北京召开第一届会议之后，再次举行的国际学术研讨会。代表团成员主要由宗教所各研究室主任和有关专家组成，另外还邀请了上海社科院、山东大学、清华大学的同行与会。

来自15个国家的150余位国际社团领袖、学者、教育家和专家，以及巴哈伊教、佛教、儒教、基督教、伊斯兰教、印度教、犹太教和琐罗亚斯德教的代表出席了会议。会议收到了来自各国官员、领袖和学者的贺信，包括联合国副秘书长陈健与约旦王国哈桑亲王的录像致辞。陈健在致辞中对这次会议给予了充分的肯定和高度的赞扬。与会者讨论了许多问题，包括道德、经济和社会正义、贫困、教育、卫生、宗教对话等。

在会议研讨中，我国学者一共发表18篇论文，涉及佛教、道教、基督教、伊斯兰教、儒教、犹太教、印度教以及当代宗教与宗教伦理等内容，受到了与会外国学者的重视与好评。研讨会最后发表了《洛杉矶宣言》，指出："与会者强调，必须加强世界和平、经济和社会正义，必须消除贫困，必须以对话而不是对抗来解决争端。会议研究了全球道德在多边世界架构中的作用，强调必须鼓励和发展从多样性中寻求一致和团结。与会者谴责一切形式的恐怖主义，强调各大主要宗教可以在促进和平及调解各国地区和地方冲突中发挥积极作用。"

在美访问期间，代表团保持了良好的团队精神。除了参加会议之外，代表团还拜访了洛杉矶巴哈伊信仰中心，参观访问了美国巴哈伊信徒的家庭以及方济会圣路易士瑞修道院等历史遗址，对当代美国的宗教情况有了进一步的了解。这次出访使大家进一步认识到，宗教文化与宗教研究事业作为对外交流的特殊窗口，还有很大的潜力可以发挥。

庆祝《中国语文》创刊50周年国际学术研讨会

由中国社会科学院语言研究所、新加坡南洋理工大学、徐州师范大学、首都师范大学语言研究中心共同主办，江西南昌大学文学院承办的庆祝《中国语文》创刊50周年国际学术研讨会2002年6月28～29日在江西南昌举行。来自中国大陆、香港、澳门、台湾地区以及美国、加拿大、澳大利亚、日本、新加坡等国家的近130位学者参加了这次盛会。《中国语文》编辑部主任林连通首先介绍了《中国语文》在过去50年中取得的成绩，并宣读了中国社会科学院副院长江蓝生给《中国语文》的贺信。江蓝生在贺信中回顾了改革开放10年间《中国语文》反映并见证新中国语言学事业发展、壮大的过程。在前辈学者的言传身教下，《中国语文》学术端正，文风朴实，形成了立足汉语实际，借鉴国外理论，务实求真，稳健创新的学术风格。要一如既往地吸取传统语言学的精华，加强现代语言学理论的研究与创新。

语言所沈家煊所长在讲话中指出，10年前庆祝《中国语文》创刊40周年时，吕叔湘先生提出了语言研究要有几个结合和并重，但真正做到这几点并不容易。过去的10年中，语言研究有较多进步：一是眼界更加开阔；二是从注重描写转变到描写和解释并重；三是汉语研究和少数民族语言的研究、汉语普通话和汉语方言的研究、共时研究和历时研究进一步结合。但也存在一些不足，如在理论建设方面同国外的同行相比还有差距；跟世界语言学的主流还缺乏交流和对话；语言学和其他学科的交叉研究和国外相比也有较大差距，并提议应注重科学研究中的学术道德与学术规范问题。

《中国语文》主编侯精一作了题为《中国语文50年》的报告，对《中国语文》过去的50年进行了总结，回忆了《中国语文》前主编罗常培、丁声树、吕叔湘等先生对《中国语文》所作的贡献，并提出《中国语文》今后应加强的工作：(1) 继续坚持求实崇实与敢于创新相结合的办刊方针。(2) 要逐步拓宽研究领域，研究的视野要从语言学科扩展到语言学与其他学科交叉领域的研究。(3) 提倡学术争鸣，积极开展学术批评。(4) 积极倡导严谨务实的学风和文风。(5) 重视信息资源，提供多方面的学术信息。

在研讨会上，孙宏开、周清海、王宁、邢福义、陆丙甫、张洪明、潘悟云、张斌、廖序东、胡明扬、游汝杰等学者作了大会发言。与会代表们分为5个组，就汉语语言学总论、方言总论、现代语法、历史语法、方言语法、现代汉语词汇、历史词汇、语音学、历史音韵、方言音韵、方言语音、语言应用、语言政策、语言接触与民族语等语言学的各分支领域的研究成果展开了热烈的讨论，充分展示了语言学各领域的最新研究成果。

第二届“东北边疆历史与现状暨高句丽”学术讨论会

2002年7月10～15日，中国社会科学院边疆史地研究中心与吉林省社科院联合在吉林省长春、通化两市主办第二届“东北边疆历史与现状暨高句丽”学术讨论会，此次会议是“东北边疆历史与现状系列研究工程”组织的第一次大型学术交流活动，旨在动员东北史地研究专家和研究机构，就“东北工程”涉及的学术理论问题和重大研究课题进行广泛深入的学术交流，以推动“东北工程”各项研究课题的顺利进行。我院副秘书长秦其明、吉林省副省长全哲洙、辽宁省副省长赵新良出席了开幕式。吉林省社科院院长邴正、中国社科院边疆中心主任厉声先后主持了大会。来自东北三省以及北京、云南、浙江等地的100多位专家学者与会，会议收到学术论文近70篇。与会代表围绕“东北边疆的历史与现状”及“高句丽问题”两个议题进行了深入的学术交流。

在东北边疆历史与现状理论问题方面，与会代表论及了诸如中国历史疆域、边疆民族政权归属等一些重大理论问题，普遍感到对很多历史问题的探讨仍然需要相对统一的理论。有的代表认为中国历史疆域有两大层次，一是凡属中华民族所建立的政权及其政权领域皆为中华政权和中华疆域，不论是在中原地区还是在边疆地区建立的独立或地方政权，也不论这些地方政权和中央王朝是藩属关系或羁縻关系等，其疆域都属于中华疆域；一是地处边疆的中华古族虽未建立政权却是当地的开发者和建设者，其生息繁衍的地区也应该属于中华疆域。有的代表则认为，认识中国历史上的疆域应该从今天中国的疆域所包括的民族为出发点，上溯中国各个民族的历史和疆域，凡是今天生活在中国疆域内的民族以及历史上生活在今天疆域内而今天已经消失的民族都是中华民族的组成部分，他们在历史上活动的地区及其建立的政权的疆域都是中国历史疆域的组成部分。

在历代王朝对东北地区的经营和开发问题方面，集中讨论了唐朝对东北地区的经营、辽朝的渤海移民政策、明朝对东北地区的经营、民国时期对东北地区的经营等问题。

在高句丽研究方面，讨论主要集中在以下问题：一是高句丽的归属问题。高句丽是我国的古代边疆民族政权，这是与会学者的普遍认识，但如何从理论上进行探讨却存在较大分歧。有的代表认为，要认清楚高句丽的归属必须分清历史上的归属与今天各国历史研究范围的区别；分清归属的不同时间、不同程度；分清哪些理由可以作为确定政治归属的依据，哪些不是；分清学术问题和政治问题的区别。有的代表则认为，确定民族和政权归属的理论原则不会只有一个，而应该有多个，对相关问题的认识应该具体分析而不能采取一定论的思维方式。二是高句丽的族源问题。有的代表认为，高句丽族源的主体是辽东商周时期的高夷，后发展为貊部。有的代表则认为，高夷作为西周早期的一个北方民族，先被孤竹兼并，继而成为燕人，最后融入了汉族，和高句丽并没有任何关系。三是高句丽内部改革的问题。有的代表认为，高句丽的兴盛和两次改革有很大关系，故国川王的改革改变了高句丽政权的松散状态，使高句丽踏上了成熟之路；小兽林王的全面汉化改革则提高了高句丽的综合势力，使高句丽在和百济的长期对峙中终于取得了绝对优势。四是高句丽考古文化问题。代表们分别从高句丽的主要遗迹和分布情况，鸭绿江以南、铁岭境内高句丽山城的分布及其相关问题，高句丽带饰，高句丽人像石“天书”神符等多个方面进行了探讨。

“中国:加入WTO后的金融改革与发展”研讨会

由中国社会科学院财政与贸易经济研究所《财贸经济》编辑部和中国工商银行青岛市分行联合主办的“中国：加入WTO后的金融改革与发展”研讨会于2002年7月12日在山东青岛举行。来自北京、西安、上海、深圳、广州、昆明、杭州、海口、乌鲁木齐、郑州、青岛等地的200余位专家、学者和金融机构高层管理人员，围绕会议主题从发表了自己的看法和建议。

1.“入世”过渡期我国金融的开放状况及特点：在成为WTO成员国以后，我国金融的对外开放从过去的主动开放转向履行协议、承诺兑现开放；中国加入WTO的过渡期有五年的时间，但对金融业而言并没有很大的实际意义；加入WTO后金融开放程度的扩大对我国金融业已经产生一定的影响；金融竞争的焦点主要集中在城市；变化中的国际经济金融环境和国内金融形势使我国金融改革、开放与发展面临更大的压力和更严峻的挑战。

2.WTO框架下中国金融改革与发展面临的挑战集中表现在两个方面：金融制度转轨中的挑战；金融效率与金融安全方面的挑战。加入WTO后，从计划金融制度转向市场金融制度，从分业经营、分业监管转向综合经营、综合监管，从国有独资商业银行转向现代公司制的股份制商业银行，我国的金融改革、开放与发展需要付出巨大的制度转换成本，而在“入世”过渡期之内我国的承受能力又是非常有限的。所以，如果制度转换迟缓，就难以提高金融效率与捍卫主权金融的安全，也就没有能力参与国际市场竞争、扩大市场份额、在竞争与合作中谋求发展，最终将陷入极为被动和不利的地位。所以从宏观上看，我国金融业在WTO框架下的开放，制度冲击远远大于经济冲击。

3.加快金融改革与发展的步伐，积极应对“入世”挑战：在加入WTO后我国金融改革与发展机遇与挑战并存的背景下，明智的选择是抓住机遇，积极面对挑战，加快金融改革步伐，转换金融经营机制，健全金融法律法规，加强金融监管，大力提高科技水平，抓紧培训金融人才，全面增强我国金融业参与国际竞争的综合能力。

中国民族语言学会第八届学术研讨会

中国民族语言学会第八届学术研讨会于2002年7月15～18日在内蒙古首府呼和浩特市举行。会议由中国民族语言学会与内蒙古大学蒙古学院联合主办。来自北京、内蒙古、新疆、甘肃、天津、黑龙江、吉林、云南、贵州、广西、浙江、湖南、上海、广东等14个省、市、自治区的17个民族的70多位专家、学者出席了会议，会议共收到论文80多篇。中国民族语言学会会长孙宏开在开幕式上作了重要的讲话。会议的主题为“中国少数民族语言多视角研究”。代表们围绕着这一主题进行了热烈的讨论，从不同的角度论述了少数民族语言的基本要素研究和应用研究。他们就语言描写、语言比较、文化语言、古文字与古文献、信息处理与实验语音学等领域的问题进行了深入的研究和探讨。在语言研究的方法上既运用了前沿的新方法、新理论，也有对传统理论的进一步发掘。如内蒙古大学那顺乌日图教授的《蒙古语语法属性的互补关系》就突破了单纯依靠语法信息手段处理自然语言的方法，以语言实例论证互补关系的运用是一种开发蒙古语应用系统的可行途径。中国社会科学院民族学与人类学研究所孔江平与沈米遐的《论发声语音学》阐述了对发音语音学的研究及相关理论的建立能使语音学的理论更加完善、方法更趋实证，从而更好地解释以往无法解释的语音现象。

中国民族学会第七届学术讨论会

由中国民族学会、湖北民族学院和中央民族大学中国少数民族研究中心联合举办的中国民族学会第七届学术讨论会于 2002 年 7 月 16～19 日在湖北西部的恩施土家族苗族自治州首府恩施市举行。来自全国各地的 100 多名专家、学者参加了会议。会议的主题为“民族学与 21 世纪”。与会代表围绕以下三个问题进行了热烈的讨论：

1. 民族文化的保护、开发和利用。代表们普遍认为，民族文化作为一个民族发展的有机组成部分，具有增强民族凝聚力、加强民族团结的特殊功能。各民族在长期生活中制定的一些村规民约，对社会的稳定及民族团结具有积极的促进作用。同时，代表们还指出，发展少数民族的文化对于提高少数民族素质、提高他们的精神境界都具有十分重要的作用。

2. 民族学研究回顾与建设。代表们从不同的视角对这一问题作了论述。有的学者以对贵州土家族近半个世纪的研究情况进行了阶段性的分析和总结为例，说明民族学的研究对民族地区的社会和文化的发展起到了不可低估的作用。有的学者认为，21 世纪民族学的学科建设应充分体现出中国特色，充分发挥其在西部大开发中的积极作用。21 世纪，我们的民族学不仅要研究我国的少数民族，同时也要研究汉族。代表们相信，在 21 世纪里，民族学的研究将得到进一步的发展与完善，并将形成具有特色的学科体系。

3. 民族社会与宗教文化的研究。与会代表根据一些调查资料，针对少数民族地区乡村的社会组织和村民自治进行了分析和研究。认为：目前的农村基层社会权力结构基本还是以乡镇政府为主的国家主导型结构。然而，宗族和家族的意识绝不可忽视，特别是在基层干部的选举中宗族和家族意识所产生的影响非常明显。人们看到，民族文化的开放性与民族的自强精神是各民族赖以生存和发展的条件。

“WTO 与中国”研讨会暨中国社会科学院 WTO 研究中心成立大会

“WTO 与中国”研讨会暨中国社会科学院 WTO 研究中心成立大会于 2002 年 7 月 17 日在北京举行。中共中央政治局委员、我院院长李铁映以及来自国务院发展研究中心、国家经贸委、科技部、对外经济贸易合作部、清华大学、北京师范大学以及我院的专家 80 余人出席了会议。李铁映在研讨会上发表了重要讲话。他指出，我院 WTO 研究中心的成立是学术上的一件大事。中国加入 WTO 是全新的历史性事件。中国经济发展必须按照国际通行的规则参与国际分工和国际竞争。这就必然使中国经济面临许多需要正确认识和探讨的新问题。中国社会科学院应集合院内各学科的专家、学者和院外其他学术机构的力量，深入研究WTO的各项规则及其对我国经济发展和运行的影响。特别是需要研究加入WTO后的新情况和发展趋势，为政府决策和企业参与国际竞争提供理论支持。李铁映还要求中心应当努力完成以下几方面任务。第一，动员各方面力量编辑WTO全书；第二，总结国外应对WTO的经验教训，尤其是具有较长时期发展经验的国家和地区的教训；第三，培养人才，编写教材，从理论角度深入研究WTO规则以及我们的应对措施；第四，要吸收一批社科院以外的优秀研究人员，形成一批WTO问题的专家，最重要的是提出对策建议。

我院副院长陈佳贵在发言中指出，中国社会科学院WTO研究中心成立的目的是将过去分散的研究力量整合成一个系统的研究机构。中心是一个开放式研究机构，不仅要组织社科院内专家而且要充分利用社会力量合作进行研究。陈佳贵副院长还提出了中心的五大任务，即：组织各方面力量进行重大课题研究；组织国内外学术交流活动，举办学术会议；编撰WTO与中国产业化书刊或学术资料；为企业、行业和政府部门提供咨询服务；接受社科院和中央有关部门委托的研究课题。

经济所张卓元研究员在发言中认为，加入WTO给中国的经济发展和对外开放提出了许多新问题，其中贸易争端的解决需要学术研究的支持。WTO规则与我国体制改革要求是一致的，加入WTO有助于我们推进改革，有助于打破地区封锁、部门垄断，有助于提高政策透明度，对于完善社会主义市场经济体制、促进我国加入经济全球化进程是一种推动力量。我国的“十五”计划之所以以结构调整为主线，很重要的原因就是为了适应加入WTO和经济全球化进程。工业经济研究所周叔莲研究员提出了中国应对入世需要重点研究的几个问题。一是如何提高中国企业的国际竞争力，要把加快科技进步和深化企业改革结合起来。二是如何处理技术进步与职工就业的矛盾，不能忽视国情片面强调技术进步，产业技术要向有利于就业转变。三是如何认识和处理中国企业的规模问题。

工经所所长吕政研究员说，10年后，中国贸易规模将位居世界前三名，出口将达到6000亿美元，中国与发达国家出口产品的相似性会提高，贸易摩擦、贸易争端的与日俱增带有必然性。国家利益、意识形态的影响，使美国政府的政策带有倾向性。中国也要有自己的主张，使政策制定更具科学性。中心应加强对我国贸易伙伴的理论、观点、主张、措施和重要政策的研究。

数技经所汪同三研究员从宏观经济形势和垄断性产业改革两方面分析了加入WTO的影响。2002年1～6月，出口增长14.1%，外商投资继续保持良好的势头。重点企业和试点企业利润下降，亏损企业数量减少但亏损额上升，这说明竞争加剧了。对垄断产业的影响，目前看没有想象的那么大，不同行业、同一行业的不同环节影响不同。WTO允许一定的过渡期，一些服务业在市场准入和国民待遇上对外商有限制；产业的技术特征也决定了外商进入市场较难。对外经济贸易合作部王子先认为，从2002年上半年国民经济和外贸情况看，加入WTO对中国的影响总体是积极的。主要表现，一是GDP和出口增长速度加快、进口增长低于预期。原来担心的特殊保障条款和非市场经济条款可能导致的问题未显现出来，原先预期进口增长速度比出口快，实际是进口增长速度比出口低3.7%。二是外贸顺差、顺收，外汇储备增长，国际收支未出现令人担忧的问题。三是对农业冲击不大，2002年上半年，农业出口增长6%，进口下降6%，农民人均收入在增长。四是吸收外资多，服务业吸收外资实际增长6倍。五是我国作为WTO成员已经完成角色转换，产业保护机制在建立中，重要工农业产品未受到特别大的冲击。六是法制建设和政府职能转换有进展，改革步伐加快。存在的问题是，进口关税下降较快；一些国家的贸易保护主义在抬头；少数工农业产品进口增长过快。解决这些问题关键是做好自己的工作。

财贸所江小涓研究员认为，从2002年上半年的情况看，入世对我国的影响明显利大于弊，进口的冲击有限，原来想象中的负面影响未出现。首先，原以为关税下调以后外资进入的积极性会减弱，实际情况是关税下调幅度大的行业反而成为外资最积极进入的行业。第二，原来有意识地控制一些行业引进外资的数量，目的是给国内企业留有空间，却导致了外资垄断。入世后，对外资进入的放松反而促进了国内企业发展。第三，原来以为外资走高端，我们加工，做OEM。从现在情况看，OEM的竞争很激烈，结构性失业问题值得关注。外资增长主要集中在沿海地区，对西部开发的影响也值得重视。

国家经济贸易委员会外经司的罗志扬处长认为，发达国家在设计谈判理念时首先要进行深入的研究。在反倾销和新一轮谈判中，我国特别需要学术界、产业界的参与，对于限制国外滥用反倾销和WTO规则的修改，专家要提出符合我国利益的建议。

国务院发展研究中心市场经济研究所陈淮研究员发言说，WTO的核心是竞争、反垄断。加入WTO要从根本上参与世界分工，WTO不仅是贸易问题，生产领域的分工是入世的根本落脚点。入世不是城下结盟，而是中国需要走出去。关键是遵守游戏规则。国外是怕中国不遵守规则还是更怕中国遵守规则？当人的流动受到限制时，我们通过产品出口、资本流入来替代。我们周边的国家在我国入世5～10年后都可能出现产业空洞化问题。贸易争端表面上看是贸易顺差问题，实质是发达国家对落后产业的保护。

经济所王振中研究员认为，WTO研究中心首先要研读WTO文本，这是研究WTO的基础。第二，认真解读WTO文本。第三，判读文本，给国人一个正确的认识。对外经济贸易合作部的王志乐研究员就入世后跨国公司对我国的投资动向和调整作了分析：一是投资项目纵向一体化程度大大提高了，上游的研发、下游的分销投资增加了。二是横向一体化在加强，专业服务在加强。三是管理营运化在加强。宏观层面应研究跨国公司进入的理念、理论和体制；中观层面应研究地区之间的竞争，跨国公司为何集中于东部特别是长江三角洲地区？微观层面应客观分析我国企业与跨国公司之间的差距，要加强我国企业战略管理研究。

农经所李周研究员希望中心更多地关注农业问题。他认为，短期内入世对我国农业影响不大，中国粮价还有调高的空间。从长期看，我国农业面临体制问题。入世后，中国农民渴求与城市居民机会平等，要研究城乡劳动力就业竞争问题。

清华大学刘继乐教授对入世后中国企业面临的威胁表示担忧。他认为，入世后外资不仅抢市场、抢人才，而且抢企业。增强中国企业的核心竞争力，加强管理核心能力最重要。为此，要重视战略管理，创建自己的品牌和营销渠道，加强人力资源管理。

北京师范大学李晓西教授提出了入世后值得重视的几个现象。一个现象是不久前中资银行学外资银行的收费、节假日不存取款，我们是否应当学这些？第二个现象是国外反倾销力度不小，我国企业如何走出去？第三个现象是关税下调之后进口增长低于预期。第四个现象是美国商务部针对中国履行WTO成员义务情况实施监督。美国人比较直来直去，我们要对欧美文化多了解一些，提出的建议才能更具有针对性、更准确。

科技部胥和平研究员就入世后国家创新体系和WTO规则下财政科技投入政策进行了分析。他说，WTO规则首先要从原则到精神进行研究，其次，“十五”期间，政府可以在国家创新方面有所作为，但在WTO规则下如何作为还需要研究。第三，要对高技术背景下中国工业化进程进行有预见性的研究。5年、10年以后，传统产业、高技术产业是个什么样子，国际资本与技术转移态势如何，中国工业化的道路究竟应该怎么走，这些问题尤其值得研究。研究WTO的条款是基础，战略层面的研究更重要、更迫切。

工经所郭克莎研究员就如何看待WTO对我国的影响作了分析。他认为，短期内，WTO对工业增长的影响不是很明显或总体有利，这是我们从具体产业研究中推导出的结论，2002年上半年的经济走势验证了我们的结论。原因是，关税下调、配额、许可证、贸易权等因素短期内作用有限，反倾销措施有滞后期，技术壁垒不是太明显。上述因素的中期效应会比较明显，其中分销权的影响很大。这些因素对我国工业和其他产业的中期影响和冲击很值得研究。

史诗《格萨(斯)尔》千年纪念活动

口头传承的史诗《格萨（斯）尔》是中华民族优秀的文化遗产。为了进一步弘扬这一遗产，向世界显示我国在《格萨（斯）尔》的抢救、搜集、整理、研究等方面所取得的成就，中国社会科学院向联合国教科文组织提出申请，将《格萨（斯）尔》史诗的千年纪念列入世界千年纪念名单。2001年10月在巴黎召开的联合国教科文组织的第31届大会上，此项提案获得与会140多个国家的代表全票通过，被列入“会员国2002～2003年联合国教科文组织千年纪念项目”。

2002年7月18日，由我院与国家民委、文化部、广电总局、中国文联共同召开的史诗《格萨（斯）尔》千年纪念大会在人民大会堂隆重召开，首都各界的2000人出席了会议。我院副院长江蓝生主持大会。中共中央政治局委员、我院院长李铁映作了题为《文化的创新与创新的文化》的主题发言。李铁映指出，藏蒙等民族的不朽史诗《格萨尔》诞生1000周年，这是当代中国文化事业的一件盛事，也是民族团结共进、万方喜庆的节日。《格萨尔》是中华民族百花园里的一朵奇葩，是世界文化宝库中的一颗璀璨明珠，是中华民族对人类文化的一个重要贡献。我们今天纪念这一伟大诗篇，不仅是要重温她深刻的艺术魅力，更重要的，是要通过这部史诗，思考如何看待中华民族传统文化，思考中华民族传统文化如何与时俱进，开拓创新。他希望今后进一步加大包括《格萨尔》在内的一切优秀民族文化的整理、研究和宣传工作，让这些优秀文化遗产所蕴涵的历史价值为全社会所了解和共享。

联合国教科文组织驻北京办事处代表青岛泰之代表教科文组织文化助理总干事布什纳基在发言中说，《格萨尔》的传统对流传区的历史和文化具有深远的意义，对它的诠释多姿多样、丰富多彩。不仅在甘肃、青海、西藏，而且在中国的一些周边国家，如尼泊尔、蒙古和不丹，这部史诗不论在口头还是在文字形式上至今仍然保持着活力。教科文组织欢迎中国政府将史诗《格萨尔》看做东北亚地区各国共享的文化表达，看做是对世界文化遗产具有重要意义的传统。

国家民委副主任李晋有、文化部副部长潘震宙、西藏社会科学院院长次旺俊美也在大会上作了发言。江蓝生副院长宣布，纪念大会之后，《格萨尔》千年纪念活动将全面启动。广播电视总局副局长胡占凡、中国文联党组副书记甘英烈、青海人大副主任格桑多杰、全国人大农委副主任伍精华、中国藏学研究中心党委书记陈虹等出席了会议。

2002 年 7 月 22～25 日，由中国社会科学院民族文学研究所和青海省文联共同举办的第五届《格萨（斯）尔》国际学术研讨会在西宁召开。参加此次研讨会的有来自日本、澳大利亚及蒙古等国和国内有关省区的 150 多位专家、学者，提交论文 120 多篇。此次《格斯（斯）尔》学术研讨会是这一学科进入新千年以来召开的第一次国际性的学术研讨会，加强了国内外"格学"研究机构和专家学者的交流与合作，进一步推动了 21 世纪《格萨（斯）尔》史诗的学术研究。联合国教科文组织文化助理总干事布什纳基先生到会并讲话。

2002 年 8 月 7～17 日，由西藏社会科学院和西藏博物馆在拉萨分别主办了"《格萨尔》藏戏艺术节"和"《格萨尔》千年纪念活动专题展"。

亚洲中东学会联合会第四届国际学术讨论会

2002 年 8 月 1～3 日，中国中东学会与中国社会科学院西亚非洲研究所及国务院发展研究中心亚非发展研究所在北京联合举行了亚洲中东学会联合会第四届国际学术讨论会。来自中国、韩国、日本、英国的 65 位专家学者出席了会议。中国中东学会常务副会长、中国社会科学院西亚非洲研究所所长杨光主持开幕式，并致闭幕辞。

亚洲中东学会联合会由中、日、韩三国中东学会共同发起组成，该联合会曾在韩国、日本召开过三届学术研讨会。中国中东学会作为 2001～2002 年度轮值主席召开了此次会议。

此次会议主题是"中东与东亚：政治变革、经济改革与能源安全"。各国代表围绕"中东与亚洲文化、文明的交流"、"中东与亚洲经济的发展与合作"、"东亚对中东石油的依赖"、"中东国家的政治变革"、"中东的冲突与和平"、"伊斯兰对地区政治经济发展的影响"、"中东国家间的政治经济合作"、"东亚的能源安全"以及"全球化与地区经济一体化"等共同感兴趣的问题交换了看法，达成广泛共识。

与会学者认为，自上届会议至今，中东形势发生了巨大变化，一些国家顺利完成新旧政权更迭过渡，社会总体保持稳定态势。由于中东政治、经济、民族、宗教、边界等矛盾盘根错节，加之世界强权势力为了自身利益染指地区事务，中东的"世界热点"效应更加凸显。"9·11"事件举世震惊，巴以暴力冲突愈演愈烈，打击伊拉克的战争危险增大，中东问题具有复杂性和长期性特点。在经贸领域，中东地区各国经济结构不合理，缺乏新的稳定的增长点，贸易出口单一，多年来经济发展滞缓，远远落后于世界经济的平均增长。在经济全球化加速发展的今天，中东国家普遍面临如何应对内外挑战的严峻考验。

专家学者们还重点讨论了中、日、韩三国共同面临的能源安全问题，认为，中、日、韩三国能源绝大部分来自中东，而运输通道须经狭窄的马六甲海峡，一旦这一海上通道安全受挫，后果堪虞。如何化解这一隐患，学者们发表了意见，有的学者提出建立"第二个马六甲通道"。

拉丁美洲学会2002年度年会

拉丁美洲学会于2002年8月5～9日在大连召开年会，主题为“中国入世后的中拉关系”。来自社科院拉美所、外交部、中联部、中华全国总工会、中国对外友好协会、《人民日报》社、新华社、《求是》杂志社、中国现代国际关系研究所、中国国际问题研究所、美国Merimach学院、北京大学、上海外国语大学、南开大学、山东师范大学以及浙江万里学院等单位的专家学者共70多人参加了会议。在大会发言中，拉美学会名誉会长蒋光化作了题为《中国入世与中拉经贸合作关系的发展》的发言。拉美所苏振兴就“出访拉美未建交国家的有关情况”、外交部拉美司殷恒民就“当前中拉关系”、黄志良就“中国企业开拓拉美市场的成败得失”、中联部刘荣根就“中拉政党关系”、《人民日报》吴志华就“当前拉美外交的特点”、现代国际关系研究所吴洪英就“拉美在中国外交关系中的战略地位”、美国Merimach学院李和就“中国与墨西哥利用外资的比较”、南开大学王晓德就“美洲自由贸易区的建立对中国的双重影响”等专题作了发言。在分组讨论中，与会人员分别就拉美经济、政治、文化、国际关系及中拉关系等问题展开了热烈的讨论：

1．拉美经济。(1) 拉美改革的性质。一种观点认为，拉美各国的改革是彻底的新自由主义改革，新自由主义改革即“华盛顿共识”，其10点内容中的一项是严肃财政纪律；阿根廷在财政状况不断恶化的情况下，没有严肃财政纪律，而是用外债弥补财政，导致了今天的危机。另一种观点认为，拉美的改革是具有拉美特色的新自由主义改革，新自由主义和“华盛顿共识”有相同之处，但不应将两者等同。第三种观点认为，拉美不同国家的改革有不同的性质和特点，如巴西就是实用主义改革。还有学者认为，对拉美改革的定性应有一标准，新自由主义是一种理论思潮，而影响拉美改革的思潮不仅有新自由主义，还有新结构主义。(2) 阿根廷危机的根源。有观点认为，阿根廷危机的爆发意味着新自由主义改革的失败，危机的根源是新自由主义在拉美的失败。另一种观点则认为阿危机的爆发与新自由主义改革关系不太密切，而在于其国内经济基本面没有搞清楚。同时，必须考虑危机的政治因素，政治因素的存在在某些方面甚至超过经济因素。(3) 当前危机的前景。学者普遍认为，阿根廷危机和南锥体国家的经济动荡导致全地区性危机的可能性不大，但阿危机并没有结束，而会持续到2003年。

2．拉美政治。(1) 拉美政治特点。一种观点认为，职团主义是拉美政治结构的一大特色。职团主义在拉美的出现有其特殊的历史背景，并对拉美政治产生深远的影响。第二种观点认为，拉美的文化遗产造成了专制和不稳定政局，而垄断与专制不可能使市场处于主导地位，因此，拉美政治的特点是政局动荡和经济危机同时出现。还有人提出，拉美政党制度、选举制度等的不完善是政局动荡的一个原因。(2) 委内瑞拉未遂政变。多数学者认为，委未遂政变的原因主要在国内因素。查韦斯的改革触动了部分人的既得利益，将这些人赶到了自己的对立面。有学者提出，委未遂政变事件中美国的作用值得关注，而从拉美一些国家政局不稳中也可以看到美国的影子。

3．拉美社会形势。学者普遍认为，拉美改革措施过快和不配套，使得社会问题的解决相对滞后。改革没有缓和原有的社会问题，而是加剧了社会矛盾。而社会问题主要在两极分化和分配不公。

4．拉美国际关系。（1）学者们普遍认为，“9·11”事件后，拉美在美国全球战略中地位下降。美国的战略重点转向反恐，拉美地区并不存在一个对美构成直接威胁的恐怖基地，美国反恐的重点在阿富汗、伊拉克和中东地区。但美国也不希望自己的“后院”起火，不愿在拉美看到不利于美国利益的任何政权存在。（2）小布什上台后的古美关系。两国关系出现过一段缓和时期，但随着美国在阿富汗军事得手，美扬言要继续对古巴进行经济封锁和贸易禁运，并将古巴与恐怖主义挂钩，从而造成两国关系倒退，重新陷入对峙状态。（3）中拉关系。中国入世后，中拉关系将更加密切，双方间的竞争也会更多。（4）拉美国际关系理论的发展。大家一致认为应加强对拉美国际关系理论的研究。

议题多、观点多、讨论热烈是本次年会的特点。与会学者一致认为，拉美改革的经验教训对我国的现代化建设有着重要的借鉴作用，今后对拉美的研究应更加深入。

中国秦汉史研究会第九届年会暨国际学术讨论会

2002年8月11～15日，挂靠在历史研究所的中国秦汉史研究会与陕西省历史博物馆等单位联合在西安召开中国秦汉史研究会第九届年会暨国际学术讨论会。来自各省、港台地区及英、韩、日等国的200多位代表参加了会议。会议收到论文百余篇，并就以下几个方面的问题进行了研讨：

1．秦汉政治制度史。李开元以西汉初中央和地方政府主要官员仕进出身统计数为依据，对军功受益阶层作了考察。宋杰对尹湾汉简（元延二年日记）作研究，探讨当时郡吏生活。卜宪群对秦汉九卿源流及性质研究后认为，九卿人数和含义还需要再研究。汤其领指出，汉代公权轻重关系到皇权与国家的兴衰。沈刚认为，在考察汉代政治体制时，要对廷尉的地位予以重视。安作璋等提出，“汉家制度”概念是两汉统治者采用德主刑辅的统治方式。王柏中认为，汉代庙制不可单从礼学角度研究，要放在汉代社会具体背景下考察。郑夏贤探讨了战国末到汉初地方豪杰与国家权力之间的消长关系。秦进才通过辨析“汉朝”、“王朝”、“郡县”等概念，分析汉代社会特色。

2．秦汉经济史。程有为从人口、农业、手工业、商业等方面论述河南地区经济发展状况。臧知非探讨了战国秦汉时期的经济转型问题。周永卫认为，西汉前期巴蜀商人在中外交流中起了不可忽视的作用。崔锐认为，秦汉妇女的经济活动促进了当时经济的繁荣。黄今言等对汉代农业商品生产作了研究，指出汉代农业商品化水平低。江村治树、丁光勋、马新等人也对此期的经济问题作了相关研讨。

3．历史地理。王子今对秦汉地理学的“大关中”概念进行研究之后指出，不同规模的“关中”地域是与秦国疆土逐渐扩大的历史进程相关联的。村松弘一从城市水利角度论述了从秦都咸阳到汉都长安的迁都过程。田静等对先秦时期秦人交通陕甘的三条路线作了研究。有学者依据实地考察并与文献资料相结合，分析了河西汉塞的走向、结构特点、配套设施等。马强认为，秦汉王朝的崛起与兴盛同汉水流域有重大关系。

4．秦汉学术文化史。与会者中，就此问题提交论文研讨的有张秋升的《西汉人历史观的基本特征》、杨天宇的《郑玄校〈仪礼〉兼采今古文释例》、胡志宏的《秦汉史学与西方汉学》、赵国华的《荀悦〈申鉴〉的成书时间——兼论〈后汉纪〉的史料价值》、孟祥才的《论儒学在先秦两汉时期的传播》等等。

5. 秦汉简牍与考古。利用张家山汉简研究秦律、汉律的文章有多篇，详细论述了其中反映的司法程序、惩罚方法、量刑标准等具体问题。还有一批学者对秦汉墓葬、器物进行分析。有学者对秦陵及兵马俑作了研究，认为，分布于秦陵园内外、层次不同的陪葬坑是秦帝国兴盛时期中央政权运作机构在地下的真实反映。

《世界历史》(多卷本)理论研讨会

2002 年 8 月 12～14 日，世界历史研究所在北戴河召开院重大课题《世界历史》（多卷本）理论研讨会。李铁映院长出席会议并发表重要讲话。会议就以下五个问题进行了研讨：

1. 唯物史观的新视野、新内容。该问题主要是针对少数人否定唯物史观的基本原理，主张“指导思想多元化”的错误主张，强调科学地认识人类世界的历史，必须以唯物史观为理论指导。讨论会上有针对性地对历史规律性、马克思“世界历史理论”、历史认识理论和唯物史观的辩证关系等三个问题进行了探讨。

2. 西方市场经济与国家干预关系的历史探讨。市场经济与国家干预的关系，是资本主义历史发展中的重大实践问题，也是一个长期争议的重大理论问题。西方经济的繁荣与危机，政治政策的波动变化，理论思潮的重大变革等，都与此问题密切联系。从历史学角度研究这个问题，有助于宏观把握其来龙去脉，正确认识资本主义的本质和历史发展规律，探讨其中的历史经验教训。

3. 如何评价作为政治体制的西方民主制。西方民主制主要体现在政府体制上的三权分立、多党制、普选制、公民权利等方面，时间上限于近代。研讨会主要涉及西方民主制发展的历史特点、民主制发展的动力、民主制的实际效果以及民主制的历史趋势等四个方面。

4. 宗教在古代民族形成和国家起源过程中的作用。在当今学术研究领域，以宗教、国家和民族为切入点研究世界史是一个新视角。从历史学的角度研究诸如国家起源的标志、特点、一神教产生的历史根源、从原始宗教到普世宗教的发展过程等问题，具有重要的理论价值。此外，当代许多国际争端和热点问题，都与民族冲突和宗教矛盾有着密切关系，而且都可以从古代历史中追溯到根源，因此，也具有重要的现实意义。

5. 近现代以来中国在世界的地位。《世界历史》最后一卷研究从古至今中国与世界互动的历史。研究这个问题需要考察两个方面的情况：其一，当时的时代背景、国际环境，中国与之交往的对象国的情况；其二，同时期中国在世界上的地位。只有搞清楚这两方面的情况，才能比较正确地把握中国与世界交流的内容和实质。在这次讨论会上，着重探讨第二个问题中“近现代以来中国在世界的地位”。

李铁映院长在讲话中指出：多卷本《世界历史》的写作，是一项重大的文化工程。历史发展到今天，我们已不可能置身于世界历史发展的进程之外，单独研究和解决中国的问题。今日之世界需要中国。为了 21 世纪中华民族的全面振兴，我们必须对世界有一个更深入的认识。我们不仅要认识世界的今天，还要认识世界的昨天，正确地对待世界各国的历史。撰写多卷本《世界历史》的过程，是中国人再次认识世界、研究世界历史的过程。这部多卷本

《世界历史》的重要性和价值就在于，它将表达中国人在世界各国特别是欧洲国家对世界问题已有看法的基础上，对世界问题和世界历史的新看法。我们的看法是建立在历史唯物主义的理论基础之上的。不断丰富和发展马克思主义的唯物史观，也是广大史学研究者应担负的神圣使命。

“宗教文化与民族发展”海峡两岸学术研讨会

由世界宗教研究所、云南大学和台湾中华宗教哲学研究社共同主办的“宗教文化与民族发展”海峡两岸学术研讨会于2002年8月12～14日在云南省昆明市召开。云南省副省长梁公卿出席开幕式并讲话。世界宗教研究所副所长曹中建、云南大学校务委员会主任高发元和台湾中华宗教哲学研究社荣誉理事长李子弋、理事长巨克毅在开幕式上分别致辞。世界宗教研究所副所长吴云贵、云南省社会科学院副院长贺圣达以及巨克毅教授在大会上作了学术报告。海峡两岸高等院校、社会科学研究机构、宗教文化社团的近70位专家学者参加了研讨会。在研讨会上，两岸学者提交论文43篇，就宗教文化对民族发展、文明演进的作用，以及宗教如何适应当代社会，如何在全球多元文化和多极格局中准确定位、趋利避害等问题，进行了研究和探讨。

台湾中华宗教哲学研究社是台湾著名报人及社会活动家李玉阶先生早年创办的一个民间宗教文化社团，联系着台湾学术界、宗教界一批热心于中国传统思想文化传承发展的人士。该社与我院世界宗教研究所每两年一次在祖国大陆合办的学术研讨会，是双方定期学术交流的主要形式，从1992年至今已经举办了6次。此次研讨会选在云南召开，对进一步加强云南当地的民族学、宗教学、历史学界同台湾学者之间的学术文化交流，密切海峡两岸学者的感情联系，推动祖国统一大业，有着积极的意义。

中国政治学会2002年年会暨“经济全球化与中国政治发展战略”学术研讨会

2002年8月13～16日，中国政治学会在新疆石河子大学召开中国政治学会2002年年会暨“经济全球化与中国政治发展战略”学术研讨会。中国政治学会会长、我院副院长李慎明出席会议并发表重要讲话。学会顾问王惠岩教授、徐大同教授，学会副会长王一程研究员、王邦佐教授、刘德厚教授围绕会议主题发表了自己的见解。新疆生产建设兵团、石河子市、石河子大学的有关领导在会上致辞。学会秘书长杨海蛟作会议总结。会议收到论文40多篇。与会80多位专家、学者围绕政治文明的含义、特征及其在社会文明中的地位和作用、经济全球化与社会主义政治文明建设、经济全球化对我国社会主义民主政治、人民代表大会制度、政党制度、司法改革、统战工作、政府职能、政治文化、公民教育等方面的影响和对策进行研讨。会后，《人民日报》、《光明日报》、《中国社会科学院院报》、《学术动态》、《新视野》、《求是》（内部文稿）、《政治学研究》等报刊报道了会议的有关情况。

1. 对政治文明的讨论和认识。

与会学者认为，江泽民总书记在“五三一”讲话中再次提出发展社会主义民主，建设社会主义政治文明的问题，阐明了社会主义民主政治的基本内涵和社会主义政治文明建设的基本思路，具有重要的理论意义和现实指导意义：(1) 建设社会主义政治文明，有利于把握社会主义民主的根本性质和正确方向。(2) 建设社会主义政治文明，有利于更广泛、更深刻、更具体地推动社会主义民主政治的发展，使社会主义民主制度化、规范化、程序化。(3) 建设社会主义政治文明，有利于推动有中国特色社会主义的全面建设。为此，要加强对政治文明问题的理论研究，科学地界定政治文明的内涵，把握政治文明的特征，揭示政治文明建设的规律。有的学者还提出应实现中国政治发展战略重心的转变，即由通过政治体制改革推动政治发展转移到通过政治文明建设促进政治发展的轨道上来。

2. 中国政治学者视野中的全球化。

与会许多学者指出，"全球化"首先并主要是指"经济全球化"。伴随着经济活动的全球化以及现代科技尤其是信息技术的飞速发展，各国在政治、文化、观念等方面的交流、碰撞和相互借鉴和影响不断加深和拓展。在这样一种宽泛意义上，存在着所谓"政治全球化"和"文化全球化"等复杂问题。正因为如此，不少与会学者主张，应慎用"政治全球化"、"文化全球化"等类提法。

有些与会学者明确提出，"全球化"绝不意味着"同质化"、"同样化"，即使在经济领域，也不存在"同质化"，因此，有学者认为"经济一体化"这一提法也不够妥当。在政治、文化等领域，无论是从现实运动还是发展趋势上看，更是不存在"同质化"、"同样化"的现象。虽然在国际政治、经济，文化交流活动中，各国也达成 一些共识和共同遵循的规则，如联合国宪章，WTO 规则等，但这些共识更多的是一种妥协和让步，而不意味着"同质化"。还有学者指出，目前，世界各国政治民主化的趋向也不意味着政治上的同质化，趋势不同于模式，各国对民主的理解不同，发展情况不同，不存在全球统一的民主模式。各国都是根据自己的国情、民族特点、历史传统建立自己的民主制度，对其他国家的民主制度只不过是借鉴和参考而已。

3. 对经济全球化以及加入 WTO 对我国政治和社会生活的影响的看法。

与会学者认为，经济全球化的影响具有两面性。对发展中国家而言，经济全球化既有利于加快现代化进程，又易于被西方发达国家以强大的经济和技术实力，甚至是军事威胁手段，迫使其纳入到西方发达国家主导的世界经济体系之中，压制发展中国家自主的经济和社会发展。一些学者分析了经济全球化对我国民主政治建设和政治发展的影响，经济全球化增大了西方价值观念的传播机会，"西化"对我国主权构成现实的威胁。

4. 中国的政治发展应如何应对经济全球化的挑战。

与会学者普遍认为，经济全球化是不以人们的主观意志为转移的大趋势，因此，我们不能拒绝参与，而应以积极的姿态走向世界。有学者认为，我们必须学习和适应国际活动的规则，并通过对话与交流，参与、影响、推动经济全球化进程。

在经济全球化条件下，推进中国的政治发展，不能忽视中国的国体。要充分发挥工人阶级的领导作用，巩固工农联盟，绝对不能淡化和削弱人民民主专政。中国的政治发展必须走自己的路，不能照搬西方的模式。与会学者谈到深化政治体制改革问题，提出执政党建设要主动应对经济全球化和入世后新的历史条件的挑战。有学者认为，要做到这一点就应做到"四个不能变"，即党的指导思想、领导地位、根本宗旨和传统作风不能变。同时要搞好"四个应对"，即党的组织机构设置和职能要应对经济结构的战略性调整；党的领导方式要应对依法治国方略的实施；党的作风建设要应对入世后更为复杂的社会文化和价值观多元化的新形势；党的社会基础要应对更广泛的社会阶层变化。

大多数学者认为，在经济全球化条件下，中国政府的首要任务就是要提高缓和社会冲突和协调社会利益的能力，及时缓解社会各利益主体间的矛盾，使全国人民能在改革开放中普遍受益。为此，应强化和完善国家对收入再分配的宏观调控，维护社会公平。有学者提出，要理顺政府与社会、政府与国际组织以及政府内部中央与地方之间的关系，建立并加强政府维护国家经济安全、文化安全、环境安全和信息安全的职能。还有学者提出，为适应经济全球化进程，政府改革需要更新观念，注意发挥中介机构的作用。

有学者特别指出，经济全球化导致的开放环境，使国内政治、经济、社会等方面都越来越多地受到来自国际社会的影响。将一国国内问题"国际化"，已经成为冷战后西方国家干涉别国内政的重要手段。因此，我们在处理国内问题时，要有敏锐的全球视野，要坚决维护国家主权。要建立灵敏的预警和防范机制，及时把各类问题消灭在萌芽状态，积极稳妥地解决各种社会矛盾和冲突，避免其演变为国际问题。

5. 若干具体对策和建议。

有学者认为，为了在经济全球化背景下坚持走有中国特色的政治发展道路，首先必须加强人民代表大会制度建设。

有学者指出，行政审批制度的改革不能只是精简审批事项、规范审批程序，还需要在政府管理的观念和价值取向、政府职能的设定和行政方式等方面，实现符合社会主义市场经济发展要求的转变。在考虑履行国际义务的前提下，应立足我国实际，根据趋利避害的原则，寻求解决办法，而不能盲目、被动地按照西方的要求，照搬西方的标准。

还有学者提出，在经济全球化的条件下，在注重国家宏观层面的政治发展问题的同时，应当关注基层社会，特别是要研究基层政权的建设和基层社会生活的群众自治。

中国民族史学会第九次学术讨论会

2002年8月19～22日，在新疆维吾尔自治区首府乌鲁木齐市召开了中国民族史学会第九次学术讨论会。来自全国15个省、市、自治区，包括汉、壮、维吾尔、蒙古、藏、回、苗、土家、哈萨克、柯尔克孜、满、锡伯等民族的近百名专家学者参加了此次会议。大会共收到学术论文50多篇。

此次会议由中国民族史学会与新疆社会科学院联合召开。会议由中国民族史学会副会长、新疆社会科学院副院长苗普生主持。新疆维吾尔自治区党委副书记司马义·铁力瓦尔地，党委常委、宣传部部长吴敦夫，党委常委李斌出席了开幕式。出席开幕式的还有，新疆社会科学院院长王栓乾、书记热扎克·铁木尔和中国社会科学院民族研究所所长郝时远。开幕式上，司马义·铁力瓦尔地代表自治区党委和政府作了重要讲话，郝时远代表学会作了讲话。会议的主题为"中国历代边政问题"，与会代表就此进行了广泛深入的讨论和交流。

与会者首先谈到的是中国历代边政的一些理论问题。代表们就我国疆域的发展过程、形成的原因及疆域形成变迁的理论进行了探讨。代表们普遍认为，疆域是由一个国家的管辖范围确定的，用人种和文化以及统治者的民族属性来确定疆域的归属是错误的。对于中国版图形成的原因，代表们从地理、民族、文化等多方面进行了分析和研究，并对前人有关历史上中国疆域的研究进行了分析与批评，提出了新的见解。

在边疆治理方面，与会代表对我国的边疆政策和边疆的治理进行了历史性的梳理和探讨，涉及不同朝代的民族政策、中央王朝和少数民族的关系以及我国古代民族思想的发展轨迹；对中国统一多民族国家及其边疆地区的发展与特点进行了总结，对中国历代王朝的边疆政策进行了归纳，同时对如何深入研究边疆政策提出了自己的看法。代表们一致认为：没有扎实的基础研究，就不能更好地为现实服务。同样，基础研究绝不能脱离现实。

对于边疆易于出现的问题，代表们普遍认为，一定要客观地实事求是地加以看待，要分清问题的性质，公正地、实事求是地去处理解决问题。当前，经济发展问题是一个很现实的问题，也是一个根本的问题，一定要强化公民意识，加强各民族之间的团结，牢固树立“三个离不开”的思想，只有这样，才能加快少数民族和民族地区的经济发展，促进各民族的共同繁荣。在民族关系问题上，一定要站在马列主义的立场上去认识问题、解决问题，要识大局、顾大体，更要标本兼治。

在边政问题研究的方法与方向问题上，与会者认为，民族与边疆之间的联系是密不可分的，而历史和现实的关系也是紧密相连的。因此，要做好现实工作的研究，一定要注意基础资料的收集和整理。要通过民族史的研究，准确找出少数民族和民族地区先进生产力发展的规律与特点。中国是世界早期文明古国中惟一一个没有中断自身发展轨迹和文化体系的国家。中国统一的多民族国家经历了两千多年的发展历程，其中虽有艰难险阻，但其主流仍为统一，这在世界各国的历史进程中是绝无仅有的。在这种大的历史背景中 形成、发展壮大起来的古今各民族共同体，必然有其自身的发展规律和特点。对于这些特点和规律应进行研究，并上升到理论的高度，以更好地为现实服务。

“江泽民‘文化纽带’重要论述”研讨会

由马克思列宁主义毛泽东思想研究所及其“华夏文化纽带工程”组委会、《人民日报》海外版、《求是》杂志评论部、《光明日报》理论部和山东济宁市委等单位共同举办的“江泽民‘文化纽带’重要论述”研讨会于2002年8月20日在北京举行。中共中央政治局委员吴官正、全国人大常委会副委员长许嘉璐、全国政协副主席罗豪才向大会作书面发言。李慎明副院长代表中国社会科学院向会议致辞。全国政协副主席王文元、中央党校学术委员会副主任邢贲思出席会议并讲话。来自北京各学术单位的50余位专家、学者出席会议。会议围绕江泽民“文化纽带”重要论述的内涵和指导意义，它对增强中华民族的凝聚力、实现中华民族统一大业历史进程中的重要作用等问题进行了研讨。

李慎明副院长在致辞中指出，江泽民同志关于“文化纽带”的重要论述，指出了我们的文化具有面向“全体中国人”、维护“民族团结和国家统一”的性质，同时也提出了我们的文化必须发挥“精神纽带”的作用，实现中华民族伟大复兴的任务。这是对中华文化内容和形式的辩证关系、弘扬优秀传统文化和建设社会主义先进文化辩证关系的深刻阐述。我们应当以此为指导，认真梳理中华传统文化的各种成分和因素，在取其精华、弃其糟粕的基础上，充分发挥中华文化在维护祖国统一中的“纽带”作用。

与会学者指出，江泽民同志“三个代表”重要思想中提出的“代表先进文化的前进方向”与其关于“文化纽带”重要论述的本质是完全贯通的。先进文化包含着对优秀传统文化的继承和发扬，而“文化纽带”的内容无疑更侧重于优秀传统文化的阐发；先进文化也是对外国文化优秀成果的借鉴、吸收和交融，而“文化纽带”的内涵则是要实现对外文化的交流与互动。大家认为，江泽民同志关于“文化纽带”的重要论述，坚持弘扬中华优秀传统文化和建设社会主义现代文化的统一，指出了中华文化既要具备面向“全体中国人”的性质，又要具备连接人心、凝聚人心的作用和形式。“文化纽带”的内涵，实质就是中华文化的凝聚力问题，这是我们必须继承的宝贵精神财富，也是推进中华民族复兴大业的重要力量。海内外华人同宗同文，增强中华民族的文化凝聚力，就必须弘扬中华文化的“纽带”性质和作用，使中华文化在团结海内外华夏儿女，实现中华民族统一大业的历史进程中发挥更重要的作用。

“西部地区生态建设”研讨会

2002 年 8 月 20～23 日，中国生态经济学会和中国科学院寒区旱区环境与工程研究所、西北师范大学在甘肃兰州共同举办了中国生态经济学会五届二次年会暨“西部地区生态建设”学术研讨会，来自全国各地及美国、加拿大的 108 名专家、学者、政府官员出席了会议。

会议开幕式由中国科学院兰州分院院长、中国科学院院士程国栋研究员主持。中国生态经济学会理事长滕藤教授首先致辞，并以“生态经济与相关范畴”为题作了专题演讲。与会代表围绕新时期生态经济理论创新的方向、西部生态经济、生态产业发展的前景和促进生态产业发展的政策、生态经济研究领域的拓展等问题展开了学术交流。与会代表还就生态经济理论与方法和生态保护、恢复与建设政策两个问题进行了专题讨论。代表们认为，中国的生态经济研究经过近 20 年的探讨，基本上形成了一个相对完整的理论框架。为了最大限度地发挥生态经济理论的作用，生态经济理论工作者要加强与生态经济建设管理者的联系，加强与旨在推广生态经济理论与方法的中介机构的联系。在政策取向上，要把生态恢复建设与农民脱贫致富有机结合起来；要把自然封育作为干旱、半干旱地区生态恢复的重要措施，要加大草业建设和灌木培育的力度；在生态环境极度脆弱地区，有必要进行生态移民，以确保生态恢复和建设的成果。与会者还认为，对于学者来说，开展政策评价必须遵循学术规范。要对调查内容进行系统的设计，要有大样本的调查，要进行全面的分析并进行统计学检验，最后只公布通过统计学检验的调查结论。就此而言，研究人员自身素质的提高也非常重要。

中华民国史(1912～1949)国际学术讨论会

由中国社会科学院近代史研究所、澳门中西创新学院、美国黄兴基金会联合主办的中华民国史（1912～1949）国际学术讨论会于 2002 年 8 月 21 日在北京九华山庄隆重开幕，来自中国内地、香港、澳门、台湾和日本、韩国、俄罗斯、波兰、德国、美国、加拿大、澳大利亚等国的研究民国史的专家学者100余人出席了开幕式。

中共中央政治局委员、中国社会科学院院长李铁映给讨论会发来贺信，对讨论会的召开表示热烈的祝贺。贺信说：研究中华民国史，对于总结历史经验，认识历史发展规律，认清中华民族的前进方向，实现中华民族的伟大复兴，极有意义。海峡两岸的学者、海内外的学者应携起手来，共同研究探讨这一段中国近代史。中国社会科学院秘书长朱锦昌在开幕式上致辞，他对来自海内外的与会代表及各位嘉宾表示热烈的欢迎，并希望代表们畅所欲言，推动民国史研究的前进，使讨论会取得成功。中国社会科学院近代史研究所所长张海鹏致开幕辞，他介绍了30年来近代史所开展民国史研究的情况，强调研究民国史对于明确一个中国架构下的近代历史状况，判断中国历史的走向和未来，不仅有现实意义，而且有学术意义。澳门中西创新学院校监苏树辉，日本东京都立大学教授野泽丰，香港大学教授赵令扬，中国史学会会长、中央文献研究室研究员金冲及在会上发言，对会议的成功举办表示祝贺与期待。讨论会共收到论文92篇，表现出下列特点：（1）民国历史研究的传统领域——政治史与外交史仍然得到众多研究者的关注。（2）民国历史研究涉足的领域，较前有较大拓展，日渐呈现出全方位发展的良好态势。（3）个案研究不仅占有重要地位，而且取得了较大成绩。（4）众多研究虽以个案为出发点，但并不仅仅停留在叙述历史的层面，而是注重以小见大，提出问题并进行分析讨论，得出有更深广意义的论断，使个案研究兼有订正史实与探究问题的意义。（5）随着民国历史档案资料的日渐开放，利用新的历史资料研究民国历史已为研究者所注意。会议安排大会报告一次，分组报告和讨论29场。在为期三天的讨论中，与会者围绕上述方面进行了广泛深入的探讨。讨论会的成功举办，说明民国史研究有广阔的发展前景，并将成为中国和世界历史学研究中不可或缺的重要学科门类之一。

“东亚合作:进程与前景”国际学术研讨会

2002年8月22～23日，中国社科院亚太研究所在北京召开以“东亚合作：进程与前景”为主题的国际学术研讨会。来自日本、韩国、印尼、马来西亚、泰国、新加坡、越南、菲律宾的10位学者和中国社科院、外交部、经贸部、财政部及相关研究单位的10位专家学者出席了研讨会。亚太研究所所长张蕴岭主持会议，中国社科院副院长陈佳贵致开幕辞，外交部副部长王毅出席开幕式并就东亚合作的意义及展望作了演讲。会议共收到论文12篇。

与会学者对东亚经济一体化及金融合作近年来的发展进行了总结并提出了存在的问题。东亚经济合作自1992年东盟六国签订了东盟自由贸易协定到亚洲金融危机后在吉隆坡召开第一届“10+3”领导人会议，标志着东亚合作由此展开。经过10年的努力，东亚合作已取得了显著的进步：通过领导人峰会、部长会议、高官会议使东亚地区合作机制的框架搭建起来；“清迈倡议”开始了地区金融合作；签订了多个多边和双边自由贸易协定；制定了次区域开发项目规划等等。存在的主要问题是：（1）由于各国参与合作的动机不同，因而设定的优先合作的领域也不同。主要原因是东亚国家因民族、宗教、历史文化背景的不同和经济发展水平的参差不齐而使各国在各自基础上制定的发展战略和对合作的要求有所不同。东亚地区存在着的广泛的多样性是实现区域经济合作的一个难点。（2）“共同一致的原则”缺乏灵活性和效率。“共同一致的原则”是东盟一直遵守的原则。考虑到各国之间存在着各方面的差异，非强迫性的、合作的、协商一致的原则在一定历史时期内是非常必要的。但是，随着合作的不断深入和成员的不断扩大，“共同一致”的原则越来越表现出缺乏灵活性和效率。东盟之所以发展缓慢，这是一个重要原因。东盟迄今为止仍在遵守这个原则，因此，东亚经济一体化进程能走多远，令人担忧。（3）农业部门存在“保护主义”。日韩两国从保护本国农业的利益出发，一直回避开放农业部门的要求，而东盟的几个主要农业出口国显然不同意将农产品从贸易协议中排除。因此，包括多方在内的贸易自由化谈判将无法进行，一个统一的、全面的东亚自由贸易区很难实现。（4）东亚国家间的政治分歧和东亚地区安全的不确定因素将延缓经济合作进程。由于政治的、历史的原因，一些东亚国家间的不信任和隔阂由来已久，例如中日关系问题、朝鲜半岛问题、台湾问题等都是影响地区经济合作的不确定因素，将在不同程度上影响东亚合作的进程。与会者提出以下几点建议：（1）采取务实主义的态度。选择能够做到的和需要做的事情先做，如开展金融监管、企业管理、人力资源开发等领域的合作。（2）鼓励多层次的、循序渐进的地区合作。多层次的合作指的是“竞争性的地区合作”，比如东亚经济一体化下又有日本—新加坡自由贸易区、中国—东盟自由贸易区等。这些交错的次区域自由贸易区联系起来，最终形成东亚地区自由贸易区。与会者提出，当前应尽快建立可将这些双边或多边的次区域合作紧密联系起来的机制。（3）经济合作应与政治、安全合作分离。（4）加快机构建设。从“10＋3”机制发展成为一个真正的地区组织——东亚合作组织（OEAC），机构建设是各国政府首先要迈出的一步。亚太所所长张蕴岭指出，这种机制的转变应在五年之内完成；东亚合作组织将设一个常设秘书处以便与下设的各职能委员会开展协调和组织工作。（5）OAEC 应避免与 WTO、APEC 重复的工作，开展东亚合作优先领域的工作，避免不必要的资源浪费。（6）进一步加强金融合作。张蕴岭教授指出，今后东亚金融合作的重点应该是加强宏观经济政策合作、加强金融市场的规范以及加强金融预警机制的建设，至于共同货币区及一个统一的地区货币当局的建设应作为一个远景目标，目前不宜投入太大精力。

数量经济与技术经济研究所学术交流大会

2002 年 8 月 29 日，为庆祝我院建院 25 周年，落实江泽民总书记“七一六”讲话精神，数量经济与技术经济研究所举办了一次别开生面的庆祝活动，召开了全所学术交流会议。在短短的两天里，有 31 名研究人员汇报了近三年来有代表性的研究成果。通过成果交流，使大家更切近、更及时地了解了本学科的最新发展全貌，凸显了数量经济学与技术经济学这两个学科的不同特色，这对于更好地把握这两个学科的对象、内容、方法及意义，推动学科建设，必将发挥积极的作用。参会者提交的论文虽然水平有所不同，但在理论创新上都作出了努力。如《技术进步与就业》、《关于加强我国装备制造业的建议》、《中国高新技术园区评价理论与指标体系》、《中国教育的均衡发展》、《城市转型理论与城市变迁》、《城市化与社会经济可持续发展》、《劳动共享与合谋》、《中国上市公司资源配置效率理论与实证分析》等，都在不同程度上扩展了数量经济学与技术经济学的应用范围，开辟了新的研究领域。

在基础理论中，有的解决了学术界长期悬而未决的问题。如《非矩阵谱理论在投入产出模型中的应用》，推导出列昂惕夫动态投入产出模型平衡增长解存在且惟一的充分必要条件及其与生产价格同时存在且惟一的充分必要条件，并在国际专业期刊上发表。有的根据多年研究的实践经验，提出了新问题、给出了新思路，如《对经济预测误差的思考》，提出了绝对量指标与相对量指标二者差别对预测误差所产生的巨大影响，并相应提出了改进模型设计、提高预测精度的新思路。有的则力图抓住当代经济发展的新现象，提出新概念，如《软技术》一书提出的软技术概念在国内外学术界引起了很大反响。

在已建立了优势的应用研究领域，同样不乏创新之作。如数技经所进行的中国经济形势分析与预测，已经持续了12年之久，但随着国内外经济形势的变化，仍需要对新出现的问题给予科学的有预见性的解答，《2002年中国经济形势分析与预测》一文全面分析了2002年我国面对的经济形势，结合模型预测结果，对2002年的中国经济作出仍能保持7.7%较高增长速度的判断，目前这一判断已经为实际所证明。再如，此次会议瞄准环境研究的新问题提交了一批有独立见解的论文，如《气候政策研究中经济—能源系统模型的构建》、《侍奉环境：旅游业发展的新方向》等。又如，我院的技术经济学工作者及时推出了反映国内外信息技术经济学相关理论发展和我国信息化进程的专著，如《中国“新经济”基本面研究》（专著）、《新经济中的电子商务》（专著节选）、《有线电视网络、电子商务、社会信息化》（专著）、《国家信息资源的开发利用与安全：指导思想、原则与任务》（研究报告）等。

此次会议的另一特点是学术规范水平有明显提高。如《劳动共享与合谋》一文，从问题的提出、模型的构建到命题的推导和结论的给出，都较严格地遵循了现代经济学的研究规范，给与会者留下了深刻印象。

第二次中日政经论坛

2002年8月30日，中国社会科学院日本研究所与日本青年能力开发协会共同举办的第二次中日政经论坛在北京人民大会堂举行。会议的中心议题是“中国加入WTO以后的亚洲经济与日本——为中日两国的友好合作而努力”。中国社会科学院副院长陈佳贵、全国人大常委会委员滕藤、徐敦信，日本前外务大臣柿泽弘治，众议员坂井隆宪、松原仁和中日两国的学者及地方政府官员、企业家等约50人出席了会议。在中日两国共同纪念邦交正常化30周年之时，与会人员围绕如何进一步发展中日关系和东亚合作问题展开了热烈讨论，在以下三个方面达成了共识，增进了相互理解：

1. 增信释疑，巩固中日友好合作的根基。

会上，中日两国与会人员都对两国复交30年来在双边、多边合作方面取得的巨大成就给予了充分肯定，同时，对最近在双边关系中出现的一些摩擦也提出了看法和建议。全国人大常委会徐敦信委员指出：应当看到两国的地缘属性、各自面临的基本课题和经济互补的基本特征都没有发生变化，两国在地区经济合作、国际事务和安全领域都存在着广泛的共同利益，因而可以对中日关系的未来持乐观或谨慎乐观的态度。对于两国间产生的摩擦，中方与会者主要强调日本政府应当彻底摒弃冷战思维，在台湾问题上不要干涉中国的内政，在历史认识问题上做到以史为鉴。有的中方代表认为，在时代已经发生巨大变化的今天，如果不对曾在历史上起过重要作用的“求同存异”原则加以突破，而继续对两国间在政治制度、民族利益、经济利益和历史观、文化观上的差异采取“存而不论”、“视而不见”的态度，这些差异终将会成为两国关系发展的障碍。

2. 中日两国要携手为发展东亚合作作贡献。

滕藤认为，实行地区经济合作是应付经济全球化所带来挑战的有效途径。放眼世界，凡是注重扩大内需的地区都取得了比较好的结果。欧盟的顺利运转，欧元的顺利使用，都说明经济区域化的巨大作用。东盟也展现了它蓬勃的生命力。在大国当中只有中国和日本还没有实现经济区域化。双边合作与多边合作是可以并行不悖的，仅靠双边合作不能满足需要。东亚地区合作的最佳方式是“10+3”，核心问题是中日两个大国加强合作。他的讲话得到了与会人员的广泛赞同。柿泽弘治认为，应积极推进亚洲共同体的建设，要像欧洲那样使用共同的货币。中日两国要以同在一个屋檐下生活的心情，谋求共存共荣。松原仁众议员等日方代表也对开展东亚地区经济合作深表赞成。

3. 中日可开展合作的具体领域。

会上，中日两国人士还就一些具体领域如何开展合作交换了意见。坂井隆宪认为，在信息国际化的今天，信息技术使艺术、学术与技术融合在一起，很可能创造出新的文化关联产业。他认为，中日两国应该在这一高科技领域加强合作。以柿泽弘治为首的日方代表积极推荐日本的新干线技术，一些中方代表也持同一看法。也有一些代表认为，应将新干线技术与其他技术进行更为严密和科学的比较才能得出结论。

会议，形成了大会宣言，与会的中日两国政治家、企业家与学者宣布在一系列问题上达成了共识，认为中日两国应高瞻远瞩，顺应和平与发展的时代潮流，以史为鉴，确保两国人民的世代友好；以诚相待，拓展交流与合作的领域和渠道；立足双赢，促进共同繁荣与发展。

“扩大就业的途径”研讨会

2002年9月3日，由人口与劳动经济研究所和社会保障部劳动科学研究所共同主办的中国劳动就业论坛——“扩大就业的途径”研讨会在我院召开。来自国家发展计划委员会、劳动和社会保障部、世界银行、人口与劳动经济研究所和社会学所等单位的专家学者，就当前的就业形势、加入WTO后扩大就业与再就业的途径、深化改革与拓展新的就业领域等问题进行了研讨。

与会专家指出：中国加入WTO后对就业的影响是正面的，劳动力价格低的优势和劳动者素质相对周边国家高的技术优势将大大促进我国的就业。但我国的就业形势依然严峻，突出问题是结构性问题和区域性问题。积极扩大就业仍然是我国面临的一项长期任务。

与会专家认为，扩大就业、减少失业，要深化户籍、住房、社会保障等体制改革，加快包括服务业在内的第三产业的发展；要积极发展第二产业尤其是制造业，充分发挥中小企业在促进就业方面的重要作用；要大力发展教育和各种职业培训，提高劳动者素质，以满足结构调整的需求，促进就业；要逐步取消造成劳动力市场分割的一些不合理制度，促进劳动力在不同产业、不同企业、不同地区间的流动，拓展个体的就业空间。有专家认为，我国服务业具有大规模吸纳劳动力的潜力，要继续完善相关制度来进一步发展服务业。如政府可以通过制定相应的政策解决行业进入环节多、手续复杂和缴纳费用多的问题，通过提供及时准确的信息，满足劳动力市场供需双方的需求。

各方专家对下列政策建议基本上达成了共识：（1）把扩大就业作为政府调控和发展经济的重要目标；（2）发展第三产业和服务业；（3）发挥在劳动力资源方面的比较优势，积极发展第二产业；（4）发展非国有部门和中小企业；（5）打破市场分割，促进劳动力流动和转移，形成统一市场；（6）建立和改善劳动力市场的数据搜集和监测制度，提供有效的劳动力市场需求和行为信息。

“中国古代北方民族政权下的文学与文化”国际学术研讨会

2002年9月4～8日，由山西大学文学院与中国社会科学院文学所古代室、《文学遗产》编辑部、山西省高校师资培训中心、大同职业技术学院等五个单位共同发起并举办的“中国古代北方民族政权下的文学与文化”国际学术讨论会在山西大学召开。来自中国、美国、日本、新加坡和中国香港等地的专家学者69人与会，提交论文42篇。会议围绕中国社科院文学所所长杨义的主题报告展开了热烈的讨论，取得如下共识：

1. 加强对中国古代北方民族政权下的文学与文化研究，意义重大。正如杨义所说：这一研究，“牵涉着两千多年以来中华文明发展的一个关键命题，即游牧文明与农业文明的冲突、互补和融合，并在不同的历史阶段和历史台阶上重新构建博大精深、与时俱进的多元一体的中华文明的总体结构”。因此，这不只有填补空白的作用，而且更重要的是，它有力地推进了我们对中国文学和中国文化整体性的认识。

2. 中国古代北方民族政权下的文学价值与功能，可以从四个方面来加深理解：一是它拓展和重构了中国文学的总体结构；二是它丰富和改善了中国文学的内在特质；三是它改变和引导了中国文学的发展轨迹；四是它参与和营造了中国文学的时代风气。唐以前的汉语文学作品以抒情见长，而少数民族语言的文化作品，无论是藏族、蒙族还是克尔克孜族等其他民族，叙事文学都十分繁荣；金元时期，这两种文学样式的碰撞与交流，推动了以叙事见长的杂剧的迅猛崛起。而北方民族的伦理观念，也将传统的汉语言文学作品的创作思维引向了新的空间，北方游牧民族的粗犷天性给文坛增添了新的阳刚之美。特别是当北方少数民族取得了统治中原的政权情况下，中原文学的胡化倾向和边地文学的汉化倾向，在双向选择的交错过程中完成了你中有我、我中有你的改造和创新，完成了中华文化和文学多原共建的伟大历史工程。

3. 中国古代北方民族政权下的文学研究对象应当有四个，一是少数民族以自己的语言文字或口头创作流传的作品；二是汉民族作家在新政权影响下的作品；三是少数民族作家用汉语创作的作品；四是少数民族学者整理的汉民族文化的成果。例如《唐诗鼓吹》，就是少数民族学者选编的，具有不同于传统选编本的文化底蕴和选编特色。由于中国古代北方民族政权的时间跨度很大，伸延线很长，目前还是以北朝和辽金元的汉语言的作品为重点，同时积极创造条件，引申对少数民族原始作品的挖掘与探讨。

邓绍基、刘扬忠、胡明、周先慎、王学泰、王钟陵等专家、学者认为，现阶段的研究还存在着一些值得注意的问题：第一，研究的现状、发展不平衡，对元曲、元杂剧的研究较为深刻，早已成为一门显学，至今还是研究的重点；相对而言，对元诗、元文的研究就较为冷寂。全元诗有13万首，超过了全唐诗一倍以上，数量很惊人，但研究者不甚关注，还处在起步阶段，全元文还正在整理过程中。山西大学文学院院长刘毓庆教授特别邀请北师大李修生教授对北师大古籍所整理《全元文》的情况作了发言，山西大学文学院推出的新著《全辽金诗》、《全辽金文》也受到了与会代表的欢迎。第二，研究队伍的整体素质还有待提高。这主要是指现阶段的研究人员对少数民族的历史、文化、文学以及风俗习惯还不甚了解，特别是语言上还存在不少的障碍，而少数民族自己的专家涌现得不多。

中国北方民族政权下的文学有一个明确的研究方向和目标，这就是要凸显中华民族大一统文化和文学的整体风貌，寻找和发现中华民族文化和文学在融合凝聚过程中的轨迹和规律，在展现整体特色的同时，还要展现多元一体的各个侧面的特色。可以肯定地讲，这一研究目标，对于增强中华民族的团结，繁荣和发展有中国特色的社会主义新文化、新文学，使之朝着代表先进文化的方向健康发展，具有重大的现实意义。

“经济政策的计量经济分析”讲座

由我院数技经所举办、吉林大学商学院协办的“经济政策的计量经济分析”讲座于2002年9月7日在长春举行，美国南加利福尼亚大学经济系主任萧政教授（Cheng Hsiao）、英国沃维克大学经济系副教授克莱门茨博士（M. Clements）、英国南安普敦大学经济系讲师、北京大学光华管理学院客座教授陆懋祖博士（Lu Maozu）应邀出席了此次学术讲座，并发表讲演。克莱门茨博士着重讲述了经济预测方法的评估问题，特别是对区间和密度预测方法的评估的最新进展。陆懋祖博士则侧重于计量经济方法在经济中的应用问题，结合协整和误差修正模型的研究与应用，分析了货币政策对经济变动的影响程度。萧政教授用中文介绍了有关面板数据估计方法与应用，并使用该方法对外来直接投资（FDI）对中国经济的影响作了案例分析。

此次讲座为期两天，来自我院数技经所以及吉林大学商学院、管理学院等院系的学者、教师、学生共计60余人参加了讲座。吉林大学的学者认为，这是一次难得的与该领域国际学术研究前沿学者面对面接触与交流的机会，对扩展眼界、拓宽思路，提升学术水平有很大的促进作用。

“中日友好共同发展”国际学术研讨会

为纪念中日邦交正常化30周年，回顾两国30年来在政治、经济、社会、文化等各个领域走过的道路，探讨两国关系的发展前景，中国社会科学院日本研究所于2002年9月7日在北京召开了“中日友好共同发展”国际学术研讨会。来自国内研究机构和日本大学及研究机构的50余名专家、学者出席了此次会议。中国社会科学院副院长陈佳贵和日本驻华大使馆公使高桥邦夫到会并致辞。

此次学术研讨会在“中日友好共同发展”的主题下，分政治、经济、外交、文化四个专题进行探讨。历时两天的会议共有26位专家、学者在会上作了专题报告并提交了论文。这些论文从不同的角度，回顾了30年来两国在友好交往中取得的巨大成绩，精辟地分析了当前中日关系中存在的主要问题，并对今后如何发展中日关系提出了一些很好的建议。

中日双方学者首先就靖国神社问题进行了讨论。日本东京大学教授北冈伸一认为，1998年以来中日友好之所以降温是由于“中国对日本历史认识的批判过于严厉”，“参拜靖国神社不是美化战争，中国对小泉参拜靖国神社作出的反应过火了”。中方学者对他的这些观点进行了批驳。他们指出：中国政府对小泉参拜靖国神社作出反应不是揪住历史问题不放，而是因为日本不断对历史问题发表不正确言论，刺激和伤害中国人民的感情造成的。特别是歪曲历史的新编历史教科书的出版激起中国人民的愤慨和不满，日本政府应该认真反省。

会议讨论的另一个焦点问题是中日安全问题。双方学者就这一问题进行了认真热烈的讨论。日方有的学者认为，目前日本仍应坚持以惟一超级大国美国为主导的一级机制，即在亚太地区建立以日美同盟为基轴的安全机制和政治秩序。中方学者则认为，中日战略关系的死结是日美关系，只要有日美军事同盟存在，中日关系就不可能搞好，因为美国是超级大国，日本至今不但不就侵略问题向亚洲人民作出深刻反省，而且日美军事同盟是针对中国大陆和中国台湾的，对中国和亚太地区构成威胁。上述两种观点具体表现在日本国内出现的“中国威胁论”和中国对“日本寻求成为军事大国”的担忧上。它一直影响着中日两国的政治关系。与会者认为，双方在安全问题上产生分歧的原因，除了社会制度、价值观、国家利益以及历史文化的差异外，彼此缺乏了解和信任也是重要原因。

通过认真讨论，与会者一致认为，为了消除两国间的误解和走出认识上的误区，使中日关系健康发展，双方应该做到：(1) 两国应该增信释疑，增进相互了解，减少无谓的猜忌和误解，更多地看到发展两国关系的积极因素，抑制消极因素，维护两国的根本利益；(2) 两国应注意深入了解对方的国情特点、历史背景及文化传统等，以减少处理两国关系的盲目性，增强针对性，以利问题的解决；(3) 两国应构筑理性的合作关系；(4) 追求共同利益，加强共同合作。

会上，中日双方的专家和学者还就台湾问题、日本经济空洞化问题、东亚经济合作问题进行了认真讨论。这次会议的特点是：讨论是在“乱阵”中进行的，不仅中日学者间存在着不同观点，日本学者间也有分歧，彼此都心平气和地坦率地阐述自己的观点，进行争论和探讨。与会者通过认真的交流与探讨，进一步增进了两国学者间的了解和理解，使讨论会取得了圆满成功。

美国政党政治考察

2002年9月8～18日，应美国国际共和研究所邀请，中国社会科学院政治学研究所所长王一程一行五人（政治学所所长助理董礼胜，欧洲所所长周弘、研究员顾俊礼，中共中央党校副教授姜跃），赴华盛顿和马里兰州考察美国的政党政治。此行正值美国中期选举拉开帷幕之际，东道主为代表团安排的考察内容十分丰富，涉及层面相当全面。

在美期间，代表团先后访问了美国两大政党——共和党全国委员会和民主党全国委员会，以及两个小党——自由党和绿党的总部；美国联邦选举委员会和马里兰州选举委员会；马里兰州共和党党部和民主党党部；大学共和党人全国委员会；共和党领导培训和鼓动组织；美国最大的利益集团之一“美国退休人协会”；非党派组织“妇女选民联盟”，“新美国基金会”，“投票与民主中心”；以及乔治·华盛顿大学的“亚洲研究中心”，美利坚大学的“国会与总统研究中心”，等等，听取了这些组织和机构的负责人或代表的介绍。代表团还实地参观了马里兰州蒙特马利县友谊高地社区的竞选宣传活动和初选投票情况，以及设在伊斯顿镇的台尔伯特县共和党总部的竞选组织工作和活动情况。

1. 美国的两党政治和竞选。

美国的政党政治是通过共和党和民主党两大政党主宰选举和反复竞选的途径实现的，突出体现在以下方面：首先，美国两党的各级组织都是为本党竞选服务的。其次，美国竞选游戏规则的制定是由两大政党——共和党和民主党掌控的，其他小党无参与制定游戏规则的机会和资格。虽然第三党和一些利益集团可以提出改变游戏规则的建议，但他们很清楚，在可以预见的时期内，不存在改变现行选举制度的现实可能性。再次，争取竞选获胜是美国两大政党实现政党功能的主要途径和归宿，是它们凝聚党心，推销本党政策主张，调动本党政治资源潜力、争取民众支持的主要手段。共同的意识形态倾向特点和利益要求是把它们的支持者凝聚在一起的黏合剂。出于执政和赢得选民的需要，两党都努力从本党的意识形态特点出发，对具体问题提出不同的解决办法，同时又总是尽可能迎合对本党竞选获胜至关重要的各种利益集团的要求，修改各自的政纲和政策主张，以争取更多选票。选民则根据是否符合自己的利益要求进行判断选择，通过参与选举登记和投票，表明自己的党派认同。

2. 美国竞选活动的专业化和产业化。

美国的政党政治与竞选活动相互依存，政党运作的成功与否体现在选票的得失上。在美国，很长时期以来，有近50%的选民不参加总统选举投票；具有明确不变的党派认同意识的选民大约占30%，这部分人在各类选举中能自动按本党推举的候选人投票。其他选民是需要争取的所谓“问题选民”，他们关心的是与切身利益密切相关的具体问题如何解决。谁在竞选中能争取到这部分选民，谁就能赢得选举。因此，为了赢得这部分人的选票，两党都心照不宣地公开采取机会主义和实用主义的态度，非常注重从竞选活动技术层面的操作上下功夫。由于竞选资金、媒体和选民是决定竞选人能否获胜的关键因素，为了提高筹集资金、利用媒体、争取选民的效率，美国两党在竞选活动中都要利用和依靠专业公司为其服务，实行商业化运作。在美国的第三产业中，有为数众多的公司机构组织和人员，是靠分别为两党竞选服务赚钱和吃饭的。在当今美国竞选活动中，金钱、媒体、信息化技术手段对选举结果的影响愈来愈重要，随之而来的是美国竞选活动中，金钱、媒体、信息化技术手段对选举结果的影响愈来愈重要，随之而来的是美国竞选活动的专业化、产业化程度越来越高。

通过实地考察，我们对美国政党政治的运作程序和游戏规则，对美国民主和共和两党的意识形态差异和不同政策取向，形成了比较具体的感性认识，对美国政治制度现象和本质的理性认识有所丰富和深化。这将有助于我们进一步开展政党政治研究，尤其是对不同国家政党政治的比较研究。

第七届“中日社会经济”国际研讨会

2002年9月9日，人口与劳动经济研究所与中国社会科学院老龄科研中心、日本久留米大学经济学部及文学部的学者共聚一堂，对由于低生育率及预期寿命延长、高龄老人增多造成的少子高龄老人问题进行了研讨。

中国社会科学院与日本久留米大学已举办了六届社会经济国际研讨会。日本老龄人口已达到总人口的四分之一，日本政府、社会采取的一系列为老年人服务，尤其是为高龄独居老人服务的措施，值得我们借鉴。会后，中日两国专家将组成研究小组，计划用3～5年时间，通过调查研究，对如何解决少子高龄老人问题提出政策建议。

该研讨会围绕人口老龄化对社会经济的影响、健康老龄化、老龄化社会的经济发展、社会保障与养老保障、养老金改革、老年问题国际比较研究、老龄化社会的公共政策等开展深入的讨论和交流。会议还讨论了中日两国未来的人口发展趋势。

“减缓气候变化:发展的机遇与挑战”国际研讨会

2002年9月11～13日，由中国社会科学院可持续发展研究中心和国家发展计划委员会能源研究所共同主办的联合国气候变化专门委员会（IPCC）第三工作组“减缓气候变化：发展的机遇与挑战”国际研讨会在北京召开。我院前副院长汝信主持开幕式，陈佳贵副院长致欢迎辞。来自荷兰、英国、日本、德国、加拿大、南非、巴基斯坦、巴西等国家的专家以及外国驻华使馆、国际组织、跨国公司的代表、全国各地的学者和有关政府部门领导共150多人参加了会议。与会者围绕以下问题进行了研讨：

1．气候变化及其影响。

IPCC第三次科学评估工作组主席丁一汇介绍了全球气候变化的一些事实及其对我国国民经济的影响。他指出，全球气候正经历以变暖为主要特征的变化，而近50年的气候变化很可能主要由人类活动造成。气候变化对我国国民经济存在正反两方面的影响，但其负面影响更受关注，其对我国农业的影响尤其突出。气候变化的有些影响可能是不可逆和灾难性的，需要全面深入研究其后果、可采取的适应与减缓措施，并在对其进行成本效益分析的基础上，提出我国适应与减缓气候变化影响的规划和行动计划。

2．温室气体减排中的公平问题。

IPCC第三次评估报告减缓气候变化工作组联合主席Davidson认为，环境方面的公平问题由环境的破坏引起，贫困的范围已经扩大到环境破坏，因此，平等和贫困也具有其经济性、社会性和环境性。控制排放的真正问题在于克服政治、经济和社会方面的障碍，气候变化不应当加剧业已存在的不平等。国家电力公司谢绍雄则认为，气候变化方面的公平是指，世界范围内的个人和集体两个层面排放权的平均分配，同时还包括代际之间排放权的公平分配。代内公平与代际公平是设计可被各方接受的国际环境政策的核心问题。他强调，在考虑公平时必须注意到，气候变化主要是北方发达国家造成的，而南方国家却是气候变化的主要受害者。

3．排放情景分析。

国家计委能源所周大地以《温室气体排放情景》为题向大家介绍了排放情景分析的概念和性质以及IPCC第三工作组第三次评估报告排放情景特别报告（SRES）的主要内容。周大地指出，排放情景分析不是预测，而是在一定假设条件下的未来可能性，用来帮助分析气候变化的长期结果和风险、评估气候变化与其他人类和环境系统的相互作用，是对未来多样化可能性的长期认识。

4. 温室气体减排对经济的影响。

英国剑桥大学经济系 Barker 认为，温室气体减排对经济的影响不大，模型的不同导致对减排成本分析有很大的差异。但 Barker 也指出，不同部门的减排成本的差别会很大，煤炭可能还包括石油、天然气等部门以及能源密集型部门会处于不利的地位。中国社会科学院数量与技术经济研究所研究员郑玉歆分析了中国学者对减排经济影响分析的差异性。他认为，模型本身的局限、模型的结构、不同的假设和参数以及数据问题是分析结果差异的几个主要原因。郑玉歆还指出今后研究减排对中国经济影响存在的一些困难，主要包括数据的收集、模型的改进以及稳定的资金支持等。

5. 减缓气候变化的政策措施。

国家计委能源研究所徐华清介绍了第三次评估报告（TAR）中政策措施的基本框架，指出国内政策措施的类型包括排放税、许可证交易、补贴、技术或性能标准等，国际政策措施主要包括国际排放贸易、国际自愿协议、直接的国际资金和技术转让等。英国环境、食品及乡村事务部处长 Warrilow 认为，除了采取减排措施减缓气候变化外，还需要去适应那些不可避免的气候变化，减排和适应两种方案都需要。但他强调，被动地适应气候变化是非常冒险的，减排方案不可或缺。

6. 温室气体减排相关技术转让的壁垒和障碍。

国家计委能源所李俊峰认为，技术转让之所以存在很大的障碍，主要原因是，在市场经济条件下技术转让没有免费的午餐。谁来为技术转让买单是技术转让的关键所在。

7. 中国应对气候变化的基本对策。

崔大鹏博士在发言中提出了中国应对气候变化的对策建议：(1) 既坚持主权原则，又遵循国际规范，积极履行公约规定的有关发展中国家缔约方的义务，但在达到“中等发达”国家之前不承诺减排义务；(2) 加强对外正面宣传，改善我国环境形象，进一步争取更大的主动；(3) 推动附件一国家尽早进行实质性减排；(4) 坚持“共同但有区别的责任”原则；(4) 在配额分配与排放权交易中坚持补偿原则；(5) 实施 CDM 应坚持收益均衡原则；(6) 兼顾公平与效率原则；(7) 建立相关奖励机制。

“WTO 与发展中国家：挑战与对策”国际学术研讨会

2002 年 12 月 19～20 日，中国社会科学院世界经济与政治研究所与第三世界网络、联合国贸易与发展会议在北京共同举办了“WTO 与发展中国家：挑战与对策”国际学术研讨会。众多在学术界和实务界有较高成就的专家和政府官员，包括国际知名的经济学家、第三世界网络主任 Martin Khor 博士，联合国贸易与发展会议全球化发展战略司司长 Yilmaz Akyuz 博士，印度驻 WTO 前大使 Bhagirath Las Das，东非共同体副总干事、坦桑尼亚驻 WTO 前大使 Ali Mchum，以及来自财政部、计委、外经贸部、国家外汇管理局等机构的代表以及国内著名学者应邀到会。王洛林副院长出席会议并主持了开幕式。世界经济与政治研究所所长余永定致欢迎辞。在为期两天的会议上，与会人员分别就“WTO 与贸易政策概览”、“中国与WTO”、“多哈宣言以后的WTO谈判”、“发展中国家的新议题（投资、竞争和政府采购）及其意义”等四个主题进行了深入讨论。专家们详细阐述了乌拉圭回合以来的WTO机构和体系遇到的问题及挑战，认为多哈决议以及后续行动将世贸组织和多边贸易制度置于一个重要的十字路口，为发展中国家带来了极深远的意义，并建议修正WTO方向，以发展为中心探讨贸易政策。

此次会议第一次从发展中国家的立场审视WTO规则，讨论了世贸现存条规与制度的不平等和缺陷，针对多哈会议新议题给发展中国家带来的挑战和困难，对发展中国家如何在WTO及多边贸易制度中改善其本身的地位、促进其利益提供了参考意见，对推进加入WTO后中国的经济改革和发展有着重要的借鉴意义。

“中欧科学、技术与社会(STS)”研讨会

由中国社会科学院哲学研究所、中国社会科学院STS研究中心和英国爱丁堡大学共同举办的“中欧STS”国际学术研讨会于2002年9月15～18日在北京举行。来自全国各地的40多位学者参加了会议。会议围绕着21世纪STS的特点和发展趋势展开讨论，包括STS在21世纪的机遇、挑战和新特点、新趋势，技术的社会形成（SST），高技术对21世纪经济社会发展的影响，STS与技术创新，STS与21世纪中国的科技政策和科技管理等论题。具体内容如下：

1. 新世纪STS研究的特点。中国社会科学院STS研究中心主任殷登祥教授就21世纪STS发展的特点和趋势作了论述。他认为，由于在20世纪促使STS产生和发展的学术和社会背景发生了深刻的变化，21世纪STS将具有新的特点和发展趋势，即全球性、多元性、整合性、人文性、“绿色”性以及技术地位的提高。在科学和技术与人、自然、社会的关系中，科学比较间接，技术比较直接。20世纪中叶以来的科技革命实质上是技术革命。高技术与经济社会一体化的速度越来越快，高技术在克隆人、转基因食品和计算机安全、隐私等问题上的负面影响，引起人们越来越大的忧虑。因此，在21世纪对科学、技术与社会三者关系的研究中，技术特别是工程技术，将具有越来越重要的地位。

2. 技术的社会形成（SST）研究。此次会议中，以研究“技术的社会形成（SST）”而著名的英国爱丁堡学派主要成员近10人与会。这些学者大部分是该领域的学术带头人。如英国爱丁堡大学的罗宾·威廉姆斯教授，荷兰特温特大学的A. 里普教授等等。此外，还有来自德国、荷兰、丹麦、挪威等欧共体国家的学者。这些学者之间相互交流，共同承担研究课题，而且研究的问题大都集中于“技术的社会形成”这一课题。此外，SST研究也越来越吸引我国国内学者的关注。讨论中涉及的内容如下：

(1) 欧洲SST研究的现状。罗宾·威廉姆斯教授在“技术研究与技术的社会形成观”报告中，对欧洲在技术研究和SST研究中所取得的成果进行了总结。“技术的社会形成”涉及到诸多领域，如技术创新过程、技术的社会后果、技术的参与者范围和技术的社会空间的理解等。威廉姆斯指出，现代社会的一个重要特征和背景就是对“技术与社会关系的日益关注”。其原因是技术的飞速发展和不断扩大的社会意义越来越引起人们的关注。从信息通讯技术到生物技术，技术在为人们带来巨大利益的同时，也带来很大的风险，随之而来的问题

是，如何辨别和控制风险、改进技术，以避免出现不希望的后果。

（2）技术创新与SST的研究。在技术的社会形成研究中，对技术创新和技术变迁以及它们与技术政策及其社会背景的关系的考察，也是SST研究和关注的重要问题。这一问题在与会者所提交的论文中非常明显地体现出来。正是由于技术创新和技术变迁，才打破了传统技术与其社会背景以及社会各因素之间的旧有的相互适应、相互协调的平衡格局，并引发出了技术预见、技术新产品与其所生存的社会背景之间的不一致或不相适应的问题。这一过程是如此复杂，涉及的各种因素又是非常之多，从而构成了SST研究的一个重要的研究课题。

此次国际会议是一个中西多元文化相互碰撞和交流的大会。英国本土的实证经验主义研究传统、德国理论的沉思风格和中国学者宏观整体把握的思维方式，都在对科学、技术和社会这一理论性和现实性问题的探索中充分表现出来。

当代中国研究所第二届国史学术年会

2002年9月23～25日，当代中国研究所举办了主题为“中国共产党与新中国建设”的第二届国史学术年会。该年会共收到应征论文105篇，从中选出61篇论文入会，另有6位作者向年会提交了特约论文。出席这届年会的正式代表共70人，中央文献研究室、中央党史研究室、中央档案馆、中国社会科学院等部门的领导和来自中央国家机关有关部门、科研单位、大专院校和该所的专家学者约150人出席了开幕式。中国社会科学院副院长兼该所所长朱佳木致开幕刮。他在介绍本届年会的筹备情况以及入选文的质量、内容和作者情况时指出：国史学科要向前发展，必须按照“三个代表”重要思想的要求，进一步解决好学科的指导思想、研究重点和是非判断标准等重要理论问题。国史是通史，它与党史的建国后部分在研究角度、研究重点、研究范围上有很多不同。但是，中国共产党是中华人民共和国的执政党，是领导中国人民建设有中国特色社会主义事业的核心力量，党史的建国后部分与国史不仅密不可分，而且是国史进程中的决定性因素和核心内容。因此，确定“中国共产党与新中国建设”这一主题不仅是合乎时宜的，也是符合国史学科自身特点的。

该年会安排大会发言三个半天，小组讨论两个半天。在大会上，共有15位代表作了发言，其中既有传统课题，也有较新颖的课题；既有宏观的课题，也有较微观的课题；既有偏重国史学科基础性工作的课题，也有以提供新史料见长的课题。有的代表在发言中还使用了先进的多媒体手段，从不同角度论证了自己的观点，使交流更加充分。在小组讨论会上，论文作者和来宾畅谈了自己的学术见解。

中央电视台、中央人民广播电台、中国国际广播电台、《人民日报》、《光明日报》、北京电视台等十余家新闻媒体对年会作了报道。

近代史所第四届青年学术讨论会

2002年9月24～26日，近代史研究所第四届青年学术讨论会在北京市昌平举行。该讨论会严格按照国际会议的办法进行。该所要求40岁以下的青年学者必须提交论文，共提交论文32篇。讨论主持与评论亦由青年学者担任。会议邀请所学术委员和研究室主任参加，给以具体指导，同时负责评选出优秀论文，由所里给予一定的奖励。会议成果以“青年学术论坛”论文集的形式出版。经所学术委员会评审，有五篇被评选为优秀论文：夏春涛《太平军中的婚姻状况与两性关系探析》；王奇生《党员、党组织与乡村社会：华南的中共地下党(1927—1932)》；左玉河《政府专横，还是民众顽固——南京国民政府废除旧历运动评析》；汪小平《战后台湾的法律地位与美国对台政策（1945—1949)》；刘巍《“诸子不出于王官论”的建立、影响与意义——胡适“但开风气不为师”的范式创新一例》。30岁以下的青年学者罗敏、程朝云、张静的论文获鼓励奖。与会者普遍认为，此次讨论会提交的论文水平较往年有较大提高，讨论深入而热烈，表明举办青年学术讨论会这一形式，已初见成效。

“21世纪中国文艺理论研究与学术创新”学术讨论会

由《中国社会科学》杂志、《文艺理论研究》编辑部、华东师范大学中文系、吉首大学中文系联合主办的“21世纪中国文艺理论研究与学术创新”学术讨论会于2002年9月20～24日在湖南吉首大学和凤凰县举行。来自全国的40余位专家学者出席了这次会议，就“文艺理论创新的思维方式”、“文艺理论创新的原创性”、“文艺理论创新的学术准备”以及“20世纪文艺理论创新的反思”等问题展开了讨论和争鸣。现将主要观点综述如下。

1. 关于理论思维中的二元对立。讨论中认为，对二元对立中的决定论思维如果不突破，理论创新是很难进行的。20世纪中国文论就是这样的思维范式，并表现在西方与中国、传统与现代、艺术与政治、大众与精英、主体与客体等多种领域。

2. 关于对理论原创与创新的理解以及理论创新与思想史的关系。一种观点主张，不能将原创理解为独创，应该从20世纪中国文论发展中总结在理论创新中所取得的成就，否则很容易导致对20世纪中国文论创新问题上的虚无化判断。另一种观点认为，我们应该警惕将理论创新泛化的倾向。

3. 关于对20世纪80年代以来文艺理论创新的反思。与会者认为，理论创新首先应该建立在对过去认真深刻反思的基础上才成为可能。

4. 关于文艺理论创新的艺术性和日常性。这突出表现在中国文论的特点是面向作品，尊重艺术感受和心灵，而不是以西方理论为模式，脱离对作品的感悟。中国文艺理论工作者不应该渴望占据“中心”，而应该在“边缘”靠自己思想和心灵的力量，使自己避免晕眩与浮躁，保持清醒与冷静，如此，理论的真正创新才有可能。

中国社会保障秋季论坛

由社会学研究所社会政策研究中心主办的中国社会保障秋季论坛于2002年9月24日在中国社会科学院学术报告厅举行。论坛的主题是“中国社会保障制度改革的框架性思考”。来自国务院发展研究中心、国家发展与改革委员会宏观经济研究院、民政部、劳动和社会保障部、国家老龄委、北京大学、清华大学、中国人民大学、南开大学、中国社会科学院、中国青少年发展基金会、芬兰大学、福特基金会、英国国际社会发展部以及有关媒体共计100

多人参加了论坛。社会学研究所所长景天魁研究员、国务院体改办高书生研究员、国务院发展研究中心葛延风研究员、民政部常宗虎博士作主题报告。与会代表结合会议主题发表了自己的学术见解。

论坛所涉及的内容包括目前中国社会保障制度存在的问题、中国社会保障制度的改革方向及其他社会保障问题。在谈到中国社会保障制度存在的问题时，有的学者认为，中国社会保障的研究要把握几个基本问题，其中中国社会保障制度的理念缺失和“赤字”问题是关键。有的学者认为，目前中国的社会保障制度尤其是主要社会保险制度已陷入困境，主要表现在：（1）概念使用和某些提法相当混乱，不少保障项目定性不清；（2）部门之间、制度之间、上下级之间缺乏沟通；（3）非制度化特征非常明显；（4）整个社会保障制度存在明显的结构性缺陷；（5）社会保障工作的专业化水平有待提高。在谈到中国社会保障制度的改革方向时，有的学者认为，需要对中国社会保障制度进行基础整合，主要包括六个方面：（1）以最低生活保障为底线，整合多元福利；（2）以卫生保健为基础，整合多层次需求；（3）以服务保障为基础，整合资金、设施、机构等多方面保障；（4）以就业为基础，整合多种资源；（5）以社区为基础，整合政府作用和市场力量；（6）以制度创新为基础，整合城乡统筹的社会保障。同时，有的学者提出了社会保障新平台的框架：（1）保障项目少而精；（2）保障重点老年人；（3）保障门槛低。此外，学者们还就保险资金的效益、社会保障体系的运行、农村的社会保障、老年人的保障、劳工代价与保障补偿等问题畅谈了自己的观点。

“纪念现行《宪法》颁布20周年”学术研讨会

2002年9月25日，中国社会科学院法学研究所“中国法治论坛”举办了“纪念现行《宪法》颁布20周年”学术研讨会。全国政协副主席罗豪才教授到会致辞。当年参与制宪的老专家以及京内外的宪法学研究者、实务部门的有关人士约80余人参加了会议。与会者回顾了当时制宪的背景过程、20年间的行宪情况，并就当前我国宪法学研究中的若干前沿性热点问题进行了热烈研讨。

与会者一致认为，1982年修宪是对十年“文化大革命”无法无天、极度践踏人权的历史性灾难进行反省的结果，始终坚持了中国共产党的领导，得到了广大群众的积极支持与参与，吸收了专家的有益经验。1982年宪法体现了社会主义民主和社会主义法治的精神，是依法治国的根本大法。它集中体现了社会主义民主的基本要求，突出强调了宪法本身的权威。同时在确认公民基本权利上取得了重大进步，一方面将公民基本权利这一章提到了“国家机构”之前，提高了它的宪法性地位，使得宪法体系更具有科学性；另一方面还恢复、补充和新增加了若干重要的公民基本权利，充实了对公民基本权利的规定。

1982年以来，现行宪法在我国社会主义民主法制建设中发挥了重要作用。公民的宪法意识和权利意识普遍增强，公民的基本权利得到维护，立法工作不断进展，基本结束了长期以来无法可依的局面，确定了“依法治国，建设社会主义法治国家”的方略。但是，宪法本身以及宪法的贯彻实施还存在许多不如人意的地方。首先，宪法的地位还有待进一步提高，许多公民的基本权利、自由未能得到有效的保障。我国长期以来只注意到宪法对国家机关的授权，忽视宪法同时所应承担的对国家机关进行限权的作用，这也在一定程度上导致了在体制上缺乏对权力的监督机制，特别是缺乏宪法监督机制，司法活动中也排斥适用宪法，这些都在一定程度上影响到了宪法的权威性以及国家法制的统一性。

与会者认为，应当加强宪法学基本理论的研究。要将研究的重点转向国家和社会生活中现实和长远的问题上，要为未来的立法工作提供充分的理论支持，引领立法的方向。同时，宪法研究要解放思想，从多层次、多方面、多角度为立法提供长久和充分的理论储备以及可供选择的价值模式。与会者还批评指出，从整体上讲，宪法学的研究仍旧因循于教科书体系，以法律的注释为主、以宪法文本为框架、以意识形态为其解释原则，而对宪法学的基本理论问题研究不够。因此，应当吸收各种新思潮以及有重大影响的社会理论，并以宪法的独特思维认真研究人权、法治等长期被宪法学研究所忽视的问题。

与会者强调，应当加强对公民基本权利的研究。不仅要加强对宪法学中涉及基本权利的宏观性问题的研究，更应当加强对具体性基本权利的研究，同时要加强对生命健康权、环境权、迁徙自由权、财产权、精神自由等迫切需要解决的问题的研究。特别是要研究逐步完善公民基本权利的保障机制，包括如何建立宪法诉讼机制、如何通过建立和完善行政诉讼、刑事诉讼、民事诉讼、行政程序以达到维护和保障公民宪法权利的目的。与会者认为，宪法在审判活动中的适用对于提高宪法的权威和维护公民的基本权利有着重要的意义，应当对宪法争议、宪法在私人间的效力等相关问题进行认真研究。

关于宪法监督机制，与会者一致认为，这是维护宪法效力、实施宪政所必须的。我国虽然通过《立法法》等建立了对法律、法规的审查机制，但是该机制在审查对象上存在着漏洞，多数属于自我监督，而且程序不科学。因此，与会者主张，应当设立独立的审查机构，适用司法程序，承担违宪审查的职能，这并不与现行的人民代表大会制度相冲突。同时，还应当逐步完善宪法解释机制。

与会学者一致认为，对20年的宪法实践进行回顾和反思既是中国宪法学发展的契机，又是确立中国宪法学发展走向的基础。只有宪法的权威得到了政府和全社会公众的普遍尊重和自觉维护，社会主义民主制度才能够不断完善，社会主义法治原则才能得到切实遵守。

中国社会科学院台湾史研究中心成立

经过近代史研究所一年多的筹备，中国社会科学院台湾史研究中心成立大会于2002年9月28日在中国社会科学院召开。中共中央政治局委员、我院院长李铁映，中共中央政治局委员、国务院副总理钱其琛发来贺信。中央台办、国务院台办主任陈云林等中央有关部门的领导出席了会议。中央台办、国务院台办副主任王在希，我院副院长王洛林、朱佳木出席大会并讲话。

王洛林对台湾史研究中心的成立表示祝贺。他说，在中国历史学研究领域中，台湾史的研究至今仍比较薄弱，研究机构和高等院校专门从事台湾史研究的学者很少。今天，在我院开展台湾历史研究，建立台湾史研究中心很有意义。民进党控制的台湾政坛，近来不断有“台独”的喧嚣，所谓“文化台独”也在紧锣密鼓地进行。因此，开展台湾历史研究，不仅具有学术意义，而且具有政治意义。王洛林指出，李铁映、钱其琛同志的贺信和陈云林同志的批示，台湾史研究中心的同志们要很好地学习和领会，这些要成为台湾史研究工作和台湾史研究中心活动的指南。

朱佳木介绍了台湾史研究中心的筹备经过和中心任务，指出，社科院台湾史研究中心的成立，不仅对加强台湾史研究具有重要学术意义，而且对反对“台独”势力、促进祖国统一大业具有重要的政治意义。张海鹏所长从资料建设、运用数字化的网络手段、开展课题研究、召开学术讨论会等四个方面作了关于台湾史研究课题设想（2002～2007年）的汇报。他指出，台湾史研究中心成立后将主要承担协调、组织社科院和国内有关单位的台湾史研究，加强与台湾、香港、澳门地区学者和国外学者的合作，推动台湾史学科建设，为祖国统一和学术进步服务等职责，努力成为党中央、国务院对台工作部门咨询有关台湾历史问题的权威机构，并争取尽快编撰完成一部多卷本的《台湾通史》。

台湾史研究中心为我院非实体性的研究机构，李铁映担任名誉顾问，陈云林、王洛林、王在希担任顾问，朱佳木担任理事长，厦门大学台湾研究所前所长陈孔立、南京大学台湾研究所前所长茅家琦、近代史所所长张海鹏担任副理事长，台湾史研究中心主任由张海鹏兼任。近代史所张海鹏、张昌东、杨天石、汪朝光等为中心理事会理事。

根据《中国社会科学院台湾史研究中心章程》规定，中心采取开放性的活动方式，依托近代史所台湾史研究室。中心办公地点设在近代史所，财务委托近代史所财务室按照国家政策进行管理。

庆祝中日邦交正常化30周年系列活动

为庆祝中日邦交正常化30周年，中国中日关系史学会与有关单位在京举行了一系列纪念活动。其中《友谊铸春秋——为新中国作出贡献的日本人》一书首发式和《建立更加开朗的日中关系——30年的回顾与展望》报告会是其中较为重要的两次活动。

《友谊铸春秋——为新中国作出贡献的日本人》（卷一）是由中国中日关系史学会组织撰写、新华出版社出版的系列丛书中的一本。该书记录了1945年8月日本战败投降后到新中国成立初期留在中国、并为新中国作出过突出贡献的日本人的事迹。全书近30篇文章中，既有对个人的细致描写，也有对团体群像的粗略勾画，反映了各条战线上出现的典型人物。此书不是传统意义上的史书，而是对中日关系历史篇章的一个补充。为了收集和整理撰写这本书的第一手资料，中国中日关系史学会专门组织了两批学者赴日采访当事人或他们的亲属、同事；撰写的原则是实事求是，并尽可能通过具体事例反映事实。全国政协副主席、中日友好协会会长宋健、外交部部长唐家璇、中华日本学会会长刘德有分别为本书题词。2002年9月28日，中国中日关系史学会、新华出版社在京联合举行该书首发式。中国中日关系史学会会长厉以宁代表主办单位发表了热情洋溢的讲话，他在讲话中说道，这本书填补了中日关系史中的一项空白，意义十分重大。还说，中日关系的发展过程中，民间友好发挥了不可替代的作用，在充满希望的21世纪里，愿两国的民间交流进一步扩大，为创造两国双赢的局面而努力。日本前副总理、日中友好会馆会长后藤田正、日本驻华大使阿南惟茂先后致辞，他们都对此书的出版给予热烈的祝贺和很高的评价。

2002年11月28日，应中国中日关系史学会和中日新闻事业促进会的邀请，日本驻华大使阿南惟茂在京举行以《建立更加开朗的日中关系——30年的回顾与展望》为题的报告会。阿南大使在报告中，从“当前的国际形势”、“日中面临的国内外形势”、“日中关系的现状与课题”、“今后展望和几点建议”四个方面，阐述了他对中日关系的现状和未来发展的看法，表示：“为使这来之不易的、宝贵的日中友好更上一层楼、再上一层楼，贡献自己的一切力量。”他在报告结束之后，还回答了与会者提出的问题。

中国社会科学院首届科研管理论坛

2002 年 10 月，科研局举办了中国社会科学院首届科研管理论坛。江蓝生副院长出席论坛并作了题为《研究规律，科学管理》的讲话。来自院科研局和各所科研处的 60 余位同志围绕论坛主题展开研讨。

1. 哲学社会科学研究的特点和规律。

江蓝生副院长在讲话中指出，哲学社会科学在我们国家的发展中发挥了重要作用，哲学社会科学工作者的理论创新和社会实践作用是不可替代的。哲学社会科学研究具有以下的特点和规律：(1) 哲学社会科学具有鲜明的阶级性和意识形态的属性；(2) 哲学社会科学具有实践性；(3) 哲学社会科学人才成长有自身的规律；(4) 哲学社会科学著文不难，出精品非易；(5) 哲学社会科学学术探索具有曲折性和无穷尽性；(6) 要处理好应用对策研究与基础理论研究的关系；(7) 要处理好个人研究与集体研究的关系。

2. 课题管理与出精品。

(1) 加强课题论证，从立项环节就要强化精品意识。(2) 参照课题制管理办法，明确分工，强化职责。(3) 跟踪调查，动态管理，促进课题管理的规范化、科学化。(4) 高度重视开展基础性研究，努力提高学术创新能力，不断完成学术精品。大家提出了如下建议：①全院上下都要充分认识基础性研究对发挥我院科研优势，提高学术创新能力所具有的重要意义，并要在相关管理政策上给予必要的倾斜；②增强服务意识，不断提高基础性研究课题的立项、检查、结项、出版等各环节的管理水平；③稳定优秀人才，在职称评审等方面对有关研究人员要优先考虑，避免人才流失；④加大对基础性研究的资金投入，提高研究者的生活待遇；⑤加强学术资料建设，增加对图书资料建设的投入力度。

3. 科研管理档案建设的规范化与数字化。

科研档案管理是现代科研管理工作的重要组成部分，科研档案管理的科学化、规范化直接影响工作效率的提高。语言所白长茂和哲学所王平分别介绍了本所科研管理档案建设的基本情况，主要有以下特点：一是建档时间长；二是管理系统化；三是明确专人分工管理；四是坚持分类建档；五是数字化管理。在科研档案建设实践中，两所都提出要将网络互动作为努力方向。结合管理工作实践，两所也提出了需要进一步改进和完善的问题，如规范科研文档的科学分类、文档管理人员培训、解决数字化管理技术、院所管理数据库的兼容、科研管理资源与办公室、人事、财务资源的共享等问题。

4. 科研管理队伍建设与制度建设。

近几年来，随着我院科研管理体制的不断完善，对科研管理人员自身素质的要求也日益提高。民族所邸永君和日本所郭颖分别介绍了在科研管理队伍建设方面的做法，主要有：(1) 提高人员素质，明确岗位职责。(2) 端正工作态度，提高服务意识。(3) 加强制度建设，做到有章可循。(4) 改进管理手段，提高管理水平。(5) 采取有效措施，稳定科研管理队伍。

第二届国际史诗研讨会

2002年10月8日，由中国社会科学院民族文学研究所主办的第二届国际史诗专题研讨会在北京召开，此次研讨会的主题是“英雄、英雄史诗与比较口头诗学”。在为期两天的会议上，共有14位来自国内外学术机构的专家、学者宣读了自己的论文。所内外30余位专家、学者、在校研究生参加了研讨。

美国俄勒冈大学人文中心主任 Stever Shankman（尚冠文）教授首先作了题为《荷马〈伊利亚特〉与〈奥德赛〉：口头性和超越》的发言。他认为，荷马史诗在重唱历史的过程中，对英雄的一些行为也进行了批判。所尊崇的英雄亦具有性格上的弱点，这就超越了固定的英雄模式。而这种超越正是荷马史诗引人入胜之处，它体现了人性的悲剧性之美。

荷兰莱顿大学的 Mineks Schipper（斯契潘）教授作了题为《文化规范、群体认同与口头传统》的发言。他认为，对人性的普遍性和文化认同的认识是进行比较研究时须特别注意的问题，因为不论是文学创作还是文学研究，作者或研究者皆是从自己的文化经验、文化规范、创作体验等出发。所以，当认同受到威胁时，要保存认同，强调差异。北京师范大学的董晓萍教授发表的论文是《英雄回家母题：仪式与民族的含义》。始见于唐代的中国传统民间故事《薛仁贵荣归故里》(又名《薛仁贵东征》) 是“英雄回家母题”的代表故事。关于这一母题的中西方文本存在一定的差异，中国文本中英雄回家的仪式是与其继嗣者相联系的。在中国的山西、陕西等地至今仍保留的少年12岁青春期仪式，对这一母题的阐释找寻到了民俗仪式的实证。

此次研讨会所提交的论文中涉及中国少数民族史诗的有：朝戈金研究员的《史诗英雄的特性修饰语：以冉皮勒〈江格尔〉为例》、陈岗龙博士的《从部落史诗到说教史诗：作为弥补叙事的蒙古英雄史诗》、邢莉教授的《蒙古史诗中的神马文化探源》、杨恩洪研究员的《〈格萨尔〉艺人桑珠说唱本的学术价值》、李连荣博士的《从演唱、讲唱到讲——〈格萨尔〉史诗与西藏的演唱传统》、刘亚虎研究员的《中国南方史诗性质》、巴莫曲布嫫副研究员的《探寻南方史诗传统：英雄支格阿鲁与彝民族叙事》、博士研究生阿地里·居玛吐尔地的《〈玛纳斯〉史诗的口头性特征》等。

对故事文本的分析也是此次会议的一个讨论热点。刘魁立研究员通过比较不同螺女型故事文本，推导出中国螺女型故事的历史发展进程。吕微研究员则以“夸父神话”的文本类型为例，提出在研究中对文本进行处理时，应当先作文本类型分析，否则无法进行比较。尹虎彬研究员对口头传承研究的田野工作及其意义、表演中的创作问题、口传的文本及其概念等提出了新的理解。

“世纪之交的哲学”国际学术研讨会

由中国社会科学院哲学研究所与国际哲学团体联合会（FISP）共同主办的“世纪之交

的哲学”国际学术研讨会于2002年10月8日在北京隆重召开。中共中央政治局委员、我院院长李铁映出席了开幕式并发表了重要学术讲演。参加研讨会的有：国际哲学团体联合会执行主席伊尔娜·库苏拉蒂，由世界上不同国家的哲学团体的代表组成的22名国际哲学团体联合会执委会成员，以及20多位来自中国部分高校和哲学研究机构的学者。

李铁映在题为“把握时代，创新哲学”的讲演中指出，哲学在人类社会历史发展中，具有不可替代的作用。我们所处的时代比任何时候都更需要哲学。进入21世纪，人类社会正处在一个新的转变和发展时期，构成人类文明之基础的基本概念遇到严重困难和挑战。这些困难和问题，既需要世界各国政要、各种团体探求行之有效的解决途径，更需要世界各国哲学家发展哲学，创新学说，为解决上述问题提供理论支持、精神动力，为发展人类文明奠定新的基础。他强调，哲学家必须共同面对当今世界的重大问题，扩大东西方哲学家之间的交流与合作。

伊尔娜·库苏拉蒂、国际哲学团联指导委员会委员邢贲思和中国社会科学院哲学研究所所长李景源先后在开幕式上作了主题报告。

在两天的会议中，学者们讨论了当今时代对哲学提出的许多重要问题，并达成了如下共识：进入21世纪的人类正处在一个急剧的转变时期，向哲学提出了大量需要解决的问题，一方面，这迫使哲学必须审视以往的理论基础，了解这种基础在何种程度上与目前的困境是相联系的；另一方面，要求哲学必须对这种现实作出积极的回应。要努力把哲学与实践结合起来，解决经济、社会发展中的问题，特别是其中的伦理学、政治哲学和历史问题。在此基础上，东西方哲学家们着力倡导文化的碰撞与交融，认为经济全球化是一个复杂的、充满矛盾的发展过程，它对不同文化之间的交往提出了一系列新的课题。“经济全球化”中实际上包含了政治和文化的多种成分。人类文化具有共通性，但就其表现来说是千差万别的。人类文化差异有时代性和民族性之分，后者是人类文化多样性的根源和促进人类文化发展的能动因素。“文明相对主义”、“东西方文化趋同论”和“文明冲突论”都各有偏颇。

在日益普遍的交往以及面对的共同挑战中，人类是否存在、是否需要以及如何形成一个“普遍价值”、“普遍伦理”，是哲学家们面对的重要问题。学者们认为，在全球化背景下，研究全球性的伦理问题以求规范合理、公正的国际经济、政治与文化秩序，显得尤为紧迫。有全球化的伦理规范，才能实现资本、技术、知识的合理交往与流动，避免文化霸权与文化价值冲突。普遍主义与特殊主义的观念在现实中往往成为激化冲突的思想根源，要超越这两种思维方式。真正意义的全人类普遍价值体系，要以“人类共主体形态”的客观形成为前提。真正有现实力量的伦理价值的形成要通过增加人们之间的实际共同点来形成、维护和扩大。

学者们对哲学的未来发展表达了乐观的态度。其中在论及文明对话与文化交往时，“中国哲学”是一个很重要的论题。这里的一个问题是：能否用西方哲学的标准、框架、方法来衡量和解读中国哲学？许多学者认为，现代意义上的中国哲学已经不同于中国历史上的传统思想。当我们把中国哲学纳入西方哲学的概念范畴时，改变的不仅仅是外在的形式。哲学在中国社会中的含义要宽泛得多。它是存在的、入世的、务实的，与文化发展和历史脉络之间有着直接的关联性。中国哲学的普遍性不在于它是否提出了某种或某些与西方哲学相应的概念，而在于它承载了一种古老文明的核心价值，这些价值对于回答困扰人类的一些永恒的问题和理解人类的当代困境，都将作出自己的独特贡献。

在资本主义迅速向全球扩张的今天，探讨马克思主义哲学的意义和地位显得尤为重要，苏联、东欧剧变和中国社会主义建设的发展这两个方面的经验教训也为理智地进行反思提供了条件。东西方哲学家都认为，在今天的世界特别是第三世界国家中，马克思主义仍然是一种主要的力量，它代表了人们消除不平等的要求。在中国，马克思主义哲学具有强大的生命力，它卓有成效地指导中国人民的实践，成为中国现有思想文化的主导。对于中国学者来说，主要是怎样运用马克思主义哲学的精神和方法解决在现实中遇到的各种问题以及进一步深化马克思主义哲学的研究，使它能够与时俱进。

“政党政治:模式、理论与实践”国际学术研讨会

2002年10月11～12日，由中国社会科学院政治学研究所主办的“政党政治：模式、理论与实践”国际学术研讨会在京召开。会议收到论文30篇，中外学者近60人参加了研讨，与会者主要就政党政治理论、东西方政党政治实践的比较、东欧国家政党政治转型的现状和教训、民国时期政党政治的历史、中国共产党领导的多党合作和政治协商等问题进行了探讨。

1. 关于研究政党政治的目的和方法论原则。

政党政治发源于英、美等西方资本主义国家，现在已经发展成为当代绝大多数国家政治生活的运作形式。对各国政党政治不同的模式、理论与实践进行科学的、实事求是的比较研究，有助于建立和增强各国之间的相互理解和尊重，有助于了解和学习彼此的长处，有助于借鉴和汲取别国的经验和教训，有助于完善适合本国国情和本国发展所需要的政党政治。但是，不论哪一个国家，试图全盘照搬别国的政党政治模式，都不会取得好效果；反过来说，不论哪一个国家试图让他国全盘照搬自己国家的模式，也行不通。我们从事政党政治问题研究的原则是：不迷信照搬别国模式，也不拒绝学习借鉴别国经验。

2. 不同国家政党政治的研究与比较。

（1）关于西欧国家的“左”翼政党和社会民主党。

西欧国家的“左”翼政党和社会民主党，是这次研讨会关注的一个热点。20世纪90年代以来，东欧剧变和苏联解体之后，西方国家的“左”翼政党和社会民主党也遭遇不利的政治形势，其长期推行的传统福利政策陷入了困境。在这种形势下，以英国工党为带头羊，西方社会民主党的纲领进一步“右”转，进一步从“纲领党”转变为“选举党”。虽然党员人数有所恢复，有的甚至还重新获得执政地位，但事实说明，这是以认同新自由主义的资本主义价值观、在国内问题上公开维护资本主义制度、在国际问题上公开维护垄断资本利益扩张为基础的。它们标榜的介于传统社会民主主义和自由资本主义之间的新“第三条道路”，并没有使它们摆脱困境，而只是使它们与右翼政党的色彩更为接近，21世纪初的欧洲政治更加右转，极右翼政党组织的声势进一步上升。

（2）关于东欧国家的政党政治现状。

东欧国家放弃社会主义制度之后，从原来的“一党制”迅速转向了多党制，出现了形形色色的众多政党，造成了政党虽多，选民却无从判断和选择的“政党真空”的局面，且因政治资源分散，常常难以形成稳定的多数政府。不稳定的政党和更为脆弱的政党联盟，导致政

府更替频繁，一些国家出现了明显的左、右翼政党轮流执政的特点。东欧国家在形式上仿照西方模式建立了多党议会制政治体制和政党制度，宣称实现了民主。其左、右翼政党的纲领基本也是西欧社会民主党或右翼政党纲领的翻版。由于东欧左翼政党与右翼政党在基本经济制度方面的主张并无本质区别，右翼政党激进的私有化政策导致经济衰退，严重剥夺了普通群众的利益；左翼政党承诺的社会保障和公共福利，在私有化的市场经济和软弱的政府管理条件下难以实现，其结果是政局动荡，社会经济难以实现平稳发展。

(3) 关于“一党长期执政”模式的个案分析。

有学者认为，墨西哥“一党长期执政”曾使墨西哥创造了两个奇迹：一是政局保持稳定；二是经济保持高速增长，经济结构也发生了重大变化。20世纪80年代以来，墨西哥的“进口替代”型经济结构遇到了困难；民主政治发展的缺陷也受到抨击和挑战。连续执政71年的墨西哥革命制度党于2000年下野。其主要原因是：革命制度党放弃了革命民族主义的指导思想和原则，以名为“社会自由主义”的新自由主义取代了革命民族主义，造成经济社会政策失当，贫富差距加大，使革命制度党充当了为少数特权阶层谋利益的工具；革命制度党的政治改革不仅没有增强党的活力，提高党的威信，反而使党的队伍涣散，党内派系斗争激烈。

同样属于“一党长期执政”模式的新加坡，也面临外界对其政党政治“不民主”的抨击，但是新加坡人认为：新加坡的自然地理、经济和社会条件不允许国家进行政治冒险。新加坡靠“一党长期执政”（至今已有43年）取得了经济发展奇迹，证明人民行动党政府所推行的稳健的进取政策的有效性，也探索出了一套具有自己特点的政党制度、监督机制、公务员制度和人才选用等制度模式，至今仍然成功保持着“一党长期执政”。

3. 关于我国政党政治的历史与现实。

(1) 中国政党政治产生的历史背景。

中国的政党产生于民族危亡时期和半封建半殖民地的社会条件下。近现代中国的政党必须解决反帝反封建的双重任务，这一任务历史地落在中国共产党肩上。中国共产党通过无产阶级领导的新民主主义革命，推翻了封建主义、帝国主义和官僚资本主义三座大山的压迫，取得了执政地位。

(2) 新中国政党政治的基本制度。

新中国成立后建立了中国共产党领导的多党合作和政治协商制度。有学者认为：这种制度不是一党制，而是多党合作制，是为在中国建设社会主义服务的多党合作制，因此，它不同于西方式的通过竞选轮流坐庄的多党或两党制，而是一党执政、多党参与制，各民主党派在承认并接受中国共产党的领导和执政地位的基础上参政、议政，中国共产党在充分尊重和信任各民主党派的基础上与各民主党派保持长期合作的关系并认真接受它们的监督。

(3) 在新的历史条件下中国共产党坚持执政地位需要注意着力解决的问题。

改革开放和实行社会主义市场经济体制以来，我国的经济、社会、文化和政治建设取得了举世公认的新的伟大进步，同时也面临着新情况、新矛盾、新问题构成的挑战。学者们认为，目前值得注意的一些突出问题是——

在改革开放和建设社会主义市场经济过程中，资产阶级意识形态及各种腐朽思想的渗透、影响长期存在。在中国越来越深地融入世界经济体系的条件下，各种腐朽思想和资产阶级意识形态的渗透对我国的社会主义意识形态和价值观产生了一定的消解影响和冲击。这种影响和冲击也发生在执政党内。

市场经济条件下的社会阶层和利益结构的多元化给中国共产党的执政纲领和方针政策的实施增加了难度。例如：虽然我国仍然维持着经济高速增长的态势，但是由于各种原因导致的社会分配不公和贫富分化也在加剧，下岗工人和农民工等弱势群体的利益得不到充分保障，执政党的阶级基础有所削弱。

腐败对执政党的侵蚀和危害仍然严重。腐败现象的发生和存在，不仅应从党员和党的各级干部的头脑中寻找思想原因，更应当从现实经济和社会生活中寻找产生根源。中国共产党应针对使腐败滋生和蔓延的土壤，加大从源头上遏制和消除腐败的工作和措施力度。

史学理论座谈会

根据李铁映院长倡议，我院历史研究所、近代史研究所、世界史研究所、考古研究所、当代中国研究所、边疆史地中心、地方志办公室和《历史研究》杂志社于2002年10月12～14日在福建联合召开了史学理论座谈会。院党组成员、副院长、当代中国研究所所长朱佳木主持座谈会并作了重要讲话，上述八个单位的领导和学者共20人参加了会议。

会议听取了近代史所张海鹏研究员、世界史所于沛研究员的重点发言。张海鹏在发言中指出，近年来史学界少数人对唯物史观的冲击在逐步加强，他们的所谓“新观点”否定唯物史观的基本原理，是倒退而不是创新。于沛认为，在我国的世界史研究中，借鉴、参照西方国家的世界史研究的理论，无可非议，但这不是我们研究的全部的或主要的内容。我们应有自己独立的理论、原则和方法，建立起自己的以唯物史观为理论指导的世界史研究体系。会上，历史所辛德勇研究员、考古所王巍研究员、当代中国所张启华研究员、方志办单天伦研究员、方志办理论室邱新立副研究员、边疆史地中心厉声研究员等也先后作了专题发言。与会者就上述发言所提出的问题进行了热烈的讨论，并在一些基本问题上达成共识：

坚持马克思主义的指导，就必须坚持以唯物史观为理论指导。但是，坚持马克思主义和唯物史观，绝不是脱离具体的时间、地点条件，教条式地理解和套用它的基本原理，固守它的个别结论。马克思主义史学工作者应当面对现实社会的新变化，对新的实践进行理论概括，不断丰富唯物史观的概念、方法和理论范畴。

苏联解体、东欧剧变后，西方史学界出现了一股攻击、否定唯物史观的思潮。国内历史研究领域也出现了否定唯物史观基本原理的错误倾向，例如，认为唯物史观已经“过时”，提出指导思想要多元化等等。对此，我们必须保持清醒的认识。在中外历史研究中，旗帜鲜明地捍卫唯物史观的指导地位。

对唯物史观传入中国后中国史学发展的各个阶段的认识和评价，应该采取实事求是的分析态度，既不能盲目地肯定一切，也不能简单地否定一切。对西方新史学派，要在唯物史观的指导下加以科学的认识和分析，有选择地或批判地汲取其中有益的内容，但要防止生吞活剥、食洋不化，更不能照抄照搬，仰人鼻息。近年来，大量外国历史学理论著作在翻译后涌入国内，但由于对它们缺乏马克思主义的科学分析，致使一些人特别是一些年轻人产生盲目崇拜的心理，误认为这些理论是可以代替唯物史观的“科学理论”。马克思主义史学工作者应当自觉地及时地引导和帮助青年学生用唯物史观正确认识和分析西方“新史学”，澄清在他们中间造成的思想混乱。

要提倡和鼓励在唯物史观指导下逐渐发展新的有中国特点的马克思主义史学派。它应当继承并发展中国马克思主义史学的优秀传统，同国际史坛保持密切的联系，但同时要建立自己独立的史学理论、原则和方法，有自己的史学理论框架和话语系统。在这方面，老一辈的马克思主义史学家已经为我们作出了榜样。以郭沫若、吕振羽、范文澜、翦伯赞、侯外庐等大师为代表的一批历史学家致力于用唯物史观指导历史研究，用有中国特点、中国气派的经典力著为中国史学发展开辟了一个新的时代。今天，为了在新的形势下发展新的有中国特点的马克思主义史学派，社科院各有关历史学的研究所要加强学术联系和协作。这是我们义不容辞的责任和使命。

“新世纪世界史学科建设”学术研讨会

2002年10月12～15日，由《世界历史》杂志编辑部主办，武汉大学人文学院历史系、高等教育出版社协办的“新世纪世界史学科建设”学术研讨会在武汉大学举行。武汉大学党委书记顾海良教授，中国社会科学院世界历史研究所所长、《世界历史》杂志主编武寅研究员出席会议并讲话。来自北京大学、人民出版社、《历史研究》编辑部等高等院校、新闻出版单位的代表出席了会议，齐世荣、马克垚、刘家和、庞卓恒、王敦书等世界史学界的老一辈学者应邀与会。与会代表就世界史学科定位、世界史体系、史学理论与方法和世界史人才培养等问题展开了热烈的讨论。

武寅研究员认为，世界史学科的定位应是保持基础学科传统，积极回应外界的冲击，普及世界史知识，发挥世界史学科应有的作用。应鼓励原创性的开拓，要说自己的话，出自己的书，形成自己的学派——中国学派。

关于世界史的体系，一部分学者认为应着重研究规律性的问题；有的学者则提出以现代化为主题；另一些学者则认为，以现代化为主线，将使中国的世界史研究集中于发达国家，忽视亚非拉发展中国家，由此产生的片面性必将制约全球史观的形成；部分学者认为，历史研究应鼓励多种解释，大家可以兼容并蓄，鼓励“百花齐放”。

对于如何处理世界史研究中理论探讨与实证研究的关系问题，有的学者认为，世界史研究应扬长避短，中国世界史研究中的实证研究和史料不足为其“短”，拼史料、搞微观实证研究的难度很大；中国学者的长处在于理论分析，在于历史解释。因此，中国学者要以历史解释之长弥补实证研究和史料之短，不必拘泥于史料。马克垚认为，研究问题必须从原始史料出发，同时要建立自己的理论体系，要批判地接受西方的理论。刘家和强调在进行世界史研究时，要注重宏观研究与微观研究的结合、注重传统与革新的关系。一些学者强调要重视用宏观的眼光作微观研究，以小见大。有的学者针对历史学研究的理论思维不够突出的问题，提出应吸收相邻学科的新理论和新方法，推动历史学本身的发展和学科的交叉，但不能因学科交叉而失去历史学本身的特性。

世界史人才培养是关系到世界史研究能否薪火相传的关键。代表们在讨论如何培养适应21世纪世界史学科的、具有创新精神和创新勇气的人才问题时，一致认为，要加强马克思主义基本理论和方法的学习、训练以及对历史学相关学科的一些理论和方法的掌握。要继续强调打好基础，不能急功近利；要培养严肃的学术精神和创新精神，戒除浮躁心理；要对学生进行遵守学术道德的教育，使他们了解学术规范及学术规范的具体技术规定等。与会者一致认为，世界史研究要与时俱进，既要注重基础学科的特点，又要回答现实的问题，通古今之变，成一家之言；要经常组织全国性的学术交流活动，形成学科整体优势。

“台湾政局与两岸关系展望”学术研讨会

2002年10月13～20日，中国社会科学院台湾研究所与台湾“中流文教基金会”在山西太原共同举办了“台湾政局与两岸关系展望”座谈会。与会台湾学者包括台“中央研究院”院士、中流文教基金会董事长、著名教授胡佛，台前“交通部政务次长”、前暨南大学校长袁颂西，国民党智库成员、台大知名教授曹俊汉，国民党智库成员、“新台湾人基金会”执行长高朗，“蒋经国基金会”执行长、台大著名教授朱云汉，以及前新党总召集人、台湾文化大学教授周阳山等。会议就泛蓝军整合的现状、面临的问题及发展前景进行了全面、深入的讨论。

与会台湾学者一致认为，虽然泛蓝军整合困难重重，但在赢取2004年“总统”大选的巨大利益驱动下，在泛蓝军选民强烈要求国亲两党进行整合的巨大压力下，加之国亲两党高层均深刻认识到在2004年“总统”大选中“合则两利、分则两害”，泛蓝军实现整合是有基础和条件的。与会学者指出，从台湾民众的统独取向、选民结构以及国民党、亲民党等泛蓝阵营的实力来看，泛蓝军仍拥有半数以上民意支持基础，加之民进党政绩不佳为泛蓝军提供了机会，如果泛蓝军成功实现整合，则有可能在2004年“总统”选举中夺回政权。学者进一步指出，一旦泛蓝军夺回政权，两岸关系可望相对稳定，也有利于中美关系的平稳发展。

“当代科技革命与哲学创新”学术研讨会

由中国社会科学杂志社和浙江大学人文学院联合主办的“当代科技革命与哲学创新”学术研讨会于2002年10月16～19日在杭州市举行。来自北京大学、清华大学、中国科学院、中国社会科学院等高校和科研机构的60余位知名学者出席会议，提交论文50余篇。会议讨论的议题与主要学术观点如下：

1．关于当代科技革命的本质和特征问题。中国社科院哲学所殷登祥研究员认为，当代科技革命实质上是一场新的技术革命。它是20世纪上半叶自然科学革命发展的产物，同时又是生产的技术方式在机械化、电气化、自动化基础上的进一步信息化，属于第四次技术革命，并正在向第五次技术革命——智能化迈进。上海大学社会科学院安维复教授认为，当代科技革命是一个技术的人化（社会化）与人（社会）的技术化的双向社会建构过程。从本质看，当代科技革命是具有不同技术能力的人与人之间的关系。

2．关于虚拟实在的本体论问题。南京师范大学哲学研究所张之沧教授把信息社会、虚拟现实和网络世界的复合体称之为“世界4”，认为它集光、电、色、能、数、信息于一体，是继波普尔的物质世界、主观世界和客观知识世界“三个世界”之后的又一个新世界。山西大学科技哲学研究中心成素梅教授不同意“世界4”的说法，认为虚拟实在都要以技术为依托，在根本意义上仍然是人类心灵的产物，因此，实际上是波普尔“世界3”的一种扩展。中国青年政治学院肖峰教授认为，虚拟实在是一种信息实在、数字实在，是现实实在的数字重塑，在本质上不同于现实实在。虚拟实在的出现对传统本体论提出了挑战，但并没有造成本质性的“颠覆”，不必夸大“本体论恐慌”。武汉大学哲学系朱志方教授认为，虚拟实在的技术创新不仅没有埋葬实在，而是使实在得到了进一步的凸显。

3. 关于科技伦理问题。中国社科院哲学研究所李德顺研究员认为，科学技术和社会实践新发展提出的问题不是在传统理论框架内能够回答的，它包含着对传统观念及其前提的超越性要求，需要对某些基本前提的基础进行批判思考。东南大学哲学与科学系高兆明教授认为，道德对于技术匡正的合理性限度应当把握在让现代技术具有善的态度和服务于善的目的。北京大学哲学系吴国盛教授认为，技术与伦理不是一种简单的二元反对关系，技术有可能维护自然和人性，而伦理也有可能违反自然和人性。哲学所段伟文博士认为，随着科技的迅猛发展，广义生态公正原则应该成为未来公共科技政策的基点之一。

4. 关于当代科技革命背景下历史唯物主义解释体系的重建问题。复旦大学哲学系俞吾金教授认为，由于科学技术的意识形态功能的凸显，有必要对历史唯物主义叙述方式进行变革。建立历史唯物主义的新的叙述方式，可以从以下四个方面着手：一是生态学语境的切入；二是对生产力本质和历史作用的重新认定；三是对意识形态概念的重新表述；四是对“社会存在决定社会意识”命题的重新诠释。华中科技大学哲学系邹诗鹏教授也指出，基于科学技术在现代社会系统中的重要功能，必须重新认识当代社会结构及其整合机制，并以此为基础重建历史唯物主义解释体系。中国社会科学杂志社副总编辑赵剑英认为，当代知识产业的方兴未艾，就是知识实践形态的实际确证。苏州大学任平教授认为，当代中国的知识分子必须在迎接知识全球性霸权挑战的同时，重新设计后资本主义道路，创造新现代化模式，努力使中国成为新的知识创新的中心。

“美学与文化:东方与西方”国际学术研讨会

由中华美学学会、中国社会科学院与北京第二外国语学院联合主办的“美学与文化：东方与西方”国际学术研讨会于2002年10月18～20日在北京举行。以汝信会长为代表的中华美学学会理事会主要成员、以佐佐木健一主席为代表的国际美学学会执行委员会的主要成员及国内外其他学者近百人参加了这次盛会。意大利美学学会主席马齐雅诺教授认为，此次美学会议将是“建构世界美学的一个转折点”。该会研讨的主要内容综述如下：

1. 东西方美学之比较。美国学者理查德认为，实用主义美学的基本特点在于通过“生活艺术”和“身体美学”等概念，坚持艺术对于改善人类生活所起的积极作用。艺术可以陶冶人的性情，强健人的体魄，提高整个群体的生活质量。因此，从伦理学和政治学的角度来看，美学与美育具有十分重要的意义。这些思想与中国传统儒家的诗教与乐教思想具有内在的联系，是一个需要根据跨文化视界进行深入探讨的领域。在分析东西方美学相通的同时，有些学者强调指出，中国与西方哲学的相通，并不等于一种观点具有普遍的适用性。许多学者认为，中外美学虽在不同的文化语境中创生，但相互之间的启发关系是客观存在的事实，尽管这并不构成一般与特殊或其他形态的主次关系。

2. 东西方传统美学的当代意义。北京大学的叶朗教授介绍了近年来中国美学研究方面的发展与主要成果，阐述了中国美学在人生、教育、艺术创作、比较美学研究等方面的现代意义。有的学者指出，对于中国美学资源历史构成的发现及其“本土”特征的把握，要求我们在美学研究中始终保持一种“现实的历史态度”，即能够以中国美学的现代学科建构规定来理解“历史的现实合法性”，在美学的历史承继结构上发现本土学术资源的“现代前景”；同时，对于本土学术资源的清理和研究，始终要同21世纪中国美学的现代学科建构目标联系在一起。因此，应当始终把实现美学的“世界性”和“对话性”放在一个恰当的位置上。有的西方学者明确指出，东方美学是当代艺术教育理论的渊源。他们认为，与西方教育传统相比，亚洲传统的哲学艺术处在一个主张天人合一的环境之中，中国的哲学艺术尤其如此。

3. 美学与文化研究的方法论。在此次会议上，有的学者对美学与文化研究的方法论问题进行了深入的探讨，提出一些新的看法。如有的国内学者探讨了社会个体的审美维度究竟在何种意义上不同于其认识维度和社会实践维度，认为以社会个体生成论的基本立场和方法论视角为基础，我们就有可能扬弃传统西方认识论所坚持的主客二分的预成论基本框架，从而突破传统美学的思维方式。另有国内学者通过中西审美文化价值取向比较，指出中西审美文化从价值观的角度考量，二者完全是一种异质文化。这种异质性表现在，西方以美即真、美即科学、美即写实表现以及以人为中心的审美主义理念作为审美价值观的核心观念。中国或东方，则以美即精神个性、美即虚拟性表现以及泛自然主义的审美理念等作为审美价值的核心观念。因此，这使得东西方的文化交流一直各行其道，所取所予完全不同，始终难以达成双方文化的共鸣、默契和认同。

4. 全球化时代的东西方文化交流。西方有的学者对全球化时代的民族文化进行了探讨，指出，在全球化时代，不仅经济、工业领域进行着全球一体化与整合，在文化领域中也是如此。在全球化浪潮中，存在着一种试图创造全球化文化的趋势。因此，全球化正在对民族文化提出强有力的挑战。日本的佐佐木健一指出，所谓的全球化是一个综合现象，既有政治、经济、语言的全球化，也有信息、交通的全球化。在这些不同的领域，目前正在进行着一定程度的联合。他主张考察整个地球的生存状态，要把眼光放远，展开视野，从长远角度看待人类历史与文化，放眼纵观人类历史。中国学者则指出，东西方美学与文化的碰撞与交流是一个永恒的主题，中西方学者惟有通过多渠道的对话与交流，才能够建构起世界美学与文化的桥梁，才能够迎来世界美学与文化的繁荣与发展。

中国社会科学院地区安全中心成立大会暨学术研讨会

中国社会科学院地区安全中心成立大会暨学术研讨会于2002年10月18日在北京举行。会议由亚太研究所所长、地区安全中心主任张蕴岭主持，中国人民解放军副总参谋长熊光楷上将、外交部副部长王毅、中国社科院副院长陈佳贵出席会议并讲话。来自中央研究机构、大学、部队研究单位及政府部门的近百位专家学者出席了会议，并就“我国面临的安全问题及地区安全形势”进行了讨论。会后，李铁映院长接见了熊光楷副总参谋长和王毅副部长。王毅在讲话中指出，周边的安全工作是中国外交工作的核心，社科院地区安全中心的成立具有重要的意义。他强调，要探讨新型的地区安全机制，尽快形成中国的地区安全理论和政策。熊光楷在讲话中强调以下几个要点：（1）要处理好国家发展战略和安全战略的关系；（2）要处理好全球安全与地区安全的关系；（3）要处理好安全领域里机遇与挑战的关系，特别是国际新安全观与地区新安全观的关系。与会学者在讨论中对“9·11”事件后我国的安全环境进行了客观的评估，就美国战略对中国安全环境的影响、中国面临的周边安全形势、地区安全合作模式等进行了讨论。有学者认为，上海合作组织的成立是我国地区安全关系的一个重要发展，上海合作组织在解决了政治和安全问题之后，应该从经济入手加强合作。也有学者认为，中国的主要威胁来自海上，在“10＋3”机制中关于安全的对话很少，应进一步探讨发展新安全合作的概念和机制。与会者普遍认为：（1）就中国面临的威胁来看，目前还没有哪个大国能够对中国造成全局性的威胁，中国最根本的问题就是如何发展和完善自己，如何改善中国的安全环境。（2）由于中国周边安全出现了新的形势和新的特点，解决地区安全仅仅通过双边关系是不够的，应加强地区安全合作对话，探讨不同的合作模式，积极开展多边合作，形成自己正确的地区安全理论。最后，地区安全中心主任张蕴岭提出了中心的发展构想和近期的任务。

中国第二次世界大战史研究会2002年年会暨学术研讨会

2002年10月19～21日，中国第二次世界大战史研究会2002年年会暨学术研讨会在重庆举行。来自全国各地的80多位代表出席了会议，并向大会提交了60余篇学术论文。会议由重庆史迪威研究中心承办。中国第二次世界大战史研究会副会长苑鲁主持大会，重庆市副市长陈际瓦、市人大常委会副主任税正宽、重庆警备区副司令员陈知建少将等出席会议，税正宽副主任发表了讲话。

此次会议的主题为“第二次世界大战与亚太国际合作”。与会代表除来自各高等院校、研究机构和军事院校、军队研究机构的专家、学者外，还有一些亲历过第二次世界大战的老将军、老战士。会议围绕“第二次世界大战中的中国战场”、“世界反法西斯同盟与亚太国际合作”、“战时亚太地区中缅印战场与盟国的军事及情报合作”、“对史迪威使华、中美英三国联合军事会议、驼峰空运等重要人物和事件的个案研究”等问题进行了讨论。

中国第二次世界大战史研究会会长胡德坤教授认为，“二战”期间反法西斯的共同使命，使中国密切了与世界反法西斯同盟国的联系。战时中国与各盟国的关系对于战后中国及亚太地区各国关系的发展变化极具影响，并直接或间接作用于今天的中外关系。他高度评价了史迪威将军在华抗战的业绩和殊勋。史迪威研究中心谢先辉主任认为，应以“二战”时期同盟国间的友好合作为切入点，以新的观点、新的视角认清历史进程及规律，总结历史经验与教训，为建设有利于我国社会主义现代化建设的国际环境服务。

与会学者认为，战时亚太地区军事战略合作、政治外交合作以及国际经济技术等领域的合作，为同盟国发挥各自的资源优势，激活各国战斗力诸多要素，增强战时综合实力，为打败日本法西斯奠定了基础，也为战后直到今天调整各国各地区利益冲突及解决人类面临的共同问题提供了历史借鉴。有学者提出，1941年召开的中美英三国联合军事会议，对三国空军、陆军及作战物资用于保卫滇缅的分工问题进行了成功的决策。国民政府在这次会议上所表现出来的主导作用和积极态度，翻开了战时亚太地区国际合作的历史新篇章，是建立战时亚太地区反法西斯国际战略合作新机制、新框架的第一次有意义的尝试。讨论还涉及对“二战”时期中苏、中美之间的情报合作等问题。原中国远征军上校、国民政府国防部第三厅少将胡翔先生认为，应将中美合作所（中美特种技术合作所）与军统特务戴笠的军统集中营区别开来，从历史的角度给予其在同盟国对日作战中的贡献以公正的评价。一些学者的论文也就此问题进行了研究。

与会者还结合目前的国际局势就第二次世界大战与战后形成的世界格局及其对当今国际形势的影响等问题进行了广泛的探讨。

“21世纪世界社会主义”国际学术研讨会

由马列所与院世界社会主义研究中心、中共中央马列著作编译局、中山大学马克思主义哲学与中国现代化研究所、华中师范大学科学社会主义研究所等单位联合主办的“21世纪世界社会主义”国际学术研讨会于10月22～24日在北京召开。中共中央政治局委员、我院院长李铁映给会议发来贺信。贺信指出，以马克思主义的诞生为标志的世界社会主义事业，已经跨越了两个世纪的历史行程。其间有两大成果：19世纪的社会主义实现了从空想到科学的飞跃；20世纪的社会主义实现了由理论到现实的飞跃；我们坚信，21世纪的社会主义必将实现从挫折到成功的飞跃。我院副院长李慎明在会议开幕式上作了题为《社会主义的百年回顾与前景展望》的主题报告。中联部副部长张志军、中共中央文献研究室常务副主任冷溶、中央马列著作编译局局长韦建桦，中国社会科学院秘书长朱锦昌、前副院长江流等出席了开幕式。来自俄罗斯、日本、法国、印度、乌克兰、美国、德国、希腊、保加利亚等九国的22位国外学者，来自我院、中央政策研究室、中共中央党校、中联部、中央马列著作编译局、北京大学、中国人民大学等高校和科研单位的100余名中外学者出席了会议。会议围绕“20世纪世界社会主义运动的回顾和历史经验”、“21世纪世界社会主义运动面临的机遇和挑战”、“当代资本主义新变化及其对世界社会主义运动的影响”、“21世纪与社会主义中国”等四个议题展开了深入讨论。中外学者提交的论文近80篇。

社会主义的历史经验、苏联解体的原因与教训、全球化条件下资本主义的新变化和社会主义的发展前景以及中国特色社会主义的发展道路等问题，成为会议讨论的热点。与会学者认为，运用历史唯物主义对20世纪社会主义的历史经验进行科学总结，是实现21世纪世界社会主义运动复兴的重要基础和条件。这些经验主要包括：第一，必须坚持马克思主义基本原理与各国具体实际相结合。第二，必须坚持与时俱进这个马克思主义的本质要求。第三，社会主义国家必须集中精力发展生产力。其中特别需要重视的问题是：（1）要处理好政治与经济的关系。（2）要运用经济手段，按照经济自身的规律去发展经济。（3）要坚持计划与市场的内在统一。第四，必须建立高度的社会主义民主。第五，必须大力加强工人阶级政党的建设。第六，必须正确处理社会主义与资本主义的斗争和共处、合作的关系。

关于苏联解体的原因和教训，有观点将此归结于斯大林模式的失败，认为斯大林模式具有高度自闭性，缺少自我革新能力，由此失去了自以为代表着的人民的支持。另有观点认为，研究苏联剧变的原因，要将其基本制度和斯大林体制模式严格区分开来。苏联社会主义垮台的真正原因，并不在其基本制度本身，而主要是它的官僚统治。有学者提出，由于苏共缺乏从阶级分析和马列主义立场解决苏联社会出现并日渐尖锐的矛盾的方法，改革尝试注定要失败。不少学者认为，苏东剧变是一场国内外反社会主义势力相互勾结，向工人阶级和劳动人民夺取政权、埋葬社会主义制度的激烈的阶级斗争。社会主义实践中的弊端和错误，只是导致剧变的重要因素，但不是根本的直接的原因。决定性的原因是执政的共产党内部出了问题。这是苏联解体的根本原因之一。

对于当代资本主义的新变化，有学者认为，资本主义的发展是资本的社会化，是资本主义的自我扬弃，是新社会因素的产生和发展。就其总趋势而言，资本主义发展必将向社会主义过渡。有学者强调，当代资本主义确实与社会主义共有一些特征，但绝不意味着区分资本主义和社会主义的概念和思维方法的过时。对于当代资本主义的历史定位，有学者提出，它已进入了一个新的历史阶段：金融垄断资本主义。垄断资本的核心是金融资本，但其实质仍然是垄断资本主义，帝国主义的本质属性——垄断以及由垄断所产生的帝国主义的寄生性、腐朽性和垂死性并没有根本改变。学者们认为，当代资本主义通过“自我扬弃”确实获得了进一步发展的空间，在客观上造成一些新的社会因素的增长，从这个意义上说，当代资本主义距离新的社会形态不是远了，而是近了。同时，当代资本主义的新变化不仅没有消除资本主义的基本矛盾，反而在更大范围和更深层次上使其矛盾深刻化，并酝酿着资本主义的新危机。这就必将形成有利于21世纪社会主义复兴的形势和条件。只要社会主义者善于总结经验，挫折就会向成功转化。这是当代社会主义者的信心所在。

“东亚国家关系中的中美关系”研讨会

由中美关系史学会、厦门大学美国史研究中心、中国社会科学院美国研究所共同主办的“东亚国家关系中的中美关系”研讨会于2002年10月26～28日在厦门大学举行，国内33个学术机构的60多名专家、学者出席了会议，与会者向会议提交论文44篇。会议主要围绕以下议题展开讨论：

1. 中美关系的演变过程及重要的历史事件、现象和人物。

北京大学国际关系学院牛军以朝鲜战争期间美国“战争局部化”政策的形成过程为案例，分析了中美之间在经历这场历史上最严重的冲突时美国政府方面的危机处理机制、决策过程以及影响决策的诸多关键因素。北京大学历史系牛大勇对中国进行核试验前夕，美国政府对此问题的政策形成过程进行了详细的分析。南京大学中美文化中心任东来教授对1941～1949年期间美国在华的军事机构及其沿革进行了全面梳理，认为，对1946～1949年期间美国驻华军事顾问团在中国内战中的作用应当进行更加全面和认真的评估。

同济大学文法学院仇华飞对20世纪30年代世界经济危机时期中美贸易关系进行了研究，指出，自1932年以来，美国对华贸易迅速超过对日贸易，这对30年代中后期美国的对华政策产生了深远影响。厦门大学外文学院陈奔从美国人权政策发展演变的角度探讨它对中美关系的影响，认为美国对华政策的人权因素与中国的国内政治稳定之间有着某种函数关系，当中国出现某种不稳定时，人权因素的分量就会加大，反之，就会减少。

2．影响中美关系发展进程的各种国际因素。

北京大学历史系王立新从1900～1945年期间东亚国际关系体系所出现的一些重要变化，探讨了国际体系对其中的一些重要行为主体所产生的影响，他认为，尽管华盛顿体系是建立在承认现状基础上的，但同时它也确立了列强在中国和平竞争、不得在中国谋求新的特权等原则，对日本试图独占中国的企图起到了某种体制约束作用，也在一定程度上为东亚带来了秩序和稳定，有助于中国的经济复兴。中山大学历史系梁碧莹以20世纪初美国的哈理曼全球铁路计划和诺克斯的东北铁路中立化倡议为线索，描述了美国的“门户开放”政策与日本“特殊利益”之间的矛盾，认为这种矛盾使得美日两国在获取对华利益方面开始由合作转向竞争。中央党校国际战略研究所刘建飞探讨了20世纪70年代推动中美关系实现突破的世界因素，他认为，联合国、民族解放运动、多极化、和平与发展的时代主题直接或间接对中美关系解冻发挥了不可忽视的作用。

北京外国语大学英语系李志东和梅仁毅分析了冷战后中美关系中的俄罗斯因素，认为，冷战后中俄关系的发展使俄罗斯因素在中美关系中发挥了有利于中国的影响，同时，中俄关系仍存在不确定因素，如内驱力不足、两国在战略文化上的差异、俄国内存在“西化派”与“欧亚派”的争论等，要使俄罗斯因素继续在中美关系中发挥积极作用，应谨慎对待和处理这些问题。梅仁毅还和李期铿、刘学政探讨了冷战期间和冷战后中美关系中的日本因素，认为日本因素对中美关系的影响在上升，在人权和经贸领域，日本的作用在总体上是积极的，而在安全和台湾问题上，日本有可能对中美关系的发展起到越来越大的牵制作用。解放军外国语学院孙逊探讨了美国的新国家安全战略对东亚安全的影响，认为，“先发制人”的战略加剧了朝鲜半岛的紧张局势，加强了日本在地区的领导作用，同时，美国寻求与中国建立建设性关系的做法将对东亚安全格局产生积极的影响。东北师范大学历史系张杨则通过美日两国在归还冲绳问题上的交涉，从一个侧面观察了美国约翰逊政府的中国观，认为，约翰逊之所以对归还问题犹豫再三，其中一个重要原因是美国政府当时将中国视为最危险的敌人，希望利用冲绳的战略地位继续对中国实行遏制。

3．当前的中美关系。

中国社科院美国所副所长顾国良介绍了近年来军控领域中美两国关系的发展，认为军控领域是推动两国关系发展的新亮点，有很大的潜力可挖。中国社科院美国所前所长资中筠教授、国际问题研究所郭宪纲分析了反恐与近期中美关系改善之间的关系，认为，“9·11”事件可能标志着后冷战时代的结束和一个新时代的开始，应当从这样的高度来看待反恐对中美关系的影响。

北京第二外国语大学国际经济贸易学院李育良介绍了入世前后中美贸易的基本情况，认为，两国之间的贸易潜力依然巨大，目前存在的主要问题是美国单方面扣减中国纺织品配额、向中国对美钢铁出口加征高额关税、滥用反倾销措施、对高技术产品的出口进行限制等。中国人民大学美国研究中心李庆四分析了美国的东亚安全战略对中美关系的影响，认为，布什上台以来在对华政策方面的强硬做法，对日、韩、澳等传统盟友的重视，以及对台湾更为支持的态度，随时有可能对中美关系带来消极影响。

4．台湾问题。

黄仁伟认为，近期以来，布什政府在台海问题上的立场不断向台湾方面倾斜，为此，我们应当以“共同利益”和“新安全观”来化解潜在的冲突。国务院发展研究中心李钢探讨了冷战以来台湾问题在美国地缘战略中地位的演变，认为，就目前而言，台湾问题在美地缘战略中的地位还没有完全明晰化，主要主张分三派，分别是维持现状派、划分势力范围派、支持“台独”派。厦门大学历史系美国史研究所胡锦山分析了1996年台海危机对美国海军战略的影响，以及美国海军提出的四种应对方法，即加强美军的前沿部署、鼓励美国的地区盟友发展威慑力量、增加对台售武与台军的软硬件整合、危机时对中国大陆进行战舰和空中打击。

5. 影响中美关系的政治文化因素。

解放军外国语学院美国研究中心潘志高探讨了美国媒体“妖魔化”中国的问题，认为，这主要是美国媒体所坚持的“媒体特性论”和“媒体霸权论”共同作用的结果。中国社科院美国所张立平全面介绍了美国新近流行的新保守主义思潮，认为，这一思潮有关国际格局、安全威胁来源、美国国家利益、美国的世界地位以及有关国家主权的看法，对布什政府的对外政策产生了相当大的影响。中国社科院美国所余万里从美国的实力和国际地位、后冷战时代美国的国家利益以及美国的战略选择三个角度对冷战后10年来美国外交思想的大辩论作了分析和概括。

“创新时代的哲学社会科学”高层学术论坛

由中国社会科学杂志社和华中科技大学联合主办的“创新时代的哲学社会科学”高层学术论坛于2002年10月26～27日在武汉隆重召开。中国社会科学院院长李铁映为论坛发来贺信。中共中央党校副校长李君如、中国社会科学院副院长江蓝生、教育部副部长袁贵仁、湖北省委副书记邓道坤出席会议。来自中国人民大学、武汉大学、华中科技大学、中国社会科学杂志社等单位的领导及我国哲学社会科学各个领域的知名学者80余人参加了研讨。

论坛讨论议题涉及“三个代表”重要思想与我国哲学社会科学的当代发展；如何进一步落实江泽民同志关于繁荣和发展我国哲学社会科学的三次重要讲话精神；全球化、信息化时代的创新特征；创新时代人文和科技的分化与融合；哲学社会科学各个学科的创新与发展趋势；高校哲学社会科学的功能定位和发展模式；哲学社会科学的当代发展与我国部分高校的综合化转型；国际化与我国哲学社会科学的学科发展战略；学术规范建设与哲学社会科学理论创新等。会议观点择要如下。

1. 关于全球化、信息化时代创新的本质和特征问题。中共中央党校副校长李君如着重谈了三点：第一，要增强自主创新能力，鼓励原始性创新，并把科学的理念、方法、体制、机制和人才等各个要素有机地组织起来，形成一个相互联系、相互促进的创新工程或创新体系。第二，要在创新中推进人文社会科学与自然科学的相互结合。第三，要在人文社会科学和自然科学的创新中实现中国文明的伟大复兴。中国社会科学院哲学所研究员金吾伦认为，全球化、信息化时代的创新特征主要表现在以下几个方面：（1）网络空间成为创新活动的平台；（2）全球创新系统不能替代国家创新系统，区域创新的意义不可忽视；（3）复杂系统理论成为创新方法论的基础；（4）学习与知识共享是创新成功的重要途径；（5）良好文化氛围和人文创新导引对科技创新具有重要意义；（6）创新要以观念创新作为基础与发端，思维方式的改变对现时代的创新至关重要。

2. 关于我国哲学社会科学的发展战略和创新机制问题。中国人民大学校长纪宝成认为，要使我们的哲学社会科学与时俱进，有三点值得重视：一是要有以问题为中心的问题眼光；二是要有面向世界的国际眼光；三是要有注重多学科、跨学科研究或学科交叉融合的综合眼光。中国社会科学院副院长江蓝生研究员提出，要在解决重大课题的过程中推动哲学社会科学的创新和发展：(1) 坚持重大课题制度，保证科研主战场和主攻目标。(2) 加强制度建设，推进科研管理的制度化、规范化。(3) 高度重视学风建设，培养高素质的学者队伍。上海华夏社会发展研究院院长鲍宗豪教授提出通过扶植民办社会科学研究机构、规范哲学社会科学成果评价标准、鼓励企业介入哲学社会科学基金来实现哲学社会科学的"综合创新工程"。华中科技大学钟书华教授提出，建立政府—大学—研究所联盟，实现政府、大学和研究所的优势互补；同时构建科学、合理的激励机制，通过制度安排来保证持续不断的投入、专业人力资源结构的优化和高效率的组织机构建设。

关于高校哲学社会科学的功能定位和发展模式问题。教育部副部长袁贵仁认为，教育体制创新是教育创新的关键，并从教育管理体制创新、办学体制创新、招生考试制度创新、教育内容创新、教育方法创新、教育手段创新等方面重点阐释了教育创新的基本内容。华中科技大学校长助理欧阳康教授认为，只有真正按照大科学和大教育的观念建构起来，切实融会科技与人文，从而具有全面创新功能的大学创新体系，才能够为我国新型创造性人才的培养和社会文化的全面进步作出应有贡献。

4. 关于学术规范建设与哲学社会科学创新问题。中国社会科学院新闻与传播研究所研究员陈力丹认为，在评估人文社会科学成果方面，不能简单地把工程计量方法搬到人文社会科学领域来，他主张以代表作评审制和社会科学价值评估体系来改革现行的科研管理体制。中国人民大学哲学系主任焦国成建议，通过严肃学术研究规范、创办"中国哲学社会科学评论"权威杂志、设立哲学社会科学的科研评级制度、取消各种扰乱学术研究的做法来建立哲学社会科学的创新机制。中国社会科学杂志社总编辑秦毅认为，学术创新是学术期刊永远的追求。学术期刊的编辑队伍要有较高的学术素养。学术期刊要有严格、规范的审稿制度，要严守学术规范，坚持平实的文风，倡导平等探讨的学术氛围。学术期刊不同于大众读物，其运营机制不可能完全实现市场化，必须依靠国家的支持。中国社会科学杂志社副总编辑赵剑英认为，充分发挥学术期刊在学术创新和理论创新中的作用，可从以下几个方面着力：首先，从刊物的外部环境上讲，要有一个有利于促进学术创新的宽松、宽容的政治环境。其次，刊物领导和编辑要有较高的业务素质，包括政治素质、学术水平和业务能力。第三，要确立"以问题为中心"的编辑思想，探索办好学术期刊的新思路和新模式。第四，要重视制度建设，包括实施和完善双向匿名审稿制度、引文注释规范制度等。

全国技术经济与创新论坛暨 2002 年学术研讨会

由中国社会科学院数量经济与技术经济研究所、国务院发展研究中心技术经济部、中国技术经济研究会、清华大学经济管理学院、重庆大学经济与工商管理学院共同发起的全国技术经济与创新论坛暨 2002 年学术研讨会于 2002 年 10 月 28～31 日在重庆大学召开。出席本次研讨会的代表有来自全国20多个省市自治区的高等院校、科研机构、政府机关和企事业单位的250余名代表。会议共收到征文350余篇，提交会议的学术论文130余篇。

1.关于新时期技术经济学的发展。

有的代表认为，新时期的技术经济学发展关键在于应用创新。认为，技术经济学是一门应用学科，其核心作用是为决策提供科学依据，因此，其创新在于提升决策服务层次和扩大研究范围。创新不在于将方法复杂化，而是要灵活运用技术经济学的基本原理，加强与其他学科的融合，以适应不断发展变化的新形势。

有的学者提出，当前中国的技术经济学研究存在着方向不明的问题。有些研究缺乏问题导向，什么都研究，使技术经济学失去了方向，同时又不遵守一定的范式，脱离了规范。这是当前技术经济学发展面临的重大问题，应该纠正。

2.关于技术经济学的理论与方法论。

技术经济学基本理论的研究已经进行了20多年，但是，对其研究对象和研究内容的认识仍存在分歧。许多学者认为，目前技术经济学研究内容的边际依然不清，与其他相关学科，尤其是与管理科学中的相关学科交叉不断加大，使技术经济学在内涵扩大的同时，外延却受到其他学科的挤压。

代表们认为，到目前为止，技术经济学的理论体系尚不完整。因为技术经济学的研究内容涉及经济活动中的所有领域，可以说它是一个立体学科。比如，项目评价和可行性研究涉及市场理论、方案优选理论、价格理论、会计理论、福利经济学理论等等；一种观点认为，技术经济学实际上是一门问题导向的学科。它研究的是各个领域中技术与经济相结合的那些问题，不同领域的问题要用不同的方法解决。按照这样的观点，技术经济学就是一门方法和工具性的学科。但是，技术经济学也要研究技术创新的经济规律，研究技术发展怎样影响经济发展。从这一角度看，技术经济学本身是经济学的一个分支，应该具有自己独立的理论体系。技术经济学要形成自己完整的理论体系，需要一个相当长的时期，需要几代技术经济学者进行不断的总结。

技术经济学在几十年的发展中，已经形成了自己的方法论体系。这次会议收到了20多篇关于技术经济方法论的论文，内容涉及企业土地资产决策方法、成本核算、风险投资决策、模糊分类与模糊评价、市场预测、资源环境评价、土地资产评估、经济管理决策中的双参数盈亏平衡分析、二次型非线性盈亏分析、交通项目的区域效益、考虑环境因素的社会贴现率、技术产权交易和金融挤兑的博弈分析等等。这些方法的研究与应用对推进技术经济学的方法进步具有重要的学术意义。

总的看，技术经济应用的方法论在不断发展，并有日益复杂化的趋势。但方法论的发展是越复杂越好，还是以解决实际问题为目标，越简单越好？多数学者认为，方法应该服从于理论的指导，应该以解决实际问题为目标，它只是解决问题的工具。过度强调应用日益复杂的数学模型，将简单的问题复杂化，会将技术经济学的发展引向不正确的方向。

3.关于知识经济（新经济）与技术经济。

一些学者指出，知识经济并没有降低技术的作用。变化只是技术中的知识含量日益加大。所不同的是，知识经济下技术日益“软化”，如以自动化的大工业机器设备为代表的工业技术正在被无形的软件所驱使。正是生产技术中的知识密集度不断加大，生产过程对人力资源素质的要求才日益提高，劳动者必须不断学习更多的知识，使得知识传布与扩散产业规模日益加大；正是生产技术中的知识密集度不断上升，生产的效率获得了极大的提高，知识的价值才得以更加凸显出来，知识的研究与开发才被更加重视；正是知识产品具有使用的不排他性，保护知识产权才成为创新的关键一环。发达国家和发达地区的技术和知识溢出效应——哈耶克所说的“免费礼物”的存在，说明技术和知识具有人类共同财富的特征。

有的学者认为，网络信息产品是准公共产品，应该由政府投资供给，但美国却利用风险投资市场等来解决新经济的投入。这证明了新经济的风险特征，证明了知识产品生产和转为生产力过程中存在大量的不确定性。但是它有极高的回报率，在政府投入进行供给的同时，私人资本也希望并愿意冒这个风险。一些与会代表还分析了知识经济下商业银行的营销及其创新发展，提出了金融技术在新经济下的创新问题。

4. 企业创新与技术经济学。

与会代表对企业创新的讨论主要集中于如何创造筹融资和人才集聚的政策条件，促进民营科技企业的成长；如何以创新为导向推进国企改革；如何培育企业核心竞争力等方面。这些问题是技术经济学研究的对象，也是理论经济学研究的对象。技术经济学应该从技术创新规律出发，探讨企业创新，尤其是技术创新的管理问题，不宜过分深入到企业改革领域。

5. 关于区域发展与技术创新。

随着知识经济的发展，区域经济发展与创新模式也发生了许多新变化，给技术经济学提出很多新的研究课题。有的代表从学习型经济角度，提出了“学习型区域”的概念。近20多年来，区域经济集聚模式和动力已经从主要注重降低生产成本转向注重区域创新环境和企业之间的交互式学习、知识与信息和人才的顺畅交流、产业簇群的协调发展、社会资本的有效供给等方面。这里提出了高新技术发展的规律问题，是技术经济学要认真研究和总结的重要领域。有的代表特别注意区域经济增长中制度与管理创新的贡献，并进行了定量分析。也有的代表对区域创新和发展中人力资源的作用进行了研究，并对不同地区进行了比较和分析。

中国德国研究会第十届年会

2002年10月29日，为纪念中国和联邦德国建交30周年，中国欧洲学会德国研究分会第十届年会暨学术讨论会在北京举行。此次年会由中国现代国际关系研究所与中国社会科学院欧洲研究所共同主办，来自30多个单位约90名专家学者参加了开幕式。我院副院长王洛林、中国现代国际关系研究所所长陆忠伟以及我国前驻德国大使、德国研究分会会长王殊在开幕式上先后致辞。德国大使薄德磊先生作了题为“对德国外交政策的若干思考”的报告。他认为，中德建交30年是一个成功的历程，同时，他阐述了德国主张的“文明国家”的理念，并对未来的中德关系作了乐观的前瞻。之后，与会者踊跃发言提问，与大使进行了坦率而热烈的讨论。来自外交部、中联部、外经贸部、文化部、中国现代国际关系研究所、中国社科院欧洲研究所、中国国际问题研究所、世界发展研究所、中国国际战略学会、新华社、北京社科院、江苏社科院、同济大学、复旦大学、上海外国语大学、北京大学、中国人民大学、浙江大学、河北大学、太原师院以及《世界知识》杂志社等单位的近50名代表围绕德国大使的报告以及德国当前的内政、外交、经济以及国际形势的发展趋势等问题进行了热烈的讨论。代表们认为，作为一个经济发达、政治稳定的强国，德国在世界上发挥着越来越大的作用，在未来的世界舞台上必将发挥更大的作用。

中法“环境法与经济”国际研讨会

2002年10月30日，中国社会科学院法学研究所与法国驻华使馆在北京共同举办了以“环境法与经济”为主题的国际研讨会。会议由法学研究所张若思教授和法国驻华使馆科学教育合作处官员沈天瑞主持。与会中外代表逾百名，包括政府官员、学者、律师和企业代表。会议围绕着该领域中的热点和焦点问题进行了热烈和有益的研讨。

1. 多角度审视环境与经济的关系。

会议首先由中国社会科学院法学研究所所长夏勇教授、法国驻华大使燕保罗（Paul Jean-Ortiz）先生、中华法国工商会副会长林碧溪（Sybille Dubois-Fontaine）女士以及法中经济法协会会长Sagot先生致辞。他们从多个角度展示了环境与经济之间关系的丰富内涵。

夏勇教授在致辞中说，协调环境与经济、追求可持续发展已成为全人类的共识。但是，在实现这个目标的过程中，依然存在许许多多的问题和挑战。其中最大的问题和挑战是，许多决策者惯于急功近利，简单、片面地以经济增长来界定公共利益，以经济指标来标示政绩。同时，不同的国家关于环境保护的政策和法律还存在许多差异和矛盾。在这些差异和矛盾的背后，不仅有经济发展水平和社会制度的差异，而且有关于人与自然关系的哲学与伦理学的差异。因此，不同国家的学者、专家应当经常坐到一起，交流经验，促进共识。

夏勇教授认为，为了正确认识和处理经济发展与环境保护的关系，应当树立和强化三个观念：一是环境一体化的观念；二是人类与自然相和谐的观念；三是环境法治的观念。中国已经确立依法治国、建设社会主义法治国家的宪法原则，环境资源保护，尤其是协调经济发展与环境保护的关系，要更多地依靠法律。

法国驻华公使燕保罗先生在致辞中指出，本次会议的主题是研究环境法如何改变经济活动参与者的行为或者法律如何提供环境保护的经济手段。环境不仅关系到科学，也涉及规则。在与环境相关的法律规则中，必须承认，经济性规则最为有效。它意味着新的法律规则应当包含经济方面的考虑。另一个问题在于如何使法律规则适应一个国家的经济发展水平。世界上大多数国家的环境法都很完善，只是这些非常复杂的法律得不到实施。燕保罗先生认为，法国在这方面找到了某种平衡：既符合环境法律规则的必要性，又不过分强调生态；既通过公开透明的方法评价环境影响，又不妨碍经营的自由；既有惩罚，又有奖励；既有行政监控，又授权私人处理水、空气、废物和土壤污染等问题。在法国，将公共服务授权给私人经营的思想产生于19世纪末，而且是由法学家提出来的。今天，这一思想又体现为BOT等投资形式。燕保罗先生还指出，可持续发展是1972年由当时的挪威首相提出的概念，而事实上，早在唐朝，中国人就明白可持续发展的含义。中国的一句谚语曾道出：天是主人，人是客。对可持续发展的另一种解释是：今天的人满足自己的需要不应损害后代人的需要。追求可持续发展不是以环境法律规则限制经济，而是必须找到一种平衡。

2. 利用法律协调环境保护与经济发展。

与会代表分别就环境影响评估、建设项目许可证的颁发、环境审计、环境监控与处罚、环境责任制度、环境法律援助、环境服务与环保产业的投资、可持续发展的法律问题展开了热烈的讨论。国家环保总局科技产业司处长胥树凡、全国人大环境资源委员会法案室主任孙佑海、国务院法制办公室农业环境资源司处长王宛生分别在他们的报告中指出，我国环境法的发展尤其是环境标准的不断更新，始终考虑到科学技术的变化；先进的科学技术可以同时促进环境保护和经济发展，而法律则可以起到关键性的规范和保障作用。然而，经济活动本身也是推动环境法发展的一个重要动力。投资建厂、生产经营都会对环境产生影响，因此，从控制风险、保护环境的角度出发，经济活动必须符合有关法律规范的要求，履行法定的程序。在这方面，国家环保总局政策法规司处长别涛和孙佑海分别介绍了我国在颁发建设许可证、实施环境影响评估方面的法律规定。法国律师 Deseveday 先生从环境审计的角度探讨了有关问题。另一名法国律师 Le Gaonach - Bret 女士则提供了一个关于外商在中国投资兴建化工企业履行有关法律程序的个案分析。

为确保环境法有效实施、环境标准严格遵守，必须建立完善的责任制度、运用适当的处罚手段。中国社会科学院法学研究所博士常纪文介绍了中国环境法律责任制度在立法方面的最新发展，法国昂热大学教授 Gouturier 先生介绍了法国在这方面的变化，并指出法国的环境责任制度正在向无过错责任方向发展。别涛生动地讲述了我国行政机关在对企业实施环境处罚方面的具体情况；法国洛林地区环境部主任 Schmitt 先生则以洛林地区为例介绍了法国在这方面的经验。武汉大学教授、湖北省高级人民检察院副检察长王羲分析了我国检察机关可以在环境保护方面发挥的作用。

中国政法大学教授王灿发以提供环境法律援助的实践生动地说明了有效的环境保护需要信息公开和公众参与。中国社会科学院法学研究所教授马骧聪和法国国家科学研究中心特级研究员 Alexandre Kiss 先生分别在他们对会议的总结发言中强调了公众参与对于环境保护的重要意义。

“巴西大选与未来形势”研讨会

2002 年 10 月 31 日，拉美所青年中心召开了“巴西大选与未来形势”讨论会。来自《人民日报》、外交部、中联部、中国现代国际关系研究所的专家与拉美所青年中心全体科研人员以及拉美所部分专家共 30 位学者参加了这次研讨会，并就相关问题表明了见解。

巴西总统候选人卢拉是在拉美经济低迷、巴西金融市场持续动荡、人民强烈要求变革、反对党力量上升的背景下当选总统的，是巴西历史上左派政党首次赢得大选。卢拉当选的原因主要有三：一是巴西广大民众强烈要求变革。巴西社会民主党领导人卡多佐总统在执政期间实行的新自由主义经济政策虽然抑制了长期困扰巴西的恶性通货膨胀，但也使巴西经济增长缓慢，金融市场持续动荡，外债增加，社会贫富分化加剧，失业率居高不下，广大民众普遍对现实不满。二是劳工党领袖卢拉提出恢复经济增长、促进社会发展、创造就业机会的发展模式，特别是“反饥饿、反贫困”的口号争取了更多的民众。而社会民主党没有提出改变现状的强有力的竞选纲领。三是卢拉总结前三次参加大选失败的经验教训，化激进为温和，甚至与右派政党结盟，其竞选联盟空前壮大。同时，卢拉注意与国际金融机构和美国的沟通，消除它们对劳工党上台后可能采取激进政策的疑虑，争取它们的理解和支持。此外，尽管卢拉在竞选过程中高举反对新自由主义的旗帜，并提出对现行的外债政策进行调整、反对国有企业私有化、反对布什的自由贸易政策等主张，但卢拉也表示对外债将采取负责任的态度，不会对已实行私有化的企业重新国有化，主张从教育入手改善贫困状况，重视对社会问题的解决，因此可以断定，新政府不会对现行的经济政策进行大幅度调整。劳工党执政后将致力于促进经济增长、缩小贫富差距、扩大就业，新的经济政策将在政治、经济、社会领域不引起较大波动的前提下实施。卢拉上台不会使巴西与美国、国际金融机构、其他拉美国家的关系产生巨大变化，新政府的外交政策将日益显示出务实的一面。

关于巴西左派力量上台对拉美左派力量上升趋势的影响，与会学者一致认为，所谓的"左"，只是与新自由主义政策相对而言，因为在拉美，人们习惯将新自由主义经济政策看做是一种右的选择。鉴于近年来拉美一些国家的左派力量呈上升趋势，作为拉美第一大国的巴西，卢拉上台对拉美左派力量的上升趋势肯定会有推动作用，对整个拉美政局的影响也不能低估，可能会极大地鼓舞其他左派政党在本国扩大政治影响甚至积极争取大选获胜。但在一段时期内，拉美国家不会改变新自由主义政策的方向，个别国家有可能在经济改革上进行一些调整，但就整个地区而言，拉美国家不会放弃按照新自由主义原则建立起来的市场机制，也不会与全球化背道而驰，也就是说，整体左转的情况不会出现。

中国外国文学学会第七届年会

由中国外国文学学会主办，华中师范大学文学院、外国语学院和《外国文学研究》杂志社协办的中国外国文学学会第七届年会于 2002 年 11 月 4～7 日在武汉华中师范大学召开，会议主题为"20 世纪外国文学反思"。来自全国各地的外国文学专家、学者 200 余人出席了会议，约有 120 人向大会提交了论文。本届年会是 21 世纪召开的第一次全国性外国文学学术盛会。外文所所长、中国外国文学会会长黄宝生致开幕词。他说：20 世纪外国文学在立足 19 世纪浪漫主义和现实主义文学思潮的基础上，出现强大的现代主义和后现代主义文学思潮。这些文学思潮或各种文学创作方法和样式，又与各种社会制度、政治思潮、哲学观念和民族文化传统交融在一起，呈现出绚烂多彩的文学景象。随着 21 世纪的来临，20 世纪的世界文学开始成为文学历史遗产。因此，我们对 20 世纪外国文学的回顾和反思，既是历史的研究，也是现实的研究。作为中国学者，应该善于利用中国丰富的文学资源和文化智慧，体现中国学者在外国文学研究中的自主性和创造性，在世界文坛上发出中国学者的声音，对世界文学作出建设性的贡献。会议期间，代表们围绕以下几个问题展开了讨论：

1. 文化交流与传播媒介。

北京大学教授刘意青回顾了 19 世纪英国文人、思想家阿诺德对希腊和希伯来文化精神的论述，再次证明西方文明是在希腊和希伯来这两大传统的矛盾和互动关系中不断发展和完善的。围绕翻译问题，学者们重点讨论了翻译的目标与标准，提出忠实是翻译的惟一标准，对翻译研究中长期存在的归化与异化问题，引起了与会代表的争论。与会者认为，翻译不仅仅是语言的转换，更是一个文化问题，译者要以学者的态度研究原文后再作翻译，翻译的理论必须以翻译实践为基础。

2. 理论探讨与学术争鸣。

外文所研究员吴元迈作了题为“文学研究的机遇与挑战”的发言。他指出，20世纪末到21世纪，文学发展的趋势是通俗化和多元化。因此，文学研究面临着新的机遇和挑战。针对一些学者提出的“文学研究走向终结”的观点，他从宏观角度分析了文学研究的走向，认为文学研究固然需要“大文化”，但也不能取消文学自身的特性，把文学研究作成泛文化的研究。清华大学教授王宁评论了文艺理论研究中的修正现象，介绍了耶鲁学派主将哈罗德·布鲁姆关于所有的文学、理论都建立在前人的修正的基础之上的观点，提出对文学经典的阐释问题。外文所研究员史忠义作了题为“交相引发与互文性”的发言，比较、说明了互文性在中国文论与西方文论中的特点，指出互文性存在于所有文明、所有语言、所有学科之中。

3. 作家研究与文本解读。

诗歌与戏剧小组主要围绕西方戏剧、浪漫主义诗歌进行讨论。南京大学刘海平教授介绍了由奥尼尔作品改编的中国戏剧在美国上演的概况，阐释了奥尼尔戏剧与中国戏剧之间的关系，分析了推动中美戏剧关系发展的社会、文学、艺术和个人因素。其他代表也对中西文化和戏剧交流问题各抒己见，并结合外国戏剧在我国上演的情况作了具体阐述。外文所研究员叶廷芳发言的题目为《该它露面的时候了》。他介绍了奥地利作家罗博尔·穆齐尔及其创作思想，分析了其作品《没有个性的人》中主人公积极的消极主义者形象，并将这一形象的“无为”与歌德笔下浮士德的“进取”作了比较，探讨了作品所蕴含的文化哲学意味。盛宁研究员的发言《“理论热”消退后美国文学研究的思想》、陈众议研究员的发言《全球化与本土化——20世纪拉美文学的双重选择》、吴岳添研究员的发言《20世纪法国文学中的现实主义》在与会代表中反响较大。董衡巽、陆建德、石南征、刘文飞等研究员也相继在大会上发言。

大会期间召开了外国文学学会理事会，新增选理事28名。武汉电视台、《长江日报》、《武汉晚报》、华中师范大学电视台、《华中师范大学校报》对会议进行了报道。

中国社会科学院东南亚研究中心
成立大会暨学术研讨会

2002年11月7日，中国社科院东南亚研究中心成立大会暨学术研讨会在亚太研究所召开。印尼驻华大使、菲律宾驻华大使到会祝贺并讲话。来自北京地区的50余位学者与会。与会学者就“恐怖主义活动与东南亚现状”这一主题进行了广泛深入的探讨，认为反恐已成为东南亚各国的重要课题。当前东南亚恐怖主义势力的膨胀原因是多方面的，除伊斯兰极端势力的影响外，还受到贫困、地区分裂主义、极端民族主义诸多因素的影响，同时与美国霸权主义的扩张也密不可分。仅凭军事打击无法根除恐怖主义，必须采取政治、经济、军事、文化的综合措施从恐怖主义产生的根源入手，才能取得治本的效果。对于当前伊斯兰极端主义恐怖组织的扩张是否是文明冲突的结果，学者们看法有分歧。有学者认为，基督教文明与伊斯兰教文明发生的正面冲突，正是反美的伊斯兰极端主义恐怖主义产生的根源。也有学者认为，这仅是美国在推行霸权主义过程中与中东地区政治势力发生矛盾冲突的反映，并不涉及文明冲突。对于东南亚恐怖主义对中国的影响，专家们认为，首先，恐怖主义活动在短期内将不会对我国产生直接影响。其次，恐怖主义活动将制约东南亚经济的复苏，进而会间接影响中国经济的发展。再次，美国借反恐采取军事行动，将进一步加强在东南亚的军事、政治影响，从而改变中国周边的安全形势。中国应在充分保证国家利益的原则基础上，参与反恐的国际合作，为维护和平稳定的国际环境作出应有的贡献。

纪念何其芳90周年诞辰暨第二届何其芳国际学术研讨会

由中国社会科学院文学研究所、重庆三峡学院、重庆市万州区文体局联合主办的纪念何其芳90周年诞辰暨第二届何其芳国际学术研讨会于2002年11月11～13日在重庆万州举行。与会中外专家、学者共49人，提交学术论文28篇，有22位与会专家、学者作了大会发言。中国社会科学院文学研究所卓如研究员在“怀念何其芳同志”的发言中，高度评价了何其芳诗歌散文创作、文艺理论批评、文学史研究等方面的卓越成就及其在精心培养青年人才方面尽心竭力的高贵品质。重庆三峡学院何休教授作了关于20世纪80年代以来“何其芳研究”的情况介绍。与会专家、学者对何其芳诗歌、散文创作特点，文艺理论批评的特点和贡献及其思想、人品、个人身份的演变等各个方面，都进行了比较全面的探讨。从讨论中可以看出，“何其芳研究”呈现出如下特点：（1）研究视野的开拓。80年代以来的“何其芳研究”，针对个别时段、具体作品、具体理论批评问题的研究较多，而以更宏大的视野和发展的眼光来观照何其芳创作、理论批评、思想发展和“角色”演变的研究、评论相对比较少；研究何其芳诗歌、散文、文学理论贡献的比较多，而关注其小说、旧体诗和文学批评的很少。这次会议在上述方面有了新的拓展与调整。（2）文本研究的深化。新时期以来，对何其芳创作的文本研究大多侧重其早期作品，审美批评也有待于进一步深入。这次研讨会上出现了一些研究深入的文本批评。（3）研究视角和方法的多样。提交大会的论文分别运用比较学、神话学、叙事学、心理学和历史主义的方法，观照、解读何其芳的人格、文品、创作历程和思想意蕴等，充分说明了何其芳研究的拓展和深化。（4）研究队伍出现新的力量。参加此次大会的除了部分老专家外，多数是比较年轻的学者，他们对何其芳进行了多维度的探讨，提出了很有见地的论点。可以预期，青年学者参加到何其芳研究的队伍里来，是这一研究领域兴旺的标志。

郭沫若诞辰110周年系列纪念活动

2002年11月16日是郭沫若诞辰110周年纪念日。根据中共中央宣传部的批示精神，成立了由中国社会科学院、中国科学院、中国文联、中国人民对外友好协会、国家文物局组成的郭沫若诞辰110周年纪念活动筹备领导小组，王洛林为组长，朱锦昌为副组长，举办了一系列纪念活动，《人民日报》、《光明日报》、《求是》等30余家新闻媒体进行了报道。

1.“郭沫若与新中国外交”座谈会。

为纪念郭沫若诞辰110周年，中国人民对外友好协会于2002年9月18日举办座谈会，缅怀郭老为世界和平运动作出的卓越贡献。郭沫若纪念馆的部分同志、一些曾在郭老领导下工作的老同志及郭老的亲属40多人出席了会议。

对外友协会长陈昊苏作了重要发言，回顾了郭老为新中国外交作出的突出成绩，其中特别提到郭老在1952年10月与宋庆龄、彭真一起主持的新中国成立后的首次大型国际会议——亚洲太平洋地区和平会议。他说："中国在世界进步人类的支持下，通过召开亚太和会，把美国推上了世界和平运动的审判台。这是中国在外交战线上取得的重大成就，对当时曾经猖獗一时的'中国威胁论'给了致命的打击。这件事与后来1953年7月朝鲜停战协议的达成，标志着中国国际威望的飞跃，为中华民族复兴作出了贡献。"与会的老同志争相发言，讲述当年和郭老一起工作时的情景。他们谈到，从新中国成立之时起，郭老就活跃在世界和平运动的最前列。他担任中国人民保卫和平大会主席，多次出席世界和平运动的会议，代表中国人民发出正义的和平呼声。他荣获斯大林国际和平奖金，成为世界上最知名的和平运动领袖之一。他担任中苏友好协会副会长，为发展20世纪50年代中苏良好合作做了许多工作。他的交游遍及五大洲上百个国家，为中国人民结交了一批生死相依的战友和同志。他为发展中日之间的民间友好合作开展了卓有成效的努力，一直到亲眼目睹30年前中日邦交实现正常化，写下两国人民世世代代友好的美好诗篇。大家称郭老是以民间外交辅助国家外交的典范。通过这次座谈会，加深了大家对民间外交在新中国外交史中的重要作用的认识；丰富了郭沫若研究的内容并促进了对这一领域资料的汇集与整理；引起了新闻媒体对民间外交活动的重视。

2．郭沫若、于立群书法展。

为纪念郭沫若诞辰110周年，由中国社会科学院、中国科学院、中国文联、中国人民对外友好协会、国家文物局主办，郭沫若纪念馆、中国革命博物馆等承办的郭沫若、于立群书法展于2002年10月31日～11月24日在中国革命博物馆举行。郭沫若纪念馆、中央档案馆、四川省文物局、北京中国画院、荣宝斋等单位和个人提供了最具代表性的收藏品近150幅参展。

10月31日下午，书法展在中国革命博物馆揭幕。中共中央委员、中国社会科学院副院长王洛林代表主办单位致辞。开幕式上宣读了日本前首相中曾根康弘等的贺信。王洛林、陈宜瑜、李树文、覃志刚、张柏、马识途、刘德有、聂力、蒋先进等有关方面领导及郭沫若的生前友好、亲属、身边工作人员和各界朋友300多人出席了活动。

在此次展览所选真迹中，郭沫若的近110幅作品是近半个世纪不同时期的精品。如草书录毛泽东气壮山河的《沁园春·雪》(高4．7米)、楷书录文天祥《正气歌》的精巧扇面、用李白《蜀道难》韵反其意而作的6米行书手卷《蜀道奇》等等。特别是书赠毛泽东的横幅——1945年重庆谈判后步毛泽东韵写成的一首《沁园春》是鲜为人知的精品，这件作品一直为毛泽东珍藏，此次由中央档案馆首次提供与观众见面。更值得一提的是，郭沫若流亡日本时完成的考古研究手稿洋洋万言全部用蝇头小楷写成，具有极高的文献价值和学术价值。

于立群善写大字，字之大在女书家中实属罕见。于立群用习字来健身，郭沫若曾为其题跋以鼓舞与勉励，从中我们可以体会他们在这一领域共同的研磨与探索。这次展出的于立群作品近40幅。首次展出的隶书毛泽东诗句集联"梅花欢喜漫天雪"长7．4米。部分作品由郭沫若、于立群夫妇合璧写成，布局生动，别有情趣。

全国人大常委会原委员长乔石、全国政协原副主席杨汝岱、中国工程院院长徐匡迪等参观了展览。

3. 郭沫若诞辰 110 周年纪念会暨第二届郭沫若中国历史学奖颁奖式。

由中国社会科学院、中国科学院、中国文联、中国对外友协、国家文物局联合举办的郭沫若诞辰 110 周年纪念会和第二届郭沫若中国历史学奖颁奖活动于 2002 年 11 月 20 日上午在国际饭店召开。参加会议的有张劲夫、江蓝生、郭传杰、覃志刚和主办单位领导，郭沫若中国历史学奖获奖人员，参加“郭沫若与百年中国学术文化”国际论坛的专家学者及郭沫若生前友好、亲属近 300 人。

中国社会科学院副院长江蓝生宣读了李铁映院长的书面发言。在会上发言的还有中国科学院副院长郭传杰，中国对外友好协会副会长陈昊苏，四川省作协主席、中国郭沫若研究会副会长马识途。

李铁映院长的书面发言对郭沫若为中国进步文化的发展所作的贡献作出了总体评价：“郭沫若在中国革命和建设事业中立下的功绩，在 20 世纪科学文化领域的地位与贡献是不可磨灭的。郭沫若这个名字，将同鲁迅一起，在中国革命史和中华文化史上永放光芒。”他从两个方面具体阐述了郭沫若的思想特点。一是充分肯定他追求革新的创造者姿态，“郭沫若一生追求光明和开拓创新的精神，是中国知识分子最可宝贵的精神财富。有了这种创造精神，才有我们民族文化事业的兴旺发达。”二是在新文化与旧文化、外来文化与传统文化的碰撞中，“郭沫若与时俱进，脱颖而出，成为中华民族新文化的一代巨人，并形成影响他日后思想认识和学术研究的世界文化观：吞吐中外学说，瞩目异民族优秀文化；以国情为基点，考验外来文化适应度；吸吮科学甘乳，填写世界文化的白页”。在发言中，他还对郭沫若提出的“科学的中国化”思想进行了进一步阐述：“这一思想，包含着‘以大众化为其目标，以文学化为其手段’和以‘政治的民主化为前提’的完整内容。”同时，“与他反对愚昧迷信、主张科学大众化的思想紧紧联系在一起”，“又是与民主思想联系在一起的”。

中国科学院副院长郭传杰的发言高度评价了郭沫若作为“新中国科学界的第一位领军人物”为科技事业的发展作出的卓越贡献。中科院创建初期，“他和院领导一班人大胆、求实、稳妥地对旧中国遗留的科研机构进行调整、改造、充实和加强，并根据国民经济建设的需要创建了一批新的科研机构，为解决科研和生活基地的建设问题，他和领导班子成员在京郊多次实地考察，最终选择了中关村作为科学院的发展基地”。“郭沫若是中国科技大学的创建者，他担任科大校长近 20 年，工作中充分显示了他渊博的学识，深邃的办学思想”。“正是由于郭沫若为科技事业所作出的巨大贡献，因而赢得了国内外各界人士的尊重”。

马识途的发言充满感情地回顾了在 20 世纪新文化发展的各个时期郭沫若的贡献和他对追求真理、向往光明的青年人的感召。他说：“郭沫若在中国‘五四’新文化运动中及其以后，为开启一个新的时代，创造一个新的文化，以至建立和建设一个新的国家，作出过卓越的贡献。他当之无愧地代表中国先进文化前进的发展方向。我们这些经历过 20 世纪 20 年代、30 年代、40 年代的老人，至今还记得，正在寻找救国之道的青年们为郭沫若那烈火般的诗文激发起空前的战斗热情。许多人就是在他和一批启蒙者的感召下走向革命的。当然，他在复杂的政治环境和繁重的社会活动中，在资料有限的学术研究中，要说没有出现一些问题，那不是实事求是的态度。重要的是知人必须论世，应该用历史唯物主义的观点，从他所在的政治环境、社会背景、历史条件出发，进行实事求是的研究。”

在北京国际饭店召开郭沫若诞辰110周年纪念会的同时，第二届郭沫若中国历史学奖评奖结果揭晓。原中央顾问委员会常委张劲夫及中国社会科学院、中国科学院、中国文联、中国对外友好协会和国家文物局的领导为获奖者颁奖。

郭沫若是我国马克思主义史学的开拓者和奠基人之一，他在史学研究中取得了多方面的杰出成就，对中国现代历史学的发展作出了卓越的贡献，在我国学术界和国际上享有崇高的荣誉。郭沫若中国历史学奖是在1998年郭沫若纪念馆馆庆10周年之际由郭老的子女提议和捐资设立的。设立郭沫若中国历史学奖的目的不仅是为了纪念一代史学宗师，更重要的是鼓励广大史学工作者继承和发展老一辈马克思主义史学家开创的中国史学研究事业，鼓励产生更多的史学精品和史学大家，为研究、弘扬和宣传中国历史上的先进思想和先进文化服务。

第二届评奖委员会由来自中国社会科学院、中国科学院、中央文献研究室、北京大学、清华大学、人民大学、北京师范大学等研究机构大学的20位著名专家学者组成。李铁映为名誉主任，王忍之、林甘泉分别担任正、副主任。第二届评奖对象为1993～2002年出版的中国历史（下限到1949年中华人民共和国成立）研究领域包括通史、断代史、专史（含科技史）、考古学、古文字学和古人类学方面的优秀学术专著。经过历时近一年的个人申报、专家组推荐和评奖委员会的认真评选，共有21部上述领域的学术专著获奖，共颁发奖金15万元。其中一等奖1部、二等奖6部、三等奖14部。郭沫若中国历史学奖在奖励优秀专著的同时，还奖励为出版这些专著付出辛勤劳动的责任编辑，以激励出版界为精品力作的不断问世继续作出不懈努力。此次颁奖会上，人民出版社等13家出版单位及责任编辑获得褒奖。

4. “郭沫若与百年中国学术文化”国际论坛。

由中国郭沫若研究会和四川郭沫若研究学会共同举办的“郭沫若与百年中国学术文化”国际论坛于2002年11月20～22日在北京举行。来自全国各地和日本、韩国、美国的70余名专家学者参加了研讨会。会议收到学术论文40余篇，有19位国内外学者作了大会发言。与会代表还在小组会上发表了自己的见解。

论坛主题体现了主办者的想法：将郭沫若在文学、历史、古文字研究等诸多方面的成就置于百年学术文化背景下加以考察，在宏观的文化视野中，在中国学术文化发展的进程中，评价郭沫若学术文化活动的特点。

研究郭沫若的难度在于要真正走近这个百科全书式的人物，使研究向纵深发展，必须有不同学科学者的共同参与。这次会议的代表有多年来从事现代文学、比较文学、美学研究的学者，也有历史、考古学方面的研究者，国外学者的参与在治学方法和思路上给予我们启发。另外，郭沫若书法成就的研究是这次会议的一个新的切入点。中学语文教学研究机构和中学教师的参与，则把现代作家作品教学中出现的问题摆了出来，引起了与会学者的关注。

这次会议的论题是开阔的，对百年学术史的梳理使以往未能引起关注的问题得到重视，如分析郭沫若走进学术领域的独特方式、前后期学术研究的异同、他与学院派研究方式的不同在学术文化史上的意义等。对于郭沫若的精神品格与传统文化的联系，郭沫若与20世纪中国的现代化选择，郭沫若自身在历史研究中所显现的精神特质等问题的探讨也达到了一个新的高度。郭沫若在历史、考古等方面的成就被放在20世纪学术大背景上加以论证，拓宽了研究视野。

对于研究现状的反思是这次会议的重要收获。有学者明确指出，要知人论世，不要离开历史条件作结论；有学者提出，要改变从一个既定的评价出发，从原点到原点的研究思路；也有学者指出，反思郭沫若应当是知识分子的整体性反思。会上，不同的学术观点之间有交锋，有碰撞，也引发了新的话题，新的思考。

“新世纪的中国历史学——挑战与思考”学术研讨会

由《历史研究》杂志发起，与中山大学历史系、香港中文大学历史系和中国文化研究所联合举办的“新世纪的中国历史学——挑战与思考”学术研讨会于2002年11月18～21日在香港中文大学举行。

来自内地与港台地区的40余名学者出席了会议。与会者就全球化背景下中国史学的未来发展、如何提高以中文表述的史学成果的国际影响和地位等问题进行了探讨。

20世纪五六十年代，大陆史学界曾经就“史”与“论”的关系问题进行过热烈的讨论，主要有“以论代史”、“论从史出”、“史论结合”等三种观点。然而今天重新回顾那些讨论，会发现那其实是一个“以论带史”的时代，所有重大的理论认识和结论实际上大多是预设的，给“论从史出”和“史论结合”所留的余地很小。从80年代初期至中期，当不少史学工作者经过认真的、审时度势的反省和思考，最终选择了沉下心去埋头从事具体研究和实证研究，而对理论采取了一种相对疏离和冷淡态度的时候，曾有不少人提出种种批评。然而从后来的结果来看，历史学在其后所取得的巨大发展，却正是大大得益于这个“沉下去”潜心研究的阶段。从80年代中期到今天的十几年间，中国史学在具体研究和实证研究领域已经取得长足的进步，获得了丰富成果。近年来“史学危机”一类的呼声逐渐趋弱，正是史学已经走出那段彷徨困惑、无所适从的过渡阶段，进入到一个新的蓬勃发展时期的生动反映。虽然今天还有一些学者认为仍然存在“史学危机”，但背后的问题意识已经与过去完全不同了，考虑的主要是作为人文学科的史学与社会科学的界定和关系问题，全球化与本土化的关系问题，在国际化的背景下是否可能以及如何建立中国史学自己的话语系统的问题，等等，这些议题都是此次会议的重点。

“中俄改革比较研究——回顾与展望”研讨会

2002年11月20～30日，中国苏联东欧史研究会和暨南大学共同主办的“中俄改革比较研究——回顾与展望”研讨会在珠海举行。与会者就俄罗斯与中国改革前后的基本情况和改革的具体措施进行比较，认为两国改革所具备的有利或不利的起始条件都不是绝对的，关键在于领导的改革路线、方针和政策是否正确。正是在这一点上，中俄两国由于实行了不同的改革路线和政策，出现了两种不同的结果。不少学者指出，俄罗斯的经济转轨是在激烈的政治斗争中进行的。叶利钦—盖达尔政府根据美国哈佛大学教授萨克斯的意见，采取激进的转轨方式，即“休克疗法”，企图用私有化的办法，立即消灭社会主义公有制，建立资本主义自由市场经济，打倒政治反对派，防止共产党重新执政。而中国经济转轨采取的是渐进方式，即在农村率先实现联产承包责任制，逐步向城市扩展，建立以公有制为主体的多元化所有制结构；正确处理改革、发展和稳定的关系，使生产的发展和生活水平的提高保持良性循环。而俄罗斯的“休克疗法”却造成了国内生产总值持续八年的负增长，少数人的暴富，多数人的贫困化。

与会者还认为，中俄两国转型时期都出现了收入不均和贫富分化的问题，但俄罗斯居民收入差距的扩大幅度超过了中国改革 18 年间的收入差距扩大幅度。两国贫富分化的最基本特征表现为：中国收入分配不均主要表现的是城乡收入差距和地区收入差距；收入差距的扩大不是最高收入群绝对收入的提高和最底收入群绝对收入的下降，而是伴随着两种收入群收入的共同提高。俄罗斯则表现出明显的阶层贫富两极分化的趋势，即生产下降、人民生活水平下滑的同时出现暴富阶层。如何解决贫富分化这一市场经济的主要弊端，关系到社会的发展和稳定。中俄学者认为，在中俄两国现有的条件下，只有坚持渐进转型的模式，通过健全法制和制定合理的经济政策，调整人们之间的收入分配，才是解决社会贫富分化问题的基本思路。其中尤为重要的是建立合理的税收制度和社会保障体系。

与会者指出，中国改革开放 20 多年来，经济发展了，人民生活水平提高了，社会保障体系也在逐步建立完善。尽管还存在着许多问题，但基本上使贫困人群解决了温饱问题，这不能不说是渐进转型模式的一大贡献。

2002 年中国生态旅游论坛

为了响应联合国关于 2002 年“国际生态旅游年”的决定，由中国社会科学院主办，中国社会科学院旅游研究中心承办的 2002 年中国生态旅游论坛于 2002 年 11 月 25～28 日在北京国宾酒店举行。此次会议的指导、支持、协办单位还有：国家旅游局、世界自然基金会（WWF）、中国旅游未来研究会、中国旅游报社、北京旅游学会、社会科学文献出版社、中国生态学会旅游生态专业委员会等。来自中国社会科学院、中国科学院、国家计委、国家旅游局、国家环保总局、水利部、国家林业局和其他部门的领导、专家与来自全国各地的研究者、实践者 100 余人参加了论坛，就世界和中国生态旅游发展的理论与实践进行了广泛讨论与多方对话。中国社会科学院陈佳贵副院长和相关部门的负责人向大会致辞。论坛主要围绕以下几个方面进行研讨：（1）进一步明确了生态旅游是可持续发展的关键。（2）从社会科学研究者的角度特别强调了文化与生态旅游的关系。（3）与会专家学者进行了大量的生态旅游案例的研讨和开发模式总结与效果评价，主要地区包括香格里拉、北京地球村、四川王郎自然保护区、陕西秦岭自然保护区、云南兰坪等。（4）探讨了特定性质区域的生态旅游开发思路。例如，水利生态旅游、森林生态旅游、草地生态旅游、农村生态旅游的基本开发思路，以及欠发达地区生态旅游开发、都市生态旅游开发、国家地质公园及其旅游开发、自然保护区生态旅游开发应该注意的问题。（5）提出了对我国生态旅游发展的思考与建议。与会专家学者对我国生态旅游开发实践中存在的生态破坏严重、政府的短期行为、生态意识的缺乏、生态旅游从业人员的素质有待提高等问题表示了忧虑。关于我国生态旅游发展问题，与会专家建议：①规范生态旅游发展，尽快建立生态旅游认证体系；②推行生态旅游示范区的做法；③加强环境教育；④建立利益驱动机制；⑤加大人才培养力度。（6）通过了由中国社会科学院旅游研究中心起草的《关于中国生态旅游发展的倡议书》。倡议书对生态旅游发展的相关者——政府，旅游行业组织，生态旅游的投资经营者，参加生态旅游的旅游者，生态旅游研究教育机构发出了倡议。该倡议书还特别指出，所有生态旅游资源富集的生态脆弱地区，都必须十分注意生态完整性的保护；要提高对人文生态资源的认识；积极探索生态旅游发展的多种模式和途径。

产业论坛——国际汽车高层论坛

2002年11月28～29日，由中国社会科学院主办、德勤会计师行和香港著名投资咨询机构摩根亚当斯顾问有限公司协办、中国社会科学院工业经济研究所承办的产业论坛——国际汽车高层论坛先后在北京国际俱乐部饭店和人民大会堂举行。全国政协副主席陈锦华出席了开幕式，全国人大常委会副委员长蒋正华出席了闭幕式。国家发展计划委、国家经贸委、对外经济贸易合作部、中国人民银行、中国证券监督管理委员会和国内著名银行主要领导人和相关职能司局负责人，全球主要汽车公司国际总部、国内外知名汽车公司总裁，著名国际汽车信贷公司、香港金融证券机构负责人，所罗门美邦（花旗集团）亚洲区总裁，香港联交所总裁，德勤财务融资公司首席合伙人等国际金融及中介机构的高层人员以及国内外知名学者约140人出席会议。

我院副院长陈佳贵在开幕式上致辞，指出，中国已经初步形成了相对独立的汽车生产体系，中国的市场优势、劳动力素质和成本优势、工业配套的规模优势逐步显现。中国加入WTO后将在开放中逐步融入全球汽车制造分工体系，有望在未来10～20年成为世界重要的汽车制造基地之一。

大会发言围绕“经济全球化与汽车产业的未来”进行。国家计委张国宝副主任披露了即将出台的一系列政策，包括汽车消费政策、汽车产业投资管理规定、汽车工业产业政策、汽车贷款机构管理办法和个人汽车贷款管理办法等。外经贸部副部长魏建国的发言认为，全球汽车工业总的竞争态势是大企业、大集团主宰和垄断市场，领导发展潮流，并将长期存在。魏建国指出，世界汽车工业“6+3”的竞争格局也深刻地影响着中国汽车工业的发展，中国汽车工业企业间的合纵连横步伐正在加快。他热诚欢迎世界各大汽车跨国公司加大与中国企业的合作、合资。中国农业银行行长尚福林指出，汽车产业发展最重要的内容是汽车业与金融业的融合。中国农业银行树立“创造市场”和“培育市场”的理念，积极参与汽车金融活动；截至2002年9月末，农业银行的汽车消费贷款余额达到255．81亿元，比年初增长了121.6%，市场份额位居四大国有商业银行之首，成为汽车消费信贷领域一支引人注目的生力军。福特汽车（中国）有限公司董事长兼首席执行官程美玮预测，从现在到2010年，全球汽车产量将增加1100万辆，亚太地区将新增700万辆以上，占到65%，而其中将有一半来自中国。德国大众金融服务有限公司副总裁汉斯皮德．吕策克鑫介绍了德国大众集团概况，大众汽车与汽车金融服务之间的关系，以及汽车金融服务在中国的发展前景。根据大众公司的预测，到2010年，中国将成为世界第三大汽车市场，2007年，中国将有50%的车辆是通过融资支持售出的。汽车金融服务机构为用户提供更灵活、便捷、专业的购车服务，以及二手车售卖方面的理财建议，将促进中国汽车市场会更快地发展。

在“中国汽车产业结构和产业政策调整”专题论坛上，国家经贸委副秘书长甘智和认为，中国汽车工业已经具备生产满足居民消费要求的汽车商品的能力以及销售网络优势，国产车将大有作为，将在相当长的时间内占据国内汽车市场的主导地位。北京汽车投资有限公司总裁、北京现代汽车股份有限公司董事长徐和宜介绍了北京现代汽车公司成立以及北京市汽车发展的情况。2002 年，北京汽车工业形成了“一个基地、三个板块”的发展格局。财贸所江小涓研究员阐述了汽车工业吸引外资的基本概况，批评了“跨国公司已经垄断了中国市场”的观点，认为，将跨国公司视为一个利益整体，计算其市场份额，这个概念是不恰当的。工经所研究员赵英指出了目前跨国公司在华战略出现的新变化，认为中国汽车生产企业日益发挥其比较优势，成为跨国公司全球战略的重要环节。

“汽车消费市场与汽车金融服务”是论坛讨论的一个热点。汉斯皮德·吕策克鑫分析了汽车金融服务机构在全球汽车市场中的角色，汽车金融服务机构与商业银行之间的产业关系，汽车金融服务给消费者、代理商和制造商带来的利益等问题，并就怎样把国际上成熟的汽车金融服务手法转移到中国进行了探讨。中国人民银行研究局局长谢平分析了我国汽车贷款今年出现增长迅速的形势：一是加入 WTO 后，商业银行积极在车贷市场中争取主动；二是保险公司积极介入，使银行风险大大下降；三是车辆抵押登记的改善降低了汽车消费信贷的风险；四是车价没有出现大幅度下降，新车推出较多，刺激了贷款购车消费。我国风险管理方面存在缺陷，与国外标准的“信用评估＋车辆产权抵押”的管理模式相比，国内基本不作信用评估或信用评估流于形式，这种简单转移风险的做法不能长久。谢平认为，随着有关管理办法的出台和汽车逐渐进入家庭，我国汽车金融服务的市场将呈现三大模式：购车储蓄与贷款一体化模式、银行与专业机构合作模式、前后台分离模式。中国农业银行副行长张云介绍了积极参与汽车信贷的做法，并对银行在汽车金融服务业务前景充满信心。工经所曹建海副研究员分析了中国目前的汽车消费市场增长及其特征，并从道路、停车、能源供应、汽车消费政策、汽车金融服务、汽车消费权益保护等方面分析了中国目前的汽车消费环境。

在“汽车相关企业如何进行融资、并购与上市”专题论坛上，与会者分别就汽车企业的购并与资产重组、汽车企业融资与海外上市、海外上市有关国内监管政策等作了发言，引起了与会听众的强烈反响。与会者与发言嘉宾就汽车企业在香港上市融资、国有汽车企业的发展前景以及民营企业如何参与汽车产业并购和资产重组等问题进行了热烈讨论。

第四届中国经济学家论坛暨“2003 年中国社会经济形势与预测”国际研讨会

第四届中国经济学家论坛暨“2003 年中国社会经济形势与预测”国际研讨会于 2002 年 11 月 28～30 日在北京人民大会堂召开。参加会议的有来自全国各地的学者和外国驻华使节等共 600 多人。全国人大常务委员会副委员长成思危、全国政协副主席孙孚凌参加会议。中国社会科学院秘书长朱锦昌到会并致开幕词。

此次论坛与研讨会是由国务院发展研究中心发展战略和区域经济研究部、中国社会科学院中国经济分析与预测中心、商务部中国国际经济技术交流学会主办，北京国际交流协会、《发现》杂志社承办的每年定期举行的高层次国际性研讨会。会议旨在通过著名经济学家对当前经济热点和难点问题进行解析和探讨，并对我国下年度的社会经济形势进行预测和分析，提出政策建议，促进我国社会经济的持续、稳定、快速发展。

在此次论坛与研讨会上，在京的部分著名经济学家作了精彩的发言。成思危副委员长就失业问题、收入差距问题、生态环境问题以及治理腐败问题发表了看法。我院特邀顾问刘国光教授就当年的经济形势、通货紧缩趋势、财政货币政策等问题表明了自己的见解。我院数量经济与技术经济研究所所长汪同三、工业经济研究所所长吕政、农村发展所所长张晓山、社会学研究所副所长李培林等从入世后如何推进国企改革、农村经济结构调整以及对中国2002年及2003年经济、社会发展进行了分析与预测。

国务院发展研究中心副主任陈锡文、国家发展计划委员会产业发展研究所所长马晓河对新时期"三农"问题进行了分析与政策上的思考，并提出"小康社会关键在农村"的观点。

国务院发展研究中心发展战略和区域经济研究部部长李善同、国家发展计划委员会经济研究所所长陈东琪、北京大学中国经济研究中心主任林毅夫等就扩大内需的结构分析、中国区域发展和国际资本流动新趋势与吸引外资等问题谈了自己的看法。

在财政及货币政策方面，中国人民银行研究局局长谢平谈了货币政策的新进展，中国人民大学校长朱利、高培勇对中国公共财政框架的构建发表了看法。

另外，亚洲开发银行驻华代表处首席经济学家汤敏还作了题为《新形势下的亚洲经济展望及对中国经济的影响》的发言。中国经济体制改革研究会会长高尚全作了题为《改革要有新突破》的报告。

与会代表对学者们的发言进行了热烈的讨论，并围绕会议主题交流了彼此的学术见解。

"台湾经济走势与两岸经贸关系发展"研讨会

2002年11月下旬，中国社会科学院台湾研究所在福建厦门举办为期两天的"台湾经济走势与两岸经贸关系发展"研讨会。民进党执政后，岛内经济在内外因素影响下出现大幅滑坡，2001年出现战后以来仅见的经济衰退。2002年，在两岸经济关系迅速发展带动下，岛内经济出现缓慢复苏，但整体表现仍不理想。2003年的岛内经济走势不仅影响两岸经济关系发展，也将对岛内2004年"大选"产生重要影响。为此，与会学者对岛内经济形势及走向进行了深入探讨。

与会学者认为，目前台湾经济形势依然不乐观。国际经济形势和岛内政经环境对台湾经济的冲击，甚至要甚于"二战"后两次石油危机和亚洲金融风暴的影响。台湾经济目前的困境，既是国际经济不景气和岛内政党轮替冲击的结果，又有其深层次原因。从深层原因看，台湾经济目前正处于一个新的转型期，即占岛内GDP总量三分之二以上的第三产业因岛内市场狭小已缺乏足够的市场扩张空间；第二产业的龙头IT产业又面临国际竞争优势而不断下滑，大量向祖国大陆转移，面临很大的产业升级压力；同时，金融问题也成为台湾经济发展的新瓶颈。这些深层问题加上外部因素的冲击，是造成台湾经济困境的根本原因。从前景看，台湾经济要振弊起衰，不仅要靠外部环境的改善，也要进行深层次的结构调整。而由于两岸经济关系的迅速发展和大陆经济的高速增长，台湾经济结构调整须与发展两岸经济关系相结合，才是有效出路。但从目前看，由于台当局并未认识到这一点，因此台湾经济结构调整仍有个过程，岛内经济短期内要完全恢复并非易事。这对于民进党2004年的岛内选举而言，仍将是最大的包袱之一。

“核心竞争力与企业管理创新”研讨会暨中国企业管理研究会 2002 年年会

2002 年 12 月 1 日，“核心竞争力与企业管理创新”研讨会暨中国企业管理研究会 2002 年年会在江苏省苏州市召开。来自国内大专院校、科研机构和企业的 55 个单位的 120 位代表出席了会议，收到会议论文 50 余篇。

我院副院长、中国企业管理研究会会长陈佳贵出席会议并讲话。他指出，培育我国企业的核心竞争力，是事关我国经济现代化和小康社会建设的重大问题。在当今全球化和激烈的国际竞争环境中，只有努力培育出大批具有核心竞争力的企业，我国的产业和整体经济才能有竞争力，才能够实现我国国民经济的快速健康发展。研究企业的核心竞争力，必须研究为什么有的企业能够长盛不衰、持续发展和壮大，要研究决定企业生存和发展背后的最根本的因素是什么，要注重研究企业竞争优势的内在逻辑以及企业竞争优势的可持续问题，要重视研究包括技术创新和管理创新在内的企业创新问题。

创元集团董事长葛维玲介绍了 1995～2002 年间该集团的快速发展历程和主要业务情况，及如何培育核心竞争力、如何处理国有企业面临的经营管理难点的心得体会。

经济学家周叔莲从经济建设目标、工业化道路、基本经济制度建设、国有资产管理体制改革、混合所有制经济、就业问题、投资与消费的关系、分配制度等方面总结了十六大报告在理论上的十个重要创新。他提出，加入 WTO 后，我国企业能否抓住机遇，应对挑战，其关键就在于是否有核心竞争能力。

邯郸钢铁公司董事长刘汉章介绍了近年来邯钢改革与发展的基本情况，以及邯钢以抓成本管理为龙头，加快建设现代企业制度及相适应的用工、人事和分配制度改革以调动员工积极性，不断推进技术进步，进而形成核心竞争能力的成功经验。

我院工经所副所长金碚阐述了当前企业竞争力研究中遇到的若干问题。他指出，要使竞争力研究更贴切地反映产业、企业的经济现实，就必须充分认识和深入理解我国工业化进程和企业发展中面临实际问题的复杂性，选择好适当的学术研究工具。

西安交通大学副校长席酉民回顾了传统战略管理的基本特点及其在新环境下遇到的困难，提出了“和谐管理”的理论主张。他认为，我国企业是在不规范的市场环境中成长起来的，大多患有与生俱来的“管理综合征”。对此，理论界应具备“战略研究的和谐观”，通过识别不同企业在不同发展阶段所需要的“和谐主题”，促使企业更好地将人的因素和物的因素结合起来。

江西财经大学副校长吴照云认为，创新需要一定的环境。企业文化可以帮助企业培育出促进创新的文化，有助于企业实现可持续创新。

中国企业管理研究会副理事长郑文平指出，国企改革和民营经济发展中成长起来一批不错的企业，然而，这几年来，这些企业（中的一部分）的创新动力正在减弱。针对这种现象，我们的制度建设应该满足企业创新的需要，应该能够创造出一种外部条件，使企业获得持久创新的动力与压力。

徐州矿物集团有限公司代表黄有劲介绍了徐州矿物集团作为一个具有 120 多年煤炭开采

历史的大型国有企业如何立足区位优势，结合企业所在的特定产业环境和内部管理基础条件，分别从节支降耗、成本控制，产品营销和销售管理体制，生产和质量控制，供求关系管理等方面，探索出有特色的核心竞争力培育之路的成功实践。

北京大学光华管理学院张国有教授揭示了近年来我国在企业核心竞争力研究方面存在的一些误区。他认为，核心竞争力的定义有近三四十种，一旦面对具体问题，如到底海尔、联想之类成功企业的核心竞争力是什么，百年企业的核心能力到底是什么，理论界仍然是各执一词，难以达成共识。为此，应该改变把“核心竞争力”视为一个收敛性的、单一要素决定的分析工具的思路，将它看成是一个多因素的组合。作为一个多因素组合，核心竞争力首先是特有的技术能力，包括产品、制造、市场技术。第二个因素是特别的规制，包括体制、规则。第三个因素是团队的精神和进化的能力。这种能力必须要落实到人/团队的文化、观念和精神状态上。当所有的能力都被归结到人身上时，就可以发现，成功企业需要的必须是一个训练有素的人/团队，进一步推导就会得出使命、理念和价值观这类命题。

中国企业管理研究会副会长樊光鼎认为，寻找西部城市或西部区域的核心竞争力，将为西部大开发找到长期的原动力。只要确立西部经济发展的核心竞争力，找准政府、企业的位置，就能从根本上改变西部以往过多依赖国家、过多依赖长官意志、过多依赖东部让利、寄希望于东部产业转移及西部人才外流等弊病，实现西部社会经济的可持续发展。

天津科技大学校长魏大鹏认为，核心竞争力是技术能力的集合体和组织能力的集合体的集成。从核心技术能力的角度看，本田在汽车发动机的设计与制造，日电在超大规模集成电路和集成电路，佳能在光学、影像和微处理技术，索尼公司在微型电子产品的设计与制造，卡西欧在液晶显示器方面，都各自拥有其独特的技术能力。从核心组织能力的角度看，惠普、索尼等知名跨国公司在团队协作和跨部门合作、管理协调能力上都各有其独到之处。相比之下，目前国内企业总是过多地强调外部环境对企业战略和经营的影响，如市场环境不好，体制不健全，竞争环境不公平等；但真正从内部去思考如何成功经营的企业数量仍然不多。由于在同样的外部环境下，总有企业失败，也总有企业成功，为此，建议关注核心竞争力的企业将经营重点适度地移向企业内部的基础性“弱项”环节。

上海大学国际管理学院副院长陈宪认为，自生能力即在开放的竞争环境中企业获得平均利润的能力，其实质是一种基础性的竞争能力。中国有些企业得到超额利润，只是因为它们处身于非竞争性的（自然）垄断市场上，但企业本身并不一定具有自生能力，更谈不上核心竞争力了。研究者不能简单地将这种垄断、超额利润视同于企业有核心竞争力的表征。

首都经贸大学工商管理学院院长黄津孚、上海理工大学商学院院长李好好和厦门大学管理学院副院长林志扬分别就其会议论文《核心团队决定核心竞争力》、《企业文化在培育中外合资企业核心竞争力中的作用》和《关于企业核心竞争力的几点认识》发言。青岛企业形象与管理科学学会会长徐红力就其会议论文《孔子的“和谐”管理思想与“和商”的核心竞争力》，以文化学和哲学思辨的视角，回应了研讨中的“和谐管理观”、企业研究方法等问题。

东北财经大学工商管理学院院长卢昌崇认为，对企业核心竞争力问题的研究，应该充分体现历史观的思想。基于这一主张，他考察了延续了200年的乔家大院这个金融服务企业的案例。他认为，在人力资本积聚和保障方面作出的较为完备的正激励和负激励的制度安排，是乔家企业培育核心竞争力的重要成功因素。

中国海洋大学经济学院院长孙健着重从超前的战略、技术研发策略、营销管理和人才流动四个方面剖析了海尔的核心竞争力。

江西财经大学工商管理学院卢福财教授和黑龙江大学经济学院于金教授回应了关于有无“核心竞争力”的争论。他们强调，核心竞争力是存在的，且和企业制度紧密相关。在特定条件下，核心竞争力来源于企业制度。而公司治理是核心问题。如果公司治理、企业家的激励—约束机制这些根本性的制度安排没有完善化，企业就无法进行核心竞争力的培育。

中国人民大学工商管理学院院长徐二明概述了战略管理理论发展进程中所涉及的理论领域及重要的研究工具，列举了国际战略管理理论的前沿、热点问题及从理论到实践应用中的主要问题。包括：企业能力演进或动态的资源—能力观、公司治理（包括高管层薪酬与领导架构）、杠杆收购与风险投资、产业“结构—绩效—组织”论或公司战略与环境的匹配、如何进入新的市场或创业、企业生态系统论与网络化组织、战略联盟与资源整合、知识经济与学习型组织、企业与政府关系/制度安排、战略管理中的全球化与可持续发展问题，等等。

与会代表还就“中国企业如何提高核心竞争力”和“核心竞争力的理论与战略管理”这两个主题开展了广泛且深入的分组研讨。通过讨论，大家对核心竞争力这一概念的内涵、内容、影响因素、形成机理及其培育与提高等问题有了更进一步的理解。

“中国海外贸易与海外移民”学术研讨会

由中国中外关系史学会和深圳大学留学生教学部联合主办的“中国海外贸易与海外移民”学术研讨会于2003年12月1～4日在深圳大学召开。来自全国各地及香港、澳门地区的50余位学者参加了这次会议。会议就中国海外贸易史、移民史及相关问题作了深入研讨。

1. 关于中国海外贸易史。李金明的《明代后期的海外贸易与海外移民》认为，明代后期，大量的中国海外贸易船涌向马尼拉、日本等地，以中国的生丝、丝织品换取大量的外币，形成一股移民潮。这些移民为当地的发展作出了贡献。王元林的《澳门兴起前明代初期广东沿海贡舶贸易港考》，对澳门兴起前明代初期广东沿海贸易港口浪白等地进行了考察研究，并对贡舶贸易港口从广州南移至电白县附近的位置作了考证。戚印平的《耶稣会驻澳门的管区代表及其相关问题》认为，澳门管区代表的真正确立者是范礼民，还对澳门管区代表的基本职责、任务、特权等问题进行了研究。李强的《蒙元时期华夏海外贸易与移民文化钩沉——兼论赵氏孤儿与中国孤儿中西版本之演绎》，论述了以《赵氏孤儿》为代表的元杂剧在海外的演绎轨迹，梳理了中国移民文化传播与异化的来龙去脉。李木妙的《16至18世纪中国海外贸易的影响》认为，当时中国的海外贸易是世界历史上具有划时代意义的经济活动，加速了中外文化的交流。耿升的《18世纪广州对外贸易的真实见闻录》一文，对法国东印度公司驻广州的最后一任商务代表夏尔·德·贡斯当所作《18世纪广州对外贸易回忆录》的时代背景、主要内容和史料价值及作者进行了研究。于向东等对17、18世纪广南阮氏与中国、日本的贸易状况进行了分析。张廷茂对16～17世纪初华商在东南亚活动的西方文献进行了深入研究。陈尚胜对近20年清朝前期海外贸易政策研究进行了述评。任万平对清朝对外贸易中所造就的广州钟表制造业作了分析。谭世宝对中外贸易中的一些地名作了新探。

2. 关于中国海外移民史。纪大椿的《19世纪中亚的中国移民》认为，这一时期的中国移民主要是19世纪下半叶从新疆迁去的，并对移民的迁出情况进行了研究。冷东以岭南德孝教为例，阐述了《移民与地方宗教在海外的传播》。陈潮对《中国海外移民社会的若干特点及其意义》作了分析。俞云平的《改革开放以来海外同胞在福建经济建设发展中的作用》认为，海外同胞的作用不可忽视。方铁的《我国内陆与中南半岛地区之间古代海路与陆路交通的关系》，阐述先秦至清代我国内陆与中南半岛地区海路与陆路交通的变迁及动态关系及造成这种变化的主要原因。朱亚非的《徐福东渡移民集团归宿探寻》认为，就当时条件而言，到达日本列岛是极少数，绝大多数成员到了韩国南部。马一虹的《7、8世纪靺鞨与日本古代国家的交涉及其性质》对靺鞨部族与日本古代国家的交流作了细致研究。孙泓的《中国向朝鲜半岛移民的历史》研究了中国和朝鲜半岛各国各族共同起源的历史。乐承耀的《明清宁波海外移民历史的作用》认为，明代宁波移民促进了中日经济的交流，晚清后期宁波引进的先进技术和人才促进了沿海经济的发展。其他相关论文有王一丹的《波斯史学家拉施特对汉学的贡献》、乌云高娃的《朝鲜司译院"汉学"用书》等。

民族理论研讨会

2002年12月2～5日，在广西桂林召开了全国民族理论研讨会。此次会议由中国民族理论学会、广西壮族自治区政府联合举办，来自全国各省、市、自治区的90多位专家学者出席了会议，收到论文40余篇。

此次会议的主要议题为"加入世贸组织对民族地区的影响与对策及民族地区全面建设小康问题"。会议由前人大农委副主任、中国民族理论学会会长伍精华主持，广西壮族自治区副主席孙瑜在开幕式上作了重要讲话。特邀代表清华大学国情研究中心主任胡鞍钢教授在开幕式上作了主题演讲。他认为，在民族地区全面进行小康建设一定要分几步走，(1) 深入了解民族地区的实际情况，找出制约当地发展的主要原因；(2) 要对当地所处的发展阶段有清醒的认识；(3) 制定切实可行的目标和发展计划。在开幕式上发言的还有：《求是》杂志社总编辑王天玺、国家民委副主任牟本理、中国社会科学院民族学与人类学研究所所长郝时远。他们从不同的角度对民族地区全面建设小康问题进行了论述。学会顾问张声作、陈仁、赵廷光也针对不同地区的情况对民族地区全面建设小康的途径提出了自己的看法。

围绕"中国加入世贸组织对民族地区的影响"这一主题，代表们一致认为，东西部的情况不同，东部机遇大于挑战，而对于西部则是挑战大于机遇，对民族传统文化的冲击和影响更是大于对经济发展的冲击。相对而言，民族地区也有各种机遇。民族地区应利用这一机遇，充分发挥自身的优势，以促进现代化的发展进程。代表们认为，目前民族地区人才短缺、结构失衡、外流严重、整体素质不高是西部开发中面临的主要问题之一。入世后将面临着人才竞争的挑战。因此，民族地区应当采取积极的对策，树立"人才是第一资源"的思想，加大投入力度，积极营造人才引进、培养和使用的良好机制，合理调整人才结构，充分发挥他们的积极作用。总之，我们要按照世贸组织的规则调整观念，加大教育的投入，为人才的培养提供宽松的环境。

“2002年拉美形势”研讨会

2002年12月2日，中国社会科学院拉美所主办了“2002年拉美形势”研讨会，来自外交部、中联部、新华社、人民日报社、现代国际关系研究所、世界知识出版社、中国改革杂志社、拉美所等单位的60位专家、学者参加了会议。与会学者分别就2002年拉美政治、经济和社会形势以及拉美对外关系等诸多问题展开了讨论。会议认为，2002年拉美形势有如下特点：

1. 政治形势总体保持稳定，个别国家出现动荡。2002年，拉美大多数国家政局基本稳定，当年举行总统大选的玻利维亚、巴西等国的政局波澜不惊，但南美洲一些国家的政治形势出现动荡扩大化的趋势，从安第斯地区扩大到阿根廷、乌拉圭和巴拉圭等南锥体国家，且矛盾更加激化。其原因是多方面的。首先，经济衰退与经济危机是南锥体国家政局不稳的主要原因。其次，政策失误与政治腐败也是导致部分国家政局动荡的原因。委内瑞拉查韦斯政府推进激进改革措施，秘鲁托莱多政府积极推行私有化等新自由主义经济政策，都引起了国内政局动荡。巴拉圭发生大规模游行示威则是因为群众对贪污腐败现象不满。此外，军人介入政治的现象仍然存在，美国的干预也是造成拉美部分地区政局不稳的原因。

2. 经济持续衰退，经济改革陷入停顿。当前，拉美经济处于衰退阶段。与前些年相比，2002年拉美经济形势各国情况不一，其突出特点是不平衡。阿根廷、乌拉圭等国的经济大幅度滑坡，墨西哥的经济形势好于南锥体国家，其他拉美国家的经济增长率较低。经济衰退的原因主要有：政治和社会动荡对经济形势产生了消极影响；受国际金融机构约束，发生危机的国家实行财政紧缩政策无法扩大投资，财政政策难以发挥积极有效的作用；进出口贸易萎缩；外资流入创新低，投资率低；全球经济增速放慢，国际市场初级产品价格持续走低，拉美国家的出口难以实现强劲复苏等。

3. 美拉矛盾依旧，拉美的多边外交活跃。“9·11”事件后，美国出于反恐的需要加强与拉美国家在反毒品走私、反非法移民等领域的合作；拉美国家深化经济改革，稳定经济或恢复经济增长也需要美国的帮助，因此，双方在很多领域的合作有所加强。但是，拉美各国与美国的矛盾仍然存在，如：墨美之间在贸易、移民、扫毒等问题上依然存在矛盾和冲突；阿根廷在争取IMF贷款问题上迟迟得不到美国的支持；美国仍然对古巴采取强硬立场，并在委内瑞拉“4·11”政变中扮演了不光彩的角色；美国以扫毒和反恐为名，加强对安第斯地区的军事渗透等。与此同时，拉美国家积极发展与欧盟、俄罗斯和东欧国家的关系，在多元化外交方面取得了进展。拉美国家间的高层往来和磋商也十分频繁，签订的双边或多边贸易协定促进了各国的经济往来；同时，各国还在加强地区安全、反恐、反腐、扫毒等领域的合作以及增强同美国进行自由贸易谈判的能力等方面作了大量努力。

4. 社会形势出现动荡，新的社会运动日益发展。2002年，多数拉美国家的社会形势相对稳定，但体现社会发展的各项指标有所恶化，具体表现在失业率上升、劳动者实际收入下降、贫富差距拉大等方面，社会改革也没有突破性进展。少数国家出现社会不稳定现象，个别国家的形势甚至有失控的危险。这些国家社会形势恶化的原因各不相同：阿根廷和乌拉圭主要由经济危机引起，哥伦比亚主要是历史遗留问题尖锐化的结果，委内瑞拉则主要是各界对政府的政策缺乏共识引起。此外，新的社会运动日益成为拉美政治和社会生活中一支重要力量。近年来，拉美地区反对新自由主义和美洲自由贸易区的趋势上升，出现了一股新的社会运动。新社会运动的基本立场是反对新自由主义政策和全球化，虽然组织比较分散，成员比较复杂，但正日益成为拉美社会生活中的一支重要力量。

“周秦社会与文化研究”暨纪念中国先秦史学会成立20周年学术研讨会

2002年12月6～8日，中国先秦史学会与陕西师范大学联合在西安召开“周秦社会与文化研究”暨纪念中国先秦史学会成立20周年学术研讨会。来自全国各地20个省、市、自治区的70余人参加会议，就以下问题进行了研讨：

1. 关于先秦史学科的发展与相关理论、早期文明研究。李学勤指出，在21世纪中，先秦史学科面临新机遇，会取得飞跃进步；新的考古成果会给先秦史研究带来许多新突破；古文字学研究进入一个新阶段；自然科学与人文科学相结合成为大趋势，使人类古代文明的比较研究有了更好的条件。刘宝才认为，村社是了解夏商周社会历史的关键词。袁林就战国秦汉“抑商”政策表明见解，认为，当时的政策是抑制私人商业的发展，保护和发展国营商业。商业并不意味着商品生产和商品经济，商业不可能完全独立于社会经济运行过程而自行发展，商业或商品经济的发展结果不一定是资本主义。段渝认为，中国古代城市文明的起源，既有时间的先后，还有类型的差异。刘式今认为，中国史前城址的发展演变与中国古代文明的诞生有着千丝万缕的联系。

2. 关于夏商、两周、秦人历史。宋镇豪探讨了夏商城邑建制要素，认为，“度地居民”和“立君利群”的政治内容是其两大功能性要素，各类别的邑有四大共性：一为统治集团的宫室或宅落皆以建筑群体占据邑中要位；二为设置具有相应社会与政治功能的“人神合一”祭政设施；三为分层集群的邑人聚族而居的经济生活原则；四为贵族宗族或家庭墓地和一般族氏墓地分域群系的区划。赵瑞民认为，唐国在夏商两代一直存在，就在今临汾地区以北。杨亚长介绍了陕西省商洛市东龙山遗址发掘收获，认为，通过搜集、整理西周金文中有关太保及相关职官的材料再进行系统考辨，对重新认识西周官制有帮助。王晖认为，周文王平虞芮之讼后连连向东方用兵的原因，乃在控制了潼关至崤函一带的函谷关天险，奠定了克商的战略优势。吴荣增认为，刑徒在战国普遍存在，拘役制获得很大发展。石兴邦推测，马家窑文化的宗日族群是秦人最早的源头。张天恩认为，秦民族进入陇山以西，是周王朝向西拓展势力的需要所致。春秋秦文化很大程度上继承了西周晚期偏早阶段文化的特征。高次若认为，秦族源自东方，并提出若干理由。刘明科也认为，秦族源自东方的证据较为有力。

3. 关于古文字与古文献。陈挈对“咸”字的用法进行考察，并研讨了《尚书》某些篇章的年代问题。常金仓讨论了《穆天子传》的时代和性质，认为该书是战国时方士高寿所作，将这部著作当做信史是当疑而不疑。杨朝明认为，《六韬》是周初兵家著作，出于当时史臣。刘冬颖认为，《诗经》中记录了当时发达的城邑文明，由此推论出《诗经》不是民歌，其作者不是下层劳动人民。王辉对散氏盘重作新考。赵则讨论了经学与先秦史研究的关系。

4. 关于先秦文化。张荣明对西周“哲”观念作了探讨，在西周早期，哲是天命理性，是天的意志。商国君认为，周与秦的社会性质不同。孔德立讨论了郭店竹简《性自命出》，认为系子思所作，“始者近情，终者近义”是该文的主旨。张文安认为，盘古神话并非原始先民创世神话遗存，是中国本土文化中古代宇宙哲学思想的“混天说”与道教中的神学理论等在三国时期形成的。梁涛就简帛五行中“形于内”、“不形于内”、荀子对思孟五行说的批判、帛书五行的版本等问题进行研讨。与会学者们的热烈讨论对促进中国先秦史的研究起到了积极的作用。

第四届日本研究青年论坛

由中国社会科学院日本研究所、中国国际友好联络会、日本笹川基金会共同主办的第四届日本研究青年论坛——“中日两国的相互认识”国际学术研讨会于2002年12月7～8日在北京世纪金源大饭店隆重举行。来自中国、日本、俄罗斯的50余位学者出席了会议。中国社会科学院副院长陈佳贵、日本驻华使馆公使高桥邦夫与会并致辞。

回顾中日邦交正常化30年来所走过的历程，两国在政治、经济、文化等各个领域的交流与合作都取得了很大的发展，但同时也存在着这样那样的问题。而这些问题的大部分，最终都关系到两国国民的相互认识和相互理解。切实把握当今中国人如何看待日本、日本人如何认识中国，是中日两国增进理解、进一步发展友好合作关系的前提条件。这次会议围绕下述主要议题展开了讨论：

1．影响中日相互认识诸因素。

与会学者认为，中日两国之间的相互认识是复杂和具体的，而不是简单和抽象的。从结构上分析可分为主流与支流，把握了主流认识才能把握中日相互认识的基本状况。在结构层次上，大致可以分为政府间的战略认识、大众媒介为主体的舆论认识、国民之间的相互认识。它们相互影响，相互制约，同时还受国际环境、国内社会经济的发展状况、国民心态等因素的影响。与会学者一致认为，在两国相互认识、相互理解和相互信任上，历史认识问题是绕不过去的。有的学者认为，在目前的中日相互认识中，历史认识问题是需要克服的难点。对50多年前那场战争，中日两国之间从政府到舆论、国民存在着许多不一致的认识，严重地影响了中日之间的相互认识。

2．新的形势与两国相互认识的变迁。

有的中国学者认为，中日复交30年来，往来于两国之间的留学生、商人、学者、专家以前所未有的速度增加，最近，中国公民赴日旅游的启动，又极大地推动了这种交往，从而使中日双方在各个方面走得更近了，看得更清楚了，摩擦也就多了。与会学者认为，在当今社会，由于信息源的多样化、价值判断的多元化、国家决策的复杂化，中日两国恢复邦交时的相互认识不能与今天的认识同日而语。两国的相互认识随时代的演进而变化，需要我们对其进行动态性的思考。

3．加强相互交流，增进相互理解。

中日学者认为，两国国民相互认识的程度直接或间接影响两国关系的发展。中国的“日本观”和日本的“中国观”既是两国相互了解的写照，也是进一步促进中日两国相互理解的基础。增进和加深两国的相互认识和相互理解，是进一步发展友好合作关系的前提条件。

还有许多学者在如何加深两国的相互认识方面提出了一些建设性的意见。有学者提出，在发展中日关系方面也要与时俱进，要有新的思路，通过影视、音乐等文化载体和人员交流，努力做好人的工作，特别是做好两国青年的工作。中国学者认为，中日有必要进行“换位思考”，站到对方的角度看问题，客观地看待自己和对方，承认和理解双方在历史和文化等方面的差异。两国之间虽然在文化传统上有许多相似之处，但确实也存在一些差异。了解对方国家人民的思想和行为方式赖以产生的文化背景，有助于增进相互理解和相互信任。

死刑问题国际研讨会

2002 年 12 月 9 日，中国社会科学院法学所主办的死刑问题国际研讨会在湖南湘潭召开。来自中国、丹麦、美国、韩国、立陶宛等国的 30 余位学者与会。法学所所长夏勇在开幕致辞中说：“这是国内第一个以死刑问题为主题的大型国际研讨会，对于我们根据十六大精神，深入研究、妥善解决实施依法治国方略、尊重和保障人权所面临的一些基本问题，具有重要意义。”丹麦人权中心主任莫顿说：“这次研讨会的举办并不是孤立的，而是当前废除死刑国际大趋势的一个反映。”

在研讨会上，与会学者各抒己见，对于死刑在中国的存废问题进行了深入探讨。多数人主张，当前中国首先要削减、限制死刑，最终达到废除死刑的目的。削减、限制乃至废除死刑符合人权保障的大趋势，已成为当今中国人权学界和刑法学界的主流观点。

死刑保留论者的观点受到如下挑战：第一，死刑并不比终身监禁具有更大的威慑力，尚无任何证据表明重罪的发案率与死刑的存废之间有必然的联系。第二，死刑断绝了犯罪人悔过自新的道路。第三，死刑是远古野蛮时代血腥复仇的遗留，不能说只有将杀人者判死刑才算是公平的。第四，死刑是非理性的。第五，死刑涉及对生命权的保护，要尊重生命。除以上五点外，死刑的不可挽回性也为学者所诟病。

与会学者认为，中国已经签署了《公民权利与政治权利国际公约》，并处于加入该公约的准备阶段，理应从中国实际出发，逐步缩短国内法与该公约限制死刑态度之间的差距。在中国实现废除死刑的理想，应当从严格限制死刑的适用开始，逐步过渡到完全废除死刑，并认为这是中国通往废除死刑的现实之路。

在主张“先限制，再废除”的学者看来，废除死刑的最大障碍，在于民众中存在着强烈的报应观念和对死刑威慑力的迷信思想。关于如何在中国限制死刑的适用，与会专家们主张：一是在实体法中完全废止经济犯和财产犯的死刑，将死刑只适用于针对人生命的犯罪即公约所说的“最严重的犯罪”；二是在程序上由最高法院收回其下放的死刑复核权；三是扩大死刑缓期执行和适用；四是适当提高有期徒刑的期限，以缩短一生一死之间的差距。研讨会上，学者们还达成如下共识：在未来很长一段时间里，就死刑存置的不合理性进行国民教育，是理论界一项重要的启蒙和善导工作。人们对死刑了解越多，就越不会支持死刑。

全国流通创新高层论坛

由中国社会科学院财政与贸易经济研究所《财贸经济》编辑部、无锡商业职业技术学院学报编辑部、《江南论坛》编辑部联合主办的全国流通创新高层论坛于2002年12月15～16日在江苏省无锡市举行，来自全国科研机构、高等院校、《光明日报》、《经济参考报》、《中国商报》等单位以及企业代表共60多人出席了会议。与会代表就我国21世纪流通创新的内涵和基本思路、流通创新的目标、流通创新所引发的流通业态变革和政策建议等议题进行了深入交流和探讨。

1. 关于流通创新的内涵和基本思路。

与会专家认为，流通创新可以理解为流通现代化，是指在实体经济以信息化带动工业化的过程中，凭借先进理论、思维方法、经营管理方式和科学技术手段，对传统流通格局中的商流、物流、信息流和资金流所进行的全面改造和提升，以大幅度地提高流通的效能。流通创新的关键首先是从流通的本源和终极目的来思考，才能得出正确的结论。也有专家认为，流通创新必须首先在观念上创新，包括流通的重要性、流通的渗透性、流通的现代性和流通的开放性，不进行流通观念的创新，就不可能实现社会主义市场经济的创新。

2. 关于21世纪流通创新的趋势与目标。

与会专家认为，21世纪流通体制改革的发展趋势主要体现在三个方面：一是大流通、大市场、大集团；二是连锁化、网络化、信息化；三是规范市场、优化管理。中国流通创新的目标应主要体现在以下几个方面：一是业态创新上，各种超级市场专业店、专营店、便利店和一些新兴的突出方便快捷、低成本服务和高新技术的业态形式将成为流通主体，传统的百货公司将退出主导地位；二是组织创新上，以连锁经营和商业集团为主要内容；三是投资主体与所有权创新上，非国有制为主体，投资主体多元化；四是经营管理手段创新上，以电子技术和互联网为基础，以电子货币为交易手段，以有形商品和无形服务不可分割为核心内容；五是批发和零售的界定更加模糊；六是代理制有了新的内涵意义，并成为重要的贸易形式；七是物流成为新兴的流通形式；八是电子商务成为流通业的一次革命。

3. 关于流通创新所引发的流通业态变革。

与会专家认为，新型业态的产生是市场竞争的产物，是商品流通的组织形式、组织方式适应生产力发展水平和市场需求变化的必然结果。随着国际商业巨子不断地涌入，加剧了国内流通市场的洗牌，除了“拿来主义”外，中国的流通企业业态创新是一个非常重要的手段，现有的流通业态必须注意其生命周期。业态是随着社会的进步而创新发展的，如网络电子化的出现，将导致网上购物的大发展，而CDMA手机的推广，将使手机选择商品、无线上网定购与现有的连锁店铺相结合，形成一种新的消费方式。推而广之，随着我们对个人保健品的重视，可将健身器材、护肤用品、养生滋补、运动、教育、医疗保健等有一定相关度的消费领域融合在一起，形成一个大的服务业态；可利用现有的书店、网络、影剧院、艺术博物馆、创意工作室等连动起来，提供更多的创新业态。

4. 关于流通创新的政策建议。

与会专家认为，为了提高流通效能，优化结构，减少耽搁与停顿，必须加快用新理念、新技术率先改造流通领域，壮大流通业和实现流通创新的步伐，切实依托互联网等现代科技手段，在“十五”期间为中国流通领域的思路创新、体制创新和组织创新探好路、开好头，并切实取得突破性进展。还有专家认为，应特别关注经济发展和流通化水平较低的地区流通创新的问题。促进流通创新要正视中国二元经济结构的现状，不可只重视城市而忽视农村；

只重视东部而忽视中西部。流通创新必须要考虑“三农”的利益和要求，占我国人口绝大多数的经济欠发达的农村地区和中西部地区的市场化程度提高和经济发展水平的提升，是实现党的十六大提出的我国全面建设小康社会目标的关键环节。

第三届“中国宏观经济运行与政策”论坛

由中国社会科学院主办、中国社会科学院财政与贸易经济研究所承办的第三届“中国宏观经济运行与政策”论坛于2002年12月17日在京召开。来自中国社会科学院、国务院发展研究中心、财政部、外经贸部、国家税务总局、中国人民银行、国家商业信息中心、清华大学的专家学者，包括许善达、卢中原、贾康、李扬、江小涓、苏明、赵志耘、景学成、李雨时、宋则等，以及来自国际货币基金组织、亚洲开发银行、欧盟驻华代表团、美国驻华大使馆、英国剑桥大学、摩根士丹利资产有限公司的官员、学者100多人参加了会议，中国社会科学院副院长王洛林出席会议并发表了讲话。与会者围绕入世初年中国经济运行情况与宏观经济政策问题展开了深入的讨论。

在宏观经济运行方面，国务院发展研究中心宏观部部长卢中原作了“2002～2003年经济形势分析”的专题发言。认为，2002年国民经济运行态势好于预期，预计全年GDP增长率将达到8%，并表现出以下明显特点：（1）消费需求旺盛，投资自主增长能力明显增强；（2）产业升级的主线开始凸显；（3）经济效益稳步提高；（4）对外经济形势明显好于预期。

在财政运行与政策方面，与会专家认为，2002年我国财政收入增幅比前几年明显回落，完成预算任务有一定难度。但财政收入增幅仍高于GDP增幅，整体运行还属于正常区间。“入世”对于中国财政运行虽然带来了一些压力，但同时也带来了一系列积极因素。积极财政政策还需继续实行一段时间，同时合理把握好政策调节操作中的相机抉择。“入世”对中国财政的更大挑战在于支出方面，主要是大大增加政府在行政管理、社会保障和收入分配调整方面的支出负担。今后，中国需要按国民待遇原则改革税制，并提高财税政策的透明度。

在货币运行与政策方面，与会专家充分肯定了“入世”一年来我国稳健货币政策的突出成绩，包括在支持GDP的稳定增长、支持工业生产和投资快速增长、支持民间投资启动和投资快速增长、支持金融机构流动性的提高、支持外汇储备的大量增长和人民币汇率稳定等方面的贡献。而潜在的问题存在于货币政策的传导机制上：信贷、利率、资产价格、汇率等传导机制均有问题。通过变更货币供应或调节利率水平来调控经济运行，其效率较低，根本之道还是要加快金融改革，理顺货币政策传导机制。

在对外贸易方面，与会专家认为，2002年我国进出口贸易均取得高增长速度，出口增速高于进口增速。主要特点是，机电产品和高新技术产品进出口增势强劲，外商投资企业和集体、民营企业出口大幅增加，外商直接投资的贸易带动效应凸显。展望未来，我国对外贸易发展仍面临着国际、国内两个方面的诸多有利因素与不利因素，预计2003年我国对外贸易仍将保持较高增长速度，货物贸易总额将达6700亿～6900亿美元；其中出口额3500亿～3600亿美元，进口额3300亿～3400亿美元。贸易顺差将有所减少。

在利用外商直接投资方面，与会专家认为，入世一年来，外商对华投资呈现出一些重要的新特点和新趋势，这些变化使外资对中国经济增长的贡献增大，并对中国经济中长期发展产生重要影响。一方面，2002年外商在华投资数额大幅度增长，全年利用外资金额将达到520亿美元左右，而且外商投资企业大量引进最先进的技术，在华研发规模扩大、水平提升。另一方面，我国最近两年对外资开放了一些新的投资领域，或者明显放宽了其中某些领域吸引外资的限制，包括流通业、金融业、基础设施、基金管理公司、医药零售业、电信服务、传媒业、展览业等领域，利用外资都有新的进展或突破。展望未来，中国吸引外资仍将保持较大规模，实际利用外资的数额仍有可能保持500亿美元左右的高位；大型国有企业利用外资将有重大突破；随着外商在华投资和经营环境的不断改善，跨国公司有可能较大规模地对其在华业务进行整合，重点是改变以往的点式投资方式，合并其在华企业或业务；跨国公司提升中国在其全球布局中的地位，将中国作为地区业务的后台。今后几年，外商还将继续扩大在华投资规模和提升在华投资的水平，对中国经济的中长期发展将产生重要影响。

在流通创新方面，与会专家认为，促进流通创新、提高流通效能的关键是，在时间上"减少耽搁或停顿"，在空间上"优化资源配置"。为此，必须加快用新理念、新技术率先改造流通领域、壮大流通业和实现流通创新的步伐，切实依托互联网等现代科技手段，推进中国流通领域的思路创新、体制创新和组织体系创新。具体而言，对流通产业实施以互联网、连锁经营、物流配送为基础的现代化改造；发挥政府部门的规划、指导和协调作用，保障电子商务政策、法规和标准的一致性，引导电子商务健康发展；鼓励企业实施供应链管理，合理规划分销体系；突破条块体制的束缚，推进综合化、社会化的信息网络建设；积极推动物流现代化和社会化的进程。

与会专家认为，2003年及今后几年的中国经济发展形势依然看好，完全有希望继续保持7%以上的高速增长，但鉴于国际经济形势的好转面临不确定性，以及我国经济运行中存在的许多矛盾与问题，需要从财政政策、货币政策、对外经贸合作与利用外资政策、投融资政策以及扩大内需的消费政策等方面作出相应的调整、协调与配合，为我国国民经济的持续、稳定、快速发展提供政策支持与保障。

"人力资本度量——成人能力测试"国际研讨会

2002年12月20日，由中国社会科学院人口与劳动经济研究所主办的"人力资本度量——成人能力测试"国际研讨会在北京召开。30多名来自不同部门的专家、学者和政府官员以及国外的专家学者和国际组织的官员参加了为期一天的会议。会议的目的在于探讨新形势下如何做好人力资本度量的理论和实践工作，并且通过与国际组织和其他国家相关机构的交流，借鉴发达国家在这个领域已经取得的成果。

人口与劳动经济研究所副所长张车伟首先介绍了由该所进行的成人认知能力测验的数据收集和整理工作。这次成人能力测试是在已经完成的五城市（上海、武汉、沈阳、福州和西安市）调查的基础上进行的。对上次所调查的对象重新进行入户测试，测试对象为五城市调查的所有样本，既包括城市常住居民又包括外来劳动者。现已完成三个城市（武汉、沈阳和西安市）的测试工作。张车伟向与会专家学者报告了测试的内容和初步分析结果。

世界银行驻中国代表处人类发展部协调官 Eduardo Velez 先生称赞中国20世纪80年代以来在提高公众的受教育水平方面取得的巨大成就，同时指出，中国政府和人民应建立终生学习的机制，学习适应市场需要的知识技能并发挥自己的比较优势，以应对知识经济时代到来和加入WTO后面临激烈国际竞争的双重挑战。

加拿大国家统计局社会统计司司长Thomas Scott Murray先生介绍了加拿大等英联邦国家和其他欧美国家开展成人能力测试的状况以及在衡量人力资本方面的有效性，认为，成人能力测试可以作为教育、培训等衡量人力资本传统手段的有效补充：在控制了受教育水平和工作经验以后，测试得分与收入之间呈正相关关系；测试得分越高，失业的可能性就越小；而测试得分与年龄变化之间有着内在联系，年龄越大得分越低，这可能暗示着年龄的增加达到一定界限（如50岁）后知识技能会退化。

中央教育科学研究所研究员孟鸿伟向大家介绍了测试试题的设计背景和含义。测试内容包括文字阅读能力、图表阅读能力、数字能力等。密歇根州立大学John Giles教授报告了这次测试内容对收入的解释能力：与理论预期相比，测试的结果是令人满意的。

参加会议的各方专家和官员展开了积极的讨论，来自国家统计局、教育部等政府部门的官员也从政府的角度谈论了关注的问题，希望这样的测试能够继续进行。中国社会科学院经济研究所的朱玲研究员和李实研究员分别对这次测试的意义和方法作了评述。

“2002年度亚太地区形势”学术研讨会

2002年12月26日，中国社会科学院亚太研究所“2002年度亚太地区形势”学术研讨会在京举行。来自北京各主要研究机构、大学、政府部门的40余位学者出席会议。与会学者对2002年以来亚太地区的政治经济形势进行了回顾与展望，并就一些热点问题进行了深入的讨论。

关于地区经济形势，学者们认为，亚太地区的经济形势总体较好，尽管美国经济持续波动，日本经济仍处于停滞状态，但在高速发展的中国经济带动下，亚太地区的经济复苏较为明显。学者们认为，2003年的国际形势虽然存在一些不稳定因素，但亚太地区的经济仍将保持发展势头。

关于地区政治形势，与会学者认为，东南亚政局基本稳定，特别是政局一直不稳的印尼和菲律宾由于政府借助反恐增强了控制力，从而避免了局势的严重动荡。但东南亚仍处在政治转变时期，不稳定因素仍然较多，当这些因素占上风时，还会影响一些国家的局势。对于南亚地区，大多学者都认为该地区局势不容乐观。克什米尔地区争端仍在继续，且看不到和平解决的希望；印巴两国业已成为核武器持有国，并都在进行军备竞赛；尼泊尔国内政府军与反政府武装严重对峙，危机一触即发——这些都构成了南亚地区政局的不稳定。朝鲜半岛问题是与会学者讨论的热点问题。学者们一致认为，尽管朝鲜核武器问题的出现使半岛局势变得严峻，但朝鲜紧邻中国、韩国的特殊地理位置使美国难以动用武力。有学者指出，由于美国国内的政治压力，美国政府很难在短时间内与朝鲜妥协，所以很可能会出现一个相持阶段。大家认为，朝鲜是中国的近邻，朝鲜半岛局势对中国的影响极大，应继续密切关注朝鲜半岛局势的发展，做好充分准备，以防止事态的进一步扩大。

关于反恐问题，学者们认为，亚太地区反恐的成效是显著的，但也存在不少问题。在东南亚，自印尼巴厘岛爆炸事件发生后，各国间迅速建立了有效的反恐合作，提高了整体反恐能力，但由于各国的政治文化背景不同，对恐怖主义的定义存在分歧，直接影响了对恐怖主义的打击力度。学者们看到，尽管恐怖主义是亚太地区亟待解决的问题之一，但亚太地区面临的根本问题还是发展问题，不能用反恐替代和掩盖这一问题。

关于大国关系问题，学者们认为，中美关系在反恐的大背景下得到调整，已确立了合作伙伴关系。但有专家指出，必须清楚地认识到，美国当前所表现出的对华态度的改善仅仅是美国争取中国支持其全球反恐的手段，其“遏制中国”的根本战略原则没有改变。目前，中日关系基本稳定，但日本国内一些事态的发展仍值得关注。学者们认为，对待中日关系的正确态度是“不能理想化，也不能敌对化”，中日关系的发展仍存在着较大空间，今后应把增强合作内容作为发展重点。中印关系正在得到逐步改善，但历史遗留的边界问题使两国关系向更高水平发展面临不少障碍。总之，南亚对中国有着至关重要的利益关系，绝不可忽略。

城市发展与环境研究中心学术活动

为构造良好的学术氛围，2002 年城市发展与环境研究中心从建立和规范科研管理制度入手，一年内先后建立 9 项科研管理、科研服务工作的规章制度，特别是每周的内部学术报告和学术交流制度的制定，使科研讨论成为经常性工作，增强了中心的凝聚力，改善了中心学术风气，促进了中心科研活动的开展。全年以城市中心为主举办了以下学术活动：

1．3 月 26 日～4 月 1 日，该中心在海口市举办了“小城镇建设与可持续发展”研讨会。来自九个省市自治区的政府部门、专家学者共 50 余人参加会议。会议的主要内容是：我国小城镇建设的概况、小城镇建设规划与发展、小城镇经济发展的途径、农业深加工问题。通过研讨和参观，提高了与会者对小城镇建设与可持续发展问题的认识，增强了搞好小城镇建设的信心。

2．4 月 3 日，该中心在京接待了台湾花莲县环境保护访问团一行 20 余人，就北方沙尘暴问题进行研讨。国家社科基金项目“荒漠化基理与北京沙尘暴的防治对策”课题组介绍了北京以北草原和农牧交错地区的荒漠化形势、形成原因及各地的治理政策，并提出了总体的对策与方案；

3．9 月 9～12 日，该中心与国家林业局防沙办和锡林郭勒盟委、盟行署在内蒙古自治区锡林浩特市共同举办了全国荒漠化与沙尘暴防治工作经验交流会暨学术研讨会。来自我院、中国科学院、国家气象局、林业系统、水利部门及有关省市社会科学院等单位的 200 多位领导、专家、学者、实践工作者参加了会议。我院原副院长龙永枢、科研局副局长王延中，内蒙古自治区政协副主席格日勒图，国家林业局副局长祝列克等领导同志出席会议并发表了讲话。城市中心主任牛凤瑞研究员作了“我国北方荒漠化防治议”的学术发言，城市中心副研究员刘治彦作了“荒漠化激励与北京沙尘暴防治对策”的报告。此次会议是我国荒漠化防治领域第一次举办的跨学科、多部门参加的专题研讨会，对于完善我国荒漠化和沙尘暴防治工作的大思路，促进以防治沙漠化为重要内容的生态建设具有积极意义。

4．9 月 25～28 日，该中心在都江堰市举办了“全国中小城市如何抓住中国入世和奥运商机发展经济”研讨会。会议主要内容有：当前全国经济现状以及未来发展趋势；当前体育文化经济给全球经济发展带来的商机与启示；全国中小城市如何抓住入世与奥运商机发展自己的特色经济；北京奥运与城市商机。

5．10月3～8日，该中心与中国城市经济学会共同举办的“中国西部经济与城镇化发展”研讨会在深圳召开。来自甘肃、四川、重庆、广西、山西、河南、山东、浙江、上海等九个省市自治区的政府部门、土地管理部门、金融部门和新闻单位的代表共50多人参加了会议。围绕西部大开发战略，会议代表讨论了城市经营、土地储备、土地开发和土地节约化利用等问题。

6．9月26～31日，该中心在云南昆明市举办了“创建文明城市、文明社区”的研讨会。七个省市的50多名精神文明和社区建设方面的领导、专家学者和基层工作者参加了研讨会。国家民政部、云南省民政厅、云南省精神文明办公室、北京市社科院及我院城市中心的领导和专家学者在会上作了发言。与会代表对目前我国创建文明城区、文明社区工作，社区建设的形势与任务、理论与实践，国外城市社区发展状况等内容进行研讨。

2002年，我院城市中心在中央精神文明办公室和国家民政部等有关部门的大力支持下，先后在宁波和北京举办了两次“创建文明城市、文明社区”研讨会，共200余人参加。

院青年人文社会科学研究中心学术活动

2002年，在院党组的领导下，在党组办的具体指导下，院青年人文社会科学研究中心认真学习、全面贯彻十六大精神，服务于青年，服务于科研，为把中心办成传播“三个代表”重要思想的阵地，积极举办各种学习、研讨活动。

5月14日，青年中心邀请院属各单位近20名青年学者，畅谈学习江总书记4月28日视察人民大学时的重要讲话的体会。与会学者认为，江总书记讲话中的五点希望，科学地指出了哲学社会科学的发展原则、目标和途径，是繁荣和发展我国哲学社会科学的纲领性指针，我们应当认真学习和贯彻落实。

江总书记7月16日考察我院并发表重要讲话，在我院专家学者和干部职工中引起巨大反响。按照院党组统一部署，7月17日，青年中心组织部分青年学者学习、座谈江总书记考察我院时的重要讲话。院党组副书记、副院长李慎明出席会议并讲话。他指出，江总书记的重要讲话高屋建瓴，内涵丰富，新意迭见，寓意深远，对哲学社会科学事业具有重大而深远的指导意义。来自院属各单位的20余名青年学者参加了学习，并展开了热烈讨论。大家认为，作为青年哲学社会科学工作者，一定要学习、贯彻好讲话精神，坚定热爱哲学社会科学、热爱中国社会科学院、献身哲学社会科学事业的信念，为繁荣和发展我国的哲学社会科学事业贡献自己的青春、智慧和力量。

为迎接党的十六大，从7月1日起，青年中心组织院内外青年学者在《北京青年报》上撰文发表中国国情系列报告。报告对近13年来中国社会在不同领域内深层次的、结构性的并将对未来产生深远影响的变化给予阐述和解释，涉及经济发展、人口与就业、教育、生活质量、社会保障、价值观念与社会心态、文化、体育、科技进步、城市化进程、“三农”问题、环境与资源、法制建设、国家统一和民族团结、军队与国防建设等。十六大前夕，这些报告汇编成《中国百姓蓝皮书》出版，受到海内外广泛好评。该书出版后，在港澳台地区以及国外出版了该书的繁体字版和英文版。

党的十六大的胜利召开，使我院青年学者深受鼓舞。11 月 21 日，院青年中心与院团委联合举办中国社科院青年学者学习十六大精神座谈会，来自院属单位的 30 余名青年学者和共青团员畅谈了学习十六大精神的感想与体会。大家一致认为，十六大是我们党在新世纪召开的第一次全国代表大会，也是在我国进入全面建设小康社会、加快推进社会主义现代化进程的新阶段召开的一次具有里程碑意义的代表大会。作为青年哲学社会科学工作者，一定要站在历史的、全局的高度，充分认识党的十六大的重大历史意义，进一步增强紧迫感和责任感，脚踏实地地学习贯彻好党的十六大精神，潜心作好学术研究，多出精品，为全面建设小康社会提供理论支持和智力服务。十六大代表、院党组副书记、副院长李慎明对我院青年学者学习贯彻十六大精神提出四点要求和建议。院副秘书长兼党组办公室主任何秉孟出席会议并讲话。

5 月 29 日，院青年中心和院研究室共同举办学术论坛，进行“双周论坛”试点，邀请李铁映院长就劳动和劳动价值论问题为青年学者作学术报告。李铁映结合我国改革开放和社会主义现代化建设实践，围绕马克思关于劳动和劳动价值理论的有关问题，畅谈了研读《资本论》的心得体会。

从 10 月中旬开始，青年中心与哲学研究所合作举办“中国哲学讲座”系列活动，先后邀请中国科学院院士郝柏林主讲自然科学与社会科学的交叉问题；邀请北京师范大学物理系教授、博士生导师刘辽作题为《霍金的宇宙理论》的演讲；邀请中国工程院院士、中国工程院副院长、中国医学科学院院长、协和医科大学校长刘德培主讲基因与伦理学问题。李铁映院长非常重视中国哲学讲座，每期都亲自主持。这些系列讲座受到院内外学者的欢迎，有力地促进了自然科学与社会科学工作者之间的对话与交流。

为了响应江泽民总书记“大兴勤奋学习之风”的号召，青年中心和共青团中央联合发起青少年新世纪读书计划网上读书活动。此项活动向基层团组织、青少年读书俱乐部、高等院校和中学等青少年较为集中的组织和单位赠送了一大批网上读书卡，号召青少年广泛开展网上读书活动。该活动还聘请了一批专家、学者担任义务辅导员，进行网上读书辅导。6 月 14 日，该活动在我院举行启动仪式，中国社会科学院党组副书记、副院长李慎明，共青团中央书记处书记崔波，新华网总裁周锡生等向企业青年、机关青年干部、青年学生和新世纪读书俱乐部的代表赠送了网上读书卡，并向首批网上活动义务辅导员颁发了聘书。据了解，该项活动在广大青少年特别是中西部地区青少年当中受到广泛好评。

二 2002 年重点图书出版

中国社会科学出版社

《邓小平德育思想研究》

李康平、张吉雄　著

该书所研究的邓小平德育思想，指的是“大德育”的思想。该书围绕着这个基本概念，对邓小平德育理论的形成及特色、地位和作用作了详细的阐述；对新时期德育发展的战略构想、主要内容及其原则与方法都有具体的论述；同时，还分别论述了新时期在企业、学校、军队如何做好思想政治工作的问题，并对江泽民等同志对邓小平德育理论的坚持运用和发展有较明晰的阐述。

《“三个代表”与历史唯物主义》

李崇富、林建公　主编

该书是一部以“三个代表”与历史唯物主义为主题的论文集，收录有关论文近 30 篇。这些论文从不同角度与侧面对“三个代表”重要思想进行分析和论述，指出：“三个代表”与历史唯物主义虽然面对的是新的世纪，但其思想闪烁的却是马克思主义尤其是历史唯物主义的光芒，是马克思主义尤其是历史唯物主义在新形势下的创造性运用。

《胡乔木集》（中国社会科学院学者文选）

中国社会科学院科研局　编选

该书辑录了胡乔木的重要著述，分为：党史研究、文字改革、文学艺术、新闻工作、重要政论五个部分，包括“中国共产党的三十年”、“再论无产阶级专政的历史经验”等著名篇章。由于胡乔木是中国共产党一代著名的理论家和思想战线的领导者，因此，这些著述体现了鲜明的政治性和严谨的学术性的统一，既有学术价值，也有重要文献价值。

《秦汉历史哲学思想研究》（中国社会科学博士论文文库）

庞天佑　著

该书是我国学术界第一本系统探讨秦汉时期历史哲学思想的学术专著。作者探讨了天人合一思想、民本思想、历史循环思想、封建正统思想自先秦至秦汉的形成与演变；分析了陆贾、贾谊、董仲舒、司马迁、王充、班固等思想家、史学家的历史哲学思想。该书既有对秦汉时期一些重要历史哲学思想的纵向考察，又有对这一时期有代表性的学者的历史哲学思想的具体分析，更有对史学与历史哲学的多角度考察。

《大分裂：人类本性与社会秩序的重建》

（国际学术前沿观察）

［美］弗朗西斯·福山　著

刘榜离等　译

该书是世界著名学者、《历史的终结及最后人》的作者弗朗西斯·福山的最新著作，旨在探讨人类社会物质进步与人类道德发展的关系问题。作者认为，一切宗教、政治、法律等都无法解释人类物质进步与人类道德发展的不同步现象，如人类工业革命的直接后果是物质进步与人类道德的倒退，20 世纪中叶后的新科技革命及信息时代又给西方带来了犯罪升级、家庭解体等。福山认为，其根本原因是人类的生物学倾向使然。只有根据人类物质进步的现实不断进行社会调适，才能建立较为健全的社会秩序。

《宗教学通论新编》（上、下卷）（第二版）

吕大吉　著

该书在 20 世纪 80 年代末出版后，甚获好评，曾获国家图书奖。该书既称新编，首先是学术观点有很大变化。作者本着实事求是的科学态度，重新审视了东西方宗教学者关于所有宗教的一般原理的研究成果，提出宗教“四要素”说；又对宗教起源、社会作用及历史，宗教与国家政治和文化传统的关系进行了深入讨论。全书三分之二文字即 40 万字为新著。此次重版又作了少量修订。

《青少年生活策略》

［美］杰伊·麦格劳　著　徐征　译

该书是《生活策略》的父子篇，曾荣列美国《纽约时报》顶级畅销书。书中详尽地论述了青少年在日常生活中如何与父母、师长及同龄人交往，如何避免走弯路，如何以轻松的方式开辟自己目标明确的生活道路。由于作者是个 20 岁的大学生，熟知青少年的思想、情趣、普遍心理以及所面临的所有问题，因而针对性和读者定位十分明确，使该书成为一部优秀的青少年生活自助读物。

《世界问题报告》

金鑫　编

当今世界正面临着越来越多的全球性问题：经济衰退、人口膨胀、资源匮乏、全球气候变暖、跨国犯罪猖獗、贫富差距加大、军备竞赛加剧、核武器扩散、毒品泛滥、艾滋病蔓延等等。该书作者从社会、政治、经济、军事、生态等几方面对人类社会在新世纪面临的挑战和威胁逐个进行梳理和扫描透析，意在为每一位关注人类发展前景的人士提供进一步思考相关问题的平台，以便进行更加系统、深入的探索和研究。

《告别西西弗斯——中国政治文化分析与展望》

马庆钰　著

该书从政治文化的角度，对中国政治生活的心理和行为取向的发生和发展进行了历史的、逻辑的、全景式的观照、总结、分析与展望，对中国政治文化的土壤、主要特征、发展障碍、发展目标、发展条件、发展途径等问题作了比较准确的解析与回答。此书案例丰富，可读性强，有很高的学术价值。

《蜜蜂的寓言——私人的恶德，公众的利益》

（国外经济学名著译丛）

［荷兰］伯纳德·曼德维尔　著　肖聿　译

该书是一部对 18 世纪经济思想方向的形成产生重要影响的著作。作者 1691 年获医学博士学位，其代表作《蜜蜂的寓言》表明了一系列早期自由放任主义的观点和重商主义的观点。其中，他对社会劳动分工的作用和使社会变动、进化以及凝聚的种种力量的作用的有关阐述，曾被亚当·斯密在《国富论》中引述。

《汤姆·彼德斯》（财富首脑译丛）

［英］罗伯特·海勒　著　何悦敏　译

彼得斯是美国三大管理专家之一，享誉国际经济管理界。他的著作被译成多种文字在世界各地出版发行，被管理人员奉为至宝。该书剖析了他的主要管理思想以及对管理实践的指导意义。《汤姆·彼德斯》是“财富首脑译丛”中的一种。该书还描述与剖析了杰克·韦尔奇（美国通用电器公司总裁、首席执行官、杰尔斯·汉迪（著名的管理学家）、史蒂芬·科维（美国现代管理学家）、安德鲁·格罗夫（美国英特尔公司的前任总裁，蜚声世界的管理学大师）、彼得·德鲁克（美国管理学之父，当代最有声望的管理学家）、比尔·盖茨（美国微软公司首席技术官）、沃伦·巴菲特（美国著名投资家、金融大师）等人的成就与管理思想。

《读书人的出世与入世》

资中筠　著

该书为中国社会科学院美国所前所长资中筠近年来的文章结集。该书各篇体裁各异，均为学术与性情的交融之作。如“跨世纪的中国人将何以自处”，“日本人认罪为什么那么难”，“人格与国格孰先”等。“出世”是在特定的环境中避免摧眉折腰，维持人格的独立；“入世”则是发出求真的心灵呼唤。此书主题与当代知识分子息息相通，具有很强的可读性。

《没有英雄的诗》

王家新　著

该书是当代著名诗人王家新近几年的随笔集。全书分三个部分：“文学中的晚年”、“从一场濛濛细雨开始”、“《荒原》中的第八行”。主要论及了作者的诗歌反省和人生反思；现代中国诗的美学问题以及围绕着诗歌的论争；作者喜爱的外国诗人和诗作。这些随笔显示了诗人的气质、趣味以及对当代的态度。该书耐人寻味，将抒情和分析结合起来，是当代诗歌界和文学界的佳作。

《晚清文选》（上、下卷）

郑振铎　编

郑振铎先生是著名学者、文学史家、作家。《晚清文选》是郑先生“用了很大的努力与耐心”，花费数年时间，“从辛苦艰难里编成的”，是一本必将流传后世的优秀选本。该书编选了上自林则徐、魏源、曾国藩，下至康有为、梁启超、王国维、孙文等124人近500篇优秀传世之作。此书初版于1938年，新中国成立后没有再版。此次首次推出简体横排《晚清文选》，以飨读者。

《危险的脚步——中国登山家攀登世界七大洲最高峰纪实》（行者悟语图文丛书）

王灏铮　著

这是一部真实记录中国两位登山家李致新、王勇峰完成攀登世界七大洲最高峰壮举的历险纪实，是国内首次披露这一惊撼世界英雄事迹的读物。从1988年到1999年，两位壮士以11年的时间实现了他们执著追求的人生理想。该书作者亦从1997年起追随两位勇士共同攀登过四座山峰，以亲身感悟，生动详实地记录了这一世界上仅有43人完成过的业绩。书中配有精美图片，手绘地图，攀登路线图及远足、登山和装备选择的参考资料，既有英雄气概可资仿效，又有切实可行的自助游提示。

《中国历史年表》

中国社会科学院历史研究所　编制

该书以图表形式表现中国历史发展脉络，内容以科技思想文化为主，凸显了中国文明的演进，同时兼顾趣味性，适合广大读者阅读。同时，以图表形式把数千年中国历史表现出来，并加以必要的简短文字说明，图文并重，提纲挈领，以年系事，清晰了然，方便查阅，又可称得上是一部具有实用价值的工具书。

《简明东欧百科全书》（简明国际百科全书）

张文武　主编

该书内容共分四部分：第一部分“独联体中的欧洲四国”；第二部分“波罗的海三

国”；第三部分“中东欧其他十二国”；第四部分“文献与基本统计资料”。在前三部分下面又分“地区综合”和“国别”两编，各编按章节分别对上述地区和国家的自然与人文地理、历史、政治、经济、教育、科技、文化、军事和对外关系等情况作了客观的介绍。书中还附有地图和彩图若干幅。

中国社会科学出版社的重点图书还有：

《普京文集——文章和讲话选集》

《唐代文化》（全三卷）

《二十世纪中国百项考古大发现》

（参见本年鉴第五编中的有关条目）

社会科学文献出版社

《2002年：中国经济形势分析与预测》（经济蓝皮书）

刘国光、王洛林、李京文　主编

该书由著名经济学家刘国光、王洛林、李京文领衔，联合中国社会科学院、国务院发展中心、国家计委、国家统计局、清华大学等数十家科研机构、国家部委和高等院校的专家共同撰写，从不同角度、不同方面分析了当年的经济运行和发展态势。其内容涉及宏观决策、财政金融、证券投资、工业调整、就业分配、对外贸易等一系列上至政府要员下至平民百姓所共同关注的热点问题。该书受众面广，影响决策者和商界精英，对政府、经济管理部门，外商投资中国企业，投资决策人影响尤其深远。

《2002年：中国文化产业发展报告》（文化蓝皮书）

江蓝生、谢绳武　主编

该书第一次对文化企业给予全面系统的关注。内容包括对中国文化产业的宏观分析，专业人士的论坛评说，有中国特色的中国文化产业的个案研究，国际上一些国家文化产业发展概况介绍等。该书对促进中国文化产业快速、健康、协调发展提出了合理的建议，具有重要的指导意义，并在准确预测的基础上，对文化产业发展趋势及其投资决策提供了切实可靠的依据。

《日本发展报告 NO. 1》（日本蓝皮书）

高增杰　著

该书比较全面系统地介绍了世纪之交日本的内政外交、经济产业、社会文化等方面的情况，同时分析预测了其可能的发展变化，是中国社会科学院日本研究所研究人员的最新研究成果。它不仅是对世纪之交日本经济政治外交的全面论述，而且是对一些重要问题所进行的深入分析和研究，是一部侧重于现实的动态研究报告。

《“三个代表”重要思想与若干重大理论问题研究》(2002)（邓小平理论研究报告 NO. 2）

李慎明　主编

该书集中反映了中国社会科学院专家学者学习、研究“三个代表”重要思想的部分重点研究成果。分别从理论地位、历史贡献、先进生产力与文化、广大人民群众根本利益、与时俱进与开拓创新、工人阶级先锋队性质等多个侧面，深入研究并阐明了“三个代表”重要思想，是对马列主义毛泽东思想，特别是邓小平理论的继承、丰富和创造性的发展。对一些当前的重大理论问题也进行了深入研究和理论概括。

《中国人文社会科学前沿报告 NO. 1》（2000）

李铁映　主编

该书由中国社科院院长李铁映担任主编，社科院数十个研究所的研究人员联合撰写。报告汇集了全国社会科学各学科及分支学科的研究动态与研究成果信息，同时提示有待进一步深入研究的问题。报告立足于中国实际，对近年来中国学术的研究发展轨迹进行全面追溯与深刻反思，对其发展态势进行整体性把握和前瞻性预测，旨在建构真正的问题意识，确立社会科学的发展方向。

《中法西用——香港适用中国传统法律及习惯研究》

苏亦工　著

这是法制史上一个容易让人忽略但却有着重大历史启发意义的故事。它演绎了饱经沧桑的紫荆花乡是如何走过那段被奴役的历史，又如何奇迹般地保存了中国传统的法律及习惯中合理的部分，而形成“固定化、程序化、权利化”发展趋势，由原来松散和不确定的惯行一跃而成为理性、明确且具有可操作性的具体制度。

《藏传佛教出家女性研究》

德吉卓玛　著

出家僧尼是藏传佛教教团的重要组成部分。近年来，出家女性有日益增多的趋势，因此，藏传佛教出家女性研究不但有益于对藏传佛教本身的研究，而且还有较强的现实意义。该书对藏传佛教出家女性作了纵横交错的全景式描述，包括僧尼集团的形成、演变及其现状，详细探讨了其组织结构、修持仪轨、教法传承、活佛转世、寺院分布等诸多方面，填补了这一领域的空白。近年来，作者多次赴藏区考察、调研，获得大量第一手资料，对了解和研究当今藏区宗教状况颇有助益。

《探求变化中的世界》

张蕴岭　著

该书是中国社会科学院亚太研究所所长张蕴岭研究员20年来对世界经济、政治问题潜心研究的结晶，是从大量研究课题的报告、论文及专著中提炼出来的精品。全书共分三篇：第一篇主要论述世界经济发展的最新趋势及特点，揭示新形势下世界经济的发展规律；第二篇主要论述地区经济一体化发展方面的问题，这是作者多年重点研究的领域；第三篇主要论述国际关系方面的问题，探讨冷战结束后国际格局的新变化、国际关系所出现的新调整。

《中国反失业政策研究》（1950～2000年）

程连升　著

该书选择1950～2000年这一时期，对中国政府失业治理实践进行了全面、系统的考察、分析和研究，旨在从中汲取有益的经验教训，进一步提高政府治理失业的效率。全书分四大部分，包括失业基本理论探讨，新中国成立以来六次失业高峰治理政策的考察与分析，国外政府反失业政策的借鉴，21世纪初期中国反失业政策建议等。

《经济转型与金融支持》

张兴胜　著

该书以中国转型时期中的金融支持政策为主线，从理论和实践上着重对该政策实施的背景、成因、绩效及其“效率损失”和政策的“合理边界”等问题进行了比较全面、深入的探讨和分析，揭示了在中国渐进改革进程中实现经济持续高速增长与金融政策及制度变迁之间的密切关系，并提出了当前中国进一步深化金融改革的思路。

《经济转型与经济发展》

罗德明　主编

该书高度概括地论述了经济体制转型前我国经济发展的过程、特征和存在的问题，系统地总结了改革20多年来我国经济发展的现状、变化和特点，并以大量的数据和实证材料论述了中国经济体制改革、实行社会主义市场经济体制的必要性和必然性。同时，还对我国未来社会经济发展的重大问题诸如加速城市化进程、发展知识经济、走可持续发展之路等进行了深入的论述。该书对指导我国社会经济发展具有重要的理论和实际参考价值。

《中国村庄的工业化模式》

中国社会科学院农村发展研究所组织与制度研究室　编

面对中国农村工业化的诸多卓越表现，人们曾概括过许多种“发展模式”。但当我们今天再度回首时，有些“发展模式”犹如过眼烟云，眼下已很少在政策研究和理论研究中被涉及；但也有一些发展模式，如苏南模式、温州模式、珠江三角洲模式等，犹如常青之树，至今仍具有很大的政策和理论研究的意义。

《清初三礼学》

林存阳　著

该书采用学术史和社会史相结合的方法，在礼学家与清廷文化政策的互动中探讨清初三礼学复兴以至渐成规模的内在原因、思想特征与学术成果，凸显了其在清初社会由乱而治过程中所承载的政治文化功能。

《中华民国铁路史资料》（1912～1949）（精装附光盘）

宓汝成　著

该书是以涉及路权问题为中心而编辑的一部铁路史资料，其主要内容包括中东铁路问题、各省商办铁路的国有和国民政府的铁路政策等。资料来源以采取第一手史料为主。就文种而言，除中文外，还包括日、英、俄文史料。史料搜罗广泛，有档案、原始文献、报章杂志，也有当事人记录、回忆、著作等等，使资料的编辑具有深厚扎实的基础。

社会科学文献出版社的重点图书还有：

《2002 年：中国社会形势分析与预测》

《2001～2002 年：世界经济形势分析与预测》

《2002 年：全球政治与安全报告》

《2002 年中国人口与劳动问题报告：城乡就业问题与对策》

《2001～2002 年欧洲发展报告》

《2001～2002 年中东非洲发展报告》

《亚太地区发展报告（2002）》

《拉丁美洲的农业发展》

《一只灵巧的手：论政府转型》

《秦汉官僚制度》

《近代东亚佛教》

《2000～2002 年中国旅游发展：分析与预测》（中国旅游绿皮书）

《苗族图腾与神论》

（参见本年鉴第五编中的有关条目）

经济管理出版社

《后发地区的发展路径选择——云南藏区案例研究》

王洛林、朱玲　主编

该书是中国社会科学院“云南藏区发展政策研究”课题组在云南实地调研后形成的专题研究报告。全书由导言和 10 章组成，内容有：云南迪庆藏族自治州的历史与文化；创建财政增长与经济发展的互动模式；发挥比较优势，挖掘农业潜力；民族文化保护与旅游经济增长；农村居民收入与消费；教育发展问题；健康政策；藏族生态伦理与环境保护；基层依法治理与民间法；研究结果讨论。其特点是：第一，通过对云南藏区的研究进一步认识藏族居住区社会经济文化发展的一般特点。第二，对云南藏区的社会、经济、文化、宗教进行了综合研究。第三，这是一个跨学科的研究报告，有利于不同学科间取长补短、开阔思路。

《中国对外关系中的台湾问题》

卢晓衡　主编

该书为论文集。由中国社会科学院副院长王洛林作序，收集了中国社会科学院所属九个研究所的研究人员关于台湾问题的研究报告和一些院外学者的论文近 20 篇。内容包括：中国对外关系中台湾问题的起因、演变与趋势；台湾当局在对外关系中诉求的变化；台湾问题在中国对各国关系中的表现；台湾当局“重返”联合国的活动，台湾与国际组织的关系等等。

读者通过该书可以对中国对外关系中的台湾问题有一个较为系统、全面和概括的了解，如：台湾当局在对外关系中与我争夺“中国代表权”转变到追求“两个中国”、“一中一台”和“台湾独立”的分裂立场，台湾当局“弹性外交”和“务实外交”的分裂本质，台湾当局大力鼓吹祖国大陆对其“外交打压”的欺骗伎俩；中国政府在对外关系中始终坚持在一个中国原则基础上对台湾方面与外国发展非官方的经贸、文化交往不抱异议、提供方便，并一直在国际上尽力保护台湾同胞在国外的合法权益。另外，通过此书也可以对世界上其他国家的统一过程与经验有所了解。

《中国中小企业发展与预测——政策导向与中小企业发展》（2002～2003）

陈乃醒　主编

该书分 22 章，内容包括：中国中小企业发展的量化分析；中小企业发展的特点、问题与对策；应对加入 WTO 的策略措施；结构调整——我国“十五”时期国民经济发展的主线；技术冲击波与经济结构调整；中小企业结构调整方向及政策；技术创新的理论研究与发展；国外中小企业技术创新与激励政策；我国中小企业技术创新政策和实施情况；财政扶持中小企业发展的国际比较；我国财政扶持中小企业发展政策研究；国外中小企业融资的基本情况；我国中小企业融资的基本情况、问题及对策；关于设立二板市场的若干思考；中小企业信用担保涉保各方的责任和利益、权利义务形成的法律基础；中小企业信用担保：理论解析和发展对策；我国中小企业的物流管理；市场发展呼唤建立健全中小企业中介机构；积极创建和发展我国中小企业团体组织；充分竞争与中小企业发展；中小企业优惠政策：从减赋开始；政府在促进市场经济发展中的作用。

书中指出：(1) 市场经济条件下政策的合理导向是完全必要的。(2) 宽松的政策是经济增长的前提条件。(3) 能否促进生产力的发展是衡量政策正确与否的重要标志。(4) 科学的决策程序和政府工作效率，对政策的科学性和有效性起决定作用。

《企业文化》（第三版）

刘光明　编著

该书为研究生教材。分上、中、下三篇：上篇，企业文化概说；中篇，企业文化的营造和借鉴；下篇，企业文化与企业管理。该书从企业文化的研究对象和范围，企业文化的兴起和发展，企业文化的结构，企业的营销文化、广告文化，企业文化与企业形象，企业文化与管理文化，企业家与企业文化，企业文化与环境文化等多个层面论述了企业文化在企业发展中的地位和作用，并阐述了如何建设企业文化等问题。该书还强调了企业文化在企业经营与发展中的重要作用，特别指出企业家精神应有独创性，应有自己的特色。

该书的特点是：第一，内容全面，系统地阐述了企业文化的内涵及企业文化建设问题。第二，反映了时代的要求，满足了企业经营管理者迫切需要了解企业文化知识的需要。第三，理论联系实际，注意吸收中外企业文化研究成果，并在结合中国实际的基础上有所创新。

《国有企业管理现状分析》

黄群慧等 著

该书共分 10 章：绪论；企业的管理环境变化；国有企业管理现状的总体描述；国有企业经营战略的演进与调整；国有企业营销管理的现状；国有企业组织文化建设：问题与创新；国有企业人力资源开发培训的现状；国有企业财务管理制度现状与不良资产研究；国有企业信息化管理现状；国外企业管理创新的新进展等。

书中指出，中国国有企业的管理总体上是逐步提高的。特别是改革开放以后，中国企业开始探索有中国特色的、符合市场经济要求的、社会主义现代化的管理体系，积极推进企业管理创新，取得了较大的成效。但是，近年来，国外企业管理的理论和实践也取得了重大进展；与国外相比，中国企业管理创新能力、水平还有较大差距。尤其是随着中国加入 WTO、走向全方位开放，无论中国企业是否选择进入国际市场，是否进行国际化经营，除国家继续垄断经营的极少数行业外，各个行业中的企业所面临的竞争都是国际性的，都会遭遇到具有强劲实力的国际竞争对手的挑战。提高管理水平，增强国际竞争力，是中国企业的当务之急。

《国有经济读本》

宗寒 著

该书分 24 章，内容包括：什么是国有经济；国有经济自国家产生之日起就出现了；资本主义条件下的国有经济；社会主义国有经济产生和发展的必然性；社会主义国有经济的地位和作用；生产资料所有制及产权关系；谁是国有经济的主人；人与人的关系及分配制度；人们之间社会主义关系后面的矛盾；国有经济的市场属性；国有经济的规模；国有经济的布局；国有经济的实现形式；社会主义现代企业制度；股份制——国有经济的一种重要实现形式；股份合作制的性质和适用范围；企业兼并、联合与分立；承包制和租赁制；少数企业的破产或出售；国有经济的企业管理；国有经济的宏观管理；国有经济的产出和效能；建立和健全社会保障制度。

这是一本供政府机关工作人员、国有企业广大干部职工及大专院校学生阅读的既带有研究性而又通俗易懂、比较系统地讲述国有经济基本知识及主要发展规律的教科书式的著作。该书坚持马克思主义、毛泽东思想和邓小平理论，对国有经济发展的各个主要侧面及总体进行剖析，同时对理论界的有关见解作了必要的评述。

《实物换保障》

卢海元 著

该书分 12 章：城镇化机制概论；欧美发达国家城镇化机制的历史考察；计划经济体制下城镇化机制的历史考察；改革进程中城镇化机制的转型；完善城镇化机制的基本思路；建立农村社会养老保险制度的必要性和可行性；实物换保障：农村社会养老保险制度的创新；产品换保障：农村社会养老保险制度的创新；产品换保障法律关系的构造；产品换保障服务机构的构建；产品换保障的运行模式；双轨制：非农化职工社会养老保险制度创新；土地换保障的运行模式。

当前，我国城镇化已进入一个新的发展阶段，农民进城的主要障碍已经不是体制和政策障碍，而是门槛过高，农民城镇化能力过低的经济障碍。城镇化的主要措施是要为农民提供社会保障，将其逐步纳入城乡社会保障体系。据此，该书有针对性地提出并论证了实物换保障是完善城镇化机制政策选择的理论假设，探索了深入研究城镇化机制理论的基本思路和方法。同时，提出完善城镇化机制必须从建立农村社会养老保险制度入手，以实物换保障的方式完善城乡社会养老保险制度，并论证了其现实可能性。

《IT企业发展战略》

余菁　著

该书分10章：战略理论综述与企业竞争行为分析；信息技术产业概述；信息技术产业的市场结构特征；信息技术产业的商业模式变革；信息技术产业的企业竞争优势规划；信息技术产业进入者的竞争策略选择；信息技术产业衰退中的竞争策略选择；软件业的企业竞争战略研析。

该书构建了一个“竞争战略均衡解”的分析框架，并将它运用于IT产业竞争战略的实证研究中。该书具有以下特色：第一，归纳总结了国内外管理学和经济学领域关于公司战略的研究成果，提出了较为系统、有操作性的企业竞争战略分析框架。第二，以“五种作用力分析”为工具，解析了IT产业在特定社会、技术与经济条件下的新兴产业特征，并深入总结了IT产业所具有的特殊结构特征，给出了IT企业商业模式变革的一般规律。第三，运用“竞争优势规划—围绕竞争行为而展开的动态竞争策略选择—竞争战略确立”的分析框架，对IT企业未来竞争优势的发展趋势作了概括性描述；剖析了IT企业竞争行为、竞争策略选择的一般规律；对软件业和信息服务业的市场特征、企业竞争战略进行了一定的实证性分析。

《金融结构与金融危机》

王洛林、李扬　主编

该书分10部分：导论；东亚经济增长模式分析；金融体系和亚洲金融危机；企业制度与金融危机：以韩国为例的分析；金融自由与东亚金融危机；开放经济的稳定性和经济自由化的次序；国际资本流动和金融危机；金融不良资产的处理：以泰国为例；IMF对危机国家的救援计划述评；关于国际货币体系的改革。

该书深入分析了东亚金融危机的制度根源，并探讨了解决问题的治本之道。书中指出，促成东亚金融危机的重要原因是：（1）过早过急地推动了金融自由化的过程；（2）东亚国家未能慎重处理金融结构从中介为主向中介和市场并重的转变过程中出现的问题；（3）在推行金融自由化的过程中，未能及时建立谨慎的监管体制；（4）东亚国家，特别是韩国的大企业发展战略对金融体系的不利影响。

《行业协会及其在中国的发展：理论与案例》

余晖等　著

该书共分七章：转型期自律性行业组织产生和发展机制（总报告）；WTO和行业协会（案例一）；“中电联”与中国电力工业管理体制的改革实践（案例二）；协调与信誉约束：中国证券业协会的自律监管及其演进（案例三）；义乌市小商品市场中的社会中介组织（案例四）；政府管制的转移：中国造价工程师协会的未来（案例五）；国外（法国、日本、美国）行业自律性管理的经验及借鉴（案例六）。

该书探讨了中国社会经济转型过程中自律型行业组织（如行业协会、商会等）的功能及其生成和发展机制。包括四个方面的内容：第一，从经济学、社会学、政治学及法学的角度，探讨了在市场经济体制下，自律型行业组织所具有的不可替代的价值；第二，通过文献综合和案例研究，重点考察了改革开放以来，我国自律型行业组织的生成途径、发展现状及进一步发展所面临的问题；第三，分析了影响和制约行业自律组织进一步发展的制度因素；第四，推荐了一种行业自律管理的模式。

《企业家行为格式——对角色人格管理的研究》

吕福新 著

该书分七章，包括：导论；多层双重要求；综合创新建树；战略行为格式；组织行为格式；基于和超越权责管理；基于和超越人性管理。

该书对企业家角色—人格管理进行了多方面的探讨。书中指出：(1) 企业家角色—人格管理是从客观要求出发的。同时，作者分析了中国企业家所处的环境及面临的挑战和机会。(2) 企业家必须具有综合创新建树的能力，而其关键条件是政府的角色转换和国家的政策创新。(3) 企业家角色—人格管理以战略管理和组织管理为主要内容。(4) 权责管理和人性管理等。通常所说的管理职能，如指挥、控制和协调，都是管理行为，都是企业家的角色行为与人格行为的组合和统一。

《中小企业信用担保理论、模式及政策》

梅强、谭中明等 著

该书是国家社会科学基金课题的研究成果。共分九章，包括：我国中小企业现状分析；我国中小企业融资分析；中小企业信用担保的相关理论研究；中小企业信用担保制度国际比较研究；我国中小企业信用担保基本制度设计；中小企业信用担保风险分析与控制；中小企业信用担保机构的财务分析与报告；中小企业信用评价指标体系与方法研究；我国中小企业信用担保实证研究。

书中借鉴“市场增进论”及新制度经济学的观点，提出了中小企业服务论，为构筑以中小企业信用担保为主要内容的中小企业服务体系提供了重要的理论根据；通过中小企业资金有效供求分析及信息经济学理论，揭示了中小企业融资难、担保难的深层原因，为信用担保体系建设提供了新的支撑；设计了适合我国国情的中小企业信用担保基本模式——“政府组建、市场化运作”和“混合组建、市场化运作”；系统分析了我国中小企业信用担保机构的运作风险及其控制措施；构建了中小企业信用担保机构的财务分析模型，揭示了担保规模和担保放大倍数取决于担保机构所在地区信用状况而非基金总额的规律，为担保机构确定重要财务参数提供了理论依据；提出了改善中小企业信用担保环境的基本途径。

《跨国公司在华子公司战略研究》

赵景华 著

该书共分六章，包括：绪论；文献回顾及探索性研究；跨国公司海外子公司成长与发展战略的理论研究；跨国公司在华子公司成长与发展战略的实证研究；跨国公司在华子公司典型案例分析及比较；结论与启示。

该书具有以下特点：第一，它是我国第一部研究跨国公司在华子公司成长与发展战略的专著。第二，作者对国际上关于跨国公司海外子公司的前沿理论和三个学派进行了简要、系统的回顾，丰富了海外子公司成长的理论范畴。第三，对跨国公司海外子公司成长与发展的战略机制进行了研究。第四，首次构建了跨国公司海外子公司成长与发展的环境—组织分析框架，即S—SWOT分析框架。第五，对150多家跨国公司在华子公司进行了实证研究。

《以德治国方法论》

高国安、刘允正 著

该书分 23 章，包括：社会主义条件下以德治国的新属性及其意义；共产党以德治国的实践经验；以德治国与共产党的性质；以德治国与依法治国；以德治国与政治斗争；以德治国与群众路线；以德治国与社会各领域的协调发展；以德治国与社会先进分子；实施以德治国所面临的困难；研究实施方略的措施，强化群众对以德治国的信心；发挥党的政治优势，深入开展群众性的思想道德教育；组织力量完善和发展社会主义思想道德体系；以驱除信念的迷惘为重点，整顿党的组织和作风；采取有效措施强化党的阶级基础，重振工人阶级的雄风；深化对中青年知识分子的思想道德教育；端正农村工作指导思想，强化农村思想道德建设；加强对民营企业的政治领导；广泛动员群众开展社会主义、集体主义与个人主义的斗争；领导干部深入基层，解决群众的热点、难点问题；整顿思想文化部门，弘扬社会主义思想道德的主旋律；坚持德育领先的原则，确保教育方针的落实；着眼于捍卫社会主义思想道德的经济基础；充分运用人民民主专政的力量，清理社会生活的污垢，促进以德治国。

该书有以下特点：第一，以马克思主义的立场、观点和方法拓宽依法治国与以德治国相结合方略的思路。第二，实事求是地揭示社会发展状况，总结国家治理过程中的经验教训。第三，把“三个代表”重要思想与以德治国思想交融在一起。

《中国企业脱困报告》

邵宁、周放生、熊志军 主编

该书由三个部分组成。第一部分为总报告；第二部分为专题研究报告；第三部分为各类脱困方式的典型案例，分为四篇：地区与行业综合脱困篇，深化国有企业内部改革、转换经营机制脱困篇，结构调整与资产重组脱困篇，产权制度改革脱困篇。

该书采取实证研究的方式，以大量的案例研究为主。书中对国有大中型企业三年脱困工作进行了认真系统的总结，对国家为实现这一目标出台的一系列重大政策的作用和效果、各级政府所采取的措施、国有企业及其员工为实现企业脱困所作的艰苦努力和付出的巨大代价等进行了总结和评价，同时对国有企业改革与脱困的各种具体方式和途径以及经验、教训进行了探讨。书中指出：国有企业脱困是在中国企业改革一个特殊时期提出的一项特殊任务。国有企业改革与脱困没有现成的道路可走，只能结合实践进行多种形式的探索，在探索中不断深化完善。

《公司治理改革：中国与世界》（中英文对照）

鲁桐 主编

该书为论文集。全书分四个部分：第一部分为全球公司治理的发展；第二部分为董事会及独立董事在公司治理中的作用；第三部分为公司治理的法律环境与信息披露；第四部分为中国公司治理改革。

2001 年 11 月，中国社会科学院世界经济与政治研究所中国公司治理中心在北京主办了“公司治理改革：中国与东亚”国际研讨会。该书是与会代表提交的部分论文汇编。书中指出，必须充分认识到中国与东亚国家公司治理改革的迫切性和艰巨性，按照国际规范建立和完善自己的公司治理显得十分紧迫。

《中国战略技术与产业发展》

王元、梅永红、胥和平 主编

该书分 11 章，包括：总论——强化战略技术及产业发展中的国家意志；当代世界战略性技术和产业发展动向；战略技术和产业发展的国家战略含义；“十五”研究战略技术及产业发展的新认识；比较优势、战略性技术和经济发展；从战略视角把握21世纪初中国的战略产业；困扰中国战略性技术及其产业化的七大问题；建立与WTO规则兼容的战略产业的政府扶持政策；按照战略产业的目标和要求发展我国的集成电路；我国数控机床产业发展与技术创新的战略措施；中国工业战略技术行业及其技术创新——一种实证分析。

该书系统研究了中国战略技术发展的历史经验和现实问题，提出了对当前我国战略技术重点及实施的意见。书中指出，中国作为一个超大型国家，应该具有比一般国家更复杂的技术和经济结构，以保持生产和技术体系的相对独立性和完整性。中国在战略性技术和产业领域保持技术领先地位，是参与国际产业分工和国际竞争，应对国际经济、技术、政治甚至军事诸方面的威胁，应对日益激烈的各种政治和经济对抗的基础条件。

经济管理出版社出版的重点图书还有：

《福利国家论析——以欧洲为背景的比较研究》

《现代企业管理——变革的观点》

《中国工业发展报告（2002）——WTO规则下的企业和政府行为》

（参见本年鉴第五编中的有关条目）

第 七 编

学 术 人 物

一　中国社会科学院博士学位研究生指导教师（2002～2003）

系　别	学科专业	姓　名	出生年月	主要研究方向
经济系	政治经济学	董辅礽	1927.07	社会主义再生产、国民经济综合平衡、社会主义宏观经济理论
	经济史	董志凯	1944.08	中华人民共和国经济史
	政治经济学	胡家勇	1962.11	社会主义市场经济理论
	经济史	江太新	1940.01	清代经济史
	经济思想史	李　实	1956.10	外国经济思想史
	国民经济学	李铁映	1936.09	社会主义市场经济理论
	政治经济学	李晓西	1949.03	宏观经济管理、价格与通货膨胀、金融体制改革、引进外资的理论与实践
	经济史	林　刚	1948.01	中国近代经济史、中国早期现代化问题
	政治经济学	刘国光	1923.11	社会主义国民经济问题
	政治经济学	刘树成	1945.10	宏观经济学
	西方经济学	刘小玄	1953.01	西方经济学
	政治经济学	刘迎秋	1950.08	宏观经济运行与国民经济发展
	政治经济学	冒天启	1942.07	转型经济和发展的理论
	经济史	史志宏	1949.04	明清农业史、财政史、人口史、近代财政史
	经济思想史	王　诚	1955.10	宏观经济学
	政治经济学	王振中	1949.06	政治经济学
	政治经济学	吴敬琏	1930.01	政治经济学社会主义部分、比较经济学、比较经济体制
	经济思想史	叶　坦	1956.10	中国经济思想史、东亚经济思想比较研究、中国经济学术史

续表

系　别	学科专业	姓　名	出生年月	主要研究方向
	政治经济学	于祖尧	1933.01	社会主义政治经济学
	西方经济学	袁钢明	1953.09	宏观经济学
	政治经济学	张曙光	1939.09	经济结构理论、宏观经济学、制度经济学
	政治经济学	张卓元	1933.07	收入分配、贫困问题和乡村发展
	经济史	朱　玲	1951.12	中国近代经济史、中日近代史比较研究、中日证券史比较研究
	西方经济学	朱荫贵	1950.12	西方经济学理论和经济模型分析
	西方经济学	左大培	1952.08	现代西方经济学
工业经济系	企业管理	陈佳贵	1944.10	人力资源开发与管理、中小企业
	产业经济学	陈乃醒	1945.10	产业经济学、发展经济学、经济增长
	企业管理	郭克莎	1955.07	企业管理与企业改革
	产业经济学	黄速建	1955.11	产业经济学、发展经济学、投融资
	产业经济学	金　碚	1951.04	工业经济、工业利用外资
	产业经济学	李海舰	1963.09	工业发展理论与政策
	产业经济学	吕　政	1945.07	城市与区域经济、产业经济
	企业管理	魏后凯	1963.12	企业管理
	企业管理	张承耀	1947.05	企业管理
	企业管理	郑海航	1945.01	企业改革与企业管理；经济核算与企业财务成本管理
	产业经济学	周绍朋	1946.11	产业结构、企业改革、技术创新
	产业经济学	周叔莲	1929.07	经济结构、企业改革、技术创新
农村发展系	农业经济管理	邓英淘	1952.09	乡镇企业与农村剩余劳动力转移问题、农村股份合作经济、农村土地制度
	农业经济管理	韩　俊	1963.12	资源与环境、农村发展理论
	农业经济管理	李　周	1952.09	社会主义农业经济与管理
	农业经济管理	刘文璞	1934.11	农村经济组织与制度

续表

系别	学科专业	姓名	出生年月	主要研究方向
财贸经济系	农业经济管理	张晓山	1947.10	农村经济
	产业经济学	白仲尧	1936.01	产业经济、服务经济
	国际贸易学	冯　雷	1954.06	国际贸易
	产业经济学	郭冬乐	1939.11	社会主义市场经济理论
	金融学	何德旭	1962.09	货币金融、资本市场
	国际贸易学	江小涓	1957.06	国际贸易和投资
	金融学	李　扬	1951.09	财政金融体制、宏观经济政策
	财政学	李茂生	1943.03	财政理论与财政政策、宏观经济政策
	国际贸易学	裴长洪	1954.05	国际贸易和投资
	产业经济学	宋　则	1951.12	期货市场、市场流通理论
	产业经济	陶　琲	1935.04	市场理论、市场营销学
	金融学	王国刚	1955.11	公司金融、资本市场
	国际贸易	王洛林	1938.06	引进外资、对外贸易
	金融学	王松奇	1952.03	金融理论、货币银行学
	产业经济学	温桂芳	1945.08	价格学、住房制度
	国际贸易	杨圣明	1939.07	消费经济、国际贸易和投资
	产业经济学	张广瑞	1944.09	旅游经济、国际旅游
数量经济与技术经济系	数量经济学	贺菊煌	1936.10	消费函数与宏观经济模型
	技术经济及管理	金周英	1940.08	技术创新、知识经济、科技管理、战略研究
	技术经济及管理	李京文	1933.11	技术经济学理论与方法、宏观经济预测
	技术经济及管理	齐建国	1957.05	技术创新、知识经济
	数量经济学	沈利生	1946.04	数量经济学、经济模型、经济预测
	数量经济学	汪同三	1948.07	数量经济学理论与方法、经济模型、经济预测
	会计学	张国初	1942.06	会计、技术经济与管理
	数量经济学	赵京兴	1950.01	数量经济学理论

续表

系　别	学科专业	姓　名	出生年月	主要研究方向
数量经济与技术经济系	数量经济学	郑玉歆	1945.11	工业技术经济
	技术经济及管理	钟学义	1941.10	技术经济理论与生产率分析
	数量经济学	周　方	1932.09	经济系统分析、宏观经济学
人口与劳动经济系	人口学	蔡　昉	1956.09	人口、资源与环境经济学
	人口学	田雪原	1938.08	人口学、人口社会学、老年人口学
	劳动经济学	张车伟	1964.10	劳动经济学、人口经济学
城市发展系	社会学	傅崇兰	1940.12	城市经济社会发展规划与环境研究
考古系	考古学及博物馆学	安家瑶	1947.08	隋唐考古
	考古学及博物馆学	刘庆柱	1943.08	中国古代都城及帝陵研究、秦汉瓦当文字壁画及手工业研究
	考古学及博物馆学	刘一曼	1940.06	殷墟考古、甲骨文、中国古代铜镜
	考古学及博物馆学	孟凡人	1939.09	汉唐考古、新疆考古学西域史、中西交通史
	考古学及博物馆学	王　巍	1954.05	夏商周考古、古代文明起源发展道路、东亚地区古代文化交流考古
	考古学及博物馆学	杨　泓	1935.12	汉魏南北朝考古学；中国古代兵器史；中国美术考古
	考古学及博物馆学	袁　靖	1952.10	环境考古学、动物考古学
历史系	中国古代史	陈高华	1938.3	元史、中亚史、绘画史、海外交通史
	中国古代史	陈祖武	1943.10	清代学术史、中国古代史
	专门史	定宜庄	1948.12	清史、社会史
	中国古代史	高　翔	1963.10	清代政治史、清代社会文化史
	历史文献学	葛兆光	1950.04	中国古典文献、宗教及文学方面的历史问题
	专门史	姜广辉	1948.05	中国思想史
	中国古代史	李　凭	1948.09	魏晋南北朝史

续表

系　别	学科专业	姓　名	出生年月	主要研究方向
历史系	中国古代史	李新达	1939.12	清代历史，清代的政治、军事、文化和典制
	中国古代史	林甘泉	1931.11	秦汉史、中国封建社会经济史、史学理论
	中国古代史	商　传	1945.11	明史、社会史
	历史文献学	宋镇豪	1949.01	古文字学、中国上古史、甲骨文献学
	中国古代史	王宇信	1940.05	先秦史、甲骨学殷商史
	中国古代史	王曾瑜	1939.06	宋史、辽金史
	中国古代史	王震中	1957.01	先秦史（史前与夏商）
	史学理论及史学史	谢保成	1943.09	中国史学史、隋唐史
	历史文献学	谢桂华	1938.10	简制学与秦汉史
	历史地理学	辛德勇	1959.08	中国历史地理学、历史文献学
	中国古代史	余太山	1945.07	中外关系史、中亚史、内陆欧亚史、西北民族史
	中国古代史	张显清	1937.03	明代政治史、思想文化史、经济史
近代史系	中国近现代史	耿云志	1938.12	中国近代思想史、中华民国史
	中国近现代史	姜　涛	1949.07	中国近代社会史、中国近代政治史
	史学理论及史学史	蒋大椿	1940.04	中国近现代史学思想史、史学理论
	中国近现代史	马大正	1938.09	中国疆域史
	中国近现代史	王建朗	1956.11	近代中外关系史
	中国近现代史	闻黎明	1950.09	中国现代政治史
	中国近现代史	虞和平	1948.09	中国近现代社会经济史、中国现代化史
	中国近现代史	曾业英	1940.09	中华民国史、晚清史、辛亥革命史、北洋军阀史、抗日战争史
	中国近现代史	张海鹏	1939.05	中国近代政治史、孙中山思想研究、辛亥革命史
	中国近现代史	朱东安	1939.09	中国近代政治史

续表

系　别	学科专业	姓　名	出生年月	主要研究方向
世界史系	世界史	陈之骅	1934.06	苏联近现代史、俄罗斯思想文化史、当代俄罗斯问题研究
	世界史	郭　方	1948.11	世界古代中世纪史
	世界史	汤重南	1940.11	日本近代经济发展史、中日现代化比较、日本传统文化与现代化
	世界史	吴恩远	1948.08	俄罗斯现代史、苏联政治经济史
	世界史	武　寅	1950.03	日本史
	世界史	杨灏城	1936.06	中东近现代史、埃及近现代史
	史学理论及史学史	于　沛	1944.05	外国史学理论方法论
	世界史	张顺洪	1955.02	英帝国史
	国际政治	周荣耀	1946.04	欧洲国际关系
文学系	中国古代文学	曹道衡	1928.08	魏晋南北朝文学
	中国古代文学	陈铁民	1938.04	唐代文学、古籍整理
	中国现当代文学	陈晓明	1959.02	中国当代文学
	文艺学	党圣元	1955.09	中国古代文学理论、文学原理
	中国古代文学	邓绍基	1933.01	元明清文学、中国戏曲史
	中国古代文学	董乃斌	1942.08	中国文学史及其理论、叙事学、唐代文学
	文艺学	杜书瀛	1938.07	文艺美学
	中国古代文学	胡　明	1947.08	中国古典文学研究、中国现代文学研究
	中国古代文学	蒋　寅	1959.06	中国古代诗学
	中国现当代文学	黎湘萍	1958.12	中国现当代文学（台港文学）
	中国现当代文学	李存光	1943.07	巴金研究、现代回族文学
	中国现当代文学	刘　纳	1944.09	五四时期的中国文学、八九十年代的诗歌、中国女性文学
	中国古代文学	刘扬忠	1946.02	中国古典诗词
	中国古典文献学	刘跃进	1958.11	汉魏六朝文学、古典文献学

续表

系　别	学科专业	姓　名	出生年月	主要研究方向
文学系	文艺学	毛崇杰	1939.12	西方美学、马克思主义美学、后现代主义与当前中国文艺思潮
	文艺学	钱中文	1932.11	文艺理论、文艺美学、马克思主义文艺理论
	中国古代文学	石昌渝	1940.07	中国小说史、明清文学
	中国古代文学	陶文鹏	1941.09	唐宋诗歌
	中国古代文学	徐公恃	1940.07	魏晋南北朝文学
	中国古典文献学	杨　镰	1947.02	元明清诗歌文献
	中国现当代文学	杨　义	1946.08	中国现代文学、中国古代文学、文艺学、比较文学
	中国现当代文学	杨匡汉	1940.02	中国当代文学、诗学研究、港澳台及海外华文文学
	中国现当代文学	袁良骏	1936.09	中国现代文学、鲁迅研究、台港文学研究
	中国现当代文学	张　炯	1933.11	中国当代文学、文艺理论批评
	中国古代文学	张锡厚	1937.02	敦煌文学
	中国现当代文学	赵　园	1945.02	中国现代文学、明清之际文化现象
	比较文学与世界文学	周发祥	1940.06	中外文学比较、国外中国文学
民族文学系	中国少数民族语言文学	降边嘉措	1938.10	藏族文学史、藏族英雄史诗《格萨尔》
	中国少数民族语言文学	郎　樱	1941.04	突厥语民族文学、突厥语民族史诗研究
	中国少数民族语言文学	杨恩洪	1946.04	藏族文学与文化、史诗《格萨尔王传》
	中国少数民族语言文学	扎拉嘎	1946.11	蒙古古典文学、蒙古近代文学、蒙汉文学关系、中国各民族文学关系
外国文学系	比较文学与世界文学	陈敏华	1954.01	古希腊文学、哲学、文艺理论
	比较文学与世界文学	陈众议	1957.10	西班牙语文学
	法语语言文学	郭宏安	1943.02	法国文学

续表

系　别	学科专业	姓　名	出生年月	主要研究方向
外国文学系	英语语言文学	黄　梅	1950.02	英国小说
	俄语语言文学	刘文飞	1959.11	俄罗斯文学与文化
	英语语言文学	陆建德	1954.02	英国文学
	英语语言文学	钱满素	1946.01	美国文学文化
	英语语言文学	盛　宁	1945.07	美国文学研究、美国及西方当代文学理论
	俄语语言文学	石南征	1949.01	俄罗斯小说创作及小说理论
	文艺学	吴元迈	1934.02	文学理论、俄罗斯文学
	法语语言文学	吴岳添	1944.09	法国文学流派
	德语语言文学	叶廷芳	1936.11	德语现代文学与理论
	法语语言文学	余中先	1954.08	法国当代文学
	德语语言文学	章国锋	1940.09	德国现当代文学、西方文学理论和文论理论
	英语语言文学	赵一凡	1950.08	美国文学与文化理论
	俄语语言文学	周启超	1959.04	俄罗斯文论、比较诗学
语言系	语言学及应用语言学	曹广顺	1952.03	中古、近代汉语语法史
	汉语言文字学	董　琨	1946.10	汉语文字学、汉语史
	语言学及应用语言学	顾曰国	1956.10	语用学、话语分析、修辞学、语料库语言学、语言哲学
	汉语言文字学	江蓝生	1943.11	汉语史研究、晚唐五代至明代（近代）汉语语法和词汇
	语言学及应用语言学	林茂灿	1935.01	实验语音学
	汉语言文字学	刘丹青	1958.08	语言类型学、汉语语法学、汉语方言学
	汉语言文字学	沈家煊	1946.03	英汉对比语法、现代汉语语法、语义和语用研究、口误的心理研究
	汉语言文字学	徐　枢	1932.10	现代汉语语法
	汉语言文字学	张国宪	1954.11	现代汉语语法

续表

系别	学科专业	姓名	出生年月	主要研究方向
语言系	汉语言文字学	张振兴	1941.03	现代汉语方言
哲学系	外国哲学	卞崇道	1942.12	日本哲学史
	伦理学	陈　瑛	1939.12	伦理学、中国伦理学史
	马克思主义哲学	陈中立	1936.08	马克思主义哲学认识论、唯物辩证法
	中国哲学	方克立	1938.06	中国传统哲学范畴、中国现当代哲学与文化
	中国哲学	胡孚琛	1945.12	中国哲学道家与道教文化（含道教生命哲学）
	外国哲学	黄心川	1928.07	印度哲学的发展规律、我国保存的印度哲学史料研究
	外国哲学	江　怡	1961.05	现代外国哲学
	科学技术哲学	金吾伦	1937.11	自然辩证法、科学哲学
	马克思主义哲学	李德顺	1945.06	哲学原理、价值论
	马克思主义哲学	李景源	1945.07	哲学原理
	外国哲学	李鹏程	1944.10	西方哲学、文化哲学
	外国哲学	李甦平	1946.10	东亚比较哲学、中日韩儒学比较
	伦理学	廖申白	1950.08	西方伦理学
	科学技术哲学	林夏水	1938.07	数学哲学、非线性科学的哲学问题
	马克思主义哲学	刘　奔	1942.04	历史唯物主义
	科学技术哲学	刘　吉	1935	科学哲学、科学学和科技政策、管理哲学、经济和社会发展战略
	逻辑学	刘培育	1940.04	中国古代名辩学、金岳霖思想研究
	科学技术哲学	罗嘉昌	1943.12	关系实在论
	中国哲学	蒙培元	1938.02	中国哲学史、宋明理学
	马克思主义哲学	闵家胤	1942.06	系统科学和马克思主义哲学
	外国哲学	汝　信	1931.08	西方美学史、西方哲学史
	美学	滕守尧	1945.02	当代西方美学、中西美学比较

续表

系　别	学科专业	姓　名	出生年月	主要研究方向
哲学系	逻辑学	王　路	1955.02	现代逻辑、逻辑史、逻辑哲学、语言哲学
	伦理学	王　伟	1945.06	行政伦理学、廉政理论、中国政府机构改革
	中国哲学	王葆玹	1946.11	经学、魏晋玄学、道家哲学
	外国哲学	王树人	1936.11	德国哲学、中西哲学文化比较
	马克思主义哲学	吴元樑	1938.03	科学方法论、社会系统论、科学技术与社会、经济哲学与经济伦理
	中国哲学	徐远和	1942.12	中国哲学、东方哲学、儒家哲学
	外国哲学	叶秀山	1935.06	西方哲学史、中西哲学比较、美学
	科学技术哲学	殷登祥	1939.03	科学技术与社会、天文学哲学
	逻辑学	张家龙	1938.06	西方逻辑史、现代逻辑和逻辑哲学
	逻辑学	张清宇	1944.04	现代逻辑
	美学	章建刚	1952.12	美学原理、艺术史、伦理学
	外国哲学	周晓亮	1949.10	16～18 世纪西方哲学
	马克思主义哲学	朱葆伟	1949.11	马克思主义哲学原理、价值论、科学技术哲学
马列主义毛泽东思想系	科学社会主义与国际共产主义运动	靳辉明	1934.11	马克思主义哲学、科学社会主义
	科学社会主义与国际共产主义运动	李崇富	1943.09	科学社会主义和邓小平理论、马克思主义哲学
	科学社会主义与国际共产主义运动	李延明	1945.02	科学社会主义原理
	科学技术哲学	于光远	1915.07	自然辩证法、政治经济学社会主义部分
	科学社会主义与国际共产主义运动	余文烈	1951.12	国外马克思主义与社会主义经济哲学
世界宗教研究系	宗教学	杜继文	1930.05	佛教、佛教哲学、宗教学原理

续表

系 别	学科专业	姓 名	出生年月	主要研究方向
世界宗教研究系	宗教学	方广锠	1948.08	佛教
	中国哲学	李 申	1946.04	儒教
	宗教学	吕大吉	1931.09	马克思主义关于宗教的基本理论和主要著作
	宗教学	马西沙	1943.11	中国宗教史、道教
	宗教学	魏道儒	1955.10	中国佛教派史、宋元明清佛教
	宗教学	吴云贵	1939.10	伊斯兰教、伊斯兰文化史、当代伊斯兰教
	宗教学	杨曾文	1939.12	中国佛教史、日本佛教史
	中国哲学	余敦康	1930.05	中国哲学发展史、中国古代哲学、中国哲学史、先秦哲学史
	宗教学	周燮藩	1945.01	伊斯兰教史
	宗教学	卓新平	1955.03	基督教、西方宗教学、中西宗教文化比较
法学系	经济法学	陈 甦	1957.12	公司法、证券法
	宪法学与行政法学	陈云生	1942.05	权利相对论、宪法哲学、民族区域自治和宪法监督制度
	国际法学	陈泽宪	1954.07	国际刑法、国际人权法、外国刑法
	经济法学	崔勤之	1944.02	经济法基础理论、公司法、证券法
	法学理论	韩延龙	1934.08	中国近现代法制史、人权理论和中国人权法史
	宪法学与行政法学	李 林	1955.11	宪政民主理论、立法学、人权理论
	法学理论	李步云	1933.08	马克思主义的法律理论、我国法制建设中具有重大现实意义的理论问题
	民商法学	李明德	1956.03	知识产权法
	经济法学	李顺德	1948.04	知识产权法
	民商法学	梁慧星	1944.01	民法总论、民法债权和法学方法论
	法学理论	刘 瀚	1935.11	法理学理论、社会主义法制理论、政治理论

续表

系　别	学科专业	姓　名	出生年月	主要研究方向
法学系	法学理论	刘作翔	1956.09	法律文化理论、法理学、法治理论
	国际法学	沈　涓	1962.08	国际私法
	民商法学	孙宪忠	1957.01	民法、不动产法、物权法
	国际法学	陶正华	1942.05	国际公法、国际经济法
	宪法学与行政法学	王家福	1931.02	民法、经济法、法理、人权制度
	经济法学	王晓晔	1948.10	经济法、国际经济法、国际私法和社会法
	宪法学与行政法学	吴新平	1951.10	宪法基本理论
	法学理论	夏　勇	1961.11	法理学、人权、大众传媒法
	法学理论	信春鹰	1956.10	法理学、港澳台法学
	法学理论	杨一凡	1944.04	中国法律文化
	宪法学与行政法学	张庆福	1937.06	宪法学、行政法学
	法学理论	张志铭	1962.02	法治理论、司法理论、法律解释学、法律职业
	民商法学	郑成思	1944.12	知识产权的国际保护
政治学系	宪法学与行政法学	白　钢	1940.01	比较政府体制、政府理论、中国政治
民族系	中国少数民族语言文学	道　布	1934.11	蒙古语言学、蒙古语文学、蒙古语族语言比较
	民族学	郝时远	1952.08	国内外民族问题
	民族学	何星亮	1956.08	宗教人类学、中国少数民族文化
	中国少数民族语言文学	黄　行	1952.06	汉藏语研究
	专门史	卢　勋	1939.01	中国少数民族社会历史、中国南方农业民族社会经济发展史
	专门史	罗贤佑	1945.06	中国民族史
	专门史	聂鸿音	1954.11	西夏学、民族古典文献学

续表

系 别	学科专业	姓 名	出生年月	主要研究方向
民族系	专门史	任一飞	1938.04	中国民族史、中国西北民族历史与现状、维吾尔族历史与现状、都市人类学
	民族学	色 音	1963.07	人类学、民俗学
	专门史	史金波	1939.09	西夏学、中国民族史、中国民族古文字学
	民族学	王希恩	1954.06	民族理论、民族问题
	专门史	伍昆明	1943.01	藏族近现代史
	中国少数民族语言文学	周庆生	1952.04	社会语言学、语言政策、语言人类学
社会学系	社会学	黄 平	1958.02	发展社会学、知识社会学
	社会学	景天魁	1943.04	发展社会学、社会学理论
	社会学	李汉林	1953.11	社会结构与社会组织
	社会学	李培林	1955.05	发展社会学、经济社会学和工业社会学
	社会学	李银河	1952.02	家庭社会学
	社会学	陆学艺	1933.08	社会发展、中国农村问题
	社会学	苏国勋	1942.02	社会学理论
	社会学	张 琢	1940.11	发展社会学
	社会学	折晓叶	1950.01	社会组织与制度变迁、农村社区研究
新闻系	新闻学	陈力丹	1951.02	新闻理论、新闻史
	新闻学	李仁臣	1941.10	新闻媒介管理学、新闻业务
	新闻学	谢 宏	1939.11	新闻业务研究（评论）
	新闻学	尹韵公	1956.10	新闻史、新闻理论
	新闻学	于 宁	1944.03	新闻业务、新闻理论
世界经济与政治系	世界经济	谷源洋	1935.10	第三世界经济
	世界经济	李向阳	1962.12	世界经济、企业理论
	世界经济	罗肇鸿	1936.10	俄罗斯东欧经济、比较经济学、亚太经济

续表

系　别	学科专业	姓　名	出生年月	主要研究方向
世界经济与政治系	世界经济	潘家华	1957.06	环境经济学
	世界经济	戎殿新	1942.01	世界经济史
	国际政治	沈骥如	1942.07	国际关系与国际战略
	世界经济	谈世中	1942.01	发展经济学、非洲经济
	国际政治	王逸舟	1957.07	当代国际政治
	世界经济	余永定	1948.11	国际金融、现代宏观经济学
	世界经济	张宇燕	1960.09	国际政治经济学
东欧中亚研究系	国际政治	李建民	1953.04	俄罗斯、独联体经济
	国际政治	李静杰	1941.10	国际政治、国际关系
	国际政治	邢广程	1961.10	俄罗斯政治
	国际政治	许　新	1940.01	俄罗斯经济、独联体经济、前苏联经济
	国际政治	赵常庆	1940.12	苏联政治及民族问题
	国际政治	郑　羽	1956.08	俄罗斯外交与中俄关系
	国际政治	朱晓中	1957.03	中东欧国家对外关系
欧洲研究系	国际政治	顾俊礼	1939.12	西欧政治与德国政治
	世界经济	罗红波	1946.03	欧洲产业政策研究、意大利经济研究
	世界经济	裘元伦	1938.05	德国经济、欧洲与西方经济
	世界经济	郑秉文	1955.01	福利国家理论、西方社会保障制度比较
	国际政治	周　弘	1952.10	国际政治、国际问题研究
西亚非洲研究系	国际政治	杨立华	1947.03	非洲政治发展、非洲国际关系
拉丁美洲研究系	世界经济	江时学	1956.09	拉美经济
	世界经济	苏振兴	1937.05	拉丁美洲经济与政治
	国际政治	徐世澄	1942.05	拉丁美洲政治、拉丁美洲国际关系

续表

系 别	学科专业	姓 名	出生年月	主要研究方向
亚太研究系	世界经济	陆建人	1946.08	亚太经济与合作
	世界经济	张蕴岭	1945.05	国际经济关系、区域一体化
美国研究系	世界经济	胡国成	1949.02	美国经济史、当代美国经济
	国际政治	陶文钊	1943.02	中美外交、中美关系
	国际政治	王缉思	1948.11	国际政治理论、美国外交、中美关系
日本研究系	外国哲学	高增杰	1944.12	日本文化、东方文化和比较文化、日本民族心理与哲学思想
政府政策与公共管理系	国民经济学	成思危	1935.06	风险投资、管理科学
	国民经济学	桂世镛	1935.02	国民经济宏观综合分析
	国民经济学	蒋正华	1937.10	人口学、系统工程、管理科学
	国民经济学	李剑阁	1949.12	宏观经济、经济体制比较、金融证券政策
	国民经济学	李克穆	1952.07	宏观经济运行（含财政金融）
	国民经济学	李连仲	1949.11	社会主义市场经济理论
	国民经济学	王梦奎	1938.04	宏观经济政策
	国民经济学	曾培炎	1938.12	宏观经济管理
	国民经济学	郑新立	1945.02	宏观经济理论与经济改革
	国民经济学	周小川	1948.01	经济系统工程、金融财税改革
	政治经济学	邹东涛	1949.10	经济体制改革
语言文字应用系	语言学及应用语言学	李宇明	1955	应用语言学，语言理论
	汉语言文字学	许嘉璐	1937.06	训诂学、应用语言学
投资经济系	国民经济学	陈东琪	1955.08	政治经济学、宏观经济分析、资本市场与投资
	国民经济学	刘福垣	1944.09	发展、运行、调控
	国民经济学	罗云毅	1949.05	宏观经济与投资
	国民经济学	王一鸣	1959.08	宏观经济、区域经济
	国民经济学	肖金成	1955.09	投资经济、区域经济
	国民经济学	张汉亚	1945.12	经济预测的方法与应用、投资宏观管理理论和方法、投资项目的评价理论与方法

二　2002 年度晋升正高级专业技术职务人员

杨春学（1962 年 11 月—　）　云南新平人，研究员。1979 年 9 月至 1983 年 7 月在云南大学经济系学习，获经济学学士学位；1983 年 7 月至 1986 年 9 月在云南大学经济系学习，获经济学硕士学位；1986 年 9 月至 1992 年 8 月在云南财贸学院任教；1992 年 9 月至 1995 年 7 月在中国社会科学院研究生院经济系学习，获经济学博士学位；1995 年 7 月至今在中国社会科学院经济研究所工作，历任助理研究员、副研究员。现任中华外国经济学说研究会理事。

现从事西方经济理论研究。学术专长是当代西方经济理论研究。主要代表作有：《利他主义经济学的追求》（论文），《经济人与制度建设》（论文），《经济人与社会治学分析》（专著），《凯恩斯》（专著），《凯恩斯〈就业、利息和货币通论〉导读》（专著）。

赵志君（1962 年 2 月—　）　山东莱阳人，研究员。1979 年 9 月至 1983 年 7 月在山东师范大学数学系学习，获理学学士学位；1983 年 7 月至 1985 年 9 月在莱阳六中任教；1985 年 9 月至 1987 年 7 月在武汉大学统计系学习，获经济学硕士学位；1987 年 7 月至 1998 年 12 月在山东大学工商管理学院任教；1995 年 9 月至 1998 年 7 月在中国社会科学院研究生院经济系学习，获经济学博士学位；1998 年 12 月至今在中国社会科学院经济研究所工作，历任副教授、副研究员。

现从事宏观经济与金融研究。主要学术专长是宏观经济与经济增长研究。主要代表作有：《银行业放松管制的理论分析与宏观效果》（论文），《资本流动与中国经济增长》（专著），《市场化与宏观稳定》（合著），《我国居民储蓄率的变动和因素分析》（论文），《金融资产总量、结构与经济增长》（论文）。

封越健（1965 年 4 月—　）　浙江绍兴人，研究员。1982 年 9 月至 1986 年 7 月在杭州大学历史系学习，获历史学学士学位；1986 年 7 月至 1989 年 6 月在南开大学历史研究所学习，获历史系硕士学位；1986 年 6 月至今在中国社会科学院经济研究所工作，历任助理研究员、副研究员。现任中国经济史学会常务理事、副秘书长。

现从事中国经济史研究。主要学术专长是中国古代经济史研究。主要代表作有：《清代商人资本组织与经营体制》（合著），《清代前期商人的社会构成分析》（论文），《清苑县清苑镇东顾庄村概论》（调查报告），《1998 年明清经济史研究综述》（论文），《1999～2000 年明清经济史研究综述》（论文）。

剧锦文（1959 年 10 月—　）　山西山阴人，研究员。1980 年 9 月至 1984 年 7 月在北京大学经济系学习，获经济学学士学位；1984 年 8 月至 1986 年 11 月在山西矿业学院任教；1988 年 9 月至 1991 年 3 月在北京大学经济学院经济系学习，获经济学硕士学位；1995 年 10 月至 1998 年 8 月在中国社会科学院研究生院经济系学习，获经济学博士学位；1991年4月至今在经济研究所工作，历任助理研究员、副研究员。现任中国发展战略学研究会常务理事和经济战略专业委员会副主任；首都企业改革研究会常务理事。兼任北京市第八届专家顾问团经济组顾问。

现从事经济理论研究。主要学术专长是企业理论、宏观资本市场和新中国经济史。主要代表作有：《国有企业：产业分布与产业重组》（专著），《员工持股计划与国有企业的产权改革》（论文），《国外研究中华人民共和国经济史综述》（论文），《西部国有企业的特性及其发展对策》（论文），《上市公司的跨国经营及其战略选择》（论文）。

贺晓东（1953年3月— ） 陕西清涧人，研究员。1972年9月至1975年7月在沈阳医学院公共卫生系学习；1978年7月至1979年7月在中国人民解放军西安政治学院任教；1979年7月至1982年7月在厦门大学经济系学习，获经济学硕士学位；1982年7月至1985年9月在中国人民解放军国防大学任教；1985年9月至1988年7月在中国社会科学院研究生院经济系学习，获经济学博士学位；1992年2月至1994年4月在日本东京大学经济学部做客座研究员；1989年8月至今在中国社会科学院经济研究所工作，历任助理研究员、副研究员。

现从事微观经济学研究。主要学术专长是企业理论研究。主要代表作有：《经济结构与整体主义》（专著），《中国经济的两重性》（专著），《十字路口的中国经济》（专著），《泡沫经济的警示》（论文），《直面金融风险》（论文）。

李志宁（1944年10月— ） 江苏涟水人，研究员。1964年9月至1968年12月在北京第二外国语学院英语系学习；1974年10月至1978年3月在湖南邵阳第二纺织机械厂子弟学校任教；1978年10月至1981年8月在中国社会科学院研究生院经济系学习，获经济学硕士学位；1981年9月至今在中国社会科学院经济研究所工作，历任助理研究员、副研究员。

现从事中国现代经济史研究。主要学术专长是中国现代经济史研究。主要代表作有：《大工业与中国——至20世纪50年代》（专著），《中国的居民储蓄过高吗?》（论文），《居民储蓄的来源之谜》（论文），《中国老龄化特点及其对老年产业的影响》（论文），《超级市场与谁竞争》（论文）。

刘光明（1950年1月— ） 浙江杭州人，研究员。1978年9月至1985年7月在杭州商学院企业管理系学习并任教，获经济学学士学位；1985年9月至1987年7月在中国人民大学哲学系学习，获哲学硕士学位；1987年9月至1992年7月在杭州商学院任教；1992年9月至1995年7月在中国人民大学哲学系学习，获哲学博士学位；1995年11月至1997年11月在中国社会科学院工业经济研究所博士后流动站从事研究工作；1997年11月至今在中国社会科学院工业经济研究所工作，曾任副研究员。现任中国企业文化研究会常务理事。

现从事企业管理研究。主要学术专长是企业管理和企业文化研究。主要代表作有：《企业文化》（专著），《经济活动伦理研究》（专著），《论企业形象、企业文化与企业伦理》（论文），《论市场秩序与企业信用》（论文），《论中国经济伦理精神的塑造》（论文）。

吴国宝（1963年12月— ） 江西修水人，研究员。1980年9月至1984年7月在江西财经学院计划统计系学习，获经济学学士学位；1984年9月至1987年7月在中国社会科学院研究生院农业经济系学习，获经济学硕士学位；1995年9月至1998年7月在中国社会科学院研究生院农业经济系学习，获经济学博士学位；1993年11月至1994年2月在澳大利亚阿德雷德大学做访问学者；1998年8月至1998年11月在美国密歇根大学做访问学者；1987年7月至今在中国社会科学院农村发展研究所工作，历任助理研究员、副研究员。现任中国扶贫政策研究会理事。

现从事农村发展研究。主要学术专长是农村贫困与发展金融研究。主要代表作有：《地区经济增长和减缓贫困》（合著），《中国小额信贷扶贫研究》（合著），《中国农村扶贫开发对可持续发展的影响》（论文），《扶贫贴息贷款政策讨论》（论文），《山区经济开发与制度建设》（论文）。

夏杰长（1964年3月—　）　湖南新宁人，研究员。1982年9月至1986年7月在湘潭大学经济系学习，获经济学学士学位；1986年9月至1988年7月在暨南大学经济系学习，获经济学硕士学位；1988年7月至1996年8月在湘潭大学任教；1996年9月至1999年7月在中国社会科学院财贸经济研究所工作，曾任副研究员。现任首都企业改革与发展研究会常务理事。

现从事财政学研究。主要学术专长是财政学和宏观经济学研究。主要代表作有：《反失业的财政政策》（专著），《经济发展与财税政策》（专著），《促进经济增长方式转变的财政政策选择》（合著），《扩张性财政政策的回旋空间、制约因素及解决对策》（论文），《经济增长中的劳动就业效应及其财税政策选择》（论文）。

梁本凡（1963年3月—　）　湖南株洲人，研究员。1980年7月至1984年7月在湖南师范大学地理系学习，获理学学士学位；1984年8月至1986年8月在湖南省株洲市第十中学任教；1986年9月至1989年7月在陕西师范大学地理系学习，获理学硕士学位；1989年8月至1995年5月在中国社会科学院人口研究所工作；1995年5月至1996年5月在印度尼赫鲁大学发展研究中心学习；1996年6月至今在中国社会科学院城市发展与环境研究中心工作，历任助理研究员、副研究员。

现从事城市经济资源与环境经济研究。主要学术专长是城市与环境问题研究。主要代表作有：《绿色税费与中国》（专著），《中国城市经济新透视》（合著），《中国家庭经济与生育研究》（合著），《北京市大气环境质量情势》（论文），《北京市东城噪声污染控制研究》（调查报告）。

郭树声（1947年2月—　）　河南商水人，研究员。1965年9月至1970年3月在清华大学土木建筑系学习；1970年3月至1980年3月在化工部第一建筑公司工作；1980年9月至1983年7月在清华大学经济管理系学习，获经济学硕士学位；1983年8月至1984年6月在中国建筑工程总公司工作；1984年7月至1994年8月在中国建筑技术研究院经济所工作；1994年9月至1997年9月在润地置业股份有限公司工作；1997年10月至今在中国社会科学院数量经济与技术经济研究所工作，曾任副研究员。现任中国建筑学会建筑经济分会理事。

现从事技术经济研究。主要学术专长是技术经济研究。主要代表作有：《铁路投资项目国民经济效益计算方法》（论文），《以城市化促进和保障中国的可持续发展》（论文），《铁路投资项目的影子价格体系》（论文)，《人力资源管理定量测度与评价》(合著)，《住宅基准价格收入比测算方法及实证分析》(论文)。

陈良伟(1956年6月—) 广东惠来人，研究员。1978年2月至1982年6月在新疆大学历史系学习，获历史系学士学位；1982年7月至1984年8月在新疆机械厅汽车配件厂中学任教；1984年8月至1987年6月在新疆大学历史系学习，获历史学硕士学位；1987年7月至1991年8月在新疆大学中亚文化研究所任教；1991年9月至1994年6月在中国社会科学院研究生院考古系学习，获历史学博士学位；1994年7月至今在中国社会科学院考古研究所工作，历任助理研究员、副研究员，现任考古研究所洛阳工作站站长。

现从事汉唐考古研究。主要学术专长是汉唐都城考古和中西交通考古研究。主要代表作有：《丝绸之路河南道》(专著)，《隋唐东都两京城门类型学研究》(论文)，《洛阳凯旋路南东周墓葬群发掘报告》(发掘报告)，《中国古代民族建筑》(山西部分)(合著)，《世纪存疑——历史考古卷》(合著)。

李裕群(1957年9月—) 浙江桐乡人，研究员。1978年9月至1982年7月在山西大学历史系学习，获历史系学士学位；1982年7月至1985年9月在山西省古建筑保护研究所工作；1985年9月至1987年7月在北京大学考古系学习，获历史学硕士学位；1990年9月至1993年11月在北京大学考古系学习，获历史学博士学位；1996年5月至今在中国社会科学院考古研究所工作，历任助理研究员、副研究员。

现从事考古学研究。主要学术专长是汉唐考古研究。主要代表作有：《邺城地区石窟与刻经》(论文)，《试论成都地区出土的南朝佛教古造像》(论文)，《关于安阳小南海石窟的几个问题》(论文)，《晋阳西山大佛与童子寺大佛的初步考察》(论文)。

白云翔(1955年12月—) 山东章丘人，研究员。1975年9月至1978年8月在山东大学历史系学习；1990年4月至1991年3月在日本筑波大学历史人类学系学习；1994年6月至1995年3月在日本奈良丝绸之路学研究中心学习和研究；1978年8月至今在中国社会科学院考古研究所工作，历任研究实习员、助理研究员、副编审、编审。

现从事考古学研究。主要学术专长是秦汉考古和生产工具考古研究。主要代表作有：《汉代积贝墓研究》(论文)，《西汉时期日光大名草叶纹镜及其铸范的考察》(论文)，《20世纪中国考古发现述评》(专著)，《汉代中国与朝鲜半岛关系的考古学观察》(论文)，《黄河流域前期新石器时代墓葬研究》(论文)。

李锦绣(1965年9月—) 女，河北秦皇岛人，研究员。1983年9月至1987年7月在北京大学历史系学习，获历史学学士学位；1987年9月至1990年7月在北京大学历史系学习，获历史学硕士学位；1998年7月至1993年5月在北京图书馆分馆敦煌吐鲁番资料中心工作；1999年11月至2000年3月在英国国家图书馆做访问学者；1993年5月至今在中国社会科学院历史研究所工作，历任助理研究员、副研究员。

现从事中国古代史研究。主要学术专长是隋唐史及敦煌学研究。主要代表作有：《唐代财政史稿(下卷)》(专著)，《唐代视品官制初探》(论文)，《唐代制度史略论稿》(专著)，《唐代财政领域的“加饶”现象》(论文)，《唐代后期的地方支出》(论文)。

梁满仓（1951年1月— ） 河北涿州人，研究员。1969年至1979年7月在铁道部丰台桥梁厂工作；1979年8月至1983年7月在北京师范大学第一分校学习；1984年8月至1987年7月在中国社会科学院研究生院历史系学习，获历史学硕士学位；1987年8月至今在中国社会科学院历史研究所工作，历任助理研究员、副研究员。

现从事中国古代史研究。主要学术专长是魏晋南北朝史。主要代表作有：《汉唐间政治与文化探索》（专著），《论魏晋南北朝时期的五礼制度化》（论文），《魏晋南北朝秘学的文化透视》（论文），《关羽与荆州》（论文），《魏晋南北朝社会生活史》（合著）。

胡宝国（1957年1月— ） 山西定襄人，研究员。1978年2月至1982年1月在河北师范学院历史系学习，获历史学学士学位；1982年2月至1984年12月在北京大学历史系学习，获历史学硕士学位；1984年12月至1989年3月在北京大学任教；1989年3月至今在中国社会科学院历史研究所工作，历任助理研究员、副研究员。

现从事中国古代史研究。主要学术专长是秦汉魏晋南北朝史研究。主要代表作有：《经史之学与文史之学》（论文），《〈三国志〉裴注研究》（论文），《魏晋南北朝时期德州郡地志》（论文），《汉代政治文化中心的转移》（论文），《周一良先生与魏晋南北朝史学史研究》（书评）。

吴丽娱（1949年6月— ） 女，浙江杭州人，研究员。1978年6月至1982年2月在北京曙光电机厂职工技术学校任教；1982年2月至1984年12月在北京大学历史系学习，获历史学硕士学位；1984年12月至今在中国社会科学院历史研究所工作，历任研究实习员、助理研究员、副研究员。现任中国唐史研究会理事。

现从事隋唐五代史和敦煌学研究。主要学术专长是唐代礼仪史和财政史研究。主要代表作有：《唐礼摭遗——中古书仪研究》（专著），《唐后期五代财务勾检制探微》（论文），《略论大中两池新法及其对五代盐政之影响》（论文），《试论唐后期物价中的省估》（论文）；《从敦煌书仪的表状笺启看唐五代官场礼仪的转移变迁》（论文）。

崔志海（1963年12月— ） 浙江临海人，研究员。1980年9月至1984年7月在杭州大学历史系学习，获历史学学士学位；1984年9月至1987年7月在中国社会科学院研究生院历史系学习，获历史学硕士学位；2001年8月至2002年7月赴美国哈佛大学做访问学者；1987年7月至今在中国社会科学院近代史研究所工作，历任研究实习员、助理研究员、副研究员。

现从事中国近代政治史研究。主要学术专长是中国近代思想史和晚清政治史研究。主要代表作有：《论五四新文化运动时期的蔡元培》（论文），《试论中美〈通商行船续订条约〉》（论文），《评海外三部梁启超思想研究专著》（论文），《试论孙中山民族主义思想的几个特点》（论文），《蔡元培》（专著）。

严立贤（1960年7月— ） 浙江淳安人，研究员。1979年9月至1984年7月在兰州大学经济系学习，获经济系学士学位；1984年9月至1986年7月在南开大学社会学系学习；1986年7月至1988年8月在中国社会科学院社会学研究所工作；1988年9月至1993年7月在北京大学历史系学习，获历史学博士学位；1990年10月至1992年10月在日本东京大学社会学研究科和早稻田大学社研所学习；1995年8月至今在中国社会科学院近代史研究所工作，历任助理研究员、副研究员。

现从事中国近代经济史研究。主要学术专长是现代化研究。主要代表作有：《从洋务运动的官商矛盾看近代中国早期两种现代化模式的滥殇》（论文），《略论近代工业化的农业条件》（论文），《中国和日本的早期工业化与国内市场》（专著），《工业化模式转换与日本帝国主义的形成》（论文），《国有企业改革与中国型市场经济模式》（论文）。

赵文洪（1958年3月— ） 湖南长沙人，研究员。1978年10月至1982年7月在兰州大学历史系学习，获历史学学士学位；1982年9月至1985年7月在中国社会科学院研究生院世界历史系学习，获历史学硕士学位；1985年7月至1986年4月在清华大学思想文化研究所工作；1993年7月至1995年2月在美国哈佛大学做访问学者；1986年4月至今在中国社会科学院世界历史研究所工作，历任助理研究员、副研究员。现任中国世界古代中世纪史学会世界中世纪史分会副秘书长。

现从事西欧中世纪史研究。主要学术专长是西欧中世纪史研究。主要代表作有：《私人财产权利体系的发展——西方市场经济和资本主义的起源问题研究》（专著），《古代世界的民主与共和制度研究》（合著），《论英国行会的衰落》（论文），《欧洲文艺复兴时代的哲学、人文学科对资本主义的兴起和工业革命的影响》（论文），《中世纪西欧城市社会等级初探》（论文）。

俞金尧（1962年5月— ） 浙江上虞人，研究员。1979年9月至1983年7月在杭州大学历史系学习，获历史学学士学位；1983年8月至1986年8月在浙江丝绸工学院任教；1986年9月至1989年8月在北京大学历史系学习，获历史学硕士学位；1997年7月至1998年7月在美国哈佛大学做访问学者；1989年8月至今在中国社会科学院世界历史研究所工作，历任助理研究员、副研究员。现任中国世界近代史专业委员会理事、中国世界近代现代史研究会秘书长。

现从事世界史研究。主要学术专长是欧洲近代史研究。主要代表作有：《欧洲家庭史研究》（专著），《世界近代史是资本主义时代的历史——读潘润涵、林承节著〈世界近代史〉》（论文），《中世纪晚期和近代早期欧洲的寡妇改嫁》（论文），《西方家庭史》（论文），《现代的家庭研究简史（上、下）》（译作）。

宋 岘（1946年7月— ） 辽宁凤城人，研究员。1965年8月至1969年8月在中国人民解放军外国语文学院学习；1969年9月至1978年1月在北京塑料研究所工作；1978年1月至1980年11月在中国社会科学院世界宗教研究所工作；1980年11月至1998年6月在中国社会科学院历史研究所工作；1989年7月至1990年9月赴利比亚社会主义民众国未苏腊塔钢铁厂工作；1998年6月至今在中国社会科学院世界历史研究所工作，历任助理研究员、副研究员。现任中国中亚文化研究会理事。

现从事世界古代中世纪史研究。主要学术专长是阿拉伯语研究。主要代表作有：《亚俱罗考》（论文），《回回药方考释》（专著），《伊斯兰医学的输入》（专著），《中国阿拉伯文化交流史话》（专著），《阿拉伯古代社会的等级制度》（论文）。

李 方（1955年1月— ） 女，湖北武汉人，研究员。1978年3月至1982年1月在武汉大学历史系学习，获历史学学士学位；1982年2月至2001年4月在中国文物研究所工作；1996 年 9 月至 2000 年 7 月在首都师范大学历史系学习，获历史学博士学位；2001 年 5 月至今在中国社会科学院边疆史地研究中心工作，曾任副研究员。现任中亚文化研究协会副秘书长。

现从事中国西北边疆研究。主要学术专长是西北古代历史研究。主要代表作有：《唐西周行政体制考论》（专著），《敦煌〈论语集解〉校证》（专著），《唐代官吏考课制度拾遗——敦煌吐鲁番考课文书考释》（论文），《从西周兼摄官看唐前期地方行政体制及其变化》（论文），《试论唐四州都督府与西州政府的关系》（论文）。

胡小伟（1945 年 8 月— ） 四川渠县人，研究员。1963 年 9 月至 1968 年 7 月在北京师范学院中文系学习；1978 年 9 月至 1981 年 7 月在中国社会科学院研究生院学习，获文学硕士学位。1968 年 9 月至 1970 年 10 月在河北省秦皇岛市柳江煤矿曹山井口工作；1970 年 10 月至 1978 年 9 月在秦皇岛市北戴河拨道洼中学任教；1981 年 7 月至今在中国社会科学院文学研究所工作，历任助理研究员、副研究员。现兼任中国通俗文艺研究会副会长。

现从事明清小说、中国文化史研究。主要代表作有：《从〈乐府诗集〉所辑〈关背德〉〈通荆州〉看三国历史上的荆州之争》（论文），《睿亲王淳颖题红诗与〈红楼梦〉钞本的早期流传——兼评关于〈红楼梦〉曾在清代遭禁的几种说法》（论文），《金代关羽神像考释》（论文），《三教论衡与唐代俗讲》（论文），《关帝崇拜的起源：一个文学现象的历史文化考索》（论文）。

高建平（1955 年 3 月— ） 江苏省扬州人，研究员。1978 年 2 月至 1982 年 1 月在扬州师范学院（现扬州大学）中文系学习；1982 年 2 月至 1984 年 12 月在天津师范大学中文系学习，获文学硕士学位；1989 年 2 月至 1989 年 9 月在瑞典斯德哥尔摩大学比较文学系做访问学者；1989 年 9 月至 1996 年 5 月在瑞典乌普萨拉大学美学系学习，获博士学位。1971 年 1 月至 1978 年 1 月在扬州百货公司工作；1984 年 12 月至 1989 年 2 月在天津师范大学任教，历任助教、讲师；1996 年 5 月至 1997 年 7 月在瑞典乌普萨拉大学美学系做博士后研究；1997 年 7 月至今在中国社会科学院文学研究所工作。现兼任中华美学学会理事、副秘书长。

现从事文艺美学、文艺学研究，主要学术专长是中西比较、美学研究。主要代表作有：《"心理距离"研究纲要》（论文），《论文学艺术评价的文化性与国际性》（论文），《关于"本体论"的本性说明》（论文），"*Aesthetic Craze*" *in China——Its Cause and Significance*（论文），《"书画同源"之源》（论文）。

贺学君（1945 年 1 月— ） 女，浙江宁波人，研究员。1963 年 9 月至 1967 年 7 月在上海师范学院中文系学习；1988 年 11 月至 1989 年 11 月赴美国做访问学者；1998 年 12 月至 2000 年 1 月赴日本做访问学者。1968 年 8 月至 1970 年 2 月在南京军区江苏泰州军垦农场工作；1970 年 2 月至 1978 年 3 月在北京总后勤部企业部、3401 工厂工作；1978 年 3 月至今在中国社会科学院文学研究所工作，历任助理研究员、副研究员。现兼任中国民俗学会副理事长、中国少数民族文学学会理事。

现从事民间文学、民俗学研究，主要学术专长是民间叙事诗、民俗文化研究。主要代表作有：《中国民间文学史（叙事诗编》（专著），《中华多民族民间叙事诗谫论》（论文），《中日学者中国神话研究论著目录总汇》

(工具书，合编)，《中国四大传说》(专著)，《中日中国神话研究百年比较》(论文)。

尹虎彬（1960年5月— ） 朝鲜族，辽宁宽甸人，研究员。1978年9月至1982年7月在中央民族大学汉语言文学系学习，获文学学士学位；1984年9月至1987年7月在中央民族大学研究生部学习，获法学硕士学位；1989年9月至1990年8月在朝鲜金日成综合大学文学部进修；1994年7月至1995年12月在美国哈佛大学燕京学院做访问学者。1982年7月至1984年7月在中央民族大学留学生部任教员；1987年9月至今在中国社会科学院民族文学研究所（原少数民族文学研究所）工作，其间，1997年4月至1998年12月在日本神户大学国际文化学部任教。现任民族文学研究所当代文学研究室副主任。现兼任中国民俗学会理事、中国少数民族文学学会常务理事。

现从事民族文学、民间文艺学研究。主要代表作有：《古代经典与口头传统》(专著)；《口头诗学与民族志》(论文)；《故事歌手》(译著)；《帕里—洛得口头史学试论》(论文)，《二十世纪史诗学评述》(论文)。

史忠义（1951年7月— ） 陕西渭南人，研究员。1973年9月至1976年7月在西安外国语学院学习；1985年10月至1992年10月在瑞士洛桑大学进修，获博士学位；1993年1月至1996年6月在法国巴黎索邦大学学习，获博士学位。1971年4月至1973年8月在陕西渭南市商业系统工作；1976年8月至1985年9月在西安外国语学院任教；1996年11月至今在中国社会科学院外国文学研究所工作。现兼任中国法国文学研究会副秘书长。

现从事法国文学、比较文学研究。主要代表作有：《20世纪法国小说诗学》(专著)，《言语行为哲学，语言行为的精神衬托与日常性》(译著)，《20世纪的文学批评》(译著)，《泛对话原则与诗歌中的对话现象》(论文)，《“文学性”的定义之我见》(论文)。

余乔乔（1957年11月— ） 女，四川成都人，教授。1978年9月至1982年7月在北京外国语大学法语系学习，获文学学士学位；1984年9月至1987年7月在中国社会科学院研究生院学习，获文学硕士学位；1991年9月至1992年9月在瑞士洛桑大学进修。1974年9月至1977年9月在河南省新县泗店乡插队；1977年11月至1978年9月在国防科工委第二十九基地工作，任资料员；1982年9月至1984年9月在电子工业部第1010所工作，任翻译；1987年7月至今在中国社会科学院研究生院任教，历任讲师、副教授，现任外语教研室副主任。

现从事法语教学工作。主要代表作有：《研究生法语时文选读》(专著)；《加缪作品中的荒诞哲学》(论文)，《卢梭与瑞士》(论文)，《封闭的花园》(译著)，《瑞士法语文学》(论文)。

尚杰（1955年9月— ） 山东莒县人，研究员。1978年9月至1982年7月在辽宁大学哲学系学习，获哲学学士学位；1984年9月至1987年7月在辽宁大学哲学系学习，获哲学硕士学位；1991年9月至1994年7月在中国社会科学院研究生院学习，获哲学博士学位。1974年至1978年在沈阳市郊区插队；1982年8月至1984年8月在沈阳市总工会职工大学任教；1987年8月至1991年8月在辽宁大学学报编辑部工作，任编辑；1994年8月至今在中国社会科学院哲学研究所工作，历任助理研究员、副研究员，其间，1999年12月至2000年12月在法国巴黎社会科学高等研究院做访问学者。现兼任中华全国现代外国哲学学会副秘书长。

现从事西方哲学研究，主要学术专长是现象学、法国哲学研究。主要代表作有：《德里达》（专著），《解构的文本——读书札记》（专著），《异域：萨特之后的法国哲学》（论文），《归隐之路：20世纪法国哲学的踪迹》（论文），《显隐之道：从道家看20世纪后期法国哲学》（论文）。

余　涌（1961年10月—　）　安徽歙县人，研究员。1978年2月至1982年1月在安徽大学哲学系学习，获哲学学士学位；1983年9月至1986年7月在北京大学哲学系学习，获哲学硕士学位；1997年9月至2000年6月在中国社会科学院研究生院学习，获哲学博士学位。1982年2月至1983年8月在安徽大学哲学系任教；1986年8月至今在中国社会科学院哲学研究所工作，历任助理研究员、副研究员，现任伦理学研究室主任。

现从事伦理学研究，主要学术专长是西方伦理学研究。主要代表作有：《道德权利研究》（专著），《中国公民道德建设纲要》（研究报告），《社会主义精神文明研究》（研究报告），《幸福之门》（合著），《道德情操论》（译著）。

邹崇理（1953年7月—　）　四川成都人，研究员。1978年4月至1982年1月在四川师范大学政教系学习；1982年2月至1985年1月在四川师范大学政治系学习，获硕士学位；1989年10月至1992年7月在中国社会科学院研究生院学习，获哲学博士学位。1972年2月至1972年12月在四川省名山县插队；1972年12月至1978年4月在四川成都市电信局工作；1985年1月至1989年10月在四川大学哲学系任教，历任助教、讲师；1992年7月至今在中国社会科学院哲学研究所工作，历任助理研究员、副研究员。现兼任中国逻辑学会理事、副秘书长。

现从事逻辑学研究，主要学术专长是自然语言逻辑研究。主要代表作有：《自然语言逻辑研究》（专著），获中国社会科学院2002年优秀科研成果二等奖；《逻辑、语言和信息》（专著）；《刻画自然语言聚合语义的逻辑系统》（论文）；《自然语言逻辑的多元化发展及对信息科学的影响》（论文）；《信息流逻辑》（论文）。

杨　深（1952年2月—　）　北京人，研究员。1986年9月至1992年1月在北京大学哲学系学习，先后获哲学硕士、博士学位；1998年11月至1999年7月在荷兰莱顿大学进修；2000年3月至2001年3月在美国加州克莱蒙特研究生大学“过程研究中心”进修。1968年12月至1974年5月在山西省山阴县插队；1974年5月至1984年12月在北京新华印刷厂工作；1985年1月至1986年8月在北京燕联实业公司工作，任翻译；1992年5月至今在中国社会科学院哲学研究所工作，历任助理研究员、副研究员。

现从事中西方哲学史、文明史研究，主要学术专长是法国现代哲学、西欧现代文明史。主要代表作有：《西欧文明》（合著），《萨特传》（专著），《文明的冲突与合作》（论文），《存在的呼唤》（合著），《从现代主义到后现代主义——西方20世纪文学回眸》（论文）。

李存山（1951年5月—　）　北京人，研究员（转系列）。1978年3月至1984年7月在北京大学哲学系学习，先后获哲学学士、硕士学位。1968年9月至1971年6月在内蒙古察右中旗七苏木公社插队；1971年6月至1978年3月在内蒙古呼和浩特市蔬菜公司工作，任宣传干事；1984年9月至2001年9月在中国社会科学院中国社会科学杂志社工作，曾任中国社会科学杂志社副总编、编审。2001年9月至今在中国社会科学院哲学研究所工作。现兼任中华孔子学会副会长。

现从事中国哲学研究。主要代表作有：《中华文化通志·哲学志》（合著），获第四届国家图书奖荣誉奖；《商鞅评传——为秦开帝业的改革家》（专著）；《从简本〈五行〉到帛书〈五行〉》（论文）；《礼仪之争与学教之辩》、《郭店楚简研究散论》（论文）。

1986年被授予“国家级有突出贡献中青年专家”荣誉称号。1992年享受国务院颁发的政府特殊津贴。

赵智奎（1950年1月— ） 蒙古族，内蒙古通辽人，研究员。1991年9月至1994年6在中国社会科学院研究生院学习，获哲学博士学位。1968年8月至1971年6月在黑龙江省阿荣旗向阳峪公社插队；1971年6月至1975年3月在中国人民解放军某部服役，先后任文书、班长、代理排长、军事教员；1975年4月至1976年10月在内蒙古海拉尔市革命委员会民政局、办公室工作，任干事、秘书；1976年10月至1979年4月在中共内蒙古呼伦贝尔盟委员会组织部工作，任干事；1979年4月至1980年12月在中共大兴安岭林业管理局党校哲学教研室任教；1981年3月至1991年8月在内蒙古自治区社会科学院哲学研究所工作，曾任研究实习员、助理研究员，曾任研究室主任；1994年6月至今在中国社会科学院马列主义毛泽东思想研究所工作，曾任副研究员，现任邓小平理论研究室主任。现兼任中国少数民族哲学及社会思想史研究会副理事长、秘书长，华北地区外国哲学史学会理事。

现从事科学社会主义研究，主要学术专长是邓小平理论研究。主要代表作有：《邓小平理论的范畴体系》（专著）；《邓小平社会发展战略》（专著）；《论唯物辩证法的当代启蒙》（论文）；《马克思的范畴学说与辩证逻辑方法——邓小平理论范畴体系构建的学理分析》（论文）；《中国特色社会主义理论体系研究》(合著)，1999年获中宣部“五个一工程奖”。

金 泽（1954年5月— ） 山东济南人，研究员。1977年至1981年在中央民族大学哲学系学习；1983年9月至1986年7月在中国社会科学院研究生院学习，获哲学硕士学位。1970年至1977年在首都钢铁公司工作；1982年至1983年在中央民族大学哲学系任教；1986年9月至今在中国社会科学院世界宗教研究所工作，历任助理研究员、副研究员，现任宗教学原理研究室主任。现兼任中国宗教学会理事、中国民俗学会理事。

现从事宗教学、宗教人类学研究。主要代表作有：《宗教人类学导论》（专著），《宗教禁忌》（专著），《宗教与民族》（合著），《20世纪西方宗教人类学文选》（合译），《西方神话学论文集》(合译)。

于文兰（1943年8月— ） 北京人，研究员。1964年9月至1969年8月在北京对外贸易大学学习；1971年9月至1973年2月在北京第一外国语学院进修；1990年10月至1991年10月在前苏联乌克兰敖德萨国民经济学院、前苏联科学院社会科学情报所进修。1969年9月至1971年8月在河北唐山军垦农场劳动；1973年3月至1977年4月在武汉军区司令部172部队工作；1977年5月至1978年1月在北京市西城区第二轻工业局夜大学任教；1978年2月至1984年8月在中国社会科学院世界经济与政治研究所工作，任翻译；1984年8月至今在中国社会科学院文献信息中心工作，历任翻译、副译审、副研究员。

现从事信息研究。主要代表作有：《国际金融体系改革与中国入世后的选择》（专著），《面向21世纪的国外社会科学》（合著），《信息高速公路与两个文明建设》（合著），《俄罗斯的社会科学政策》（综述），《俄罗斯的新自由主义经济战略与调整》（综述）。

冯　军（1965年12月—　）　江苏人，研究员。1983年9月至1987年7月在南京大学法律系学习，获法学学士学位；1987年9月至1990年7月在中国人民大学法律系学习，获法学硕士学位；1990年9月至1993年7月在中国人民大学法学院学习，获法学博士学位；1994年11月至1997年9月在中国社会科学院法学研究所做博士后研究；1995年10月至1996年1月在香港大学法学院做访问学者；1997年10月至1998年6月在荷兰莱顿大学法学院做访问学者；2000年1月至2000年6月在瑞典隆德大学法学院做访问学者。1993年9月至1994年11月在中国人民大学法学院工作，任讲师；1997年10月至今在中国社会科学院法学研究所工作，历任助理研究员、副研究员，现任所长助理。现兼任中国法学会行政法学会理事。

现从事宪法、行政法研究，主要学术专长是行政法基本理论、行政处罚、国家赔偿研究。主要代表作有：《行政处罚法新论》（专著），《中国行政法的理论与实践》（合著），《国家赔偿法释论》（合著），《略论我国行政程序滞后的原因、发展条件与前景》（论文），《两大法系中的行政法治与司法的作用》（译文）。

吴玉章（1955年9月—　）　北京人，研究员。1979年3月至1983年3月在北京大学第一分校法律系学习，获法学学士学位；1985年9月至1988年7月在北京大学法律系学习，获法学硕士学位；1994年至1996年在美国哈佛大学法学院做访问学者。1974年至1976年在北京顺义县插队；1978年至1979年在北京公共汽车四场八队工作；1983年3月至1985年9月在北京大学第一分校任教；1988年7月至今在中国社会科学院法学研究所工作，历任助理研究员、副研究员。

现从事法理学研究，主要学术专长是西方法理学研究。主要代表作有：《法治的层次》（专著），《法理学》（合著），《经济、社会和文化权利国际公约研究》（合著），《亚里士多德论公民》（论文），《陪审制度在中国的兴衰》（论文）。

张玉瑞（1953年4月—　）　北京人，研究员。1979年3月至1983年3月在中国人民大学二分校学习，获经济学学士学位；1998年3月至1999年3月在华盛顿大学法学院做访问学者。1971年11月至1979年3月在北京有色金属材料厂工作；1983年3月至1991年1月在中国专利局工作；1991年1月至今在中国社会科学院法学研究所工作，历任助理研究员、副研究员。

现从事知识产权法研究。主要代表作有：《商业秘密的法律保护》（专著），《互联网上知识产权保护——诉讼与法律》（专著），《商业秘密法学》（专著），《论公众传播权的性质》（论文），《论域名的知识产权属性及立法、执法框架》（论文）。

王晓毅（1961年8月—　）　北京人，研究员。1979年9月至1983年7月在北京大学历史系学习，获史学学士学位；1985年9月至1987年7月在南开大学社会学系学习。1983年7月至1985年9月在北京市石景山区委党校任教；1987年9月至1998年在中国社会科学院农村发展研究所工作，历任助理研究员、副研究员；1998年至今在中国社会科学院社会学研究所工作，曾任副研究员。

现从事农村社会学研究，主要学术专长是农村社会学与农村发展研究。主要代表作有：《传统村庄的现代跨越》（合著），《村庄内外》（合著），《村庄中的外来人——农村到农村之间人口流动的正式制度和非正式制度障碍》（论文），《本村人，本地人与外来人——经济发达村庄的封闭与开放》（论文），《村庄内外——温州宜一村调查》（论文）。

杨 团（1949年6月— ） 女，北京人，研究员。1978年8月至1982年7月在北京经济学院工业经济系学习，获经济学学士学位；1984年至1985年在上海交通大学管理学院进修。1969年5月至1972年12月在云南生产建设兵团锻炼，任排长、连文书；1972年12月至1976年7月在张家口聚氯乙烯化工厂工作；1982年7月至1988年12月在北京经济学院工业经济系任教；1989年1月至1991年6月在国家经济体制改革委员会工作，任处长；1991年6月至1993年3月在国家经济体制改革委员会工作，任室主任；1993年3月至1994年12月在中国人口福利基金会工作，任秘书长；1994年12月至1998年12月在中华慈善总会工作，任常务副秘书长；1998年12月至今在中国社会科学院社会学所社会政策研究室工作，曾任副研究员。现兼任中华慈善总会常务理事，中国青少年发展基金会常务理事。

现从事社会政策研究，主要学术专长是社会保障、社区、非营利组织研究。主要代表作有：《社区公共服务论析》（专著），《公司与社会公益》（合著），《福利国家论析》（合著），《社会福利社会化：上海与香港社会福利比较研究》（合著），《社会政策研究范式的演化及其启示》（论文）。

江 荻（1954年10月— ） 山西定襄人，研究员。1977年9月至1981年1月在湖南吉首大学英语系学习，获学士学位；1985年9月至1988年7月在中国社会科学院研究生院民族系学习，获硕士学位；1997年9月至2000年7月在中国社会科学院研究生院民族系学习，获文学博士学位；2002年1月至2002年6月在香港科技大学人文社会科学院做访问学者。1973年3月至1975年1月在湖南长沙铁路建设指挥部13连工作；1975年2月至1977年8月在湖南长沙商业局饮食服务公司工作；1981年2月至1985年8月在湖南长沙第11中学任教；1988年8月至1994年10月在广州市白云山企业集团公司工作；1994年11月至今在中国社会科学院民族研究所工作，历任助理研究员、副研究员。现兼任中国民族语言学会常务理事。

现从事语言学研究，主要学术专长是汉藏语言学和藏语计算语言学研究。主要代表作有：《汉藏语言演化的历史音变模型——历史语言学的理论和方法探索》（专著），《藏语语音史研究》（专著），《缅甸语复合元音的来源》（论文），《汉语语音的历史认知过程与声韵音位》（论文），《藏缅语言元音的上移和下移演化》（论文）。

龙远蔚（1954年8月— ） 广西人，壮族，研究员。1980年9月至1984年7月在中央民族学院政治经济学专业学习，获学士学位。1969年12月至1972年8月在广西灵川县插队；1972年9月至1974年12月在广西南宁市郊区插队；1974年12月至1980年8月在广西壮族自治区商业局第一汽车队工作；1984年7月至今在中国社会科学院民族学与人类学研究所工作，历任研究实习员、助理研究员、副研究员，现任研究室主任。现兼任中国少数民族经济研究学会理事。

现从事中国少数民族经济研究，主要学术专长是中国少数民族及民族地区经济发展研究。主要代表作有：《中国少数民族现状与发展调查研究丛书·武鸣县壮族卷》（合著），《民族地区百家县级亏损企业调查研究》（研究报告），《民族地区工业增长与效益分析》（论文），《中国少数民族经济研究的回顾与展望》（论文），《西部大开发：时机、机遇和挑战》（论文）。

时统宇（1956年1月— ） 河北人，研究员。1978年9月至1982年7月在河北大学哲学系学习，获哲学学士学位；1983年9月至1986年7月在中国社会科学院研究生院新闻系学习，获法学硕士学位。1974年7月至1978年9月在河北省宣化区插队；1982年7月至1983年9月在河北省张家口市委宣传部工作，任干事；1986年7月至今在中国社会科学院工作，历任研究实习员、助理研究员、副研究员。

现从事中国新闻事业研究，主要学术专长是电视理论研究。主要代表作有：《电视影响评析》（专著），《实用新闻写作丛书》（合著），《消息写作》（专著），《深度报道范文评析》（合著），《中国电视论纲》（合著）。

卜 卫（1957年3月— ） 女，北京人，研究员。1978年3月至1982年2月在北京师范大学中文系学习，获文学学士学位；1986年9月至1988年7月在中国人民大学新闻系学习，获法学硕士学位；1991年9月至1992年7月在中国社会科学院研究生院英语中心进修。1976年7月至1978年3月在北京床单厂工作；1982年2月至1986年9月在北京化工三厂技工学校任教；1989年4月至今在中国社会科学院新闻研究所工作，历任研究实习员、助理研究员、副研究员。

现从事传播学研究，主要学术专长是媒介对青少年影响研究和媒介与性别研究。主要代表作有：《大众媒介对儿童的影响》（专著），《社会科学成果价值评估》（合著），《媒介与性别论文集》（专著），《媒介教育系列教材：〈电视〉、〈新闻〉、〈广告〉》（专著），《媒介·人·现代化》（合著）。

孙 杰（1962年10月— ） 上海市人，研究员。1981年9月至1985年8月在北京大学经济学系学习，获经济学学士学位；1985年9月至1988年2月在北京大学经济学系学习，获经济学硕士学位。1988年2月至今在中国社会科学院世界经济与政治研究所工作，历任研究实习员、助理研究员、副研究员，其间，1994年9月至1996年3月在美国伊利诺依大学做访问学者。现任《世界经济》杂志副主编、中国社会科学院世界经济与政治研究所国际金融研究中心副主任。现兼任中国世界经济学会常务理事。

现从事金融学研究，主要学术专长是国际金融、公司融资和货币经济学研究。主要代表作有：《货币与金融：金融制度的国际比较》（专著），《汇率与国际收支：现代西方国际金融》（教科书），《从汇率决定理论看国际货币基金组织的贷款条件性》（论文），《发达国家和发展中国家的金融结构、资本结构和经济增长》（论文），《世界经济学新编》（合著），获第四届吴玉章经济学基金优秀奖。

康荣平（1949年9月— ） 北京市

人，研究员。1973年9月至1976年9月在辽宁沈阳鞍山钢铁学院炼钢专业学习。1968年9月至1972年9月在辽宁昌图县东嘎公社插队；1972年9月至1973年8月在辽宁第三炼钢厂工作，工人；1976年9月至1980年6月在辽宁第三炼钢厂工作，任助理工程师；1980年6月至1992年1月在辽宁社会科学院科技发展研究所工作，任副所长，兼任辽宁省政府、沈阳市政府顾问；1992年1月至1994年12月在首钢国际化经营研究所工作，任所长；1994年12月至今在中国社会科学院世界经济与政治研究所工作，历任研究室主任、副研究员，其间，1996年9月至1997年3月在日本亚洲经济研究所做客座研究员，2001年4月至2001年6月在韩国汉城大学做客座教授。现兼任中国国际经济关系学会常务理事、世界华商研究中心主任、中国PECC工商委员会执行委员、北京市政府顾问。

现从事跨国公司研究，主要学术专长是大型企业成长与战略的国际比较研究。主要代表作：《华人跨国公司成长论》（合著）；《大型跨国公司战略新趋势》（合著）；《中国企业的跨国经营》（合著），获中国国际经济关系学会金冠奖三等奖；《中国企业评论：战略与实践》（合著）；《世界技术中心的转移与汉字技术圈的兴起》（论文）。

周　见（1951年1月—　）　辽宁沈阳人，研究员。1972年4月至1975年8月在辽宁大学经济系政治经济学专业学习并毕业；1978年9月至1981年8月在中国社会科学院研究生院世界经济系日本经济专业学习，获经济学硕士学位。1968年9月至1972年3月在辽宁省昌图付家公社山河大队、黑山县高山子辽宁大学农场插队；1975年9月至1978年8月在辽宁沈阳市委党校政治经济学研究室任教；1981年9月至今在中国社会科学院日本研究所、亚太研究所、世界经济与政治研究所工作，历任助理研究员、副研究员，现任世界经济与政治研究所产业结构研究室副主任，其间，1985年4月至1986年4月在日本爱知大学做客座研究员，1988年5月至1995年9月在日本神户大学经济学部、东京大学经济学部、青山学院大学国际政治经济学部做招聘外国人研究者和客座研究员。

现从事产业结构与日本宏观经济研究，主要学术专长是日本宏观经济和中日企业经营比较研究。主要代表作有：《明治时期日本企业家的价值观、经营理念与日本式经营》（论文），《明治时期企业家的形成与日本式经营》（论文），《对日本泡沫经济的重新思考》（论文），《世界经济形势的分析与预测1998～1999年》（世界经济黄皮书）中的日本部分，《中国乡镇企业经营的特征》（论文）。

吴　伟（1957年10月—　）　北京市人，研究员。1978年2月至1981年1月在北京师范学院历史系学习，获历史学学士学位；1984年9月至1987年8月在中国社会科学院研究生院苏联东欧系学习，获法学硕士学位；1996年9月至2000年9月在首都师范大学历史系在职学习，获历史学博士学位。1981年2月至1984年8月在北京师范学院科研处工作；1987年9月至2000年12月在首都师范大学历史系工作，历任讲师、研究室主任、副教授；2000年12月至今在中国社会科学院苏联东欧研究所工作，任副研究员、苏联研究室副主任。兼任世界历史研究会世界现代史委员会华北分会副会长。

现从事苏联、俄罗斯研究，主要学术专长是苏联历史、国际关系史。主要代表作有：《苏联与“波兰问题”（1939～1945）》（专著）；《本世纪中叶欧洲国际集团化进程及对国际政治格局的影响》（论文）；《勃列日涅夫传》（专著）；《七十年的辉煌与沧桑》（专著）；《第二次世界大战史》（第三卷）（合著），获军事科学院军事科研一等奖。

1996年获北京市青年骨干教师称号；1997年入选北京市“百人工程”。

马维先（1942年8月— ） 河北邢台人，研究员。1962年9月至1968年9月在北京大学俄罗斯语言文学系学习。1968年至1969年在唐山4585部队解放军农场接受再教育；1970年至1991年先后在外贸部一司、中国驻俄罗斯使馆商务处、中国机械进出口总公司、外经贸部技术司工作，历任二秘、处长、副研究员；1991年6月至今在中国社会科学院苏联东欧研究所（后更名为东欧中亚研究所）工作，历任副所长、副研究员，其间，1997年至2001年10月借调到中国驻俄罗斯使馆经济组工作。

现从事俄罗斯经济问题研究，主要学术专长为俄罗斯过渡时期的经济研究。主要代表作有：《俄罗斯的石油天然气工业》（研究报告），《普京“自由经济”思想初见端倪》（研究报告），《卢布贬值：俄罗斯经济绕不过的险关》（研究报告），《俄罗斯人口危机及其东部地区移民问题》（研究报告）。

李景阳（1944年6月— ） 河北丰润人，研究员。1960年9月至1966年8月在天津师范大学学习；1978年至1981年在中国社会科学院研究生院哲学系学习，获哲学硕士学位。1968年至1978年在河北保定针织厂及保定市轻工业局工作；1981年至今在中国社会科学院苏联东欧研究所（后更名为东欧中亚研究所）工作，历任助理研究员、副研究员。

现从事俄罗斯社会及文化问题研究，主要学术专长是哲学、社会学研究。主要代表作有：《基本经济制度转变中的社会冲突——对俄罗斯的实证分析》（专著），《试析“过渡时期的俄罗斯社会”》（论文），《析俄罗斯社会的内在冲突》（论文），《俄罗斯改革的文化困境》（论文），《走进二十一世纪的俄罗斯》（合著）。

高德平（1949年6月— ） 江苏句容人，研究员。1972年3月至1975年8月在上海外语大学学习；1975年9月至1977年9月在奥地利维也纳大学学习。1977年9月至1980年12月在中共中央联络部苏联研究所工作；1981年1月至今在中国社会科学院苏联东欧研究所工作，曾任副研究员，其间，1989年1月至1990年2月在德国柏林自由大学进修，2001年8月至2002年2月在德国国际政治与安全研究所做高级访问学者。

现从事国际政治研究，主要学术专长是中东欧政治研究。主要代表作有：《东欧国家10年政治体制转轨》（论文），《柏林墙与民主德国》（专著），《转轨中的中东欧》（合著），《东欧经济大转轨》（合著），《东欧大裂变纪实》（合著），《东欧中亚国家私有化问题》（合著）。

宋晓平（1952年8月— ） 河北高阳人，研究员。1965年至1968年在北京市外国语学校西班牙专业毕业；1972年至1974年在北京外国语学院西班牙语专业学习；1974年至1976年在墨西哥学院翻译专业学习并毕业；1978年至1981年在中国社会科学院研究生院历史系学习，获历史学硕士学位；1987年至1988年在古巴哈瓦那大学世界经济专业学习，获经济学硕士学位。1969年至1972年在陕西省延长县郑庄公社插队；1976年至1978年在北京市第二外国语学院西班牙语专业任教；1981年至今在中国社会科学院拉丁美洲研究所工作，历任助理研究员、副研究员、国别研究室副主任和主任、经济研究室主任、所长助理，现任研究所副所长。现兼任中国拉丁美洲学会理事、第三世界研究中心理事、古巴何塞马蒂文化协会名誉会员、阿根廷萨尔瓦多大学客座教授。

现从事国际经济研究，主要学术专长是拉美经济研究。主要代表作有：《西半球区域经济一体化研究》（主编）；《古巴与美国顽强抗争，坚持社会主义》（调研报告）；《“赫尔姆斯—伯顿法”及其与国际社会的冲突》（论文）；《拉丁美洲的经济发展》（合著），获中国社会科学院2002年优秀科研成果三等奖；《世界格局下古巴的形势、对策及前景》（内部报告）。

焦震衡（1944年8月— ） 北京市人，研究员。1959年9月至1962年7月在北京师范学院预科学习；1962年9月至1968年9月在北京外国语学院西班牙语专业学习。1968年9月至1970年11月在唐山4585部队解放军农场劳动锻炼；1970年12月至1972年2月在北京市131中学任教；1971年2月至1978年5月在北京市176中学任教；1978年5月至今在中国社会科学院拉丁美洲研究所工作，历任助理研究员、副研究员，其间，1992年3月至1993年4月在智利大学做访问学者，1998年3月至1999年4月在智利师范大学做访问学者。

现从事拉美历史和国际关系研究，主要学术专长是拉美历史和国际关系。主要代表作有：《美国和拉丁美洲关系史》（合著），获中国社会科学院1995～1998年优秀科研成果三等奖；《委内瑞拉政局为何突变》（论文）；《巴西现代化进程与国际环境》（论文）；《拉丁美洲史稿》（合著），获中国社会科学院1992～1994年优秀科研成果奖；《战后拉丁美洲教育研究》（合著、主编之一）。

田 禾（1956年8月— ） 江苏灌县人，研究员。1978年2月至1982年2月在四川成都电讯工程学院哲学系学习，获哲学学士学位；1986年8月至1989年8月在四川大学社会学系学习，获法学硕士学位。1974年8月至1976年12月在四川双流县黄甲公社插队；1976年12月至1978年2月在成都无缝钢管厂工作，钳工；1982年2月至1986年8月在成都电讯工程学院政教室任教，助教；1989年8月至1994年6月在四川大学法律系工作，任讲师，其中1991年1月至1992年9月在英国伦敦大学亚非学院进修；1994年6月至今在中国社会科学院亚洲太平洋研究所工作，历任助理研究员、副研究员，其间，2000年3月至2000年9月在英国牛津大学亚洲中心做访问学者。兼任中国社会科学院第三世界研究中心副秘书长、中国社会科学院东南亚研究中心副主任。

现从事国际问题研究，主要学术专长是东南亚社会文化研究。主要代表作有：《东亚劳动力跨国流动》（专著），《论非传统安全》（论文），《现代性的后果》（译著），《大萧条的孩子们》（合译），《对西南贫困地区经济开发与社会发展的若干思考与建议》（研究报告，合作）。

刘 建（1949年4月— ） 山西清徐人，研究员。1974年9月至1977年7月在山西大学外语系学习；1978年9月至1981年7月在中国社会科学院研究生院南亚系学习，获文学硕士学位。1969年1月至1971年2月在山西阳泉西南茔公社插队；1971年3月至1974年9月在山西阳泉西南茔公社文教办公室、西南茔中学工作；1977年8月至1978年9月在山西大学外语系英语专业任助教；1981年8月至今在中国社会科学院亚洲太平洋研究所工作，历任助理研究员、副研究员、文化研究室主任，其中，1988年9月至1991年8月在美国威斯康星大学南亚系进修。现兼任中国南亚学会理事、《南亚研究》常务副主编。

现从事印度文化研究，主要学术专长是印度文化研究。主要代表作有：《从传统走向现代——关于印度文化发展的思考》（论文）；《不列颠百科全书（国际中文版）》（合译），获国家辞书特别奖；《亚洲现代化透视》（合著）；《人的宗教》（译著）；《泰戈尔的宗教思想》（论文）；《泰戈尔短篇小说中的抒情风格》（论文）。

韩　锋（1957年4月—　）　北京市人，研究员。1978年4月至1982年2月在北京大学国际政治系学习，获法学学士学位。1975年7月至1978年4月在中国历史博物馆工作，干部；1982年2月至1984年10月在国家教育部工作，干部；1984年10月至1988年10月在中国社会科学院世界经济与政治研究所工作，历任研究实习员、助理研究员；1988年10月至今在中国社会科学院亚洲太平洋研究所工作，历任副研究员、研究室主任、所长助理，现任研究所副所长，其间，1994年3月至1985年4月在澳大利亚塔斯马尼亚大学政治学系做访问学者。现兼任中国东南亚学会副会长、中国亚洲太平洋学会秘书长、中国澳大利亚学会理事。

现从事国际关系研究，主要学术专长是亚太研究。主要代表作有：《泰国的经济腾飞》（专著），《东盟的大国平衡战略和大国政策》（论文），《东盟地区论坛在未来亚太安全合作中的地位和作用的评估》（研究报告），《大国的亚太安全战略及对地区安全的影响》（研究报告，合作），《佛教在泰国社会经济发展中的作用》（论文）。

1996年被中国社会科学院评选为“优秀青年”。

李仁贵（1963年9月—　）　湖南醴陵人，编审。1981年9月至1985年7月在湖南师范大学地理系学习，获学士学位；1985年9月至1988年7月在中国人民大学计划统计学院学习，获得经济学硕士学位。1988年7月至1989年12月在中国社会科学院经济研究所《经济学译丛》编辑部工作，任助理编辑；1990年1月至今在中国社会科学院经济研究所《经济学动态》编辑部工作，历任助理编辑、编辑、副编审，编辑部副主任。

现从事经济类刊物编辑工作，主要学术专长是西方经济学研究。主要代表作有：《诺贝尔奖经济学家学术传略》（合编），《挑战诺贝尔奖的经济学大师们》（合编），《经济发展的轨迹：历届诺贝尔经济学奖获得者述要》（参编），《中国村庄经济：无锡、保定22村调查报告》（合著），《从诺贝尔奖百年论坛看诺贝尔经济学奖颁奖趋势》（论文）。

香　伶（1953年2月—　）　女，河北定州人，编审。1983年至1987年8月参加北京师范大学高等教育自学考试学习，获文学学士学位。1969年8月至1977年5月在内蒙古建设兵团锻炼；1977年12月至1979年12月在北京市照明器材厂工作；1979年12月至今在中国社会科学院经济研究所工作，历任编辑、副编审。兼任中国社会发展与社会保障研究会理事。

现从事经济类刊物编辑工作，主要学术专长是劳动经济学研究。代表作有：《边缘群体的社会保障与社会保障制度的完善》（论文），《养老社会保障与收入分配》（论文），《中国经济转型时期个人收入分配研究》（合著），《西方国家养老保险基金的营运与管理》

（论文），《关心城市边缘人》（论文）。

周均美（1947 年 12 月— ） 女，湖南人，编审。1978 年 9 月至 1982 年 7 月在上海华东师范大学中文系学习，1983 年 1 月获文学硕士学位。1968 年 6 月至 1978 年 8 月在黑龙江建设兵团工作；1982 年 10 月至 1988 年 8 月在全国政协机关工作，任副处长；1988 年 9 月至 1997 年 8 月在中国社会科学院研究生院工作，任学位办主任、副教授；1997 年 9 月至今在中国地方志指导小组办公室《中国地方志》编辑部工作，历任副编审、主编，其间，1999 年 10 月至 2000 年 3 月在韩国汉城大真大学讲学。

现从事编辑工作。代表作有：《世纪先声——五四新文化运动文选》（专著），《谈中外"画中人"的形神关系》、《大文化：史诗与史文》、《由小见大以浅显浓——由〈安泽县志〉人物传谈小人物的写法》、《从"三言""二拍"看明代社会风尚及市民观念的变化》（均为论文）。

许金龙（1952 年 9 月— ） 江苏淮安人，编审。1985 年 9 月至 1987 年 6 月在武汉大学外国语言文学系学习，获文学学士学位；1998 年 12 月至 1999 年 12 月在日本北海道大学文学部做访问学者。1975 年 9 月至 1985 年 9 月在南京塑料十四厂工作；1978 年 6 月至 1989 年 4 月在国家劳动人事部华龙国际劳务合作公司工作，任业务经理；1990 年 4 月至今在中国社会科学院外国文学研究所《世界文学》编辑部工作，历任编辑、副编审。

现从事外国文学编辑工作，主要学术专长是日本文学研究。主要代表作有：《日本作家大江健三郎自选作品专辑》（论文），《日本中青年女作家作品专辑》（论文），《安部公房文集》（编辑），《中国的村上春树热解析》（文章，日文），《川端康成·三岛由纪夫书简集》（译著）。

唐仁模（1946 年 1 月— ） 重庆人，编审。1963 年 9 月至 1965 年 9 月在四川外语学院读大学；1965 年 9 月至 1968 年 8 月在中联部高级翻译班学习；1989 年 9 月至 1990 年 9 月在国防大学武官班学习。1968 年 8 月至 1970 年 4 月在中联部工作，任翻译；1970 年 4 月至 1972 年 5 月在总参二部工作，任参谋；1972 年 5 月至 1992 年 10 月在解放军国际关系学院任教，任副教授、科研处长、《学报》编辑部主任；1992 年 10 月至 1995 年 8 月在中国社会科学院世界经济与政治研究所工作，任副研究员；1995 年 8 月至 1998 年 10 月在中国驻圣彼得堡总领事馆工作，任领事；1998 年 10 月至今在中国社会科学院世界经济与政治研究所工作，曾任副编审。

现从事编辑工作，主要学术专长是国际政治研究。主要代表作有：《冷战结束后亚太地区政治格局变化及我国的对外战略思考》（论文），《俄罗斯能否成为未来格局中一极》（论文），《从俄罗斯上层斗争看俄罗斯政局》（论文），《俄罗斯外交新动向》（论文），《对"9·11"事件后大国关系、世界格局变化的几点看法》（论文）。

赵 梅（1962 年 10 月— ） 女，四川人，编审。1980 年 9 月至 1984 年 7 月在北京师范大学历史系学习，获历史学学士学位；1986 年 9 月至 1989 年 7 月在北京师范大学读在职研究生，获历史学硕士学位；1999 年 1 月至 1999 年 8 月在美国凯特林基金会做访问学者。1984 年 7 月至 1990 年在北京师范大学工作，任助教；1990 年至今在中国社会科学院美国研究所《美国研究》编辑部工作，曾任副编审。

现从事编辑工作，主要学术专长是美国社会文化。主要代表作有：《美国研究》（责编），《美国反文化运动探源》（论文），《透视美国——近年来中国的美国研究》（论文集，合编），《中美长期对话 1986～2001》（论文集，合编），《宗教在美国社会中的地位》（译文）。

王　浩（1960 年 11 月—　）　吉林长春人，编审。1978 年 8 月至 1982 年 7 月在吉林大学历史系学习，获历史学学士学位；1986 年 7 月至 1989 年 7 月在吉林大学研究生院学习，获历史学硕士学位。1982 年 7 月至 1986 年 7 月在黑龙江省博物馆研究部工作；1989 年 7 月至 1997 年 7 月在中国社会科学出版社历史编辑室工作，历任助理编辑、编辑；1997 年 7 月至 1999 年 3 月在中国社会科学出版社对外合作室工作，历任编辑、副编审，副主任；1999 年 3 月至今，在中国社会科学出版社总编室工作，曾任副编审，主任。

现从事编辑工作，主要学术专长是明清史研究。主要代表作有：《论国家的作用》（编辑），《自由宪章》（编辑），《秩序自由主义》（编辑），《论崇祯帝》（论文），《从米瑟斯到哈耶克》（论文）。

马自力（1963 年 8 月—　）　北京人，编审。1981 年 9 月至 1985 年 7 月在北京大学中文系学习，获文学学士学位；1985 年 7 月至 1988 年 7 月在北京大学中文系学习，获文学硕士学位。1988 年 7 月至 1991 年 3 月在中国社会科学杂志社工作，历任助理编辑、编辑；1991 年 3 月至今在中国社会科学杂志社工作，历任编辑、副编审，编辑室副主任、主任。

现从事编辑工作，主要学术专长是中国古代文学研究。主要代表作有：《余霞散成绮——古代散文创作》（专著），《一个师爷的案牍生涯》（专著），《论陶诗对后代山水诗的影响》（论文），《近年来文学研究的主要特点及值得注意的动向》（论文），《文化建设对经济发展的推动和制约作用——兼及社会科学和人文科学在精神文明建设中的作用》（论文）。

赵剑英（1964 年 10 月—　）　浙江萧山人，编审。1982 年 9 月至 1986 年 7 月在中国人民大学哲学系学习，获哲学学士学位；1986 年 9 月至 1989 年 7 月在中国人民大学哲学系学习，获哲学硕士学位；1998 年 9 月至 2002 年 7 月在中国社会科学院研究生院哲学系读在职研究生，获哲学博士学位。1989 年 7 月至 1990 年 3 月在中国社会科学杂志社工作，任编辑；1990 年 3 月至 1990 年 11 月在陕西丹凤县委党校工作，教师；1990 年 11 月至 1994 年 8 月在中国社会科学杂志社工作，任编辑，室副主任；1994 年 8 月至 2000 年 12 月在中国社会科学院党组办公室工作，任副编审，宣传处副处长、处长，其间，1995 年 12 月至 1997 年 8 月在新华社澳门分社政策研究室工作，任副处长；2001 年 2 月至今在中国社会科学杂志社工作，任副总编辑。现兼任中国人民研究会理事。

现从事编辑工作，主要学术专长是马克思主义实践理论、邓小平理论与当代中国研究。主要代表作有：《哲学的力量——社会转型时期的中国哲学》（合著），《复兴中国——中共第三代对中国现代化的新追求》（主编），《论人类实践形态的当代发展》（论文），《从新民主主义文化到有中国特色社会主义——中国共产党对中华文化的继承和创新》（论文），《从衰落走向复兴：中国现代化的百年追求与展望》（论文）。

姚玉民（1953 年 3 月— ） 辽宁法库人，编审。1978 年 3 月至 1982 年 1 月在辽宁大学历史系学习，获历史学学士学位；1983 年 9 月至 1986 年 7 月在吉林大学日本研究所学习，获历史学硕士学位；1996 年 11 月至 1997 年 11 月在日本东京亚细亚大学任客座研究员。1969 年 12 月至 1970 年 6 月在辽宁省朝阳市面粉厂工作；1970 年 6 月至 1977 年 1 月在辽宁省朝阳市纺织厂工作；1977 年 1 月至 1978 年 3 月在辽宁省朝阳市外贸局工作，业务员；1982 年 1 月至 1983 年 9 月在辽宁省朝阳市委党校工作，任助教；1986 年 7 月至今在中国社会科学杂志社工作，历任编辑、副编审。

现从事编辑工作，主要学术专长是日本史。主要代表作有：《石田梅岩及其经营思想》（论文），《20 世纪 30 年代日本政军财关系初论》（论文），《新世纪初中国的世界史研究》（学术综述，合著），《1993 年世界史研究热点简述》（文章），《评〈剑桥世界近代史〉》（书评）。

周　丽（1960 年 10 月— ） 女，北京人，编审。1980 年 7 月至 1984 年 7 月在首都经济贸易大学学习，获经济学学士学位。1984 年 7 月至 1984 年 12 月在首都联大文法学院任教；1984 年 12 月至 2000 年 6 月在中国社会科学院数量经济和技术经济研究所工作，历任助理研究员、副研究员；2000 年 6 月至今在社会科学文献出版社工作，历任副研究员、副编审。现兼任中国日本史学会常务理事。

现从事经济类刊物编辑工作。主要代表作有：《铁路与发展》（合著），《人力资源管理定量测度与评价》（合著），《北京市经济增长与产业结构优化》（合著），《内地因素与香港经济发展》（论文），《21 世纪的中国农村可持续发展》（责编）。

王子豪（1962 年 12 月— ） 上海人，编审。1980 年 9 月至 1984 年 7 月在华东政法学院法律系学习，获法学学士学位。1984 年 8 月至 1991 年 9 月在中国社会科学院科研局规划基金处工作，历任科员、副主任科员，助理研究员、副处级学术秘书；1991 年 9 月至今在中国社会科学院科研局编辑部工作，历任编辑、副编审，编辑部副主任、主任。

现从事科研管理工作。主要代表作有：《市场经济条件下哲学社会科学的发展》（论文），《新时期中国社会科学研究》（合著），《当前哲学社会科学研究的重大问题及争论》（研究报告），《中国法学学科调查报告——“九五”回顾与“十五”展望》（研究报告），《中国人文社会科学前沿报告》（2000 年卷）（编辑）。

孙海泉（1963 年 6 月— ） 北京人，编审。1981 年 9 月至 1985 年 7 月在北京大学历史系学习，获历史学学士学位；1986 年 9 月至 1988 年 7 月在中国社会科学院研究生院历史系学习，获历史学硕士学位；1996 年 9 月至 2002 年 7 月在中国社会科学院研究生院历史系读在职研究生，获历史学博士学位。1988 年 7 月至 2002 年 3 月在中国社会科学院办公厅调研处工作，历任编辑、副编审，副处长、处长；2002 年 3 月至今在中国社会科学院办公厅工作，任办公厅副主任。

现从事编辑工作，主要学术专长是历史学。主要代表作有：《清初地方的基层制度》（论文），《加快建立中文历史文化站点，迎接因特网上的文化挑战》（论文），《关于知识经济若干理论观点的综述》（综述），《社会主义精神文明建设中的若干理论问题》（综述），《要用新的眼光审视新的社会阶层》（上、下）（编辑）。

第 八 编

规 章 制 度

一 中国社会科学院学术委员会章程

（2001 年 12 月 24 日院务会议通过）

第一章 总 则

第一条 为充分发挥我院资深学者、专家在科研方面的重要作用，特成立中国社会科学院学术委员会（以下简称院学术委员会）。

第二条 院学术委员会是中国社会科学院权威性的学术评议和学术咨询机构。

第三条 院学术委员会在院长及院务会领导下开展工作。每届任期 3 年。总人数为 35～50 人。

第四条 院学术委员会的活动经费，主要由院科研经费中划拨，同时接受国内外团体和个人的捐赠。此经费作为专项经费，年度节余可以滚动使用。

第二章 工作职责

第五条 院学术委员会职责

1. 研究学科发展状况，从宏观上对学科现状和发展趋势作出分析与预测，提出需要研究的重大课题并积极开展相关研究；

2. 对我院年度科研计划和中长期科研规划提出意见和建议；

3. 对我院各所的学科设置、人才培养、学术交流、图书资料建设及学术信息工作提出意见和建议；

4. 积极组织开展学术活动，促进院内外学术交流；

5. 受院务会议委托对重要科研成果进行评估，推荐优秀科研成果和推荐奖励有突出贡献的科研人员；

6. 受院务会议委托对有争议的专业技术职务评审问题进行复议，并将复议情况报院务会议以供决策参考；

7. 院务会议交办的其他任务。

第六条 院学术委员会秘书长办公会职责

1. 院学术委员会秘书长办公会在院学术委员会主任、副主任领导下开展工作。

2. 秘书长办公会负责组织制定学术活动计划，并负责具体学术活动的组织实施。

3. 秘书长办公会由秘书长提出议题并主持召开。副秘书长参加会议，必要时召开扩大会议。

4. 秘书长办公会实行例会制，原则上每月月初召开一次，特殊情况召开临时会议。

第七条 院学术委员会办公室职责

1. 院学术委员会办公室在秘书长办公会的领导下负责院学术委员会的日常工作。

2. 负责落实院学术委员会秘书长办公会交办的各项工作。

3. 负责编印院学术委员会工作简报，及时传递院学术委员会工作信息。

4. 负责建立院学术委员会工作档案，保存和管理有关院学术委员会学术活动和重要工作的各类档案资料。

第三章 院学术委员的条件、义务和权利

第八条 院学术委员的条件

1. 坚持以马列主义、毛泽东思想和邓小平理论为指导，拥护党的基本路线，热爱社会主义祖国；

2. 学术造诣较深，在国内外学术界有较大影响，并具有高水平的指导科学研究和培养人才的能力；

3. 治学严谨，作风正派，办事公道；

4. 年龄一般为60～70岁，身体健康。

第九条 院学术委员的义务和权利

1. 认真履行院学术委员会职责，积极促进社会科学研究；坚持优良学风，积极培养人才，努力推动学科建设，促进学术交流；维护院学术委员会声誉，积极参加院学术委员会组织的各项活动。

2. 院学术委员在任期间不离休退休。享受一定的交通、书报补贴和每年一次的休养待遇。

第十条 院学术委员的产生和推举

1. 院学术委员由院务会议决定，院长任命并向委员颁发聘书。

2. 在每届任期内经院务会议审议可作必要的人员调整。届中增补个别委员，由院科研局、人事局等额或差额提出人选，当届院学术委员会等额推举，院务会议审议决定。

3. 院学术委员会届中推举委员候选人，实行无记名投票。参加投票选举的学术委员应超过院学术委员会总人数的二分之一；获得赞同票超过投票人数二分之一的候选人，根据得票数量依次入选。

4. 院学术委员会换届由院有关部门根据各学科分配的名额，提出候选人，经院务会议审议决定下届人选。

第十一条 院学术委员的个人行为触犯国家法律，危害国家利益者，由院务会议审议可作出撤销其委员资格的决定，并通报全体委员。

第四章 组织机构

第十二条 院学术委员会设主任1名，副主任若干名。主任由院长兼任，副主任由院务会议任命。

第十三条 院学术委员会设秘书长1名，负责处理院学术委员会的具体日常事务，秘书长可由非学术委员担任，其人选由院学术委员会主任提名，由院务会议任命。秘书长任期不超过两届。

第十四条 院学术委员会设副秘书长3名，其中人文学科和社会学科各1名委员兼任副秘书长，另1名由科研局领导兼任。兼任副秘书长的院学术委员应由组织活动的积极分子和热爱学术委员会工作的同志担任，并由当届学术委员会推举。学术委员兼任副秘书长不超过两届。

第十五条 院学术委员会下设办公室。院学术委员会办公室暂挂靠在科研局。

第十六条 院学术委员会下设若干学科组，学科组可以定期或不定期开展学术活动。学科组召集人由学科组成员推举。

第五章 附 则

第十七条 本章程自院务会议批准之日起施行。原由中国社会科学院1998年发布的《中国社会科学院学术委员会条例》同时废止。

第十八条 本章程由院务会议负责解释。

注：此章程于2002年2月4日以（2002）社科研字2号文件通知院属各单位遵照执行。

二　中国社会科学院荣誉教授称号授予条例

（2002年1月25日院务会议通过）

为进一步提高我院的国际学术地位，促进我院与国际学术界的交流，引入世界各国知名学者为我院科研服务，使我院的科学研究不断处于国际社会科学和人文科学的前沿地位，特制定中国社会科学院荣誉教授称号授予条例。

（一）授予对象

中国社会科学院荣誉教授授予对象为国际学术界和世界各国的著名学者，他们应该为社会科学和人文科学研究作出过重大贡献，代表当前学术研究最高水平和发展潮流；此外还可以根据需要授予外国政要和著名机构领导人，以促进与该国在外交、政治等方面友好的关系。

（二）候选人条件

1. 在国际社会科学和人文科学学界具有广泛的学术声誉，或为国际科学界著名人物；
2. 政治上对我友好；
3. 年龄不超过75岁；
4. 能够为我国社会科学和人文科学研究事业作实质性贡献。

（三）提名审批程序

1. 院属各单位为荣誉教授候选人提名单位，审批协调单位为院外事局，最后审批由院务会议决定；
2. 提名单位在提名候选人时，需经本单位办公会议批准，然后向院外事局提交候选人材料（提名报告，候选人自然和学术简历）；
3. 外事局作为审批协调单位，应根据有关单位的报告提出意见，向院务会议提出对候选人的审批建议；
4. 院务会议根据候选人的学术水平和政治条件，确定中国社会科学院荣誉教授人选。

（四）其他

中国社会科学院荣誉教授的英文译文是 HONORARY PROFESSOR OF CHINESE ACADEMY OF SOCIAL SCIENCES。

荣誉教授证书由院外事局统一制作。

我国港、澳、台地区候选人的提名审批工作可参照此条例执行。

院属各单位自行授予的荣誉称号，事前应商请院外事局同意并备案，经主管外事工作院领导批准后再行操作。

本条例的解释权在院外事局。

注：此条例于 2002 年 2 月 26 日以（2002）社科外字 30 号文件通知院属各单位遵照执行。

三　中国社会科学院“重点学科建设工程”项目管理办法

（2002年3月4日院务会议通过）

第一章　总　则

（一）为加强我院基础研究和学科建设，提升我院整体科研实力和学术水平，建成一批国际知名研究所，实现我院新世纪发展的战略目标，更好地为我国现代化建设服务，我院实施“重点学科建设工程”。

（二）“重点学科建设工程”的目标是，在三年内组织落实100个左右的重点学科建设项目，使我院半数左右的二三级学科的学术资料积累更加系统丰富，科研手段实现现代化，科研队伍的结构更加合理、实力更加雄厚，学术水平保持或达到国内领先，并使其中部分学科逐步达到国际知名。

（三）“重点学科建设工程”项目的设立以研究室为依托。每个重点学科建设项目都要制定总体发展目标、具体实施计划和实施步骤，学科建设的内容应包括基础研究、学术资料积累和科研手段现代化建设、科研队伍建设等主要方面。

（四）“重点学科建设工程”项目施行责任制，一个责任期为五年。

（五）院拨专款用以资助重点学科建设。重点学科成员仍可以向院所申请各类课题。

（六）院重点研究室从院“重点学科建设工程”项目中遴选，其管理办法另行制订。

第二章　基本条件

（七）重点学科应具备下列基本条件：

1. 代表我院学术水平的优势学科或体现学术发展方向和我院学术特色的重要学科。

2. 重点学科至少应有5名以上的研究人员，其中至少应有3名高级专业技术职务者。

3. 重点学科负责人应是本学科的学术带头人（可以是所、室领导，也可以是其他具备条件者），有正高级专业技术职务，具有较强的学术组织能力。

4. 近年来发表有重要影响的高水平学术成果。

5. 近年来主办过有重要影响的学术活动。

6. 学术资料和科研手段现代化应有一定基础。

第三章　立项程序

（八）重点学科立项的基本程序为：在研究所统筹安排和指导下，由相关研究室提出申请，研究所学术委员会审议推荐，院重点学科评审委员会评审，经院务会议审批后立项。

（九）申请者须填写《中国社会科学院“重点学科建设工程”项目申报书》，向研究所学术委员会申报。申报书主要内容包括：

1. 本学科的总体发展目标。包括本学科的历史和现状分析，本学科在国内外的学术地位，责任期内的发展方向和主要建设项目等。

2. 本学科近五年主要科研成果。

3. 主要研究课题计划。包括正在执行的各类课题，以及计划立项的有重要学术价值的基础研究课题。撰写本学科年度发展报告。

4. 学术资料建设目标。一至两项有重要学术参考价值的成果。

5. 数据库建设目标。至少有一项数据库建设项目（既可为独立建设项目，也可为研究所建设项目的子项目）。

6. 科研队伍建设目标。包括人才培养、学术交流、人才引进计划，以及提高科研人员学术水平的具体规划等。

7. 学术活动项目计划。

（十）研究所学术委员会根据本办法的有关规定，对申报立项的重点学科进行评议，并按照院核定的立项名额进行投票。投票表决采取无记名的方式，达到三分之二票数者方可向院重点学科评审委员会推荐。

（十一）院设立重点学科评审委员会，对研究所申报推荐的重点学科进行评议，采取无记名方式进行投票表决。达到三分之二票数者获得通过。

（十二）重点学科负责人在院所评议过程中，凡涉及本学科的评议和投票应予回避。

（十三）院评审委员会评审结果与科研局、财务基建计划局提出的资助经费方案同时提交院务会议，经院务会议审议批准后实施。

（十四）重点学科立项和资助经费方案批准后，由院科研局与研究所和重点学科三方共同签订《中国社会科学院“重点学科建设工程”项目协议书》。

协议书的效力不受签约人变更的影响。

第四章 经费管理

（十五）院科研局与财务基建计划局依据本办法有关规定，共同审核提出重点学科的资助经费方案。资助经费根据学科规模和硬件需求进行核定，每个重点学科一般每年资助5～10万元。

有特殊需要的，可酌情资助15～20万元。

（十六）重点学科建设项目的经费开支范围包括：

1. 图书资料购置。

2. 调研差旅。

3. 学术会议。

4. 科研设备购置（纳入固定资产管理）。

5. 文具、纸张、软盘等科研材料购置。

6. 网络信息费、文稿印制、资料复制。

7. 学术著作出版资助。

8. 人员国内培训。

9. 客座和特邀研究人员、返聘人员以及临时人员的聘用。

(十七) 重点学科负责人每年年初要制定年度经费预算计划，经所长办公会批准后实施。年终要向研究所提交年度财务报告，并向本学科研究人员公布。年度经费预算计划应经过重点学科研究人员的讨论。项目经费的使用，由重点学科负责人签批。单项开支超过 2000 元的须由主管所领导签批。

(十八) 研究所可根据需要掌握使用 10%～20%的重点学科建设经费，集中用于重点学科建设方面研究所认为需要调控的部分以及重点学科外部环境的建设。

(十九) 重点学科建设项目经费的使用，应符合国家和院有关财务制度的规定，同时接受院、所的财务监督和有关部门的审计。研究所负责项目经费使用的日常管理和监督。

第五章　项目管理与检查验收

(二十) 重点学科负责人每年年底应向研究所学术委员会报告项目执行情况，同时提交书面报告，所学术委员会讨论后签署评议意见。对学科建设中存在的问题，要提出解决办法；对项目执行不力的学科，研究所要责成学科负责人提出整改意见。重点学科负责人的年终报告应作为其年终考核的重要内容，对年度计划执行不力的重点学科，其负责人年终考核不能评为优秀。

(二十一) 重点学科年度项目执行报告和财务报告经研究所审核后报送院科研局，院审核合格后拨付下一年度的项目经费。审核不合格者将停拨经费，限期整改。连续两年审核不合格者将撤销其重点学科项目资格。

(二十二) 在责任期内，重点学科负责人一般不应更换。确需更换的，由研究所向院提交更换负责人报告，经院批准后执行。

(二十三) 研究所对重点学科建设项目的执行负有领导、监督和保障职责，应对项目的实施给以必要的支持，在研究所的权限之内，在课题立项、人员调配、出国考察进修和招收研究生等方面予以优先考虑。

(二十四) 责任期满后，重点学科负责人应向研究所学术委员会提交结项验收申请和项目总结报告。

(二十五) 研究所学术委员会负责对重点学科建设进行验收评估，验收评估采取会议评估的方式。评估应吸收院外有正高级专业技术职务的同行专家（每个重点学科邀请 2～3 名院外专家）参加，每个院外评估专家应有书面评估意见。在民主评议的基础上，根据重点学科协议书规定的内容，研究所学术委员会最终完成重点学科验收评估报告。

重点学科验收申请和项目总结报告与研究所验收评估报告一并报送院科研局。

(二十六) 院重点学科评审委员会以会议讨论的方式，对重点学科建设项目完成情况进行严格审议，以无记名投票方式决定验收结果。凡达到三分之二票数者为验收合格。

(二十七) 院务会议对院重点学科评审委员会的验收结果进行终审。

（二十八）重点学科验收结果予以公告。凡未能通过验收的重点学科，取消下一个责任期继续申请重点学科的资格，该学科负责人三年内不得申请重大课题。

第六章 附 则

（二十九）研究所科研处负责本所重点学科建设的组织和日常管理工作。

（三十）院科研局负责重点学科建设项目实施的总体组织和协调，负责对重点学科进行年度检查和验收结项等相关组织与管理工作。

（三十一）本办法由院科研局负责解释。

（三十二）本办法自院务会议批准之日起实施。

注：此办法于2002年3月7日以（2002）社科研字4号文件通知院属各单位遵照执行。

四　关于第四届中国社会科学院优秀科研成果奖评选活动的若干规定

（2002 年 3 月 4 日院务会议通过）

（一） 本届院优秀科研成果奖评选活动按照《中国社会科学院优秀科研成果奖励办法》和本规定进行。

（二） 本届院优秀科研成果的评选范围主要是 1999 年和 2000 年我院人员发表的成果。请奖项目由各研究所学术委员会从已获得 2001 年度研究所优秀科研成果一等奖或者相当于一等奖的成果中推荐。请奖项目应当符合《中国社会科学院研究所优秀科研成果评奖办法(试行)》和《关于 2001 年度研究所优秀科研成果评奖活动的若干规定》。

凡存在政治倾向问题、学风问题以及知识产权争议的著作不得参评。

（三） 在本届评奖时间范围之内发表的成果，已经获得“国家科学技术奖”、“五个一工程奖”、“国家社会科学基金项目优秀成果奖”、“国家自然科学基金项目优秀成果奖”、“国家图书奖”等五种（类）奖励并且符合《中国社会科学院对获得部委级以上奖励的科研成果给予追加奖励的规定》的，不参加评奖。院将对这些成果另行追加奖励。

申报追加奖励，由学者个人填写《中国社会科学院科研成果追加奖励申报书》并提交获奖证明文件，经所在单位核实签署意见，报科研局汇总复审后，提交院务会议审批。

（四） 院职能部门、研究生院、出版社、中国社会科学杂志社等院直属单位人员已经获得研究所一等奖或者相当于一等奖的成果参评，由相关研究所代为推荐（不占研究所指标）。

（五） 请奖项目须由研究所采取单盲（成果作者不知情）方式组织 3 位以上（含 3 位）具有正高级专业职务的院外同行专家通讯评议和使用院下发的科研成果评估指标体系进行评估。推荐意见应由专家亲笔书写和签名。

（六） 在研究所学术委员会推荐请奖项目过程中，委员在审议本人主持或作为主要作者参加的请奖项目时，应当回避，但有表决权。统计相关请奖项目的表决结果时，回避的委员不计入投票人数，其投票不计入得票数（即分母、分子各减去 1）。

（七） 院设立哲学、经济学、文学语言学、史学、法学社会学、国际问题和翻译等 7 个学科评奖委员会。各学科评奖委员会在院相应的各正高级专业职务评审委员会基础上组建。

学科评奖委员会的组建实行回避制度。各正高级专业职务评审委员会的委员有下列情况之一的，不参加学科评奖委员会：

（1）请奖成果的作者；

（2）请奖集体成果的主编、副主编等（含工具书、系列丛书、多卷本著作的总主编、分卷主编、分科主编、编委会主任、编委会委员等）；

（3）以上人员的亲属。

因回避出现的评委空缺，由被回避人员的所在单位递补。递补评委由研究所学术委员会从院内外具有正高级专业职务的学者中遴选推荐，报院批准。

各学科评奖委员会的召集人由院指定。

（八）本届授奖项目总数为 130 项左右，其中一等奖 10 项左右，二等奖 40 项左右，三等奖 80 项左右。授奖项目中专著控制在二分之一以内。

（九）各单位在 2001 年度所级一等奖或相当于一等奖成果的范围内限额推荐请奖项目：在职专业人员数（截至 2001 年 12 月 31 日）不足 20 人的单位可推荐 1 项；20 人至 34 人的单位至多推荐 2 项；35 人至 49 人的单位至多推荐 3 项；50 人至 79 人的单位至多推荐 5 项；80 人至 109 人的单位至多推荐 7 项；110 人以上的单位至多推荐 9 项。推荐的请奖项目中专著控制在二分之一以内。

（十）调整《中国社会科学院优秀科研成果奖励办法》第十八条规定的二等奖评审投票通过标准，原定二等奖评审通过须达到三分之二票改为须超过二分之一票。

（十一）为提高评奖工作的质量，本届评奖活动安排两个异议期。第一个异议期安排在研究所推荐请奖项目之后、院学科评奖委员会评选之前，为期 30 天；第二个异议期安排在院学科评奖委员会评选之后、院务会议批准之前，为期 20 天。

（十二）评奖活动时间安排：

4 月 10 日前，研究所根据《中国社会科学院优秀科研成果奖励办法》和本规定，推荐院优秀科研成果奖请奖项目和组织申报追加奖励。各研究所应在 4 月 15 日之前将《中国社会科学院优秀科研成果奖推荐书（含专家评议表）》（每个项目 10 份）、《中国社会科学院科研成果追加奖励申报书（含获奖证明文件）》（每个项目 3 份）和成果（3 套）报送科研局。外文成果应附详细的中文内容提要，译著应附原著（复印件亦可）。逾期未推荐视为弃权。

有评委回避情况的单位，应在 4 月 15 日之前将《院学科评奖委员会增补评委人选报批表》报送科研局。

对形式审查合格的请奖项目，由科研局公布，并以 30 天（5 月 1 日至 5 月 30 日）作为异议期。

6 月中旬，院学科评奖委员会评选。

院学科评奖委员会评选结束后，由科研局公布评选结果，并以 20 天作为异议期。

7 月，评奖结果提交院务会议批准。

院优秀科研成果奖颁奖大会择时举行。

（十三）本规定由科研局负责解释。

注：此规定于 2002 年 3 月 7 日以（2002）社科研字 6 号文件通知院属各单位遵照执行。

五　中国社会科学院优秀期刊奖励办法(试行)

(2002年3月4日院务会议通过)

第一章　总　　则

第一条　为了提高我院期刊出版质量，促进我院期刊事业的发展与繁荣，激发全院期刊工作者的积极性和创造性，特制定本办法。

第二条　院专项设立“中国社会科学院期刊一等奖”和“中国社会科学院期刊优秀奖”。获奖期刊由院颁发证书和奖金。

第三条　中国社会科学院优秀期刊评奖工作每2～3年举行一次。

第二章　评奖范围

第四条　本奖的评奖范围是：由中国社会科学院主管、具有“国内统一刊号”的正式期刊。

第五条　在评奖期限内，有下列问题的期刊不得参加评奖。

(一) 有重大违规行为的期刊。

(二) 受过上级主管部门通报批评和行政处罚的期刊。

(三) 在期刊年度核验中被暂缓登记的期刊。

第三章　评奖标准

第六条　根据新闻出版总署颁布的《中国社会科学期刊质量标准及评估办法》，结合我院期刊工作的实际情况，院优秀期刊的评奖标准是：

(一) 坚持以马列主义、毛泽东思想和邓小平理论为指导，坚持正确的政治方向、理论方向和科研方向，坚持贯彻“双百”方针。

(二) 期刊所载内容必须符合宪法、法律及党和国家有关新闻出版的方针、政策，符合期刊的办刊宗旨和专业分工范围，期刊主办单位和编辑部门能够严格按照《期刊管理暂行规定》等法规开展工作。

(三) 期刊所载内容理论联系实际，具有较高学术水平或对国家制定政策有重要的理论意义和参考价值，对促进学科建设和发展发挥了重要作用。

(四) 期刊的编辑加工能够遵守国家颁布的出版、印刷标准和规定；版式设计疏密得当，图文协调，主题突出，转接页少，无逆转，无超过二分之一页码的空白页；行文规范，无常识性错误，文字没有繁简混用情况，标题、目录无差错，内文差错率不超过万分之一；封面、插图、图片设计健康、新颖大方，与办刊宗旨和刊物内容相一致，版本项目记录齐全。

（五）期刊印成品的字体、图片清晰，不浸不透，图幅整洁规范，装帧整齐、坚固、美观，无夹、缺、损、折、联、白页等；按期出版，无拖期现象。

（六）期刊的出版、印刷、发行、核验以及登记项目的变动，符合审批登记的有关规定。

第七条 “中国社会科学院期刊一等奖”为我院期刊最高奖。

获“中国社会科学院期刊一等奖”的期刊，应体现我国哲学社会科学领域学术期刊的国家水平，在哲学社会科学界及本学科领域具有重要影响。

第四章 评奖程序

第八条 申报院期刊奖，由期刊主办单位学术委员会进行初评后经主办单位推荐，并填写《中国社会科学院优秀期刊推荐表》。

第九条 院成立优秀期刊评奖委员会，负责对全院参评期刊的评审，并采取通讯评审方式征求院外专家意见，评奖具体组织工作由院科研局负责。

第十条 院优秀期刊评奖委员会采取无记名投票方式进行评奖表决，以三分之二多数通过有效。参加表决的人数不得少于评奖委员会全体委员的三分之二。

第十一条 评奖委员会评选通过的获奖期刊，经30天异议期后，报院务会议批准。

第五章 附 则

第十二条 本办法由院科研局负责解释。

第十三条 本办法自院务会议批准之日起实行。

注：此办法于2002年3月7日以（2002）社科研字5号文件通知院属各单位遵照执行。

六　中国社会科学院人才工程实施意见

（2002年8月30日院党组会议通过）

江泽民同志视察我院时的重要讲话，从治党兴国的战略高度科学地论述了哲学社会科学的地位和作用，对广大哲学社会科学工作者寄予殷切希望，为新时期我国哲学社会科学的发展指明了方向。贯彻落实江泽民同志重要讲话精神，办好中国社会科学院，加快发展哲学社会科学，为中华民族的伟大振兴提供智力支持和精神动力，关键是造就大批高素质的哲学社会科学研究人才。

院党组决定，在我院启动新的人才工程计划。人才工程计划以邓小平理论和“三个代表”重要思想为指针，按照“用好现有人才，稳定关键人才，引进急需人才，培养青年人才”的原则，从我院的实际出发，着力于建立和完善新的用人制度、分配制度和考核评价与激励制度。现提出以下意见：

一　创造良好条件，稳定和用好现有人才

1. 强化人才竞争激励机制，逐步建立符合我院实际的工作人员津贴制度。

为建立和完善人才竞争激励机制，保持我院人才资源，充分调动和发挥广大科研人员和管理人员的积极性和创造性，通过积极开源节流并调整院内现有财力资源筹措资金，探索建立符合我院实际的研究津贴制度和管理津贴制度。

向科研一线倾斜，加大科研津贴力度，改进现行科研津贴发放办法。在原有研究津贴费用基础上增加投入后，合并使用，统一发放标准，仍由各单位组织实施。科研津贴分为五个档次。享受科研津贴人员的范围为科研人员总数的90%；其中，各档次人员的比例分别为：一档为10%，二档为25%，三档为40%，四档为20%，五档为5%。各档次级差比例为10:6:3:2:1。津贴的发放，实行总量控制，动态管理。津贴费由院有关部门按比例核定划拨研究所等单位；各单位结合年度考核确定人选。

研究所等院属单位现任所（局）级正职领导干部，由院里考核并统一发放管理津贴；也可本人自愿选择参加所在单位执行科研津贴，但管理津贴与科研津贴不得同时享受。有条件的研究所可结合聘用制的实行，改革创新，试行适合本单位实际情况的岗位津贴制度，在实践中不断改进和完善。

（人事教育局、财务基建计划局负责组织实施）

2. 完善专业技术职务聘任制度，实行用人单位择优聘任。

为调动和发挥我院专业人员的积极性和创造性，在全院机构改革和全面实行聘用制的基础上，逐步实施“按需设岗，按岗聘任，竞争择优，优胜劣汰”的专业人员管理制度。专业岗位要严格按学科建设和研究工作实际需要设岗。研究所等用人单位根据设定的岗位职数择

优聘任。

（人事教育局负责组织实施）

3．实施青年“百人计划”，重点扶持青年科研骨干。

在全院遴选45岁以下，在本学科领域有一定成就、有发展潜力的青年科研骨干，实施“百人计划”。在科研经费和待遇上实行倾斜政策。对进入“百人计划”的人员，实行动态管理，定期根据科研成果和专家评议，实行末位淘汰制。我院入选国家人事部“百千万人才工程”的人选，将其纳入“百人计划”进行统一管理。

（人事教育局、科研局、党组办公室、财务基建计划局负责组织实施）

4．将青年优秀科研成果列入《文库》出版。

加强对青年人才的扶持力度，稳定我院科研后备人才，并为他们今后能成为骨干力量创造条件，院将资助40岁以下科研人员的优秀科研成果出版，列入《中国社会科学院青年学者文库》。继续办好《博士文库》，资助博士论文出版，激励青年人才多出高质量研究成果。

（科研局负责组织实施）

5．将青年科研骨干参与重大课题制度化。

各单位在申报重大课题时，应规定要有一定比例的青年科研骨干参加，并使其制度化，确保青年科研骨干有课题做。

（科研局负责组织实施）

6．实行课题学术助手制度。

为新参加工作的青年科研人员提供参加课题的机会，实行课题学术助手制度。凡我院资助立项的课题，原则上应吸收1～2名新接收的毕业生参加课题研究，担任学术助手。在课题中由老同志作为导师，指导青年同志尽快进入和确定研究角色，进行学术定位，开展科学研究工作。

（科研局负责组织实施）

7．进一步完善课题经费管理办法，加大后期拨付力度。

在实行课题经费先期拨付启动经费，然后根据课题进展情况分期拨付做法的基础上，逐步加大后期拨付资金的力度。在政策允许的前提下，提高课题预留经费比例，建立与课题制相配套的课题完成奖励制度。

（科研局、财务基建计划局负责组织实施）

8．实行科研经费分类管理和使用的制度。

对人文科学和社会科学的科研经费管理和使用实行分类管理，进一步研究制定符合人文科学和社会科学各自特点的经费核定、拨付和使用制度。

（财务基建计划局、科研局负责组织实施）

9．建立优秀管理人员院级突出贡献奖。

建立对管理人员的评优机制，对做出突出成绩的优秀管理人员实行评选院级突出贡献的奖励制度。由各单位推荐人选，实行全院评选，以激励和表彰管理人员为发展社会科学研究事业积极贡献聪明才智。

（人事教育局、直属机关党委、财务基建计划局负责组织实施）

10．调整和充实院学术委员会。

为充分发挥老学者、老专家的作用，延长他们的学术生命，对部分学术造诣较深，在国内外学术界有较大影响的专家学者，可进入院学术委员会。进一步完善学术委员会制度，适当扩大院学术委员会规模，调整和优化人员结构，使院学术委员会真正成为权威性的学术指导、学术评议和学术咨询机构。着手研究关于学部委员、首席研究员及研究员分级等问题，逐步建立学术地位上的激励机制。

（科研局、人事教育局负责组织实施）

二　采取各种方式，吸引高层次人才

1. 将吸引人才重点转移到吸引学科带头人上来。

吸引人才工作，坚持为我所用、量力而行，优中选优、宁缺毋滥的原则；采取多种方式，多样途径引进高层次人才。由于综合物质条件所限，今后人才吸引的重点，将转移到引进国内外知名学者和重点学科学科带头人上来。力争5年内吸引百名左右学科带头人及学科骨干，特别要注意吸引急需的、杰出的人才，并为他们创造良好的科研工作条件。

（人事教育局负责组织实施）

2. 改进人才招聘办法。

为进一步拓宽进人渠道，在总结完善网上发布招聘高等院校毕业生工作的基础上，继续扩大选人的范围，逐步实行将全院所急需的各类专业人才及紧缺的专业岗位，通过网络和报纸等媒体，向社会公开发布。要在院人才中心现有网页的基础上，建立与社会人才市场接轨的“社会科学流动人才信息网站”。通过改进人才招聘办法，规范考试、考核制度，提高进人质量，为培养高质量的专业人才打好基础。

（人事教育局负责组织实施）

3. 建立客座研究员和访问学者制度。

改变吸引人才就一定要将人事关系调入我院的传统思路，应利用我院的综合优势，提供必要的条件，积极建立短期及中长期访问学者和客座研究员制度。吸引国内外的知名专家学者来我院工作与合作研究，在某些重点学科、前沿学科和交叉学科开展高水平研究，带动我院一批重点学科的发展。

（人事教育局、科研局、外事局、财务基建计划局负责组织实施）

4. 设立青年科研启动基金。

努力多方筹措，设立青年科研启动基金，对院、所重点引进的在研究岗位上的45岁以下具有正高专业职务、40岁以下具有副高级专业职务的科研骨干及博士、硕士毕业生，提供科研启动经费。

（科研局负责组织实施）

三　加大人才培养力度，全面提高队伍素质

1. 加强所局领导班子建设。

认真贯彻中央关于《领导干部选拔任用工作条例》精神，加强研究所领导班子“四化”建设。通过深化干部人事制度的改革，推进干部人事工作的科学化、民主化、制度化，建立和完善民主推荐、民主评议、公开选拔、竞争上岗、任前公示、试用期制、任期制等制度，

使德才兼备的优秀人才不断充实进所局领导班子中来。

（人事教育局负责组织实施）

2. 推进后备人才的培养。

对年龄在45岁以下的学科带头人后备人选与科研骨干、所局领导干部后备人选，要通过进党校学习、承担重点课题、出国进修与交流、参加各种培训、在职攻读博士学位、优先向国家与国外有关项目推荐等途径，加大对他们的培养力度，促进优秀人才成长。

（人事教育局、直属机关党委、外事局、研究生院负责组织实施）

3. 重点培养一批急需的专业人才和管理人才。

全面提高专业人才的科学素养和创新能力，重点培养一批国家急需的重点扶持学科、新兴稀缺学科等方面的专门人才。同时重视培养一批思想政治素质较高、服务意识较强、善于组织重大科研项目、掌握社科发展和社科人才成长规律的社科管理专家。

（人事教育局、科研局负责组织实施）

4. 选择有培养前途的中青年学者和管理干部到国外进修。

每年选派100名左右45岁以下有发展前途的中青年学者和管理干部通过各种渠道到国外、境外学习培训、进修，时间一般不少于3个月。

（人事教育局、外事局负责组织实施）

5. 研究生院的培养方向要与我院学科建设相衔接。

研究生院在为社会培养人才的同时，应注重将有限的资源集中于为我院培养后备人才上。要充分发挥在校研究生，特别是博士生在科研工作中的作用，采取多种措施加强研究生的定向培养工作。特别要将培养的方向与我院学科建设相衔接，主要招收和培养我院重点学科急需人才。对于确实急需的学科，在确定博导时应优先考虑。

在研究生院担任研究生指导教师的研究人员，要按照研究生院的要求，认真履行导师职责。其从事的研究生教学和培养工作以及编写出版研究生教材，在年度考核时计入本人工作量。

（研究生院、科研局负责组织实施）

6. 积极扩大博士后流动站招收规模。

博士后工作站是人才选拔和培养的重要基地，要争取扩大博士后招收规模。进一步丰富博士后招收类型，扩大自费招收名额，满足设站研究所的需要。

（人事教育局负责组织实施）

7. 健全在职业务学习培训制度。

要把在职人员的教育培训纳入事业发展总体规划。对不同岗位的聘用人员，在其任职之前及期间，根据其岗位职责和需要，有计划地组织上岗及在岗业务培训，不断补充、更新知识与技能，增强其科研和工作能力。培训的主要内容包括：学术交流所必需的外语能力；专业发展的知识更新；现代管理学知识；计算机及信息化知识与技能等。要建立带薪学习制度和经费保障制度。建立健全教育培训的激励约束机制，增强人才的岗位竞争意识和风险意识，树立终身学习观念。

（人事教育局、研究生院负责组织实施）

四　努力营造人才成长的良好环境

1. 加强领导，充分发挥思想政治工作在人才队伍建设中的保障作用。

人才工作是一项系统工程，涉及方方面面，各级党组织要从战略高度认识人才工作的极端重要性，切实加强领导，摆上突出位置。要重视思想政治工作在人才队伍建设中的作用，积极引导广大科研人员努力学习马列主义、毛泽东思想、邓小平理论和江泽民“三个代表”重要思想，认真贯彻江泽民同志视察我院时的重要讲话精神，进一步加强理论修养，发扬理论联系实际的作风，坚持“二为”方向和“双百”方针，提倡严谨、科学的治学态度，树立良好的学风、文风，努力建设具有中国特色、中国风格、中国气派的哲学社会科学。

（直属机关党委、党组办公室负责组织实施）

2. 学科调整要与人才队伍建设密切结合。

根据复杂多变的国际局势和国家经济、社会发展的需要以及理论创新、学术发展的新要求，调整优化我院学科结构和布局。要十分重视基础性研究，同时也要进一步加强对重大理论和实际问题的研究。要把稳定、引进、培养人才与学科和重点研究室建设紧密结合起来，尤其要注重学科带头人的稳定、引进和培养，以保持和发展我院的优势学科和国家急需的重点、稀缺学科。

（科研局、人事教育局负责组织实施）

3. 建立人才工程基金，完善人才保障体系。

树立人才资源开发投入是收益最大的投入的观念。加大对人才资源开发的投入，建立专门的人才工程基金。要把人才工程基金列入年度预算。主要用于稳定人才，以及吸引和培养人才工作中的经费支出，包括：科研津贴、管理津贴、青年“百人计划”所需经费，新引进人才的困难补贴，以及在职人员培训费用等。

除积极向财政申请外，要注意发挥各方面的积极性，向海内外个人和企业募集，接受社会各界热心社会科学事业的人士的捐赠。

（财务基建计划局负责组织实施）

4. 加快科研数字化建设。

加快建设具有中国人文社会科学特色的、国家级中国社会科学门户网站，以进一步提高我院科研手段现代化水平，努力创造良好的科研条件。网站要为党和国家的决策服务，为社会科学研究和理论创新服务，同时也要面向人民大众，为社会主义文明建设丰富多彩的需求服务。

（网络中心、办公厅负责组织实施）

注：此意见于2002年8月30日以（2002）社科党组字57号文件通知院属各单位遵照执行。

七 中国社会科学院关于加强学风建设的决定

（2002年9月10日院党组会议通过）

当前，学风问题已成为学术界乃至社会各界普遍关注的重要问题。为进一步加强我院学风建设，保证科研工作的健康发展，促进出精品、出人才，特作出如下决定。

（一）加强学风建设的重要性和紧迫性

学风问题，是人们世界观、人生观、价值观的反映，是学者治学精神、治学态度和治学方法的集中体现。它贯穿于学术研究的全过程，是关系到哲学社会科学繁荣发展的根本性问题，必须给予高度重视。

我国已进入全面建设小康社会、加快推进社会主义现代化的新的发展阶段，哲学社会科学工作者肩负着历史重任。中国社会科学院作为中央直接领导的国家哲学社会科学研究机构，必须高度重视学风建设，认真落实江泽民总书记的要求，始终坚持以马克思主义为指导，坚持正确的政治方向、理论方向和科研方向，坚持“严谨而不保守，活跃而不轻浮，锐意创新而不哗众取宠，追求真理而不追逐名利”的优良学风，不断用优秀的科研成果，为繁荣和发展哲学社会科学事业作出贡献，为改革开放和社会主义现代化建设事业服务。

建院以来，我院广大科研人员坚持解放思想、实事求是、一切从实际出发、理论联系实际的思想路线，突破各种教条主义和形而上学的束缚，面向改革开放和现代化建设主战场，勇于探索和科学回答建设有中国特色社会主义实践中提出的各个方面的重大问题；老一辈学者严谨治学的优良传统在新时期得以继承和发扬光大；在发展社会主义市场经济的新形势下，广大学者表现出强烈的社会责任感和历史使命感，自觉抵制不良诱惑，潜心钻研，淡泊名利；我院在课题管理、成果评价、人才培养等方面的制度建设，也为学风建设提供了保证。这些都反映了我院学风状况的主流。

但是，也要清醒地看到，当前我院学风方面也存在着一些有待解决的问题，主要有：浮躁情绪滋长，急功近利现象并不鲜见；创新意识不强、低水平重复情况较为突出；追求成果数量忽视质量的状况尚未改变；理论脱离实际、教条主义倾向依然存在；积极健康的学术批评氛围尚未完全形成；个别人存在侵犯他人知识产权的问题，等等。这些问题如不引起高度重视，听之任之，就会严重影响我院的学术水平和长远发展，就不可能担负起党和人民的重托。

学风建设既是一项长期而艰巨的任务，又是一项现实而紧迫的工作。当前，加强我院学风建设，一要倡导学者自觉提高道德修养，加强学术道德自律；二要建立健全相关的管理制度，为学风建设提供制度保障。

（二）加强学术道德自律的基本准则

加强学术道德自律，就是要求我院学者从自身做起，不断加强学术道德修养，坚决杜绝学术活动中的不当和失范行为，并以更高标准严于律己，在学风建设方面作出贡献。

1. 提倡理论联系实际的作风，反对闭门造车、生搬硬套。

理论联系实际是我党一贯强调的思想路线和优良作风，也是哲学社会科学研究的基本要求。我院学者应当努力学习、善于运用马克思主义的立场、观点和方法，着力研究解决中国改革开放和社会主义现代化建设中的重大理论和实践问题。当前理论与实际相脱离的情形仍然不同程度地存在着。有两种倾向应特别注意：一是脱离实际，闭门造车；二是生搬硬套，教条主义。闭门造车者以想象代替调查研究，凭空演绎理论；教条主义者或是思想僵化，照搬照抄马克思主义词句，或是热衷于追时髦，食洋不化，生吞活剥西方的理论。这两种不正确的态度不但不能解决我国的实际问题，而且会妨碍学术事业的发展。我院学者应该在重视学习和研究基础理论的同时，深入实际，了解国情，推出具有鲜明中国特色和强烈时代感的理论成果。

2. 提倡为科学献身的精神，反对沽名钓誉、追逐功利。

发现真理、阐明真理、传播真理、捍卫真理是学者的使命。探索真理的道路曲折而漫长，学者必须耐得住艰辛和寂寞，矢志不渝地坚持以自己的学术成果为建设有中国特色社会主义服务，为中国最广大人民的根本利益服务。学者还应以自己的言传身教来匡正、引导和提升社会风气，不应为浮躁的社会风气所动，随波逐流。我院学者必须正确对待学术活动中的名与利，正确处理自我价值和社会价值的关系，以推进学术进步为己任，以国家、民族的振兴为己任，献身于追求真理的崇高事业。

3. 提倡严谨求实的治学态度，反对粗疏浮躁、弄虚作假。

学术研究的过程就是透过纷繁复杂的现象探求事物的本质，达到对事物全面、系统的认识。粗疏浮躁、浅尝辄止往往使人被表面现象所迷惑，不能穷根究底，获得真知灼见。弄虚作假、投机取巧、包装炒作的行为根本背离了科学研究的宗旨，是对科学精神的亵渎和践踏。我院学者应该勤奋好学，博观约取，以甘坐冷板凳、十年磨一剑的精神，潜心钻研，拿出经得起推敲、经得起历史和实践检验的优秀作品。

4. 提倡开拓创新的进取精神，反对因循守旧、固步自封。

创新是学术研究的生命，科学进步的过程就是不断创新的过程。学术研究不能原地踏步或重复他人，低水平重复研究的结果只会造成科研资源的浪费，败坏学术风气。学者应坚持独立的学术品格和自由探索的精神，勇于突破陈规，与时俱进，提出新的学术思想和见解，推动学术繁荣和社会进步。当前，面对亟待深入的基础理论研究，面对改革开放中提出的各种实际问题，面对我国加入世界贸易组织的新挑战，我院学者应该以饱满的热情积极回应时代的要求，研究新问题，提出新观点，探索新思路，开辟新领域，进入新境界。

5. 提倡尊重他人研究成果和权益，反对抄袭剽窃、不实挂名。

学习、借鉴、吸收他人的成果是学术创新的前提。充分关注、尊重他人的劳动成果是学术研究的基本规范，也是学者必须遵守的基本道德准则。抄袭、剽窃不仅有悖学术道德，而且为法律所不容。我院学者要进一步树立知识产权意识，坚决杜绝任何抄袭、剽窃行为。当前，还要警惕在学术界一定范围内流行的到处挂名、滥设学术虚衔的不良风气的影响。

6. 提倡朴实凝练的文风，反对故弄玄虚、言之无物。

文风是学风的外在表现。良好的文风是学者不可缺少的修养。当前，一些学风不正的现象在文风上也有所表现：有的装腔作势，故弄玄虚；有的艰深晦涩，空洞无物；有的套话连篇，拖沓冗长；有的论题空泛，大而无当，等等。这些不良的文风，严重损害学术成果的质量。

我院学者著书立说要深思熟虑、反复推敲；谋篇行文应逻辑严密、朴实凝练，把思想深刻、语言准确、风格多样的优秀作品奉献给社会。

7. 提倡积极健康的学术评论，反对阿谀吹捧、恶语相向。

学术评论、学术争鸣是学术发展的重要环节。学术批评的目的是为了匡正谬误、拓宽思路、深化认识、繁荣学术。要坚持贯彻“百花齐放、百家争鸣”的方针，提倡学术争论，鼓励形成各种学派。我院学者应该高度重视学术评论，自觉地把它作为自己学术工作的重要内容。

对优秀的学术成果，要大力推荐；对粗制滥造、假冒伪劣之作应进行有力的批评和揭露；对平庸之作，不作恭维吹捧。让学术在批评中推进，让学风在批评中净化。在进行学术批评时，应该采取与人为善的态度，不应执其一端不计其余，不使用尖酸刻薄的言辞。要严于律己，虚怀若谷，宽容地对待各种批评意见，警惕和反对学阀、学霸作风，努力创造学术讨论的良好氛围，推动学术发展。

我院学者在参与院内各种推荐、评审、鉴定、答辩、评奖等活动时，还必须恪尽职守，不徇私情，实事求是，维护学术评价的客观公正。

8. 提倡团结协作，反对门户之风、文人相轻。

当今，学术发展已经进入跨学科、综合化研究的新阶段。学术研究既需要学者的独立探索，又需要学科内部和学科之间的紧密合作。非学术的门户之见以及文人相轻、拉帮结派、相互拆台只会制造学者之间的隔阂，妨害学术交流和协作，阻碍学术事业的健康发展。我院学者应该互相尊重、互相切磋、互相学习、互相帮助，形成一种民主、宽松、融洽的学术氛围，使每个人都能最大限度地发挥自己的聪明才智。

（三）加强学风建设的制度保障

加强学风建设，在倡导学者自律的同时，也要重视制度建设。我院要从加强学风建设的需要出发，进一步建立健全各项管理制度。

1. 高度重视学术规范建设。

建立统一、完善的学术规范是保证学术研究事业健康发展的重要手段，也是防止学术不当和失范行为滋生蔓延的有力措施。我院要探索建立符合哲学社会科学发展规律和各学科治学特点的学术规范。要组织专门力量，在借鉴国内外相关经验的基础上，尽快编制哲学社会科学研究成果的写作、审阅、编辑和出版的规范手册，供广大研究人员参阅。

2. 进一步完善学术评价机制。

院所科研、人事管理部门应继续积极探索科学的学术评价标准，建立健全学术成果质量评价指标体系。同时，要研究建立评审专家数据库，在学术评价活动中逐步推行同行专家的匿名评审制度。为体现评审工作的严肃、公正，强化评审专家的责任心，在评审工作结束后在一定范围内适当公布评审专家名单和评审意见。

3. 继续坚持并完善期刊和出版物的专家审读制度。

我院已经建立的期刊及出版物专家审读制度，在提高刊物的学术水平、加强编辑队伍建设和改进编校质量方面发挥了重要作用，今后要继续坚持并不断完善这一制度。要充实专家审读意见的通报内容，扩大专家审读意见的发送范围，使专家审读制度在进一步加强我院的编辑出版工作，开展严肃认真的学术批评，倡导优良的学风方面发挥更大的作用。

4. 建立健全学风问题的检查监督机制。

我院要高度重视学风的检查监督工作，逐步建立一套规范、完善、透明的学风检查监督机制。建立学术评论网站，推动学术争鸣，增强学术活动监督的群众性和公开性。研究所要将学风问题作为年度科研业绩考核的重要内容。院所学术委员会要进一步完善职能，高度关注和认真研究学风问题，受理对不当和失范的学术行为的投诉，并组织调查，公示调查结果，行政部门视情节轻重，作出相应的处罚。纪检监察部门要加强对学风问题的检查监督工作。

5. 继续实施“精品战略”。

我院要在广大科研人员中进一步树立学术精品意识，提倡求实创新的治学精神。同时，要加强对各类重点课题的管理。对已立项的重点课题，加大检查监督力度，及时协调解决研究中遇到的困难和问题。对拟立项的课题，要加强选题论证，在一段时间内，严格控制课题立项数量。要防止和限制一人同时主持或参与多项课题，以保证集中精力完成科研任务。继续实行在考核、晋级中重视“代表作”的做法。此外，还要尊重研究人员根据个人的学术兴趣和科研专长，进行自由探索，潜心研究，努力完成计划课题之外的优秀作品。

6. 切实加强研究生院管理工作，提高研究生的培养质量。

研究生的培养质量关系到我院的学术地位和学术声誉，院系两级要密切配合，采取切实有效措施，不断提高研究生院的办学水平。要严格执行研究生的招生政策，确保研究生的招生质量；要真正贯彻“学行并重，德业双修”的办学方针，加强研究生院的教学和管理工作，不断提高研究生的思想道德水平和学术研究能力；要切实提高学位论文的水平，严格执行国家关于研究生的学位授予制度，确保所授学位质量。

学风建设是一项系统工程，需要学界内外、院所各级部门和领导积极参与，密切配合，综合治理。科研、人事、后勤等部门要从加强学风建设、培养优秀人才的角度出发，深化各项制度的改革，建立和完善各种竞争激励机制。学风建设的关键在研究所。各所应当根据自己的实际状况，有针对性地开展工作，把学风建设落到实处，为创办一流水平的研究所提供可靠的基础和保证。优良学风的培养和形成是一个长期的过程，我院各级党组织要高度重视学风建设，将学风问题作为开展思想政治工作的一项重要内容，常抓不懈。各级领导也要以身作则，率先垂范，与全院学者共同营造有利于学术发展的良好环境。

在贯彻执行本《决定》过程中，各研究所应结合自身学科特点，制定具体的学术规范和实施办法。

注：此决定于 2002 年 9 月 10 日以（2002）社科研字 25 号文件通知院属各单位遵照执行。

第　九　编

统计资料

一　2002 年中国社会科学院各类人员情况统计

项目 人数 单位	合计	专业人员						行政人员	工人
		小计	正高	副高	中级	初级	未定		
总　　计	3777	3004	619	902	851	338	294	469	304
经济研究所	147	123	30	45	32	9	7	11	13
工业经济研究所	94	85	11	30	28	9	7	9	0
农村发展研究所	91	82	14	32	26	7	3	8	1
财政与贸易经济研究所	73	70	15	19	20	7	9	3	0
数量经济与技术经济研究所	83	73	21	21	21	4	6	5	5
人口与劳动经济研究所	43	38	7	9	14	3	5	5	0
城市发展与环境研究中心	20	18	2	3	7	2	4	2	0
考古研究所	157	132	23	44	44	14	7	14	11
历史研究所	134	125	35	42	27	9	12	7	2
近代史研究所	133	111	29	40	25	11	6	4	18
世界历史研究所	89	82	19	31	18	6	8	5	2
中国边疆史地研究中心	19	17	4	6	5	0	2	2	0
文学研究所	135	119	38	33	41	2	5	9	7
民族文学研究所	43	36	9	12	11	0	4	6	1
外国文学研究所	79	73	19	26	10	12	6	5	1
语言研究所	90	79	19	22	26	6	6	6	5
哲学研究所	141	127	41	41	28	2	15	7	7
马克思列宁主义毛泽东思想研究所	53	49	6	13	14	10	6	3	1

续表

人数 项目 单位	合计	专业人员						行政人员	工人
		小计	正高	副高	中级	初级	未定		
世界宗教研究所	88	80	20	24	23	5	8	8	0
法学研究所	117	110	26	35	23	9	17	3	4
政治学研究所	34	31	7	6	10	4	4	2	1
社会学研究所	81	76	18	30	17	2	9	4	1
民族学与人类学研究所	155	139	30	40	47	13	9	12	4
新闻与传播研究所	43	39	6	14	8	6	5	3	1
世界经济与政治研究所	106	94	23	33	22	8	8	8	4
俄罗斯东欧中亚研究所	99	84	18	29	11	16	10	3	12
欧洲研究所	51	46	12	10	13	6	5	3	2
西亚非洲研究所	58	51	9	17	10	12	3	7	0
拉丁美洲研究所	58	50	8	18	11	7	6	7	1
亚洲太平洋研究所	46	43	7	16	10	3	7	2	1
美国研究所	58	54	9	9	28	6	2	2	2
日本研究所	39	34	7	12	11	2	2	4	1
研究生院	130	83	11	15	29	16	12	22	25
中国社会科学院图书馆(文献信息中心)	137	121	11	38	46	14	12	11	5
中国社会科学出版社	88	56	8	11	20	17	0	12	20
中国社会科学杂志社	46	40	8	11	9	5	7	3	3
社会科学文献出版社	29	24	3	5	7	7	2	4	1
计算机网络中心	16	14	1	3	1	1	8	2	0
服务中心	216	40	0	2	13	25	0	50	126
郭沫若纪念馆	22	12	1	3	6	1	1	9	1
中国人文科学发展公司	22	15	0	5	7	3	0	6	1

续表

项目 / 人数 / 单位	合计	专业人员						行政人员	工人
		小计	正高	副高	中级	初级	未定		
中国经济技术研究咨询公司	2	1	0	0	0	0	1	0	1
办公厅	58	24	1	4	10	4	5	34	0
科研局	39	33	7	11	6	3	6	6	0
人事教育局	31	15	1	1	8	4	1	16	0
外事局	44	36	4	9	18	5	0	6	2
财务基建计划局	31	21	0	1	12	7	1	10	0
保卫局	21	1	0	0	1	0	0	20	0
老干部工作局	19	4	0	0	2	2	0	15	0
院党组办公室	28	14	3	4	1	2	4	14	0
纪检组、监察室	18	4	0	3	0	0	1	14	0
院领导	19	13	11	2	0	0	0	6	0
当代中国研究所	75	42	4	8	10	5	15	25	8
中国地方志指导小组办公室	25	19	2	4	3	5	5	4	2
待分配	4	2	1	0	1	0	0	1	1
1. 研究单位	2657	2370	542	762	641	212	213	179	108
2. 院直属单位	708	406	43	93	138	89	43	119	183
3. 院直机关	312	167	28	35	59	27	18	142	3
4. 女职工	1473	1229	116	328	439	211	135	161	83

二　2002 年中国社会科学院各单位人员年龄结构

项目 人数 单位	合计	年龄结构									
		25岁及以下	26～30岁	31～35岁	36～40岁	41～45岁	46～50岁	51～55岁	56～60岁	女	60岁以上
总　　计	3777	95	272	412	680	579	826	471	290	74	152
经济研究所	147	2	4	16	27	18	43	24	6	1	7
工业经济研究所	94	0	5	11	18	17	22	11	8	3	2
农村发展研究所	91	2	0	8	31	17	19	8	4	1	2
财政与贸易经济研究所	73	0	9	10	10	12	18	4	6	3	4
数量经济与技术经济研究所	83	0	2	11	23	13	11	8	10	1	5
人口与劳动经济研究所	43	0	3	5	12	8	7	2	5	3	1
城市发展与环境研究中心	20	0	4	4	5	2	1	2	1	0	1
考古研究所	157	1	23	23	28	25	21	22	7	2	7
历史研究所	134	2	9	20	26	21	13	19	14	2	10
近代史研究所	133	1	12	11	29	19	23	26	3	1	9
世界历史研究所	89	1	11	12	12	6	17	13	10	3	7
中国边疆史地研究中心	19	0	1	0	7	2	5	3	0	0	1
文学研究所	135	2	5	10	15	26	35	17	16	3	9
民族文学研究所	43	1	2	2	7	10	7	4	5	2	5
外国文学研究所	79	0	10	8	14	13	17	9	6	2	2
语言研究所	90	1	8	13	15	13	20	7	7	1	6
哲学研究所	141	1	8	11	26	15	37	13	24	2	6

续表

项目 人数 单位	专业人员总数	年龄结构									
		25岁及以下	26~30岁	31~35岁	36~40岁	41~45岁	46~50岁	51~55岁	56~60岁	女	60岁以上
马克思列宁主义毛泽东思想研究所	53	2	10	8	3	4	12	8	4	1	2
世界宗教研究所	88	5	4	6	14	12	17	15	12	4	3
法学研究所	117	4	10	16	26	15	23	7	9	3	7
政治学研究所	34	0	2	8	7	4	8	2	2	0	1
社会学研究所	81	1	5	4	19	9	20	10	9	1	4
民族学与人类学研究所	155	3	14	23	38	15	36	15	6	2	5
新闻与传播研究所	43	4	2	5	6	7	9	4	5	1	1
世界经济与政治研究所	106	1	9	12	19	17	20	20	6	1	2
俄罗斯东欧中亚研究所	99	2	7	11	15	17	23	5	10	5	9
欧洲研究所	51	3	7	6	9	8	10	3	3	1	2
西亚非洲研究所	58	1	10	3	17	8	10	5	2	0	2
拉丁美洲研究所	58	2	10	5	6	3	15	6	6	3	5
亚洲太平洋研究所	46	3	2	8	9	3	6	5	10	4	0
美国研究所	58	1	7	12	14	6	8	6	2	0	2
日本研究所	39	0	1	3	3	12	11	5	4	1	0
研究生院	130	2	9	9	17	24	40	17	11	1	1
中国社会科学院图书馆(文献信息中心)	137	13	7	7	24	22	39	12	11	6	2
中国社会科学出版社	88	2	3	13	15	14	25	12	4	0	0
中国社会科学杂志社	46	3	2	2	9	7	12	7	4	1	0
社会科学文献出版社	29	3	1	2	5	7	11	0	0	0	0
计算机网络中心	16	6	3	1	0	1	3	0	1	0	1
服务中心	216	0	1	12	29	63	65	40	6	0	0
郭沫若纪念馆	22	0	0	0	1	5	10	4	2	1	0

续表

项目 人数 单位	专业人员总数	年龄结构 25岁及以下	26~30岁	31~35岁	36~40岁	41~45岁	46~50岁	51~55岁	56~60岁	女	60岁以上
中国人文科学发展公司	22	0	0	2	0	5	8	5	2	0	0
中国经济技术研究咨询公司	2	0	0	0	0	1	1	0	0	0	0
办公厅	58	7	5	5	9	9	14	7	2	0	0
科研局	39	1	4	7	7	5	4	8	1	0	2
人事教育局	31	1	3	6	7	5	5	4	0	0	0
外事局	44	0	4	8	10	5	13	1	3	1	0
财务基建计划局	31	1	0	4	6	8	4	7	1	0	0
保卫局	21	0	0	0	5	3	3	7	2	0	1
老干部工作局	19	0	0	1	1	1	7	8	1	0	0
院党组办公室	28	3	2	5	4	4	4	3	2	1	1
纪检组、监察室	18	1	0	2	0	3	2	5	5	3	0
院领导	19	0	0	0	0	0	0	2	5	1	12
待分配	4	0	0	1	0	0	1	2	0	0	0
当代中国研究所	75	2	10	15	16	10	8	8	4	2	2
中国地方志指导小组办公室	25	4	2	5	5	0	3	4	1	0	1
1. 研究单位	2657	46	216	305	510	377	544	308	222	57	129
2. 院直属单位	708	29	26	48	100	149	214	97	41	9	4
3. 院直机关	312	14	18	39	49	43	57	54	22	6	16
4. 女职工	1478	45	138	213	260	232	341	160	74	74	15

三 2002 年中国社会科学院各类专业人员学历结构

项目	专业人员总数	学历结构							
		研究生	博士	硕士	大学	大专	中专	高中	初中以下
总计	3004	1550	602	877	895	410	41	82	26
其中:正高级	619	388	154	190	225	4	0	2	0
副高级	902	517	210	291	330	49	2	2	2
中级	851	330	112	211	216	266	14	20	5
初级	338	89	0	88	61	86	25	58	19
未定级	294	226	126	97	63	5	0	0	0
1. 研究人员	1967	1366	576	735	534	60	1	3	3
其中:研究员	527	353	147	165	172	2	0	0	0
副研究员	635	441	200	233	178	14	1	0	1
助理研究员	414	275	107	166	101	35	0	2	1
研究实习员	110	78	0	77	32	6	0	1	1
研究未定职	272	218	122	94	51	3	0	0	0
2. 编辑人员	392	135	13	101	144	94	3	13	3
其中:编审	72	28	6	19	40	2	0	2	0
副编审	141	61	5	49	62	17	0	0	1
编辑	137	35	1	26	35	62	0	4	1
助理编辑	36	7	0	4	5	13	3	7	1
编辑未定职	7	5	1	3	2	0	0	0	0
3. 翻译人员	57	7	0	7	44	5	0	0	1
其中:译审	6	1	0	1	5	0	0	0	0
副译审	23	1	0	1	21	1	0	0	0
翻译	20	5	0	5	11	3	0	0	1
助理翻译	5	0	0	0	4	1	0	0	0
翻译未定职	3	0	0	0	3	0	0	0	0
4. 教学人员	57	26	10	16	21	6	2	2	0
其中:教授	12	6	1	5	6	0	0	0	0
副教授	16	7	6	1	9	0	0	0	0
讲师	19	9	2	7	3	5	2	0	0

续表

项　　目	专业人员总数	学　历　结　构							
		研究生	博士	硕士	大学	大专	中专	高中	初中以下
助教	8	2	0	2	3	1	0	2	0
教学未定职	2	2	1	1	0	0	0	0	0
5. 工程技术人员	32	2	0	2	9	12	4	3	2
其中:高级工程师	1	0	0	0	1	0	0	0	0
工程师	19	2	0	2	5	10	2	0	0
助理工程师	11	0	0	0	2	2	2	3	2
工程未定职	1	0	0	0	1	0	0	0	0
6. 图书、文博	350	11	3	6	126	164	10	34	5
其中:研究馆员	2	0	0	0	2	0	0	0	0
副研究馆员	78	7	2	4	55	15	0	1	0
馆员	199	3	1	1	53	125	5	11	2
助理馆员、管理员	63	1	0	1	10	22	5	22	3
图书未定职	8	0		0	6	2	0	0	0
7. 会计人员	106	1	0	1	5	54	15	24	7
其中:高级会计师	4	0	0	0	1	1	1	1	0
会计师	26	0	0	0	2	19	2	3	0
助理会计师	76	1	0	1	2	34	12	20	7
会计未定职	0	0	0	0	0	0	0	0	0
8. 经济人员	29	2	0	2	8	11	3	1	4
其中:高级经济师	4	1	0	1	3	0	0	0	0
经济师	9	0	0	0	3	6	0	0	0
助理经济师	15	0	0	0	2	5	3	1	4
经济未定职	1	1	0	1	0	0	0	0	0
9. 统计人员	2	0	0	0	1	1	0	0	0
其中:高级统计师	0	0	0	0	0	0	0	0	0
统计师	1	0	0	0	1	0	0	0	0
助理统计师	1	0	0	0	0	1	0	0	0
统计未定职	0	0	0	0	0	0	0	0	0
10. 卫生技术人员	12	0	0	0	3	3	3	2	1
其中:主任医师	0	0	0	0	0	0	0	0	0
副主任医师	0	0	0	0	0	0	0	0	0
主治医师	7	0	0	0	2	2	3	0	0
医师、医士	5	0	0	0	1	1	0	2	1
卫生未定职	0	0	0	0	0	0	0	0	0
其中:女	1478	498	170	321	401	341	50	141	47

四 2002年中国社会科学院科学事业经费预决算情况

单位:万元

单 位	预算数	支出合计数					决算为预算的百分比
		总计	人员支出	日常公用支出	对个人和家庭补助支出	固定资产购建和大修理支出	
经济研究所	968.87	1046.30	399.86	270.14	369.41	6.89	107.99
工业经济研究所	585.51	636.73	304.12	158.76	165.15	8.69	108.75
农村发展研究所	506.94	356.01	157.06	71.28	114.80	12.88	70.23
财政与贸易经济研究所	502.35	476.52	180.07	136.71	154.04	25.50	94.86
数量经济与技术经济研究所	447.74	443.15	195.09	136.71	72.12	39.23	98.97
人口与劳动经济研究所	262.56	212.01	78.42	64.20	30.07	39.32	80.75
城市发展与环境研究中心	83.52	65.94	39.18	21.45	5.27	0.05	78.96
考古研究所	1235.75	1109.48	291.20	441.94	321.13	55.20	89.78
历史研究所	826.85	792.74	294.01	155.12	323.31	20.31	95.87
近代史研究所	1310.59	1391.89	360.96	625.38	329.87	75.68	106.20
世界历史研究所	562.76	515.86	161.40	115.29	219.07	20.10	91.67
文学研究所	897.51	839.86	318.46	144.01	352.81	24.57	93.58
民族文学研究所	517.01	304.59	101.89	121.89	59.08	21.72	58.91
外国文学研究所	621.01	561.81	181.70	95.36	230.14	54.60	90.47
语言研究所	565.29	495.29	167.23	131.50	190.66	5.90	87.62
马列主义毛泽东思想研究所	302.83	259.80	103.28	55.61	84.93	15.98	85.79
哲学研究所	983.70	947.92	338.45	250.76	345.09	13.62	96.36

续表

单位	预算数	支出合计数					
		总计	人员支出	日常公用支出	对个人和家庭补助支出	固定资产购建和大修理支出	决算为预算的百分比
世界宗教研究所	575.36	453.36	200.25	118.15	121.69	13.27	78.80
法学研究所	747.14	675.86	261.84	134.26	219.82	59.95	90.46
政治学研究所	241.10	216.21	70.04	93.02	49.66	3.49	89.68
民族学与人类学研究所	1134.70	942.47	291.09	248.70	387.97	14.71	83.06
社会学研究所	508.48	396.43	162.76	105.28	100.33	28.01	77.96
新闻与传播研究所	258.71	320.07	81.43	124.69	78.55	35.40	123.72
世界经济与政治研究所	779.09	622.29	220.42	105.28	250.40	46.19	79.87
俄罗斯东欧中亚研究所	1007.93	673.24	201.60	197.78	247.95	25.91	66.79
欧洲研究所	263.80	193.61	98.58	51.92	38.19	4.91	73.39
西亚非洲研究所	381.22	288.29	118.57	64.46	98.51	6.75	75.62
拉丁美洲研究所	382.38	337.00	112.62	76.49	135.09	12.80	88.13
亚洲太平洋研究所	357.01	294.18	97.55	66.55	99.68	30.39	82.40
美国研究所	284.36	228.36	95.73	63.66	64.12	4.85	80.30
日本研究所	246.19	268.95	86.69	60.17	70.81	51.28	109.24
研究生院	1290.98	2814.27	643.90	1273.03	408.13	489.21	217.99
中国社会科学院图书馆(文献信息中心)	830.26	836.84	253.54	182.67	284.45	116.18	100.79
图书馆(设备购置)	1534.40	1363.57	0.00	278.76	0.00	1084.82	88.87
中国社会科学出版社	221.46	221.46	0.00	0.00	221.46	0.00	100.00
中国社会科学杂志社	383.84	404.66	148.83	80.86	147.95	27.02	105.43
科研局	702.75	712.75	0.00	712.75	0.00	0.00	101.42
服务局	1358.49	3080.84	965.52	1290.37	27.63	797.33	226.78
保卫局	4.74	4.74	0.00	4.74	0.00	0.00	100.06

续表

单　　位	预算数	支出合计数					
		总计	人员支出	日常公用支出	对个人和家庭补助支出	固定资产购建和大修理支出	决算为预算的百分比
郭沫若纪念馆	131.12	163.87	81.30	61.58	19.34	1.66	124.98
财务基建计划局	9839.19	10109.66	1110.87	7650.09	850.16	498.53	102.75
中国地方志指导小组办公室	250.00	228.47	39.02	132.82	12.43	44.20	91.39
当代中国研究所	1379.70	1297.88	198.05	776.65	57.65	265.52	94.07
综合会计室	518.28	812.85	0.00	776.16	0.00	36.68	156.84
总　　计	36793.47	38418.07	9212.60	17707.25	7358.92	4139.30	104.42

五 2002年中国社会科学院职工工资总额

单位:万元

单位名称	在职职工	临时工	工资总额	年人均
经济研究所	147	9	492.2	3.2
工业经济研究所	92	8	291	2.9
农村发展研究所	99	3	198	1.9
财政与贸易经济研究所	70	3	177.2	2.4
数量经济与技术经济研究所	84	2	225.4	2.6
人口与劳动经济研究所	43	—	93.7	2.2
城市发展与环境研究中心	19	—	38.4	2.0
考古研究所	153	12	335.8	2.0
历史研究所	130	3	328.2	2.5
近代史研究所	154	—	267.5	1.7
世界历史研究所	79	4	158.8	1.9
文学研究所	133	6	335.8	2.4
民族文学研究所	42	—	95.4	2.3
外国文学研究所	81	2	164.3	2.0
语言研究所	88	—	165.7	1.9
哲学研究所	142	4	310	2.1
马克思列宁主义毛泽东思想研究所	53	—	108.9	2.1
世界宗教研究所	84	3	213.9	2.5
法学研究所	116	9	316	2.5

续表

单位名称	在职职工	临时工	工资总额	年人均
政治学研究所	33	2	85.3	—
民族学与人类学研究所	154	7	396.9	2.5
社会学研究所	79	—	202.8	2.6
新闻与传播研究所	43	—	94.6	2.2
世界经济与政治研究所	108	5	258.9	2.3
俄罗斯东欧中亚研究所	94	10	208.3	2.0
欧洲研究所	51	2	122.8	2.3
西亚非洲研究所	58	—	151.8	2.6
拉丁美洲研究所	51	—	114.5	2.2
亚洲太平洋研究所	46	2	125	2.6
美国研究所	54	—	140.7	2.6
日本研究所	37	1	91.4	2.4
研究生院	132	57	636.8	3.4
中国社会科学院图书馆(文献信息中心)	137	—	300.9	2.2
中国社会科学出版社	100	—	242.6	2.4
中国社会科学杂志社	47	2	137.2	2.8
社会科学文献出版社	33	54	143.7	1.7
服务中心	215	527	871.6	1.2
郭沫若纪念馆	22	10	63.3	2.0
院直机关	352	13	875.3	2.4
中国地方志指导小组办公室	25	—	32.7	1.3
当代中国研究所	79	—	199	2.5
合　计	3759	760	9812.3	2.2

六　2002 年中国社会科学院邀请来访人员统计(一)

单位:人次

外事局 / 交流学科	总计		国际处		联络处		美大处		欧洲处		亚非处	
	批数	人数	批数	人数	批数	人数	批数	人数	批数	人数	批数	人数
法　学	20	53	6	25	0	0	1	2	5	15	8	11
国际问题	47	223	7	55	1	3	11	39	8	14	20	112
经济学	66	173	17	80	0	0	15	23	17	28	17	42
民族学	6	8	0	0	0	0	0	0	3	3	3	5
社会学	16	42	2	21	2	4	4	4	3	3	5	10
史　学	36	132	3	51	1	20	3	20	14	18	15	23
图书资料	1	3	0	0	0	0	0	0	0	0	1	3
文　学	25	40	8	16	0	0	2	2	7	7	8	15
语言学	15	22	5	5	0	0	3	9	5	6	2	2
哲　学	21	149	3	88	1	17	1	1	9	36	7	7
政治学	8	24	0	0	0	0	5	14	2	3	1	7
宗教学	16	108	3	36	1	36	1	10	6	12	5	14
综　合	5	32	0	0	0	0	1	20	3	7	1	5
其　他	34	119	9	35	3	9	11	34	8	22	3	19
总　计	316	1128	63	412	9	89	58	178	90	174	96	275

2002 年中国社会科学院邀请来访人员统计(二)

单位:人次

交流方式 \ 外事局	总计		国际处		联络处		美大处		欧洲处		亚非处	
	批数	人数	批数	人数	批数	人数	批数	人数	批数	人数	批数	人数
学术访问	161	268	1	4	1	20	31	52	63	96	65	96
工作访问	23	68	0	0	5	13	8	20	6	18	4	17
国际会议	42	521	22	340	0	0	5	63	6	29	9	89
双边会议	17	122	0	0	3	56	4	21	4	9	6	36
合作研究	20	49	0	0	0	0	6	16	7	9	7	24
讲学	6	15	0	0	0	0	2	2	3	12	1	1
进修	27	54	24	51	0	0	0	0	1	1	2	2
其他	20	31	16	17	0	0	2	4	0	0	2	10
总计	316	1128	63	412	9	89	58	178	90	174	96	275

七　2002年中国社会科学院派遣出访人员统计(一)

单位:人次

外事局 交流学科	总计		国际处		联络处		美大处		欧洲处		亚非处	
	批数	人数	批数	人数	批数	人数	批数	人数	批数	人数	批数	人数
法学	90	153	3	3	14	14	6	6	40	89	27	41
国际问题	135	178	6	6	11	17	22	30	35	54	61	71
经济学	169	269	10	14	28	50	25	28	42	79	64	98
民族学	14	28	0	0	3	8	1	1	2	3	8	16
社会学	59	96	6	12	25	31	6	10	3	17	19	26
史学	111	176	1	1	38	58	13	33	19	34	40	50
图书资料	5	8	0	0	1	1	0	0	4	7	0	0
文学	53	68	4	4	10	10	5	5	9	12	25	37
新闻出版	14	60	0	0	3	5	2	3	5	24	4	28
语言学	41	47	0	0	28	32	4	4	6	8	3	3
哲学	49	77	1	1	17	30	7	10	9	10	15	26
政治学	9	12	0	0	5	7	3	4	0	0	1	1
宗教学	26	60	0	0	10	15	4	20	7	8	5	17
综合	18	57	1	1	6	31	1	1	7	15	3	9
其他	57	166	3	3	19	43	8	19	16	85	11	16
合计	850	1455	35	45	218	352	107	174	204	445	286	439

2002年中国社会科学院派遣出访人员统计(二)

单位:人次

外事局 / 交流方式	总计		国际处		联络处		美大处		欧洲处		亚非处	
	批数	人数	批数	人数	批数	人数	批数	人数	批数	人数	批数	人数
学术访问	324	536	2	6	80	115	33	41	95	167	114	207
工作访问	48	110	0	0	3	6	6	17	10	51	29	36
国际会议	234	322	26	32	22	30	41	68	47	73	98	119
双边会议	116	244	0	0	83	169	7	8	10	36	16	31
合作研究	22	35	0	0	1	1	2	5	16	17	3	12
讲　学	34	36	0	0	17	17	4	4	5	5	8	10
进　修	34	57	6	6	2	2	8	8	7	28	11	13
其　他	38	115	1	1	10	12	6	23	14	68	7	11
总　计	850	1455	35	45	218	352	107	174	204	445	286	439

八　2002 年中国社会科学院图书馆系统藏书情况

单位名称	合计(万册)	新购图书(册)		新购期刊(种)	
		中文	外文	中文	外文
中国社会科学院图书馆(文献信息中心)	180	13354	3621	1679	976
经济研究所	68	2828	894	410	91
考古研究所	22	1119	91	128	60
历史研究所	65	1321	—	400	60
近代史研究所	32.7095	2180	336	327	62
世界历史研究所	10	183	586	93	51
法学研究所	20.1	2455	254	149	64
民族学与人类学研究所	40	1823	55	240	63
新闻与传播研究所	3.8656	1229	30	150	19
俄罗斯东欧中亚研究所	7	550	800	154	148
西亚非洲研究所	2	267	239	92	108
拉丁美洲研究所	2.2	320	413	174	90
亚洲太平洋研究所	1.09	324	379	128	95
美国研究所	2.65	870	210	72	67
日本研究所	5.5	200	300	30	85
研究生院	22.1	6171	790	1093	152
中国社会科学出版社	2.8862	—	—	—	—
中国社会科学杂志社	5.1245	947	—	38	6
中国边疆史地研究中心	2	182	20	104	7
总　计	494.2258	36323	9018	5461	2204

九 2002 年中国社会科学出版社图书出版情况

门　类	本版图书种数(种)		总印数(万册、万张)	总印张(千印张)	新出图书排版字数(万字)	定价总金额(万元)
	合　计	其中:新出	合　计	合　计		
图书总计	429	390	266.89	36559.69	12019.00	6350.14
使用中国标准书号部分合计	429	390	266.89	36559.69	12019.00	6350.14
马列主义、毛泽东思想						
哲　学	43	40	19.93	2603.10	1148.40	470.72
社会科学总论	28	22	11.08	1606.78	625.20	287.10
政治、法律	55	51	28.26	5847.44	1841.50	869.48
军　事	1	1	0.50	93.86	43.40	16.00
经　济	64	56	35.31	5329.68	1571.00	1063.13
文化、科学、教育、体育	68	58	64.16	8379.40	1604.30	1134.32
语言、文字	24	22	6.55	679.65	533.60	133.40
文　学	86	85	64.62	7681.35	2381.10	1324.64
艺　术	8	8	9.00	579.09	165.90	174.10
历史、地理	40	36	16.17	2635.56	1409.00	562.14
自然科学总论						
数理科学、化学						
天文学、地球科学						
生物科学						
医药、卫生	2	1	3.00	196.38	12.00	51.00
农业科学						
工业技术						
交通运输						
航空、航天						
环境科学	1	1	0.30	35.52	27.00	7.50
综合性图书	9	9	8.01	891.88	656.60	256.61

十 2002年社会科学文献出版社图书出版情况

门类	本版图书种数(种)		总印数(万册、万张)	总印张(千印张)	新出图书排版字数(万字)	定价总金额(万元)
	合计	其中:新出	合计	合计		
图书总计	289	221	153.15	26050.16	11397.12	4909.00
使用中国标准书号部分合计	289	221	153.15	26050.16	11397.12	4909.00
马列主义、毛泽东思想						
哲学	41	30	14.70	2162.94	1276.50	371.50
社会科学总论	1	1	0.60	126.49		19.80
政治、法律	59	37	23.35	3582.69	1126.60	620.76
军事						
经济	115	99	70.90	11155.41	3244.02	1882.64
文化、科学、教育、体育	16	14	20.50	4614.45	1121.70	725.00
文学						
艺术						
历史、地理	57	40	23.10	4408.18	4628.30	1289.30

十一 2002年经济管理出版社图书出版情况

门类	出版图书种数	总印数(万册)	总印张(千印张)	新排字数(万字)	定价总金额(万元)
图书总计	215	131.76	20156.05	6485.00	4596.93
使用“中国标准书号”部分合计	215	131.76	20156.05	6485.00	4596.93
经济	211	128.76	19702.91	6349.50	
其他	4	3.00	453.14	135.5	

十二 2002年中国社会科学院期刊一览表

序号	报刊名	主办单位	刊期	主编	地址	邮编
1	《经济研究》	经济研究所	月刊	刘树成	北京西城区阜外月坛北小街2号	100836
2	《中国经济史研究》	经济研究所	季刊	刘兰兮	北京西城区阜外月坛北小街2号	100836
3	《经济学动态》	经济研究所	月刊	王振中	北京西城区阜外月坛北小街2号	100836
4	《消费者》	经济研究所	月刊	王振中	北京西城区阜外月坛北小街2号	100836
5	《经济管理》	工业经济研究所	半月刊	吕 政	北京西城区阜外月坛北小街2号	100836
6	《中国工业经济》	工业经济研究所	月刊	吕 政	北京西城区阜外月坛北小街2号	100836
7	《中国经营报》	工业经济研究所	周一	金 碚	北京海淀区民族学院南路甲19号	100081
8	《精品购物指南》	工业经济研究所	周二、五	张书新	北京海淀区民族学院南路甲19号	100081
9	《中国农村经济》	农村发展研究所	月刊	张晓山	北京东城区建内大街5号	100732
10	《中国农村观察》	农村发展研究所	双月	张晓山	北京东城区建内大街5号	100732
11	《财贸经济》	财政与贸易经济研究所	月刊	江小涓	北京西城区阜外月坛北小街2号	100836
12	《数量经济技术经济研究》	数量经济与技术经济研究所	月刊	汪同三	北京东城区建内大街5号	100732
13	《中国人口科学》	人口与劳动经济研究所	双月	蔡 昉	北京东城区建内大街5号	100732
14	《中国人口年鉴》	人口与劳动经济研究所	年刊	蔡 昉	北京东城区建内大街5号	100732

续表

序号	报刊名	主办单位	刊期	主编	地址	邮编
15	《哲学研究》	哲学研究所	月刊	陈筠泉	北京东城区建内大街5号	100732
16	《哲学动态》	哲学研究所	月刊	周晓亮	北京东城区建内大街5号	100732
17	《中国哲学年鉴》	哲学研究所	年刊	陈筠泉	北京东城区建内大街5号	100732
18	《世界哲学》	哲学研究所	双月	李　河	北京东城区建内大街5号	100732
19	《中国哲学史》	哲学研究所	季刊	方立天	北京东城区建内大街5号	100732
20	《马克思主义研究》	马列主义毛泽东思想研究所	双月	靳辉明	北京东城区建内大街5号	100732
21	《世界宗教文化》	世界宗教研究所	季刊	黄夏年	北京东城区建内大街5号	100732
22	《世界宗教研究》	世界宗教研究所	季刊	卓新平	北京东城区建内大街5号	100732
23	《科学与无神论》	世界宗教研究所	双刊	杜继文	北京东城区建内大街5号	100732
24	《考古》	考古研究所	月刊	王　巍	北京东城区王府井大街27号	100710
25	《考古学报》	考古研究所	季刊	刘庆柱	北京东城区王府井大街27号	100710
26	《中国史研究》	历史研究所	季刊	辛德勇	北京东城区建内大街5号	100732
27	《中国史研究动态》	历史研究所	月刊	陈高华	北京东城区建内大街5号	100732
28	《近代史研究》	近代史研究所	双月	曾业英	北京东城区王府井大街东厂胡同1号	100006
29	《抗日战争研究》	近代史研究所	季刊	张海鹏	北京东城区王府井大街东厂胡同1号	100006
30	《世界历史》	世界历史所	双月	武　寅	北京东城区王府井大街东厂胡同1号	100006
31	《史学理论研究》	世界历史所	季刊	于　沛	北京东城区王府井大街东厂胡同1号	100006
32	《中国地方志》	中国地方志指导小组办公室	双月	周均美	北京东城区建国门内贡院头条1号	100005

续表

序号	报刊名	主办单位	刊期	主编	地址	邮编
33	《中国地方志年鉴》	中国地方志指导小组办公室	年刊	秦其明	北京东城区建国门内贡院头条1号	100005
34	《中国边疆史地研究》	中国边疆史地研究中心	季刊	李大龙	北京东城区王府井大街东厂胡同1号	100006
35	《文学评论》	文学研究所	双月	钱中文 杨　义	北京东城区建内大街5号	100732
36	《文学遗产》	文学研究所	双月	徐公持	北京东城区建内大街5号	100732
37	《中国文学年鉴》	文学研究所	年刊	杨　义	北京东城区建内大街5号	100732
38	《民族文学研究》	民族文学研究所	季刊	包明德	北京东城区建内大街5号	100732
39	《外国文学评论》	外国文学研究所	季刊	盛　宁	北京东城区建内大街5号	100732
40	《世界文学》	外国文学研究所	月刊	余中先	北京东城区建内大街5号	100732
41	《外国文学动态》	外国文学研究所	月刊	黄宝生	北京东城区建内大街5号	100732
42	《中国语文》	语言研究所	双月	侯精一	北京东城区建内大街5号	100732
43	《当代语言学》	语言研究所	季刊	沈家煊	北京东城区建内大街5号	100732
44	《方言》	语言研究所	季刊	张振兴	北京东城区建内大街5号	100732
45	《政治学研究》	政治学研究所	季刊	王一程	北京东城区沙滩北街115号	100720
46	《法学研究》	法学研究所	双月	梁慧星	北京东城区沙滩北街15号	100720
47	《环球法律评论》	法学研究所	季刊	吴玉章	北京东城区沙滩北街15号	100720
48	《民族语文》	民族研究所	双月	黄　行	北京海淀区白石桥路27号民族大学内6号楼	100081
49	《民族研究》	民族研究所	双月	郝时远	北京海淀区白石桥路27号民族大学内6号楼	100081

续表

序号	报刊名	主办单位	刊期	主编	地　址	邮编
50	《世界民族》	民族研究所	双月	郝时远	北京海淀区白石桥路27号民族大学内6号楼	100081
51	《世界华商经济年鉴》	民族研究所	年刊	郝时远	北京海淀区白石桥路27号民族大学内6号楼	100081
52	《社会学研究》	社会学研究所	双月	景天魁	北京东城区建内大街5号	100732
53	《青年研究》	社会学研究所	月刊	单光鼐	北京东城区建内大街5号	100732
54	《新闻与传播研究》	新闻与传播研究所	季刊	尹韵公	北京朝阳区金台西路2号9号楼	100026
55	《中国新闻年鉴》	新闻与传播研究所	年刊	闫焕书	北京朝阳区金台西路2号9号楼	100026
56	《世界经济》	世界经济与政治研究所	月刊	余永定	北京东城区建内大街5号	100732
57	《世界经济与政治》	世界经济与政治研究所	月刊	王逸舟	北京东城区建内大街5号	100732
58	《世界经济与中国（英文）》	世界经济与政治研究所	双月	余永定	北京东城区建内大街5号	100732
59	《世界经济年鉴》	世界经济与政治研究所	年刊	谈世中	北京东城区建内大街5号	100732
60	《国际经济评论》	世界经济与政治研究所	双月	余永定	北京东城区建内大街5号	100732
61	《美国研究》	美国研究所	季刊	王缉思	北京东城区张自忠路3号东院	100007
62	《商业评论》	美国研究所	月刊	胡国成	北京东城区张自忠路3号东院	100007
63	《俄罗斯中亚东欧研究》	俄罗斯东欧中亚研究所	双月	李静杰	北京东城区张自忠路3号东院	100007
64	《俄罗斯中亚东欧市场》	俄罗斯东欧中亚研究所	月刊	常　玢	北京东城区张自忠路3号东院	100007
65	《日本学刊》	日本研究所	双月	蒋立峰	北京东城区张自忠路3号东院	100007
66	《欧洲研究》	欧洲研究所	双月	周　弘	北京东城区建内大街5号	100732
67	《西亚非洲》	西亚非洲研究所	双月	杨　光	北京东城区张自忠路3号东院	100007

续表

序号	报刊名	主办单位	刊期	主编	地 址	邮编
68	《拉丁美洲研究》	拉丁美洲研究所	双月	李明德	北京东城区张自忠路3号东院	100007
69	《当代亚太》	亚洲太平洋研究所	月刊	张蕴岭	北京东城区张自忠路3号东院	100007
70	《南亚研究》	亚洲太平洋研究所	半年	孙培钧	北京东城区张自忠路3号东院	100007
71	《台湾研究》	台湾研究所	季刊	许世铨	北京海淀区颐和园北坡上村15号	100091
72	《当代中国史研究》	当代中国研究所	双月	张启华	北京西城区地安门西大街旌勇里8号	100009
73	《当代思潮》	当代中国研究所	双月	段若非	北京东城区沙滩北街2号	100727
74	《中国社会科学研究生院学报》	研究生院	双月	邹东涛	北京朝阳区望京中环南路1号	100015
75	《环球市场信息导报》	中国社会科学院图书馆(文献信息中心)	周刊	李惠国	北京东城区建内大街5号	100732
76	《国外社会科学》	中国社会科学院图书馆(文献信息中心)	双月	黄育馥	北京东城区建内大街5号	100732
77	《第欧根尼》	中国社会科学院图书馆(文献信息中心)	半年	肖俊明	北京东城区建内大街5号	100732
78	《程序员》	中国社会科学院图书馆(文献信息中心)	半月	黄长著	北京东城区建内大街5号	100732
79	《当代韩国》	社会科学文献出版社	季刊	汝　信	北京东城区建内大街5号	100732
80	《中国社会科学》	中国社会科学杂志社	双月	秦　毅	北京西城区鼓楼西大街甲158号	100720
81	《历史研究》	中国社会科学杂志社	双月	张亦工	北京西城区鼓楼西大街甲158号	100720
82	《中国社会科学(英文版)》	中国社会科学杂志社	季刊	秦　毅	北京西城区鼓楼西大街甲158号	100720
83	《中国社会科学文摘》	中国社会科学杂志社	双月	秦　毅	北京西城区鼓楼西大街甲158号	100720

续表

序号	报刊名	主办单位	刊期	主编	地　址	邮编
84	《国际社会科学》	中国社会科学杂志社	季刊	李　林	北京西城区鼓楼西大街甲158号	100720
85	《现代文明画报》	办公厅	半月刊	黄晓勇	北京东城区东四7条19号	100007
86	《中国城市年鉴》	办公厅	年刊	厉有为	北京东城区东四南大街演乐胡同116号	100010
87	《中国城市年鉴（英文版）》	办公厅	年刊	厉有为	北京东城区东四南大街演乐胡同116号	100010
88	《领导参阅》	办公厅	旬刊	孙海泉	北京东城区建内大街5号	100732
89	《中国社会科学院院报》	办公厅	周二、四	孙海泉	北京东城区建内大街5号	100732
90	《社会科学管理与评论》	科研局	季刊	黄浩涛	北京东城区建内大街5号	100732
91	《中国城市经济》	城市发展与环境研究中心	月刊	杨重光	北京西城区鼓楼西大街甲158号	100720

十三　2002年中国社会科学院主管学术社团一览表

序号	学会名称	负责人	挂靠单位	成立时间
1	中国社会主义经济规律系统研究会	于祖尧	经济研究所	1984
2	中国经济史学会	经君健	经济研究所	1986.12
3	中国经济思想史学会	朱家桢	经济研究所	1980
4	中国《资本论》研究会	王成稼	经济研究所	1981
5	中国比较经济学研究会	余大章	经济研究所	1986
6	孙冶方经济科学基金会	张卓元	经济研究所	1983
7	中国工业经济研究与开发促进会	吴家骏	工业经济研究所	1979
8	中国区域经济学会	陈栋生	工业经济研究所	1990.08
9	中国企业管理研究会	黄速建	工业经济研究所	1981.03
10	中国生态经济学会	何乃维	农村发展研究所	1984.02
11	中国林牧渔业经济学会	张晓山	农村发展研究所	1979.05
12	中国县镇经济交流促进会	权兆能	农村发展研究所	1992.11
13	中国国外农业经济研究会	丁泽霁	农村发展研究所	1978.05
14	中国城郊经济研究会	包永江	农村发展研究所	1986.10
15	中国成本研究会	余秉坚	财政与贸易经济研究所	1980.09
16	中国市场学会	任林书	财政与贸易经济研究所	1991.06
17	中国数量经济学会	汪同三	数量经济与技术经济研究所	1979.03
18	中国考古学会	刘庆柱	考古研究所	1979
19	中国明史学会	张显清	历史研究所	1989.08
20	中国殷商文化学会	王宇信	历史研究所	1989.08
21	中国中外关系史学会	耿　升	历史研究所	1981.05

续表

序号	学会名称	负责人	挂靠单位	成立时间
22	中国魏晋南北朝史学会	周伟洲	历史研究所	1984
23	中国先秦史研究会	孟世凯	历史研究所	1982
24	中国秦汉史研究会	张荣芳	历史研究所	1983
25	中国孙中山研究会	王玉璞	近代史研究所	1984.01
26	中国现代文化学会	丁守和	近代史研究所	1989.04
27	中国抗日战争史学会	白介夫	近代史研究所	1991
28	中国中俄关系史研究会	余绳武	近代史研究所	1979.07
29	中国史学会	金冲及	世界历史研究所	1949.11
30	中国国际文化书院	于　沛	世界历史研究所	1989.03
31	中国中日关系史学会	朱福来	世界历史研究所	1984.08
32	中国非洲史研究会	陆庭恩	世界历史研究所	1980
33	中国拉丁美洲史学会	冯秀文	世界历史研究所	1979
34	中国日本史学会	汤重南	世界历史研究所	1980
35	中国美国史研究会	李剑鸣	世界历史研究所	1979
36	中国英国史研究会	王章辉	世界历史研究所	1980
37	中国第二次世界大战史研究会	张海麟	世界历史研究所	1980.06
38	中国世界古代中世纪史研究会	施治生	世界历史研究所	1991
39	中国世界近现代史研究会	俞金尧	世界历史研究所	1991
40	中国朝鲜史研究会	李敦球	世界历史研究所	1979
41	中国苏联东欧史研究会	陈之骅	世界历史研究所	1985
42	中国法国史研究会	端木美	世界历史研究所	1979
43	中国德国史研究会	邸　文	世界历史研究所	1980
44	中国近代文学学会	王　飚	文学研究所	1988.10
45	中华文学史料学学会	包明德	文学研究所	1990.10
46	中国中外文艺理论学会	钱中文	文学研究所	1994.05
47	中国鲁迅研究会	袁良骏	文学研究所	1979.07

续表

序号	学会名称	负责人	挂靠单位	成立时间
48	中国毛泽东诗词研究会	何火任	文学研究所	1994.11
49	中国当代文学研究会	张 炯	文学研究所	1978.11
50	中国现代文学研究会	杨 义	文学研究所	1979
51	中国少数民族文学学会	朝戈金	民族文学研究所	1979
52	中国维吾尔历史文化研究会	郎 樱	民族文学研究所	1996.03
53	中国外国文学学会	黄宝生	外国文学研究所	1979
54	中国语言学会	刘 坚	语言研究所	1980.09
55	全国汉语方言学会	熊正辉	语言研究所	1981.11
56	中国历史唯物主义学会	李崇富	马列主义毛泽东思想研究所	1981.01
57	中华外国经济学说研究会	余文烈	马列主义毛泽东思想研究所	1979.09
58	中国逻辑学会	张家龙	哲学研究所	1979.08
59	中国辩证唯物主义研究会	赵凤岐	哲学研究所	1982.06
60	中国哲学史学会	任继愈	哲学研究所	1979.10
61	中国马克思主义哲学史学会	唐源昌	哲学研究所	1979.10
62	中华美学学会	滕守尧	哲学研究所	1980.06
63	中国伦理学会	罗国杰	哲学研究所	1980.06
64	中国人工智能学会	涂序彦	哲学研究所	1981.09
65	中华全国外国哲学史学会	王树人	哲学研究所	1980
66	中国现代外国哲学学会	姚介厚	哲学研究所	1979
67	中国宗教学会	孔 繁	世界宗教研究所	1989.03
68	中国无神论学会	任继愈	世界宗教研究所	1978
69	中国法律史学会	韩延龙	法学研究所	1979.11
70	中国政治学会	李慎明	政治学研究所	1980.12
71	中国政策科学研究会	陈炎兵	政治学研究所	1994.05
72	中国民族研究团体联合会	杜荣坤	民族学与人类学研究所	1979
73	中国世界民族学会	郝时远	民族学与人类学研究所	1979

续表

序号	学会名称	负责人	挂靠单位	成立时间
74	中国民族史学会	史金波	民族学与人类学研究所	1983.04
75	中国突厥语研究会	陈宗振	民族学与人类学研究所	1980.01
76	中国民族理论学会	果洪昇	民族学与人类学研究所	1980.10
77	中国民族学学会	郝时远	民族学与人类学研究所	1980.10
78	中国民族语言学会	张学良	民族学与人类学研究所	1979
79	中国民族古文字研究会	史金波	民族学与人类学研究所	1980.08
80	中国西南民族研究会	何耀华	民族学与人类学研究所	1989
81	中国社会学会	陆学艺	社会学研究所	1979
82	中国青少年犯罪研究会	张潘仕	社会学研究所	1982.06
83	中国社会心理学会	沈德灿	社会学研究所	1982
84	中国新闻文化促进会	尹韵公	新闻与传播研究所	1988.12
85	中国世界经济学会	王怀宁	世界经济与政治研究所	1980.04
86	中国东欧中亚经济研究会	林水源	世界经济与政治研究所	1978.12
87	中国俄罗斯东欧中亚学会	李静杰	俄罗斯东欧中亚研究所	1981.06
88	中国欧洲学会	裘元伦	欧洲研究所	1984.11
89	中国亚非学会	杨　光	西亚非洲研究所	1962.04
90	中国中东学会	赵国忠	西亚非洲研究所	1982.07
91	中国拉丁美洲学会	徐世澄	拉丁美洲研究所	1984.05
92	中华美国学会	陶文钊	美国研究所	1988.12
93	中国亚洲太平洋学会	张蕴岭	亚洲太平洋研究所	1994
94	中国南亚学会	孙士海	亚洲太平洋研究所	1978
95	中华日本学会	刘德有	日本研究所	1990.02
96	全国日本经济学会	王洛林	日本研究所	1978.08
97	中国城市经济学会	杨重光	城市发展与环境研究中心	1986.05
98	中国社会科学情报学会	李惠国	中国社会科学院图书馆(文献信息中心)	1986.01
99	中国郭沫若研究会	蔡　震	郭沫若纪念馆	1983.05

续表

序号	学会名称	负责人	挂靠单位	成立时间
100	中国城市发展研究会	朱铁臻	办公厅	1984.12
101	中国地方志协会	郦家驹	中国地方志指导小办公室组	1981.08
102	中华人民共和国国史学会	段若非	当代中国研究所	1992.10
103	中国解放区文学研究会	魏　巍	当代中国研究所	1985.09
104	全国台湾研究会	姜殿铭	台湾研究所	1988.07

十四 2002年中国社会科学院院属科研中心一览表

（以批准成立时间为序）

序号	中心名称	管理单位
1	中国社会科学院南亚研究中心	亚洲太平洋研究所
2	中国社会科学院第三世界研究中心	世界经济与政治研究所
3	中国社会科学院欧洲问题研究中心	欧洲研究所
4	中国社会科学院对外经贸国际金融研究中心	财政与贸易经济研究所
5	中国社会科学院甲骨学殷商史研究中心	历史研究所
6	中国社会科学院国情调查与研究中心	社会学研究所
7	中国社会科学院日本市场经济体制研究中心	经济研究所
8	中国社会科学院加拿大研究中心	世界历史研究所
9	中国社会科学院人权研究中心	法学研究所
10	中国社会科学院韩国研究中心	外事局
11	中国社会科学院青年社会科学研究中心	院团委
12	中国社会科学院中国少数民族语言研究中心	民族学与人类学研究所
13	中国社会科学院社会发展研究中心	哲学研究所
14	中国社会科学院邓小平理论研究中心	科 研 局
15	中国社会科学院民营经济研究中心	经济研究所
16	中国社会科学院金融研究中心	财政与贸易经济研究所
17	中国社会科学院中小企业研究中心	工业经济研究所
18	中国社会科学院信息化研究中心	数量经济与技术经济研究所
19	中国社会科学院欠发达研究中心	经济研究所
20	中国社会科学院澳大利亚、新西兰、南太平洋研究中心	亚洲太平洋研究所

续表

序号	中心名称	管理单位
21	中国社会科学院中国德国合作研究中心	欧洲研究所
22	中国社会科学院俄罗斯研究中心	俄罗斯东欧中亚研究所
23	中国社会科学院知识产权中心	法学研究所
24	中国社会科学院生态环境经济研究中心	农村发展研究所
25	中国社会科学院徽学研究中心	历史研究所
26	中国社会科学院亚太经合组织与东亚合作研究中心	亚洲太平洋研究所
27	中国社会科学院中国经济分析与预测中心	数量经济与技术经济研究所
28	中国社会科学院古代服饰研究中心	历史研究所
29	中国社会科学院简帛研究中心	历史研究所
30	中国社会科学院台湾、香港、澳门法研究中心	法学研究所
31	中国社会科学院道家与道教文化研究中心	世界宗教研究所
32	中国社会科学院环境与发展研究中心	数量经济与技术经济研究所
33	中国社会科学院妇女研究中心	院妇工委
34	中国社会科学院海湾研究中心	西亚非洲研究所
35	中国社会科学院投资研究与咨询中心	研究生院
36	中国社会科学院西部发展研究中心	工业经济研究所
37	中国社会科学院应用伦理研究中心	哲学研究所
38	中国社会科学院国际投资研究中心	工业经济研究所
39	中国社会科学院公共政策研究中心	政治学研究所
40	中国社会科学院贫困问题研究中心	农村发展研究所
41	中国社会科学院中国现代经济史研究中心	经济研究所
42	中国社会科学院科学技术和社会研究中心	哲学研究所
43	中国社会科学院社会发展比较研究中心	马列主义毛泽东思想研究所
44	中国社会科学院基督教研究中心	世界宗教研究所
45	中国社会科学院评估与战略规划研究咨询中心	数量经济与技术经济研究所
46	中国社会科学院东方文化研究中心	哲学研究所

续表

序号	中心名称	管理单位
47	中国社会科学院西夏文化研究中心	民族学与人类学研究所
48	中国社会科学院佛教研究中心	世界宗教研究所
49	中国社会科学院中国历史文化信息研究中心	中国边疆史地研究中心
50	中国社会科学院可持续发展研究中心	世界经济与政治研究所
51	中国社会科学院中日历史研究中心	科研局
52	中国社会科学院敦煌学研究中心	历史研究所
53	中国社会科学院产业规制与竞争研究中心	数量经济与技术经济研究所
54	中国社会科学院技术创新与战略管理研究中心	数量经济与技术经济研究所
55	中国社会科学院旅游研究中心	财政与贸易经济研究所
56	中国社会科学院世界文明比较研究中心	哲学研究所
57	中国社会科学院私营企业主群体研究中心	社会学研究所
58	中国社会科学院古代文明研究中心	考古研究所
59	中国社会科学院民主问题研究中心	法学研究所
60	中国社会科学院世界社会主义研究中心	马列主义毛泽东思想研究所
61	中国社会科学院老年科学研究中心	老干部工作局
62	中国社会科学院世界经济研究中心	世界经济与政治研究所
63	中国社会科学院世界政治研究中心	美国研究所
64	中国社会科学院互联网发展研究中心	中国社会科学院图书馆(文献信息中心)
65	中国社会科学院网络经济研究中心	工业经济研究所
66	中国社会科学院生态资源环境可持续发展联合研究中心	数量经济与技术经济研究所
67	中国社会科学院人力资源研究中心	人口与劳动经济研究所
68	中国社会科学院文化研究中心	哲学研究所
69	中国社会科学院新疆发展研究中心	中国边疆史地研究中心
70	中国社会科学院青年人文社会科学研究中心	院党组办
71	中国社会科学院邪教问题研究中心	世界宗教研究所

续表

序号	中心名称	管理单位
72	中国社会科学院西班牙研究中心	世界历史研究所
73	中国社会科学院海外华人研究中心	民族学与人类学研究所
74	中国社会科学院财政税收研究中心	财政与贸易经济研究所
75	中国社会科学院 WTO 研究中心	工业经济研究所
76	中国社会科学院上海合作组织研究中心	俄罗斯东欧中亚研究所
77	中国社会科学院地区安全研究中心	亚洲太平洋研究所
78	中国社会科学院台湾史研究中心	近代史研究所

十五　2002年中国社会科学院主要科研成果一览表

1. 经济研究所

成果名称	成果形式	字数（千字）	作　者	发表/出版单位	发表/上报时间
《中华人民共和国经济史》第一卷	专著	840	董志凯 吴承明 武　力 陈廷煊	中国财政经济出版社	2001年12月
《中国转型经济的政治经济学分析》	专著	300	王振中主编	中国物价出版社	2002年11月
《中国宏观经济分析报告2》	专著	200	张曙光主编	社会科学文献出版社	2002年4月
《一只灵巧的手:论政府转型》	专著	193	胡家勇	社会科学文献出版社	2002年2月
《资本流动与中国经济增长》	专著	240	赵志君	中国物价出版社	2002年5月
《清末民初经济政策研究》	专著	230	徐建生 徐卫国	广西师范大学出版社	2001年12月
《符号经济与实体经济:金融全球化时代的经济分析》	专著	300	张晓晶	上海人民出版社 上海三联书店	2002年11月
《规范市场:经济运行研究》	专著	290	钱　津	东北财经大学出版社	2002年10月
《中国走势——WTO后中国经济与社会发展趋势分析》	专著	200	杨帆等	辽宁人民出版社	2002年1月
《政策与体制联动——市场化进程中的宏观经济分析》	专著	196	张曙光	上海财经大学出版社	2002年4月
《德隆的启示与思考》	专著	200	袁纲明	民主与法制出版社	2002年4月
《中国经济的两重性》	专著	180	贺晓东	日本中央公论社	2002年8月

续表

《混乱的经济学——经济学到底教给了我们什么?》	专著	316	左大培	石油工业出版社	2002 年 5 月
《诺贝尔奖经济学家学术传略》	专著	502	李仁贵	广东经济出版社	2002 年 4 月
《走向市场化的中国经济》	专著	570	董辅礽	经济科学出版社	2001 年 11 月
《人口老龄化与可持续发展》	专著	252	熊必俊	中国大百科全书出版社	2002 年 6 月
《俄罗斯银行与银行业务》	译著	289	林跃勤	中国财政经济出版社	2002 年 9 月
《管理经济学导论》	译著	160	朱恒鹏	首都经贸大学出版社	2002 年 1 月
《18 世纪中国的官僚制度与荒政》	译著	280	徐建青	江苏人民出版社	2002 年 10 月
《股份公司发展史论》	译著	389	朱绍文	中国人民大学出版社	2002 年 3 月
《中国经济走势(1998—2002)——兼论以住宅金融创新为突破口实现城乡就业联动》	论文	12	刘树成 汪丽娜 常　欣	《经济研究》	2002 年 4 期
《投资于贫困人口的健康和教育应对加入世贸组织后的就业形势》	论文	10	朱　玲	《中国农村经济》	2002 年 1 期
《近代交通运输与晚清商业的演变》	论文	18	朱荫贵	《近代史学刊》第 1 辑	2001 年 12 月
《中国城市中的三种贫困类型》	论文	15	李　实等	《经济研究》	2002 年 10 期
《中国与俄罗斯经济转轨比较研究的方法和主要问题》	论文	10	冒天启	《现代经济问题》	2002 年 4 期
《国债的流通性与增发空间》	论文	10	戴园晨等	《经济研究》	2002 年 5 期
《对劳动和劳动价值理论几个问题的思考》	研究报告	17	毛立言 傅军胜 邓先宏	《要报》	2002 年 3 月
《全球化背景下的中国居民收入分配趋势与对策》	研究报告	10	张　平	《要报》	2002 年 6 月

2．工业经济研究所

成果名称	成果形式	字数(千字)	作　者	发表/出版单位	发表/上报时间
《国有企业根本改革论》	专著	300	金碚主笔	北京出版社	2002 年 1 月

续表

《未来50年——中国西部大开发战略》	专著	458	王洛林主编 魏后凯副主编	北京出版社	2002年1月
《企业形象导入》	专著	379	刘光明等	经济管理出版社	2002年2月
《国有企业管理现状分析》	专著	251	黄群慧等	经济管理出版社	2002年3月
《报业经济学》	专著	247	金　碚	经济管理出版社	2002年4月
《行业协会及其在中国的发展》	专著	265	余晖等	经济管理出版社	2002年6月
《中国城市土地高效利用研究》	专著	112	曹建海	经济管理出版社	2002年6月
《品牌经营策略》	专著	178	王新玲	经济管理出版社	2002年8月
《IT企业发展战略》	专著	245	余　菁	经济管理出版社	2002年8月
《企业信用管理》	专著	282	张其仔等	对外经济贸易大学出版社	2002年8月
《国有大型企业持续发展之路——兖矿集团改革与发展的调查与思考》	专著	260	吕　政 黄如金 主编	经济管理出版社	2002年10月
《国际竞争力评价的理论和方法》	专著	230	张金昌	经济科学出版社	2002年10月
《对深化国有企业改革的再认识》	论文	8.5	吕　政	《中国工业经济》	2002年10期
《创新:高技术产业发展的根本》	论文	20	周叔莲等	《宏观经济研究》	2002年5~6期
《工业化与城市化关系的经济学分析》	论文	18	郭克莎	《中国社会科学》	2002年2期
《外商直接投资对中国区域经济增长的影响》	论文	13	魏后凯	《经济研究》	2002年4期
《我国经济增长过程中能源利用效率的改进》	论文	12	史　丹	《经济研究》	2002年9期
《信息化带动工业化的途径》	论文	4.5	谢晓霞	《经济管理》	2002年9期
《中国产业经济发展与企业制度改革》	论文集	204	吴家骏 李海舰 主编	经济管理出版社	2002年3月

续表

《中国工业发展报告(2002——WTO 规则下的企业和政府行为)》	研究报告集	872	吕政主编	经济管理出版社	2002 年 7 月
《中国中小企业发展与预测(2002～2003)》	研究报告集	550	陈乃醒主编	经济管理出版社	2002 年 9 月

3. 农村发展研究所

成果名称	成果形式	字数(千字)	作 者	发表/出版单位	发表/上报时间
《2001～2002 年:中国农村经济形势分析与预测》	专著	231	绿皮书课题组	社会科学文献出版社	2002 年 4 月
《联结农户与市场——中国农民中介组织探究》	专著	342	张晓山等	社会科学出版社	2002 年 5 月
《农村金融转型与创新》	专著	200	张晓山 何安耐 主编	山西经济出版社	2002 年 8 月
《小城镇与区域一体化》	专著	198	张晓山 胡必亮 主编	山西人民出版社	2002 年 5 月
《中国村庄的工业化模式》	专著	196	组织与制度研究室	社会科学文献出版社	2002 年 6 月
《合作社:农业中的现代企业制度》	专著	300	杜吟棠主编	江西人民出版社	2002 年 9 月
《传统村庄的现代跨越》	专著	226	张 军 王晓毅 王 峰	山西经济出版社	2002 年 10 月
《"入世"与中国农业》	论文	10	张晓山	《科学决策》	2002 年 5 期
《农村金融体系框架、农村信用社改革和小额信贷》	论文	10	杜晓山	《中国农村经济》	2002 年 8 期
《环境与生态经济学研究的进展》	论文	12	李 周	《浙江社会科学》	2002 年 1 期
《农村税费改革与乡镇财政缺口》	论文	10	朱 钢	《中国农村观察》	2002 年 2 期
《地方分权与乡镇财政职能》	论文	18	谭秋成	《中国农村观察》	2002 年 2 期
《从合作基金会事件看中国农村金融改革与发展》	论文	15	张元红等	《中国农村经济》	2002 年 8 期

续表

《中国粮食安全与国际贸易》	论文	10	李成贵	《国际经济评论》	2002 年 3 期
《新情况面临的新问题——98 年以来粮食收购条例的变化及问题》	论文	10	王秀杰	《调研世界》	2002 年 4 期
《迈向 21 世纪的合作理论》	论文	8	苑　鹏	《农村合作经济管理》	2002 年 1 期

4. 财政与贸易经济研究所

成果名称	成果形式	字数（千字）	作　者	发表/出版单位	发表/上报时间
《金融结构与金融危机》	专著	266	王洛林 李　扬	经济管理出版社	2002 年 7 月
《中国创业投资发展报告 2002》	专著	540	王松奇 王国刚	中国财经出版社	2002 年 6 月
《中国资本市场热点研究》	专著	296	王国刚	中国城市出版社	2002 年 6 月
《中国创业板市场研究》	专著	186	王国刚	社会科学文献出版社	2002 年 11 月
《中国资本市场热点透视》	专著	250	王国刚	中国金融出版社	2002 年 11 月
《经济与经济学的迷思》	专著	245	易宪容	社会科学文献出版社	2002 年 4 月
《透视变幻中的金融市场》	专著	260	易宪容	社会科学文献出版社	2002 年 4 月
《扩展市场:经济繁荣的泉源》	专著	213	易宪容	社会科学文献出版社	2002 年 4 月
《经济发展与财税政策》	专著	260	夏杰长	中国城市出版社	2002 年 9 月
《通向公平竞争之路——中国转轨期间市场秩序研究》	专著	380	郭冬乐 宋　则	社会科学文献出版社	2001 年 11 月
《中国经济发展前沿报告》	专著	497	宋　则	经济管理出版社	2002 年 6 月
《解读电子商务》	专著	200	荆林波	经济科学出版社	2001 年 12 月
《中国企业大并购》	专著	299	荆林波	社会科学文献出版社	2002 年 7 月
《马克思主义国际贸易理论新探》	专著	300	杨圣明	经济管理出版社	2002 年 4 月
《加入 WTO 与中国国际保理发展》	专著	300	于立新	西北大学出版社	2002 年 6 月
《税收学》	专著	325	杨元杰	经济管理出版社	2002 年 11 月

续表

《2000～2002年中国旅游发展:分析与预测》	研究报告	440	张广瑞	社会科学文献出版社	2002年3月
《跨国投资、市场结构与外商投资企业的竞争行为》	论文	10	江小涓	《经济研究》	2002年9期
《中国地方政府竞争与公共物品融资》	论文	11	李 扬 元 杰 倪鹏飞	《财贸经济》	2002年10期
《商业银行制度与投资基金制度:一个比较分析框架》	论文	15	何德旭	《经济研究》	2002年9期
《从贸易方式走向与国际经济融合——中国加工贸易管理模式探析》	论文	9	冯 雷	《国际贸易》	2002年3期
《我国价格管理体制深化改革研究》	研究报告	12	温桂芳	《国家行政学院学报》	2002年5期
《中国房地产周期波动:解释转移与相机政策》	研究报告	10	王诚庆 倪鹏飞 杨元杰	《财贸经济》	2002年7期
《加拿大政府间转移支付:简介与评价》	研究报告	10	杨之刚	《财贸经济》	2002年6期
《竞争力:中国24个城市点评》	论文	8	倪鹏飞	《经济日报》	2002年1月14日

5．数量经济与技术经济研究所

成果名称	成果形式	字数(千字)	作 者	发表/出版单位	发表/上报时间
《软技术——创新的空间与实质》	专著	178	金周英	新华出版社	2002年1月
《经济增长的引擎——信息化》	专著	173	吴 刚 施 利	冶金出版社	2002年9月
《杜拉纤维在土建工程中的应用》	专著	295	龚 益 沈荣熹 李清海	机械工业出版社	2002年10月
《中国税制改革效应的一般均衡分析》	论文	17	郑玉歆 樊明太 赵京兴等	《数量经济技术经济研究》	2002年9期
《中国科技人才外流的规模及其影响》	论文	10	张国初 李文军	《数量经济技术经济研究》	2002年1期

续表

《国外的节油政策与措施》	论文	6	杨敏英	《可持续发展研究》	2002 年 3 期
《中国经济报告》	研究报告	20	汪同三 张 涛 李朝霞	上报财政部	2002 年 10 月
《知识经济下的劳动价值论深化研究》	研究报告	50	齐建国 赵京兴	上报科研局	2002 年 3 月
《2002 年：中国经济形势分析与预测》	研究报告	296	刘国光 王洛林 李京文等 主编	社会科学文献出版社	2002 年 1 月
《中国经济前景分析——2002 年春季报告》	论文集	220	刘国光 王洛林 李京文等 主编	社会科学文献出版社	2002 年 4 月
《加入 WTO 与中国经济前景》	论文集	258	李雪松 阿杨·雷炯 主编	中国金融出版社	2002 年 1 月
《中国基础设施产业的规制改革与发展》	论文集	318	张昕竹 主编	国家行政学院出版社	2002 年 10 月
《西部开发与资本市场》	论文集	267	赵公卿 汪同三 主编	社会科学文献出版社	2002 年 5 月

6. 人口与劳动经济研究所

成果名称	成果形式	字数（千字）	作 者	发表/出版单位	发表/上报时间
《2002 年中国人口与劳动问题报告：城乡就业问题与对策》	专著	277	蔡 昉 主编	社会科学文献出版社	2002 年 6 月
《中国民族人口(一)》	专著	1600	田雪原 主编	中国人口出版社	2002 年 6 月
《制度、趋同与人文发展：区域发展和西部开发战略思考》	专著	182	蔡昉等	中国人民大学出版社	2002 年 3 月
《国有企业的家族化》	专著	326	张 翼	社会科学文献出版社	2002 年 8 月
《人口，将给中国带来什么》	专著	270	蔡 昉 张车伟等	广东教育出版社	2002 年 9 月

续表

《迁移的双重动因及其政策含义——检验相对贫困假说》	论文	11	蔡 昉 都 阳	《中国人口科学》	2002 年 4 期
《渐进式改革进程中的地区专业化趋势》	论文	12	蔡 昉 王德文 王美艳	《经济研究》	2002 年 9 期
《比较优势差异、变化及其对地区差距的影响》	论文	22	蔡 昉 王德文	《中国社会科学》	2002 年 5 期
《中国贫困农村的食物需求与营养弹性》	论文	19	张车伟 蔡 昉	《经济学季刊》	2002 年 第 2 卷 1 期
《生育控制与逆人口投资：人口过剩条件下人口与社会经济问题的综合治理》	论文	15	李小平	《市场与人口分析》	2002 年 2 期
《农业发展中的妇女参与及其作用》	论文	12	王德文 刘 玫	《中国人口科学》	2002 年 2 期
《进一步降低生育率的必要性和可能性》	论文	10	李小平	《人口研究》	2002 年 4 期
《不同身份下岗职工的再就业》	论文	14	张 翼	《中国人口科学》	2002 年 1 期
《就业弹性的变化趋势研究》	论文	15	张车伟 蔡 昉	《中国工业经济》	2002 年 5 期
《中国经济增长究竟有多快?》	论文	6.5	蔡 昉 王美艳	《国际经济评论》	2002 年 9/10 期

7. 城市发展与环境研究中心

成果名称	成果形式	字数（千字）	作 者	发表/出版单位	发表/上报时间
《西部大开发聚焦在城镇》	专著	280	牛凤瑞 宋迎昌 盛广耀等	社会科学文献出版社	2002 年 9 月
《绿色税费与中国》	专著	240	梁本凡	中国财经出版社	2002 年 7 月
《中国城市经济创新透视》	专著	302	杨重光 梁本凡等	社会科学文献出版社	2002 年 7 月
《荒漠化机理与北京沙尘暴防治对策》	研究报告	70	刘治彦等	全国哲学社会科学规划办	2002 年 6 月

续表

《在区域经济发展框架中规划小城镇》	论文	4	李景国	《小城镇建设》	2002 年 10 期

8．考古研究所

成果名称	成果形式	字数（千字）	作　者	发表/出版单位	发表/上报时间
《半支箭河中游先秦时期遗址》（赤峰考古队田野工作报告之一）	专著	444	考古研究所等	科学出版社	2002 年 8 月
《20 世纪中国百项考古大发现》	专著	600	考古杂志社	中国社会科学出版社	2002 年 5 月
《丝绸之路河南道》	专著	295	陈良伟	中国社会科学出版社	2002 年 2 月
《珍馐玉馔——图说中国古代社会生活史·饮食篇》	专著	200	王仁湘	广陵书社	2002 年 7 月
《从一元到多元：中国文明起源研究的心路历程》	论文	5.4	陈星灿	《中原文物》	2002 年 2 期
《金文历谱和西周王年》	论文	7.5	张长寿	《考古》	2002 年 9 期
《陕西扶风云塘西周建筑基址的初步认识》	论文	12	徐良高 王　巍	《考古》	2002 年 9 期
《豆卢氏世系及其汉化——以墓碑、墓志为线索》	论文	30	姜　波	《考古学报》	2002 年 3 期
《论琉球国“万国津梁之钟”的制作地问题》	论文	21	王仲殊	《考古》	2002 年 6 期
《从胶东半岛贝丘遗址的孢粉分析看当时的人地关系》	论文	11	齐乌云 袁　靖 梁中合 贾笑冰	《考古》	2002 年 7 期
《陕西扶风县云塘、齐镇西周建筑基址 1999～2000 年度发掘简报》	发掘报告	24	周原考古队	《考古》	2002 年 9 期
《汉长安城桂宫四号建筑遗址发掘简报》	发掘报告	17	中日联合考古队	《考古》	2002 年 1 期
《广州南越国宫署遗址 2000 年发掘报告》	发掘报告	20	考古研究所等	《考古学报》	2002 年 2 期
《古代中国考古学》	译著	397	张光直著 印　群译	辽宁教育出版社	2002 年 2 月

续表

《商文明(张光直学术作品集)》	译著	319	张光直著 张良仁 岳洪彬 丁晓雷译	辽宁教育出版社	2002年2月

9. 历史研究所

成果名称	成果形式	字数(千字)	作　者	发表/出版单位	发表/上报时间
《唐代文化》	专著	1500	李斌城等	中国社会科学出版社	2002年5月
《中国风俗通史·夏商卷》	专著	530	宋镇豪	上海文艺出版社	2001年11月
《中国风俗通史·秦汉卷》	专著	550	彭　卫 杨振红	上海文艺出版社	2002年3月
《中国风俗通史·隋唐五代卷》	专著	574	吴玉贵	上海文艺出版社	2001年11月
《中国风俗通史·元代卷》	专著	380	陈高华 史卫民	上海文艺出版社	2001年11月
《中国风俗通史·清代卷》	专著	410	林永匡 袁立泽	上海文艺出版社	2001年11月
《西方中国古代史研究导论》	专著	309	胡志宏	河南大象出版社	2002年9月
《从文明起源到现代化》	专著	471	林甘泉等	人民出版社	2002年2月
《秦汉官僚制度》	专著	269	卜宪群	社会科学文献出版社	2002年12月
《唐礼摭遗——中古书仪研究》	专著	420	吴丽娱	商务印书馆	2002年12月
《〈訄书〉评注》	专著	360	梁　涛	陕西人民出版社	2002年12月
《明代徽州方氏亲友手札七百通考释》	专著	1200	陈智超	安徽大学出版社	2001年12月
《清初三礼学》	专著	260	林存阳	中国社会科学出版社	2002年12月
《杨园先生全集》	古籍整理	1058	陈祖武	中华书局	2002年7月
《斯基泰时期》	译著	300	许建英 贾建飞	云南人民出版社	2002年1月

10. 近代史研究所

成果名称	成果形式	字数(千字)	作　者	发表/出版单位	发表/上报时间
《日本教科书问题评析》	专著	298	张海鹏	社会科学文献出版社	2002年2月

续表

《中国社团发展史》	专著	820	虞和平	当代中国出版社	2001年11月
《中国治边机构史》	专著	327	赵云田	中国藏学出版社	2002年12月
《中华民国史第三编第二卷》	专著	850	周天度等	中华书局	2002年5月
《晚清上海社会的变迁——生活与伦理的近代化》	专著	410	李长莉	天津人民出版社	2002年8月
《中国服饰通史·民国编》	专著	100	刘志琴	宁波人民出版社	2002年10月
《从帝制走向共和:辛亥前后史事发微》	论文集	590	杨天石	社会科学文献出版社	2002年10月
《蒋氏秘档与蒋介石真相》	论文集	420	杨天石	社会科学文献出版社	2002年2月

11. 世界历史研究所

成果名称	成果形式	字数(千字)	作　者	发表/出版单位	发表/上报时间
《美英现代社会调控机制——历史实践的若干研究》	专著	250	吴必康 徐再荣 姜南等	人民出版社	2002年8月
《斯拉夫文明》	专著	455	于　沛 李锐等	中国社会科学出版社	2001年12月
《加拿大文明》	专著	372	姜　芃主编	中国社会科学出版社	2001年12月
《古罗马早期平民问题研究》	专著	166	胡玉娟	北京师范大学出版社	2002年7月
《论日本近代民主制的建立》	论文	15	武　寅	《中国社会科学》	2002年2期
《苏联:30年代大清洗人数考》	论文	12	吴恩远	《历史研究》	2002年5期
《马克思主义史学的发展与新时期史学思潮》	论文	21	侯云灏	《史学月刊》	2002年6期
《西方史学史研究中的问题和方法》	论文	8	于　沛	《史学史研究》	2002年4期
《论伊朗巴列维王朝的覆灭》	论文	13	李春放	《世界历史》	2002年1期
《沙特君主制的伊斯兰特征》	论文	12.3	王　彤	《世界历史》	2002年4期

续表

《150 多年来战争领域的变化》	专题报告	16	武 寅 于 沛 张晓华等	社会科学文献出版社	2002 年 12 月
《廓清一个历史真相》	研究报告	8	吴恩远	《信息专报》	2002 年 61、62 期
《圣路易》[法]	译著	800	许明龙	商务印书馆	2002 年 8 月

12. 中国边疆史地研究中心

成果名称	成果形式	字数（千字）	作 者	发表/出版单位	发表/上报时间
《唐西州地方行政体制考论》	专著	260	李 方	黑龙江教育出版社	2002 年 8 月
《〈海录〉校释》	古籍整理	260	安 京	商务印书馆	2002 年 8 月
《中国古代的边疆政策与边疆治理》	论文	20	马大正	人民出版社	2002 年 4 月
《新疆历史上的短命分裂政权——"东突厥斯坦伊斯兰共和国"的覆灭》	论文	15	厉 声	《中国边疆史地研究》	2002 年 2 期
《英国秘密档案中记载的民国初年护理西藏办事长官陆兴祺——兼论印度华侨在维护中央对西藏的主权中所起重要作用》	论文	10	房建昌	《西北民族学院学报》	2002 年 4 期
《朝鲜赴清朝使团的文化交流活动》	论文	15	刘 为	《中国边疆史地研究》	2002 年 3 期
《国民参政会中的藏族参政议员与国民政府的治藏政策》	论文	17	孙宏年	《西藏研究》	2002 年 4 期
《试析清政府在帕米尔交涉中的对策》	论文	15	许建英	《中国边疆史地研究》	2002 年 3 期

13. 文学研究所

成果名称	成果形式	字数（千字）	作 者	发表/出版单位	发表/上报时间
《原型与跨文化阐释》	专著	220	叶舒宪	暨南大学出版社	2002 年 9 月

续表

《亚洲论述的两难之境》	专著	200	孙　歌	岩波书店(日本)	2002年6月
《事变缘常——1940年代的中国现代小说艺术》	专著	150	范智红	人民文学出版社	2002年1月
《先秦诗文史》	专著	160	杨之水	辽宁教育出版社	2002年4月
《后现代性与辩证解释学》	专著	215	金惠敏	中国社会科学出版社	2002年11月
《荆棘上的生命——20世纪三四十年代中国小说叙事》	专著	400	秦　张 张中良	春风文艺出版社	2002年10月
《中国人审美心理研究》	专著	300	户晓辉	山东人民出版社	2002年3月
《颠覆与重建——后批评中的价值体系》	专著	480	毛崇杰	社会科学文献出版社	2002年5月
《六朝文章新论》	专著	462	谭家健	北京燕山出版社	2002年4月
《表意的焦虑——历史祛魅与当代文学变革》	专著	400	陈晓明	中央编译出版社	2002年5月
《当代文学研究》	专著	350	周亚琴 萨支山	北京出版社	2002年3月
《卡通叙事学》	专著	100	杨　鹏	湖北少儿出版社	2002年12月

14．民族文学研究所

成果名称	成果形式	字数(千字)	作　者	发表/出版单位	发表/上报时间
《古代经典与口头传统》	专著	186	尹虎彬	中国社会科学出版社	2002年11月
《苗族图腾与神话》	专著	230	吴晓东	社会科学文献出版社	2002年5月
《〈格斯尔〉源流研究》	专著	300	斯钦孟和	蒙古国科学院出版社	2001年12月
《蒙古 Tuguji 类型研究》	专著	220	巴雅尔图	蒙古国科学院出版社	2002年
《塔塔尔风俗志》	专著	150	黄中祥	中央民族大学出版社	2002年10月
《龙王信仰探秘》	专著	230	苑　利	台湾三民书局	2002年10月

15．外国文学研究所

成果名称	成果形式	字数(千字)	作　者	发表/出版单位	发表/上报时间
《阅读普希金》	专著	250	刘文飞	人民文学出版社	2002年12月
《卢梭》	专著	147	吴岳添	华夏出版社	2002年1月

续表

《私小说——20世纪日本文学的一个"神话"》	专著	200	魏大海	山东文艺出版社	2002年9月

16．语言研究所

成果名称	成果形式	字数（千字）	作　者	发表/出版单位	发表/上报时间
《张振兴自选集》	论文集	400	张振兴	安徽教育出版社	2002年7月
《汉语能性述补结构"V得/不C"的语法化》	论文	20	吴福祥	《中国语文》	2002年1期
《元代白话碑文中助词的特殊用法》	论文	18	祖生利	《中国语文》	2002年5期
《客家方言表示"乳汁"义的读音》	论文	10	谢留文	《中国语文研究》	2002年2期
《方言类型、区域方言史与汉语方言分区》	论文	30	李　蓝	《方言》	2002年1月
《〈晏子春秋〉的人称系统及相关问题》	论文	15	姚振武	《长江学术》	2002年5月
Chinese Prosody and Prosodic Labeling of Spontaneous Speech	论文	6	李爱军	*University de Provence France*	2002年4月
《施事角色的语用属性》	论文	18	张伯江	《中国语文》	2002年11月
《〈诗论〉笺疏》	论文	20	王志平	《上博馆藏战国楚竹书研究》	2002年3月
《徽州方言晓组合一二等字的声母今读》	论文	8	刘祥柏	《长江学术》	2002年8月
《汉语类指成分的语义属性和句法属性》	论文	15	刘丹青	《中国语文》	2002年5期
《汉英机器翻译中汉语动结式译文的分析》	论文	8	傅爱平	《机器翻译研究进展（2002）》电子工业出版社	2002年11月
《中古译经中的"VP不"式疑问句》	论文	12	曹广顺	商务印书馆	2002年11月
《汉藏语言的若干语序类型学课题》	论文	16	刘丹青	《民族语文》	2002年10月
《如何处置"处置式"？》	论文	20	沈家煊	《中国语文》	2002年5期
《指示词"这"和"那"在北京话中的语法化》	论文	18	方　梅	《中国语文》	2002年4期

续表

17. 哲学研究所

成果名称	成果形式	字数（千字）	作　者	发表/出版单位	发表/上报时间
《中西智慧的贯通——叶秀山中国哲学文化论集》	论文集	330	叶秀山	江苏人民出版社	2002年8月
《归隐之路——20世纪法国哲学的踪迹》	专著	200	尚　杰	江苏人民出版社	2002年8月
《印度吠檀多不二论哲学》	专著	380	孙　晶	东方出版社	2002年6月
《生物学哲学》	专著	222	胡文耕	中国社会科学出版社	2002年1月
《真理与自由:康德哲学的存在论阐释》	专著	220	黄裕生	江苏人民出版社	2002年8月
《逻辑、语言和信息——逻辑语法研究》	专著	404	邹崇理	人民出版社	2002年9月
《萨特传》	专著	200	杨　深	中国广播电视出版社	2002年2月
《应用伦理学前沿问题研究》	专著	290	甘绍平	江西人民出版社	2002年10月
《网络空间的伦理反思》	专著	188	段伟文	江苏人民出版社	2002年1月
《马克思"世界历史"理论与全球化》	专著	254	杨学功 丰子义	人民出版社	2002年10月

18. 马克思列宁主义毛泽东思想研究所

成果名称	成果形式	字数（千字）	作　者	发表/出版单位	发表/上报时间
《马克思主义150年》	专著	139	李崇富 姜　辉 主编	学习出版社	2002年6月
《马克思恩格斯政治学说研究》	专著	230	李延明 刘青建 杨海蛟	人民出版社	2002年1月
《历史、理论、反思——西方左翼的西方现代化理论批判》	专著	420	周穗明等	中国广播电视出版社	2002年1月
《论"三个代表"的理论贡献》	论文	7	李崇富 姜　辉	《光明日报》	2002年7月

续表

《在坚持中发展 在发展中坚持——学习江泽民同志"两个坚定不移不能含糊"的论述》	论文	6	李崇富	《求是》	2002 年 3 期
《关于深化对劳动和劳动价值论认识的几点思考》	论文	15	张战生等	《马克思主义研究》	2002 年 2 期
《"9·11"后资本主义的新变化与社会主义的新战略》	论文	12	周穗明	《马克思主义研究》	2002 年 4 期
《论当代资本主义发展的动因和趋势》	论文	8	罗文东	《当代世界与社会主义》	2002 年 5 期
《当代资本主义的新变化与发达国家共产党理论政策的调整》	研究报告	21	靳辉明等	《世界社会主义研究动态》	2002 年 2 月
《"三个代表"青年读本》	著作	140	共青团国家机关工委、马列所	中共党史出版社	2002 年 10 月
《保守资本主义》	译著	243	吴 敏等	社会科学文献出版社	2002 年 10 月

19．世界宗教研究所

成果名称	成果形式	字数（千字）	作 者	发表/出版单位	发表/上报时间
《朱谦之文集》(1～10 卷)	专著	7913	朱谦之	福建教育出版社	2002 年 9 月
《近代东亚佛教——以日本军国主义侵略战争为线索》	专著	250	何劲松	社会科学文献出版社	2002 年 4 月
《传统与现代:变化中的南传佛教世界》	专著	418	宋立道	中国社会科学出版社	2002 年 8 月
《道教本论》	专著	213	李 申	上海文化出版社	2001 年 11 月
《"神体儒用"的辨析——儒学在日本历史上的文化命运》	专著	203	王 健	河南大象出版社	2002 年 9 月
《伊斯兰教在中国》	专著	170	周燮藩 沙秋真	华文出版社	2002 年 7 月
《多难之路——犹太教》	专著	160	黄陵渝	台湾东大图书公司	2002 年 7 月

续表

《全球化与当代宗教》	论文	13	卓新平	《世界宗教研究》	2002年3期
《对新形势下我国宗教问题的理论思考》	论文	8	冯今源 胡　安	《河北学刊》	2002年5期
《20世纪中国学术大典——宗教学》	学术辞典	770	卓新平 执行主编	福建教育出版社	2002年9月

20．法学研究所

成果名称	成果形式	字数（千字）	作　者	发表/出版单位	发表/上报时间
《物权法》	专著	500	梁慧星 陈华彬	法律出版社	2002年12月
《市场法治论》	专著	280	邱　本	中国检察出版社	2002年2月
《宏观调控法论》	专著	200	邱　本	工商出版社	2002年11月
《环境法学》	专著	380	常纪文	机械工业出版社	2002年11月
《中国司法赔偿》	专著	530	陈春龙	法律出版社	2002年6月
《法治的层次》	专著	300	吴玉章	清华大学出版社	2002年11月
《依法治国基本方略》	专著	75	陈欣新	学习出版社	2001年12月
《行政处罚法新论》	专著	258	冯　军	中国检查出版社	2002年10月
《现实主义法律运动与中国法制改革》	专著	290	周汉华	山东人民出版社	2002年3月
《中国民族区域自治制度》	专著	300	陈云生	经济管理出版社	2002年5月
《司法公正干部读本》	专著	120	肖贤富 主编	中央党校出版社	2002年12月
《知识产权案例的审理与裁判》	专著	900	周林主编	中国人民公安大学出版社	2002年3月
《知识产权的国际保护》	专著	400	唐广良	中国知识产权出版社	2002年10月
《中法西用》	专著	350	苏亦工	社会科学文献出版社	2002年9月
《加入世界贸易组织对我国法律制度的影响及对策》	研究报告	27	夏勇主持	《要报》	2002年7月
《加入世贸组织后民主法制建设与党风廉政建设和反腐败斗争》	研究报告	12	刘海年 主持	上报中纪委驻院纪检组	2002年9月

续表

21．政治学研究所

成果名称	成果形式	字数（千字）	作 者	发表/出版单位	发表/上报时间
《当代中国的新政治哲学——论以德治国方略》	专著	240	房 宁	文汇出版社	2002 年 1 月
《成长的中国——当代中国青年的国家民族意识研究》	专著	250	房 宁 王炳权 马利军	人民出版社	2002 年 5 月
《中国政治制度史》	专著	810	白 钢	天津人民出版社	2002 年 1 月
《中国风俗通史·元代卷》	专著	380	陈高华 史卫民	上海文艺出版社	2002 年 1 月
《〈共产党宣言〉发表 150 多年来世界政治发生的重大变化》	论文	15	王一程 房 宁	《政治学研究》	2002 年 1 期
《政治文明：涵义、特征与发展目标》	论文	15	杨海蛟	《政治学研究》	2002 年 3 期
《党的先进性问题研究报告》	研究报告	24	王一程	院科研局《当前若干重大理论问题研究报告集》	2002 年 7 月

22．民族学与人类学研究所

成果名称	成果形式	字数（千字）	作 者	发表/出版单位	发表/上报时间
《汉藏语同源研究》	专著	500	吴安其	中央民族大学出版社	2002 年 2 月
《当代中国民族问题解析》	专著	360	王希恩 张世和 周泓等	民族出版社	2002 年 2 月
《从萨满教到喇嘛教》	专著	113	孙 懿	中央民族大学出版社	2002 年 10 月
《克木语研究》	专著	260	陈国庆	民族出版社	2002 年 11 月
《黑龙江满语口语研究》	专著	200	赵阿平 朝 克	黑龙江朝文出版社	2001 年 12 月
《通古斯民族与文化》	专著	120	朝 克	日本东北大学	2002 年 3 月
《东巴教与纳西文化》	专著	125	木仕华	中央民族大学出版社	2002 年 9 月

续表

《汉藏语言演化的历史音变模型——历史语言学的理论和方法探索》	专著	600	江 荻	民族出版社	2002年9月
《藏语语音史研究》	专著	220	江 荻	民族出版社	2002年10月
《新疆民族社会与文化》	专著	400	何星亮	商务印书馆	2002年12月
《萨满教图说》	专著	200	色 音	民族出版社	2002年4月
《桑植白族经济与社会结构研究》	专著	200	王剑峰	吉林人民出版社	2002年10月
《中国少数民族经济史》	专著	360	刘晓新	远方出版社	2002年4月
《近代壮族社会研究》	专著	280	方素梅	广西民族出版社	2002年7月
《中国少数民族现状与发展调查研究丛书——白沙县黎族卷》	专著	280	卢 勋 罗贤佑	民族出版社	2002年9月
《公民国家和部族国家》	译著	230	王建娥 魏 强	新华出版社	2002年1月
《西夏文德行集研究》	专著	120	聂鸿音	甘肃文化出版社	2002年1月
《仲巴昂仁》	人类学影视片	51分钟	陈景源 庞 涛	民族学与人类学研究所	2002年7月

23. 社会学研究所

成果名称	成果形式	字数（千字）	作 者	发表/出版单位	发表/上报时间
《社会发展的时空结构》	专著	428	景天魁	黑龙江出版社	2002年1月
《变革时代的人与社会》	专著	300	张旅平	三联书店	2002年4月
《图腾制度》	专著	100	渠敬东	上海人民出版社	2002年6月
《社区公共服务》	专著	300	杨 团	华夏出版社	2002年10月
《大萧条的孩子们》	译著	390	马春华等	译林出版社	2002年4月
《男性气质》	译著	200	赵平等	社会科学文献出版社	2002年9月
《巨变：村落的终结——都市里的村庄研究》	论文	16	李培林	《中国社会科学》	2002年1期
Rural Problems under the unbalanced development in China	论文	20	黄 平 Asian Exchange	Special Issue ARENA，光明日报出版社	2002年4月

续表

24. 新闻与传播研究所

成果名称	成果形式	字数（千字）	作 者	发表/出版单位	发表/上报时间
《世界新闻传播史》	专著	375	陈力丹	上海交通大学出版社	2002 年 5 月
《大众媒介对儿童的影响》	专著	320	卜 卫	新华出版社	2002 年 1 月

25. 世界经济与政治研究所

成果名称	成果形式	字数（千字）	作 者	发表/出版单位	发表/上报时间
《经济全球化与世界经济发展趋势》	专著	402	余永定 李向阳 主编	社会科学文献出版社	2002 年 9 月
《恐怖主义溯源》	专著	284	王逸舟 主编	社会科学文献出版社	2002 年 9 月
《2001～2002 年世界经济形势分析与预测》	专著	302	王洛林 余永定 主编	社会科学文献出版社	2002 年 2 月
《2002 年：全球政治与安全报告》	专著	300	李慎明 王逸舟 主编	社会科学文献出版社	2002 年 2 月
《国家创新体系与东亚经济增长前景》	专著	305	王春法	社会科学文献出版社	2002 年 3 月
《国际政治学概论》	专著	413	李少军	上海人民出版社	2002 年 3 月
《中国金融开放的战略抉择》	专著	373	谈世中 主编	社会科学文献出版社	2002 年 2 月
《21 世纪初：世界与中国》	专著	300	徐更生 主编	经济科学出版社	2002 年 2 月
《经济全球化与发展中国家》	专著	468	谈世中 江时学 王耀媛 主编	社会科学文献出版社	2002 年 2 月
《出门散步的经济学》	论文集	140	何 帆	天津人民出版社	2002 年 1 月
《公司治理改革：中国与世界》	论文集	516	鲁 桐 王巍主编	经济管理出版社	2002 年 9 月

续表

《2000～2001 年世界经济与中国》	论文集	370	中国世界经济学会编	人民出版社	2002 年 1 月
《世界经济概论》	教材	800	林水源 朱行巧 主编	经济科学出版社	2002 年 5 月
《宏观经济调节与管理》	教材	200	佟福全 主编	中国社会科学院研究生院编制	2002 年 10 月
《通过加总推导的总供给曲线》	论文	19	余永定	《经济研究》	2002 年 9 期
《国家利益再思考》	论文	15	王逸舟	《中国社会科学》	2002 年 2 期
《论战略观念的起源》	论文	15	李少军	《世界经济与政治》	2002 年 7 期
《全球化时代的区域经济合作》	论文	11	李向阳	《世界经济》	2002 年 5 月
《人文发展权限与发展中国家的基本碳排放需求》	论文	10	潘家华	《中国社会科学》	2002 年 6 期
《放松投融资管制的增长与波动效应》	论文	40	姚枝仲	《中国社会科学评论》	2002 年 9 月
《中国外国直接投资的性质研究》	论文	12	宋　泓 柴　瑜	《国际贸易》	2002 年 10 月
《发达国家和发展中国家的金融结构、资本结构和经济增长》	论文	10	孙　杰	《金融研究》	2002 年 10 月
《基于购买力平价的中外经济实力比较》	论文	11	王　玲	《世界经济》	2002 年 7 期
《全球气候变化对国际政治、经济和社会的影响分析》	研究报告	35	庄贵阳 陈　迎 潘家华	国家科技部	2002 年 11 月

26．俄罗斯东欧中亚研究所

成果名称	成果形式	字数（千字）	作　者	发表/出版单位	发表/上报时间
《苏联兴亡史论》	专著	649	陆南泉 姜长彬 徐　葵 李静杰	人民出版社	2002 年 1 月
《基本经济制度转变中的社会冲突》	专著	237	李景阳	人民出版社	2002 年 1 月

续表

《苏联的“波兰问题”——1939～1945》	专著	366	吴 伟	当代世界出版社	2002年1月
《独联体十年——现状问题前景》	专著	670	郑 羽 李建民	世界知识出版社	2002年1月
《中东欧与欧洲一体化》	专著	240	朱晓中	社会科学文献出版社	2002年12月
《南斯拉夫的变迁》	专著	400	赵乃斌 汪丽敏	广东人民出版社	2002年12月
《俄罗斯西伯利亚与远东——国际政治经济关系的发展》	专著	317	薛君度 陆南泉	世界知识出版社	2002年6月
《俄罗斯私有化进展与现状》	研究报告	6	李建民	《要报》	2002年 73～74期
《关于叶利钦时期的理论思考》	研究报告	25	许志新 潘德礼	《东欧中亚情况》	2002年 49～55期
《普京文集》	译著	530	徐 葵 张达南等	中国社会科学出版社	2002年11月

27. 欧洲研究所

成果名称	成果形式	字数（千字）	作 者	发表/出版单位	发表/上报时间
《对外援助与国际关系》	专著	685	周弘等	中国社会科学出版社	2002年3月
《国外社会福利制度》	专著	250	周弘等	中国社会科学出版社	2002年12月
《欧元生成理论》	专著	290	杨伟国	社会科学文献出版社	2002年2月
《欧洲经济货币联盟》	专著	230	王 鹤	社会科学文献出版社	2002年2月
《社会保障能否全球化?》	论文	10	周 弘	《世界经济》	2002年8期
《全球化对欧洲合作主义福利国家的挑战》	论文	14	郑秉文	《世界经济》	2002年6期
《中欧经济关系：现状、不确定性与政策选择》	研究报告	14	杨伟国 裘元伦 王 鹤	世界银行/财政部委托课题	2001年12月
《欧盟发展理论、政策及“第三条道路”》	研究报告	25	周 弘	报财政部	2002年3月

续表

28. 西亚非洲研究所

成果名称	成果形式	字数(千字)	作　者	发表/出版单位	发表/上报时间
《冷战后海湾地区国际关系(国际政治论坛)》	专著	363	刘月琴	社会科学文献出版社	2002 年 4 月
《冷战后大国与海湾》	专著	260	唐宝才	当代世界出版社	2002 年 6 月
《阿以冲突——问题与出路》	专著	400	殷罡主编	国际文化出版公司	2002 年 5 月
《非洲中心主义》	论文	8.5	张宏明	《西亚非洲》	2002 年 5 期
《中东政治思潮与社会发展的互动关系》	论文	13.6	王京烈	《西亚非洲》	2002 年 6 期
《论非洲民主化》	论文	10	贺文萍	《西亚非洲》	2002 年 6 期
《"9·11"之后美国霸权下的中东》	论文	6	张晓东	《西亚非洲》	2002 年 6 期

29. 拉丁美洲研究所

成果名称	成果形式	字数(千字)	作　者	发表/出版单位	发表/上报时间
《巴西现代化研究》	专著	286	张宝宇	世界知识出版社	2002 年 9 月
《21 世纪拉丁美洲经济发展大趋势》	专著	360	吴国平 吕银春 王晓燕等	世界知识出版社	2002 年 4 月
《帝国霸权与拉丁美洲——战后美国对拉美的干涉》	专著	309	徐世澄 袁东振 刘纪新等	世界知识出版社	2002 年 1 月
《拉丁美洲的共产主义运动》	专著	320	祝文驰 毛相麟 李克明	当代出版社	2002 年 3 月
《阿根廷危机透视》	论文	6	江时学	《求是》	2002 年 7 期
《拉美政党在民主过渡中的作用》	论文	8	徐世澄	《太平洋学报》	2002 年 1 期
《拉美金融为何如此脆弱》	论文	7	吴国平	《中国金融》	2002 年 10 期
《经济增长、就业与公正》	译著	210	江时学	中国社会科学出版社	2002 年 9 月

续表

《全球资本主义的替代方式》	译著	225	宋林峰	中国社会科学出版社	2002 年 6 月
《经济发展与社会公正》	译著	191	宋林峰	中国社会科学出版社	2002 年 10 月

30．亚洲太平洋研究所

成果名称	成果形式	字数（千字）	作　者	发表/出版单位	发表/上报时间
《东亚劳动力跨国流动》	专著	220	田　禾	世界知识出版社	2002 年 7 月
《东北亚国家的对外战略》	专著	386	高连福 赵阶琦 李文等	社会科学文献出版社	2002 年 8 月
《亚太地区发展报告》	研究报告	310	张蕴岭 孙士海 主编	社会科学文献出版社	2002 年 8 月
《东亚合作与中国——东盟自由贸易区建议》	论文	10	张蕴岭	《当代亚太》	2002 年 1 期
《APEC：上海会议的成果及今后的发展的思考》	论文	10	陆建人	《世界经济与政治》	2002 年 2 期
《2010～2015 年的中国周边安全环境——决定性因素和趋势展望》	论文	16	唐世平	《战略与管理》	2002 年 5 期
《21 世纪的中印关系展望》	论文	10	孙士海	中国社会科学出版社	2002 年 7 月
《东盟的政策调整对中国与东盟关系的影响》	论文	8	韩　锋	《面向新世纪的中国东南亚学研究回顾与展望》	2002 年 6 月
《朝鲜建设“主体社会主义强盛大国”的经济发展战略》	论文	9	朴键一	《当代亚太》	2002 年 1 期
《中国经济增长(英文)》	研究报告	7	赵江林	东亚发展网络	2002 年 8 月

31．美国研究所

成果名称	成果形式	字数（千字）	作　者	发表/出版单位	发表/上报时间
《21 世纪的美国经济发展战略》	专著	220	胡国成 韦　伟 王荣军	中国城市出版社	2002 年 1 月
《人权与外交》	论文集	250	周　琪	时事出版社	2002 年 1 月

续表

《影响国会外交、安全政策的关键因素及冷战后的新特点》	论文	12	倪　峰	《美国研究》	2002 年 1 月
《霸权稳定模式与东亚地区的政治安全秩序》	论文	10	倪　峰	《当代亚太》	2002 年 7 月
《从“战略竞争对手”到“坦率的”建设性合作关系》	论文	10	倪　峰	《当代亚太》	2002 年 12 月
《美国政党与选举政治》	专著	406	张立平	中国社会科学出版社	2002 年 8 月
《后冷战时代美国的保守主义思潮》	论文	15	张立平	《世界经济与政治》	2002 年 3 月
《论当代美国的保守主义运动》	论文	17	张立平	《太平洋学报》	2002 年 4 月
《论 20 世纪 70 年代美国国会的改革及其影响》	论文	8.5	袁　征	《世界历史》	2002 年 1 月
《论美国政治生活中的枪支管制运动及其前景》	论文	15	袁　征	《美国研究》	2002 年 4 月
《全球冲突与当代国际关系》	著作	35	付　宇	天津人民出版社	2002 年 5 月
《美俄在军控领域的合作与分歧:重复过去还是走向未来》	研究报告	5	樊吉社	《新华社内部资料》	2002 年 6 月
《美国的国家安全与公民自由——以冷战时期为例的分析》	论文	9.5	张　帆	《国际经济评论》	2002 年 7 月
《和平是一种人际关系状态》	论文	5	李晓岗	《美国研究》	2001 年 4 期
《透视美国:近年来中国的美国研究》	专著	323	王缉思 胡国成 赵梅等	中国社会科学出版社	2002 年 4 月
《美国年鉴》(2002)	工具书	310	王缉思 胡国成 赵梅等	中国社会科学出版社	2002 年 10 月
《略论当前世界政治的主要特征》	论文	10	王缉思	《现代国际关系》	2002 年 8 月
《克林顿的外交遗产》	论文	18	王缉思	社会科学文献出版社	2001 年 12 月
《中国的军控应对策略》	论文	12	顾国良	《战略与管理》	2002 年 4 月

续表

《布什政府与克林顿政府军控政策之比较》	论文	10	顾国良	《国际经济评论》	2002 年 12 月

32．日本研究所

成果名称	成果形式	字数（千字）	作　者	发表/出版单位	发表/上报时间
《日本政府与政治》	专著	300	蒋立峰 高　洪	台湾扬智出版社	2002 年 4 月
《中日关系——复交 30 周年的思考》	专著	230	金熙德	世界知识出版社	2002 年 12 月
《美日关系——两个周期的考察》	专著	500	刘世龙	世界知识出版社	2002 年 12 月
《彻底验证：日本型 ODA》	专著	300	金熙德	日本三和书籍出版社	2002 年 12 月
《日本新时期国家安全战略浅析》	论文	20	张进山	《日本学刊》	2002 年 4 月
《日本必须信守关于台湾问题的承诺》	论文	10	蒋立峰	《日本学刊》	2002 年 4 月
《个人所得税制改革趋向——对日本等主要发达国家的比较分析》	论文	10	张舒英	《日本学刊》	2002 年 2 月
《2001～2002 年日本经济回顾与展望》	研究报告	6	张季风	《国际信息通讯》	2002 年 3 月
《日元贬值及影响》	研究报告	5.6	张舒英	《求是》	2002 年 5 期
《日本医疗制度的课题与改革》	论文	10	王　伟	《日本学刊》	2002 年 3 月
《浅析日本的教育改革》	论文	12	崔世广	《日本学刊》	2002 年 2 月

33．研究生院

成果名称	成果形式	字数（千字）	作　者	发表/出版单位	发表/上报时间
《图书情报事业与社会经济的发展》	专著	250	蔡曙光	中国物资出版社	2002 年 8 月
《私营企业主几个重大理论和实践问题》	论文	13	邹东涛	《理论动态》	2002 年 3 月

续表

《加强企业家制度环境建设》	论文	3	邹东涛	《经济日报》	2002年3月
《也要深化对剩余价值理论的认识》	论文	8	邹东涛	《天津社会科学》	2002年2期
《乌克兰议会选举述评》	论文	3.7	柳丰华 粟瑞雪	《国外理论动态》	2002年8期
《我国建筑企业总承包管理现状分析及对策》	论文	5	李进峰	《建筑经济》	2002年12期
《开拓总承包市场,积极应对WTO挑战》	论文	6	李进峰	中国第二届建筑企业高峰论坛文集	2002年10月
《20世纪巴金研究》	论文	3	李存光	中国大百科全书出版社	2002年10月
《一代青年的深挚呼吁》	论文	10	李存光	北京师大出版社	2002年1月
《数字文件信息的保存——未来图书馆事业发展的前提和条件》	论文	12	蔡曙光	《大学图书馆学报》	2002年12月
《克鲁泡特金在中国》	学术资料	300	李存光	珠海出版社	2002年12月
《市场经济法律概论(修订本)》	教材	400	文学国	中国社会科学出版社	2002年7月
《西夏艺术作品中的肖像研究及史实》	译文	10	粟瑞雪	《国家图书馆馆刊》	2002年增刊西夏专号

34．中国社会科学院图书馆(文献信息中心)

成果名称	成果形式	字数(千字)	作　者	发表/出版单位	发表/上报时间
《中国图书情报网络化研究》	专著	340	黄长著等	北京图书馆出版社	2002年1月
《e时代的女性——中外比较研究》	专著	133	黄育馥 刘　霓	社会科学文献出版社	2002年10月
《文化研究的发展轨迹》	论文	16	萧俊明	《国外社会科学》	2002年1期
《社会科学信息工作的加强为政府决策服务》	论文	4.2	郑海燕	《情报资料工作》	2002年6期
《技术与男性气质:应予瓦解的等式——女性主义技术研究述评》	论文	12	刘　霓	《国外社会科学》	2002年4期

续表

《重现与印证历史的历史学——口述历史学的客观性质管窥》	论文	11.8	杨雁斌	《国外社会科学》	2002年10期
《当代日本人文社会科学》	研究报告	180	何培忠	商务印书馆	2002年11月
《信息伦理学:新型的交叉学科》	论文	7.6	梁俊兰	《国外社会科学》	2002年1期

35. 计算机网络中心

成果名称	成果形式	字数（千字）	作　者	发表/出版单位	发表/上报时间
《社科院宽带网改造和升级招标文件》	研究报告	25	周世禄	中国社会科学院网络中心	2002年7月
《社科院宽带链路接入招标文件》	研究报告	20	周世禄 邓京松	中国社会科学院网络中心	2002年7月
《利用EPO高级实施MCAFEE网络级防毒》	论文	3.8	李　晖 雷　枫	《网管员世界》	2002年10月
《利用UBE插件抵制垃圾邮件》	论文	3.6	李　晖 雷　枫	《网管员世界》	2002年8月
《V/F转换电压测量系统》	论文	4	陈步月 张秋萍 雷　枫	《微型机与应用》	2002年12月
《虚拟现实技术在人文科学信息化中的应用》	论文	15	曹雨生	中科院网络中心论文集	2002年7月
《开发与应用并行建设与管理同步》	论文	4	解延德 袁胜华	中国社会科学院网络中心	2002年8月

36. 中国社会科学杂志社

成果名称	成果形式	字数（千字）	作　者	发表/出版单位	发表/上报时间
《闲话林语堂》	专著	300	王兆胜	中国国际广播出版社	2002年1月
《生活的艺术家:林语堂》	专著	100	王兆胜	台湾文史哲出版社	2002年10月
《帝国的摇篮:中国早期国家时代》	专著	200	王　和	泰山出版社	2002年12月
《从领导党向执政党转变的宪政阐释》	论文	26	李　林	《学术界》	2002年2期

续表

《全球化时代的中国立法发展》(上、中、下)	论文	32	李　林	《法治论丛》	2002年5~6期 2003年1期
《社会主义法制理论读本》	教材	354	李　林	人民出版社	2002年2月
《当前马克思哲学研究的基本走向》	研究报告	8	孙　麾	《求是学刊》《中国社会科学》英文版	2002年1月2日
《秋季号马克思自我批判精神的深刻启示》	论文	6	孙　麾	《哲学研究》	2001年11期
《马克思的本体论思想及其当代意义》	研究报告	8	孙　麾	《中国社会科学》	2002年5期
《〈红楼梦〉与20世纪中国文学》	论文	20	王兆胜	《中国社会科学》	2002年3期
《论90年代中国学者散文》	论文	12	王兆胜	《社会科学战线》	2002年1月
《论80年代中期以来中国女性散文》	论文	12	王兆胜	《文学评论》	2002年6月
《翰林学士及其活动与中唐文学》	论文	17	马自力	北京大学出版社	2002年6月
《唐代的翰林待诏、翰林供奉与翰林学士》	论文	7	马自力	《求索》	2002年5月
《秦汉时期北河战略地位考察》	论文	10	宋　超	三秦出版社	2002年4月
《战国秦汉时期炎帝传说和演变》	论文	10	宋　超	岳麓书社	2002年9月
《1888年康有为在北京活动探微》	论文	8	马忠文	《浙江学刊》	2002年4期
《黄遵宪、张荫桓关系考论》	论文	9	马忠文	《学术研究》	2002年9期
《20世纪30年代日本政军财关系初论》	论文	11	姚玉民	《日本学刊》	2002年4期
《新世纪初的中国世界史研究》	研究报告	11	姚玉民 舒建军	《世界历史》	2002年6期
《第三方物流的生存空间》	论文	5	秦　毅	《军队物资》	2002年4期

37. 办公厅

成果名称	成果形式	字数(千字)	作　者	发表/出版单位	发表/上报时间
《"三个代表"重要思想与若干重大理论问题研究》	论文集	406	李慎明主编	社会科学文献出版社	2002年11月

续表

《中国经济增长中消费和投资的确定》	论文	15	吴忠群	《中国社会科学》	2002 年 3 期
《全球化的本质影响与中国的应对策略》	论文	25	张宇燕 李 涛 刘仕国	社会科学文献出版社	2002 年 11 月
《中国社会科学院年鉴》(2001)	工具书	88	王洛林 龙永枢 黄晓勇	中国社会科学出版社	2002 年 7 月

38. 科研局

成果名称	成果形式	字数（千字）	作 者	发表/出版单位	发表/上报时间
《基础设施与制造业发展关系研究》	专著	256	王延中等	中国社会科学出版社	2002 年 10 月
International Cooperation for China's Labor Force	论文	8	王延中	*China Economy and the World*	2002 年 5 期
《如何保障农民的健康》	论文	10	王延中	《经济研究参考》	2002 年 35 期
《"三个代表"是与时俱进的光辉体现》	论文	3.5	周明俊	《经济日报》	2002 年 4 月
《强制精神病人住院的法律探讨》	文章	6	刘白驹	《北京法制报》	2002 年 4 月
《老年文化与老年教育》	论文	74	董之鹰	华龄出版社	2002 年 7 月
《中国老年教育与建设》	论文	27	董之鹰	中国协和医科大学出版社	2002 年 9 月

十六　2002年中国社会科学院第四届优秀科研成果获奖统计一览表

序号	一等奖成果名称	成果形式	作者	单位	发表单位	发表时间
1	《中国近代经济史1895～1927》(上、中、下)	专著	汪敬虞(主编)	经济研究所	人民出版社	2000年
2	《甲骨文合集释文》(附来源表)	专著	胡厚宣 王宇信 杨升南等	历史研究所	中国社会科学出版社	1999年
3	《张家坡西周墓地》	专著	张长寿	考古研究所	中国大百科全书出版社	1999年
4	《美国哲学史》(共3卷)	专著	涂纪亮	哲学研究所	河北教育出版社	2000年
5	《中国活字印刷术的发明和早期传播——西夏和回鹘活字印刷术研究》	专著	史金波 雅森·吾守尔	民族学与人类学研究所	社会科学文献出版社	2000年

序号	二等奖成果名称	成果形式	作者	单位	发表单位	发表时间
1	《中国流动人口问题》	专著	蔡昉	人口与劳动经济研究所	河南人民出版社	2000年
2	《体制转轨与产业发展:相关性、合意性以及对转轨理论的意义——对若干行业的实证研究》	论文	江小涓	财政与贸易经济研究所	《经济研究》	1999年第1期
3	《中国经济前景分析——2000年春季报告》	研究报告	刘国光 王洛林 李京文(主编)	数量经济与技术经济研究所	社会科学文献出版社	2000年
4	《中国工业发展报告》(2000)	研究报告	吕政(主编)	工业经济研究所	经济管理出版社	2000年
5	《中国经济通史》(先秦经济卷、秦汉经济卷、元代经济卷、明代经济卷)	专著	周自强 林甘泉 陈高华 王毓铨等	历史研究所	经济日报出版社	2000年

续表

序号	二等奖成果名称	成果形式	作者	单位	发表单位	发表时间
6	《经史之学与文史之学》	论文	胡宝国	历史研究所	《文史》	1999年第二辑
7	《新中国成立初年英国关于中国联合国代表权问题的政策演变》	论文	王建朗	近代史研究所	《中国社会科学》	2000年第3期
8	《从塾师、基督徒到王父：洪仁玕》	专著	夏春涛	近代史研究所	湖北教育出版社	1999年
9	《英美新殖民主义》	专著	张顺洪 孟庆龙 毕健康	世界历史研究所	社会科学文献出版社	1999年
10	《师赵村与西山坪》	专著	谢瑞琚	考古研究所	中国大百科全书出版社	1999年
11	《胶东半岛贝丘遗址环境考古》	专著	袁　靖	考古研究所	社会科学文献出版社	1999年
12	《唐宋词流派史》	专著	刘扬忠	文学研究所	福建人民出版社	1999年
13	《魏晋文学史》	专著	徐公持	文学研究所	人民文学出版社	1999年
14	《意志与超越——叔本华美学思想研究》	专著	金惠敏	文学研究所	中国社会科学出版社	1999年
15	《口传史诗诗学：冉皮勒〈江格尔〉程式句法研究》	专著	朝戈金	民族文学研究所	广西人民出版社	2000年
16	《柏拉图诗学和艺术思想研究》	专著	陈中梅	外国文学研究所	商务印书馆	1999年
17	《不对称和标记论》	专著	沈家煊	语言研究所	江西教育出版社	1999年
18	《处所词的领格用法与结构助词"底"的由来》	论文	江蓝生	院部	《中国语文》	1999年第2期
19	《自然语言逻辑研究》	专著	邹崇理	哲学研究所	北京大学出版社	2000年
20	*A Strategy of Clinical Tolerance for the Prevention of HIV and AIDS in China*(《中国艾滋病预防的宽容策略》)	论文	王延光	哲学研究所	*The Journal of Medicine and Philosophy*	Vol. 25. No. 1 2000年

续表

序号	二等奖成果名称	成果形式	作者	单位	发表单位	发表时间
21	《唐五代禅宗史》	专著	杨曾文	世界宗教研究所	中国社会科学出版社	1999年
22	《宗教社会学》	专著	戴康生 彭耀(主编)	世界宗教研究所	社会科学文献出版社	2000年
23	《较量——关于社会主义历史命运的战略沉思》	专著	李崇富	马克思列宁主义、毛泽东思想研究所	当代中国出版社	2000年
24	《中国物权法草案建议稿》	专著	梁慧星等	法学研究所	社会科学文献出版社	2000年
25	《民事证据研究》	专著	叶自强	法学研究所	法律出版社	1999年
26	《论西部大开发的法治保障》	研究报告	法学研究所课题组	法学研究所	中共中央第十一次法制讲座	2000年
27	《国有企业社会成本分析》	专著	李培林等	社会学研究所	社会科学文献出版社	2000年
28	《中华民族凝聚力的形成与发展》	专著	卢勋 杨保隆 罗贤佑 高文德等	民族学与人类学研究所	民族出版社	2000年
29	《壮语方言研究》	专著	张均如 梁敏 欧阳觉亚 郑贻青 李旭练 谢建猷	民族学与人类学研究所	四川民族出版社	1999年
30	《"西藏独立"是帝国主义侵略中国的产物》	论文	伍昆明	民族学与人类学研究所	《人民日报》(海外版)*CHINA DAILY*(中国日报)新华社英文电讯稿国际电台	1999年
31	《斯大林与冷战》	专著	张盛发	俄罗斯东欧中亚研究所	中国社会科学出版社	2000年
32	《WTO与中国企业国际化》	专著	鲁桐	世界经济政治研究所	中共中央党校出版社	2000年

续表

序号	二等奖成果名称	成果形式	作者	单位	发表单位	发表时间
33	《未来可能的排放空间分配及相关国际谈判发展趋势的跟踪研究》	研究报告	陈　迎	世界经济政治研究所	送交国家计委气候协调办公室	2000 年
34	《美国跨国公司的全球竞争》	专著	陈宝森	美国研究所	中国社会科学出版社	1999 年
35	《中美关系史》(1949～1972)	专著	陶文钊	美国研究所	上海人民出版社	1999 年
36	《多维视野中的非洲政治发展》	专著	张宏明	西亚非洲研究所	社会科学文献出版社	1999 年
37	《简明非洲百科全书》	工具书	葛　佶	西亚非洲研究所	中国社会科学出版社	2000 年
38	《简明西亚北非百科全书》	工具书	赵国忠	西亚非洲研究所	中国社会科学出版社	2000 年

序号	三等奖成果名称	成果形式	作者	单位	发表单位	发表时间
1	《经济转型与社会发展》	专著	冒天启 朱　玲 罗德明等	经济研究所	湖北人民出版社	2000 年
2	《中国经济通史》(清代经济卷上、中、下)	专著	方　行 经君健 魏金玉 (主编)	经济研究所	经济日报出版社	2000 年
3	《1953～1957 中华人民共和国经济档案资料选编》(共 9 卷)	资料整理	刘国光 王　刚 沈正乐 (主编)	院　部	中国物价出版社	1998 ～2000 年
4	《晚清财政与咸丰朝通货膨胀》	论文	张国辉	经济研究所	《近代史研究》	1999 年第 3 期
5	《中国国有企业改革与发展研究》	专著	陈佳贵 金　碚 黄速建 (主编)	院　部	经济管理出版社	2000 年
6	《21 世纪中西部工业发展战略》	专著	魏后凯 (主编)	工业经济研究所	河南人民出版社	2000 年
7	《产业组织经济学》	教材	金　碚 (主编)	工业经济研究所	经济管理出版社	1999 年

续表

序号	三等奖成果名称	成果形式	作者	单位	发表单位	发表时间
8	《中国工业化的进程、问题与出路》	论文	郭克莎	工业经济研究所	《中国社会科学》	2000年第3期
9	《控制权作为企业家的约束因素:理论分析及现实解释意义》	论文	黄群慧	工业经济研究所	《经济研究》	2000年第1期
10	《聚焦中国农村财政:格局、机理与政策选择》	专著	朱钢 张元红 张军等	农业发展研究所	山西经济出版社	2000年
11	《中国农业政策——理论框架与应用分析》	专著	李成贵	农业发展研究所	社会科学文献出版社	1999年
12	《农村金融与发展》	专著	何安耐 胡必亮 (主编)	农业发展研究所	经济科学出版社	2000年
13	《静悄悄的革命:中国农村土地制度变通问题研究》(《大变革中的乡土中国:农村组织与制度变迁问题研究》之一)	研究报告	刘小京	农业发展研究所	社会科学文献出版社	1999年
14	中国经济科学前沿丛书:《中国对外经贸理论前沿》、《中国财政理论前沿》、《中国金融理论前沿》、《中国商业理论前沿》	专著	杨圣明 刘溶沧 赵志耘 李扬 王松奇 郭冬乐 宋则(主编)	财政与贸易研究所	社会科学文献出版社	1999～2000年
15	《货币政策与财政政策的配合:理论与实践》	论文	李扬	财政与贸易研究所	《财贸经济》	1999年第11期
16	《扩大内需的财政——货币政策运用:经验、启示和进一步的对策探讨》	研究报告	刘溶沧	财政与贸易研究所	《财贸经济》	1999年第7期
17	《国民经济信息化:发展趋势、重大矛盾与政策建议》	内部报告	课题组	数量经济与技术经济研究所	上报中央财经领导小组办公室	2000年
18	《政策性贷款的激励研究》	论文	张昕竹	数量经济与技术经济研究所	《欧洲经济评论》	2000年第4期
19	《关于投入产出模型的比较静态分析——兼评Woods定理之误》	论文	曾力生	数量经济与技术经济研究所	《数量经济技术经济研究》	2000年第12期

续表

序号	三等奖成果名称	成果形式	作者	单位	发表单位	发表时间
20	《影子工资率对农户劳动供给水平的影响——对贫困地区农户劳动力配置的经验研究》	论文	都　阳	人口与劳动经济研究所	《中国农村观察》	2000年第5期
21	《伦理与生活——清代的婚姻关系》	专著	郭松义	历史研究所	商务印书馆	2000年
22	《彝族史要》(上、下)	专著	易谋远	历史研究所	社会科学文献出版社	2000年
23	《洪承畴长沙幕府与西南战局》	论文	杨海英	历史研究所	《燕京学报》	1999年第7期 2000年第8期
24	《太平天国与咸同政局》	论文	朱东安	近代史研究所	《近代史研究》	1999年第2期
25	《章士钊〈甲寅〉时期自由主义政治思想评析》	论文	邹小站	近代史研究所	《近代史研究》	2000年第1期
26	《论清末彩票》	论文	闵　杰	近代史研究所	《近代史研究》	2000年第4期
27	《中葡关系史资料集》	资料集	张海鹏	近代史研究所	四川人民出版社	1999年
28	《中世纪晚期和近代早期欧洲的寡妇改嫁》	论文	俞金尧	世界历史研究所	《历史研究》	2000年第5期
29	《美国农业劳动力向城市转移的特点》	论文	黄柯可	世界历史研究所	《世界历史》	2000年第3期
30	《偃师二里头》	专著	赵芝荃	考古研究所	中国大百科全书出版社	1999年
31	《试论偃师商城小城的几个问题》	论文	杜金鹏	考古研究所	《考古》	1999年第2期
32	《汉长安城桂宫二号建筑遗址发掘简报》	研究报告	西安汉城队	考古研究所	《考古》	1999年第1期 2000年第1期
33	《陕西西安唐长安城圜丘遗址的发掘》	研究报告	西安唐城队	考古研究所	《考古》	2000年第7期
34	《五代十国的辖区设治与军事戍防》	论文	林荣贵	中国边疆史地研究中心	《中国边疆史地研究》	1999年第4期

续表

序号	三等奖成果名称	成果形式	作者	单位	发表单位	发表时间
35	《共和国文学 50 年》	专著	杨匡汉 孟繁华 (主编)	文学研究所	中国社会科学出版社	1999 年
36	《文学理论现代性问题》	论文	钱中文	文学研究所	《文学评论》	1999 年第 2 期
37	《文化研究:后—后结构主义时代的来临》	论文	陈晓明	文学研究所	《文化研究》	2000 年创刊号
38	《现代性论争中的民间文学》	论文	吕 微	文学研究所	《文学评论》	2000 年第 2 期
39	《乾嘉时期文艺学的格局》	论文	钱 竞	文学研究所	《文学评论》	1999 年第 3 期
40	《玛纳斯论》	专著	郎 樱	民族文学研究所	内蒙古大学出版社	1999 年
41	《书写材料与中印文学传统》	论文	黄宝生	外国文学研究所	《外国文学评论》	1999 年第 3 期
42	《爱德华·萨伊德〈东方主义〉和后殖民主义》	论文	陆建德	外国文学研究所	《国际文化思潮评论》	1999 年
43	《艳情诗与神学诗》	译著	傅 浩	外国文学研究所	中国对外翻译出版社	1999 年
44	《试论汉语动态助词的形成过程》	论文	曹广顺	语言研究所	《东方语言学报》	1999 年
45	《词的意义、结构的意义与词典释义》	论文	谭景春	语言研究所	《中国语文》	2000 年第 1 期
46	《维特根斯坦》	专著	江 怡	哲学研究所	湖南教育出版社	1999 年
47	《走进分析哲学》	专著	王 路	哲学研究所	三联书店	1999 年
48	《从仁的四个层面看普遍伦理的可能性》	论文	蒙培元	哲学研究所	《中国哲学史》	2000 年第 4 期
49	《关于构建"中国创新体系(CIS)"的若干重要问题的报告》	研究报告	李鹏程 张晓明 李河等	哲学研究所	呈送党中央、国务院	2000 年
50	《近现代伊斯兰教思潮与运动》	专著	吴云贵 周燮藩	世界宗教研究所	社会科学文献出版社	2000 年
51	《20 世纪 90 年代国际政治中的伊斯兰》	研究报告	金宜久 吴云贵	世界宗教研究所	内部发行	2000 年

续表

序号	三等奖成果名称	成果形式	作者	单位	发表单位	发表时间
52	《京剧·跷和中国的性别关系》(1902～1937)	专著	黄育馥	文献信息中心	三联书店	1998 年
53	《世贸组织的法律制度》	专著	赵维田	法学研究所	吉林人民出版社	2000 年
54	《法治是什么？——渊源、规诫与价值》	论文	夏　勇	法学研究所	《中国社会科学》	1999 年第 4 期
55	《因特网上的犯罪及其遏制》	论文	屈学武	法学研究所	《法学研究》	2000 年第 4 期
56	《物权法的基本范畴及主要制度反思》	论文	孙宪忠	法学研究所	《中国法学》	1999 年第 5、6 期
57	《权利与正义——康德政治哲学研究》	专著	李　梅	政治学研究所	社会科学文献出版社	2000 年
58	《缺席与断裂》	专著	渠敬东	社会学研究所	上海人民出版社	1999 年
59	《世纪之交的城乡家庭》	专著	沈崇麟等	社会学研究所	中国社会科学出版社	1999 年
60	《社会科学成果价值评估》	专著	卜　卫 刘晓红等	新闻与传播研究所	社会科学文献出版社	1999 年
61	《世纪之交我国民族问题的基本态势及进一步促进民族团结研究》	研究报告	王希恩 张世和 郑信哲 周竞红 孙　懿	民族学与人类学研究所	上报社科规划办	2000 年
62	《西夏唐卡中的双身图像的内容与年代分析》	论文	谢继胜	民族学与人类学研究所	《艺术史研究》	2000 年第二辑
63	《资源与交换——中国单位组织中的依赖性结构》	论文	李汉林等	社会学研究所	《社会学研究》	1999 年第 4 期
64	《中俄战略伙伴关系及其美国因素》	论文	李静杰	俄罗斯东欧中亚研究所	《东欧中亚研究》	2000 年第 3 期
65	《俄罗斯经济转轨评析》	论文	许　新	俄罗斯东欧中亚研究所	《东欧中亚研究》	2000 年第 4 期
66	《俄罗斯利益集团》	专著	董晓阳	俄罗斯东欧中亚研究所	当代世界出版社	1999 年
67	《综合安全观及对我国安全的思考》	论文	张蕴岭	亚洲太平洋研究所	《当代亚太》	2000 年第 1 期

续表

序号	三等奖成果名称	成果形式	作者	单位	发表单位	发表时间
68	《印度的发展及其对外战略》	专著	孙士海	亚洲太平洋研究所	中国社会科学出版社	2000年
69	《国际经济规则与企业竞争方式的变化》	论文	李向阳	世界经济与政治研究所	《国际经济评论》	2000年第6期
70	《干涉主义及相关理论问题》	论文	李少军	世界经济与政治研究所	《世界经济与政治》	1999年第10期
71	《经济全球化与国家主权让渡和维护》	论文	王金存	世界经济与政治所	《中国宏观经济研究》	2000年第4期
72	《日本新时期国家安全战略浅析》	论文	张进山	日本研究所	《日本学刊》	2000年第4期
73	《美国强盛之道》	论文	资中筠	美国研究所	《学术界》	2000年第6期
74	《“美国例外论”与美国的外交政策传统》	论文	周　琪	美国研究所	《中国社会科学》	2000年第6期
75	《非洲大湖地区国家关系演变探析》	论文	吴增田	西亚非洲研究所	《西亚非洲》	1999年第5期
76	《坦桑联合过程及经验的研究》	内部报告	温伯友等	西亚非洲研究所	内部发表	2000年
77	《拉丁美洲的经济发展》	专著	苏振兴	拉丁美洲研究所	经济管理出版社	2000年
78	《伯克、卢梭与法国大革命》	论文	陈志瑞	欧洲研究所	《史学月刊》	1997年第5期
79	《论欧洲联盟的社会政策》	论文	田德文	欧洲研究所	《欧洲》	2000年第4期

十七 2002年中国社会科学院科研成果追加奖励项目一览表

序号	成果名称	成果形式	作者	单位	发表单位	发表时间	获奖名称	授奖单位	获奖时间
1	《清代漕运》	专著	李文治 江太新	经济研究所	中华书局	1995年	国家社会科学基金项目二等奖	全国哲学社会科学规划领导小组	1999年
2	《甲骨学一百年》	专著	王宇信等	历史研究所	社会科学文献出版社	1999年	第八届全国精神文明建设五个一工程入选作品奖	中共中央宣传部	2001年
3	《谁在制造谎言——评日本右翼的军国主义史观》	论文	荣维木	近代史研究所	《求是》杂志社	2000年	第八届全国精神文明建设五个一工程入选作品奖	中共中央宣传部	2001年
4	《中国边疆经略史》	专著	马大正	中国边疆史地研究中心	中州古籍出版社	2000年	第八届全国精神文明建设五个一工程入选作品奖	中共中央宣传部	2001年
5	《华夏审美风尚史》	专著	许　明 彭亚非等	文学研究所	河南人民出版社	2000年	第五届国家图书奖	国家新闻出版总署	2001年
6	《新中国文学五十年》	专著	张炯等	文学研究所	山东教育出版社	1999年	第五届国家图书奖提名奖	国家新闻出版总署	2001年
7	《西方马克思主义理论研究》	专著	徐崇温	哲学研究所	海南出版社	2000年	第八届全国精神文明建设五个一工程入选作品奖	中共中央宣传部	2001年

续表

序号	成果名称	成果形式	作者	单位	发表单位	发表时间	获奖名称	授奖单位	获奖时间
8	《家园——文化建设论纲》	专著	李德顺 孙伟平	哲学研究所	黑龙江教育出版社	2000年	第五届国家图书奖提名奖	国家新闻出版总署	2001年
9	《社会主义历史、理论与现实》	专著	靳辉明(主编)	马列主义毛泽东思想研究所	安徽人民出版社	2000年	第八届全国精神文明建设五个一工程入选作品奖	中共中央宣传部	2001年
10	《中国少数民族革命史》	专著	方素梅 蔡志纯等	民族学与人类学研究所	广西民族出版社	2000年	第五届国家图书奖提名奖	国家新闻出版总署	2001年
11	《就业与制度变迁》	专著	李培林等	社会学研究所	浙江人民出版社	2000年	第五届国家图书奖提名奖	国家新闻出版总署	2001年
12	《高处不胜寒——冷战后美国的全球战略和世界地位》	专著	王辑思	美国研究所	世界知识出版社	1999年	第五届国家图书奖提名奖	国家新闻出版总署	2001年

第　十　编

大　事　记

2002年中国社会科学院大事记

一 月

1.4 院党组书记、院长李铁映主持召开第60次院党组会议。会议审议了院工作会议文件——《关于中国社会科学院2001年工作总结和2002年工作要点》、院直属机关党委2002年工作要点、院2002年度经费预算方案、院机构调整方案，听取了关于中央交办的有关重大研究课题进展情况的汇报。

1.5 副院长江蓝生受李铁映院长委托，出席由中国法国文学研究会、法国大使馆等中外19个单位联合在京举行的雨果诞生200周年纪念大会并讲话。

1.12 副院长朱佳木、高全立，秘书长朱锦昌前往北京图书馆，参加由国家机关工委、文化部、中国社会科学院联合主办的“部级领导干部历史文化”讲座首场讲座。

1.14 院党组书记、院长李铁映主持召开第61次院党组会议。中纪委驻院纪检组组长、院党组成员林文肯通报了全院党员第二轮推选党的十六大代表候选人预备人选和中央国家机关党代会代表人选的情况。会议一致通过了第二轮选举结果，并决定按照第二轮选举的结果上报。

1.14~1.15 中国社会科学院2002年工作会议在院社科会堂举行，院长李铁映出席大会并作题为《发展社会科学，迎接十六大》的重要讲话；副院长王洛林在会上就2001年工作回顾和2002年工作要点作报告。副院长李慎明主持大会，江蓝生、朱佳木、高全立副院长，中纪委驻院纪检组组长林文肯、秘书长朱锦昌出席会议。王忍之、汝信等原院领导和中国工程院副院长王淀佐及中组部、中央党校、财政部、人事部、审计署的有关负责同志出席了大会开幕式。我院学术委员会委员，各研究所在职研究员、研究室主任，职能部门、直属单位处以上干部，离退休职工代表，青年科研人员代表，各民主党派、无党派人士代表800余人参加了大会。

1.16 《中国文化产业蓝皮书》首发式暨“中国文化产业形势分析与预测”研讨会在院社科会堂举行。副院长、《中国文化产业蓝皮书》主编江蓝生出席会议并讲话。

1.17 副院长王洛林会见应外交部邀请来院访问的日本外务副大臣杉浦正健。

1.18~1.20 副院长兼当代中国研究所所长朱佳木率该所处以上干部到中央档案馆、中央文献研究室和中央党史研究室参观学习。中央档案馆馆长毛福民，中央文献研究室副主任金冲及、冷溶、杨胜群，中央党史研究室主任孙英和副主任王伟华、谷安林，以及有关部门负责人与朱佳木一行进行了工作交流。

1.21 挪威首相邦德维克先生访问我院，并在院社科会堂发表了题为“中挪合作——迎接全球性挑战”的演讲。副院长李慎明出席并致辞。

院党组召开院属单位党委书记会议。院党组副书记、副院长、直属机关党委书记李慎明传达了全国宗教工作会议和全国宣传部长会议精神。院党组成员、副院长高全立传达了中央国家机关工委关于做好当前稳定工作的有关精神。院属各单位党委书记、党办主任、人事处长、部分老同志、老干部支部书记近100人参加了会议。

1.23～1.25 中央纪律检查委员会第七次全体会议在北京举行。中纪委委员、原中纪委驻院纪检组组长李英唐，中纪委驻院纪检组组长林文肯参加了会议。

1.24 副院长、中国地方志指导小组常务副组长朱佳木先后到福建社科院、福建地方志编纂委员会与有关领导同志进行座谈。

埃及总统穆巴拉克的夫人苏珊·穆巴拉克来我院访问并在社科会堂发表演讲。演讲会由副院长江蓝生主持。

1.25 副院长王洛林主持召开2002年第一次院务会议，听取各职能局负责人关于2002年工作要点和有关整改意见的汇报，并对有关问题进行了研究。副院长李慎明、江蓝生、陈佳贵、高全立，秘书长朱锦昌出席了会议，副秘书长、院党组成员及各职能部门主要负责同志列席了会议。

副院长高全立出席院2001年度防火工作总结表彰会并讲话。

1.29 应院长李铁映的邀请，国防大学校长邢世忠上将在我院党组理论学习中心组扩大学习报告会上作题为“迎接世界军事变革的挑战，加速国防和军队现代化建设”的报告。院党组副书记、副院长李慎明主持报告会。院党组成员、院老领导、院学术委员会委员、在我院工作的全国人大代表和政协委员及院属各单位代表近700人参加了报告会。

1.30 中国地方志指导小组办公室召开全体工作人员会议，院党组成员、副院长、中国地方志指导小组常务副组长朱佳木代表院党组宣布了中国社会科学院党组对指导小组所属机构体制改革的决定和指导小组秘书长、副秘书长及办公室主任、副主任的任免决定，并就地方志办公室的体制改革和当前工作作了报告。

1.31 院党组副书记、副院长、直属机关党委书记李慎明率副秘书长、党组办公室主任秦其明和直属机关党委主要负责同志到中央国家机关工委拜访。党工委副书记臧献甫和工委组织部部长马志鹏、副部长吴汉圣接待了李慎明等同志。

1.31～2.1 院长李铁映在秘书长朱锦昌陪同下到李力安、王忍之、杨绛、郁文等同志家中看望，并前往北京医院看望了因病住院的马洪同志。随后，又在副院长江蓝生、秘书长朱锦昌的陪同下看望了梅益同志。

二 月

2.2 副院长陈佳贵出席由经济科学出版社主办，我院经济研究所、世界经济与政治研究所等单位协办的首都经济学家2002年度新春联谊会并讲话。

2.4 院长李铁映和副院长江蓝生、陈佳贵、高全立，中纪委驻院纪检组组长林文肯，秘书长朱锦昌，前往当代中国研究所调研。副院长兼当代中国研究所所长朱佳木主持召开所职工大会，李铁映在会上发表重要讲话。

院世经政所与日本北海学园东北亚研究交流中心共同举办“北京、札幌、台北、香港四地”电视研讨会。副院长王洛林和日本北海学园理事长森本正夫出席会议。

2.5　院党组书记、院长李铁映主持召开第 62 次院党组会议。此次会议是院党组的民主生活会。会上，每位党组成员都认真总结了自己的思想和工作情况，检查了个人存在的缺点和不足。

院文献信息中心和中国学术期刊电子杂志社联合研制开发的《中国人文社会科学引文数据库》(2000 版)（光盘）验收会在院社科会堂召开。会议听取了数据库研制报告和技术测试报告，进行了系统功能演示。

院党组成员、秘书长、院保密委员会主任朱锦昌主持召开了 2002 年院保密委员会第一次会议。会议传达了罗干同志在中保委第五次会议上的讲话和全国保密局长、保密办主任会议精神，增补办公厅副主任黄晓勇为院保密委员会副主任。

2.19~21　院经济学科片在院社科会堂召开 2002 年工作会议。副院长王洛林主持会议并就如何贯彻落实院工作会议精神讲话。

2.22　院党组理论学习中心组在院社科会堂举行扩大学习报告会，外经贸部副部长龙永图作了题为“入世后我国面临的形势及将要采取的应对措施”的报告。报告会由院党组成员、副院长陈佳贵主持。院老领导，院学术委员会委员，在我院工作的全国人大代表和政协委员，各所领导、党委委员、党办主任、副研以上党员代表，处以上离退休干部和院直机关处以上干部，院青年研究中心理事近 700 人出席了报告会。

院党组书记、院长李铁映主持召开第 63 次院党组会议。会议审议并通过了将于 2 月 28 日召开的全院纪检监察工作会议的文件。会议还研究决定，我院党风廉政建设协调领导小组和全院精神文明建设协调领导小组的工作，由院党组成员、中纪委驻院纪检组长林文肯牵头负责。

2.23　副院长朱佳木、高全立，秘书长朱锦昌参加由国家机关工委、文化部、中国社会科学院在国家图书馆联合主办的“部级领导干部历史文化讲座”第二次讲座。

2.23~24　副院长江蓝生、陈佳贵出席院国际片在院社科会堂举行的年度“国际形势”研讨会并讲话。

2.25　副院长江蓝生在院外宾接待室会见斯洛文尼亚教育、科学和体育部长露西娅·乔可博士一行。

2.27　院老干部工作局在院社科会堂召开 2002 年度工作会议。副院长高全立、秘书长朱锦昌出席会议并讲话。院属各单位分管老干部工作的领导、专兼职老干部工作人员、离退休干部支部书记和院老干部工作联系小组成员 150 余人参加了会议。

2.28　院 2002 年纪检监察工作会议在院社科会堂举行。院党组书记、院长李铁映出席会议并发表重要讲话。院党组副书记、副院长王洛林代表院党组讲话，中纪委委员李[illegible]唐出席会议并讲话。会议由院党组副书记、副院长李慎明主持，院党组成员、中纪[illegible]驻院纪检组组长林文肯作工作报告。院党组成员、副院长江蓝生、陈佳贵、朱佳[illegible]高全立，院党组成员、秘书长朱锦昌，院党组成员、副秘书长何秉孟，院党组[illegible]寅、黄浩涛出席会议，中纪委宁延令，国家审计署科学工程审计局局长李季[illegible]席。院直属机关党委常务副书记、院属各单位党委书记、院职能部门主要负[illegible]

总支（支部）书记、院直属机关纪委成员、院属各单位的纪检组（行政监察组）组长等140余人参加了会议。

三 月

3.1 院党组书记、院长李铁映主持召开第64次院党组会。院党组副书记、副院长、直属机关党委书记李慎明传达了江泽民同志在省部级主要领导干部“国际形势与世贸组织”专题研究班座谈会上的重要讲话和朱镕基同志、钱其琛同志的讲话精神。会议就我院贯彻落实江泽民等中央领导同志的讲话精神作出部署。会议听取了院人事教育局关于“中国社会科学院人才工程纲要”（草案）的汇报；审议并原则通过了我院拟报送有关部门“关于解决我院部分知名老专家和学科带头人待遇偏低等问题的请示”。

院党组书记、院长李铁映，党组副书记、副院长王洛林、李慎明与即将参加“两会”的我院全国人大代表和全国政协委员座谈，讨论如何认真学习深入贯彻江泽民同志“八七”讲话精神，加快发展我国哲学社会科学事业，以及如何办好中国社会科学院等问题。

3.4 日本驻华大使馆在院社科会堂举行向我院定点扶贫的陕西丹凤县赠款77万人民币的签字仪式。院学术委员会秘书长、中日历史研究中心副主任郭永才出席签字仪式。

3.4～3.6 副院长兼当代中国研究所所长朱佳木出席当代中国所在房山区召开的《中华人民共和国简史》大纲研讨会并讲话。

3.6 中共中央政治局委员、院长李铁映在钓鱼台国宾馆会见并宴请德国前国务秘书冷格尔一行。

3.7 副院长王洛林在院外宾接待室会见澳门基金行政委员会主席吴荣恪一行。

院妇工委在院社科会堂召开纪念“三八”妇女节“岗位见风采、家庭献真情”暨表彰大会，院党组副书记、副院长、院直属机关党委书记李慎明出席会议并讲话。院女干部、女研究人员170余人出席了会议。

3.8 副院长高全立出席院服务中心在院社科会堂召开的2002年服务经营管理工作会议。

3.12 院党组理论学习中心组在院社科会堂举行学习扩大报告会，财政部部长项怀诚作了题为“我国财政政策与发展状况”的报告。院党组书记、院长李铁映，院党组副书记、副院长王洛林，院党组成员、副院长江蓝生、高全立，院党组成员、中纪委驻院纪检组组长林文肖，院党组成员、秘书长朱锦昌，院党组成员何秉孟、武寅、黄浩涛出席。报告会由院党组副书记、副院长李慎明主持。院老领导，院学术委员会委员，在我院工作的全国人大代表和政协委员，所局领导，所党委委员、党办主任、副研以上党员研究人员代表，处以上离退休干部，院青年研究中心理事和院直机关处级干部700余人参加了报告会。

院办公厅召开中国社会科学院2002年信息工作会议。副院长王洛林、秘书长朱锦昌出席会议并讲话。欧亚所、亚太所等10个单位被评为信息报送先进集体；科研局、文献中心等10个单位被评为2001年供稿先进集体。副秘书长何秉孟及院属各单位主管科研的领导、科研处长、《院报》通讯员等参加了会议。

中国社会科学院亚洲研究中心揭牌仪式在院社科会堂举行。副院长王洛林和韩国高等教育财团事务总长金在烈等出席并致辞。

3.14 副院长王洛林在院外宾接待室会见埃及驻华大使穆罕穆德·努曼。

3.15 院直属机关党委、党组办公室和老干部工作局在院社科会堂联合召开院离退休干部党支部书记工作会议。院党组副书记、副院长、直属机关党委书记李慎明出席会议并讲话。院副秘书长秦其明、院属各单位党委委员、离退休干部党支部书记和支部委员120余人出席了会议。

院农村发展研究所在院社科会堂召开《2001～2002中国农村经济分析与预测》、《中国农村发展研究报告 .3 》出版新闻发布会。副院长王洛林出席会议并讲话。

3.16 中共中央政治局委员、院长李铁映在达园宾馆会见了前来参加“中日资深外交家恳谈会”的日本资深外交家代表团全体成员。朱锦昌秘书长陪同。

3.18 副院长王洛林在院外宾接待室会见了以土耳其外交部次长森加尔·厄兹索依为团长的土耳其政府文化代表团。

副院长陈佳贵在院外宾接待室会见了德国大学校长联席会议代表团一行。

院世界经济与政治研究所在院社科会堂举行授予美国哥伦比亚大学教授、诺贝尔奖获得者蒙代尔博士中国社会科学院名誉教授暨世界经济与政治研究所名誉研究员仪式。副院长王洛林出席并致辞。

3.21 院社会学所主办的“民工流动：现状、趋势和对策”研讨会在院社科会堂举行。副院长李慎明出席会议并讲话。

3.22 副院长高全立、中纪委驻院纪检组组长林文肯出席院服务中心机关党委在密云绿化基地召开的2002年党务工作会议并讲话。院有关单位负责人参加了会议。

院环境与发展研究中心在院社科会堂召开“文化遗产保护和经营”研讨会。副院长江蓝生出席会议并讲话。

3.25 院党组在院社科会堂召开院属各单位处级以上党员领导干部会议，部署学习贯彻全国人大和全国政协会议精神。院党组成员、秘书长朱锦昌出席并讲话。

3.26 院首次网络信息化工作会议在院社科会堂召开。院长、院信息化领导小组组长李铁映出席大会并作重要讲话。副院长、院信息化领导小组副组长陈佳贵作题为“建好网，管好网，用好网——把我院的信息化工作不断推向前进”的报告，并与院秘书长、院信息化领导小组副组长朱锦昌分别主持上下午大会。副院长李慎明、江蓝生、朱佳木、高全立，中纪委驻院纪检组组长林文肯出席大会。国务院信息化领导小组办公室副主任曲维枝应邀出席并讲话。朱锦昌宣读了院信息化领导小组“关于中国社会科学院第一次所（局）网页评比的奖励决定”。出席会议的领导为获奖单位颁发了证书和奖金。各所、局长和分管网络信息化的所、局领导以及部分工作人员200余人出席了大会。

3.27 副院长李慎明、秘书长朱锦昌、副秘书长秦其明率我院部分专家学者到国家广电总局，与广电总局及中央广播电台、中国国际广播电台、中央电视台的负责同志就如何发挥各自优势，进一步加强合作，为宣传、贯彻党的路线方针政策，为促进社会主义精神文明建设，为提高全民族科学文化素质作出更大贡献等问题进行座谈。

3.28 院长李铁映、副院长王洛林、李慎明、江蓝生、陈佳贵、朱佳木、高全立，中纪委驻院纪检组组长林文肯，秘书长朱锦昌及院各职能部门的主要负责同志和文献信息中心的同志参加院图书馆的搬迁劳动。

3.28 副院长王洛林在院外宾接待室会见日本内阁府经济社会综合研究所所长滨田宏一等人。

菲律宾驻华大使卫和世应邀到院亚太所作关于中菲关系及菲律宾对外政策的报告。

3.29 副院长李慎明在院外宾接待室会见国际社会学机构主席拉斐尔一行。

3.29～4.1 副院长李慎明应日本环日本海经济研究所（ERINA）和韩国能源经济研究所（KEEI）的邀请，出席在汉城召开的"东北亚能源安全与可持续发展"国际学术研讨会。

3.30 副院长江蓝生、朱佳木，秘书长朱锦昌参加中央国家机关工委、文化部和中国社会科学院联合在北京图书馆分馆举办的"部级领导干部历史文化讲座"第三讲。

四　月

4.1 中共中央政治局委员、院长李铁映出席"半月谈思想政治工作创新奖"表彰颁奖会并发表讲话。并在中宣部副部长高俊良、新华社副社长何平、副院长江蓝生、秘书长朱锦昌及我院科研局局长黄浩涛等陪同下考察新华通讯社的网络信息化建设。

4.3 中日部分经济学家在院社科会堂举行研讨会，围绕中日金融机构不良债权、中日宏观经济政策等问题进行讨论。副院长王洛林主持并讲话。

院扶贫领导小组召开会议，对2001年院扶贫工作进行总结并研究制定2002年工作计划。副院长、院扶贫工作领导小组组长高全立出席并讲话。

4.4～4.10 中共中央政治局委员、院长李铁映一行先后到陕西和四川等地进行考察。

4.8 院台湾史研究室在近代史研究所宣布成立。副院长兼当代中国研究所所长朱佳木到会祝贺并讲话。

4.9～11 院秘书长朱锦昌出席世界历史研究所在京举行的"美、欧、俄对外战略与中国"国际学术讨论会开幕式并讲话。

4.11 副院长王洛林在院外宾接待室会见前台湾"行政院院长"李焕率领的台湾孔孟学会参访团。

4.11～12 院工会在院社科会堂召开2002年工会主席会议。副院长兼院工会主席高全立出席会议并讲话。

4.15 院党组书记、院长李铁映主持召开第65次院党组会。会议听取了中央组织部干部考察组关于来院进行有关干部考察工作的通报，传达了中央有关文件和会议精神。讨论了研究生院新址的调整方案，决定将研究生院新址由原通州区调整到房山区良乡北京市高校园区。会议还讨论通过了有关干部人事任免事项。

4.16 副院长王洛林、江蓝生，中纪委驻院纪检组组长林文肯，秘书长朱锦昌等院领导到房山区良乡考察研究生院新址。

4.18 院科研局在院社科会堂召开“入世后中国的经济形势”研讨会。院长李铁映到会并发表重要讲话。

4.22 中共中央政治局委员、院长李铁映在副院长李慎明、高全立，秘书长朱锦昌陪同下到正在建设中的房山区良乡北京市高教园区视察，北京市委副书记龙新民陪同。

4.24 副院长朱佳木在当代中国研究所会见了俄罗斯科学院远东研究所中国历史研究室主任兼《远东问题》主编高黎明等人。

4.25 副院长高全立在院外宾接待室会见了以伊里·波帕院长为团长的阿尔巴尼亚科学院代表团。

院党组理论学习中心组在院社科会堂召开扩大学习报告会，邀请中国人民解放军军事科学院前院长刘精松上将作题为“美国的国家战略和台湾问题”的报告。会议由院党组副书记、副院长李慎明主持。院党组成员、副院长高全立，院党组成员、秘书长朱锦昌出席了报告会。院老领导、院学术委员会委员、在我院工作的全国人大代表、政协委员和所局领导、离退休老同志、青年中心理事等参加了会议。

4.26 副院长陈佳贵在院外宾接待室会见香港岭南大学代表团。

4.27 副院长李慎明和我院部分专家学者前往新华通讯社，就进一步加强社会科学领域宣传报道的合作，与新华社有关领导及部门负责同志进行座谈。

4.28 院长李铁映到南京进行学术调研。

院长、院信息化工作领导小组组长李铁映，副院长、院信息化工作领导小组副组长陈佳贵，秘书长、院信息化工作领导小组副组长朱锦昌，出席了院网络中心在院社科会堂召开的院信息开发与应用试点单位方案论证会。陈佳贵副院长在论证会结束时讲话。

副院长李慎明出席院青年人文社会科学研究中心为纪念中国共产主义青年团成立80周年在院社科会堂举行的“树立良好学风，推进理论创新”座谈会并讲话。

4.29 院世界经济与政治研究所与联合国贸易与发展会议共同举办联合国贸易与发展会议《2002年贸易和发展报告》新闻发布会。副院长王洛林出席并讲话。

4.30 院党组书记、院长李铁映主持召开第66次院党组会议。会议听取了研究生院有关新址工作进展情况的汇报和李铁映等赴陕西、四川、湖北、江苏四省考察和召开理论座谈会有关情况的介绍。会议讨论了暑期工作会议的筹备方案，并决定于2002年8月4～11日，在我院北戴河培训中心召开暑期工作会议。会议讨论并原则通过了关于研究所党委增补（免）委员的工作程序；讨论通过了有关干部人事任免事项。

我院举行中国社会科学院图书馆落成揭幕仪式。院长李铁映，建设部部长汪光焘，财政部副部长张佑才，国家新闻出版总署副署长于永湛，中国科学院党组副书记郭传杰，国家图书馆馆长任继愈，文化部原副部长徐文伯，我院副院长王洛林、李慎明、陈佳贵、朱佳木、高全立，中纪委驻我院纪检组组长林文肯，院特邀顾问刘国光，院原领导汝信、龙永枢、李英唐等出席揭幕式。李铁映和汪光焘共同为图书馆揭幕。副院长江蓝生代表院领导讲话。揭幕式由秘书长朱锦昌主持。

五　月

5.8　副院长王洛林在院外宾接待室会见土耳其高等教育理事会代表团一行。

5.15　院长李铁映出席院文化中心在京举行的“加入WTO对中国文化的影响及其对策”研讨会并作重要讲话。

5.16　我院与美国密苏里大学联合主办的“中国加入WTO与全球经济”国际研讨会在院社科会堂举行。副院长王洛林出席并讲话。

5.17　院党组书记、院长李铁映主持召开第67次院党组会议。会议听取了有关修改《中国社会科学院关于实施人才工程的意见》的情况汇报与开展我院学风建设调研工作的情况汇报；审议通过了《关于信息化工作情况与意见》、《关于加强我院学习与宣传工作的若干意见》、《关于院党组办公室的工作职责》以及第三届院工会主席、副主席及其常委的候选人人选建议案。会议对2001年以来院领导牵头完成的13项重大课题进行了总结，并讨论了课题成果的发表形式。

院邓小平理论研究中心和文学研究所在院社科会堂联合举办“纪念毛泽东同志《在延安文艺座谈会上的讲话》发表60周年”理论座谈会。副院长李慎明主持并讲话。

副院长李慎明在院外宾接待室会见古巴科技环境部副部长得娜·多明戈斯女士一行。

5.18　副院长朱佳木出席中国人民大学举办的“中国人文社会科学论坛2002”开幕式并致辞。

5.21　中共中央政治局委员、院长李铁映出席江苏社会科学院在南京主持召开的2002年全国社会科学院院长联席会议并作重要讲话。副院长江蓝生、秘书长朱锦昌出席了会议。

副院长陈佳贵在院外宾接待室会见来我院演讲的德国司法部长、德国社会民主党主席赫尔塔·多伊布勒—格梅林女士。

5.22　副院长李慎明在院外宾接待室会见俄罗斯莫斯科知识界—实业俱乐部执行主任米哈依尔·伊万诺维奇·科金一行。

5.22～24　老干部工作局举办院离退休干部工作研讨会。副院长高全立出席会议并讲话。

5.23　中共中央政治委员、院长李铁映在京会见俄罗斯知识界—实业俱乐部执行主任米哈依尔·伊万诺维奇·科金一行。

5.24　副院长陈佳贵在院外宾接待室会见台湾基金会访问团。

5.27　院第二届优秀期刊评奖委员会召开第二次会议，副院长江蓝生出席并就本届优秀期刊评奖的指导思想和工作原则发表讲话。会议对40种候选期刊进行了集体评议，并投票评选出拟授奖的优秀期刊18种、优秀期刊一等奖10种。

院长李铁映在院外宾接待室会见来我院演讲的2000年诺贝尔经济学奖获得者、美国加州大学伯克利分校经济系教授麦克法登。

5.28　中共中央政治局委员、院长李铁映应邀出席在人民大会堂举行的中国科学院第十一次院士大会、中国工程院第六次院士大会。

5.29 院党组办在院社科会堂举办首期"双周论坛"。院长李铁映应邀到会就"劳动价值和劳动价值论问题"作报告。

副院长陈佳贵在院外宾接待室会见突尼斯驻华大使哈姆迪。

院党组向院属各单位下发了《关于加强我院学习与宣传工作的若干意见》，要求各单位进一步深入学习、研究、宣传"三个代表"重要思想，以理论学习与宣传推动我院各项工作的开展。为加强领导和协调，院党组决定成立"学习与宣传工作领导小组"，李慎明任组长，朱锦昌任副组长。负责研究制定全院政治理论学习和新闻宣传工作计划。

5.30 中共中央政治局委员、院长李铁映在院外宾接待室会见俄罗斯驻华大使罗高寿。副院长李慎明、陈佳贵等陪同会见。

副院长王洛林在院部会见并宴请了美国纽约大学政治学教授熊玠。

六 月

6.3 副院长王洛林出席在院社科会堂举行的我院与日本经济同友会交流演讲会并致辞。

6.11 中共中央政治局委员、院长、影片《中华文明》特邀顾问李铁映在副院长江蓝生、秘书长朱锦昌和国家广电总局局长徐光春，中央电视台副台长王庚年，国家电影事业管理局局长刘建中，国家文物局局长张文彬、副局长张柏陪同下出席大型电影纪录片《中华文明》第一、第四部的审片工作。

副院长李慎明出席由人事教育局在院社科会堂召开的"人才工程"研讨会并讲话。

6.12 中共中央政治局委员、院长李铁映在我院中央文献研究室主任逄先知、文化部部长孙家正、副院长江蓝生等陪同下，到中国革命博物馆参观了由文化部和中央文献研究室为纪念毛泽东《在延安文艺座谈会上的讲话》发表60周年共同举办的《毛泽东与文艺》大型展览。

6.14 党组书记、院长李铁映主持召开第68次院党组会议。会议认真学习了江泽民总书记"五三一"重要讲话，并就全院学习贯彻"讲话"精神进行了研究。会议听取了关于我院"两重一奖"评选工作的汇报、关于院机构改革工作的汇报、关于两个联合党委分离工作的情况汇报，并讨论了人事问题。会议审议并原则通过了《院直属机关党委暂行条例》。

副院长王洛林在院外宾接待室会见伊朗费尔多希大学校长白厄礼和拉扎维伊斯兰大学校长费赞尼。

6.15 中共中央政治局委员、院长李铁映，副院长朱佳木，秘书长朱锦昌参加在国家图书馆文津街分馆举行的由中央国家机关工委、文化部、中国社会科学院主办，国家图书馆承办的"部级领导干部历史文化讲座"第六讲。

6.17~6.29 院长李铁映为团长，副院长李慎明为副团长的中国社会科学院代表团应邀赴俄罗斯访问。

6.21~6.22 院保密委员会在我院密云绿化基地召开第二次会议。院秘书长、保密委员会主任朱锦昌同志出席会议并讲话。会议总结了上半年工作，部署了下半年的工作，并研究了关于确定我院保密要害部门、要害部位的有关工作。

6.24 江蓝生副院长在院外宾接待室会见突尼斯妇女和家庭事务部部长纳齐哈·本·耶德尔。

副院长高全立赴北戴河，出席河北省委宣传部和河北省社科院联合主办的全国社科院系统邓小平理论研究中心工作会议暨"'三个代表'重要思想对马克思主义的丰富与发展理论"研讨会开幕式并讲话。

6.26 我院民营经济研究中心在京举行"中国民营经济发展论坛：2002 高层沙龙"，副院长、民营经济研究中心顾问王洛林出席会议。

6.27 院党组书记、院长李铁映主持召开第 69 次院党组会议。会议听取了中国社会科学院建院 25 周年成果展筹备工作和活动方案（草案）的汇报；研究部署了中国社会科学院建院 25 周年庆祝活动的各项筹备工作。会议决定成立"院庆 25 周年筹备工作领导小组"，李铁映任组长，院党组成员为领导小组成员。

6.27～7.6 副院长朱佳木率中国社会科学院代表团赴英参加英国学术院百年院庆学术研讨会。

七　月

7.9 院召开"以'三个代表'重要思想为指导，加强研究党建工作和领导班子建设"座谈会。院党组副书记、副院长王洛林、李慎明出席会议并讲话。

7.10 院长李铁映，副院长李慎明、高全立，秘书长朱锦昌出席当代中国研究所图书档案资料楼落成暨 12 周年所庆典礼。李慎明代表院领导致贺词，朱佳木代表当代所讲话。庆典结束后，李铁映等领导参观了图书档案资料楼及当代所 12 周年所庆展览。

院外事局在院社科会堂召开院外事工作会。副院长王洛林出席并讲话。

7.12 院党组书记、院长李铁映主持召开第 70 次院党组会议。会议检查了迎接江泽民同志考察我院、纪念中国社会科学院建院 25 周年的各项筹备工作的进展情况，要求各有关部门精心组织、周密安排，确保各项活动顺利进行。会议还听取了我院代表团出访俄罗斯的有关情况。

研究生院举行 2002 年博士、硕士研究生毕业典礼，院长兼研究生院院长李铁映、副院长李慎明出席会议。李铁映发表重要讲话。

7.16 中共中央总书记、国家主席、中央军委主席江泽民同志在中共中央政治局委员、中宣部部长丁关根，中共中央政治局委员、国务院副总理温家宝同志陪同下到我院考察工作并发表重要讲话。中共中央政治局委员、院长李铁映陪同江泽民、丁关根、温家宝等领导同志参观了中国社会科学院建院 25 周年成果展、院图书馆馆藏古籍善本、电子阅览室和中国社会科学院 25 周年院庆书画展览，观看了我院老干部合唱团的排练，并与我院的专家学者进行了座谈。中共中央办公厅主任王刚，中共中央政策研究室主任滕文生、副主任王沪宁陪同江主席考察。副院长王洛林、李慎明、江蓝生、陈佳贵、朱佳木、高全立，中纪委驻院纪检组组长林文肯，秘书长朱锦昌，特邀顾问刘国光，院原领导王忍之、汝信、滕藤、龙永枢、李英唐、郭永才，副秘书长何秉孟、秦其明，院党组成员武寅、黄浩涛，院学术委员会委员、在我院工作的全国人大代表、政协委员，院所局主要领导，院青年和研究生代表100多人参加了座谈会。

社科院与国家民委、文化部、广电总局、中国文联联合在京召开史诗《格萨尔》千年纪念大会。中共中央政治局委员、院长李铁映出席会议并作题为《文化的创新与创新的文化》的主题发言。

7.17 “WTO与中国”研讨会暨中国社会科学院WTO研究中心成立大会在京召开。院长李铁映、副院长陈佳贵出席会议并讲话。

院学术委员会在院社科会堂召开全体会议，学习江泽民考察我院的重要讲话精神。院长兼院学术委员会主任李铁映出席会议并发表重要讲话。

院青年人文社会科学研究中心组织部分青年学者学习江泽民考察我院重要讲话精神。副院长李慎明出席并讲话。

院党组向全院下发了《关于学习贯彻江总书记考察我院重要讲话的通知》。

7.18 我院召开部分研究所所长座谈会，学习贯彻江泽民考察我院重要讲话精神。副院长王洛林出席会议并讲话，秘书长朱锦昌主持。

院直属机关党委组织部分专家学者座谈学习“七一六”重要讲话精神体会。院党组成员、中纪委驻我院纪检组组长林文肯出席并讲话。

7.19 宋平同志在院长李铁映陪同下参观我院建院25周年成果展。

7.23 院老干部工作局在院社科会堂召开部分离退休干部“学习江泽民总书记“七一六”重要讲话”座谈会。副院长高全立出席会议并讲话。

7.26 院工会第四届会员代表大会在院学术报告厅召开。院党组副书记、副院长李慎明，院党组成员、副院长高全立出席会议并讲话。经代表投票选举，54人当选为新一届院工会委员，5人当选为新一届院工会经审会委员。中央国家机关工会联合会副书记徐国治、中国教科文卫工会全国委员会副书记万明东到会祝贺。

7.31 院党组向中央报送了《中国社会科学院学习江总书记“七一六”讲话情况报告》。

八 月

8.1 院西夏文化研究中心与国家图书馆、宁夏西夏博物馆联合主办的“西夏珍贵文献文物展”开幕式暨《国家图书馆学刊》西夏研究专号首发式在国家图书馆举行。全国政协副主席罗豪才、国家图书馆馆长任继愈、院秘书长朱锦昌以及有关单位近百人参加开幕式并参观展览。

8.4 院党组书记、院长李铁映在北戴河培训中心主持召开第72次院党组会议。会议进一步认真学习了江泽民总书记7月16日考察中国社会科学院的重要讲话。会议认为，贯彻讲话精神，落实“一定要办好中国社会科学院”的指示，是当前和今后一段时期全院的中心工作。

8.5~8.10 院2002年暑期工作会议在北戴河举行。会议提出，要结合社会科学事业，尤其是结合我院的实际，全面、深入贯彻落实江总书记考察我院重要讲话精神。院党组书记、院长李铁映，院党组副书记、副院长王洛林、李慎明，院党组成员、院领导江蓝生、陈佳贵、朱佳木、高全立、林文肯、朱锦昌，院党组成员何秉孟、武寅、黄浩涛等出席会议。

8.10 院党组书记、院长李铁映在北戴河主持召开第73次院党组会议，即民主生活会。与会同志畅谈了学习江泽民总书记“七一六”重要讲话精神的体会，并根据民主集中制原则和党章的有关规定，对照检查了前一段工作中存在的问题和不足，开展了同志式的批评和自我批评。会议强调，要坚持正确的政治方向、理论方向和科研方向，坚持民主集中制原则，以优异成绩迎接党的十六大胜利召开。

8.12 中纪委驻院纪检组召开组务会议，传达贯彻院暑期工作会议精神。院党组成员、中纪委驻院纪检组组长林文肯出席并讲话。

8.12～8.14 院重大课题“世界历史”（多卷本）课题组召开研讨会，院长李铁映出席并发表重要讲话。

8.13～8.16 中国政治学会主办，新疆石河子大学政法学院承办的中国政治学会2002年年会暨“经济全球化与中国政治发展战略”研讨会在新疆自治区石河子大学召开。中国政治学会会长、我院副院长李慎明出席会议并讲话。

8.20 院马列所、“华夏文化纽带”组委会、《人民日报》海外版、《求是》杂志社评论部、《光明日报》理论部和山东济宁市委等单位共同举办的“江泽民‘文化纽带’重要论述”研讨会在院社科会堂举行。中共中央政治局委员、中共山东省委书记吴官正，全国人大副委员长许嘉璐和全国政协副主席罗豪才出席会议并发言。

8.21 院近代史研究所、澳门中西创新学院、美国黄兴基金会联合主办的“中华民国史(1912～1949)”国际学术讨论会在京举行。院长李铁映致信祝贺。秘书长朱锦昌出席开幕式并讲话。

8.22 副院长王洛林在外宾接待室会见印度社科研究理事会主席潘卡穆其一行。

8.23 院长李铁映、副院长李慎明、陈佳贵到东欧中亚所与有关同志座谈，共同庆祝我院建院25周年。

院党组通报表彰了中国社会科学院图书馆（文献信息中心）全体同志克服重重困难，努力拼搏，出色地完成了院图书馆整理搬迁、筹办建院25周年优秀科研成果展以及迎接江泽民总书记来院考察等重要任务。

8.25 中共中央政治局委员、院长李铁映赴兰州出席《华夏故土地图》甘肃取土活动仪式。

院财贸经济所党委书记、所长、博士生导师刘溶沧因病医治无效在北京逝世，终年60岁。

8.27 中共中央政治局委员、院长李铁映到甘肃省社科院考察工作并发表重要讲话。

副院长王洛林在院外宾接待室会见来院演讲的日本共产党主席不破哲三。

8.29 院党组书记、院长李铁映主持召开第74次院党组会。会议审议并原则通过了《中国社会科学院人才工程实施意见》、《中国社会科学院关于加强学风建设的决定》。会议还审议了《中国社会科学院信息化建设“十五”规划暨2003年工作计划》。

院财贸经济所党委书记、所长、博士生导师刘溶沧遗体送别仪式在八宝山革命公墓举行。院长李铁映、副院长李慎明、朱佳木，王忍之、刘国光敬送花圈。院领导王洛林、江蓝生、陈佳贵、高全立、林文肯、朱锦昌参加了送别仪式。

8.30 副院长陈佳贵主持日本研究所在院社科会堂举行的“第二次中日政经论坛——中国加入 WTO 后的亚洲经济与日本”国际研讨会开幕式并讲话。

副院长朱佳木在当代中国研究所会见英国牛津大学莫顿学院院长罗森教授。

九 月

9.2 副院长王洛林在院外宾接待室会见日本银行总裁三重野康。

我院在院社科会堂召开安全工作会议，副院长高全立出席并讲话。

9.4 我院主办、台湾中流文教基金会等单位协办的海峡两岸“中华文化多元化一体架构”研讨会在贵阳举行。副院长王洛林出席并讲话。

9.7~9.8 为纪念中日邦交正常化 30 周年，日本所在京举办“中日友好共同发展”国际研讨会。副院长陈佳贵和日本驻华公使高桥邦夫出席大会并致辞。

9.9 研究生院举行 2002 级新生开学典礼。院长李铁映、副院长王洛林、江蓝生、陈佳贵、朱佳木、高全立，中纪委驻院纪检组组长林文肯，秘书长朱锦昌等出席。

副院长陈佳贵在院部接受西班牙《国家报》记者乔治娜·伊格拉斯和《先锋报》记者哈维尔·巴塔亚的采访。

9.10 副院长王洛林在院外宾接待室会见世界经济合作与发展组织（OECD）副秘书长近藤诚一。

9.12 副院长陈佳贵出席院可持续发展研究中心与国家发展计划委员会能源研究所在京共同主办的“减缓气候变化：发展的机遇与挑战”国际研讨会并发言。

9.16~9.18 院纪检监察工作研讨会在顺义召开。院党组成员、中纪委驻院纪检组组长林文肯出席并作了题为“加强政治纪律建设，保障和促进社会科学研究”的讲话。中央纪委研究室谢光辉应邀出席研讨会。

9.18 副院长陈佳贵出席法学研究所在京召开的“竞争政策与经济发展”国际研讨会并讲话。

9.23~9.25 当代中国研究所举行第二届国史学术年会。副院长陈佳贵、朱佳木，中央文献研究室副主任杨胜群，中央党史研究室副主任王伟华，中央档案馆馆长毛福民，当代中国研究所原所长李力安，国家审计署原署长于明涛、当代中国研究所原副所长有林和当代中国研究所有关领导及中央国家机关有关部门、科研单位、大专院校的专家学者 150 多人参加了会议。

9.24~10.1 中共中央政治局委员、院长李铁映率中国共产党代表团访问蒙古、韩国。

9.25 副院长江蓝生出席我院韩国研究中心在京召开的“第二届东北亚论坛”开幕式并讲话。

9.26~9.28 副院长高全立出席院财务基建计划局在院社科会堂举办的“中国社会科学院研究所法人代表贯彻全国增收节支会议精神，加强预算管理学习班”并传达全国增收节支工作会议精神。院各研究所主管行政工作的领导出席了会议。

9.28 院召开台湾史研究中心成立大会。中共中央政治局委员、院长李铁映，国务院副总理钱其琛发来贺信。中央台办、国务院台办主任陈云林等有关部门的领导同志出席了会议。中央台办、国务院台办副主任王在希，副院长王洛林、朱佳木出席会议并讲话。

9.29 院老干部工作局召开纪念《中共中央关于建立老干部退休制度的决定》颁布20周年表彰大会。副院长王洛林、高全立，秘书长朱锦昌，原秘书长吴介民、郭永才等领导出席大会并为获奖单位、人员颁奖。

副院长王洛林在院外宾接待室会见日本综合研究开发机构理事长盐谷隆英一行。

十　月

10.2 中共中央政治局委员、院长李铁映在北京国际饭店会见捷克共和国教育青年体育部高教司司长约瑟夫·班赖什率领的捷克教育代表团。

10.8 院哲学研究所和国际哲学团体联合会共同举办的“世纪之交的哲学”国际学术研讨会在京召开。院长李铁映出席大会并作题为“把握时代，创新哲学”的演讲。

10.9 中共中央政治局委员、院长李铁映到北京房山区考察。国家计委副主任于广洲、北京市委常委朱善璐、北京市副市长刘志华，我院副院长高全立、秘书长朱锦昌等陪同。

10.10 中国社会科学院第三届职工运动会在北京体育馆田径运动场举行。院长李铁映、副院长王洛林、李慎明、江蓝生、陈佳贵、朱佳木、高全立，中纪委驻院纪检组组长林文肯，秘书长朱锦昌和中国奥委会副主席王宝良、中国老年体育协会会长张彩珍、中央国家机关工会副主席杨胜战出席了开幕式。开幕式由副院长、院工会主席高全立主持。运动会组委会主席李铁映宣布运动会开幕。副院长王洛林致辞。李铁映院长及李慎明、陈佳贵、高全立、林文肯、朱锦昌等院领导和院职工一起参加了竞赛项目。

10.11 全国哲学社会科学规划办公室主任董京泉一行，就加强和改进科研成果鉴定结项以及宣传推广工作到我院调研。副院长江蓝生介绍了我院的科研工作和有关情况。

院政治学研究所在京举行“政党政治：模式、理论与实践”国际学术研讨会。副院长李慎明出席并讲话。

副院长李慎明在北京首都大酒店会见并宴请俄罗斯科学院远东分院主席团成员。

10.12～10.14 院历史学科片、《历史研究》杂志社和中国地方志指导小组办公室、当代中国研究所在福建召开第二次史学座谈会。副院长朱佳木主持并讲话。

10.16 我院举行庆祝建院25周年暨第四届优秀科研成果奖及第二届优秀期刊奖颁奖大会。院长李铁映出席会议并发表“为加快发展我国哲学社会科学做出更大的贡献”的重要讲话。全国人大副委员长成思危、许嘉璐、蒋正华到会祝贺。副院长王洛林主持大会。新闻出版总署署长石宗源，人事部常务副部长舒惠国，中组部部务委员、组织局局长欧阳淞，中宣部副部长雒树刚，中联部副部长张志军，中央政法委副秘书长王景荣，中央外宣办副主任李刚，中央文献研究室常务副主任冷溶，中央党史研究室副主任谷安林，《人民日报》副总编于宁，《求是》杂志社社长高明光，《光明日报》副总编李景瑞，审计署副审计长瞿熙贵，广电总局副局长胡占凡，国务院研究室副主任尹成杰，国务院机关事务管理局副局长唐树杰，新华社副社长何平，工程院副院长王淀佐，国务院发展研究中心副主任谢伏瞻，国家图书馆馆长任继愈，宋庆龄基金会原秘书长刘启林，中央文明办秘书组组长孔令一，中央党校校委委员、科研部主任李忠杰，我院领导李慎明、陈佳贵、朱佳木、林文肯、朱锦昌等800余人出席了大会。

我院与中联部第二次座谈会在院社科会堂举行。院长李铁映，中联部部长戴秉国出席并讲话。中联部副部长马文普、张志军等部领导及部分部门负责人和我院领导王洛林、李慎明、江蓝生、陈佳贵、朱佳木、林文肯、朱锦昌及部分所局负责人参加了座谈会。

院长李铁映在院外宾接待室会见俄罗斯伏尔加格勒州代表团一行。副院长李慎明等参加了会见。

10.17 中宣部理论局副局长张国祚带领调研组来我院就加强哲学社会科学工作问题进行调研。我院有关部门和研究所的部分领导、专家学者20人与调研组进行了座谈。座谈会由副院长李慎明主持。

10.17～10.19 由院科研局主办的“中国社会科学院首届科研管理论坛”在京举行。副院长江蓝生出席并讲话。副秘书长兼科研局局长黄浩涛主持。

10.18 院青年中心在社科会堂举办哲学讲座，邀请中国科学院院士郝柏林就自然科学与社会科学的交叉问题作演讲。院长李铁映主持。

10.18 根据中央机构编制委员会办公室《关于中国社会科学院机关及所属事业单位机构编制调整的批复》，财贸物资研究所更名为财政与贸易经济研究所，人口研究所更名为人口与劳动经济研究所，少数民族文学研究所更名为民族文学研究所，民族研究所更名为民族学与人类学研究所，东欧中亚研究所更名为俄罗斯东欧中亚研究所。成立金融研究所，成立国际法研究中心。中国社会科学院图书馆（文献信息中心）为事业单位，经费实行全额拨款。

10.18～10.20 中国社会科学院、中华美学会、北京第二外国语学院共同举办的“美学与文化：东方与西方”国际学术研讨会在京召开。院长李铁映在开幕式前会见国外来宾。

10.19 全国人大委员长李鹏在人大会堂会见应我院邀请来访的以奥希波夫院长为团长的俄罗斯科学院代表团全体成员。院长李铁映、副院长李慎明等参加会见。

10.21 授予俄罗斯科学院院长奥希波夫“中国社会科学院荣誉教授”称号仪式在院社科会堂举行。院长李铁映出席仪式并讲话。副院长李慎明主持授予仪式。

10.21 院党组书记、院长李铁映主持召开第75次院党组会。会议审议并原则通过了“中国社会科学院院庆25周年工作总结”。会议通报了李铁映率我党代表团访问蒙古、韩国的有关情况。

10.22～10.24 院世界社会主义研究中心和马列所主办的“21世纪世界社会主义”国际研讨会在京召开。中共中央政治局委员、院长李铁映向大会发来贺信，李慎明副院长在研讨会上作了主题发言。

10.23 院长李铁映主持由院青年中心主办，由北师大物理系教授、博士生导师刘辽主讲的哲学讲座第二讲。

10.23～10.25　院长李铁映在副院长李慎明、江蓝生、副秘书长兼科研局局长黄浩涛陪同下，分别到院历史所、文学所、宗教所调研并与专家学者座谈。

10.25　院国际投资研究中心和亚洲研究中心共同举办的“入世与中国对外经济高级论坛”在人大会堂举行。副院长王洛林出席并致辞。

10.26　由院亚太所牵头举办的“加入世贸组织与地区经济关系”研讨会在院社科会堂举行。副院长王洛林出席并致辞。

10.29　院党组书记、院长李铁映主持召开第 76 次院党组会。会议传达了中央关于人大、政协换届的会议精神。

10.29～10.30　为纪念中德建交 30 周年，院欧洲研究所和中国现代国际关系研究所共同举办的中国欧洲学会德国研究分会第 10 届年会在院社科会堂举行。副院长王洛林出席开幕式并讲话。

10.31　院郭沫若纪念馆与中国革命博物馆共同承办的“郭沫若、于立群书法展”在中国革命博物馆开幕。副院长王洛林出席揭幕式并致辞。

院秘书长朱锦昌出席中央统战部在京举办的华夏英才基金第六批支持党外专家学者出版学术著作仪式并致辞。我院有 5 位学者获此资助。

十一月

11.2　院工业经济研究所在京举办“新世纪国企改革前景展望”研讨会暨《国有大型企业持续发展之路》首发式。副院长陈佳贵出席并讲话。

11.5　院党组书记、院长李铁映主持召开第 77 次院党组会。会议听取了关于推荐新一届人大代表、政协委员有关情况的汇报，并对拟提名人选方案进行了讨论。

11.7　副院长兼当代中国研究所所长朱佳木在京会见俄罗斯科学院通讯院士、俄罗斯科学院远东研究所所长季塔连科。

11.15　院党组书记、院长李铁映主持召开第 78 次院党组会议，对全院学习贯彻党的十六大精神作出部署。

院民族研究所海外华人研究中心在京召开“海外华人研究”国际学术研讨会。秘书长朱锦昌出席并讲话。

11.18　院党组理论学习中心组召开会议，学习贯彻党的十六大精神。党组副书记王洛林主持。院党组副书记李慎明，党组成员江蓝生、陈佳贵、朱佳木、高全立、朱锦昌、何秉孟、武寅、黄浩涛出席。

11.20　我院和《经济日报》社在院社科会堂联合主办首都理论界学习贯彻党的十六大精神座谈会。座谈会由我院党组副书记、副院长李慎明和《经济日报》总编辑冯并主持。我院和《经济日报》的 20 多名专家、学者出席了座谈会。

我院与中国科学院、中国文联、中国对外友协、国家文物局在京联合举办“郭沫若诞辰 110 周年纪念会暨第二届郭沫若中国历史学奖颁奖仪式”。副院长江蓝生主持并宣读李铁映院长题为《与时俱进，创造中华民族先进文化》的书面讲话。张劲夫、王忍之等有关领导，专家学者近300人出席了纪念会。

11.21 副院长李慎明，副秘书长何秉孟出席院直属机关党委在院社科会堂召开的青年学者和共青团员学习贯彻十六大精神座谈会并讲话。

院直属机关党委在院社科会堂召开妇女干部学习十六大精神座谈会。江蓝生副院长出席并讲话。

11.25 副院长陈佳贵出席在京举行的“2002中国生态旅游论坛”开幕式并致辞。我院旅游研究中心及国家计委、水利部、国家环保总局、国家旅游局、国家林业局、中国科学院、中国未来研究会、北京旅游学会等10多个部委及相关单位的领导参加了会议。

11.26 副院长李慎明率团出访芬兰、挪威、瑞典。

院图书馆新馆经试运行后正式向全院开放。

11.27 副院长高全立出席院老干部局在院社科会堂召开的老干部学习十六大精神座谈会并讲话。

芬兰总统的丈夫阿拉耶尔维先生一行在院外宾接待室与社会学研究所学者座谈。

11.28～11.29 院工业经济研究所与香港亚当斯顾问公司在京联合召开“国际汽车高层论坛”。全国政协副主席、中国企业联合会会长陈锦华出席开幕式。全国人大副委员长蒋正华出席闭幕式并会见部分代表。副院长陈佳贵参加会议并讲话。

11.28～11.30 院经济分析与预测中心与国务院发展研究中心、中国国际经济技术交流中心、中央电视台经济部在京联合召开第四届中国经济学家论坛暨“2003年世界与中国经济形势分析与预测”国际研讨会。全国人大副委员长成思危、全国政协副委员长孙孚凌出席，院秘书长朱锦昌出席并讲话。国务院发展研究中心副主任陈锡文，院特邀顾问刘国光作主题发言。

十二月

12.2～12.6 院学习十六大精神专题研讨班在院社科会堂开班。中纪委驻院纪检组组长林文肯出席并讲话。

12.4 院党组理论学习中心组扩大会听取我院专家张卓元作“十六大提出的经济领域中需要研究的重大课题”的报告。参加报告会的有院党组成员、院原领导、我院的全国人大代表和政协委员、所局级领导干部、院学术委员会委员、离退休干部党支部书记、青年中心理事等。

12.6 由李铁映院长主持，院青年人文社会科学研究中心与哲学研究所共同举办的哲学讲座第三讲在院图书馆举行。中国工程院副院长、中国医学科学院院长、协和医科大学校长刘德培院士作了题为《基因与伦理学》的演讲。

院党组成员、副院长江蓝生主持召开第80次院党组会，传达了中央宣传思想工作领导小组会议精神。

我院研究生院和北京CBD管委会合作建立的中国社会科学院研究生院社会实践基地揭牌。

12.10 李铁映院长在京会见越南驻华大使裴鸿福。

12.11 院长李铁映在院多媒体会议室会见利比亚总人民大会外事秘书苏来曼·沙胡米率领的利比亚总人民大会代表团。

俄罗斯国立远东大学代表团在俄罗斯驻华使馆举行仪式，授予李铁映院长远东大学名誉博士学位。仪式由俄罗斯驻华大使罗高寿主持。

副院长陈佳贵在院外宾接待室会见俄罗斯远东大学库里洛夫一行。

12.13 院党组书记、院长李铁映主持召开第81次院党组会。听取了我院学习贯彻十六大精神情况汇报，传达了中央经济工作会议精神。

12.16 院长李铁映在院外宾接待室会见捷克驻华大使托马斯·斯麦坦卡一行。

12.17 院财贸研究所主办的“中国宏观经济运行与政策论坛”在国际饭店举行，副院长王洛林出席并讲话。

我院学习贯彻中央经济工作会议精神大会在院社科会堂举行。副院长陈佳贵、秘书长朱锦昌在会上传达中央经济工作会议精神。中纪委驻院纪检组组长林文肯出席会议。院在职所局级以上干部及部分学科片研究室主任及研究员参加了会议。

12.18 院党组理论学习中心组在院社科会堂举行报告会，邀请十六大精神宣讲团成员、中央文献研究室常务副主任金冲及作关于如何学习贯彻十六大精神的报告。副院长李慎明主持。院领导江蓝生、高全立、朱锦昌出席。

12.19～12.20 院世界经济与政治研究所、第三世界网络和联合国贸易与发展会议共同举办的“WTO与发展中国家：挑战与对策”国际研讨会在院社科会堂召开。副院长王洛林出席并致辞。联合国贸易与发展会议全球化与发展战略司司长伊尔玛斯·阿库兹、印度驻原关贸总协定前任大使拉尔达斯、坦桑尼亚驻原关贸总协定前任大使阿里·阿裘莫、第三世界网络主任玛丁·科尔和国内有关部门的负责人、研究机构、高等院校的专家学者100余人参加了会议。

12.20 院东欧中亚研究所和中国社会科学出版社联合举办的《普京文集》首发式在院社科会堂举行。中国社会科学院院长李铁映、俄罗斯驻华大使罗高寿、外交部副部长刘古昌出席。副院长王洛林宣读了江泽民主席为该书写的序言和普京总统致中国读者的信。首发式由副院长李慎明主持。

12.25 副院长高全立主持召开第四届院工会委员会第二次常委会议。会议总结了2002年度工作，研究2003年工作；讨论了工会先进分子评选条例；部署了向院贫困职工送温暖等事宜。

12.26 李慎明副院长在哲学所作“关于深入研究党的十六大报告中的重大理论问题和现实问题”的报告，院直属机关党委和哲学所、政治学所近100人参加了报告会。

副院长高全立主持召开会议，研究落实中办、国办关于做好2003年元旦、春节期间有关工作的通知精神，并进行了部署。朱锦昌秘书长首先传达了“两办”通知。院办公厅、人事局、保卫局、财计局、老干部局、直属机关党委、工会、服务中心等单位的负责人参加了会议。

12.27 院党组书记、院长李铁映主持召开第82次院党组会。院党组成员、党组办主任兼研究室主任何秉孟汇报了《中国社会科学院2002年工作回顾》、《中国社会科学院

2003年工作要点》和《中国社会科学院十年发展纲要》起草、修改情况。会议审议了这三份文件，决定进一步修改后提交中国社会科学院2003年度工作会议讨论。

院长李铁映在圣士大酒楼宴请曾担任过我院领导职务的老同志和老专家于光远、骆耕漠、江流、浦寿昌、吴介民、杨克等，并将自己撰写的《关于劳动价值论的读书笔记》一文赠送给他们。

李铁映院长会见我国驻韩国大使李滨，并与他就朝鲜半岛局势等问题进行了讨论。

已故日本著名史学家井上清教授生前捐赠的全部日文藏书运抵我院近代史研究所收藏。